Helmut Lukesch
Jugendmedienstudie

Medienforschung
herausgegeben von Helmut Lukesch

Band 1

Jugendmedienstudie

Verbreitung, Nutzung und ausgewählte Wirkungen von Massenmedien bei Kindern und Jugendlichen.

Eine Multi-Medien-Untersuchung über Fernsehen, Video, Kino, Video- und Computerspiele sowie Printprodukte

Helmut Lukesch, Karl-Heinz Kischkel, Anne Amann
Sieglinde Birner, Mechthild Hirte, Rainer Kern,
Renate Moosburger, Luise Müller, Bärbel Schubert und
Hans Schuller

2. Auflage

S. Roderer Verlag Regensburg 1990

Cip-Titelaufnahme der Deutschen Bibliothek

Jugendmedienstudie : Verbreitung, Nutzung und ausgewählte Wirkungen von Massenmedien bei Kindern und Jugendlichen ; eine Multi-Medien-Untersuchung über Fernsehen, Video, Kino, Video- und Computerspiele sowie Printprodukte / Helmut Lukesch ... - 2. Aufl. - Regensburg : Roderer, 1990

(Medienforschung ; Bd. 1)

ISBN 3-89073-484-7

NE: Lukesch, Helmut; GT

1990, S. Roderer Verlag, Regensburg

Vorwort

Die hier vorgelegte Studie entstand aus einem Seminar über „Medienkonsum und Medienwirkung" an der Universität Regensburg. Die kritische Sichtung vorhandener Forschungsliteratur ließ dabei einige Mängel erkennen; so stammten viele der besprochenen Untersuchungen aus dem angloamerikanischen Kulturkreis und konnten demnach für die Mediensituation der Bundesrepublik nicht repräsentativ sein. Viele Ergebnisse bezogen sich außerdem auf das Massenmedium Fernsehen, wobei sowohl ältere traditionelle Medien, wie z.B. der Kinofilm, und erst recht neuere, wie z.B. Video, als Forschungsthema nur selten oder noch gar nicht angesprochen waren. Sicherlich waren trotz des hohen Interesses an den Medieneffekten auch Rückschläge in der Wirkungsforschung zu konstatieren, nicht immer hat sich das Konzept „starker" Medienwirkungen bewähren lassen; auch waren neue Fragestellungen hinzugekommen, durch welche die Medienwirkungsforschung z.T. auf einen nachrangigen Platz verdrängt wurde.

Es ist interessant zu vermerken, daß die Wahrnehmung einer unbefriedigenden Ausgangslage auch von anderen Medienforschern geteilt wird. So hat die Deutsche Forschungsgemeinschaft eine Senatskommission für Medienwirkungsforschung eingesetzt, die 1986 in zwei Buchbänden den Stand der Medienwirkungsforschung in der Bundesrepublik Deutschland dokumentierte. Parallel dazu war von ARD, ZDF und Bertelsmann eine Studie über die Mediennutzungsgewohnheiten von Jugendlichen in Auftrag gegeben worden (Bonfadelli et al., 1986), in der auch den neuen Medien Rechnung getragen werden sollte. Im Unterschied zu anderen Jugendstudien - in denen man die Medienbetätigung sträflicherweise vernachlässigte - wurde hier der sehr hohe Stellenwert der Massenmedien in der Freizeit Jugendlicher deutlich.

Uns selbst erschien eine Beschränkung auf den Nutzungsaspekt einseitig zu sein. Auch wenn dadurch Fragen wie Veränderungen im Freizeitverhalten Jugendlicher behandelbar sind, so galt doch das größere Interesse der Frage, ob Ausmaß und Qualität des Medienkonsums nicht auch mit Effekten auf die jugendlichen Rezipienten verbunden sei.

Die Interessen der Autoren der Studie waren dabei weit gestreut. Neben der epochalen Veränderung des medialen Angebots und der Beschreibung der Nutzung von Massenmedien (Kap. 1 und 2, H. Lukesch) wurde beispielsweise mit einer neu entwickelten Methodik der Frage nachgegangen, ob Fernsehen als Sucht oder als Droge aufgefaßt werden kann (Kap. 2.2.3, R. Moosburger). Die Verbreitung, Nutzung und Bewertung von Video- oder Computerspielen sowie deren potentielle Wirkungen hat L. Müller untersucht (Kap. 2.6 und 4.8). Die Einbettung des Medienkonsums in das Freizeitverhalten der Jugendlichen allgemein bzw. die gegenseitige Beeinflussung verschiedener massenmedialer Betätigungen war Gegenstand der Überlegungen von M. Hirte (Kap. 3). Die Frage der Medienwirkungen wurde von R. Kern übersichtsmäßig und an den beiden Beispielen Aggressivität und moralisches Urteilen bei den Rezipienten diskutiert (Kap. 4.1 bis 4.3). Ob eine bestimmte Qualität des Medienkonsums mit vermehrt normabweichenden Verhalten einhergeht, wird von S. Birner dargelegt (Kap. 4.3). Die kausalanalytischen Auswertungen zu diesen Bereichen (Kap. 4.2.3.3 und 4.4.3.3) wurden von H. Lukesch vorgenommen. Kann der Medienkonsum auch psychosomatische Folgen haben? Dieser Thematik hat sich H. Schuller angenommen (Kap. 4.5). Die für den schulischen Bereich wichtigen Aspekte des Zusammenhangs zwischen Medienkonsum, schulischen Leistungen und sozialer Beliebtheit hat B. Schubert bearbeitet (Kap. 4.6). Eine dem Nutzenansatz verpflichtete Perspektive hat A. Amann bei der Behandlung des Zusammenhangs von Selbstkonzept und Medienkonsum eingebracht (Kap. 4.7). K.-H. Kischkel war für die Implementierung der Rechenprogramme und die Betreuung der Datenverarbeitung zuständig.

Die Studie wurde wesentlich durch die Genehmigung der Durchführung an Schulen durch das Bayerische Staatsministerium für Unterricht und Kultus gefördert (KMS Nr. II/14 - 8/49 391). Auf der Grundlage dieser Genehmigung konnte mit den Schulleitern und Elternvertretern der Durchführungsmodus vereinbart werden. Selektionseffekte aufgrund von Verweigerungen konnten auf diese Weise so gut wie vollständig vermieden werden. Insbesondere soll an dieser Stelle auch den Lehrern gedankt werden, die an ihrer jeweiligen Schule für die organisatorischen Arbeiten verantwortlich waren.

Zu danken ist aber auch den Befragten selbst. Sie haben freiwillig und uneigennützig Einblick in Bereiche gewährt, die Außenstehenden, ja selbst den Eltern, nicht ohne weiteres zugänglich sind. Es bleibt zu hoffen, daß die durch die Untersuchung gewonnenen Einsichten zumindest indirekt den

Befragten selbst wieder zugute kommen. Zu hoffen ist auch, daß durch die Studie der Frage nach dem Stellenwert der Massenmedien als Determinanten menschlicher Entwicklung in Zukunft mehr Gewicht beigemessen wird.

Regensburg, Juni 1989

Helmut Lukesch

INHALTSVERZEICHNIS

„Jeder Mensch zwar erwartet von den Künsten der Einbildungskraft eine gewisse Befreiung von den Schranken des Wirklichen; er will sich an dem Möglichen ergötzen und seiner Phantasie Raum geben. Der am wenigsten erwartet, will doch sein Geschäft, sein gemeines Leben, sein Individuum vergessen, er will sich in außerordentlichen Lagen fühlen, sich an den seltsamen Combinationen des Zufalls weiden ... Aber er weiß selbst recht gut, daß er nur ein leeres Spiel treibt, daß er im eigentlichen Sinn sich nur an Träumen weidet, und wenn er von dem Schauplatz wieder in die wirkliche Welt zurückkehrt, so umgibt ihn diese wieder mit ihrer ganzen drückenden Enge ... an ihm ist nichts verändert worden. Dadurch ist also nichts gewonnen, als ein gefälliger Wahn des Augenblicks, der beim Erwachen verschwindet."

Friedrich Schiller (Über den Gebrauch des Chors in der Tragödie).

0. Einleitung

Fast jede Innovation auf dem Gebiet der Massenmedien in diesem Jahrhundert war mit massiven Befürchtungen hinsichtlich einer selbstevidenten negativen Beeinflussung der Rezipienten massenmedialer Kommunikation begleitet. Betrachtet man die Verbreitung des Stummfilms, das Aufkommen des Hörfunks, die Ausbreitung von Comics oder die Einführung des Fernsehens, es finden sich immer Stimmen, die mit drastischen Worten gravierende Folgen beschreiben. So äußerte sich am Beispiel der Comics der Psychiater Frederick Wertham: „Comic Books sind als ein Faktor bekannt, der wesentlich zur Jugendkriminalität beiträgt. ... besonders heimtückisch ist der schädliche Einfluß auf die sexuelle Entwicklung der Kinder hin auf Sadismus, Masochismus, Homosexualität, Frigidität und sexuelle Hypochondrie“ (Wertham, 1949; zit.n. Halloran et al., 1972, S. 17). Das Spektrum der Sorgen und Vorwürfe gegen die Medien ist dabei weit gespannt und der kulturpessimistische Standpunkt findet parallel zur Expansion des Medienangebots weite Zustimmung.

Ein solcher Prozeß spielt sich in mehrfacher Weise aufgrund der rasanten Änderung der Medienlandschaft in den 80er Jahren ab: Das massenmediale Angebot vervielfacht sich, neue Distributionsformen wie Satelliten- und Kabelempfang werden angeboten, der Videorecorder (und mit zeitlicher Verzögerung die Bildplatte) hat seinen Siegeszug durch die Haushalte angetreten, neue Informationsangebote werden an den Rezipienten herangetragen (Btx- und Kabelkanal, Videotext) und durch den Rückkanal erwirbt der Rezipient zumindest partielle Einflußmöglichkeiten auf Informationsbestände.

Wenn auch den angedeuteten pauschalen Befürchtungen nicht unbesehen zugestimmt werden kann, so sollten doch die Neuerungen Anlaß zur empirischen Untersuchung von Effekten der Mediennutzung auf Verhalten und Persönlichkeit der Rezipienten sein. Wie Williams (1986) gezeigt hat, ist es dabei sinnvoll, zwei Fragen zu stellen:

Die erste bezieht sich auf die mit der Mediennutzung verbundene Änderung des Freizeitbudgets, d.h. es wird hier untersucht, ob z.B. Verdrängungs- oder Ersetzungsphänomene (displacement-effects) in bezug auf andere Betätigungen vorhanden sind. Da die disponible Zeit nicht beliebig erweitert werden kann, ist zu prüfen, von welchen anderen Medienbeschäftigungen bzw. Freizeitaktivitäten diese Zeit abgezogen wird.

Die zweite Frage ist die nach den Wirkungen der Mediennutzung im engeren

Sinn. Obwohl der traditionelle Wirkungsansatz als Simplifizierung vielfach kritisiert wird, scheint die Konsequenz, auf die Suche nach Wirkungen zu verzichten, zumindest voreilig. Gerade weil aus der Änderung des massenmedialen Angebots nicht ohne weiteres auf seine Nutzung geschlossen werden kann und die Nutzung ihrerseits nicht ungeprüft mit spezifizierten Wirkungen gleichzusetzen ist, sollten beide Fragerichtungen miteinander verbunden werden. Da sich außerdem die Möglichkeiten der statistischen Datenanalyse verfeinert haben und über Methoden der Modellbildung neben dem Aufweis von Zusammenhangsstrukturen auch Kausalbeziehungen bei Felduntersuchungen darstellbar sind (Hodapp, 1984; Wonnacott & Wonnacott, 1970), schien uns eine Querschnittstudie als eine vertretbare Möglichkeit unter vielen anderen zu sein, Einblick in die interessierenden Beziehungen zu erhalten.

Die vorliegende Studie wurde als Fragebogenerhebung durchgeführt. Als Zielgruppe wurden 13- bis 16jährige Kinder und Jugendliche (mit gewissen Unschärfen in den Altersrandbereichen) ausgewählt; dieser Altersabschnitt ist besonders deswegen interessant, weil hier mit einem Wandel des Medienkonsums zu rechnen ist: So ist bekannt, daß die eher familienorientierte Fernsehbeschäftigung zurückgeht (Bonfadelli et al., 1986), unbekannt ist aber, welche anderen Medientätigkeiten substituiert werden.

Nach verschiedenen Vortests, in denen die Verständlichkeit des Fragebogens und der Zeitbedarf zum Ausfüllen an einzelnen Jugendlichen erprobt wurden, wurde der Fragebogen über Schulen im süd-östlichen Bayern ausgegeben. Die Erhebung fand zwischen März und Juli 1985 statt. Auswertbare Fragebogen wurden von 4 089 Kindern und Jugendlichen zurückerhalten. Repräsentativität wurde über eine Schulartquotierung für die Gesamtstichprobe zu erreichen versucht.

Der Fragebogen bestand aus einem Hauptteil, in dem neben den soziodemographischen Daten Art und Ausmaß der Mediennutzung erfragt wurden. In spezifischen Zusatzteilen wurden ausgewählte Persönlichkeitsaspekte der Befragten erfaßt. Der Hauptfragebogen wurde allen vorgegeben, die Zusatzteile - mit deren Hilfe ausgewählte Wirkungsfragen behandelt werden sollen -bekamen nach dem Zufallsprinzip ausgewählte Teilstichproben zur Beantwortung. Einen Überblick über den Untersuchungsaufbau enthält Tabelle 0.1; die genaue Beschreibung der Gesamt- und Teilstichproben und die skalentechnischen Angaben zu den jeweils verwendeten Untersuchungsinstrumenten sind in den Anhängen A und B zu finden.

Tabelle 0.1: **Inhalte des Fragebogens und einbezogene Stichproproben der Jugendmedienstudie**

Inhalte	Stichprobe
Mediennutzungsteil - Mediengerätebesitz - Mediennutzungszeiten - Kinobesuch (Art, Ausmaß, soziales Setting, Motivation) - Fernsehen (Ausmaß, Auswahl der Sendungen, Fernsehsuchtskala, Qualität der Sendungen) - Video (Zugangsmöglichkeiten, Ausmaß, Herkunft von Videofilmen, Qualität gesehener Video-Filme, Motivation, Symptomatik nach Video-Konsum, soziales Setting), - auditiver Medienkonsum (Art und Häufigkeit des Konsums von Rundfunksendungen, Musikpräferenzen) - Video-Spiele (Ausmaß, soziales Setting, Art der Spiele, subjektive Bewertungen) - Freizeittätigkeiten allgemein - Soziodemographie	Gesamtstichprobe (N=4089)
Verhaltensauffälligkeiten und psychosomatische Störungen - Aggression gegen Lehrer - Aggression gegen Mitschüler und Sachen - Unruhe im Unterricht - Reduzierte Unterrichtsteilnahme - Fluchtverhalten - Täuschungsverhalten - Kleinkriminalität - Gesamtskala Verhaltensauffälligkeiten - Psychosomatik	Teilstichprobe A (N=801)
Selbstkonzept - Zukunftsbewältigung - Soziale Durchsetzungsfähigkeit - Schulerfolg - Soziale Integration - Emotionskontrolle - Handlungskontrolle - Selbstakzeptierung - Eigene Begabung - Eigenes Aussehen - Selbstkenntnis - Selbstaufmerksamkeit	Teilstichprobe B
Moralisches Urteil - Moralisches-Urteil-Präferenztest	Teilstichprobe C (N=778)
Aggressivität - spontane Aggressivität - reaktive Aggressivität	Teilstichprobe D (N=807)

„Ich sag Euch, gebt nur mehr und immer,
immer mehr,
so könnt ihr Euch vom Ziele nie verirren.
Sucht nur die Menschen zu verwirren,
sie zu befriedigen, ist schwer ...“

Johann Wolfgang von Goethe: Faust, Vorspiel auf dem Theater.

„In einem erleuchteten Zeitalter soll man nicht darauf sinnen, noch mehr Bücher hervorzubringen, sondern die schädlichen und unnützen auszumerzen und die guten auf eine knappe Form zu bringen.“

Johann Amos Comenius: Pampaedia. VI/18.

1. Medienökologie - Zur Entwicklung des massenmedialen Angebots

Massenmedien stellen einen bedeutsamen Umweltbestandteil des Menschen dar. Zugleich ist ihr Vorhandensein und ihre Nutzung so stark in das Alltagshandeln der Menschen integriert, daß einige ihrer sogar als revolutionär zu bezeichnenden Effekte (Wersig, 1983)[1] aufgrund ihres Charakters als „soziale Selbstverständlichkeiten“ (Hofstätter, 1963, S. 63) kaum mehr bewußt werden. Zwar wurden in den vergangenen Jahren von Medienfunktionären, Politikern und Wirtschaftsvertretern sehr intensiv die möglichen Folgen der technischen Entwicklung des Medien- und Informationsangebots diskutiert, dies hat aber in der breiten Öffentlichkeit oder in der empirischen Sozialforschung nicht zu einem entsprechenen Problembewußtsein geführt.[2]

Ohne mögliche gesellschaftliche Konsequenzen thematisieren zu wollen, geht es unter rein technischem Gesichtspunkt darum, immer mehr Information möglichst ökonomisch (d.h. schnell, mit geringen Kosten und hohem Bedienungskomfort) an immer mehr Rezipienten und z.T. zweiseitig zu übertragen. Angeblich sind an dieser Aufgabe der Informationsgeneration und -weitergabe teils oder ausschließlich in den USA ca. 50% und in der Bundesrepublik bereits 35% der Erwerbstätigen beschäftigt, und dies mit steigender Tendenz (Brepohl, 1984, S. 10). Ob die vielfältigen Informationen für den Rezipienten allerdings tatsächlich von „Wert“ sind, soll hier vorerst nicht diskutiert werden.

Im folgenden sollen Entwicklung und Stand des in der Bundesrepublik vorhandenen massenmedialen Angebots skizziert werden.

---

[1] Man denke in historischer Sicht etwa an die Erfindung der beweglichen Lettern durch Gutenberg und deren Bedeutung für die neuzeitlichen religiösen Umwälzungen oder an die Funktion der Massenpresse für die politische Entwicklung im frühen 19. Jahrhundert (Kopper, 1982).

[2] In einer Mitte 1986 durchgeführten Untersuchung erreichten z.B. die „Neuen Informations- und Unterhaltungsmedien“ innerhalb einer Liste von zehn vorgegebenen gesellschaftlichen Problemen nur den letzten Rang (Lukesch et al., 1986). Die in den letzten Jahren durchgeführten großen Jugendstudien haben mit einer Ausnahme (Bonfadelli et al., 1986) dem Aspekt des Medienkonsums so gut wie keine Aufmerksamkeit geschenkt (Jugendwerk der deutschen Shell, 1982, 1985; Sinus-Institut, 1983).

1.1. Auditive Medien

Die Entwicklung des Rundfunks begann 1861 mit einem von Philipp Reis gebauten Fernsprecher. 1895 gelang erstmals eine drahtlose Funkverbindung (Telegraphie). In den darauffolgenden Jahren wurden die Bild-Telegraphie und der Röhrensender erfunden. 1926 gab es die erste drahtlose Bildübertragung. In Deutschland wurde während des Dritten Reichs der Rundfunk verstaatlicht und unterstand ebenso wie die Filmbranche und die Presse dem Reichsministerium für Volksaufklärung und Propaganda (Graefe & Vogel, 1980, S. 37). 1947 wurden die unabhängigen Landesrundfunkanstalten gegründet.

Tabelle 1.1: **Entwicklung des Hörfunkangebots in der Bundesrepublik, Angaben in tausend Stunden pro Jahr, (Statistisches Bundesamt, 1960 - 1986)**

Jahr	1. Programme	2. Programme	3. Programme	Gesamt
1987	83	71	100	258
1985	78	71	84	233
1984	78	68	75	221
1983	75	66	66	207
1982	74	66	66	206
1981	71			
1980	77	67	63	207
1979	77	64	53	195
1978	78	63	48	188
1977	77	64	47	189
1976	77	62	47	186
1975	77	57	47	181
1974	79	59	44	182
1973	78	58	41	177
1972	79	58	39	175
1971	78	58	40	177
1970	78	57	34	168
1969	67	54	9	130
1968	68	52	21	141
1967	66	51	20	137
1966	63	50	20	133
1965	63	50	18	131
1964	62	56	4	122
1963	61	52	2	115
1962	61	52	1	114
1961	60	51	1	112
1960	60	51	1	112
1959	59	51	1	111

Das auditive Medienangebot der öffentlich-rechtlichen Rundfunkanstalten hat in den vergangenen 40 Jahren in beeindruckender Weise zugenommen (vgl. Tab. 1.1). Und zwar hat sich das Hörfunkangebot zwischen 1959 und 1987 von einhundertelf- auf zweihundertachtundfünfzigtausend gesendete Stunden pro Jahr mehr als verdoppelt (ohne Deutschlandwelle und private Anbieter).

Daneben gibt es einen umfangreichen Markt anderer Tonträger. Nach Phono Press (1984) wurden im Jahre 1983 62,1 Millionen Singles, 91,7 Millionen Langspielplatten, 53,1 Millionen Musikkassetten und 0,9 Millionen Compact Disks, das sind zusammen 207,8 Millionen Tonträger, verkauft.

1.2. Fernsehen

Noch bedeutsamer sind die Erweiterungen im Rahmen der öffentlich-rechtlichen Fernsehanstalten (vgl. Tab. 1.2): 1950 wurde in Deutschland die ARD (Arbeitsgemeinschaft der öffentlich-rechtlichen Rundfunkanstalten Deutschlands) gegründet. Vom NWDR wurde ab dem 25.12.1952 mit einem Fernsehprogramm begonnen, das 3 Stunden täglich umfaßte und in Hamburg, Berlin und Köln zu empfangen war. Innerhalb der ARD („Fernsehvertrag der westdeutschen Rundfunkanstalten") wurde ab März 1953 mit dem Gemeinschaftsprogramm „Deutsches Fernsehen" begonnen, Bayern startete als erstes Bundesland 1954 ein Regionalprogramm, ab Mitte der 60er Jahre gibt es landesweite regionale Dritte Programme. Von der ARD wurde 1959 ein Jahresprogramm von 1798 Stunden ausgestrahlt, 1985 aber von 3673 Stunden (ohne Vormittagsprogramm). Das ZDF begann 1963 mit 1323 Stunden Sendeangebot, 1985 wurde beinahe die dreifache Stundenzahl (4666 Stunden) gesendet. Das Angebot der Regionalprogramme hat sich im selben Zeitraum verfünffacht (ohne Schulfunksendungen) und die Dritten Programme haben sich umfangmäßig zwischen 1965 und 1985 versiebenfacht.

Diese Angebotserweiterung ist aber nicht unbesehen mit einer gleichartigen Zunahme der Nutzung des Fernsehangebots gleichzusetzen (vgl. Kap. 2.2). Und selbst diese quantitativen Nutzungsdaten sind durch qualitative Angaben zu ergänzen. So wird aus den USA berichtet (Csikszentmihalyi & Kubey, 1981), daß nur ein Drittel der Fernsehzeit der alleinigen Beschäftigung mit diesem Medium gewidmet ist, andererseits sind 10% der Essenszeiten, 14% der Gespräche in der Familie oder 12,5% der Lesezeiten vom Fernsehen begleitet. Für bundesdeutsche Verhältnisse hat eine

Tabelle 1.2: **Programmangebote der öffentlich-rechtlichen Fernseh-Anstalten in Stunden pro Jahr (Statistisches Bundesamt, 1953 - 1988)**

Jahr	ARD	ZDF	3. Progr.	Regional-programme	Hörfunk-/Fernseh-teilnehmer (in 1 000)	
1987	3 777	3 281[3]	16 569	4 774	26 391	23 378
1986	3 797	3 207[3]	14 585	4 572	25 916	23 011
1985	3 673	4 666	15 150	4 618	25 483	22 705
1984	3 638	4 620	14 482	4 680	25 046	22 434
1983	3 360	4 344	13 931	4 698	24 604	22 132
1982	3 214	4 314	12 956	4 659	24 158	21 836
1981	3 140	4 253	12 819	4 729	23 748	21 491
1980	3 101	3 775	12 444	4 314	23 323	21 190
1979	3 055	3 706	11 816	4 178	22 771	20 763
1978	3 059	3 576	12 832	4 145	20 724	19 019
1977	2 869	3 373	12 093	4 171	20 646	18 909
1976	2 795	3 386	11 386	4 159	20 244	18 481
1975	2 630	3 265	9 598	4 163	19 558	17 796
1974	2 759	3 228	9 809	4 162	19 396	17 556
1973	2 770	3 225	10 229	4 216	19 329	17 351
1972	2 845	3 291	8 351	4 801	19 199	17 100
1971	2 677	3 134	7 515	5 357	19 026	16 669
1970	2 672	3 042	7 351	5 177	19 622	16 675
1969	2 644	2 916	6 216	4 927	19 368	15 909
1968	2 757	2 776	5 001	4 880	18 988	14 958
1967	2 675	2 594	4 462	4 976	18 587	13 806
1966	2 671	2 511	3 529	4 932	18 232	12 720
1965	2 703	2 180	2 181	3 998	17 878	11 379
1964	2 691	1 975		3 661	17 494	10 024
1963	2 483	1 323[1]		1 425	17 099	8 539
1962	2 265	880[2]		1 383	16 696	7 213
1961	2 172	493		1 239	16 270	5 888
1960	1 910	-		906	15 892	4 635
1959	1 798	-		894	15 509	2 529
1958					14 873	1 513
1957					14 024	835
1956					13 811	681
1955					13 247	283
1954					11 614	22
1953					11 108	1,5
1952					10 183	-

1) Beginn des ZDF-Programms ab 1.4.1963

2) Das II. Programm wurde vom 1.6.1961 bis 31.3.1963 von den Rundfunkanstalten der ARD ausgestrahlt.

3) Angaben bis 1985 aus den Jahresberichten des ZDF, ab 1986 aus dem Statistischen Jahrbuch der Bundesrepublik Deutschland

ähnliche Untersuchung ergeben (Dahms, 1983), daß in der Vorabendphase (18.30 bis 20.20 Uhr) 59% der fernsehenden Personen ohne Nebentätigkeiten dem Fernsehen folgten, 10% waren beim Essen, 7% haben sich unterhalten, 5% haben gelesen und 6% waren in sonstiger Weise beschäftigt. Wie daraus zu ersehen ist, wird das Fernsehen z.T. zu einer Zweitbeschäftigung oder anders ausgedrückt, „das Fernsehen hat im Bewußtsein der Zuschauer einen Prozeß der Veralltäglichung durchgemacht" (Stolte, 1978, S. 49).

Trotz dieser Einschränkungen ist zu vermuten, daß allein aufgrund der zeitlichen Exposition dem Medieneinfluß ein hoher Stellenwert zuzuschreiben ist. Dieser Einfluß ist unter anderem in der zeitlichen Bindung an die audio-visuellen Medien zu sehen sowie in den dadurch ausgeschlossenen oder zumindest reduzierten anderen Formen der Erfahrung (Bronfenbrenner, 1973: „The major impact of television is not the behavior it produces, but the behavior it prevents").

1.3. Kabel- und Satellitenfernsehen

1.3.1. Entwicklung des Kabel- und Satellitenfernsehangebots

Seit 1984 hat sich eine weitere, eventuell als qualitativ zu bewertende Veränderung vollzogen. Seitdem werden über Kabel- und Satellitenempfang zusätzliche internationale, nationale oder regionale Programme, teils öffentlich und teils privatwirtschaftlich finanzierter Art den Kunden offeriert:

- SAT 1 (bis 1.1.1985 PKS = Programmgesellschaft für Kabel- und Satellitenrundfunk, erreicht schätzungsweise 240 000 Haushalte mit einem Programm von 80 Wochen-Stunden bzw. 4200 Jahres-Stunden),
- RTL plus (4 015 Std./Jahr),
- 3 SAT (bis 1.12.1984 ZDF2/EPF, danach Gemeinschaftsveranstaltung von ZDF, ORF und SRG),
- 1PLUS (seit 29.3.1986 als Gemeinschaftsveranstaltung von ARD und SRG, ausgestrahlt über Intelsat V),
- Sky Channel (englischsprachiges Programm des Australoamerikaners Murdoch mit 2 920 Std./Jahr),
- Musikbox (englisch),
- Musikbox (deutsch).

Für die Zuführung von Satellitenprogrammen in Kabelnetze stehen das ECS-System von Eutelsat (Organisation europäischer Fernmeldeverwaltungen), das Intelsat (International Telecommunication Satellite Consortium) und das Kopernikus-System (DFS-Deutscher Fernmeldesatellit) zur Verfügung; für den Direktempfang gibt es den deutschen Rundfunksatellit TV SAT (Müller-Römer, 1985).

Besonders reichhaltig war und ist das Zusatzangebot in den sog. Kabelpilotgebieten. In Ludwigshafen bestand z.B. im Herbst 1984 ein Programmangebot von 22 Fernsehkanälen und 23 Hörfunkprogrammen (Krüger, 1984). Abzüglich der ARD/ZDF-Einspeisungen konnten folgende Kanäle empfangen werden:

- Sky Channel,
- Musik-Box (Video-Clips),
- Der schlaue Kanal (SWF-Bildungsangebot),
- ZDF Musikkanal,
- EPF/ZDF 2 (Lokalprogramm der Rheinlandpfalz-Tochter EPF mit ZDF

2, heute 3SAT),
- Tele-Zeitung der „Rheinpfalz“ (Testkanal),
- PKS/FAZ (Vollprogramm, sog. Verleger-Programm, heute SAT 1),
- Bürgerservice (23 „non profit“-Anbieter),
- Einzelanbieter (18 kommerzielle Einzelanbieter),
- Movie Channel (Spielfilme),
- Offener Kanal (mit freiem Zugang durch jeden Bürger).

In der Bundesrepublik sind (Stand 16.9.86, BMfPuF 1986) zwei Millionen Haushalte mit fünf Millionen Zuschauern an die Kabelfernsehnetze angeschlossen. Etwa 1,5 Millionen Haushalte können dabei Satellitenprogramme empfangen. Es wird geschätzt, daß von den 25 Millionen Wohnungen in der Bundesrepublik ca. 5,2 Millionen anschließbar sind.

In den Randzonen der Bundesrepublik bestehen außerdem Möglichkeiten zum Empfang ausländischer Sender. Z.T. werden diese auch in die bestehenden Breitbandverkabelungsnetze der Bundespost eingespeist (laut Programmblatt der Münchner Gesellschaft für Kabelkommunikation, MGK, werden z.B. die beiden österreichischen Fernsehprogramme angeboten).

1.3.2. Nutzungserfahrungen

In der Bundesrepublik wurden zur Überprüfung der Effekte des Kabelfernsehens mehrere Pilotprojekte eingerichtet oder bereits zu Ende gebracht (Ludwigshafen 31.12.86; vgl. Tab. 1.3). Schwerpunktmäßig werden dabei Untersuchungen zur Akzeptanz und Nutzung von Kabelfernsehen betrieben.

Vor Beginn des Kabelversuchs in Berlin wurde gefunden (Storll, 1985), daß nur 31,7% (aller Haushalte mit Telephonanschluß) zusätzliche Fernsehprogramme wünschen. Das bisherige Fernsehangebot wurde nur von 11,1% als „schlecht“ oder „sehr schlecht“ beurteilt. 48,5% schätzen die Auswirkungen zusätzlicher Fernsehprogramme als „eher schädlich“ ein. 21,9% sind an einem Kabelanschluß interessiert. Bei der Befürwortung zusätzlicher Programme dominiert der Wunsch nach mehr Auswahlmöglichkeiten (44%) und mehr Unterhaltung (33%), während andere inhaltliche Aspekte im Hintergrund bleiben (Sport 13%, Information 12%, Nachrichten 11%).

Diese Ergebnisse wurden auch in den anderen Kabelpilotprojekten bestätigt: In Ludwigshafen wurde z.B. ein halbes Jahr nach Versuchsbeginn gefunden (Dehm & Klingler, 1984), daß 27% der Befragten an weiteren Fernsehprogrammen interessiert sind, Bereitschaft zur Teilnahme an dem Versuchsprojekt bekundeten 22% (weitere 10% waren „bedingt“ zur Teilnahme bereit). Von einem beträchtlichen Teil der Befragten werden die Kosten für den Anschluß (61%) oder die Monatsgebühren (36%) als zu hoch eingeschätzt. Neben der insgesamt geringen Beteiligungsbereitschaft wird aufgrund eines Vergleichs zu früheren Untersuchungen ein Prozeß der „sukzessiven Polarisierung“ zwischen anschlußbereiten und nicht-anschlußbereiten Befragten vermutet.

Tabelle 1.3: **Kabelfernseh-Pilotprojekte in der Bundesrepublik (Deutsche Bundespost, 1986, S. 48, ergänzt durch Auskünfte der Betreibergesellschaften)**

Ort	Zeitpunkt der Einrichtung	anschließbare Wohneinheiten	Anschlüsse	Stand
Ludwigshafen	1.1.1984	176 700	58 905	01.11.86
München	1.4.1984	225 000	70 000	30.09.86
Dortmund	1.6.1985	44 000	10 009	30.11.86
Berlin	18.8.1985	634 000	258 495	01.10.86

Ronneberger (1986, S. 224) verweist darauf, daß die Teilnehmer am Pilotprojekt München eine große Fernsehhäufigkeit aufweisen, ohne daß hierbei aber die Kausalbeziehungen geklärt werden können. Die monatlichen Gebühren werden von 44% für zu hoch gehalten (bei 14% Enthaltungen); dieser Aspekt ist bei den Nichtteilnehmern am Kabelversuch neben mangelndem Bedarf nach weiteren Programmen der Hauptgrund, von den zusätzlichen Angeboten keinen Gebrauch zu machen. Damit werden Tendenzen einer Voruntersuchung im Kabelprojekt München abgesichert (Ronneberger & Gerhard 1984). In dieser war ebenfalls gefunden worden, daß Projektteilnehmer intensivere Fernsehnutzer waren, wobei ein Viertel der Teilnehmer angegeben hatte, daß es durch den Kabelanschluß zu einer Intensivierung des Fernsehkonsums gekommen sei. Als Hauptgründe für die Nichtteilnahme wurden geringes Interesse (52%), zu hohe Kosten (31%) und zu wenig Zeit (16%) genannt. Die Anschlußbereitschaft unter den Nichtteilnehmern betrug maximal 40% (14% so gut wie sicher, 26% möglicherweise für Anschluß).

Bollinger und Kahlert (1985) bestätigten, daß Kabelteilnehmer in Ludwigshafen durch erhöhten Fernsehkonsum, höhere Bildung und höheres Einkommen, höhere soziale Partizipation und konservativere parteipolitische Orientierung gekennzeichnet werden können. Weitere Nutzungsdaten aus dem Kabelpilotprojekt Ludwigshafen zeigen (Dehm & Klingler, 1985), daß außer den Angeboten der öffentlich-rechtlichen Anstalten kommerzielle Programme mit vorwiegend unterhaltender Zielsetzung genutzt werden (SAT 1 deutlich vor Sky Channel, Music-Box-Kanal durch junge Leute). Die restlichen Programme können mit dem Schlagwort der „zuschauerfreien Kanäle" gekennzeichnet werden (Bürgerservice-Kanal, Mischkanal, Offener Kanal). Die Erfahrungen belegen weiterhin, daß das vermehrte Angebot selektiv zur Maximierung des Konsums von Unterhaltungsfilmen genutzt wird; drastisch zurück gehen hingegen die Zuschauerzahlen bei Sendungen aus dem Bereich Kultur, Wissenschaft und Bildung sowie von Informationssendungen aus den Bereichen Politik, Wirtschaft und Gesellschaft.

Wie diese Ergebnisse aus den Kabelpilotprojekten zeigen, lassen sich etwa 20 bis 40% der anschließbaren Haushalte tatsächlich anschließen. Die Begleituntersuchungen geben dabei Aufschluß über Bevölkerungsgruppen, die sich diesen Medium verstärkt zuwenden, sowie über quantitative wie qualitative Änderungen des Medienkonsums.

Obwohl es wegen der grundsätzlich anderen Mediensituation in den USA nicht direkt möglich ist, auf vergleichbare Effekte in der Bundesrepublik zu schließen, sei auf einige von Becker (1983) herausgestellte Besonderheiten des Kabelfernsehens in den USA verwiesen:

- Danach hält das Kabelfernsehen eher Einzug in Haushalte, in denen der Haushaltsvorstand verheiratet ist, Kinder hat und selbst Wohnungseigner ist.
- Die durchschnittliche Sehdauer ist bei Kabelabonnenten um 43 Minuten/Tag höher als bei Nichtabonnenten, besonders deutlich sind die Unterschiede an Wochenenden (7,87 versus 5,89 Stunden/Tag).
- Kabelnutzer sind insgesamt aktivere Mediennutzer, d.h. sie lesen auch häufiger Zeitungen und Illustrierte, besitzen öfter einen Video-/Bildplattenspieler und Video-/Computerspiele.
- Es wird schließlich darauf verwiesen, daß in Kabelhaushalten den Kindern mehr Gelegenheit zum Fernsehen gegeben wird.

Auch für die USA wird in Frage gestellt, ob durch die zusätzlichen über Kabel empfangbaren Programme die Programmvielfalt tatsächlich erhöht wird (Becker 1983, S. 436; Krüger, 1984; Hearst, 1986). Es gibt zwar eine Reihe spezieller Angebote (Kinder-, Kultur-, Nachrichten-, Politik-, Religionsprogramme), da aber das Fernsehen in den USA im Vergleich zu Europa aber sehr viel mehr Unterhaltungs- als Informationsmedium ist (Hearst, 1986), wird durch die Kabelnetze primär das Unterhaltungsangebot vervielfacht: „Viele Kanäle zum Hin- und Herschalten, die aber qualitativ bei weitem nicht halten, was sie quantitativ versprechen: inhaltliche Vielfalt" (Media Perspektiven, 1983, S. 423).

Das Kabelfernsehen eröffnet zusätzlich die Möglichkeit des sog. Pay-TV (auch Abonnement-, Subskriptions- oder Münzfernsehen, Pay-per-view-TV). Diese Fernsehvariante entwickelte sich in den USA als Alternative zu den vorwiegend über Werbung finanzierten Fernsehprogrammen, bei denen der Rezipient häufige Filmunterbrechungen für Werbe-Spots in Kauf nehmen muß. Während in den USA die Idee, für den Fernsehempfang vom Rezipienten Geld zu bekommen, revolutionär war, ist dies in der europäischen Tradition eine Selbstverständlichkeit. Es gab in Europa deshalb auch nie eine so ausgeprägte Dominanz der Fernsehwerbung wie in den USA. Zu beachten ist bei dem Kabelangebot auch die Kostenfrage: In den USA wird für die Bereitstellung des Kabelnetzes mit den Grunddiensten (in Abhängigkeit von der Anzahl der herangeführten Programme) zwischen 19 und 30 DM pro Monat verlangt, für ein zusätzliches Pay-TV-Programm müssen zwischen 17 und 32 DM pro Monat bezahlt werden, bei der Nutzung mehrerer solcher Angebote werden dabei monatliche Kosten von über 100 DM fällig (Media Perspektiven, 1983).

In Großbritannien wurden 1983 13 Pay-TV-Pilotprojekte zu Ende gebracht (Heyn, 1984). Von den in den 13 Gebieten vorhandenen 338 400 Haushalten mit Kabelanschlußmöglichkeit konnten nur 106 900 (oder 31,6%) als Abonnenten für das Grundkabelprogramm geworben werden, unter diesen waren 20 110 (18,8% aller Kabelabonnenten bzw. 5,9% aller Haushalte mit Kabelanschlußmöglichkeit) bereit, auch ein Pay-TV-Programm zu beziehen. Die Gebühren lagen dabei für das Grundprogramm bei ca. fünf und für das Pay-TV-Programm bei 35 DM. Die von privaten Linzenznehmern gemachten Angebote erwiesen sich in kommerzieller Hinsicht als Verlustgeschäfte. Diese Einschätzung wird offensichtlich auch von den potentiellen Pay-TV-Anbietern in der Bundesrepublik geteilt, die unter Vermeidung von Konkurrenz auf diesem Markt die Risiken auf möglichst viele Schultern verteilen wollen (Röper, 1985).

Kabelnetze ermöglichen auch die Installierung eines sog. Offenen Kanals (OK), d.h. die Erstellung eines Programmes, an dem sich jeder Bürger beteiligen kann. Der OK wird insgesamt kontrovers beurteilt (Petrich, 1984, S. 871):

„Von der einen Gruppe wird der Mißbrauch eines Mediums ohne Zugangsbeschränkungen befürchtet. Sie argumentiert, daß der OK zum Sammelbecken von 'Sonderlingen' oder politischen Extremisten werden könne.

Von anderen wird der OK als Chance gesehen, um bislang 'sprachlose', 'machtlose', nicht 'relevante' Bürger und Gruppen in den elektronischen Medien zu Wort kommen zu lassen. Eine dritte Position schreibt dem OK eine Alibifunktion zu. Der OK sei eine Strategie, um Gegner kommerzieller Programme 'abzulenken' bzw. Bürgern die Beteiligung am Kabelfernsehen schmackhaft zu machen.“

Erste Erfahrungen mit dem Funktionieren eines OK wurden im Rahmen des Kabelpilotprojekts Ludwigshafen gesammelt. Innerhalb dieses Projekts wurden die Voraussetzungen geschaffen, Produktionen des OK ohne Kosten für den potentiellen Anbieter zu gestalten. Ergebnis war, „daß trotz freiem Zugang zum OK noch erhebliche Zugangsbarrieren für einen großen Teil der Bevölkerung bestehen und der OK Ludwigsburg noch weit davon entfernt ist, als lokales Medium für die von den etablierten Medien vernachlässigten Bevölkerungsgruppen zu fungieren“ (Petrich, 1984, S. 878). Probleme ergeben sich auch hinsichtlich der Möglichkeit, das Programm dieses Kanals im vorhinein anzukündigen. Wie sich außerdem herausstellte (Dehm & Klingler, 1985), wird das Angebot des Offenen Kanals von den Rezipienten so gut wie nicht genutzt.

Zusammenfassend läßt sich feststellen, durch die Vermehrung der Fernsehprogrammangebote kommt nur bedingt eine Vervielfältigung des Programmangebots, generell aber eine einseitigere Nutzung zustande. Oberflächlich gesehen wird durch die zusätzlichen Programmangebote die Auswahlmöglichkeit zwar erhöht. Die Anzahl der wählbaren Kanäle sagt aber nur wenig darüber aus, ob tatsächlich Unterschiedliches angeboten wird. Wie Vergleiche des Angebots der öffentlich-rechtlichen Anstalten mit denen des Privatfernsehens zeigen, dominieren im Programmangebot der privaten Anbieter die Unterhaltungssendungen, wobei von den privaten Anbietern zudem wesentlich mehr Fremd- als Eigenproduktionen gezeigt werden (Krüger, 1985 a; Media Perspektiven, 1984). Informations- und Bildungsangebote werden hingegen an den Rand gedrängt. Aber selbst hinsichtlich des Informationsangebots (z.B. in den Nachrichtensendungen) sind durch kommerzielle Programme qualitative Unterschiede gegeben, z.B. geht die politische Berichterstattung zurück, der nur einen Standpunkt berücksichtigende Journalismus nimmt zu, die Bemühung um Popularisierung der Nachrichteninhalte führt zur Aufnahme von Unterhaltungselementen, d.h. die Nachrichtensendungen stehen in der Gefahr, zu „soft-news“ und „news-shows“ zu werden (Krüger, 1985 b, c; Heyn, 1985).

Diese Veränderung auf der Angebotsseite korrespondiert mit geänderten Nutzungsgewohnheiten, d.h. Sender mit hohem Unterhaltungsangebot werden dominant genutzt, auf Bürgernähe und Information abgestellte Sender wandeln sich zu „zuschauerleeren Kanälen“, die Nutzung von Informationsangeboten (z.B. politische Magazine) geht generell rapide zurück (Ronneberger, 1986; Dehm & Klingler, 1985). Der Druck auf die kommerziellen Programme, möglichst hohe Einschaltquoten zu erreiche, um substantielle Teile des Werbemarktes zu vereinnahmen, und das Bedürfnis der Mehrheit der Rezipienten nach leichter Unterhaltung vereinigen sich somit in einer qualitativen Veränderung des Mediums Fernsehen. Es ist eine Amerikanisierung festzustellen, die im Sinne Postmans (1985) als Änderung des Mediums und der Medienlandschaft in Richtung Maximierung des Amüsements beschrieben werden kann.

1.4. Videorecorder und Bildplattengeräte

Neben den neuen Distributionskanälen des Kabel- und Satellitenfernsehens gibt es seit einigen Jahren eine substantiell bedeutsame Erweiterung des privaten Medienkonsums über Videorecorder und Bildplattengeräte. Seit Anfang der 80er Jahre ist eine kontinuierliche Zunahme der Haushaltsdurchsetzung mit solchen Geräten festzustellen (vgl. Tab. 1.4), wobei nach der AG.MA 1988 ca. 28% aller Personen über 14 Jahren über einen Recorder verfügen bzw. Anfang 1985 in 23% aller Haushalte ein solches Gerät zur Verfügung stand (Lukesch, 1985 a). Die Bundesrepublik nimmt dabei in Westeuropa hinter Großbritannien (1984: 27% der Haushalte mit Video-Recorder) den zweiten Platz ein, während weltweit Kuwait mit einer Recorderdichte von 90% führend ist (Radevagen & Zielinski, 1984) und in den USA der Video-Boom gerade begonnen hat (1984: 10% Recorderdichte; Hoffmann, 1984). Bis 1990 wird eine Recorderdichte von 50% aller bundesdeutschen Haushalte prognostiziert.

Für den Videorecorder-Besitzer besteht neben der Möglichkeit zum zeitversetzten Fernsehen ein Angebot von ca. 8 500 (nach Angaben des Deutschen Video Institutes, 1988) bzw. von 3 225 kommerziell beziehbaren

Videofilm-Titeln (nach einer Auszählung durch Radevagen & Zielinski, 1984, S. 379). Unter diesen befinden sich immerhin 1440 indizierte und knapp 70 konfiszierte Video-Filme (BPS-Report, Dezember 1987). Obwohl heute das Medium Video zu einem anerkannten Distributionsmittel für die Spielfilmproduktion geworden ist, werden über diesen Weg auf lange Sicht die Angebote des Genre-Kinos (Brutalitäts- und Porno-Filme) eine Zugangsmöglichkeit in die Familien haben.

Tabelle 1.4: **Gerätebesitz bei Personen ab 14 Jahren, Angaben in Prozent (AG.MA 1984 - 1988)**

Geräte	1988	1987	1986	1985	1984
Fernsehgerät S/W	16	19	22	26	29
Farbfernseher	93	91	90	87	85
S/W oder Farbe	98	98	98	98	98
Videorecorder	28	22	18	14	10
Videokamera	2	1	1	1	1
Videotext-Empfangs-mögl.	15	13	8	8	-
Telespielgerät	9	9	10	8	8
Heimcomputer	7	5	3	2	-
Kabelanschluß im Haus	13	10	7	4	-
Kabelanschluß in der Wohnung	10	7	4	2	-

1.5. Videotext

Das massenmediale Kommunikationsangebot umfaßt in der Bundesrepublik seit 1.6.1980 eine unter der Bezeichnung Video-, Tele- oder neuerdings auch Fernsehtext angebotene zusätzliche Serviceleistung. Dabei wird eine Textinformation mit der bislang freien Übertragungskapazität der Austastlücke gesendet. Andere europäische Länder hatten bei dieser Entwicklung eine Vorreiterfunktion übernommen. (Großbritannien 1976, Schweden 1978, Österreich und Holland 1980).

Die Rundfunkanstalten konnten sich in der Auseinandersetzung mit den Zeitungsverlegern in der Bundesrepublik (Stichwort „Bildschirmzeitung") eine Vorrangstellung sichern. Allerdings einigte man sich anfangs auf eine Reihe „presseschonender" Maßnahmen, z.B. Verzicht auf Werbung, auf lokale Videotext-Informationen, beschränkte Ausstrahlungszeit, die aber durch zunehmende Regionalisierung des Videotext-Angebots in Frage gestellt werden.

1988 besaßen immerhin 15% der erwachsenen Rezipienten ein mit einem entsprechenden Decoder ausgestattetes Fernsehgerät (vgl. Tab. 1.4). Neben diversen Informationsangeboten werden pro Monat ca. 1000 Sendeminuten mit Untertiteln ausgestrahlt, wobei die Life-Untertitelung der „Tagesschau" für Hörgeschädigte als besondere Leistung hervorgehoben werden muß (Kulpok, 1984).

Die Entwicklung dieser kommunikationstechnischen Neuerung ist noch zu keinem Abschluß gekommen; schnellere Zugriffszeiten, erweiterte Zeichenvorräte, Darstellung von Pastellfarben sowie die hochauflösende Übertragung von Fotographien stehen noch bevor. In der Bundesrepublik (Stand 1984) sollen ca. 20% der Fernsehgeräte videotext-tauglich sein, in Großbritannien wird ihr Anteil bereits auf 50% geschätzt (Kulpok, 1984, S. 205). Es ist zu erwarten, daß aufgrund der Entwicklung auf dem Gerätemarkt die Empfangsmöglichkeit für Videotext zum Standard eines Fernsehgerätes gehören wird.

Ursprung von Videotext war die Ausstattung von Filmen mit Untertiteln, vorwiegend für hörbehinderte Zuschauer. In der Zwischen-zeit ist ein wesentlich breiteres Serviceangebot über Videotext abrufbar (z.B. Nachrichten, Programmübersichten, Lotto/Toto/Rennquintett, Letzte Meldung, Wetter).

Die bisherigen Nutzerstudien (Bessler, 1983; Maletzke, 1985; Ehlers, 1985) haben neben der vorerst selektiven Nutzung dieser Kommunikationsmöglichkeit (eher Männer mittleren Alters mit gehobener Bildung und höherer Berufsposition) ein sehr positives Bild erbracht. Videotext findet zumeist beim Kauf eines neuen Gerätes Eingang in die Haushalte. Von den Personen mit Zugang zu Videotext machen ca. zwei Drittel täglich davon Gebrauch. Dabei ist nicht auszuschließen, daß sich längerfristig Veränderungen im Informationsverhalten (z.B. gegenüber Hörfunk- und Fernsehnachrichten) ergeben. Nach dem subjektiven Dafürhalten führt die Verwendung von Videotext zu einer Reduktion der Nutzung von Programmzeitschriften (25%) und der Telephondienste (17%). Die am häufigsten genutzten Angebote betreffen die „Letzte Meldung", Nachrichten, Programmvorschau und Sportergebnisse. Es werden zudem von den meisten Nutzern Angebotserweiterungen gewünscht. Aufgrund ökonomischer Aspekte (keine Zusatzkosten nach der Erstanschaffung) und der einfachen Bedienung ist zu erwarten, daß sich der Nutzerkreis für dieses Angebot noch beträchtlich ausweiten wird. Negative Aspekte scheinen sich aus der Nutzung von Videotext nicht zu ergeben (sieht man von der möglicherweise vorhandenen Konkurrenzsituation bei Regionalisierung des Videotextangebotes zur Presse ab).

1.6. Bildschirmtext (Btx)

Eine noch wenig verbreitete Gelegenheit zur Nutzung neuartiger Informationskanäle bietet der Bildschirm- (später Kabel-)text (1986 verfügten darüber laut AG.MA nur 1% der Erwachsenen). Bildschirmtext ist „ein für jeden als Teilnehmer und als Anbieter zur inhaltlichen Nutzung bestimmtes Informations- und Kommunikationssystem, bei dem Informationen und andere Dienste für alle Teilnehmer oder Teilnehmergruppen (Angebote und Einzelmitteilungen) elektronisch zum Abruf gespeichert, unter Benutzung des öffentlichen Fernmeldenetzes und von Bildschirmtextvermittlungsstellen oder vergleichbaren technischen Vermittlungseinrichtungen individuell abgerufen und typischerweise auf dem Bildschirm sichtbar gemacht werden. Hierzu gehört nicht die Bewegtbildübertragung" (§ 1 Btx-Staatsvertrag vom 18. März 1983).

Dieses Angebot der Bundespost wurde 1982 von ca. 9000 Teilnehmern wahrgenommen und hat sich bis 1986 mehr als verfünffacht (vgl. Tab. 1.5). Nach einer von der Diebold Deutschland GmbH vorgenommenen Studie über „Bildschirmtext '85" (Media Perspektiven, 1984, S. 908) wird erwartet, daß bis 1990 2,8 Millionen Anschlüsse vorhanden sein werden. Diese Schätzung muß aus heutiger Sicht als überzogen optimistisch qualifiziert werden. Der Anteil der kommerziellen oder semiprofessionellen Anschlußinhaber soll dabei von 60% im Jahre 1986 auf 45% im Jahre 1990 zurückgehen, der der privaten Nutzer hingegen entsprechend steigen.

Qualitativ neuartig ist bei Btx der Rückkanal und die daraus resultierenden Möglichkeiten. Dieses Medium kann zu einem leistungsfähigen und voll integrierten Informations- und Kommunikationsnetz mit neuartigen Nutzungsmöglichkeiten im öffentlichen und privaten Bereich ausgebaut werden (tele-working, tele-shopping, tele-banking, On-line-Recherchen in Datenbanken).

Tabelle 1.5: **Entwicklung und Stand von Bildschirmtext (BMfPuFW 1986)**

	14.08.86	31.08.86	1987
Anschlüsse (alle Anbieter und Teilnehmer)	52 529	51 555	95 914
Anbieter (je einmal berücksichtigt)	3 687	3 711	
Leitseiten	4 741	4 723	
Externe Rechner (die über Btx erreichbar sind)	185	183	
Anbieter mit Externen Rechnern	876	857	
Anbieter mit Berechtigung einer geschlossenen Benutzergruppe (GBG)	1 035	1 031	
Einträge in GBG	52 943	51 460	
Btx-Seiten	594 178	595 841	
Anrufe ab Monatsbeginn	515 318	1 010 147	

Das Wissen um die Nutzung, die möglichen Entwicklungschancen und die damit verbundenen Auswirkungen von Btx werden von Meier und Bonfadelli (1985) äußerst skeptisch beurteilt. Dies hängt zum einen mit der noch nicht voll ausgestalteten informationellen Struktur dieser neuen Technologie zusammen, zum anderen aber auch mit den bislang nur eingeschränkt realisierten Begleituntersuchungen. Trotz dieser Einschränkungen wurden aus den deutschen, österreichischen und schweizerischen Untersuchungen einige Ergebnisse zu potentiellen Auswirkungen sichtbar, wobei Effekte auf den familiären Alltag aufgrund des geringen Nutzungsumfanges bislang nicht erkennbar sind.

Tabelle 1.6: Befunde zu den Auswirkungen von Btx (Meier & Bonfadelli, 1985, S. 698)

Bereich	Befunde
Effekte	Relativ langsame Diffusion von Btx, vor allem aus Kostengründen: Geräte, Gebühren. Folge: In nächster Zeit hat Btx nur sehr begrenzte kulturelle, soziale Auswirkungen.
Haushalt	Familienalltag ändert sich durch Btx kaum; relativ beschränktes finanzielles Budget, geringer Nutzungsumgang. Btx-Nutzung für Abwicklung von Geschäften, vermutlicher Einfluß auf das Einkaufsverhalten.
Freizeit Kultur	Integrations-, Stimulationswirkungen gering; kaum Aktivierungsfunktion, vor allem Verstärkung bei schon kulturell Interessierten. Allenfalls Gefahr der Substitution von Sozialkontakten bei bestimmten Gruppen wie Hausfrauen, allein lebenden Personen.
Behörden	Allenfalls Verstärkung der Kontakte zu Behörden, Verbänden etc.
Wissen	Ungleicher Zugang zu Btx erhöht, mindestens in der Anfangsphase, die informationelle Ungleichheit.
Wirtschaft	Btx-Einführung Teil der allgemeinen Anwendung von EDV-Techniken in der Wirtschaft; Einzelbeitrag von Btx kaum abschätzbar. Tendenzen: Zentralisierung und Rationalisierung. Anwendung von Btx je unterschiedlich in den Bereichen Information, organisationsinterne Kommunikation, Transaktion, Datenverarbeitung. Anwendungen durch Einzelhändler, Vertreter, Handwerker, Freiberufliche. Auswirkungen in der ersten Einführungsphase nicht gravierend; langfristig aber erhebliche strukturelle Auswirkungen möglich: Verstärkung des branchen-internen Strukturwandels, Verschärfung bestehender Strukturkrisen (Facheinzelhandel, Reisebüros).
Arbeit	Arbeitsplatzverdrängung, zum Teil Schaffung neuer Arbeitsplätze; quantitative Schätzungen nicht möglich. Vermehrung der Bildschirmarbeit, Heimarbeit (tele working).
Medien	Insgesamt 16% der Anbieter aus dem Medien-/Kulturbereich bestreiten 27% der Angebote; zum Teil neue Anbieter, die Werbung mit stimulierender Information verknüpfen. Btx allenfalls Ergänzung zu den bestehenden Massenmedien, keine grundsätzliche Veränderung des Medienverhaltens erwartbar. Einzelne Funktionen der Massenmedien könnten allenfalls durch neue Anbieter substituiert werden; vielleicht wird intramediärer Wettbewerb größer (große vs. kleine Zeitungen). Fachzeitschriften am stärksten betroffen; Zeitungen mehr als Publikumszeitschriften.

1.7. Kino

Die Entstehung des Films geht zurück auf das Jahr 1877, als ein amerikanischer Amateurfotograph mit einer Kamera in Bewegung befindliche Körper aufnahm. Um die Jahrhundertwende existierten die ersten Wanderkinos, die 1904 das Ladenkino entstand. Zehn Jahre später wurde die deutsche „Universum-Film AG" (UFA) gegründet. 1928 begann die Umstellung der deutschen Filme auf Tonfilme. In den darauffolgenden jahren nahmen die staatlichen Einflüsse zu und weiteten sich zur Kontrollfunktion durch das Reichsministerium für Volksaufklärung und Propaganda aus. 1942 erfolgte die völlige Verstaatlichung der deutschen Filmwirtschaft.

In den ersten Nachkriegsjahren überfluteten Filmimporte aus den USA die Westzonen. Ab 1949 gelang es schließlich der westdeutschen Filmindustrie mit staatlicher Hilfe zu expandieren. Seit Anfang der 60er Jahre jedoch befindet sie sich aufgrund der starken Konkurrenz mit dem Fernsehen in einer Dauerkrise (Graefe & Vogel, 1980, S. 23). Dies bewirkte die Schließung vieler Filmtheater und die Aufspaltung großer Filmpaläste in mehrere kleine Vorführräume mit verschiedenem Programmangebot, um die Attraktivität durch ein vielfältigeres Angebot zu steigern.

D.h. neben den bislang skizzierten massenmedialen Wachstumsbereichen sollte nicht der große Verlierer dieser Entwicklung, nämlich das Kino, vergessen werden (vgl. Tab. 1.7). Während in der Hochblüte des Kinofilms 1956 jeder Bundesbürger pro Jahr 15,6 mal in ein Kino ging, ist mit der Etablierung und Ausweitung des Fernsehangebots ein kontinuierlicher Rückgang hinsichtlich des Kinobesuchs auf 1,7 Kinobesuche im Jahr 1986 zu verzeichnen. Abgesehen von speziellen Zielgruppen scheint das Kino zu einem beinahe nachrangigen Distributionsmedium für Filmproduktionen geworden zu sein. Im Rahmen aller massenmedialen Tätigkeiten ist der Kinobesuch, abgesehen von speziellen Nutzergruppen (s.u.), auf alle Fälle zu einer quantitativ vernachlässigenswerten Freizeitbeschäftigung geworden.

Tabelle 1.7: **Entwicklung des Kinobesuchs in der Bundesrepublik (Statistisches Bundesamt, 1952 - 1988; Media Perspektiven, 1983, S. 671)**

	verkaufte Karten in Mill. pro Jahr	Kinobesuche pro Einw. und Jahr
1986	105,2	1,7
1985	104,2	1,7
1984	112,1	1,8
1983	112	1,8
1982	125	2,0
1981	126	2,1
1980	144	2,3
1979	131	2,1
1978	123	1,8
1977	102	1,7
1976	115	1,9
1975	114	1,8
1974	124	2,0
1973	127	2,1
1972	150	2,4
1971	152	2,5
1970	167	2,7
1969	181	3,0
1968	192	3,2
1967	234	3,9
1966	280	4,7
1965	321	5,4
1964	339	5,8
1963	376	6,5
1962	443	7,7
1961	517	9,1
1960	605	10,8
1959	671	12,1
1958	750	14,0
1957	801	15,1
1956	818	15,6
1955	766	14,8
1954	736	14,4
1953	625	12,9*
1952	566	11,8*

*) Ohne Berlin (West) und Saarland

Wie bereits angesprochen, bedeuten das Fernsehen und Video die größten Gefahren für die Existenz der Filmtheater. Deren Anzahl sank von fast 7000 im Jahr 1959 auf 3 262 im Jahr 1986 (Graefe & Vogel, 1980, S. 23; Tonnemacher, 1983). Die Aufspaltung der Kinos in mehrere Vorführräume bewirkte andererseits Kostenersparnis und effektivere Betriebsnutzung, da das Kinopersonal nun für mehrere Räume und zugleich für ein umfangreicheres Filmangebot zuständig wurde.

Laut Berg-Schwarze (1983) war 1981 das seit langem erfolgreichste Jahr des deutschen Films, dessen Anteil am gesamten Filmmarkt in der BRD damals 18,7% betrug. Im darauffolgenden Jahr sank der Anteil der deutschen Filme auf 11,3%. Dagegen werden immer häufiger Kinofilme im Fernsehen gezeigt, und das Angebot an Kinofilmen auf Videokassetten hat sich bereits auf ca. 8 500 Titel erhöht. Von dieser Entwicklung sind besonders die Filmverleihe und Produzenten betroffen. Für die Kinofilmhersteller macht sich im Gegensatz zu den Fernseh- und Werbefilmherstellern eine ungünstige Umsatz-Kosten-Relation bemerkbar. „Ein Film mit Herstellungskosten von 1 Mio. DM benötigt zur Kostendeckung annähernd 500.000 Besucher. Bei dieser Anzahl beginnt der 'Bestseller'" (Renz & Traubert, 1983, S. 617). Um der deutschen Filmwirtschaft zu helfen, trat 1968 das Filmförderungsgesetz des Bundes in Kraft, das 1972 um die „Mindestqualitätsklausel" erweitert wurde, um den Ruf und das Niveau des „heruntergekommenen" deutschen Films wieder anzuheben. Außerdem wurden ab 1974 in einem Rahmenabkommen auch die Fernsehanstalten ARD und ZDF zu einer finanziellen Spielfilmförderung verpflichtet.

Zusammenfassend nennt Wiesand (1983) drei strukturelle Besonderheiten, die das Überleben der westdeutschen Filmkultur ermöglichen:

- die individualisierte Produktionsstruktur (100 unabhängige kleine und mittlere Spielfilm-Produktionsfirmen in der BRD),
- die Einbeziehung der Fernsehanstalten in das Filmförderungssystem und
- das profilierte „junge" Kinopublikum.

1981 umfaßte das Filmangebot der Kinos rund 2500 Titel. Darunter befanden sich 343 Erstaufführungen. Von diesen wurden 22% in der BRD, 29% in den USA und 48% in anderen Ländern produziert. Im Vergleich dazu strahlte das Fernsehen etwa 1350 Filme aus, wovon in jedem der drei Fernsehprogramme amerikanische Filme den weitaus größten Anteil ausmachten.

1.8. Printmedien

Bei einer Synopse des massenmedialen Angebots dürfen die Printmedien nicht vergessen werden, der traditionsreichste Arm der Massenmedien (vgl. Tab. 1.8). Hinsichtlich der verlegten Buch-Titel war seit den frühen 50er Jahren ein fast kontinuierlicher Anstieg von vierzehn- auf einundsechzigtausend verlegte Titel zwischen 1952 und 1983 zu verzeichnen. Ob der für 1984 dokumentierte Rückgang eine Trendwende bedeutet, ist wegen der Erholung im darauffolgenden Jahr eher unwahrscheinlich.

Tabelle 1.8: **Ausgewählte Indikatoren der Entwicklung des Printmedienmarktes (Statistisches Bundesamt 1953 - 1986)**

Jahr	Buchproduktion (in Tausend)	Verlegte Zeitungen Haupt- und Nebenausgaben		Verkaufsauflage (in Tausend)
1986	64	356	904	25 255
1985	58	357	896	25 439
1984	52	358	890	25 619
1983	61	359	867	25 834
1982	61	364	855	25 882
1981	59	365	851	25 094
1980	67	368	854	24 103
1979	62	370	847	25 016
1978	53	371	827	24 176
1977	48	372	830	23 983
1976	47	374	813	23 464
1975	44	364	847	19 070
1974	50	374	798	18 900
1973	47	404	807	18 667
1972	47	413	810	18 126
1971	43	434	821	18 104
1970	47	535	752	21 494
1969	36	549	756	21 762
1968	32	557	751	21 338
1967	31	576	782	21 652
1966	24	603	782	21 951
1965	27	610	759	21 342
1964	26	616	759	20 670
1963	26	630	793	18 137
1962	23	632	793	19 296
1961	23	630	698	16 929
1960	23	622	698	16 677
1959	17	620	690	16 276
1958	21	620	690	16 276
1957	17	610	710	15 225
1952	14			

Bei der Tagespresse ist ein beträchtlicher Zuwachs von täglich ca. 14 Millionen verkauften Zeitungen im Jahre 1956 auf beinahe 26 Millionen im Jahre 1984 dokumentiert. Zugleich wird aus den Daten zum Zeitungsmarkt das sog. „Zeitungssterben“ (vgl. auch Schütz, 1985) deutlich, haben sich doch im selben Zeitraum die erschienenen Hauptausgaben auf beinahe die Hälfte des 1955 vorhandenen Angebots reduziert.

Eine weitere, eventuell folgenreiche Entwicklung ist im Bereich der Printmedien zu verzeichnen, nämlich die zwischen 1975 und 1984 erfolgte Verdoppelung der Anzahl der verlegten Zeitschriften, mit der eine Steigerung um 40 Millionen Exemplare pro Ausgabe einhergegangen ist (vgl. Tab. 1.9). Hier deutet sich eine verstärkte Hinwendung zu sog. „nonbooks“ (Winn, 1979; Postman, 1985) an, d.h. zu Printmedien, in denen Bedeutungen nicht mehr in Form eines kohärenten Textes, sondern in Form von kommentierten Bildern an den Rezipienten transportiert werden.

Tabelle 1.9: **Entwicklung des Zeitschriftenmarktes (Statistisches Bundesamt, 1976 - 1988)**

Jahr	Verlegte Titel	verkaufte Exemplare in Tausend pro Ausgabe
1986	6 908	155 283
1985	6 893	149 903
1984	6 817	153 625
1983	6 702	153 657
1982	6 572	146 196
1981	6 486	142 478
1980	6 243	141 702
1979	6 042	137 675
1978	5 268	132 098
1977	5 087	123 210
1976	4 704	126 545
1975	3 838	120 902

1.9. Video- und Computerspiele

Über Videospiele sind in den letzten Jahren mehrere wissenschaftliche und eine große Anzahl populärer Publikationen erschienen. Dabei fällt auf, daß verschiedene Begriffe für ein und dasselbe Phänomen existieren. In den meisten Veröffentlichungen werden die Begriffe „Videospiele", „Telespiel", „Computerspiel" und „Automatenspiel" synonym verwendet (Behn 1984, S. 683). Eine Definition von Video-Spielen kann jedoch anhand ihrer Merkmale gegeben werden. Und zwar wird zur Durchführung des Spiels ein Bildschirm benötigt, auf dem das Spielgeschehen mittels eines Computerprogramms abläuft. Die Spieler haben die Möglichkeit, aktiv in das Spielgeschehen einzugreifen, indem sie als Eingabegeräte Joystics (Spielknüppel), Drehregler oder Tastaturregler bedienen. Fritz et al. (1983, S. 9) unterteilen die Videospielgeräte in vier Typen:

- Videocomputer-Systeme, mit denen man ausschließlich Spielcassetten abspielen kann;
- ausbaufährige Videocomputer-Systeme, die durch Zusatzmodule und Regler bis hin zu einem Heimcomputer ausgebaut werden können;
- Heimcomputer-Systeme, die außer dem Abspielen von Cassetten die Möglichkeit zum Programmieren bieten;
- Videocomputer-Sichtgeräte, die über einen integrierten Monitor verfügen und ausbaufähig sind.

Behn (1984, S. 684) nennt als weitere Gruppe von Spielgeräten freistehende Spielautomaten mit eingebautem Bildschirm, die erst nach Münzeinwurf bedient werden können und eine begrenzte Zahl von Spieldurchgängen gestatten.

Die große Anzahl der vorhandenen Videospiele kann in zehn verschiedene Inhaltsbereiche aufgeteilt werden (vgl. Fritz et al., 1983, S. 30 - 34; für eine Beschreibung der Inhaltsbereiche vgl. Kap. 2.6.2). So sehr sich die einzelnen Videospiele auch inhaltlich voneinander unterscheiden, kann das Spielziel bei der überwiegenden Mehrheit der Spiele auf folgenden Nenner gebracht werden: Es geht darum zu überleben, d.h. so lange wie möglich im Spiel zu bleiben und dabei möglichst viele Punkte zu sammeln. Ausnahmen hierzu bilden nur einige Spiele, die den Kategorien „Sport", „Abenteuer" und „Gesellschaftsspiele" zuzuordnen sind. Das Spielziel ist also prinzipiell offen, d.h. der Erfolg wird über die erreichte Punktzahl definiert, denn auch bei Spielen, die ein festgelegtes Ziel haben (z.B. viele Spiele der Kategorien „Abenteuer" und „Aufstieg"), gelangen die Spieler in den seltensten Fällen dorthin. Der Spielerfolg kann deshalb in den meisten Fällen nur im Vergleich mit Ergebnissen anderer Spiele gemessen werden (Behn, 1984, S. 684 f).

Videospiele sind ein relativ neues Phänomen (Loftus & Loftus 1983, S. 33). Liebel (1983, S. 20) bezeichnet die Spiele als „Sprößling der neuen Technologie der Mikroprozessoren", woran deutlich wird, daß die Geschichte der Videospiele nicht losgelöst von den technischen Entwicklungen im Bereich der Mikroelektronik betrachtet werden kann (Seesslen & Rost, 1984, S. 78 f; Huff, 1984, S. 10 f; Fritz et al., 1983, S. 15). Vor mehr als 30 Jahren, u.zw. 1958, entwickelte W. Higinbothom ein elektronisches Tennisspiel, bei dem sich ein Ball auf dem Oszillographen hin und her bewegt und der mit elektronisch erzeugten Schlägen gelenkt werden konnte. Dieses und bald darauf andere ähnliche Spiele wurden in amerikanischen Forschungsinstituten gespielt, wenn es freie Computerzeit gab. 1962 programmierte S. Russel, ein Professor für Computerwissenschaft, den Rechner der Universität von Utah mit einem „Space War" genannten Spiel. Vier Jahre später wurde das erste elektronische Spiel entwickelt, das für die Vermarktung als Heim-Videospiel bestimmt war. Die Entwicklung einiger weiterer Spiele folgte, die jedoch alle kommerziell erfolglos blieben. 1972 wurde von Neil Bushnell das Spiel „Pong", eine Art elektronisches Tennis, entwickelt, das sich als erstes Automatenspiel als Erfolg in den Spielhallen erwies. Der entscheidende Schritt für die Entwicklung von Personalcomputern wie für die Heim-Videospiele war 1975 die Erfindung des Large Scale Integration (LSI)-Chips. Im gleichen Jahr wurde „Pong" erfolgreich als Heim-Videospiel verkauft. Von diesem Zeitpunkt an wurde eine kaum überschaubare Menge von Spielen und Systemen entwickelt und vermarktet. Anfang der 80er Jahre wurden die ersten Videospiel-Zeitschriften gegründet. Die Marktentwicklung, die 1983 begann, wird als „videogame shakeout" (Huff, 1984, S. 14) bezeichnet (vgl. auch Fritz et al., 1983, S. 22 und Fritz, 1984 c, S. 9). Sie ist durch einen rapiden Preisverfall bei der Hardware und dem Rückzug vieler Hersteller gekennzeichnet. Für Fritz et al. (1983, S. 22) ist die Konsequenz aus dieser Marktsituation, daß „die Innovationswellen immer rascher aufeinander folgen und die Veralterung der Geräte (und wohl auch der Cassetten) in immer kürzeren Zeiträumen zu erwarten ist". Das Angebot an Videospielen ist nicht genau dokumentiert. Nach einer groben Schätzung kann man aber davon ausgehen, daß es weit mehr als 1 000 kommerziell vertriebene Videospiele gibt.

„Es gibt keine Absurdität, die so
handgreiflich wäre, daß man sie nicht
allen Menschen in den Kopf setzen könnte,
wenn man nur schon vor ihrem sechsten
Jahre anfinge, sie ihnen einzuprägen ... “

Arthur Schopenhauer: Panerga und
Paralipomena II, 344.

„Auf der anderen Seite kommt es auch vor,
daß die beste Rede bei Leuten mit schlechtem
Geschmack keinen Anklang findet. Die Lektüre
hingegen ist unabhängig und fährt
nicht so stürmisch wie ein mündlicher
Vortrag an uns vorüber.“

Quintilian: Institutio oratoria. X/1/19.

2. Die Nutzung der Massenmedien durch Kinder und Jugendliche

2.1. Auditive Medien

2.1.1. Allgemeine Nutzungsdaten

Im März 1985 waren 25 Millionen Hörfunkgeräte in der Bundesrepublik angemeldet (Media Perspektiven, 1985/6). Dabei besitzt nach einer Studie von Buss (1982) jeder Erwachsene (ab 14 Jahren) im Durchschnitt 2,7 Radiogeräte, wobei Jugendliche zu über 50% mindestens vier Geräte angeben. Die meisten Autofahrer verfügen über ein Autoradio, 37% dieser Geräte sind mit Verkehrsfunkdekodern ausgestattet.

Tabelle 2.1: **Hörer pro Werktag in Prozent der Erwachsenen (Buss, 1982, S. 588)**

	1981/82	1978/79	FMA '76[1]
Radio gesamt	80	82	75
Werbefunkprogramme	56	47	42
1. Programme	32	41	40
Junge Wellen	50	54	38
E-Musik-Programme[2]	7	8	6

1) FMA = Funkmedienanalyse
2) Programme mit E-Musik

Die Hörfunkangebote werden täglich von knapp 80% aller Erwachsenen zumindest kurzfristig wahrgenommen (weitester Hörerkreis nach AG.MA, 1986: 87,8%). Dabei haben sich in den letzten Jahren kaum Veränderungen ergeben. Die gesamte Radionutzung liegt am Tag bei über 2 1/2 Stunden pro Person. Davon fallen 1 1/4 Stunden auf die Arbeitszeit zu Hause, am Arbeitsplatz und auf den Weg zur Arbeit. Beim Essen hört der Bürger täglich 1/2 Stunde Radio, in der Freizeit eine 3/4 Stunde. Buss (1982) stellt fest, daß das Radiohören außer Haus zunimmt und sich immer mehr in die Arbeitswelt verlagert, wobei dann zumeist die Jungen Wellen (dritte Hörfunkprogramme) gehört werden.

Die höchste Radionutzung liegt erstaunlicherweise nicht bei Jugendlichen, sondern bei den 30- bis 49jährigen. Über 50jährige hören besonders vormittags Radio, bevorzugen jedoch das Fernsehen. Der Radiokonsum der 14- bis 29jährigen hat seinen Höhepunkt um 7 Uhr morgens, liegt tagsüber konstant bei etwa 18% und fällt dann linear auf 2% um Mitternacht. Zwei Drittel dieser Altersgruppe hört regelmäßig die Jungen Wellen, die auch gern noch von Leuten mittleren und höheren Alters gewählt werden. An zweiter Stelle der Beliebtheitsskala stehen die Werbeprogramme.

Es hat sich als schwierig erwiesen, ein spezifisches Profil der intensiven Hörfunknutzer zu zeichnen (Berg & Kiefer, 1982). Am ehesten kann man noch sagen, der Rundfunk ist das Medium der unter 30jährigen und der in dieser Gruppe besonders politisch Interessierten, er ist aber auch das Medium der nicht berufstätigen jüngeren Hausfrauen. Radiohören dient „vor allem der Überwindung von Situationen des Alleinseins, der Begleitung anspruchloser Routinetätigkeiten, dem Abbau negativer Stimmungslagen und weniger der gezielten Informationsaufnahme“ (Kiefer, 1983, S. 605).

Wenn Beer (1968, S. 61) behauptet, der Rundfunk habe viel von seiner Attraktivität verloren, so kann man diesem pauschalen Urteil in keiner Weise zustimmen. Das Radio konnte durchaus seinen Stellenwert behaupten, obwohl es „nur“ ein auditives Kommunikationsmittel darstellt. Seine Vorzüge liegen in der Aktualität durch stündliche Nachrichtenübertragungen, in der Vielfalt des Angebots für Hörer aller Altersstufen und verschiedenster Interessen sowie für Hörer anderer Nationalitäten (Ausländerprogramme). Liebhaber klassischer Musik kommen ebenso auf ihre Kosten wie Anhänger der Rock- und Popmusik. Ein weiterer sehr positiver Aspekt des Rundfunks ist das Angebot der Service-Programme für Autofahrer und Urlauber. Das Radio bietet sich mit seinen Tips und Verkehrsinformationen als ideale Reisebegleitung an (Graefe & Vogel, 1980, S. 42). Jugendliche schätzen besonders die gleichbleibende Programmstruktur der Jugend- und Musiksendungen mit deren gewohnten Moderatoren.

Sinkt das Bildschirminteresse bei den älteren Jugendlichen, so verhält es sich mit den auditiven Medien gerade umgekehrt. Radio, Cassetten,

Tonbänder und Schallplatten beherrschen den Freizeitbereich der Jugendlichen, wobei das Rundfunkgerät den höchsten Stellenwert einnimmt. Die Befragten der ARD/ZDF-Studie nutzen diese Medienart täglich etwa 145 Minuten, 36 Minuten mehr, als der tägliche Bildschirmkonsum in Anspruch nimmt (Bonfadelli et al., 1986, S. 141). Die Infratest-Studie (1978, zitiert nach Shell 1985, Bd. II, S. 197) kommt zu dem Ergebnis, daß 84% der 13- bis 17jährigen täglich Radio und 60 % jeden Tag Schallplatten oder Cassetten hören. Jüngere zeigen hierfür ein geringeres Interesse. Die ARD/ZDF-Studie ermittelt die 20- bis 24jährigen, die täglich 162 Minuten Radio hören, als interessierteste Altersgruppe. Immerhin lauschen auch die 16- bis 19jährigen 134 Minuten täglich den Lautsprechern. Bei der Altersgruppe unter 15 Jahren jedoch übersteigt die Bildschirmnutzung mit 127 Minuten täglich die Reichweite der auditiven Medien, denen nur 103 Minuten gewidmet wird (Bonfadelli et al., 1986, S. 143). Geschlechtsspezifische und status- oder bildungsabhängige Unterschiede sind bei dieser Medienart nur unwesentlich.

Die erstaunlich hohe Nutzung der Klangmedien, die nach den angegebenen Studien die Reichweite des Bildschirms teilweise sogar übersteigt, mag wohl auch damit zusammenhängen, daß Rundfunk und Cassetten sich besonders gut als musikalischer Hintergrund bei gleichzeitiger Beschäftigung mit anderen Dingen eignen.

2.1.2. Auditiver Medienkonsum von Kindern und Jugendlichen

2.1.2.1. Gerätebesitz

Obwohl die Haushaltsversorgung mit Radiogeräten so gut wie perfekt ist, stellt sich die Frage, welche Geräte Kinder und Jugendliche zum auditiven Medienkonsum ihr Eigentum nennen (vgl. Tab. 2.2). Wie die Ergebnisse der vorliegenden Studie zeigen, ist an erster Stelle der Besitz eines Radiorecorders zu nennen (69,4%). Der Radiorecorder verbindet augenscheinlich zwei Nutzungsmöglichkeiten, nämlich den Programmempfang und die Abspielung (natürlich auch das Bespielen) von Cassetten. Offensichtlich macht diese doppelte Nutzung die Attraktivität dieses Gerätes aus. Cassettenrecorder stehen mit 63% an zweiter Stelle der Verbreitung, gefolgt von Radiogeräten mit 61,6%. Auch weist der Plattenspieler mit 45,4% noch einen kleinen Verbreitungsvorsprung vor dem Walk-Man auf. Die Reihenfolge nach der Häufigkeit des Eigenbesitzes dieser Geräte weist darauf hin, daß das Abspielen von Tonträgern die gegenüber dem Programmempfang dominante Nutzung darstellt. Offensichtlich nimmt auch im auditiven Bereich die Selbstbestimmung des Medienkonsums einen hohen Stellenwert ein, und diesem kann durch selbstgewählte Cassetten oder Schallplatten offensichtlich besser Genüge getan werden als durch die Auswahl aus den Angeboten der Rundfunkanbieter.

Besitz und Wunsch stehen zueinander in einer inversen Beziehung (vgl. Tab. 2.2 mit 2.3), d.h. Geräte, die bereits weit verbreitet sind, werden seltener begehrt, während solche mit einer mittleren Verbreitung hoch begehrt sind (der Walk-Man führt dabei die Wunschliste an).

Tabelle 2.2: **Besitz von Geräten zur auditiven Mediennutzung (Frage: "Ich selbst besitze ...", Angaben in Prozent der Ja-Antworten, Gesamtstichprobe), Gesamtverteilung und getrennt nach Hintergrundmerkmalen**

	Radio	Radio-recorder	Cassetten-recorder	Walk-Man	Platten-spieler
Gesamt	61,6	69,4	63,0	43,1	45,4
Geschlecht					
Jungen	66,6	70,0	63,0	42,8	47,5
Mädchen	56,8	68,6	62,9	43,0	42,8
p	**				
Alter					
bis 13	55,6	65,9	60,0	38,9	35,4
14	62,6	68,8	63,9	43,6	44,3
15	63,7	70,7	64,1	43,1	49,9
16 u.ä.	66,0	74,7	63,7	49,6	56,5
p	**	**			**
Schulart					
Hauptschule	62,3	69,4	66,3	46,9	42,6
Realschule	62,1	70,9	62,9	44,4	50,4
Gymnasium	59,5	67,6	56,4	33,5	44,3
p			**	**	**
Wohnortgröße					
Dorf	61,2	67,7	61,0	39,8	40,0
Kleinstadt	60,5	70,2	64,8	45,0	51,2
Großstadt	67,1	73,1	67,3	51,7	51,1
p	*	*	**	**	**

* = sign. 5%, ** = sign. 1%

Als geschlechtsspezifischer Unterschied zeigt sich, daß Jungen häufiger einen Radioapparat ihr eigen nennen, Mädchen wünschen sich häufiger einen Plattenspieler bzw. einen Walk-Man. Die Alterstrends laufen naheliegenderweise in die Richtung, daß bei den älteren Befragten die Besitzhäufigkeit zu- und in einem Fall (Plattenspieler) die Wunschhäufigkeit abnimmt. Hauptschüler besitzen häufiger einen Cassettenrecorder und einen Walk-Man, während Plattenspieler besonders häufig bei Realschülern vorzufinden sind. Durchgängig zeigt sich, daß Befragte aus großstädtischen Wohnbereichen besser mit Mediengeräten ausgestattet sind, der Wunsch danach invers dazu bei Kindern und Jugendlichen mit einem Wohnort auf dem Lande ausgeprägter ist.

Tabelle 2.3: **Wunsch nach Geräten zur auditiven Mediennutzung (Frage: "Ich selbst möchte haben ...", Angaben in Prozent der Ja-Antworten, Gesamtstichprobe), Gesamtverteilung und getrennt nach Hintergrundmerkmalen**

	Radio	Radio-recorder	Cassetten-recorder	Walk-Man	Platten-spieler
Gesamt	1,6	4,7	5,6	21,3	17,0
Geschlecht					
Jungen	1,9	4,9	4,6	17,8	15,7
Mädchen	1,3	4,4	6,5	25,2	18,5
p			*	**	*
Alter					
bis 13	1,9	5,4	6,1	23,7	19,9
14	1,7	4,2	5,9	20,4	18,0
15	1,1	4,3	4,7	21,4	15,0
16	2,1	5,2	5,2	19,0	13,3
p					**
Schulart					
Hauptschule	1,9	5,1	6,1	21,0	17,2
Realschule	1,4	3,9	5,6	20,9	15,6
Gymnasium	1,5	4,8	4,4	22,5	18,4
p					
Wohnortgröße					
Dorf	1,8	5,0	6,3	22,9	19,1
Kleinstadt	1,4	4,6	4,5	20,6	15,1
Großstadt	1,1	3,6	4,7	16,3	13,5
p			*	**	**

2.1.2.2. Nutzungszeiten auditiver Medien

Bereits aus früheren Untersuchungen ist bekannt, daß die (aktive) Hörhäufigkeit unter Kindern mit dem Alter kontinuierlich zunimmt (Havlicek & Steinmann, 1980, S. 15): Während von den 4- bis 5jährigen nur 18,2% täglich Radio hören, sind es unter den 12- bis 14jährigen bereits 41,1% (Erwachsene 80%). Ähnliche Alterstrends werden auch hinsichtlich der Häufigkeit des Kassetten- und Tonbandhörens (4- bis 5jährige täglich 22,7%, 12- bis 14jährige 44,9%) bzw. des Schallplattenhörens berichtet (4- bis 5jährige 15,5%, 12- bis 14jährige 25,5%). Aufschlußreich ist auch die bei Grünewald und Kaminski, (1984, S. 203) zu findende Feststellung, daß Kinder mit zunehmendem Alter mehr Radio und Schallplatten hören als fernsehen. Während die 9jährigen etwa doppelt soviel fernsehen als Radio und Platten hören, zeigen die 15jährigen ein genau umgekehrtes Verhalten. In unserer Untersuchung sollten die Befragten mit Hilfe einer Ratingprozedur Schätzungen darüber abgeben, wie viel Zeit sie pro durchschnittlichem Wochentag, Samstag oder Sonntag mit den verschiedenen Möglichkeiten des Medienkonsums beschäftigt sind. Aus diesen Angaben konnte für jedes Medium die geschätzte wöchentliche Nutzungszeit berechnet werden.

Demnach (vgl. Tab. 2.4) werden täglich ca. 1 Stunde und 20 Minuten mit dem Anhören von Platten oder Cassetten verbracht und eine knappe Stunde mit dem Radiohören. Wochentags wird dem Radio etwas mehr Zeit gewidmet als am Samstag oder Sonntag, dies wird aber durch besonders langen Plattenkonsum kompensiert. Mädchen widmen den auditiven Medien pro Woche ca. 3 Stunden mehr Zeit als Jungen, der auditive Medienkonsum nimmt auch liniear über die von uns untersuchte Altersspanne (13 bis 16 Jahre) zu. Schularteffekte sind nur hinsichtlich des Platten/Cassetten-Konsums festzumachen, hier weisen Hauptschüler pro Woche 2 1/2 Stunden längere Konsumzeiten auf als Gymnasiasten, ebenso ist die Wohnortsgröße mit dem Platten/Cassetten-Konsum in der Weise korreliert, daß mit zunehmender Wohnortgröße diesem Medium mehr Zeit gewidmet wird.

Die Ergebnisse machen deutlich, daß im Zuge des Übergangs von der Pubertät zur Adoleszenz die auditiven Medien an Bedeutung gewinnen, wobei zusätzliche Konsumschwerpunkte bei Mädchen, Hauptschülern und Jugendlichen aus Großstädten vorhanden sind. Aus diesem Zuwachs an Zuwendung ist zu ersehen, daß vornehmlich die Musik ein wesentlicher Aspekt der Jugendkultur ist. Gerade der Bereich auditiven Medienkonsums ist prädestiniert, einen peergruppenorientierten Verhaltensstil in Abhebung von der Erwachsenenkultur deutlich zu machen. Die Musik wurde deshalb auch als „das 'Jugendmedium' schlechthin" bezeichnet; „Musik ist das, was Jugend vereint und so eine eigene Welt gegenüber Schule und Elternhaus abgrenzt" (Bonfadelli et al., 1986, S. 179).

Zudem hängt die hohe Nutzung der auditiven Medien auch damit zusammen, daß sie einen musikalischen Hintergrund für andere Aktivitäten abgeben. Durch die Musik wird das Gefühl des Alleinseins abgeschwächt. Außerdem besitzt das Radio auch Unterhaltungsfunktion für bestimmte, meist manuelle Beschäftigungen, mit Musik vergeht die Zeit schneller und angenehmer, ohne besondere Aufmerksamkeit zu erfordern.

Tabelle 2.4: **Wöchentliche Nutzungszeiten (Mittelwerte) auditiver Medien (Angaben in Stunden), Gesamtverteilung und nach Hintergrundmerkmalen (Signifikanzangaben aufgrund einfaktorieller Varianzanalysen)**

Gruppe	Platte/Cassette	Radio
Gesamt	9,07	6,25
Geschlecht		
Jungen	8,14	5,80
Mädchen	10,06	6,74
p/%	**/1,19	**/0,44
Alter		
bis 13	6,74	5,21
14	8,95	6,03
15	10,27	6,55
16 u.ä.	11,39	8,41
p/%	**/3,18	**/1,72
Schulart		
Hauptschule	10,01	6,34
Realschule	9,05	6,23
Gymnasium	7,33	6,13
p/%	**/1,43	--/0,01
Wohnortgröße		
Dorf	8,28	6,16
Kleinstadt	9,69	6,23
Großstadt	10,59	6,67
p/%	**/1,01	--/0,06

2.1.2.3. Bevorzugte Hörfunkinhalte

Um einen Einblick in bevorzugt gehörte Sendungen zu erhalten, wurden sechs Kategorien häufig frequentierter Sendungen vorgegeben, wobei die Befragten zu beurteilen hatten, ob sie diese regelmäßig, gelegentlich oder nie konsumierten (vgl. Tab. 2.5).

Tabelle 2.5: **Anteil des Konsums an Radiosendungen (Frage: "Welche Sendungen hörst Du im Radio?"), Angaben in Prozent der Antwortkategorie "regelmäßig"**

	Musik-sendungen	Nach-richten	Sport-sendungen	Jugend-magazine	Hör-spiele	andere
Gesamt	61,6	14,2	16,3	9,3	4,5	13,7
Geschlecht						
Jungen	56,3	15,6	27,4	7,4	5,9	12,9
Mädchen	67,0	12,8	4,6	11,4	3,0	14,5
p	**	*	**	**	**	
Alter						
bis 13	51,4	11,9	16,4	7,5	5,1	13,0
14	60,8	13,4	16,3	8,9	4,7	14,2
15	68,5	14,5	16,5	11,6	4,7	13,2
16 u.ä.	67,0	20,2	15,2	8,5	1,8	14,9
p	**	**		**	**	
Schulart						
Hauptschule	62,8	11,7	18,0	9,8	5,3	18,7
Realschule	63,4	13,5	16,2	9,7	2,9	11,3
Gymnasium	56,5	20,3	13,0	7,8	5,1	7,4
p	**	**	**		**	**
Wohnortgröße						
Dorf	60,0	13,8	17,4	9,1	5,0	14,4
Kleinstadt	62,3	13,0	13,9	10,4	3,9	13,1
Großstadt	65,1	18,1	17,5	7,8	3,4	14,5
p			*	**	**	

An der ersten Stelle der Radiosendungen liegen Musiksendungen. Deutlich abgesetzt rangieren auf dem zweiten Platz Nachrichtensendungen und auf dem dritten Sportsendungen. Herausragende Vorlieben für Musiksendungen lassen sich bei Mädchen, eher älteren Jugendlichen sowie Haupt- und Realschülern finden. Intensivere Nutzer von Nachrichtensendungen sind hingegen die Jungen, wobei ebenfalls ein Alterstrend festzustellen ist und Schulartunterschiede auf auf eine größere Präferenz von Nachrichtensendungen auf Seiten der Gymnasiasten verweisen. Die deutlichsten geschlechtsspezifischen Unterschiede bestehen hinsichtlich der Sportsendungen: Beinahe sechs Mal mehr Jungen als Mädchen geben an, diese Sendungen regelmäßig zu hören. Während die Beliebtheit dieser Sendungsgattung nicht mit dem Alter der Befragten kovariiert, ist ein Nutzerschwerpunkt bei den Hauptschülern festzustellen.

2.1.2.4. Musikvorlieben

Von den vorgegebenen Musikkategorien erfreut sich die Pop- oder Disco-Musik der höchsten Beliebtheit, Rock bzw. Hard-Rock liegen auf den Plätzen zwei und drei. Relativ geringe Wertschätzung erfahren Jazz, klassische Musik, Folk und Volksmusik.

Tabelle 2.6: **Musikpräferenzen (Frage: "Welche Musik hörst Du gerne?", Antwortkategorien: 1 = sehr gern, 7 = gar nicht gern), Angabe des arithmetischen Mittels, Gesamtstichprobe und aufgeteilt nach Hintergrundmerkmalen**

	Klassische Musik	Jazz	Folk	Rock	Pop, Disco-Sound	Volksmusik	Hard-Rock
Gesamt	5,62	5,32	5,58	2,39	1,74	5,75	3,69
Geschlecht							
Jungen	5,79	5,40	5,63	3,44	1,89	5,65	3,50
Mädchen	5,44	5,24	5,73	2,34	1,59	5,85	3,90
p	**				**	**	**
Alter							
bis 13	5,59	5,09	5,47	2,36	1,94	5,25	3,74
14	5,70	5,39	5,79	2,41	1,71	5,80	3,69
15	5,56	5,34	5,69	2,34	1,65	5,97	3,64
16 u. ä.	5,63	5,57	5,82	2,51	1,64	6,09	3,71
p		**	**		**	**	
Schulart							
Hauptschule	5,88	5,39	5,68	2,23	1,62	5,61	3,41
Realschule	5,94	5,46	5,85	2,37	1,67	5,89	3,60
Gymnasium	4,69	5,01	5,46	2,73	2,08	5,82	4,36
p	**	**	**	**	**	**	**
Wohnortgröße							
Dorf	5,67	5,31	5,61	2,30	1,70	5,59	3,58
Kleinstadt	5,58	5,29	5,66	2,42	1,75	5,91	3,77
Großstadt	5,58	5,48	5,94	2,57	1,82	5,96	3,79
p			**			**	

2.2. Fernsehnutzung[3]

2.2.1. Allgemeine Nutzungsdaten

Nach der MEDIA-ANALYSE besitzen 98% der erwachsenen Einwohner in der Bundesrepublik 1986 mindestens ein Fernsehgerät (AG.MA, 1988). Auch wenn also laut Statistik der angemeldeten Fernsehteilnehmer nur etwa 23,4 Millionen Empfangsberechtigungen (1987) bei ca. 25,3 Millionen Privathaushalten (Mikrozensus 1982) vorliegen, scheint das Stadium der Vollversorgung der Haushalte mit einer TV-Empfangsmöglichkeit erreicht zu sein.

Ende 1985 waren außerdem etwas mehr als 1,5 Millionen Wohnungen an Breitbandverteilanlagen angeschlossen, knapp 1 Million Haushalte waren mit Satelliten-TV-Programmen versorgt (Bundesministerium für Post- und Fernmeldewesen, 1986, S. 49).

Die Nutzung der audiovisuellen Medien in der Bundesrepublik beginnt gewöhnlich bereits im dritten Lebensjahr, denn Ton kombiniert mit sich bewegenden Bildern übt selbst auf Kleinkinder eine besondere Faszination aus. Brepohl (1978, S. 120 f) gibt an, daß 3- bis 6jährige wöchentlich schon 5,45 Stunden fernsehen, 10- bis 13jährige sogar 12,40 Stunden (vgl. auch Bergler & Six, 1975, S. 36). Immerhin 71% der 12- bis 29jährigen aus der ARD/ZDF-Studie sitzen täglich vor dem Bildschirm, sei es beim Fernsehen, beim Videofilm oder bei Telespielen (Bonfadelli et al., 1986, S. 132). Dies deutet an, daß die Bildschirmnutzung altersbedingten Schwankungen unterliegt: 84% der 12- bis 13jährigen sehen täglich fern bzw. Video; die tägliche Nutzungshäufigkeit sinkt bis hin zu den 22- bis 23jährigen auf 57%, steigt jedoch bis zu den Endzwanzigern wieder auf 81% an (Bonfadelli et al., 1986, S. 136).

Ebenso gibt es bildungsabhängige Differenzen: 74% der Volksschüler sitzen täglich vor dem Bildschirm, aber „nur“ 61% der Abiturienten.

[3] Angaben über die Fernsehnutzung seit Beginn des ZDF werden kontinuierlich von den öffentlich-rechtlichen Anstalten gesammelt. Zwischen 1963 und 1974 wurde dies von Infratam (Wetzlar) besorgt. Ab 1975 wurden die Sehdaten durch ein von teleskopie (Bad Godesberg) betreutes Panel von 1650 Haushalten erhoben. Ab Oktober 1984 ist die GfK (Nürnberg) mit den Untersuchungen (Panel von 2200 Haushalten) beauftragt (Buss & Darkow, 1984). Die Umstellungen hinsichtlich der technischen Erfassungsmethoden und der Panelzusammensetzung bedingen nur beschränkt vergleichbare Nutzungsdaten.

Die höchsten Einschaltquoten haben Nicht-Berufstätige (82%) und Schüler (79%) im Gegensatz zu Studenten, deren Anteil bei 53% liegt (a.a.O., S. 139). Dieser insgesamt recht hohen Sehbeteiligung entsprechen in etwa die Angaben über die Beliebtheit der audiovisuellen Medien: Für die Altersgruppe der 15- bis 17jährigen steht laut J-M-A Fernsehen in der Beliebtheitsskala an vierter Stelle, laut SINUS-Studie ist es die sechstbeliebteste Freizeitbeschäftigung. Nach der subjektiven Einschätzung bei der ARD/ZDF-Untersuchung nimmt der Fernseher sogar den höchsten Stellenwert unter den Medien im Leben der Befragten ein. 38% jedenfalls behaupten dies; erst mit 19% folgt an zweiter Stelle der Rundfunk (a.a.O., S. 159).

Naheliegenderweise kann dem im Kapitel 1.2 dargestellten enormen Angebotszuwachs im Bereich des Fernsehens keine lineare Zunahme der Sehdauer der Rezipienten entsprechen. Dennoch ergen sich einige bemerkenswerte Fakten (Darschin & Frank, 1984, 1985, 1986; Frank, 1973, 1978; Bessler & Zimmer-Schürings, 1973; GfK-Fernsehnutzung, 1986 a, b, c; Horn, 1978; ZDF-Jahrbücher, 1958, 1977).

So war 1985 das Fernsehgerät in jedem Fernsehhaushalt im Schnitt 3 1/2 Stunden täglich eingeschaltet. Zwischen 1979 und 1985 ergab sich dabei eine Zunahme von etwa 30 Minuten, wobei bei dieser Änderung neben methodischen Gründen die in den letzten Jahren prononciertere Zielgruppenorientierung und Programmdiversifikation berücksichtigt werden muß. Diese Einschränkungen sind auch hinsichtlich der Zunahme der Sehdauer der erwachsenen Fernseher im Auge zu behalten. Wenngleich generell keine sprunghafte Zunahme der Sehzeiten nachgewiesen werden kann, könnte die belegte Vermehrung von 20 Minuten zwischen 1984 und 1985 Indiz dafür sein, daß der Plafond der täglich verkrafteten Fernsehzeit noch nicht erreicht ist.

Hinsichtlich der Vorschulkinder wird aus den Nutzungsstudien deutlich, daß sie im Schnitt etwa eine Dreiviertel-Stunde einem Fernsehprogramm folgen (aktuelle Daten für diese Altersgruppe werden leider nicht mehr im Rahmen der Erhebungen der Fernsehanstalten ausgewiesen). Für Kinder im Pflichtschulalter läßt sich eine tägliche Fernsehzeit von etwa einer Stunde und zwanzig Minuten ermitteln, wobei sich diese Zahlen stabilisiert zu haben scheinen.

In einer Untersuchung der SRG (Havlicek & Steinmann, 1980, S. 12) wurde gefunden, daß 74% der befragten 4- bis 14jährigen täglich fernsehen, wobei die 4- bis 5jährigen häufiger einen täglichen Fernsehkontakt berichten (86%) als die anderen Altersgruppen (z.B. 12- bis 14jährige 73%). Die Sehhäufigkeit der Schweizer Kinder liegt damit über derjenigen der Erwachsenen (1978: 60% „fast täglich“). Mit dem Alter steigt aber die Mediennutzungszeit kontinuierlich an. Ergänzend zu erwähnen ist, daß Kinder mit hohen Fernsehkonsum weniger lesen als Kinder mit niedrigem. Für den damaligen Zeitpunkt galt, daß der Fernsehkonsum über mehrere Jahre hinweg bei Kindern stabil war.

Für ältere Gruppen von Jugendlichen liegen zwei detaillierte Studien vor: Aus beiden ergibt sich für die 12- bis 15jährigen Schüler eine tägliche Fernsehkonsumdauer von etwa zwei Stunden, wobei bei den Adoleszenten ein Rückgang zu vermerken ist, der erst von den älteren Twens wieder aufgeholt wird (Bonfadelli et al., 1986, S. 143). Für die nachfolgenden Altersgruppen ist eine kontinuierliche Zunahme der Fernsehkonsumdauer zu vermerken, wobei z.B. über 65 Jahre alte Personen täglich etwa drei Stunden und 70- bis 74jährige sogar 3 1/2 Stunden täglich vor dem Bildschirm verbringen (Horn & Eckardt, 1986).

Ergänzend ist zu erwähnen, daß die Fernsehnutzung bedeutsam mit einer Reihe weiterer Kriterien korreliert ist (Darschin & Frank, 1983). Zu denken ist etwa an die Variation zwischen Werktagen und Wochenende (ca. 20 bis 40 Minuten höhere Sehdauer am Samstag und Sonntag im Vergleich zu den Wochentagen) oder den Sommer- und Wintermonaten (ca. 30 Minuten längere Sehdauer im Winterhalbjahr). Daneben stehen Sozialschichtzugehörigkeit (höhere Sehzeiten in der sozialen Unterschicht) oder Geschlecht (besonders deutlich höhere Sehzeiten bei Jungen) mit der Fernsehnutzung in substantieller Beziehung (Lukesch, 1985 a; Saxer et al., 1979). Auf eine bedeutsame Änderung der Fernsehnutung in Abhängigkeit vom Familienzyklus wurde von Nave-Herz und Nauck (1978: 119) hingewiesen: Während die Fernsehhäufigkeit bei „jungen Familien“, also in der Phase der Familienbildung, relativ gering ist, nimmt sie in der Phase der Familienzentrierung (z.B. Familien mit Kindern zwischen 7 und 10 Jahren) deutlich zu, um in der Phase der beginnenden Gruppenauflösung leicht abzunehmen. Wie hieraus zu ersehen ist, müssen für eine Nutzung des massenmedialen Angebots individuelle und gruppenspezifische Gegebenheiten und Analysen der Motive mit berücksichtigt werden.

Die Angaben zu den Fernsehnutzungszeiten liegen in der Bundesrepublik noch weit unter denen der USA, dort wird hier von einer durchschnittlichen Einschaltzeit von vier bis zu sieben Stunden berichtet (Rubin, 1976; Farmington TV Turning off Kit, 1985, vgl. Tab. 2.7). Dennoch sollte auch bei Untersuchungen in Europa ein Vorschlag Gerbners et al. (1980) berücksichtigt werden, nach dem der Fernsehkonsum als zusätzliche bedeutsame sozio-demographische Variable bei sozialwissenschaftlichen Untersuchungen aufzunehmen ist.

Tabelle 2.7: **Internationaler Vergleich der Fernsehzeiten für Kinder (ergänzt nach Havlicek & Steinmann, 1980, S. 41f)**

Bundesrepublik Deutschland	Österreich		Frankreich
GfK (1975)	Dr. Fessel (1979)		Panel (1976)
6- bis 13jährige	6- bis 14jährige		8- bis 14jährige
	Wochentag	Wochenende	
1 h 22'	1 h 18'	2 h 16'	1 h 39'

USA			
	Nielsen (1986)		
2- bis 5jährige	6- bis 11jährige	12- bis 17jährige	
		Knaben	Mädchen
4 h 2'	3 h 55'	3 h 23'	3 h 20'

Es steht außer Zweifel, daß sich vor allem die audiovisuellen Massenmedien in den letzten Jahrzehnten einen festen Platz im Freizeitbereich erobert haben. Knoll et al. (1970; 1976 zitiert nach Bauer, 1980, S. 145) ermittelten, daß Jugendliche ebenso wie Erwachsene in ihrer Freizeit immer mehr zu „habitualisierenden Tätigkeiten" tendieren, wobei die Gewöhnung an Massenmedien als „Freizeitfüller" für die Privatisierung der Freizeit ihren besonderen Beitrag leiste. Opaschowski (1983, S. 149) stellt die erstaunliche Rechnung auf, daß ein 18jähriger in seinem bisherigen Leben durchschnittlich 12.000 Stunden in der Schule verbracht habe, aber 13.000 Stunden vor dem Bildschirm; demnach verwendet der Jugendliche mehr Zeit für den passiven Medienkonsum als für den Schulbesuch.

2.2.2. Fernsehkonsum von Kindern und Jugendlichen

2.2.2.1. Gerätebesitz/Empfangsmöglichkeiten

In der untersuchten Stichprobe ist eine hohe Versorgungsdichte mit Fernsehapparaten gegeben: 87,5% der Befragten gaben an, ihre Eltern besäßen ein Farbfernsehgerät, weitere 25,9% haben einen Schwarz-Weiß-Fernseher. In weniger als 5% der Haushalte ist kein Fernseher vorhanden, in 18% zwei oder mehr Geräte. Eine regional vergleichbare Untersuchung, die 1987 an 446 Befragten (Altersmittelwert 16,99 Jahre) durchgeführt wurde (Seitz, 1987), hatte bei identischer Fragestellung in 93,3% der elterlichen Haushalte Farbfernsehgeräte und bei 15,7% Schwarz-Weiß-Geräte ergeben. 18,2% verfügten über Kabelempfangsmöglichkeit. In allen Haushalten konnten das erste und zweite deutsche Fernsehenprogramm empfangen werden, in 99,8% auch Bayern 3; durch regionale Gegebenheiten bedingt konnten 74% ORF 1 und 53,6% ORF 2 empfangen. Es ist zu vermuten, daß hinsichtlich der Fernsehempfangsmöglichkeiten vergleichbare Resultate vorliegen, d.h. daß Vollversorgung gegeben ist.

Bei der Frage nach dem Eigenbesitz von Fernsehgeräten auf Seiten der Kinder und Jugendlichen (vgl. Tab. 2.8) stellt sich heraus, daß knapp ein Drittel ein Schwarz-weiß-Gerät besitzt und jeder sechste einen Farbfernseher. Offensichtlich werden nicht nur ausgediente Geräte an Kinder und Jugendliche weitergegeben, sondern auch neue für sie angeschafft. Bei der Frage zu dem Wunsch nach Fernsehgeräten will jeder fünfte einen eigenen Farbfernseher haben, während das Verlangen nach Schwarz-Weiß-Geräten vernachlässigenswert gering ist. In der Stichprobe haben häufiger Jungen als

Mädchen ein Fernsehgerät (dennoch ist der Wunsch bei ihnen noch immer häufiger), die älteren verfügen darüber eher als die jüngeren, Hauptschüler besitzen wesentlich häufiger Schwarz-Weiß-Geräte als Gymnasiasten und Kinder aus städtischen Wohngegenden haben häufiger ein eigenes Gerät als solche auf dem Land (die Wunschhäufigkeit ist naheliegenderweise gerade umgekehrt).

Tabelle 2.8: **Besitz und Wunsch nach Fernsehgeräten (Fragen: "Ich selbst besitze ..." und "Ich selbst möchte haben ...", Angaben in Prozent der Ja-Antworten, Gesamtstichprobe), Gesamtverteilung und getrennt nach Hintergrundmerkmalen**

	Besitz		Wunsch	
	Schwarz-Weiß-Apparat	Farbgerät	Schwarz-Weiß-Apparat	Farbgerät
Gesamt	28,5	13,5	3,3	20,0
Geschlecht				
Jungen	30,6	15,5	4,2	22,1
Mädchen	25,9	12,1	2,4	17,5
p	**	**	**	**
Alter				
bis 13	23,3	12,6	4,1	19,9
14	27,8	13,3	3,2	20,5
15	30,2	14,1	2,9	20,3
16 u.ä.	35,6	16,9	2,9	16,9
p	**			
Schulart				
Hauptschule	33,5	13,6	3,4	22,8
Realschule	28,5	15,5	3,8	20,7
Gymnasium	18,6	11,8	2,6	13,5
p	**	*		**
Wohnortgröße				
Dorf	26,0	10,9	3,8	21,5
Kleinstadt	30,2	16,1	2,9	19,1
Großstadt	34,4	18,9	2,0	16,0
p	**	**		*

2.2.2.2. Fernsehnutzungsaspekte

Die durchschnittliche tägliche Sehdauer beträgt in der vorliegenden Erhebung 2 Stunden und 16 Minuten. Allerdings sind bedeutsame Unterschiede je nach betrachteten Hintergrundmerkmal vorhanden. Den größten Unterschied macht die Schulartzugehörigkeit aus: Über die ganze Woche gerechnet konsumiert ein Hauptschüler beinahe doppelt so lange ein Fernsehprogramm als ein Gymnasiast. Nächst wichtig sind die geschlechtsspezifischen Differenzen, wobei die Jungen pro Woche um drei Stunden längere Sehzeiten aufweisen als die Mädchen. Hinsichtlich des Alters ist ein kurvilinearer Trend gegeben, u.zw. steigen die Sehzeiten bis zum 15. Lebensjahr an, um dann in der höheren Altersgruppe abzufallen. Schließlich ist auch noch auf die Varianten der Sehzeiten je nach Wochentag zu verweisen, wobei der Samstag der Tag mit der intensivsten Fernsehnutzung ist.

Tabelle 2.9: **Fernsehnutzungszeiten (aM, Angaben in Stunden), Gesamtverteilung und aufgeteilt nach Hintergrundmerkmalen (Signifikanzangaben aufgrund einfaktorieller Varianzanalysen)**

	Zeit pro Woche	Werktag	Samstag	Sonntag
Gesamt	15,84	2,16	2,92	2,37
Geschlecht				
Jungen	17,31	2,36	3,21	2,56
Mädchen	14,29	1,94	2,61	2,18
p/%	**/2,37	**/2,00	**/2,7	**/1,2
Alter				
bis 13	15,27	2,07	2,83	2,31
14	16,22	2,20	3,00	2,46
15	16,17	2,20	3,00	2,39
16 u.ä.	15,15	2,08	2,62	2,22
p/%	*/0,23	--/--	**/--	*/--
Schulart				
Hauptschule	18,78	2,61	3,27	2,76
Realschule	15,57	2,10	2,92	2,32
Gymnasium	10,77	1,37	2,45	1,68
p/%	**/10,28	**/9,7	**/4,1	**/5,6
Wohnortgröße				
Dorf	16,01	2,17	2,93	2,43
Kleinstadt	15,59	2,10	2,91	2,28
Großstadt	16,23	2,26	2,98	2,37
p/%	--/--	--/--	--/--	--/--

Verwendet man als Fernsehnutzungsindikator die Anzahl der Tage pro Woche, an denen ferngesehen wird (vgl. Tab. 2.10), so zeigt sich, daß nur 0,6% aller Befragten fernsehabstinent leben, hingegen ist für etwa 68% das Fernsehen eine tägliche Gewohnheit. Als intensivste Nutzer sind wieder Hauptschüler herauszustellen, Jungen, die eher jüngeren Befragten und nach diesem Kriterium auch Kinder und Jugendliche auf dem Lande.

Tabelle 2.10: **Fernsehtage pro Woche (Angaben in Prozent) und emotionale Bindung an das Fernsehen (Frage: "Ist Fernsehen Deine Lieblingsbeschäftigung?", Angaben in Prozent der Ja-Antworten), Gesamtverteilung sowie nach Hintergrundmerkmalen**

	Anzahl der Fernsehtage/Woche 0 - 4	5 - 6	7	Fernsehen als Lieblingsbeschäftigung
Gesamt	14,1	17,5	68,4	11,5
Geschlecht				
Jungen	9,9	15,6	74,5	13,1
Mädchen	18,5	19,9	61,5	9,6
p		**		**
Alter				
bis 13	10,2	17,1	72,7	11,9
14	13,2	17,2	69,7	12,6
15	14,5	18,1	67,4	11,2
16 u.ä.	23,8	18,7	57,5	7,1
p		**		*
Schulart				
Hauptschule	9,0	14,2	76,9	16,4
Realschule	12,4	17,6	70,1	9,6
Gymnasium	26,8	24,3	48,9	4,4
p		**		**
Wohnort				
Dorf	11,3	16,4	72,2	12,8
Kleinstadt	16,2	18,7	65,1	9,6
Großstadt	18,8	19,0	62,2	10,9
p		**		*

Das Fernsehen ist nach den Verhaltensgewohnheiten zu schließen, zu einem zuverlässigen (Pseudo-)Interaktionspartner für alle Familienmitglieder geworden, der von den Sehern in flexibler Weise zur Befriedigung unterschiedlichster Bedürfnisse (Unterhaltung, Entspannung, Information, Eskapismus, Überdecken von Konflikten, soziale Zugehörigkeit durch gleichartige Verhaltensriten) eingesetzt wird. Es wundert deshalb nicht, wenn zu dieser Quelle der eigenen, wenn auch nur vikariierenden Bedürfnisbefriedigung eine starke emotionale Beziehung aufgebaut wird, sei es nun zum Programm an sich oder zu den Moderatoren und Präsentatoren der einzelnen Sendungen (Allouche-Benayoun, 1975). Bezeichnend für die intensive emotionale Beziehung zum Fernsehgerät sind die gescheiterten Versuche, Seher zu einer Aufgabe dieser Freizeitbeschäftigung zu bewegen (Bauer et al., 1976 Pfeiffer, 1975; vgl. Kap. 2.2.3).

Tabelle 2.11: Auswahl des Fernsehprogramms (Frage: "Wie wählst Du das Fernsehprogramm aus?" Angaben in Prozent der Antwortkategorie "regelmäßig"). Gesamtverteilung und aufgeteilt nach Hintergrundmerkmalen

	einschalten und schauen	auswählen aus Zeitschrift	was andere anschauen	anschauen, was ich gar nicht will	bis Sendeschluß schauen	Suche nach Lieblingssendungen
Gesamt	11,8	70,8	3,6	1,9	4,8	52,2
Geschlecht						
Jungen	13,3	72,4	3,5	2,2	5,4	55,2
Mädchen	10,4	68,9	3,8	1,6	3,9	48,6
p	*	**			**	**
Alter						
bis 13	9,7	68,8	5,3	1,2	5,5	50,9
14	11,1	73,9	3,0	2,3	5,0	51,5
15	13,8	70,1	3,5	1,8	4,0	55,5
16 u.ä.	12,6	67,9	2,1	2,3	3,6	46,9
p					**	**
Schulart						
Hauptschule	16,3	68,4	5,5	2,8	6,7	57,7
Realschule	10,3	72,9	2,2	1,5	3,6	51,8
Gymnasium	5,8	73,1	2,0	0,6	2,5	41,7
p	**	*	**	**	**	**
Wohnort						
Dorf	12,8	69,9	3,9	2,1	5,3	53,6
Kleinstadt	9,7	71,7	3,5	2,1	3,9	50,6
Großstadt	12,8	71,5	3,0	0,8	4,8	50,6
p	**		**	**		**

Bei direkter Befragung erscheint im Gegensatz zu diesen Erfahrungen die Bindung an das Fernsehen aber sehr ambivalent zu sein. Denn obwohl Fernsehen eine häufig und über lange Zeit ausgedehnte Beschäftigung ist, wird die Frage, ob Fernsehen die Lieblingsbeschäftigung der Befragten sei, nur von ca. 11% bejaht (vgl. Tab. 2.10). Interessant ist, daß auch bei der Beantwortung dieser Frage die typischen Viel- und Intensivseher deutlich werden (eher Jungen, jüngere Befragte, Hauptschüler und Personen, die auf dem Lande leben), daß aber das Ausmaß der Zustimmung wesentlich unter den Angaben zu den quantitativen Nutzungsaspekten bleibt.

Als weiterer Aspekt der Fernsehnutzung wurde zu eruieren versucht, auf welche Weise die konkrete Programmwahl aus der Perspektive der Befragten erfolgt. Ausgangspunkt war dabei die Überlegung, daß das Fernsehen aufgrund seiner starken Einbindung in die Alltagsroutinen zu einer täglichen Selbstverständlichkeit geworden sein kann, daß man sich also dem Programm mehr oder minder passiv aussetzt. Die andere Möglichkeit besteht in der selektiven und selbstgewählten Nutzung vorhandener Angebote. Allerdings müssen sich passive und aktive Formen der Programmwahl nicht ausschließen, vielmehr kann je nach Zeit und Umständen das eine oder andere bestimmend sein (vgl. Tab. 2.11). Wie die Antworten zu diesen Fragen zeigen, haben die Befragten von sich den Eindruck, daß sie das Programm aktiv und zielorientiert aussuchen: Passive Programmwahl (einschalten und schauen; anschauen, was andere gerade sehen; etwas anschauen, was man gar nicht sehen will; einfach bis zum Programmende schauen) kommt als regelmäßiges Sehmuster äußerst selten vor (als gelegentliche Form der Programmwahl gibt bei fast allen Statements die Hälfte der Befragten an, daß dies vorkomme). Nach dem Selbstverständnis, das die Befragten von sich haben, dominiert als regelmäßige Form der Programmauswahl die Durchsicht einer Fernsehzeitschrift oder ergänzend hierzu das gezielte Aufsuchen von Lieblingssendungen, die man sozusagen auf keinen Fall versäumen möchte.

Die Auswertung nach verschiedenen Hintergrundmerkmalen brachte nicht immer konsistente Trends: So kommen bei Jungen z.B. sowohl passive Aussetzung (einschalten und schauen, bis Sendeschluß schauen) häufiger als bei Mädchen vor, ebenso aber auch aktive Suche (aus Zeitschrift auswählen, nach Lieblingssendungen suchen). Die Aufteilungen nach der Altersvariable zeigt einen durchgängigen Trend dahingehend, daß alle Möglichkeiten seltener angegeben werden, je älter die Befragten sind. Dies ist in Zusammenhang mit der generellen Interessensabnahme am Fernsehen bei Adoleszenten zu sehen. Bedeutsame Unterschiede bestehen in Abhängigkeit von der Schulartzugehörigkeit, Hauptschüler stimmen mit Ausnahme der Auswahl der Sendungen aus einer Programmzeitschrift allen Statements häufiger zu als Gymnasiasten oder Realschüler. Wohnortunterschiede sind hingegen weniger deutlich.

Insgesamt zeigt sich, daß bei den Probandengruppen mit hoher Bindung an das Fernsehen die passiven Aussetzungsformen häufiger sind und daß auch bei ihnen bestimmte Sendungen als Fixpunkte aktiv aufgesucht werden. Nach dem Eindruck, den die Befragten von sich haben, dominiert ein überlegtes Vorgehen bei der „regelmäßigen" Programmwahl, während die Überrumpelung durch die Situation als „gelegentlicher" Ausrutscher wahrgenommen wird.

2.2.2.3. Rezeptionssituation während des Fernsehens

Der Einfluß des Fernsehens auf die familiären Beziehungen wird als wesentlich stärker als z.B. der des Hörfunkts eingeschätzt (Thyssen, 1977), d.h. das Fernsehprogramm „beherrscht im Unterschied zum Radiohören weitgehend die Situation". Frühere Beobachtungsstudien über den Einfluß des Fernsehens auf die familiären Interaktionen wurden im Rahmen eines Projektes von Psydata (85 Familien mit Kindern unter 14 wurden 1974 an zehn Abenden je vier Stunden von Studenten beobachtet) sowie des Hans-Bredow-Institutes (52 Familien wurden 1975 an 14 Abenden je vier Stunden lang von einem eigenen Familienmitglied beobachtet) vorgelegt (Kellner, 1978). Die Ergebnisse dieser Studie zeigen, daß durch das Rezipieren einer Fernsehsendung - besonders bei Programmen mit hoher Attraktivität - die interpersonelle Interaktion in der Familie minimiert wird. Selbst wenn gemeinsame Zeit vor dem Fernseher verbracht wird, so ist das Fernsehen eine individuelle Tätigkeit, gemeinsames Zuschauen lediglich eine Art „Überschneidung der individuellen Rezeptionsabläufe" (Hunziker, 1977, S. 269). Damit werden Befragungsergebnisse bestätigt, wie z.B. die von Hunziker et al. (1973), wonach von 10- und 12jährigen Kindern 70% meinten, bei ihnen werde während einer Sendung „selten" oder „nie" gesprochen; 75% äußerten auch, daß es selten vorkomme, daß sie im Zusammenhang mit einer Fernsehsendung eine Frage an andere richten (für die USA vgl. Waters & Stone, 1971; MacCoby, 1951).

Die intensive Zuwendung zu einem Fernsehprogramm kann in Extremfällen, wie z.B. einer Vielseherfamilie, zu einem „chronischen Defizit an interpersonaler (visueller wie schließlich verbaler) Kommunikation" führen (Kellner, 1978, S. 27). Aus dem Forschungsprojekt des Hans-Bredow-Instituts seien einige Ergebnisse dazu hervorgehoben: So ist die verbale Interaktion während des Fernsehkonsums naheliegenderweise gering, zur Hälfte fernsehbezogen und von reduzierter thematischer Vielfalt. „Je mehr ferngesehen wird, desto unmöglicher scheint es zu sein, eine differenzierte Interaktionsstruktur aufzuweisen beziehungsweise eine differenzierte verbale Kommunikation" (Kellner, 1978, S. 27). Allerdings wird dieses Ergebnis von Teichert (1979) anders gewichtet. Er schätzt trotz der Kürze der Äußerungen und ihrer Fernsehbezogenheit das Fernsehen als gesprächsinitiierenden Faktor ein, wobei das Fernsehen als Strukturierungshilfe für das abendliche Familienleben und nicht als Beeinträchtigung der familialen Interaktion gewertet wird. Da das Fernsehen andererseits in vielen Familien den Tagesabschluß darstellt, ergibt sich, daß für eine inhaltliche Aufarbeitung des Gesehenen mit den Kindern keine Zeit bleibt. Dabei ist aufgrund der steigenden Ausstattung der Haushalte mit Zweit- und Drittgeräten eine Auflösung des heute noch vorhandenen „Fernsehhalbkreises" in einzelne fernsehende Individuen zu vermuten.

Wenn auf der anderen Seite behauptet wird, das gemeinsame Fernsehen würde helfen, Konflikte in der Familie zu reduzieren (besonders bei beengten Wohnverhältnissen, Rosenblatt & Cunningham, 1976), so ist dieser, eventuell gegebene positive Effekt auf die generell interaktionsreduzierende Wirkung des Fernsehens zurückzuführen. In die gleiche Richtung verweist auch das deskriptive Ergebnis von Csikszentmihali und Kubey (1981), nach dem Fernsehen mit der Familie im Vergleich zu allen anderen familiären Tätigkeiten (ohne TV) am wenigsten anspannend ist.

Dieser Effekt, der sich bei einem laufenden Programm einstellt, sollte nicht darüber hinwegtäuschen, daß einer der Hauptstreitanlässe in deutschen Familien der tägliche Disput über das richtige Programm ist. In 39% der Familien gibt es Auseinandersetzungen um die Lautstärke des eingeschalteten Geräts, in 32% Debatten um das Programm und in 27% Diskussionen darüber, ob während des fernsehens geredet werden darf oder nicht (Eurich & Würzburg, 1983). Auch Hunziker et al. (1975) berichten von ca. einem Drittel der Befragten, die meinen, Fernsehen störe die gemeinsamen Mahlzeiten bzw. wegen des Fernsehens gebe es zusätzlichen Streit; immerhin 54% der Väter und 46% der Mütter geben an, wegen des Fernsehens habe man weniger Zeit füreinander.

Programminhalte, speziell des Fernsehens, sind nur in den seltensten

Fällen Anlaß zu einem Gespräch zwischen Eltern und Kindern. Gespräche zwischen einem anwesenden Elternteil und dem Kind kommen vorwiegend nur auf Initiative des Kindes zustande (Horn, 1978, S. 33), dabei geht es meistens um Wissens- und nicht um Beziehungsfragen. Eine gezielte Nachbereitung einer gesehenen Sendung findet so gut wie nie statt. Gerade Sendungen, welche mögliche Konfliktfelder zwischen Eltern und Kindern ansprechen (z.B. „Rappelkiste", vgl. Lorey, 1978), führen bei Eltern wohl wegen der „hedonistischen Relevanz" der Themen zu Abwehrreaktionen, die ein Gespräch eher verhindern bzw. zu einem durch Angst und emotionaler Erregung induziertem kognitiven Vermeidungsverhalten führen.

Tabelle 2.12: **Soziale Situation während des Fernsehens (Frage: "Mit wem schaust Du Dir das Fernsehprogramm an?", Angaben in Prozent der Kategorie "regelmäßig"), Gesamtverteilung und aufgeteilt nach Hintergrundmerkmalen**

	"regelmäßig" mit			
	Familie	Geschwister	Freunde	allein
Gesamt	58,3	39,4	6,9	26,3
Geschlecht				
Jungen	58,3	38,8	6,8	30,7
Mädchen	58,5	40,2	7,0	21,4
p			**	**
Alter				
bis 13	59,6	41,4	4,5	23,9
14	59,7	41,9	7,2	26,2
15	59,9	40,0	7,2	25,9
16 u.ä.	48,1	27,9	10,6	32,4
p	**	**	**	*
Schulart				
Hauptschule	59,2	41,9	10,2	30,5
Realschule	59,9	37,5	5,6	25,4
Gymnasium	54,7	37,5	2,5	19,2
p	**	*	**	**
Wohnort				
Dorf	58,3	44,1	7,5	26,3
Kleinstadt	60,3	35,3	6,2	24,4
Großstadt	52,8	31,6	7,1	31,0
p	*	**		

Von daher gesehen, wird der Fernseh- oder Video-Apparat von den Eltern hauptsächlich als Betreuer-Surrogat eingesetzt, als elektronischer Babysitter, als dritter Elternteil (Kunczik, 1980), der vorwiegend der Mutter Freiraum für eigene Tätigkeiten schafft (Winn, 1979). Die hier anklingende Schuldzuweisung muß aber durch historische Veränderungsprozesse, die das Zusammenleben in der Familie betreffen (mütterliche Berufstätigkeit, Verlust von gemeinsamen Tagesroutinen, Distanz zu Verwandten; Kreeshan, 1983), relativiert werden.

Ein möglicher Effekt des extensiven Konsums audivisueller Medien könnte auch eine Reduktion der Außenkontakte der Familie sein (Lüscher, 1981, S. 353). Für die Frühzeit des Fernsehens (1953) stellten sich bei 62% der Fernsehhaushalte Gastseher ein (Stolte, 1978, S. 58), heute schließen sich Fernsehen und Besuch eher aus. Durch die Zweitgeräte wird die Chance, allein fernzusehen, vergrößert, wobei nach Ergebnissen aus dem amerikanischen Raum (Chaffee et al., 1971) ein Zweitgerät eher zur Herstellung von Privatheit als zur Lösung von Programmwahl-Differenzen verwendet wird.

Die am häufigsten vorkommende Situation beim Fernsehen ist die zusammen mit der Familie (Eltern) bzw. mit den Geschwistern (vgl. Tab. 2.12). Immerhin gibt aber ein Viertel der Befragten an, regelmäßig allein fernzusehen. Relativ selten hingegen ist der Fernsehkonsum zusammen mit Freunden - nur jeder 15. Befragte gibt diese Konfiguration als „regelmäßig“ an. Das Fernsehen erscheint von daher ein stark familiengebundenes Medium zu sein, und es ist eine Möglichkeit, in Situationen des Allein-Seins eine leicht zugängliche Unterhaltung zu realisieren.

Das familienorientierte Nutzungsmuster nimmt mit dem Älterwerden der Befragten ab, d.h. die Rezeptionssituation mit Eltern oder Geschwistern kommt seltener vor, die zusammen mit Freunden oder eben alleine nimmt zu. Geschlechtsspezifische Unterschiede lassen sich nur in bezug auf die Situation „allein“ nachweisen, wobei dies bei den Jungen häufiger vorkommt. Die mit der Schulartzugehörigkeit einhergehenden Unterschiede sind vermutlich auf die generell größere Sehintensität der Hauptschüler insgesamt zurückzuführen. Die mit der Größe des Wohnortes einhergehenden Unterschiede hinsichtlich der Sehsituationen weisen auf ein mehr familienorientiertes Nutzungsmuster bei Rezipienten aus ländlichen Gegenden hin.

Bei der weitergehenden Frage, ob über Inhalte des Fernsehens geredet wird (vgl. Tab. 2.13), geben fast 90% der Befragten an, mit anderen Personen über das Fernsehens zu sprechen. Hierbei stehen Freunde an erster Stelle, an den weiteren Stellen folgen die Eltern, die Geschwister und zuletzt andere Personen. Diese Daten scheinen dafür zu sprechen, daß die Fernsehrezeption zwar in der Familie stattfindet, die Verarbeitung der Fernsehinhalte aber eher in der Freundesgruppe.

Mädchen geben an, insgesamt häufiger über die Fernsehinhalte zu sprechen, wobei sie sich auch häufiger an die Eltern wenden. Bei den Jungen werden vermehrt Freunde oder andere Personen als Gesprächspartner gewählt. Mit dem Alter geht die Bedeutung der Geschwister als Gesprächspartner zurück. Erwähnenswert ist, daß Hauptschüler trotz ihres erhöhten Fernsehkonsums seltener mit anderen über die Inhalte des Fernsehprogramms sprechen als Realschüler oder Gymnasiasten, besonders die Eltern stehen ihnen dafür seltener zur Verfügung (die in Tab. 2.13 signifikant gewordenen Unterschiede sind auf die verschiedene Häufigkeit der Antwortkategorien „manchmal“ bzw. „nie“ zurückzuführen). Hingegen wird bei Hauptschülern deutlich, daß Freunde oder andere Personen öfter als Gesprächspartner vorhanden sind, ein Indiz dafür, daß hier eine spezifische jugendliche Subkultur existiert, die in relativer Distanz zu den Eltern gewohnheitsbildend wirkt.

Tabelle 2.13: Fernsehen als Gesprächsanlaß (erste Frage: "Redest Du mit jemandem über das, was Du im Fernsehen gesehen hast?", Angaben in Prozent der Ja-Antworten; zweite Frage: "Wenn ja, mit wem?", Angaben in Prozent der Kategorie "regelmäßig"), Gesamtverteilung und aufgeteilt nach Hintergrundmerkmalen

	Aussprache-möglichkeit	Gesprächspartner			
		Eltern	Geschwister	Freunde	andere
Gesamt	88.5	20.0	17.3	39.6	6.6
Geschlecht					
Jungen	85.8	18.5	17.6	42.9	7.3
Mädchen	91.1	21.6	17.3	36.2	5.9
p	**	**		**	**
Alter					
bis 13	89.5	20.4	18.7	38.5	4.4
14	89.3	20.8	19.4	38.9	6.7
15	87.8	20.4	15.2	41.1	8.3
16 u.ä.	86.7	15.8	14.1	38.9	6.6
p			*	**	**
Schulart					
Hauptschule	85.7	20.3	17.8	41.4	9.3
Realschule	89.6	19.3	16.2	39.9	4.6
Gymnasium	92.1	20.6	17.9	35.8	4.2
p	**	**		**	**
Wohnort					
Dorf	88.6	19.3	18.3	42.3	6.7
Kleinstadt	89.3	19.1	15.9	36.3	5.9
Großstadt	85.6	24.6	17.4	36.9	7.6
p			**	**	**

2.2.2.4. Inhaltliche Aspekte des Fernsehkonsums bei Kindern und Jugendlichen

Zur Erfassung der am häufigsten gesehenen Sendungen bzw. der beliebtesten Sendungsarten wurde von uns (a) eine Liste mit ausgewählten und zum Befragungszeitpunkt mehr oder minder regelmäßig wiederkehrenden Serien/Sendungen vorgegeben (vgl. Tab. 2.14) sowie (b) eine zweite Liste, in der unter den jeweiligen Genrebezeichnungen die Beliebtheit verschiedener Sendungskategorien abgefragt wurden (vgl. Tab. 2.15).

Nach der ersten Methode (Sehhäufigkeit) stehen deutlich unterhaltungsorientierte Serien an der Spitze des am häufigsten gesehenen Programms. Daran schließt sich ein fast geschlossenes Paket verschiedener Kriminalserien an, während informationsorientierte Sendeangebote erst in der zweiten Hälfte der Rangreihe auftauchen. Will man aus den angedeuteten Rängen eine die Einzelsendung übergreifende Schlußfolgerung ziehen, so kann man sagen, daß die am häufigsten konsumierten Programme zum Bereich „leichte Unterhaltung“ gehören (von den für Jugendliche wenig attraktiven Serien, z.B. „Was bin ich?“, sei dabei abgesehen), daß „action-orientierte Unterhaltung“ den zweiten Platz einnimmt, daß aber das Informationsangebot des Fernsehens deutlich seltener konsumiert wird. Die Zusammenhänge mit den Hintergrundmerkmalen Geschlecht, Alter, Schulart und Wohnortgröße lassen sich - bei einigen Ausnahmen - auf die Kurzformel bringen, daß die typischen Vielsehergruppen zumeist auch in der Sehhäufigkeit der einzelnen Sendungen vorne liegen. Abweichungen von diesem Muster gibt es insofern, als Mädchen eine größere Affinität zu Unterhaltungsshows, die mit viel Musik gestaltet werden, aufweisen als Jungen; es ist auch ein Alterstrend dahingehend festzustellen, daß ältere Jugendliche (bei insgesamt abnehmenden Fernsehzeiten) ernsthafte informationsorientierte Sendungen häufiger anschauen als jüngere Befragte.

Frägt man nach der Beliebtheit einzelner Genres, so liegen „action-orientierte Unterhaltungssendungen“ an der Spitze der Skala, gefolgt von ‚leichten Unterhaltungssendungen“. Informationsorientierte Angebote liegen wiederum erst im letzten Drittel der Beliebtheitshierarchie und die kulturträchtige Sparte der Theater-/Oper-/Konzert-Sendungen bildet dabei das Schlußlicht. Gerade mit dieser Methodik werden Alterstrends deutlich, wobei action- und informationsorientierte Sendungen bei älteren Befragten sich einer größeren Beliebtheit erfreuen.

Tabelle 2.14: **Sehhäufigkeit von Fernsehserien (arithmetisches Mittel, 1 = nie, 5 = sehr häufig), Gesamtverteilung und nach Hintergrundmerkmalen [1]**

Sendereihe Rang	Titel	Gesamt	Geschlecht	Alter	Schulart	Wohnort
1.	Wetten, daß ...	4,03	J	bis 13	HS	Dorf
2.	Tommy's Pop Show	3,90	M	16 u.ä.	HS	Dorf/KSt
3.	Hitparade	3,58	M	bis 13	HS	Dorf
4.	Live aus dem Alabama	3,58	M	15/16	HS/RS	--
5.	Derrick	3,36	J	bis 13	HS	Dorf
6.	Kino-Hitparade	3,31	J	bis 13	HS	Dorf
7.	Aktenzeichen XY	3,28	J	--	HS	Dorf
8.	Soko 5113	3,25	J	bis 13	HS	Dorf
9.	Der Alte	3,16	J	bis 13	HS	Dorf
10.	Magnum	3,15	J	16 u.ä.	HS	GSt
11.	Dalli-Dalli	3,13	J	bis 13	HS	Dorf
12.	Ein Fall für Zwei	3,08	J	bis 13	HS	Dorf
13.	Sportschau	3,07	J	16 u.ä.	RS	--
14.	Denver	3,03	M	15/16	HS	--
15.	Die Zwei	2,97	J	14	RS/HS	--
16.	Tatort	2,97	J	--	HS	KSt
17.	Expeditionen ins Tierreich	2,76	J	bis 13	HS	Dorf
18.	Heute/Tagesschau	2,76	J	16 u.ä.	GY	--
19.	Der große Preis	2,55	J	bis 13	HS	Dorf
20.	Dallas	2,44	-	16 u.ä.	HS	GSt
21.	Väter der Klamotte	2,25	J	bis 13	HS	Dorf
22.	Die Muppet's Show	2,22	J	--	HS	KSt
23.	Was bin ich?	2,22	J	bis 13	HS	Dorf
24.	Die Fraggles	2,21	J	bis 13	HS	KSt
25.	Schülerexpreß	2,00	M	--	HS	Dorf
26.	Tele Illustrierte	1,86	J	16 u.ä.	RS/HS	--
27.	Von Wölfen gejagt	1,82	J	14	HS	Dorf
28.	Monitor/Panorama	1,57	J	16 u.ä.	HS	--

[1] Es wird - wenn Verteilungsunterschiede signifikant sind - jeweils angegeben, in welcher Untergruppe die größte Sehhäufigkeit auftritt.

Tabelle 2.15: Präferenz für ausgewählte Fernseh- und Fernsehfilmgenres (Frage: "Wie gerne hast Du folgende Arten von Fernsehsendungen?"; 1 = sehr gern, 5 = gar nicht aM), Gesamtverteilung und nach Hintergrundmerkmalen [1)]

Rang	Kategorie	Gesamt	Geschlecht	Alter	Schulart	Wohnort
1.	Abenteuer-Filme	2,06	J	16 u.ä.	HS	--
2.	Action-Filme	2,10	J	15/16 u.ä.	RS	--
3.	Western	2,19	J	bis 13	HS	Dorf
4.	Krimis	2,20	J	15	RS/HS	Dorf
5.	Zeichentrick	2,45	J	bis 13	HS	--
6.	Klamauk-Filme	2,51	J	bis 13	RS	--
7.	Unterhaltungsserien	2,53	M	15	HS	--
8.	Musik-Filme	2,55	M	16 u.ä.	--	--
9.	Science-Fiction	2,55	J	--	HS	--
10.	Tiere/Natur	2,60	J	bis 13	GY	KSt
11.	Fantasy	2,62	M	bis 13	HS	--
12.	Grusel-Filme	2,69	J	16 u.ä.	HS	--
13.	Quizsendungen	2,69	-	bis 13	--	Dorf
14.	Liebesfilme	2,74	M	15/16 u.ä.	HS	Dorf
15.	Sportsendungen	2,74	J	--	RS	--
16.	Shows	2,78	-	bis 13	HS	--
17.	Kriegsfilme	2,97	J	16 u.ä.	HS	Dorf
18.	Heimat-Filme	3,19	M	bis 13	HS	Dorf
19.	Nachrichten	3,25	J	16 u.ä.	GY	--
20.	Problem-Filme	3,33	M	16 u.ä.	--	--
21.	Kinder-Filme	3,49	M	bis 13	HS	Dorf
22.	Technik & Wissenschaft	3,49	J	16 u.ä.	--	KSt
23.	Sex-Filme	3,57	J	16 u.ä.	HS	Dorf
24.	Gesundheitsmagazine	3,68	M	16 u.ä.	HS	--
25.	Zeitkritische Magazine	4,02	J	16 u.ä.	GY	--
26.	Wirtschaftssendungen	4,21	J	--	--	--
27.	politische Sendungen	4,35	J	16 u.ä.	--	GSt
28.	Theater/Oper/Konzerte	4,44	M	14/15	GY	--

1) Es wird - wenn Verteilungsunterschiede signifikant sind - jeweils angegeben, in welchen Untergruppen die höchste Präferenz für das jeweilige Genre auftritt.

Um die Einzelangaben zur Konsumhäufigkeit und Präferenz für die verschiedenen Fernsehsendungen überschaubar zu machen, wurden aufgrund faktorenanalytischer Verfahren und inhaltlicher Überlegungen die Angaben zu Summenwerten für die Inhaltsbereiche Unterhaltung, Information und Gewaltkonsum im Fernsehen zusammengefaßt, u.zw. sowohl hinsichtlich Konsumhäufigkeit wie auch Beliebtheit (genaue skalentechnische Angaben Anhang B).

In Tabelle 2.16 sind die Zusammenhänge zwischen diesen Inhaltsbereichen angegeben, wobei als zusätzliche Variable die Skala Fernsehsüchtigkeit (vgl. Kapitel 2.2.3) und die wöchentliche Fernsehkonsumzeit einbezogen wurden. Wie zu sehen ist, korrelieren die Präferenz- und Häufigkeitsangaben zu den gleichen Inhaltsbereichen substantiell miteinander. Die Bereiche Unterhaltungs- und Gewaltkonsum stehen ebenfalls in enger Beziehung, d.h. Jugendliche, die viele Fernsehsendungen der Kategorie Unterhaltung konsumieren, schauen sich auch häufig Sendungen aus dem Bereich Gewalt (vorwiegend operationalisiert über Kriminalserien) an. Mit den Bereichen Unterhaltung und Gewaltkonsum wesentlich geringer korreliert ist die Variable Präferenz für Nachrichten und allgemeine Information im Fernsehen. Dieses Merkmal ist im übrigen auch nicht mit der Dauer des wöchentlichen Fernsehens korreliert. D.h. sowohl unter den Viel- wie auch unter den Wenigsehern finden sich gleiche Präferenzen für informationsorientierte Fernsehsendungen.

Geht man schließlich von der wöchentlichen Fernsehzeit als objektivem Indikator aus, so zeigt sich, daß Personen, die häufig fernsehen, vor allem gewalt- oder unterhaltungsorientierte Sendungen konsumieren und in etwas abgeschwächter Form auch deutlicher präferieren. Hingegen konsumieren Jugendliche mit hoher Fernsehzeit nur geringfügig mehr Informationssendungen im Fernsehen als solche mit geringer Fernsehzeit und eine Verbindung zwischen Fernsehzeit und Beliebtheit von Informationssendungen ist nicht mehr vorhanden.

Ähnliches, wenn auch nicht so deutlich, gilt auch für das Merkmal Fernsehsüchtigkeit; auch hierfür sind die besten Prädiktoren die Häufigkeits- und Präferenzangaben zu den Bereichen Unterhaltung und Gewaltkonsum, während die analogen Angaben zur Häufigkeit bzw. Beliebtheit von informationsorientierten Sendungen mit Fernsehsüchtigkeit kaum korrelieren.

Zusammenfassend ist festzustellen, daß der typische Vielseher den Fernsehapparat in Richtung Maximierung des Unterhaltungsangebots nutzt (sei dies nun in Form leichter Unterhaltung oder eher action-orientierter Sendungen). Mit der Häufigkeit des Fernsehkonsums bzw. der Intensität der Bindung an das Fernsehen (im Sinne des Konzepts der Fernsehsüchtigkeit) steigt aber nicht in gleicher Weise der Konsum von Nachrichten und allgemeiner Information. Die zuletzt genannten Angebote werden auch von Befragten mit relativ geringer Sehzeit vergleichbar oft genutzt.

Tabelle 2.16: **Interkorrelation zwischen inhaltlichen und quantitativen Fernsehkonsum-Indices**

Merkmal/ Skala	(1)	(2)	(3)	(4)	(5)	(6)	(7)	(8)
(1) Unterhaltung im Fernsehen (Häufigkeit)	--							
(2) Unterhaltung im Fernsehen (Präferenz)	.50	--						
(3) Nachrichten u. allgem. Inf. (Häufigkeit)	.46	.25	--					
(4) Nachrichten u. allgem. Inf. (Präferenz)	.09	.21	.46	--				
(5) Fernsehgewaltkonsum (Häufigkeit)	.58	.36	.38	.04	--			
(6) Fernsehgewaltkonsum (Präferenz)	.37	.37	.23	.09	.48	--		
(7) Fernsehsüchtigkeit	.19	.14	.10	.01	.17	.19	--	
(8) Fernsehzeit pro Woche	.33	.21	.17	.00	.34	.31	.20	--

Betrachtet man die Korrelationen zwischen den inhaltlichen Fernsehkonsumindices und ausgewählten sozio-demografischen Merkmalen (vgl. Tab. 2.17), so sind die größten Zusammenhänge mit dem Merkmal Schulartzugehörigkeit zu finden. Mit einer Ausnahme (Präferenz für Nachrichten und allgemeine Information) findet man jeweils größere Konsumhäufigkeiten und ausgeprägtere Inhaltspräferenzen bei Hauptschülern. Ebenfalls mit einer Ausnahme (Präferenz für leichte Unterhaltung) findet man sowohl vermehrten Konsum als auch größere Beliebtheit für die einzelnen Bereiche bei den Jungen. Die Bedeutung des Alters der Befragten wechselt je nach Inhaltsbereich: So sind im Bereich der leichten Unterhaltung die größeren Liebhaber und intensiveren Seher unter den jüngeren zu finden, während für informationsorientierte und tendenziell auch gewalthaltige Genres die älteren Befragten deutlichere Vorlieben zum Ausdruck bringen. Nur geringe Zusammenhänge lassen sich zur Wohnortsgröße der Befragten aufweisen; wiederum mit einer Ausnahme (Präferenz für Nachrichten und allgemeine Information) sind Befragte aus ländlichen Wohngegenden die intensiveren Seher.

Tabelle 2.17: **Zusammenhänge zwischen inhaltlichen Fernsehkonsumindices und sozio-demographischen Hintergrundmerkmalen**

Merkmale [1]	Fernsehkonsumindices [2]					
	(1)	(2)	(3)	(4)	(5)	(6)
Geschlecht	-.17	.05	-.19	-.20	-.11	-.39
Alter	-.11	-.11	.04	.07	-.01	.05
Schulart	-.27	-.14	-.14	.04	-.31	-.22
Wohnort	-.09	-.06	-.03	.00	-.04	-.05

1) Geschlecht: männlich = 1, weiblich = 2;
Schulart: HS = 1, RS = 2, GY = 3;
Wohnort: Weiler = 1, Großstadtzentrum = 6.
Wegen der Stichprobengröße werden so gut wie alle Korrelationskoeffizienten signifikant (p 5%: r = 0,02).

2) 1 = Unterhaltung im Fernsehen (Häufigkeit)
2 = Unterhaltung im Fernsehen (Präferenz)
3 = Nachrichten und allg. Information (Häufigkeit)
4 = Nachrichten und allg. Information (Präferenz)
5 = Fernsehgewaltkonsum (Häufigkeit)
6 = Fernsehgewaltkonsum (Präferenz)

2.2.2.5. Elterliche Erziehungsmaßnahmen und das Fernsehen

Die audiovisuellen Medien werden von Eltern als einflußreicher und potentiell problematischer eingeschätzt als z.B. die auditiven (Havlicek & Steinmann, 1980). Mit dieser skeptischen Haltung korrespondiert aber keine gleichermaßen intensivere Kontrolle. Vielmehr ist festzuhalten, daß der Medienkonsum von Kindern und Jugendlichen weitgehend außerhalb der Kontrolle der Eltern stattfindet. Dies gilt nicht nur für ältere Jugendliche, sondern partiell auch für jüngere Kinder; besonders aber für solche aus Familien mit hohem Fernsehkonsum (Vielseherfamilien) und aus sozial niedrigen Schichten (Horn, 1978; Frank, 1978; Zoltan, 1975).

Singer und Singer (1976) berichten von Eltern mit Vorschulkindern, daß diese dem Ausmaß und den Inhalten des Fernsehkonsums ihrer Kinder auffallend wenig Aufmerksamkeit widmen. Es ist eher üblich, daß Eltern gemeinsam mit ihren Kindern auch das Abendprogramm anschauen. Nach Jeffries-Fox und Gerbner (1975) waren in einer Stichprobe von Acht- bis Zehntklässlern nur in einem Drittel der Fälle die Eltern an der Entscheidung über das Einschalten des Fernsehgerätes beteiligt. Irgend eine Art der Kontrolle wird aber von 59% der Eltern angegeben (41% nach Erledigung der Hausarbeiten, 20% keine Gewaltsendungen, 16% Einhaltung von Schlafenszeiten). Diese Einschränkungen kamen häufiger vor in intakten Familien, bei höherer Sozialschicht und bei geringerem Fernsehkonsum der Eltern. Das Ausmaß des Fernsehkonsums der Kinder korrelierte aber nicht mit diesen elterlichen Kontrollversuchen.

Tabelle 2.18: **Restriktion des Fernsehkonsums bei Schweizer Kindern 1979 (Havlicek & Steinmann, 1980, S. 54)**

Art der Kontrolle	Elternbefragung	Kinderbefragung
darf alle Sendungen sehen	2,8%	8,6%
muß manchmal fragen	34,3%	41,3%
muß immer fragen	57,1%	47,0%
darf nie fernsehen	0,2%	0,1%
keine Angabe/weiß nicht	5,6%	3,3%

In der Schweiz, einem Land in dem relativ restriktive elterliche Haltungen zu vermuten sind, wurden innerhalb einer Eltern- und Kinderbefragung auch Ergebnisse zum Thema Restriktion des Fernsehkonsums vorgelegt (Havlicek & Steinmann, 1980, S. 54; vgl. Tab. 2.18). Danach sind bei knapp der Hälfte der Kinder Einschränkungen und Eingriffsmöglichkeiten durch die Eltern vorhanden. Naheliegenderweise nimmt die selbstbestimmte Sendungswahl mit dem Alter zu (4- bis 5jährige 6% ohne Restriktion, 12- bis 14jährige 24,2%).

Tabelle 2.19: **Erteilung von Fernsehverbot bzw. Einsatz des Fernsehens als Belohnung**

	Hunziker et al. (1973) N = 851 Kinder der 4. u. 6. Klassen	
Kategorien	Strafe	Belohnung
oft	14%	23%
selten	52%	35%
nie	32%	38%
keine Angabe	2%	4%

Gerlinger scheint der elterliche Einfluß in der Bundesrepublik zu sein. Frank (1978, S. 14) berichtet, daß von den 3- bis 5jährigen 36% das Fernsehgerät selbst einschalten, von den 6- bis 9jährigen 60% und den 10- bis 13jährigen 75%. Nach Hunziker et al. (1973) müssen 29 % der 10- und 12jährigen niemanden fragen, wenn sie fernsehen wollen. Rojas (1978) fand, daß Eltern im Vergleich zu den Kinderangaben ihre Kontrolle und ihren Einfluß auf die Fernsehgewohnheiten ihrer Kinder überschätzen. Die elterliche Kontrolle ist dabei tendenziell bei Kindern aus sozial und bildungsmäßig höheren Schichten größer, ebenso in Familien mit eher geringem Fernsehkonsum und bei jüngeren Kindern (Horn, 1978).

Zu ergänzen ist, daß das Fernsehen auch als Möglichkeit zur Steuerung von Kindern eingesetzt wird (vgl. Tab. 2.19). Da das Fernsehen eine beliebte Tätigkeit darstellt, liegt es nahe, den Zugang zu diesem Medium in erzieherischer Absicht zu steuern. Ob dies den Eltern tatsächlich in kompetenter Weise gelingt, ist nicht bekannt. Das Erteilen von Fernsehverbot bei inadäquatem Verhalten scheint zumindest bei jüngeren Kindern ein häufig eingesetztes Erziehungsmittel zu sein (Thyssen, 1977, S. 279; z.B. bei 60% der Vorschulkinder). Ob ein solches Verbot tatsächlich eingehalten wird, steht auf einem anderen Blatt, da sich Kinder, sofern möglich, an eine andere Person wenden, um ihre Interessen durchzusetzen. Fernsehen als Belohnung einzusetzen, ist ebenfalls nicht unproblematisch, da hierbei häufig die Erlaubnis zu überlangem Fernsehkonsum bzw. zum Anschauen von Filmen, die sonst verboten sind, erteilt wird. Thyssen (1977, S. 280) verweist zusätzlich darauf, daß die Kinder Wohlverhalten instrumentell zur Durchsetzung von Fernsehkonsum einsetzen (z.B. „Wenn ich für Papa Bier holen gehe, dann läßt er mich auch länger fernsehen."). Bereits Himmelweit et al. (1958, S. 48) gaben die Empfehlung, Fernsehen nicht als Mittel zur Belohnung oder Bestrafung von Kindern zu verwenden, da dadurch der Wert des Fernsehens für die Kinder erhöht werde.

Nach unseren Ergebnissen (vgl. Tab. 2.20) berichtet nicht ganz die Hälfte aller Befragten, daß für sie Beschränkungen hinsichtlich des Fernsehkonsums verhängt werden. Allerdings wurde nicht erhoben, zu welchen Anlässen diese ausgesprochen werden. Es ist aber zu vermuten, daß ein Großteil auf formale Gründe zurückzuführen ist (z.B. Einhaltung von Zu-Bett-Geh-

Zeiten, kein Fernsehen während der Hausaufgabenerledigung). Obwohl nach allen einbezogenen sozio-demographischen Hintergrundmerkmalen bedeutsame Verteilungsunterschiede bestehen, ist der deutlichste Zusammenhang mit der Altersvariable gegeben (nur etwas mehr als ein Viertel der 16jährigen berichten noch von Fernsehbeschränkungen, aber fast 60% der 13jährigen), auch Jugendliche aus dem großstädtischen Bereich sind wesentlich seltener solchen Restriktionen unterworfen im Vergleich mit Jugendlichen aus Kleinstädten oder in Dörfern.

Tabelle 2.20: **Beschränkungen des Fernsehens durch die Eltern (Frage: "Meine Eltern lassen mich nicht alle Sendungen anschauen, die ich möchte." Angaben in Prozent der Ja-Antworten) und Erteilung von Fernsehverbot (Frage: "Haben Dir Deine Eltern zur Strafe schon einmal 'Fernsehverbot' erteilt?" Angaben in Prozent), Gesamtverteilung und aufgeteilt nach Hintergrundmerkmalen**

	Fernseh-restriktionen	Fernsehverbot nein	damit gedroht	schon bekommen
Gesamt	46,1	61,4	21,8	16,8
Geschlecht				
Jungen	47,9	55,8	24,3	20,0
Mädchen	44,3	67,2	19,2	13,6
p	*		**	
Alter				
bis 13	59,3	54,2	25,6	20,2
14	50,4	60,0	22,5	17,4
15	38,3	64,3	21,2	14,5
16 u.ä.	27,8	71,7	13,6	14,7
p	**		**	
Schulart				
Hauptschule	45,3	62,0	21,3	16,7
Realschule	43,1	62,8	21,9	15,2
Gymnasium	51,5	58,0	22,9	19,2
p	**			
Wohnort				
Dorf	48,3	61,9	22,8	15,8
Kleinstadt	46,2	60,3	22,2	17,5
Großstadt	37,3	62,6	18,5	18,9
p	**			

Die Instrumentalisierung des Fernsehens, um erzieherische Absichten der Eltern durchzusetzen, wurde nur in der negativen Form des Fernsehverbotes erfaßt (es ist durchaus denkbar, daß Fernseherlaubnis, z.B. länger aufzubleiben, um noch einen Film anzusehen, als positiver Verstärker von den Eltern eingesetzt wird). Etwa 40% der Kinder berichten von Fernsehverboten, Jungen öfter als Mädchen und jüngere Befragte häufiger als ältere. Die Geschlechtskorrelation kann darauf zurückgeführt werden, daß Jungen eine stärkere Bindung an das Fernsehen aufweisen (vgl. auch Tab. 2.20), demnach auch über Fernsehrestriktionen eher zu beeinflussen sind als Mädchen.

2.2.3. Fernsehen als Sucht und als „Droge"?

2.2.3.1. Bindung an das Fernsehen

Während die Inhalte der verschiedenen audiovisuellen Medienangebote von Anfang an in der Medienwirkungsforschung heftig diskutiert und auch erforscht wurden (z.B. Auswirkungen von Gewaltdarstellungen auf Rezipienten), ist die Auseinandersetzung mit dem passiven Vorgang des „Fernsehens" an sich bisher vernachlässigt worden. Fernsehen als „Droge im Wohnzimmer" (Winn, 1984) zu apostrophieren, scheint mit dem Alltagsverständnis nicht vereinbar. Begriffe wie „Droge" und „Sucht" betreffen Asoziale, sind mit „Stoff" assoziiert und gehören ins gesellschaftliche Abseits. Bereits 1975 hat Nowlis den Begriff der nicht stoffgebundenen Süchte geprägt. Seit jedoch stoffungebundene Süchte immer mehr in das Interesse der Öffentlichkeit rücken, seit Arbeits-, Kauf-, Spielsucht usw. als ernstzunehmende Probleme verstanden und therapiert werden (Machlowitz, 1976; Mentzel, 1979), seit die verschiedenen Selbsthilfegruppen der Anonymen Alkoholiker, gambler anonymous, sexaholics, workoholics Zulauf finden, entwickelt sich auch Fernsehsucht langsam vom Schlagwort zum anerkannten sozialen und pädagogischen Problem. Neben dem Bedarf an zahlreichen Fernsehservice-Firmen, die ihre Dienste bis spät nachts anbieten, können auch die Erkenntnisse aus einzelnen Fernsehentzugsexperimenten als deutliche Hinweise für die starke Abhängigkeit der Vielseher vom Fernsehgerät gedeutet werden.

So hat die Münchener Gesellschaft für rationelle Psychologie 1972 ein Experiment durchgeführt, das die Abhängigkeit einzelner Personen und Familien vom Fernsehen zeigen sollte (Pfeiffer, 1975). Nachdem 184 Testpersonen sechs Wochen lang beobachtet und einmal in der Woche interviewt worden sind, wurden ihre Fernsehgeräte verplombt und ihnen für jeden fernsehfreien Tag eine kleine Geldprämie ausbezahlt. Die Rückfallquote der Versuchspersonen war hoch; so wurde im ersten Monat jeder Zehnte rückfällig, im dritten Monat 58% der Testpersonen, im vierten Monat 90% und im fünften Monat kapitulierte der Rest. Als erste gaben die Personen mit Volksschulbildung auf, Akademiker hielten am längsten durch. Neben den erwarteten Auswirkungen auf das Freizeitverhalten (Anstieg der sozialen Kontakte zu Freunden und Verwandten, mehr Lektüre und Spiele, häufigere Kinobesuche) zeigten sich auch Auswirkungen auf das Familienleben. Es kam in der fernsehlosen Zeit häufiger zu Streit, Ehe- und Familienkonflikte wuchsen bedrohlich, 93% aller Eltern (gegenüber 78% in der Zeit mit Fernsehen) schlugen ihre Kinder, Ehefrauen wurden öfter von ihren Gatten geschlagen und Seitensprünge häuften sich. Als die Geräte wieder eingeschaltet wurden, kehrte die „Harmonie" wieder zurück, die alten Sehgewohnheiten wurden wieder aufgenommen. Die Forscher interpretierten die aufgetretenen Verhaltensänderungen und die hohe Rückfallquote als Symptome von „Telesüchtigkeit".

Der Fernsehfilm „4 Wochen ohne Fernsehen", der am 23. März 1976 im ZDF gesendet wurde, verstand sich auch als Experiment, das die Folgen eines vierwöchigen Fernsehentzugs dokumentieren sollte (Bauer, Baur & Kungel, 1976). Testpersonen waren zwei miteinander befreundete Arbeiterfamilien (Familie V. mit drei Kindern, neun, zwölf und 15 Jahre alt; Familie S. mit einem neun Monate alten Baby), die beide einen hohen Fernsehkonsum aufwiesen. Dieses Experiment kann zwar nicht Allgemeingültigkeit beanspruchen, doch das Ergebnis belegt ebenso wie das Echo der Presse auf den Film, daß die aufgetretenen Entzugserscheinungen keinesfalls einzigartig oder harmlos sind. So kommentierte die Süddeutsche Zeitung am 26. Februar 1976 die Entzugserscheinungen der Testpersonen: „Langweile, gequälte Spielversuche, zunehmende Streitlust, unmotivierte Besuche bei Verwandten und Freunden. Bei durchaus vorhandener Einsicht in den blamablen Zwang der Abhängigkeit zeigten sich Entzugserscheinungen, wie sie Alkohol- und Drogensüchtigen nicht fremd sind."

Aufschlußreich ist auch eine Untersuchung, die 1974 in Australien an Familien, die freiwillig und bewußt auf das Fernsehen verzichteten, durchgeführt wurde (Edgar, 1977 b). Der Bildungsstand der 298 Familien war überdurchschnittlich hoch und sie führten ein überaus aktives soziales Leben. Im Vergleich zu Fernsehgerätebesitzern zeichnete sich diese Gruppe der „Nonviewers" durch eine insgesamt hohe Selbsteinschätzung aus. Als gewichtiger Grund für den Fernsehverzicht wurde die Vermutung angegeben, daß Fernsehen süchtig mache. (Der Anteil der Vielseher mit mehr als 21 Stunden Fernsehzeit pro Woche betrug 1973 in Sydney immerhin 47%.) Viele verglichen das Fernsehen mit einer Beruhigungsdroge, die die Sinne abstumpfe.

Im folgenden soll nun anhand einer Gegenüberstellung der Eigenschaften von Drogen und Fernsehen einerseits und einem Vergleich von süchtigem Verhalten und Vielseherverhalten andererseits, erarbeitet werden, inwieweit Fernsehen als Droge und Vielsehen als Sucht gelten kann. Entsprechend der Drogendefinition der WHO von 1964, die weder Sucht noch Abhängigkeit beinhaltet, sondern diese Begriffe gesondert definiert sowie der generellen Festlegung von Dörner & Plog (1980), daß allein das abhängige/süchtige Verhalten ausschlaggebend und der Stoff beliebig/unwichtig sei, werden auch in dem vorliegenden Kontext Droge und abhängiges Verhalten als zwei voneinander getrennt zu untersuchende Komplexe verstanden, deren Zusammentreffen erst die Sucht ausmachen.

2.2.3.2. Ist Fernsehen eine Unterhaltungsdroge?

Bei der Durchsicht gängiger Definitionen des Begriffs „Droge", stößt man auf eine schwer zu übersehende Vielfalt: Suchtmittel, Rauschmittel, Rauschgift, Genußgift, Suchtdroge, Rauschdroge, Betäubungsmittel usw. Es gibt verschiedene, unterschiedlich akzentuierte, auf pflanzliche bzw. chemische Substanzen bezogene Definitionen; der Begriff Droge hat sich in den letzten Jahren mehrfach gewandelt. Die WHO hat 1964 eine verbindliche Drogendefinition herausgegeben, die jedoch nicht einheitlich übernommen wurde: „Als Droge wurde jede Substanz definiert, die im lebenden Organismus eine oder mehrere Funktionen zu ändern vermag. Insbesondere sind solche Substanzen als Droge zu bezeichnen, die eine Wirkung auf das Zentral-Nerven-System ausüben" (Kielholz & Ladewig, 1972, S. 11). Dörner und Plog (1984, S. 250) verstehen Droge als „Sammelbegriff für alle das Gehirn bzw. das Handeln beeinflussenden (enzephalo- bzw. psychotropen) Mittel".

Auch wenn unter den Begriff „Droge" die verschiedensten Substanzen fallen, kann man doch Wirkungen beschreiben, die mehr oder weniger allen Drogen gemeinsam sind. Gestützt auf die Definition der WHO lassen sich folgende Effekte unterscheiden (vgl. Hehlmann, 1974):

a) beruhigende und dämpfende Wirkung,

b) anregende und stimulierende Wirkung,
c) (bewußtseins)verändernde Wirkung.

Drogen bewirken eine Veränderung
- der Stimmungslage (euphorisierend, sedierend, Angst und Spannung reduzierend, Schmerz und Unlust betäubend, hypnotisierend),
- der Wahrnehmungsprozesse (Reize und Impulse von außen werden anders als erlernt aufgenommen),
- der Verarbeitungsprozesse von Wahrnehmungsinhalten (die Realität verliert sich in der Illusion: Depersonalisation) und schließlich
- des Verhaltens.

Das Fernsehen wirkt vor allem auf die Stimmungslage (Emotionen) seiner Konsumenten. Dabei kann es beruhigend oder anregend wirken. Die beim Konsumenten hervorgerufenen Empfindungen nehmen seine Aufmerksamkeit oft so sehr in Anspruch, daß seine Kritikfähigkeit reduziert wird. Zugleich erschwert die rasche Bildfolge eine Benennung und Bewertung der Wahrnehmungsinhalte, sodaß die Informationsflut eher narkotisierend als initiierend wirkt (dem Zuschauer wird Rezeptivität, nicht Konzentration abverlangt). Als Anpassungserscheinungen auf die dargebotene Reizüberflutung können Rückzug, Apathie und Ablenkung des Intellekts auftreten. Die Situation eines Vielsehers läßt sich als Regression in einen sicheren, geborgenen, rezeptiven Zustand beschreiben.

Zwangsläufig bewirkt das Fernsehen eine Veränderung des Freizeitverhaltens (Passivierung und Reduzierung). Darüber hinaus kann es auch zur Nachahmung durch Identifikationsprozesse, zur Übernahme sinnvoll erachteter Handlungen oder zur Nachahmung aggressiven Verhaltens führen.

Neben diesen Auswirkungen im postkommunikativen Bereich lassen sich direkte Wirkungen im Kommunikationsprozeß feststellen. Die Quantität und Qualität von interpersonalen Kontakten innerhalb der Familien nimmt mit steigendem Fernsehkonsum ab (vgl. Kap. 2.2.2.3). Eine zunehmende Kommunikationsunfähigkeit ist bei Vielsehern auf lange Sicht nicht auszuschließen. Fernsehen bietet ebenso wie Drogengebrauch verschiedene Entlastungswirkungen an:

- die kurzfristige Ablenkung von Problemen und Langeweile,
- der phantasiemäßige Ersatz frustrierter Bedürfnisse (wobei auf lange Sicht keine Ersatzbefriedigung stattfinden kann, sondern vielmehr eine Bedürfnisverschärfung eintreten dürfte) und
- die Einleitung kürzer- oder längerfristiger Regressionen (Haseloff, 1972).

Ebenfalls vergleichbar mit Drogeneffekten ist die Funktion des Fernsehen als Fluchtmittel. Unabhängig von bestimmten Kommunikationsinhalten kann jede beliebige Sendung als „Fluchtmaterial" dienen (Maletzke, 1959). Rings (1962) beschreibt das Fernsehen als Illusionsfabrik, die dem Zuschauer sechs Illusionen vorspielt:

- die Illusion, nicht allein zu sein;
- die Illusion, Freunde zu haben;
- die Illusion, dabei zu sein;
- die Illusion des Dazugehörens;
- die Illusion, verlangt zu werden, und zu allem noch - die Illusion der eigenen Überlegenheit.

Betrachtet man alte alleinlebende oder kranke Mitmenschen oder wirft man einen Blick in amerikanische und japanische Haushalte, in denen Fernsehprogamme wahl- und pausenlos als Hintergrundkulisse fungieren, kann man sich des Eindrucks nicht erwehren, daß das bloße Eingeschaltetsein des Fernsehgeräts die elementarpsychische Wirkung von Wärme und sozialer Verbindung hervorruft.

Als nächstes ist der Frage nachzugehen, inwieweit während des Fernsehs ein dem Rausch vergleichbarer Zustand auftreten kann. Ein Rausch ist nach Thiemann (1970, S. 25) gekennzeichnet durch folgende Veränderungen: Zeit und Raum als Ordnungsprinzipien lösen sich auf, Gefühle, Stimmungen, Affekte steigern sich, die Sinnesqualitäten werden intensiver und, das ist entscheidend, diejenigen kombinatorischen Fähigkeiten, derer sich die Phantasie in reichlichem Maße bedient, weiten sich schrankenlos aus. Sonst als geringfügig erachtete Dinge können höchste Wichtigkeit erlangen und den Berauschten stundenlang in Bann halten. Die Kritikfähigkeit ist verlorengegangen. Die Proportionen zwischen dem „augenblicklich Erlebten und der 'übrigen Welt' werden ins Groteske verändert".

Film und Fernsehen schaffen durch Schnitte, raumzeitliche Sprünge, Montagen usw. eine neue Zeitform und Raumvorstellung, die der im Traumerlebnis ähnlich ist. Nahaufnahmen, Detailbilder, wechselnde Einstellungen und unterschiedliche Kameraausschnitte ermöglichen dem Zuschauer eine intensivierte, ungewöhnliche Sehweise; er kann alles unter dem Blickwinkel der Fernsehfiguren betrachten, mit in die Tiefe stürzen usw. Das Spannungserleben, das begleitet ist von einer Steigerung der Gefühle und Affekte, kann zusätzlich gefördert werden durch die Identifikation des Zuschauers mit den Handlungsfiguren. Die Annahme, daß die Kritikfähigkeit des Fernsehzuschauers infolge seiner starken emotionalen Beteiligung verlorengehen kann, der dargebotenen Informationsflut wegen und nicht zuletzt aufgrund der hohen Glaubwürdigkeit, die dem Fernsehen beigemessen wird, ist schon angesprochen worden, ebenso wie die Befürchtung, daß sich für den Zuschauer die Proportionen zwischen Wichtigem und Unwichtigem stark verzerren können (Postman, 1985). Zusammenfassend ergibt sich, daß das stundenlange Dösen vor dem Fernsehgerät einen eigenen „Rauschzustand" auslösen kann, der sicherlich nicht mit anderen Drogenräuschen gleichgesetzt werden darf, doch selbst bei stoffgebundenen Süchtigen wird jeder Rauschzustand je nach Substanz unterschiedlich erlebt.

Jeder Drogenwirkung (als angestrebt und erwartet lustvoll) geht ein Lernprozeß voraus, der typischerweise in der Interaktion mit erfahrenen Konsumenten stattfindet. Dieser Lernprozeß erfolgt passiv, da der Konsument in der Regel geringe Möglichkeiten hat, Effekte bestimmter Substanzen in seinem Organismus zu steuern. Auf eine möglicherweise gefährliche Ausweitung der passiven Haltung des Drogenkonsumenten weist Bärsch hin (1973, S. 11): „Je öfter man diesen Prozeß vornehmlich passiv erlebt, desto stärker ist die Gefahr, daß die Bereitschaft zu passiven Lebenstechniken wächst und zu aktiven Anstrengungen geringer wird ... Je länger ein Mensch versucht, bestimmte Lebensprobleme mit Hilfe des Rauschmittels zu lösen, desto stärker werden sich bei ihm passive Lebenstechniken entwickeln, und parallel dazu bauen sich die aktiven Lebenstechniken allmählich ab". Übertragen auf das Fernsehverhalten von Kindern und Jugendlichen wird in diesem Zusammenhang immer wieder auf die Vorbildfunktion der Eltern für die Genese des Vielsehens hingewiesen (Winn, 1984).

2.2.3.3. Ist Vielsehen eine Sucht?

Ebenso wie „Droge" läßt sich auch „Sucht" nicht klar und eindeutig definieren. Eine exakte Definition wird u.a. dadurch erschwert, daß „sich Sucht grundsätzlich auf alle Bereiche menschlichen Erlebens und Verhaltens erstrecken" kann (Herrmann et al., 1977, S. 474). Eine Vielzahl an Beziehungen wie „Süchtigkeit", „Gewöhnung" tauchen auf und werden synonym verwendet. Dörner und Plog (1984, S. 250 f) führen an:

- „Abhängigkeit (dependence): tritt an die Stelle der alten Begriffe Sucht (addiction) und Gewöhnung (habituation)."
- „Seelische Abhängigkeit: das schwer bezwingbare Verlangen, durch eine Droge Selbstverwandlung, Entlastung und Genuß herzustellen, mit Ver-

selbständigung des Mittels, Verlust der Konsumkontrolle und Versuch, um jeden Preis sich das Mittel zu beschaffen".

- „Körperliche Abhängigkeit: Anpassungszustand mit Toleranzsteigerung, Zwang zur Dosissteigerung für dieselbe Wirkung und mit Abstinenzerscheinungen bei Absetzen oder Verminderung der Dosis".
- „Gewöhnung: sowohl dieser pharmarkologisch-physiologische Prozeß als auch der psychosoziale, entlastende Prozeß der Gewohnheitsbildung".
- „Mißbrauch (Abusus): jeder Gebrauch von Drogen in übermäßiger Dosierung, als Vorstufe der Abhängigkeit".
- „Zweckverschiebung eines Mittels: spricht für den Übergang zur Abhängigkeit; z.B. Schmerzmittel zur Euphorisierung, Schlafmit tel am Tage zur Anregung".

Süchtiges Verhalten und Erleben wird im vorliegenden Zusammenhang als ein psychisches Problem verstanden, das nicht an die Definition von Drogenabhängigkeit im engeren Sinn gebunden ist. Thiemann (1970, S. 137) schreibt hierzu, „daß kein prinzipieller Unterschied zwischen Drogensucht und solchen Süchten besteht, in denen nicht Drogen, sondern bestimmte Verhaltensgewohnheiten vorherrschen und Absolutheitsanspruch erheben". Demnach können alle Funktionsbereitschaften eines Menschen im Bereich seines Handelns und Erlebens zur Sucht ausarten (auch das Fernsehen). Entscheidend ist der gewohnheitsmäßige Selbstzweck. Dörner und Plog (1980) betonen die Notwendigkeit, Abhängigkeit als menschliche Haltung zu begreifen, um das Suchtproblem zu verstehen. Die menschliche Sehnsucht nach Absolutem zielt - ihrer Meinung nach - auf das gleichzeitige Erleben von Unabhängigkeit (absolute Selbstverwirklichung, unbegrenzte Freiräume) und Abhängigkeit (absolute Sicherheit, Geborgenheit, Verschmelzung). „Und wenn abhängige Menschen überhaupt einen Zug gemeinsam haben, dann den Wunsch, Unabhängigkeit genießen zu können, ohne Abhängigkeit gefährden zu müssen, sondern eben beides gleichzeitig zu steigern" (a.a.O., S. 181).

Übertragen auf die Situation eines Vielsehers seien diese Aspekte des abhängigen Verhaltens verdeutlicht: Geborgen im Fernsehsessel kann er die Abenteuer seiner Helden mitverfolgen, kann die Qualitäten von Geld, Macht, Erfolg und Liebe miterleben. Er ist aber meist unfähig, das Fernsehgerät nach einer Sendung abzuschalten oder auch nur einen Tag auf die mediale Glückszufuhr zu verzichten.

Auch die Motive des Drogenkonsums, die Solms (1973) in drei Gruppen einteilt:

- Reizsuche und Lustgewinn,
- Vermeiden von Unlust und Realitätsflucht,
- Suche nach neuen Weisen des Selbsterlebens,

können ohne Einschränkung auf die Erwartungen von Vielsehern übertragen werden. Geht man davon aus, daß Vielseher mehr als drei Stunden täglich vor dem Bildschirm sitzen, stellt sich bei ihnen vermutlich auch eine gewisse Gewöhnung an Bildrasanz und Reizflut ein, wie sie Fernsehen und Video bieten. Da mag der nicht-mediale Alltag langweilig und langsam erscheinen, bleibt er doch hinter den Erwartungen, die durch mediale Darstellungen geweckt wurden, weit zurück. Der entstandene Reizhunger wird wie gewohnt durch wiederholte Reizzufuhr via Bildschirm gestillt. Die Vermutung taucht auf, daß dieser medienfixierte Erlebnishunger die Spätfolge einer Kindheit, der es an realen Erfahrungen mangelte, darstellt. So steht neben dem Motiv, dieser Welt entfliehen zu wollen, auch das Problem, ihren Reiz noch nicht entdeckt zu haben und der resignierenden Einsicht, daß sich dies auich nicht ändern kann. Thiemann (1970, S. 137 f) bringt die Persönlichkeitsstruktur von abhängig gewordenen Menschen auf den Nenner, daß es sich fast immer um Personen handelt, „denen es nicht erlaubt ist, teil an den vielen Möglichkeiten des Tuns und Erlebens zu haben, die das Leben bietet; ihr Lebensgefühl liegt so stark danieder, daß sie die negativen Stimmungen, Spannungen, Empfindungen und Gedanken nicht ertragen können; sie verschaffen sich 'künstliche Paradiese'“.

Anschließend sei noch die Bedeutung des Rituals, bei der Drogeneinnahme seit jeher wesentlich, erwähnt. Eine spezifische Ritualisierung kann man auch bei regelmäßigem Fernsehkonsumanten feststellen. Zu den Ritualgegenständen gehören u.a. die Fernbedienung, Fernsehsessel und/oder -couch, Fernsehlampe und Knabbergebäck. Während das Programm läuft, ist jede Unterhaltung verpönt, Störungen werden entweder gar nicht wahrgenommen oder kritisiert.

Zwanghaftes Medienverhalten ist nach Wilensky (1963, zitiert nach Opaschowski, 1983, S. 150) vor allem die Folge mangelnder Freizeitkompetenz. Alle Freizeitinteressen reduzieren sich auf das mediale Angebot, wodurch die ansatzweise vorhandene Freizeitfähigkeit verkümmert und die Mediensucht schließlich „freizeitunfähig“ macht. Mediensucht gibt es sicher nur in Extremfällen, dennoch besteht die Gefahr, unausgeprägte Freizeitkompetenz durch Medienkonsum zu vertuschen und sich dadurch in Medienabhängigkeit zu begeben.

Möglichkeiten, diese geschilderten Gefahren zu umgehen, sieht Opaschowski (1983, S. 152 ff) in den Medien, speziell im Fernsehen selbst, wenn es gelänge, mehr impulsgebende und hobbyaktivierende Programme zu senden. Medienpädagogische Wirkungen erhofft sich der Autor durch eine Verstärkung der Programmbereiche Unterhaltung, Information und Anregungen. Der Fernseher müsse „als Medium zur Aktivierung der Zuschauer" entdeckt werden; mehr interessenfördernde Freizeitmagazine sollten ins Programm aufgenommen werden. Die Sendungen müßten motivierend, lebensbejahend, beratend, kommunikationsfördernd und autonomiefördernd sein, erst dann könne Fernsehen freizeitbereichernd wirken (a.a.O., S. 159 f). Bei einer Programmumgestaltung im Sinne Opaschowskis (a.a.O.) und Brepohls (1978), der Ähnliches befürwortet, ist es fraglich, ob sich das Freizeitverhalten tatsächlich ändern würde. Interessantere Fernsehbeiträge bewirken vielleicht eine Abkehr von Video- und Cassettenrecordern, fördern aber genauso die Abhängigkeit von Medien für die eigene Freizeitgestaltung. Eine Aktivierung nicht-medialer Tätigkeiten ist durch passive Aufnahme anregungsfördernder Sendungen kaum vorstellbar; sie wäre vielleicht eher denkbar durch zwischenmenschliche, Initiative fördernde Impulse oder gemeinschaftliche Unternehmungen, die außerhalb des Wirkungsbereichs der Massenmedien stattfinden. Ob man tatsächlich eine Abkehr *von* Medien *durch* Medien erreichen kann, bleibt letztlich eine unbeantwortete Frage.

2.2.3.4. Empirische Befunde zur Fernsehsüchtigkeit

In der Tradition der empirischen Vielseherforschung wurde zumeist von der Fernsehnutzungs- bzw. -aussetzungszeit ausgegangen, wobei die Probanden des obersten Quartiles (oder als schärferes Kriterium: die oberen 10%) der Sehzeit als Vielseher klassifiziert wurden. Dieses Vorgehen ist so gut wie zwingend, da keine kriteriale Norm gegeben ist, sondern eben nur ein sozialer Vergleich möglich ist. Problematisch dabei ist u.a., daß durch diesen quantitativen Bezug Populationsunterschiede verwischt werden: Wer in Deutschland als Vielseher gilt, würde in den USA eventuell als Wenigseher kategorisiert. Ähnliche Probleme ergeben sich bei der Frage der Fernsehsüchtigkeit: Auch hierbei könnte man das Kriterium der Sehzeit verwenden, wobei aber nur ein Wechsel der Bezeichnungen vorgenommen worden wäre (man müßte dann eigentlich von Vielsehern sprechen, nicht von Fernsehsüchtigen).

Anstatt dieses einfachen Vorgehens wurde von uns ein anderer Weg gewählt. Es wurden die in bezug auf süchtiges Verhalten als typisch geltende Merkmale auf das Fernsehverhalten bezogen, um so über das subjektive Erleben Zugang zu diesem Bereich zu erhalten. Allerdings fehlt auch hier für die Kategorisierung als „fernsehsüchtig" ein eindeutiges Zuordnungsmerkmal. Bei der stoffgebundenen Sucht ist dieses Problem geringer, da eine ideale Norm vorschreiben könnte, daß z.B. bestimmte Stubstanzen niemals konsumiert werden sollten. Als Ausweg bleibt, daß man auf Symptomebene zeigt, wie oft suchtanaloge Verhaltensweisen hinsichtlich des Fernsehens vorkommen bzw. daß man die Einzelsymptome zu einer Skala kombiniert, welche „Fernsehsüchtigkeit" indiziert.

Beide Vorgehensweisen sind an dem erhobenen Datenmaterial möglich. Geht man von den Einzelsymptomen aus (vgl. Tab. 2.21), so kommen diese zwischen 6 und 42% vor. Man könnte geneigt sein zu behaupten, je schwerwiegender ein Symptom ist, desto seltener wird es genannt (z.B. gedankliche Fixierung, Verheimlichen des Konsums, Erinnerungslücken). Symptome von Fernsehsüchtigkeit treten vermehrt bei Jungen auf. Mädchen haben einzig ein schlechteres Gewissen oder sind häufiger verärgert bei übermäßigem Konsum. Fernsehsüchtigkeit kommt außerdem häufiger bei den jüngeren Befragten vor. Es deutet sich hier also wieder ein Trend an, der bereits bei den Sehzeiten festzustellen war, daß nämlich sich die Bindung an das Fernsehen (wohl auch wegen seiner familiären Einbettung) mit beginnender Adoleszenz verringert, die Ablösung von der Familie sich also auch in geänderten Konsumgewohnheiten niederschlägt.

Tabelle 2.21: Verteilung der Angaben zu den Items der Skala Fernsehsüchtigkeit (Angaben in Prozent der "Stimmt"-Antworten), Gesamtverteilung und nach Hintergrundmerkmalen *)

Feststellung	Gesamt	Geschlecht	Alter	Schulart	Wohnort
1. Nach einem langen Fernsehabend kann ich mich gar nicht mehr erinnern, was ich alles gesehen habe.	12,0	-	-	HS	-
2. Ich sehe mir öfters heimlich Filme an, um mir nicht von anderen Vorwürfe anhören zu müssen, ich sehe zu viel fern.	11,7	J	bis 13	HS	-
3. Ich denke oft den ganzen Tag nur ans Fernsehprogramm.	6,0	J	bis 13	HS	-
4. Ich habe Schuldgefühle, wenn ich zu viel glotze.	19,8	M	bis 13	GY	-
5. Wenn ich erst mal einige Zeit vor dem Fernsehapparat sitze, fällt es mir schwer, vor Sendeschluß abzuschalten.	18,6	J	bis 13	HS	Dorf
6. Wenn ich eigentlich etwas anderes zu tun hätte, finde ich noch immer einen Grund um doch fernzusehen.	29,4	-	-	HS	Dorf
7. Auf gutgemeinte Mahnungen, die Fernsehzeit einzuschränken, reagiere ich mit Widerstand.	29,6	J	bis 13	-	-
8. Wenn ich irgendwo bin, wo es kein Fernsehgerät gibt, fehlt mir etwas.	21,9	J	-	HS	Dorf
9. Es gibt Zeiten, da interessiert mich nichts anderes als Fernsehen.	21,5	J	-	HS	Dorf
10. Manchmal sehe ich mir alles Mögliche an, nur um mich berieseln zu lassen.	17,6	J	-	HS	Dorf
11. Ich bleibe schon mal kleben vor dem Fernsehschirm und ärgere mich dann darüber.	42,8	M	-	GY	-
12. Wenn ich tagelang nicht fernsehen kann, z.B. wenn das Gerät kaputt ist, werde ich kribbelig.	22,9	-	14	HS	Dorf

*) Wenn in einzelnen Untergruppen Verteilungsunterschiede signifikant werden, so wird die Gruppe angegeben, in welcher der höchste Prozentsatz an "Stimmt-"Antworten vorhanden ist.

Hauptschüler sind als typische Vielseher von Symptomen der Fernsehsüchtigkeit weit häufiger betroffen als andere. Nur wieder bei den Symptomen, welche Schuldgefühle oder Ärger wegen übermäßigen Konsums indizieren, erreichen die Gymnasiasten höhere Werte.

Summiert man die Einzelangaben zu einem quantitativ variierenden Gesamtindikator für Fernsehsüchtigkeit, so sind nur 17,7% aller Befragten völlig symptomfrei. Der Median der Verteilung liegt zwischen zwei und drei Symptomen, 90% aller Befragten geben fünf oder weniger Einzelsymptome an, und 1% bemerkt bei sich neun oder mehr Symptome. Da - wie bereits erläutert - keine kriteriale Norm vorliegt, aufgrund derer man sagen könnte, daß jemand eindeutig fernsehsüchtig ist oder nicht, muß man es beim Aufweis dieser Verteilung belassen (über die Einbettung von Fernsehsucht in die anderen Fernsehkonsumindices vgl. Tab. 2.16).

In diesem Kapitel wurde versucht aufzuzeigen, daß Fernsehen als Sucht betrachtet und Vielsehen sich zu abhängigem Verhalten verselbständigen kann. Natürlich macht Fernsehen nicht immer süchtig und nicht jeder Vielseher ist abhängig. Es kommt wie bei jeder Sucht ganz entscheidend auf die Konsumentenpersönlichkeit sowie auf die umgebenden gesellschaftlichen Bedingungen an. Doch eine nicht zu unterschätzende Gefahr besteht für jahrelange Vielseher, worauf Affemann (1982, S. 75) hinweist: „Besonders Vielfernsehen trägt auf dem Weg des Leerlaufens der kindlichen Persönlichkeit dazu bei, daß Zustände untergründiger Depressivität entstehen. Depressivität disponiert jedoch zur Sucht. Suchtverhalten ist immer der Versuch, innere Vakuen aufzufüllen und zwischenmenschliche Isolation zu überbrücken“.

2.3. Videokonsum bei Kindern und Jugendlichen

2.3.1. Quantitative Nutzungsaspekte von Video

2.3.1.1. Gerätebesitz

Nach den von uns untersuchten Stichprobe befindet sich knapp in jedem vierten Haushalt ein Videorecorder. Dies entspricht in etwa den Angaben des Instituts für Jugendforschung in München (Repräsentativbefragung 1984: Haushaltsabdeckung 21%) bzw. der ARD-ZDF-Bertelsmannstudie von Bonfadelli et al. (Jugendbefragung 1985: Haushaltsabdeckung 19%). Wesentlich seltener ist hingegen eine Videokamera zu finden, denn nur etwa jeder zehnte Recorder-Besitzer verfügt auch über die Möglichkeit, eigene Video-Aufnahmen anzufertigen. Hinsichtlich des Video-Gerätebesitzes zeigt sich ein typisches Verteilungsmuster nach soziodemographischen Hintergrundsmerkmalen: Eltern, deren Kinder in die Hauptschule gehen oder die im großstädtischen Einzugsbereich leben, besitzen sehr viel häufiger einen Videorecorder als Eltern von Gymnasiasten oder bei ländlichem Wohnsitz. Eine Tendenz ist auch dahingehend vorhanden, daß Familien mit älteren Kindern häufiger über einen Recorder verfügen als Eltern mit jüngeren Kindern.

Während in früheren Untersuchungen herausgestellt wurde, daß die Haushaltsabdeckung mit Videorecordern stark einkommenabhängig ist (Wiedemann, 1984: bei einem Haushaltseinkommen über DM 2.500,– verfügten 17,2% über ein Gerät, bei einem Einkommen unter DM 1.500,– nur 3,6%), scheint sich dieser Unterschied zwischenzeitlich umgekehrt zu haben. Hierbei dürften verschiedene Faktoren eine Rolle gespielt haben: Zuerst ist darauf zu verweisen, daß bei der Einführung von technischen oder sozialen Neuerungen die größte Offenheit bei prestigehohen Meinungsführen, d.h. bei Personen aus höheren sozialen Gruppen besteht; erst in einer zweiten Phase ziehen andere Bevölkerungsgruppen nach, wie dies vom Modell des „Two-Step-of-Communication“ postuliert wird (Katz & Lazarsfeld, 1962). Der Videorecorder ist zweitens ein probates Mittel, den Fernseher selektiv unterhaltungsorientiert zu nutzen. Diese schichtkorrelierte Bedürfnisstruktur zeigt sich darin, daß sich Angehörige von einkommensschwachen Schichten in der Zwischenzeit vermehrt einen Recorder anschaffen. Voraussetzung dafür war letztlich die Preisentwicklung auf dem

Gerätemarkt, wobei heute konkurrenzfähige Apparate zu einem Drittel des Anschaffungspreises gekauft werden können, verglichen mit dem Angebot zu Beginn der 80er Jahre.

Tabelle 2.22: **Besitz und Wunsch nach Videorecordern und Videokameras (Frage: "Meine Eltern besitzen...", "Ich selbst besitze Ja-Antworten, Gesamtstichprobe), Gesamtverteilung und nach Hintergrundmerkmalen**

	Elternbesitz		Eigenbesitz		Wunsch	
	Recorder	Kamera	Rec.	Kam.	Rec.	Kam.
Gesamt	23,1	2,7	2,1	0,9	35,7	17,2
Geschlecht						
Jungen	23,8	2,8	3,0	1,3	40,0	21,0
Mädchen	22,1	2,6	1,0	0,4	30,2	13,0
p			**		**	**
Alter						
bis 13	20,5	2,7	1,1	1,0	32,8	16,8
14	22,4	2,4	1,6	0,7	37,3	17,6
15	25,3	2,8	2,2	0,7	35,1	17,0
16 u.ä.	24,8	3,5	4,8	1,7	38,8	17,3
p	*		**			
Schulart						
Hauptschule	28,3	3,6	2,8	1,4	41,2	21,4
Realschule	20,4	1,9	1,8	0,8	38,6	16,4
Gymnasium	16,3	1,9	1,0	0,0	21,1	10,0
p	**	**	**	(**)	**	**
Wohnortgröße						
Dorf	18,6	2,2	1,4	1,4	39,8	17,3
Kleinstadt	27,3	3,3	2,4	2,4	32,4	17,3
Großstadt	30,8	3,6	3,6	3,6	28,6	16,6
p	**		**	**	**	

Der persönliche Besitz an Videogeräten ist bei den Jugendlichen mit etwa 2% relativ gering. Bonfadelli et al. (1986) fanden bei einer Jugendstichprobe mit Befragten bis 30 Jahren eine Quote von 8%. Wesentlich größer ist der Wunsch nach einem eigenen Recorder: Mehr als ein Drittel der Befragten wünscht ein solches Gerät. Der Wunsch nach einer Videokamera wird hingegen von nur halb so vielen Jugendlichen angegeben.

Betrachtet man die Zusammenhänge mit weiteren Kriterien, so finden sich relativ konstante Ergebnistrends. So ist in städtischen Haushalten eine größere Versorgungsdichte mit Videorecordern gegeben als in ländlichen (Stadtbildstelle Schweinfurt, 1984). Der Wunsch nach Geräten ist allerdings bei Jugendlichen auf dem Lande größer als bei solchen aus der Stadt. Hierbei mögen die faktisch bessere Ausstattung städtischer Haushalte mit diesen Geräten, seltener vorhandene attraktive Freizeitbeschäftigungen und ein Sozialgefälle zwischen Stadt und Land eine Rolle spielen.

In Familien mit einem Jungen sind eher Videorecorder anzutreffen (Bonfadelli et al., 1986; Stürmer, 1984), vor allem sind Eigenbesitz sowie die Wünsche nach Videogeräten bei Jungen deutlich häufiger als bei Mädchen. Demnach kann auch der Videobereich als ein Beispiel für die stärkere Orientierung von Jungen an technische Produkte gelten.

Je höher der Bildungsgrad der Befragten, desto seltener sind Videogeräte vorhanden (Bonfadelli et al., 1986, S. 208 f; Spanhel, 1987; Kreisverwaltung Altenkirchen, 1984; Landratsamt Lindau, 1985; Stadt Ennepetal, o.J.). Es ist zusätzlich bemerkenswert, daß trotz dieser objektiv besseren Ausstattung z.B. Hauptschüler sich einen Recorder häufiger wünschen als etwa Gymnasiasten (dies gilt auch hinsichtlich der Videokameras). Extreme Besitzquoten werden aus Haushalten von Sonderschülern berichtet (Kreisverwaltung Altenkirchen, 1984; Landratsamt Lindau, 1985). Hier ist die Recorderausstattung z.T. zwei- bis dreimal so hoch als bei anderen Vergleichsgruppen.

Interessant ist auch, daß Eltern von älteren Befragten häufiger ein solches Gerät angeschafft haben (siehe auch Stadtbildstelle Schweinfurt, 1984; Institut für Jugendforschung München, 1984). Auch die vergleichsweise hohe Haushaltsdurchsetzung mit Videorecordern in Familien mit einem Berufsschüler (Spanhel, 1987: Berufsschüler 37,5%) ist auf die Altersvariable zurückzuführen. Letzteres weist auf den Einfluß hin, der von den Kindern auf die Eltern ausgeübt wird. Die im Vergleich zu ihren Eltern geringere Distanz zu technischen Neuerungen und die zu vermutende höhere Medienkompetenz bei Jugendlichen, verstärkt durch jugendgruppenspezifische Besitznormen, mögen für diesen Einfluß verantwortlich sein.

Betrachtet man die Angaben zu Recorderbesitz und -wunsch, so wird deutlich, daß die Expansion des Recordermarktes keineswegs als abgeschlossen betrachtet werden kann. Aus den von 1985 stammenden Daten wird vielmehr ersichtlich, daß erst bei einer Haushaltsabdeckung von zwei Dritteln aller Haushalte von Sättigungseffekten auszugehen ist. Dabei lassen es die Preisentwicklung zusammen mit der Bereitschaft von Eltern, ihren Kindern auch anspruchsvolle Geschenke zu machen, als wahrscheinlich erscheinen, daß in der Zukunft etwa jeder dritte Jugendliche über einen eigenen Videorecorder verfügt.

2.3.1.2. Zugang zum Distributionsmedium Video

Nach den vorliegenden Ergebnissen der Forschungsliteratur haben zwischen 68 bis 90% aller Kinder und Jugendlichen Kontakt mit Video-Filmen gehabt (vgl. Tab. 2.23). Diese Zahlen vermitteln aber keinen realistischen Eindruck vom tatsächlichen Gebrauch des Mediums Video, weil hier auch Fälle miteingehen, die sich auf singuläre Kontakte beschränken.

In unserer Studie stellten wir deshalb explizit die Frage nach den Zugangsmöglichkeiten zu Video-Filmen. Wie die Ergebnisse zeigen (vgl. Tab. 2.24), verfügen ca. drei Viertel aller Befragten über mindestens eine Möglichkeit, sich Videofilme anzusehen, die meisten haben mehr als einen Zugang. Auch bei dieser Frage schält sich ein typisches Profil der Videoseher heraus: Es sind die älteren Jungen, die eine Hauptschule besuchen und in der Großstadt wohnen, die am häufigsten über Zugänge zu Video verfügen, vor allem zu Hause und auch bei Freunden. Deutlich wird auch, daß der häufigste Zugang zu Video über die Freunde erfolgt (41,7%), Bekannte (28,1%) und die eigene Familie (27,2%) liegen in etwa gleich auf, relativ selten sind andere Konsumorte (z.B. Jugendzentrum, Nachbarn).

Tabelle 2.23: Gelegenheit zum Video-Konsum bei Kindern und Jugendlichen

Autor	Frage	%-Ja
Stürmer (1984)	Video-Filme schon einmal gesehen?	92,7%
Stadtbildstelle Schweinfurt (1984)	Möglichbkeit, bei Freunden und Bekannten Video-Filme zu sehen?	75,2%
Polizeirevier Nürtingen (1984)	Möglichkeit, Video-Filme zu sehen?	79,9%
Müller o.J.	Möglichkeit, Video-Filme zu sehen?	74,5%
Pscherer (1984)	Hast Du schon Video-Filme gesehen?	84,0%
Bezirksregierung Hannover o.J.	Schüler mit Video-Erfahrung	70,0%
Stadt Ennepetal o.J.	Hast Du schon einmal Video gesehen?	90,4%
Institut für Jugendforschung (1984)	Video-Seher	89,0%
Stadt Erlangen (1985)	Ich schaue Video-Filme an.	70,0%
Landratsamt Lindau (1985)	Hast Du schon einmal einen Videofilm außerhalb der Schule gesehen?	68,4%
Stadt Frankenthal (1985)	Hast Du schon bei anderen Video-Filme gesehen?	90,0%
Spanhel (1987)	Komplement zu 100 % bei der Feststellung: "Ich schaue nie!"	68,2%

2.3.1.3. Kontakthäufigkeit mit Video

Eine erste Möglichkeit ist zu fragen, wie häufig Video-Filme konsumiert wurden. Aus diesen Angaben kommt man zu Schätzungen über die Anzahl der Video-Vielseher unter den Kindern und Jugendlichen zwischen 9 und 32% (Befragte mit täglichem und mehrmaligem Konsum pro Woche; vgl. Tab. 2.25). Realistischerweise ist aber davon auszugehen, daß die Zahl, welche die Intensivseher - bezogen auf alle Jugendliche - am besten repräsentiert, nicht größer als 13% ist. Auf der anderen Seite sind zwischen 23 und 64% Nicht- bzw. extrem Selten-Seher vorhanden (aufgrund der größeren Untersuchungen dürften ca. 50% zu den Nicht- bzw. den extrem Selten-Nutzern gehören). Der Rest der Befragten nutzt das Medium Video zwischen einmal pro Woche und einmal pro Monat (37%).

Tabelle 2.24: **Möglichkeiten zum Videokonsum (Frage: "Hast Du die Möglichkeit, Video-Filme anzuschauen?" Angaben in Prozent, Mehrfachangaben waren möglich, Gesamtstichprobe), Gesamtverteilung und nach Hintergrundmerkmalen**

	Antwortmöglichkeiten				
	keine Möglichkeit	ja, zu Hause	ja, bei Freunden	ja, bei Bekannten	ja, anderswo
Gesamt	26,6	27,2	41,7	28,1	10,1
Geschlecht					
Jungen	24,4	28,8	45,1	28,3	10,6
Mädchen	29,1	25,3	38,0	27,8	9,8
p	**	*	**		
Alter					
bis 13	31,6	24,2	29,1	27,3	10,1
14	28,3	26,1	41,3	26,6	9,6
15	25,6	29,6	44,9	29,9	10,3
16 u.ä.	14,7	30,1	58,9	29,0	11,6
p	**	*	**		
Schulart					
Hauptschule	18,5	34,3	44,6	34,0	11,7
Realschule	28,6	23,3	43,7	25,8	8,1
Gymnasium	40,5	17,6	32,8	19,0	9,9
p	**	**	**	**	**
Wohnortgröße					
Dorf	30,2	23,0	38,1	27,1	10,5
Kleinstadt	22,9	30,5	45,5	28,3	9,6
Großstadt	21,4	35,5	41,1	30,5	10,5
p	**	**	**		

Aufgrund unserer Daten (vgl. Tab. 2.26) finden sich unter den Jugendlichen mit Zugang zu Video 16% Intensivseher, ein weiteres knappes Viertel muß dem regelmäßigen Nutzerkreis zugesprochen werden. Auch bei dieser Frage sind typische Videovielsehergruppen zu identifizieren: Wieder sind es männliche Hauptschüler, die am häufigsten schauen, nach der regionalen Herkunft zusätzlich Befragte aus klein- und großstädtischen Einzugsbereichen.

Tabelle 2.25: **Kontakthäufigkeit zum Medium Video (Angaben in Prozent)**

Autor		fast täglich	mehrmals pro Woche	einmal pro Woche	ca. einmal pro Monat	noch nie seltener	
Kreisverwaltung Altenkirchen (1984)		2	10,6	22,2	17,7	- 47,4 -	
Stürmer (1984)		12,9	17,8	31,7	24,8	-- 37,6	
Hamburg-Nord (1984)		- 30 -		21	--	- 49,0 -	
Stadt Ennepetal o.J.	HS/SoS	7,7	27,9	17,5	--	46,9	0,5
	RS/GY	1,1	7,7	17,9	--	66,0	9,9
Stadt Erlangen (1985)		11,6	17,3	29,9	7,4	1,8	32,0
Landratsamt Lindau (1985)		2,2	6,8	14,3	10,5	- 64,2 -	
Stadt Frankenthal (1985)		11,7	17,6	48,1	--	- 22,6 -	
Bonfadelli et al. (1986)		3	6	7	6	11	66

Allgemein scheint die Nutzung des Recorders in den Video-Haushalten leicht rückläufig zu sein (Pfifferling & Wiedemann, 1983), nur in 13% der Video-Haushalte wird das Gerät fast täglich benutzt und ca. 40% schalten das Gerät nur einmal pro Woche ein. Die vorhandenen Trends deuten an, daß in der zurückgehenden Nutzungshäufigkeit ein Gewöhnungsprozeß an diese technische Neuerung zum Ausdruck kommt, wie dies auch in den 60er Jahren für das Fernsehen nachgewiesen werden konnte (Stückrath & Schottmayer, 1967).

Tabelle 2.26: **Häufigkeit des Video-Film-Konsums (Frage: "Wie häufig siehst Du Video-Filme?", nur Befragte mit Zugang zu Video, Angaben in Prozent), Gesamtverteilung sowie nach Hintergrundmerkmalen**

	Antwortkategorien					
	täglich	mehrmals/ Woche	ca. einmal/ Woche	ca. einmal/ Monat	noch seltener	gar nicht
Gesamt	3,8	12,7	22,7	22,7	34,3	3,8
Geschlecht						
Jungen	4,5	14,2	24,8	24,8	28,7	3,3
Mädchen	2,8	10,8	20,4	20,4	41,0	4,4
p			**			
Alter						
bis 13	4,1	10,1	21,6	22,2	37,1	4,8
14	3,0	13,2	22,6	23,4	34,6	3,3
15	4,7	13,8	24,2	22,4	31,5	3,4
16 u. ä.	2,5	13,4	21,6	22,6	36,2	3,7
p						
Schulart						
Hauptschule	5,8	16,7	26,4	22,4	26,4	2,2
Realschule	2,4	10,2	20,4	23,5	38,0	5,5
Gymnasium	0,4	5,7	16,6	21,9	50,4	5,1
p			**			
Wohnortgröße						
Dorf	3,4	10,3	23,2	24,7	35,1	3,2
Kleinstadt	4,4	14,9	21,8	21,7	34,1	3,0
Großstadt	3,7	15,9	22,9	19,4	31,4	6,7
p			**			

Immerhin ein knappes Drittel der befragten Videonutzer sehen sich bisweilen mehr als einen Videofilm hintereinander an (vgl. Tab. 2.27). Wieder sind es männliche Befragte, Hauptschüler und ältere Jugendliche, bei denen dies öfter vorkommt. Der Mehrfachkonsum bei Jugendlichen scheint anders geartet zu sein als der Videokonsum von Erwachsenen, bei denen die durchschnittliche Verweildauer bei einem Video-Kontakt zwischen 90 und 120 Minuten liegt, also gerade der Länge eines Spielfilms entspricht (Wiedemann, 1984).

Tabelle 2.27: **Wunsch nach Video-Filmen (Frage: "Wie oft würdest Du am liebsten Video-Filme sehen?"), und Mehrfachkonsum von Video-Filmen (Frage: "Wenn Du Video schaust, siehst Du dabei mehrere Filme hintereinander?" (letzte Spalte), nur Befragte mit Zugang zu Video, Angaben in Prozent, Gesamtverteilung und nach Hintergrundmerkmalen**

	Antwortkategorien					
	mehrere pro Tag	einmal pro Tag	ein- bis zweimal pro Woche	noch seltener	gar nicht	Mehrfachkonsum
Gesamt	7,5	16,6	42,9	24,5	8,5	30,2
Geschlecht						
Jungen	9,7	20,4	46,5	17,2	6,2	33,0
Mädchen	4,9	12,6	39,1	32,4	11,1	26,7
p			**			**
Alter						
bis 13	6,9	15,3	42,6	23,9	11,3	22,6
14	7,0	17,8	42,5	24,4	8,3	30,9
15	7,9	17,6	42,7	23,7	8,1	31,8
16 u. ä.	8,1	13,3	45,8	28,0	4,7	36,4
p			**			**
Schulart						
Hauptschule	12,0	22,2	44,2	16,4	5,1	35,6
Realschule	5,1	15,3	44,8	27,4	6,9	27,9
Gymnasium	1,1	7,0	37,7	36,8	17,5	17,9
p			**			**
Wohnortgröße						
Dorf	7,3	17,3	43,6	23,3	8,6	32,3
Kleinstadt	6,9	15,7	43,0	26,9	7,5	27,5
Großstadt	8,8	17,2	40,6	22,9	10,5	29,9
p						*

Zusätzlich zu den bisherigen Angaben wurden von uns auch Schätzungen für die Dauer des Video-Konsums für die gesamte Befragungsgruppe eingeholt (vgl. Tab. 2.28).* Hierbei ist zunächst darauf hinzuweisen, daß für einen Wochentag, einen Samstag oder einen Sonntag jeweils knapp drei Viertel Nicht-Nutzer in der Gesamtgruppe gegeben sind (wochentags: 78,5% Nicht-Nutzer, samstags: 71,7%, sonntags: 78,1%). Über alle Befragte hinweg ergeben sich durchschnittliche tägliche Video-Nutzungszeiten von 23 bis 34 Minuten, was wiederum umgerechnet auf die tatsächlichen Nutzer bedeutet, daß an einem Videowochen- oder -sonntag etwa ein ganzer Videofilm angeschaut wird, an einem Samstag pro Nutzer im Schnitt aber 1 1/2 Video-Filme. Der Samstag muß dabei als der typische Mediennutzungstag für Video (wie übrigens auch für das Fernsehen) betrachtet werden.

Unsere und auch die Daten aus anderen Studien über den Video-Konsum Jugendlicher weisen eine Reihe von Beziehungen zu sozio-demographischen Merkmalen auf. Zusammenfassend ist dabei festzustellen:

(1) Jungen sind im Vergleich zu Mädchen die intensiveren Videonutzer. Dies gilt hinsichtlich fast aller Merkmale des Video-Konsums, wie z.B. Gelegenheit zum Video-Konsum, Wunsch nach Video-Filmen, Häufigkeit der Video-Kontakte, Sehdauer, Interesse an Video-Filmen etc. (Stadt Erlangen, 1985; Landratsamt Lindau, 1985; Hamburg-Nord, 1984; Stadt Ennepetal, o.J.; Bonfadelli et al., 1986; Spanhel, 1987).

(2) Die Quantität des Video-Konsums variiert schulart- bzw. bildungsniveauspezifisch (vgl. Tab. 2.29). Dabei bestehen Hinweise auf eine besonders intensive Nutzung dieses Mediums bei Sonderschülern (wesentlich mehr Häufigseher und weniger Nicht-Seher unter Sonderschülern mit allgemeinen Lernstörungen nach Landratsamt Lindau, 1985; Kreisverwaltung Altenkirchen, 1984). Grundschüler haben etwas weniger Video-Kontakte, was aber als Alterseinfluß zu interpretieren ist (Stadtbildstelle Schweinfurt, 1984; Institut für Jugendforschung, 1985; Landratsamt Lindau, 1985). Innerhalb der Sekundarstufe I stehen Hauptschüler an der Spitze der Video-Konsumenten, gefolgt von Realschülern und - mit deutlichem Abstand - Gymnasiasten (Kreisverwaltung Altenkirchen, 1984; Stadt Ennepetal, o.J.; Landratsamt Lindau, 1985; Bonfadelli et al., 1986). Die Mitschüler scheinen dabei die wesentliche Referenzgruppe für den Medienkonsum insgesamt zu sein. Die soziale Herkunft ist im Vergleich dazu weniger bedeutend, obwohl

* Wegen eines bedauerlichen Fehlers befindet sich die Tabelle 2.28 auf Seite 163.

auch hier die Video- Nutzung in den unteren sozialen Schichtungsgruppen deutlicher ausgeprägt ist als in den oberen.

Tabelle 2.29: **Häufigkeit des Video-Konsums von Schülern aus verschiedenen Schularten (Angaben in Prozent)**

Autor	Sehhäufigkeit	Schulart					
		GS	HS	RS	GY	SoS	BS
Kreisverwaltung Altenkirchen (1984)	täglich	--	2,8	1,8	1,1	11,9	1,1
	mehrmals/Woche	--	12,8	10,6	4,2	23,8	6,0
	ca. einmal/ Woche	--	27,1	22,0	11,6	45,2	27,3
	einmal/Monat	--	15,3	20,9	14,6	9,5	16,9
	seltener/nie	--	41,5	40,6	48,1	28,6	48,6
Landratsamt Lindau (1985)	Nichtseher	40,9	28,6	28,3	32,2	29,2	--
	Häufigseher	28,8	23,3	20,6	19,7	51,0	--
Spanhel (1987)	täglich	--	3,1	1,5	1,0	--	1,0
	mehrmals/Woche	--	13,8	9,1	5,5	--	13,4
	ca. einmal/ Woche	--	16,0	14,6	14,0	--	22,7
	ganz selten	--	42,8	40,8	33,1	--	40,9
	nie/keine Ang.	--	24,3	34,0	46,4	--	22,0

(3) Altersunterschiede in bezug auf die Video-Nutzung sind z.T. gesichert. Und zwar ist bei Kindern im Grundschulalter der Kontakt zu dem Medium Video am geringsten (Landratsamt Lindau, 1985; Stadtbildstelle Schweinfurt, 1985), je älter die Befragten sind, desto größer ist der Anteil derjenigen, die bereits mit dem Medium Kontakt gehabt haben (Landratsamt Lindau, 1985: unter den 10jährigen waren 37,5% Nicht-Seher, unter den 18jährigen nur mehr 12,8%). Eine kontinuierlich größere Konsumhäufigkeit konnte auch aus den Ergebnissen der Stadt Schweinfurt (1984; Hamburg-Nord, 1984, Befragte zwischen 6 und 16 Jahren) herausgelesen werden. Allerdings gibt es auch Befunde, nach denen in der höheren Altersgruppe (ab 17) ein Abfall in der Video-Nutzung im Vergleich zu der vorherigen Altersgruppe vorhanden ist

(Stadt Erlangen, 1985; Kreisverwaltung Altenkirchen, 1984; Spanhel, 1987).

(4) Stadt-/Landunterschiede sind hinsichtlich des Video-Konsums ebenfalls aufgewiesen worden. Die Ergebnisse deuten auf eine intensivere Nutzung bei Stadtbewohnern hin (Stadt Schweinfurt, 1984). Aufgrund der Erhebung in Lindau (Landratsamt Lindau, 1985) sind z.B. auf dem Land 36,0% Nicht- bzw. 77,6% Selten-Seher, in der Stadt hingegen nur 26,1% Nicht- bzw. 73,1% Selten-Seher.

(5) Eine äußerst intensive Nutzung scheint bei Ausländern gegeben zu sein (durchschnittliche wöchentliche Nutzung bei Deutschen 5,8h, bei Ausländern 9,6h; Hamburg-Nord, 1984). Dieses Ergebnis ist mit der spezifischen kulturellen Situation von Ausländern in der Bundesrepublik zu erklären.

(6) Eine höhere Konsum-Häufigkeit ist auch beim Vergleich von Jugendlichen ohne Arbeit (wöchentlich 10,5 Stunden) und solchen mit Arbeit (wöchentlich 4,9 Stunden) nachzuweisen (Hamburg-Nord, 1984).

Für erwachsene Personen gelten ähnliche Nutzungstendenzen (Pfifferling & Wiedemann, 1983, S. 581): Männer sind längere Videonutzer als Frauen, wobei jüngere Erwachsene (14-29) einen besonders intensiven Videogebrauch aufweisen. Die Bindung an den Fernsehapparat wird jedoch von älteren Befragten durch einen überproportionalen Anteil an Fernsehzeit übertroffen (14-29 Jahre: 91 Minuten, 30 - 39 Jahre: 130 Minuten, 40 und älter: 149 Minuten).

2.3.1.4. Aktiver Umgang mit Video

Wie schon die Daten zum Gerätebesitz zeigten, besitzen nur relativ wenige Besitzer eines Recorders auch eine Videokamera. Entsprechend selten ist daher die Angabe, schon selbst einen Videofilm gemacht zu haben (vgl. Tab. 2.30). Nur 4,4% aller befragten Jugendlichen geben an, so etwas schon einmal gemacht zu haben (die Unterschiede hinsichtlich soziodemographischer Hintergrundmerkmale sind gering, einzig Stadt-Land-Unterschiede fallen substantiell aus). Allerdings geben zehnmal mehr Befragte an, Interesse am Drehen eines Videofilms zu haben (Jungen eher als Mädchen, Befragte aus Städten eher als solche vom Land). Dieses Interesse könnte sicherlich im Rahmen schulischer Erziehung genutzt werden, wobei zu erwarten wäre, daß die paradigmatische Produktion eines Video-Films in seinen vielen Stadien (Entwurf einer Film-Idee, Entwicklung eines Drehbuches, Einstudieren von

Rollen, Aufnahme und Schneiden des Filmes, Einbau filmspezifischer Aussageweisen) generell das Verständnis für audio-visuelle Erzeugnisse nachhaltig erhöhen könnte.

Tabelle 2.30: **Aktiver Umgang mit Video (Frage 1: "Hast Du Interesse, selbst einen Video-Film zu machen?", Frage 2: "Hast Du schon einen Video-Film gemacht?", Angaben in Prozent der Ja-Antworten, Gesamtstichprobe), Gesamtverteilung und nach Hintergrundmerkmalen**

	Interesse, Video-Film zu drehen	Produktion eines Video-Films
Gesamt	47,8	4,4
Geschlecht		
Jungen	49,3	4,8
Mädchen	46,0	3,6
p	*	
Alter		
bis 13	47,7	3,1
14	44,5	3,7
15	51,5	6,1
16 u.ä.	47,4	3,1
p	*	**
Schulart		
Hauptschule	47,9	4,6
Realschule	48,3	3,2
Gymnasium	47,0	5,4
p		*
Wohnortgröße		
Dorf	44,2	3,5
Kleinstadt	52,0	4,1
Großstadt	52,5	7,1
p	**	**

2.3.2. Herkunft von Video-Filmen

2.3.2.1. Allgemeine Daten

Repräsentativstudien über das Video-Verhalten Erwachsener bzw. Personen ab 14 Jahren zeigen, daß pro Video-Haushalt im Schnitt zwischen 15 und 19 Kassetten vorhanden sind (Wiedemann, 1984). Davon sind die meisten selbst bespielt/aufgezeichnet (etwa elf bis 15), ca. eine bis drei davon sind Leerkassetten und eine bis vier sind Leihkassetten (vgl. auch Güfa, 1983). Dem entspricht im großen und ganzen auch das Abspielverhalten: Von allen Abspielungen fallen 24% auf Leihkassetten, 74% der gesehenen Filme sind selbst aufgezeichnet und eine Restkategorie von 2% stammt aus selbst aufgenommenen, gekauften oder geschenkten Filmen. Für den Erhebungszeitraum September bis November 1985 fand Wild (1986, S. 192), daß 69% der Video-Zeit für zeitversetztes Fernsehen verwendet wird.

Tabelle 2.31: **Bestand und Herkunft einzelner Video-Film-Genres (Pfifferling & Wiedemann, 1983, S. 576), Angaben in Prozent aller Aufzeichnungen**

Genre	Gesamt	ARD	ZDF	geliehen/ gekauft
Abenteuer	18,8	18,5	19,0	14,9
Horror	3,3	1,6	3,9	8,3
Science-fiction	5,4	8,9	2,7	8,7
Krimi, Spionage	16,7	17,7	17,1	12,3
Western	17,7	13,6	23,7	5,6
Eastern	0,5	0,2	0,3	4,9
Krieg	3,0	3,4	2,8	7,0
Erotik	0,2	–	–	13,0
Familien-/Alltagsgeschichten	6,7	8,5	5,8	3,6
Zeitkritik, Gesellschaftskritik	5,0	7,4	4,0	1,7
Lustspiel, Komödie, Volksstück	18,8	16,5	17,6	13,8
Zeichentrick, Comics	1,8	1,6	1,3	5,6
Heimatfilm	2,2	2,0	1,9	0,7
Basis = Zahl der Aufzeichnungen	9 510	3 064	4 079	906

Aufgrund dieser Resultate wird von Wiedemann (1984) die nur teilweise zutreffende These von der „relativ untergeordneten Rolle der kommerziellen Software“ aufgestellt: Die Hauptnutzung des Video-Recorders besteht in der Möglichkeit zum zeitversetzten Fernsehen („Fernsehen wird durch Video erst schön!“).

Obwohl die überwiegende Anzahl aller Video-Abspielungen in den Haushalten aus aufgezeichneten Fernsehfilmen besteht, bedeutet dies nämlich nicht, daß nicht auch eine substantielle Kompensation hinsichtlich der Film-Genres, die nicht über das Fernsehen angeboten werden, vorhanden ist. Gerade in den Bereichen Horror, Science-Fiction, Eastern, Krieg, Erotik und Zeichentrick werden die kommerziell beziehbaren Filme zur Deckung der Mängel des Fernsehangebots herangezogen (vgl. Tab. 2.31).

Die Nutzung des Video-Recorders als Möglichkeit zum zeitversetzten Fernsehen ist bei Untersuchungen über den Video-Konsum von Kindern und Jugendlichen nicht immer genügend berücksichtigt bzw. als „unerwartetes Ergebnis“ bezeichnet worden (Stadt Erlangen, 1985); die Erwartung des Sensationellen hat sogar zu einer Verengung der Blickrichtung auf andere Bezugsquellen von Video-Filmen als das Fernsehen geführt.

2.3.2.2. Jugendstudien

Bei den vorliegenden Untersuchungen (vgl. Tab. 2.32) erschweren es die nicht erschöpfenden Kategorien bei den Fragevorgaben, aus den Untersuchungen die Quellen der angesehenen Video-Filme adäquat zu rekonstruieren.

Nach der vom Landratsamt Lindau (1985) vorgelegten Untersuchung scheint auch in bezug auf Kinder und Jugendliche das Fernsehen einen wesentlichen Anteil der Video-Filme zur Verfügung zu stellen; allerdings ist aus diesen Daten nicht die gleiche Dominanz dieser Bezugsmöglichkeit wie bei Erwachsenen zu ersehen. Nach unseren Daten (vgl. Tab. 2.31) sind die Direktausleihe in der Videothek und von Freunden erhaltene Filme die beiden nächstbedeutenden Quellen für Video-Filme. Der Versandhandel, aus dem nur ein Zwölftel aller Befragten Video-Filme bezieht, sollte wegen der möglicherweise hauptsächlich nachgefragten Film-Genres nicht vergessen werden.

Tabelle 2.32: **Bezugsquellen für Video-Filme für Kinder und Jugendliche (Angaben in Prozent, z.T. Mehrfachnennungen möglich)**

Autor	Bezugsquellen							
	Fern-sehen	El-tern	Vi-deo-thek	Ge-schwi-ster	Ver-wand-te	Freun-de	Ver-sand-handel	an-dere
Kreisverwaltung Altenkirchen (1984)	--	4,6	20,9	--	23,3	26,0	--	15,3
Polizeirevier Nürtingen (1984) [1]	--	13,1	--	--	21,1	48,2	--	19,6
Müller o.J. 2)	--	12,1	14,8	--	--	51,5		7,6
Pscherer (1985)	--	17,5	14,0	--	--	68,5	--	--
Stadt Erlangen (1985)	--	9,7	39,0	--	--	53,2	--	20,0
Stadt Frankenthal (1985)	8,0	--	43,4	--	--	19,8	--	--
Landratsamt Lindau (1985)	53,5	5,3	43,5	--	22,8	28,6	--	10,4

1) Frage: Wo hast du die Möglichkeit, Video-Filme zu sehen?
2) Frage: Den Zugang zu Video-Filmen, die besonders brutal und verrohend (gewaltverherrlichend) sind, erhielt ich durch ....

Tabelle 2.33: **Herkunft von Video-Filmen (Frage: "Woher erhältst Du die Filme, die Du Dir ansiehst?", nur Befragte mit Zugang zu Video, Mehrfachnennungen, Angaben in Prozent), Gesamtverteilung und nach Hintergrundmerkmalen**

	Antwortkategorien						
	direkt aus Videothek	von den Eltern	von älteren Geschwistern	von Verwandten	von Freunden	aus dem Versandhandel	von anderen
Gesamt	41,5	23,0	18,9	35,2	51,0	8,0	12,5
Geschlecht							
Jungen	46,5	22,9	18,2	35,5	52,2	9,4	11,6
Mädchen	35,6	23,0	19,5	35,0	48,9	6,3	13,6
p	**					**	
Alter							
bis 13	34,8	23,6	15,5	36,5	33,3	6,3	15,4
14	38,7	22,9	16,8	33,7	50,1	8,6	11,2
15	45,8	23,7	23,3	37,5	56,4	8,5	11,6
16 u.ä.	49,0	21,5	19,4	32,3	65,7	7,7	12,8
p	**		**		**		
Schulart							
Hauptschule	46,0	28,0	23,7	41,1	50,5	10,3	11,3
Realschule	44,9	17,2	18,5	32,8	56,3	5,8	11,6
Gymnasium	23,9	19,2	7,0	24,4	43,6	5,7	16,2
p	**	**	**	**	**	**	
Wohnortgröße							
Dorf	39,7	19,9	18,7	37,1	49,1	8,0	12,2
Kleinstadt	47,0	24,7	18,3	32,7	52,2	7,2	12,2
Großstadt	37,4	28,3	19,8	35,7	52,2	9,5	12,6
p	**	**					

Als weiteren Aspekt des Bezuges von Video-Filmen wurde von uns die Frage gestellt, ob die Jugendlichen untereinander Video-Kassetten austauschen (vgl. Tab. 2.34). Die Frage wird von ca. 18% der Videonutzer bejaht, häufiger wieder von den intensiven Nutzergruppen. Der Tausch von Videokassetten scheint dabei mit zunehmendem Alter ein immer häufiger werdendes Verhaltensmoment zu werden, das vermutlich einen wesentlichen Aspekt des Gruppenlebens - neben dem Anschauen von Videos - ausmacht.

***Tabelle 2.34:* Tausch von Video-Kassetten (Frage: "Tauscht Du unter Freunden oder Klassenkameraden Video-Cassetten aus?", nur Befragte mit Zugang zu Video, Angaben in Prozent), Gesamtverteilung und nach Hintergrundmerkmalen**

		Antwortkategorien	
	häufig	gelegentlich	nie
Gesamt	2,5	15,4	82,1
Geschlecht			
Jungen	3,3	18,3	78,5
Mädchen	1,4	12,2	86,5
p		**	
Alter			
bis 13	1,4	10,1	88,5
14	1,9	14,7	83,4
15	2,4	18,3	79,3
16 u.ä.	5,6	18,9	75,5
p		**	
Schulart			
Hauptschule	3,2	19,0	77,8
Realschule	2,2	14,1	83,7
Gymnasium	0,8	7,6	91,6
p		**	
Wohnortgröße			
Dorf	1,9	13,4	84,7
Kleinstadt	2,2	15,1	82,6
Großstadt	4,6	22,4	73,0
p		**	

Betrachtet man die Herkunft der Video-Filme nach soziodemographischen Kriterien, so sind folgende Tendenzen von Bedeutung:

(1) Die geschlechtsspezifischen Unterschiede verweisen darauf, daß Jungen öfter als Mädchen Video-Filme aus einer Videothek bzw. aus dem Versandhandel beziehen (Landratsamt Lindau, 1985).

(2) Je älter die Befragten sind, desto häufiger wird aus einer Videothek ausgeliehen, desto eher kommen die Filme aber auch von Freunden und älteren Geschwistern (Landratsamt Lindau, 1985; Kreisverwaltung Altenkirchen, 1984). Das Aufnehmen von Filmen aus dem Fernsehen variiert hingegen nicht mit dem Alter der Befragten.

(3) Die Sozialschichtzugehörigkeit besitzt einen ähnlichen Einfluß: Befragte aus unteren sozialen Schichten erhalten ihre Filme eher aus der Videothek, von älteren Geschwistern oder von Verwandten. Diese Zahlen zeigen auch, daß das familiäre Umfeld generell eine beträchtliche Bedeutung für den Videokonsum besitzt.

(4) Die Schulartzugehörigkeit verweist darauf, daß Hauptschüler alle Bezugsquellen intensiver nutzen als Realschüler und Gymnasiasten, wobei der wesentlich häufigere Bezug aus dem familiären Kreis (Eltern, Verwandte, ältere Geschwister) bei den Hauptschülern augenfällig ist. Eine besonders hohe Nutzung von Videotheken wurde noch bei Sonderschülern gefunden (Kreisverwaltung Altenkirchen, 1984).

(5) Befragte aus Großstädten erhalten ihre Video-Filme häufiger von den Eltern (dies sollte als Hinweis für die größere Video-Recorder-Nutzung als Erweiterung für Fernsehmöglichkeit gedeutet werden), Befragte aus Kleinstädten leihen besonders häufig aus Videotheken.

2.3.3. Rezeptionssituation beim Video-Konsum

Befürchtungen über mögliche Wirkungen von Video-Filmen werden u.a. damit begründet, daß dieser Medienkonsum außerhalb der Kontroll- und Einflußmöglichkeiten der Eltern stattfindet (Kreisverwaltung Altenkirchen, 1984; Stürmer, 1984). Damit wiederholt sich ein Argument, das letztendlich auch hinsichtlich der verringerten Einflußmöglichkeit staatlicher Instanzen auf den Video-Konsum insgesamt angesprochen ist (z.B. gilt für die Sendungen der öffentlich-rechtlichen Fernsehanstalten, daß ein gewisser Grundkonsens hinsichtlich verbreitbarer Filme durch die Organisationsstruktur der Sendeanstalten garantiert bleibt).

Die Angaben über die soziale Situation beim Video-Konsum gehen sehr weit auseinander (vgl. Tab. 2.35). Es ist allerdings die Tendenz erkennbar, daß die Mehrzahl der Video-Kontakte nicht zu Hause bzw. nicht im Beisammensein mit den Eltern erfolgen. Freunde und Schulkameraden dominieren eindeutig. Dies wird auch von unseren Daten bestätigt (vgl. Tab. 2.36). Wenn man noch die Tageszeiten in Betracht zieht, zu denen am häufigsten Video-Kontakte erfolgen (Stadt Ennepetal, o.J.), so liegen die Hauptsehzeiten für Videofilme am Nachmittag (knapp 40%) bzw. am Abend (ca. 55%; am Vormittag ca. 9%). Bei Realschülern und Gymnasiasten ist der Nachmittag eher die Hauptvideozeit, bei Sonder-, Haupt- und besonders deutlich bei Berufsschülern hingegen die Abendzeit.

Tabelle 2.35: Konsumsituation von Video-Filmen bei Kindern und Jugendlichen, Angaben in Prozent

Autor	Frage/Ergebnisse	
Kreisverwaltung Altenkirchen (1984)	Frage: Wo schaust Du Video-Filme an?	
	zu Hause	13,5%
	bei Freunden	39,8%
	Verwandte/Bekannte	29,9%
	anderswo	17,7%
Stürmer (1984)	Frage: Wo guckst Du Videofilme?	
	zu Hause	37,6%
	bei Verwandten	27,7%
	bei Freunden	46,5%
	im Kaufhaus	3,0%
	anderswo	8,9%
Polizeirevier Nürtingen (1984)	Frage: Wo hast Du die Möglichkeit, Videofilme zu sehen?	
	zu Hause	13,1%
	bei Freunden	48,2%
	bei Verwandten	21,1%
	in Geschäften	8,0%
	bei Freunden meiner Eltern	11,6%
Stadt Ennepetal	Frage: Mit wem siehst Du Dir Videofilme an?	
	allein	11%
	mit Freunden	63%
	mit Eltern	26%
Pscherer (1984)	Frage: Wo hast Du die Video-Filme gesehen?	
	zu Hause	25%
	Schulkameraden	33%
	älterer Freund/Bekannter	42%
Stadt Erlangen (1985)	Frage: Wo schaust Du Dir Videofilme an?	
	zu Hause	37,8%
	anderswo	62,2%
	Frage: Mit wem schaust Du Videofilme?	
	mit Eltern	19,7%
	mit Geschwistern	17,3%
	mit Freunden	51,2%
	alleine	11,8%
Landratsamt Lindau (1985)	Frage: Wo kannst Du (außerhalb der Schule) Video anschauen?	
	zu Hause	20,5%
	Freunde/Verwandte	54,6%
	Bekannte	36,6%
	anderswo	6,2%
Spanhel (1987)	Frage: Mit wem schaust Du Videofilme meistens an?	
	Eltern	7,9%
	Verwandte	6,4%
	Geschwister	7.5%
	Freunde	42,4%
	allein	4,0%
	schaue nie	31,8%

Tabelle 2.36: Soziale Situation beim Anschauen von Videos (Frage: "Mit wem schaust Du Video an?", nur Befragte mit Zugang zu Video, Mehrfachangaben, Angaben in Prozent der Antwortkategorie "häufig und gelegentlich"), Gesamtverteilung sowie nach Hintergrundmerkmalen

	"häufig" oder "gelegentlich" mit			
	Eltern	Geschwistern/ Verwandten	Freunden	anderen
Gesamt	51,5	64,8	85,9	27,9
Geschlecht				
Jungen	52,0	62,8	86,7	27,1
Mädchen	50,6	66,7	84,9	28,5
p		*	**	*
Alter				
bis 13	53,9	69,7	77,7	21,2
14	50,8	63,1	85,8	26,9
15	53,0	66,5	88,8	30,6
16 u.ä.	45,5	57,5	90,6	32,1
p	*	**	**	*
Schulart				
Hauptschule	59,1	71,1	86,5	33,2
Realschule	45,9	60,3	87,9	21,7
Gymnasium	40,5	55,1	80,3	23,9
p	**	**	**	**
Wohnortgröße				
Dorf	47,3	67,2	85,5	26,5
Kleinstadt	55,6	62,2	85,1	23,9
Großstadt	56,5	64,0	88,2	37,9
p	**	*		**

Folgende Zusammenhänge bestehen mit sozio-demographischen Merkmalen:

(1) Das „Allein-Sehen" von Video-Filmen ist bei Jungen häufiger als bei Mädchen (Stadt Ennepetal, o.J.: 15 vs. 6%). Wegen der häufigeren Video-Kontakte von Jungen kommen bei ihnen aber auch die Sehsituationen „mit Geschwistern/Verwandten", „Freunden" und „anderen" öfter vor als bei Mädchen (Lukesch, 1985 a).

(2) Mit dem Alter der Befragten nimmt die Häufigkeit der Nennung von „Freunden" und „anderen Videosehorten" zu (Kreisverwaltung Altenkirchen, 1984; Stadt Schweinfurt, 1984; Landratsamt Lindau, 1985), während das gemeinsame Sehen „mit Eltern" und „Geschwistern/Verwandten" abnimmt (Lukesch, 1985 a; Spanhel, 1987). Das Anschauen von Videofilmen ist - wie auch weitergehende Analysen im Zusammenhang mit anderen Freizeittätigkeiten zeigen - keine isolierende Beschäftigung, sondern ein Ansatzpunkt für die Aufnahme von Peer-Kontakten. Dabei liegt es nahe, daß die mit dem Alter sich intensivierende Betätigung im Freundeskreis mit einer Abnahme der Sehfrequenz in der Familie einhergeht.

(3) Erkennbare Sozialschichtunterschiede in Richtung vermehrter gemeinsamer Sehsituationen mit den Eltern, Geschwistern/Verwandten und Freunden bei absteigender Schichtzugehörigkeit (Lukesch, 1985 a) sind durch die allgemein höhere Video-Nutzung mit niedrigerer Sozialschicht zu erklären.

(4) In Abhängigkeit von der Schulartzugehörigkeit wird deutlich, daß Berufs- und Sonderschüler besonders häufig bei Freunden und „anderen Orten" Videos anschauen (Kreisverwaltung Altenkirchen, 1984). Bei Haupt- und Sonderschülern sind noch überproportional viele Allein-Seher, was sicherlich auch mit der unterschiedlichen Recorder-Ausstattung der Haushalte zusammenhängt (Stadt Ennepetal, o.J.). Von Realschülern und Gymnasiasten müssen deshalb öfter Freunde zwecks Video- Konsums aufgesucht werden (Landratsamt Lindau, 1985). Allerdings ist auch hier der unterschiedlich ausgeprägte Video-Konsum von Schülern der verschiedenen Schularten zu bedenken, sodaß bei Hauptschülern sowohl familieninterne wie auch -externe Video-Kontakte wesentlich häufiger sind (Lukesch, 1985 a).

(5) Stadt-Land-Unterschiede in Richtung vermehrter Video-Kontakt-Möglichkeiten bei Freunden und Bekannten von Befragten aus städtischen

Bereichen liegen ebenfalls vor (Stadt Schweinfurt, 1984), wobei auch hier Belege vermehrten gemeinsamen Sehens mit den Eltern oder anderen Personen bei Befragten aus dem großstädtischen Bereich vorhanden sind (Lukesch, 1985 a).

Video ist auch ein häufiger Gesprächsanlaß (vgl. Tab. 2.37). Fast 85% aller Video-Seher geben an, über Aussprachemöglichkeiten nach Video-Filmen zu verfügen. Als Gesprächspartner stehen an prominenter Stelle wiederum die Freunde, u.zw. werden sie mehr als doppelt so häufig genannt

Tabelle 2.37: **Video-Filme als Gesprächsanlaß (Frage a: "Sprichst Du mit jemand über das, was Du in Video-Filmen gesehen hast?", Angaben in Prozent der Ja- Antworten; Frage b: "Wenn ja, mit wem?", Angaben in Prozent der Antwortkategorie "regelmäßig", Mehrfachangaben; nur Befragte mit Zugang zu Video), Gesamtverteilung und nach Hintergrundmerkmalen**

	Aussprache-möglichkeit	Gesprächspartner			
		Freunde	Eltern	Geschwister	andere
Gesamt	84,5	44,5	14,2	13,5	7,1
Geschlecht					
Jungen	84,1	47,1	13,2	14,0	7,7
Mädchen	84,9	41,6	15,4	13,1	6,3
p		*	*	**	*
Alter					
bis 13	82,0	38,7	18,4	13,6	7,3
14	84,5	44,6	14,3	16,2	7,6
15	86,7	47,6	13,6	11,6	6,5
16 u.ä.	84,1	47,3	9,3	12,5	7,6
p		**	*	**	
Schulart					
Hauptschule	84,8	44,1	14,9	14,7	9,0
Realschule	84,3	47,2	13,2	11,9	5,7
Gymnasium	84,3	41,3	14,5	13,0	4,6
p				*	**
Wohnortgröße					
Dorf	84,0	45,4	12,7	13,7	8,0
Kleinstadt	85,2	42,8	15,3	13,5	6,0
Großstadt	84,7	46,0	17,7	13,8	7,4
p			*		**

als etwa Eltern oder Geschwister. Die Bedeutung der Freunde ist dabei bei Jungen größer als bei Mädchen und nimmt auch im Laufe des Alterwerdens noch zu. Die Bedeutung der Eltern (und auch die von Geschwistern oder Verwandten) als Gesprächspartner nimmt bei älteren hingegen ab.

Da ab dem 12. Lebensjahr generell die Ablösebestrebungen vom Elternhaus zunehmen, stellt der Video-Konsum im Freundeskreis kein außergewöhnliches Phänomen dar. Dieses Verhalten entspricht vielmehr dem allgemeinen Entwicklungsbestrebungen in Richtung vermehrter Unabhängigkeit von den Eltern und Orientierung an Gleichaltrigen. Von daher ist es eine Fehldeutung, wenn davon gesprochen wird, „daß es die Kinder und Jugendlichen verstehen, ihren Videofilm-Konsum gegenüber Erwachsenen zu verheimlichen oder herunterzuspielen" (Glogauer, 1985 a, S. 6). Etwas zu verheimlichen ist in der Regel nicht notwendig, da sich die Eltern nur wenig um das Medienverhalten ihrer herangewachsenen Kinder kümmern bzw. ihnen in diesen wie auch in anderen Bereichen bereits ein eigenhändiges Urteil zubilligen (z.B. haben nach den Ergebnissen der Stadt Schweinfurt (1984) 78% der Eltern davon Kenntnis, daß ihre Kinder indizierte Filme sehen, und 63,6% haben dagegen nichts einzuwenden). Der gemeinsame Video-Konsum unter Peers ist zudem Mittel zur Gruppenbildung, Anlaß für gemeinsame Gesprächsthemen und Gelegenheit zur Selbsterfahrung (Schumann, 1984, S. 26).

2.3.4. Inhaltliche Aspekte des Videokonsums bei Kindern und Jugendlichen

2.3.4.1. Sehhäufigkeit und Beliebtheit von Video-Film-Genres

Entscheidender als die Frage, wie viele Kinder und Jugendliche wie häufig bzw. wie lange Video-Filme anschauen, ist, welche Inhalte dabei in welchem Ausmaß konsumiert werden. Gerade die Qualität des Video-Konsums war und ist in der öffentlichen Diskussion ein wesentlicher Stein des Anstoßes. Leider ist bei früheren Erhebungen nicht das ganze Spektrum des Video-Film-Angebots bzw. selbst aufgenommener Fernsehfilme berücksichtigt worden. Indikativ ist z.B. die Feststellung aus einer Untersuchung, wonach „natürlich sogenannte harmlose Filme vorrangig aufgezählt wurden, jedoch auf die Nennung dieser Filme hier ausdrücklich verzichtet wird“ (Polizei Nürtingen, 1984, S. 2). Außerdem wurden z.T. äußerst einseitige Vorgaben zur Einschätzung nach Häufigkeit bzw. Beliebtheit gemacht und bei den Kategorienbildungen liegen unterschiedliche Zuordnungen vor, sodaß letztlich unvergleichbare Ergebnisse vorliegen.

Um solcher Einseitigkeit zu entgehen, wurde von uns ein dreifacher Zugang gewählt: Zum einen sollten die Videoseher alle Titel von Video-Filmen notieren, die ihnen gut (bzw. nicht so gut) gefallen hatten; neben diesen offenen Fragen wurde eine Liste mit 17 Film-Genres zur Beurteilung vorgelegt, wobei nach der Häufigkeit des Konsums dieser Filmgattungen auf Video gefragt wurde, zuletzt wurde diese Liste nochmals mit der Instruktion vorgelegt anzugeben, wie gut die entsprechenden Film-Genres, die über das Medium Video konsumiert werden, gefallen haben. Es ist zu hoffen, daß aus dieser Methodenkombination aus freien Antworten sowie den Erhebungen zu Häufigkeit und Präferenz für die einzelnen Genres ein hinreichend genaues Bild über die Vorlieben jugendlicher Video-Konsumenten erhalten werden kann.

Tabelle 2.38: **Kategorisierung von frei genannten Video-Film-Titeln, die den Befragten gut gefallen haben (Frage: "An welche Titel von Video-Filmen kannst Du Dich erinnern, die Dir gut gefallen haben?", nur Befragte mit Zugang zu Video, angegeben wird in Prozent, wie viele der Befragten einen oder mehrere Filme eines bestimmten Genres gesehen haben), Gesamtverteilung sowie nach Hintergrundmerkmalen[1)]**

Video-Genre	Gesamt %	Rang	Geschlecht	Alter	Schulart	Wohnortgröße
Krimis	2,2	16	--	--	HS	Dorf
Fantasy-Filme	7,7	11	M	--	--	--
Western	8,6	10	J	--	--	Dorf
Zeichentrick	4,7	14	--	--	GY	--
Action-Filme	54,5	1	J	--	HS	--
Kung-Fu-Filme	12,6	5	J	14	HS	--
Liebes-Filme	5,3	13	M	--	--	--
Musik-Filme	11,8	6,5	M	15	--	--
Problem-Filme	4,1	15	M	15	--	--
Science-fiction	8,9	9	J	bis 13	--	--
Sex-Filme	6,6	12	J	16 u.ä.	HS	--
Heimat-Filme	1,6	17	M	--	HS	Dorf
Grusel-Filme	11,8	6,5	--	16 u.ä.	--	GSt
Horror-Filme	16,0	4	J	16 u.ä.	HS	GSt
Abenteuer-Filme	18,6	3	--	--	--	GSt
Klamauk/Komödie	34,8	2	M	--	--	--
Kriegsfilme	10,0	8	J	16 u.ä.	--	--
Musik-Filme	0,7	18	--	--	--	--

1) Es wird, wenn Unterschiede signifikant sind, jeweils angegeben, in welcher Untergruppe die größte Nennungshäufigkeit vorhanden ist.

Bei der freien Nennung von Video-Film-Titeln wurden von den Befragten mit Zugang zu Video im Durchschnitt 3,2 Video-Titel genannt, die ihnen gut gefallen haben (nur 8,2% konnten keinen Titel erinnern). Jungen notierten dabei mehr Titel als Mädchen, ebenso ältere als jüngere; besonders Hauptschüler machen hier viele Angaben, ebenso Befragte aus großstädtischen Bereichen. Diese Befunde sind wohl eine direkte Konsequenz aus den tatsächlichen Video-Erfahrungen und somit ein Beleg für die Validität der gewählten Methodik.

Die inhaltliche Zuordnung ergab (vgl. Tab. 2.38), daß am häufigsten Action-Filme konsumiert werden (mehr als die Hälfte der Befragten konnten sich an einen solchen Film erinnern), an zweiter Stelle folgen Klamauk- und Blödel-Filme mit 34%, Abenteuer-Filme rangieren am dritten Platz, Horror- und Gruselfilme nehmen den vierten Platz ein. Am Ende der Skala rangieren Kriminal-Filme, Heimat-Filme und Musik-Videos; relativ selten (nur von 6,6%) werden spontan Titel von Sex-Filmen genannt. Die nach soziodemographischen Kriterien signifikant gewordenen Unterschiede lassen sich z.B. hinsichtlich des Geschlechts der Befragten durch typische Geschlechtsrollenspezifität oder durch Häufung bei den Video-Intensivsehgruppen zusammenfassen.

Betrachtet man die Häufigkeit der Nennungen von Video-Filmen, die nicht gut gefallen haben (vgl. Tab. 2.39), so ist aus naheliegenden Gründen zu erwarten, daß nicht gleich viele Titel genannt werden wie bei den Lieblingsfilmen, denn schließlich ist niemand gezwungen, sich bestimmte Video-Filme anzusehen. So machten nur 32,7% der Befragten mit Zugang zu Video Angaben zu dieser freien Frage, wobei pro Videoseher im Durchschnitt 0,5 Titel genannt wurden. Mit dem Alter der Befragten sowie mit der Wohnortgröße nahm im übrigen die Anzahl der unter dieser Kategorie aufgeführten Titel zu, was bedeutet, daß diese Gruppen, unter denen sich der Tendenz nach mehr Video-Vielseher befinden, auch zunehmend mehr Enttäuschungen im Video-Angebot feststellen. Die meisten Negativ-Nennungen betreffen dabei den Bereich der Action-Filme, also die Sparte, die auch die meisten positiven Bewertungen erhalten hatte. An der zweiten Stelle - und hierbei ergibt sich eine Verschiebung gegenüber den Positiv-Nennungen - liegen die Horrorfilme, auch über Gruselfilme werden häufiger Enttäuschungen geäußert als aufgrund ihrer Konsumhäufigkeit in der Positivliste zu erwarten gewesen wäre. Auch über die Genres Science-fiction-, Fantasy- und Sex-Filme wird im Vergleich zu ihrer Erwähnung auf der Positiv-Liste relativ häufig Ablehnung geäußert.

Tabelle 2.39: **Kategorisierung von frei genannten Video-Film-Titeln, die den Befragten nicht so gut gefallen haben (Frage: "An welche Titel von Video-Filmen kannst Du Dich erinnern, die Dir nicht so gut gefallen haben?", nur Befragte mit Zugang zu Video, angegeben wird in Prozent der Befragten, die einen oder mehr Filme eines bestimmten Genres angeben haben), Gesamtverteilung sowie nach Hintergrundmerkmalen (Legende siehe Tab. 2.37)**

Video-Genre	Gesamt %	Gesamt Rang	Geschlecht	Alter	Schulart	Wohnortgröße
Krimis	0,2	18	--	16 u. ä.	--	--
Fantasy-Filme	2,0	8	--	--	HS	--
Western	1,3	12	--	--	--	--
Zeichentrick	1,7	10	J	14/15	--	--
Action-Filme	7,2	1	--	16 u. ä.	--	--
Kung-Fu-Filme	1,6	11	M	--	--	--
Liebes-Filme	0,7	16	--	16 u. ä.	--	--
Musikfilme	1,1	13	--	--	--	--
Problemfilme	0,9	15	--	--	--	KSt
Science-fiction	2,3	7	--	--	--	--
Sex-Filme	1,8	9	--	16 u. ä.	(HS)	--
Heimat-Filme	1,0	14	--	bis 13	--	--
Gruselfilme	3,5	4	--	--	--	GSt
Horrorfilme	6,9	2	M	16 u. ä.	--	--
Abenteuererfilme	2,7	6	--	--	--	--
Klamaukfilme	5,3	3	--	--	GY	--
Kriegsfilme	3,4	5	M	--	--	--
Musik-Videos	0,4	17	--	--	(RS)	--

Durch die Erfassung der Sehhäufigkeit von Video-Filmen ausgewählter Genres werden z.T. die Ergebnisse der freien Titelnennung bestätigt, es zeigen sich aber auch Verschiebungen in den Häufigkeitsrängen: Action- und Abenteurer-Filme sind weiterhin ganz oben anzusiedeln, allerdings erhalten Science-fiction- und Grusel-Filme jetzt einen höheren Stellenwert, ebenso schieben sich Musik-Videos in das erste Drittel der Video-Filme; relativ weit abgeschlagen rangieren Sex-, Heimat- und Problemfilme. Die geschlechtsspezifischen Unterschiede zeigen, daß Jungen lieber erregende, action-orientierte Video-Filme anschauen, Mädchen nach der Sehhäufigkeit eher sanfte, phantasievolle Unterhaltung bevorzugen. Altersspezifische Sehgewohnheiten können auch festgemacht werden, wobei die Unterschiede Entwicklungsthematiken andeuten. Mit einer Ausnahme weisen die schulartspezifischen Differenzen auf den höheren Video-Konsum der Hauptschüler hin, die in fast allen Kategorien höhere Sehfrequenzen angeben. Regionale Differenzierungen sind hingegen vernachlässigenswert gering.

Tabelle 2.40: **Sehhäufigkeit von Video-Film-Genres (Frage: "Welche Arten von Video-Filmen schaust Du an?", vorgegebene Kategorien: 1 = sehr häufig, 5 = nie; nur Befragte mit Zugang zu Video, Angaben des aM), Gesamtverteilung sowie nach Hintergrundmerkmalen (Legende siehe Tab. 2.37)**

Video-Film-Genres	Gesamt aM	Gesamt Rang	Geschlecht	Alter	Schulart	Wohnortsgröße
Krimis	3,43	12	J	15	HS	--
Fantasy-Filme	3,47	13	M	bis 13	HS	--
Western	3,24	7	J	bis 13	HS	Dorf
Zeichentrick	3,64	14	J	bis 13	HS	--
Action-Filme	2,56	1	J	15	HS	--
Kung-Fu-Filme	3,21	6	J	--	HS	--
Liebes-Filme	3,38	11	M	15	HS	Dorf
Musik-Filme	3,31	9	M	16 u.ä.	HS	--
Problem-Filme	4,00	17	M	15/16	HS	--
Science-fiction	2,97	3	J	bis 13	HS	--
Sex-Filme	3,83	15	J	16 u.ä.	HS	--
Heimat-Filme	3,93	16	J	bis 13	HS	Dorf
Grusel-Filme	3,05	4	J	15	HS	--
Horror-Filme	3,30	8	J	16 u.ä.	HS	--
Abenteurer-Filme	2,58	2	J	15	HS	--
Kriegs-Filme	3,31	10	J	15/16	HS	--
Musik-Videos	3,11	5	M	15/16	RS/HS	GSt

Bei der Frage nach der Beliebtheit (Präferenz) für vorgegebene Video-Film-Genres (vgl. Tab. 2.41) ergeben sich keine wesentlich anderen Erkenntnisse als bei der vorhergehenden Frage. Auch hier erhalten die besten Bewertungen die Abenteuer-, Action-, Science-fiction- und Western-Filme sowie Musik-Videos und Gruselfilme. Am Ende der Beliebtheitsrangreihe liegen Sex-, Heimat- und Problemfilme. Die Vorlieben für die einzelnen Video-Filme-Genres sind wieder sehr deutlich geschlechtsspezifisch ausgeprägt, wobei sich typische Geschlechtsstereotype nachweisen lassen in dem Sinn, daß Jungen eher harte und aktionsreiche Programme bevorzugen. Die Alterskorrelationen machen einen Interessenwandel von einfachen aktionsreichen Filmen (Abenteuer, Krimi, Western) zu mehr unter die Haut gehenden Video-Filmen (Horror-, Gruselfilme), aber auch zu Filmsparten deutlich, die an der sexuellen Entwicklungsthematik orientiert sind (Liebes-Filme, allerdings auch Sex-Filme), die jugendkulturelle Spezialinteressen erkennen lassen (Musik-Filme, Musik-Videos) oder auch ein steigendes Interesse an cineastischen Produktionen (Problem-Filme).

***Tabelle 2.41:* Präferenz für Video-Film-Genres (Frage: "Welche Arten von Video-Filmen gefallen Dir persönlich?", 1 = sehr gut, 5 = gar nicht; nur Befragte mit Zugang zu Video; Angaben des aM), Gesamtverteilung und nach Hintergrundmerkmalen**

Video-Film-Genres	Gesamt aM	Rang	Geschlecht	Alter	Schulart	Wohnortgröße
Krimis	2,76	7	J	bis 13	HS	--
Fantasy-Filme	2,87	10	M	bis 13	HS	--
Western	2,62	4	J	bis 13	HS	Dorf
Zeichentrick	2,99	11	J	bis 13	HS	Dorf
Action-Filme	2,21	2	J	--	HS/RS	--
Kung-Fu-Filme	2,81	8	J	--	HS	Dorf
Liebesfilme	3,01	12	M	15	HS	--
Musikfilme	2,83	9	M	15/16	--	--
Problemfilme	3,70	17	M	15/16	--	--
Science-fiction	2,59	3	J	bis 13/14	HS	--
Sex-Filme	3,51	15	J	16 u.ä.	HS	Dorf
Heimat-Filme	3,60	16	M	bis 13	HS	Dorf
Gruselfilme	2,71	6	J	15	HS	--
Horrorfilme	3,02	13,5	J	15/16	HS	--
Abenteurerfilme	2,16	1	J	bis 13	HS	Dorf
Kriegsfilme	3,02	13,5	J	--	HS	Dorf
Musikvideos	2,67	5	M	15/16	RS	GSt

Tabelle 2.42: Beliebtheit einzelner Video-Film-Genres (Rangreihen)

Filmgenres	Kreisverwaltung Altenkirchen (1984)	Stürmer (1984) 2)	Stadt Schweinfurt (1984) 2)	Polizeirevier Nürtingen (1984) 1)	Landratsamt Lindau (1984) 2)
Krimi	4	3	-	4	5
Fantasy	-	-	-	-	-
Western	1	4	1	2	2
Zeichentrick	-	8	-	-	3
Action-Filme	-	2	2	-	4
Eastern	7	1	-	5	9
Liebes-Filme	-	7	-	-	11
Musik-Filme	-	-	-	-	-
Problem-Filme	-	-	-	-	15
Science-fiction	-	-	-	-	8
Sex-Porno	5	10	6	9	14
Heimat-Filme	-	-	-	-	-
Gruselfilme	-	-	-	-	-
Horrorfilme/Zombie	3	6	4	6	6
Abenteuerfilme	-	-	-	1	-
Kriegsfilme	6	5	-	-	7
Musik-Videos	-	-	-	-	-
Politik/Dokum.	-	-	-	-	-
Kinder-, Jugend-, Märchenfilme	-	-	5	10	12
Spielfilme	-	-	-	3	-
Tiere/Natur	-	-	-	7	10
Rockerfilme	-	-	-	8	-
Komödien/Klamauk	-	-	-	-	1
Hobbies	-	-	-	-	-
Aus-, Weiterbildung	-	-	-	-	16
Oper/Theater	-	-	-	-	-
Sportfilme	-	-	-	-	13
andere Filme	2	9	3	-	17

Filmgenres	Autor: Glogauer (1985 a, b)[1] RS	BS[2]	Spanhel (1987): HS[3] H	HS L	RS H	RS L	GY H	GY L	B H	B L
Krimi	12	7	1	1	1	1	1	1	1	1[4]
Fantasy	–	–	–	–	–	–	–	–	–	–
Western	8	2	–	–	–	–	–	–	–	–
Zeichentrick	11	8	–	–	–	–	–	–	–	–
Action-Filme	1	4	4	3	3	2	2	2	2	2[5]
Eastern	–	–	–	–	–	–	–	–	–	–
Liebes-Filme	–	–	–	–	–	–	–	–	–	–
Musik-Filme	5	–	5	7	5	7	6	6	6	8[6]
Problem-Filme	13	3	–	–	–	–	–	–	–	–
Science-fiction	6	5	7	4	4	4	4	4	4	3
Sex-Porno	9	9	9	9	9	9	9	9	7	7
Heimat-Filme	–	–	–	–	–	–	–	–	–	–
Gruselfilme	–	–	–	–	–	–	–	–	–	–
Horrorfilme/Zombie	3	1	8	8	8	5	5	5	3	4
Abenteuerfilme	10	10	–	–	–	–	–	–	–	–
Kriegsfilme	7	10	–	–	–	–	–	–	–	–
Musik-Videos	–	–	–	–	–	–	–	–	–	–
Politik/Dokum.	14	12	–	–	–	–	–	–	–	–
Kinder-, Jugend-, Märchenfilme	–	–	3	5	6	6	7	7	8	6[7]
Spielfilme	4	6	2	2	2	3	3	3	5	5[8]
Tiere/Natur	–	–	6	6	7	8	8	8	9	9[9]
Rockerfilme	–	–	–	–	–	–	–	–	–	–
Komödie/Klamauk	2	–	–	–	–	–	–	–	–	–
Freizeit/Hobbies	–	–	–	–	–	–	–	–	–	–
Aus-, Weiter-, Bildung	15	13	–	–	–	–	–	–	–	–
Oper/Theater	–	–	–	–	–	–	–	–	–	–
Sportfilme	–	–	–	–	–	–	–	–	–	–
andere Filme	–	–	–	–	–	–	–	–	–	–

1) Frage: Welche Filme gefallen Dir persönlich am besten?
2) Frage: Welche Videofilme siehst Du?
3) H = Frage: Kreuze 4 Filmarten an, die Du am häufigsten siehst!
   L = Frage: Kreuze 4 Filmarten an, die Du am liebsten schauen würdest!
4) Kategorie: Krimis, Thriller, Western
5) Kategorie: Actionsfilme, Kung-Fu
6) Kategorie: Unterhaltung, Musik, Quiz
7) Kategorie: Kinder- und Jugendfilme, Comics
8) Kategorie: Spielfilme, Serien (Dallas)
9) Kategorie: Informationsfilme, Tierfilme

Sehr deutlich treten schulartbezogene Präferenzen hervor, allerdings läßt sich hier vor allem wieder der Hauptschüler als der typische Intensivkonsument von Videofilmen erkennen. Die wohnortspezifischen Unterschiede sind im Vergleich hierzu eher gering, lassen allenfalls auf etwas einfacher strukturierte Interessen von Befragten aus dörflichen Wohngegenden schließen. Die von uns gefundenen Ergebnisse lassen sich z.T. durch Befunde ähnlicher Untersuchungen bestätigen, wenngleich in einigen Fällen methodische Einschränkungen gemacht werden müssen (vgl. Tab. 2.42).

An der Spitze des Video-Konsums stehen bei zusammenfassender Betrachtung Filme mit hohem Unterhaltungswert, d.h. entweder sehr spannungsgeladene (Action, Abenteuer) oder lustig-blödelnde Filme (Klamauk, Komödie). Zu den am meisten konsumierten Video-Filmen sind auch noch Western und Krimis zu zählen. Mit bereits deutlichem Abstand rangieren Horror-, Grusel-, Kriegs- und Kung-Fu-Filme. Sex- und Porno-Filme rangieren sowohl in der Beliebtheit wie auch in der Konsumhäufigkeit noch weiter unten (Stadt Ennepetal, o.J.; Landratsamt Lindau, 1985; Spanhel, 1987). Zieht man noch Angaben der Filmgenres in Betracht, die von Kindern und Jugendlichen abgelehnt werden, so werden diese Befunde weiter akzentuiert. Gerade Sex- und pornographische Filme werden relativ häufig abgelehnt. Das soll aber nicht heißen, daß Filme solchen Inhalts nicht bekannt wären. In den einzelnen Untersuchungen wurde herausgefunden, daß zwischen 50% (Lukesch, 1985 a), 43% (Stadt Frankenthal, 1985), 20% (Kreisverwaltung Lindau, 1985; Stürmer, 1984), 6% (Stadt Schweinfurt, 1984) oder 4% (Glogauer, 1985) der Befragten zumindest einmal einen Sexfilm gesehen haben (vgl. Kap. 2.3.4.2.2). Insgesamt nehmen diese Filme aber nur einen geringen Anteil an den konsumierten Filme ein.

Einen relativ unbedeutenden Anteil am Video-Konsum machen Heimatfilme, Lehrfilme, Sportfilme, politisch-historische Dokumentationen, gehobene Kulturfilme oder Filme über Freizeit und Hobbies aus.

Auch die Qualität des Videokonsums ist deutlich mit sozio-demographischen Hintergrundsmerkmalen assoziiert:

(1) So bestehen hinsichtlich so gut wie aller Genres deutliche geschlechtsspezifische Präferenzen, die geschlechtsrollen-spezifischen Verhaltensmustern entsprechen (Lukesch, 1985 a; Stürmer, 1984).

(2) Mit zunehmendem Alter werden häufiger Action-, Liebes-, Musik-, Problem-, Sex-, Grusel-, Horror- und Kriegsfilme sowie Musik-Videos konsumiert, bei jüngeren Befragten sind Fantasy, Western, Zeichen-

trick- und Heimat-Filme beliebter (Lukesch, 1985 a; Spanhel, 1987; Kreisverwaltung Altenkirchen, 1984; Stadt Schweinfurt, 1984).

(3) Die schichtspezifischen Unterschiede verweisen darauf, daß mit absteigender Schichtzugehörigkeit der Konsum fast aller Video-Film-Sparten zunimmt. Mit absteigender Sozialschichtzugehörigkeit steigt vor allem die Beliebtheit von Western, Kung-Fu-, Heimat-, Grusel- und Horrorfilmen (Lukesch, 1985 a).

(4) Die schulartspezifischen Unterschiede zeigen, daß Hauptschüler bei allen Video-Film-Arten den intensivsten Konsum angeben. Von Hauptschülern werden auch fast alle Video-Film-Genres als beliebter bewertet als von Realschülern und Gymnasiasten (Lukesch, 1985 a). Auf die größere Beliebtheit von Horror-, Kung-Fu- und Sex-Filmen bei Sonderschülern wurde ebenfalls verwiesen (Kreisverwaltung Altenkirchen, 1984) bzw. aufgrund des höheren Video-Konsums bei Sonderschülern ist die Konsumhäufigkeit bei fast allen Genres in dieser Gruppe besonders hoch (Landratsamt Lindau, 1985).

(5) Einer vergleichsweise positiveren Bewertung erfreuen sich Western, Zeichentrick, Kung-Fu-, Sex-, Heimat-, Abenteuer- und Kriegs-Filme durch Jugendliche vom Lande, während solche aus großstädtischen Bereichen Musik-Videos höher einschätzen (Lukesch, 1985 a).

2.3.4.2. Exkurs: Profile von Horrorfilm- und von Sexfilmnutzern

2.3.4.2.1. Horrorfilmnutzer

Wie im vorigen Kapitel geschildert, wurde erhoben, wie gut jugendlichen Rezipienten Horrorfilme gefallen und wie häufig solche Filme angesehen werden. Von den Befragten mit Videozugang (= 68,0% der Gesamtstichprobe) meinten 42,7%, daß ihnen solche Filme sehr gut oder gut gefallen, 13,9% meinten, diese gefallen ihnen nur mittelmäßig und 43,4% geben an, daß ihnen diese Filme eher nicht bzw. gar nicht gefallen.

Eine ähnliche Verteilung ergibt sich in bezug auf die Frage, wie häufig Horrorfilme angesehen wurden: 33,6% meinen sehr häufig oder häufig, 16,5% manchmal und 49,9% selten oder nie. Wie die Beziehungen zu einigen wesentlichen sozio-demographischen Hintergrundmerkmalen zeigen, findet sich sowohl ein höherer Konsum wie auch eine deutlichere Präferenz für dieses Genre bei Jungen, Hauptschülern und Jugendlichen aus der sozialen Unterschicht (vgl. Tab. 2.43).

Tabelle 2.43: Sozio-demographische Unterschiede zwischen Gruppen, denen Horrorvideofilme in unterschiedlicher Weise gefallen bzw. die solche Filme unterschiedlich häufig konsumieren (Angaben in Prozent)

	Geschlecht		Schulart			Sozialschicht		
	M	W	HS	RS	GY	OS	MS	US
Gefallen von Horrorvideos								
sehr gut/ gut	51,6	32,6	52,0	40,8	21,7	34,5	40,9	45,5
mittel-mäßig	13,2	14,6	12,8	15,4	14,3	12,1	16,7	12,7
eher nicht/ gar nicht	35,2	52,8	35,2	43,8	64,1	53,4	42,4	41,9
N	1441	1236	1344	845	484	472	651	1202
p	**			**			**	
Konsumhäufigkeit von Horrorvideos								
sehr häufig/ häufig	40,4	26,1	41,6	32,0	16,1	27,0	31,7	36,1
manchmal	17,2	16,1	18,3	17,6	10,4	12,2	19,0	17,2
selten/nie	42,4	57,8	40,1	50,4	73,5	60,7	49,2	46,8
N	1441	1225	1337	847	479	466	646	1201
p	**			**			**	

Neben soziodemographischen Unterschieden lassen sich zwischen den Gruppen mit unterschiedlicher Präferenz für Horrorfilme bzw. unterschiedlicher Konsumhäufigkeit deutliche Unterschiede im Freizeitverhalten nachweisen (Lukesch, 1987, S. 86 f). So finden sich bei ihnen häufiger ausgeprägt allein und passiv verbrachte Freizeitbetätigungen (z.B. allein sein, Mofa/Mopedfahren, gar nichts tun, Sport anschauen). Häufiger kommen bei ihnen aber auch interaktive und mit Peers durchgeführte Freizeitbetätigungen vor (z.B. Tanzen gehen, Besuch eines Jugendzentrums, Zusammensein mit Freund/Freundin, Gespräche mit Freunden). Wesentlich seltener sind hingegen allein verbrachte aktive sowie auch kreative Betätigungen (z.B. Briefe schreiben, Wandern, Handarbeiten, Bücher lesen, Musik machen, Tagebuch schreiben). Der Horrorfilmkonsum ist demnach unter den älteren männlichen Jugendlichen am höchsten, welche eine Hauptschule besuchen, eher der sozialen Unterschicht entstammen und einen betont peerorientierten Freizeitstil pflegen bzw. in ihrer allein verbrachten Freizeit passiven Beschäftigungen nachgehen.

2.3.4.2.2. Sexfilmnutzer

Es wurde die Beliebtheit und Häufigkeit von Sex- und pornographischen Filmen erhoben. Von den Befragten mit Videokonsumgelegenheit (= 67,8% der Gesamtstichprobe) meinten 29,5%, solche Filme würden ihnen sehr gut bzw. gut gefallen, 13,3% stuften sie als mittelmäßig ein und mehr als die Hälfte (= 57,2%) lehnten solche Filme ab. Damit ist die Akzeptanz dieses filmischen Genres bedeutsam geringer als z.B. die von Horrorvideos. Wesentlich unter der Präferenz für diese Filme liegt deren Konsumhäufigkeit: 20,3% geben an, solche Filme sehr häufig oder häufig zu sehen, 13,8% manchmal und der Rest selten oder nie (65,8%).

Tabelle 2.44: **Sozio-demographische Unterschiede zwischen Gruppen, den Sex-/Pornofilme in unterschiedlicher Weise gefallen (Angaben in Prozent)**

	Geschlecht		Schulart			Sozialschicht		
	M	W	HS	RS	GY	OS	MS	US
Gefallen von Sex-/Pornofilmen								
sehr gut/ gut	41,1	16,2	33,3	30,7	17,9	26,9	31,7	28,2
mittel-mäßig	15,6	10,4	13,9	13,4	11,0	10,0	10,4	15,8
eher nicht/ gar nicht	43,3	73,4	52,9	55,8	71,1	63,1	58,0	56,1
N	1438	1232	1335	849	481	469	647	1200
p	**			**			**	
Konsumhäufigkeit von Sex-/Pornofilmen								
sehr häufig/ häufig	28,7	10,4	24,8	20,0	8,3	15,4	20,3	20,4
manchmal	17,5	10,0	16,1	13,8	8,9	11,1	13,4	14,9
selten/nie	53,8	79,6	59,1	66,2	82,8	73,6	66,3	64,7
N	1441	1230	1336	848	482	469	649	1198
p	**			**			**	

Hier ist eine ähnliche soziale Verankerung der Wertschätzung dieser Filme wie bei den Horrorvideos zu finden (vgl. Tab. 2.44), d.h. Präferenz und Nutzung ist bei Jungen, Hauptschülern und (mit gewissen Einschränkungen) bei Angehörigen der Unterschicht größer. Allerdings gibt es - wie immer - auch bedeutsame Überschneidungen zwischen diesen Gruppierungen.

Auch bei Gruppen unterschiedlicher Konsumintensität sind beträchtliche Differenzen hinsichtlich der Freizeitprofile feststellbar, wobei die gleiche Typologie wie bei den intensiven Konsumenten von Horrorfilmen gegeben ist (Lukesch, 1987, S. 90 f).

2.3.4.3. Die Verbreitung indizierter und konfiszierter Video-Filme

Bis Ende 1985 waren von der Bundesprüfstelle für jugendgefährdende Schriften (BPS) ca. 900 Video-Filme nach dem Gesetz über die Verbreitung jugendgefährdender Schriften (GjS) indiziert worden und weitere fünf Filme waren konfisziert, Ende 1987 waren bereits 1245 Titel indiziert und 26 konfisziert. Indizierte Filme dürfen Kindern und Jugendlichen bis 18 Jahren nicht zugänglich gemacht werden, außerdem sind weiterreichende Vertriebs- und Werbeverbote mit der Indizierung verbunden. Darüber hinaus gibt es Filme, die aufgrund ihre Inhaltes damals durch Gerichtsbeschluß bundesweit eingezogen worden sind („Muttertag“, „Tanz der Teufel“, „Maniac“, „Nightmare“). Gerade die Video-Sparten der indizierten und konfiszierten Filme spielen in der öffentlichen Diskussion eine große Rolle, da schädigende Wirkungen - ausgehend vom Konsum dieser Filme - erwartet werden.

Ob die genannten gesetzlichen Maßnahmen ihren Zweck in jedem Fall erreichen, kann - zumindest für Einzelfälle - bezweifelt werden. Von Radevagen und Zielinski (1984, S. 378 f) wurde darauf verwiesen, daß manche Videoanbieter ihre Filme unter verschleiernden Genrebezeichnungen auf den Markt bringen (Porno als „Lustspiel“, Karate als „Thriller“, Kriegsfilme als „Action“), indizierte Filme umtiteln und darüber hinaus über andere Anbieter erneut vermarkten lassen.

Die empirische Evidenz über die Verbreitung indizierter Filme (vgl. Tab. 2.45) ist nicht allzu vielfältig und z.T. nicht unproblematisch. So verwenden einige Untersuchungen suggestive Fragestellungen bzw. Formulierungen, die von den Befragten eine genaue Kenntnis des BPS-Reports voraussetzen. Läßt man diese Untersuchungen bzw. solche mit sehr eingeschränkt repräsentativen Stichproben außer Acht, so ist davon auszugehen, daß mindestens ein gutes Drittel der 12- bis 17jährigen zumindest einmal mit einem indizierten Film in Kontakt gekommen sind. Bezogen auf die gesehenen Filme ist etwa jeder fünfte konsumierte Film ein indizierter Titel. Dies ist allerdings eher als obere Schätzung anzusehen, da bei freien Titelnennungen erfahrungsgemäß die Filme mit einem nachhaltigen Eindruck auf den Seher besonders gut erinnert werden, und dies sind eher indizierte Streifen.

Tabelle 2.45: **Verbreitung indizierter Filme unter Kindern und Jugendlichen (Angaben in Prozent)**

Untersuchung	Kriterium/Frage		Anteil aller Personen	Anteil an allen gesehenen Filmen
Hamburg-Nord (1984)	Indizierte Titel unter frei genannten Filmen		49%	21%
Stadt Schweinfurt (1984)	Hast Du schon indizierte Filme gesehen?		54,6	--
Polizeirevier Nürtingen (1984)	Hast Du die Möglichkeit, Erwachsenenfilme zu sehen?		40,2	--
Müller o.J.	Ich kenne Video-Filme, die besonders brutal ... sind.		71,9	--
Stadt Ennepetal o.J.	Hast Du schon Videofilme gesehen, die nur für Erwachsene bestimmt waren?	Ges.	51,5	--
		SoS	61,2	--
		HS	59,6	--
		RS	41,2	--
		GY	24,8	--
		BS	54,3	--
Bezirksregierung Hannover o.J.	Titel von Videofilmen		31,6	12,7%
Stadt Erlangen (1985)	Titel der Lieblingsfilme		"nicht unerhebliche Anzahl"	
Stadt Frankenthal (1985)	Indizierte Titel unter drei frei genannten Filmen		--	19,8
Glogauer (1985)	Realschüler		41,5	21,7

Um Aufschluß über den Konsum indizierter Filme zu erhalten, wurden die freien Nennungen von Video-Filmen, die den Befragten entweder gut oder auch weniger gut gefallen haben, mit der Indizierungsliste der Bundesprüfstelle für jugendgefährdende Schriften (BPS) verglichen. Auf diese Weise konnte unbeeinflußt von etwaigen Vorgaben zumindest eine untere Schätzung des Anteiles der Kinder und Jugendlichen erhalten werden, die mit diesen Video-Filmen in Kontakt gekommen sind.

Tabelle 2.46: **Anteil der Konsumenten indizierter Video-Filme (Angaben in Prozent, nur Befragte mit Zugang zu Video), Gesamtverteilung sowie nach Hintergrundmerkmalen**

	Konsumenten bei gut gefallenen Videos	Konsumenten bei weniger gut gefallenen Videos	Gesamtmenge
Gesamt	32,6	9,5	36,7
Geschlecht			
Jungen	40,4	8,5	43,0
Mädchen	23,2	10,8	28,5
p	**		**
Alter			
bis 13	18,5	5,9	21,7
14	31,2	7,4	34,4
15	37,6	11,4	42,3
16 u.ä.	46,3	17,3	52,7
p	**	**	**
Schulart			
Hauptschule	38,7	8,2	41,7
Realschule	30,6	12,6	35,5
Gymnasium	16,6	8,0	21,7
p	**	**	**
Wohnortgröße			
Dorf	31,5	7,8	35,1
Kleinstadt	32,0	11,6	36,7
Großstadt	36,9	10,4	41,0
p	*	*	**

Insgesamt haben 36,7% der befragten Video-Nutzer einen oder mehrere indizierte Filme angegeben (vgl. Tab. 2.46). Umgerechnet auf alle Befragte, zählt mehr als ein Viertel der Schüler einen indizierten Film zu seinen Lieblingsfilmen, knapp 4% sogar einen konfiszierten. Im Schnitt kommen auf jede Person 0,88 indizierte Titel. Bezogen auf alle erinnerten Video-Titel machen die indizierten Filme 21,4% aller Filmnennungen aus. Diese Schätzung entspricht im übrigen fast genau der Angabe Glogauers (1985), der bei Realschülern fand, daß 21,7% aller erinnerten Video-Titel indiziert waren. Dabei sind aufgrund der Video-Filme, die den Befragten gut gefallen haben, wesentlich mehr als Nutzer indizierter Videos zu identifizieren (32,6%) als aufgrund der Angaben zu den Video-Filmen, die den Befragten weniger gut gefallen haben (9,5%).

Hinsichtlich des Kontaktes zu indizierten Video-Filmen bestehen bedeutsame Unterschiede nach Geschlecht, Alter, Schulartzugehörigkeit und Wohnort; die intensiveren Konsumenten sind wieder die Jungen, bei einem Alter von 16 Jahren hat etwa die Hälfte der Jugendlichen zumindest einen indizierten Video-Film gesehen, Hauptschüler sind doppelt so häufig Konsumenten indizierter Filme als Gymnasiasten, und dies kommt in großstädtischen Wohnbezirken häufiger vor als in dörflichen (allerdings nicht mit den gleich großen Unterschieden wie bei den zuvor genannten Merkmalen).

Beschränkt man sich auf die Betrachtung der Angaben zu den gut gefallenden Video-Filmen, so nennen die meisten Befragten indizierte Titel aus dem Bereich der Horrorfilme (14,7%) sowie der Action- (13,3%) und Kung-Fu-Filme (8,6%). Mit einigem Abstand rangieren dann die anderen Video-Sparten: Sex-Filme (3,5%), Zeichentrickfilme (zumeist sexuellen Inhalts, 1,4%) und Kriegsfilme (1,3%); aus allen anderen Bereichen nennen jeweils weniger als ein Prozent der Video-Nutzer indizierte Videos.

Konfiszierte Video-Titel wurden von 5,4% der Befragten genannt, die Zugang zu Video besitzen. Weitere Aufteilungen wurden bei dieser Video-Kategorie wegen der zu geringen Besetzungen nicht vorgenommen.

Später von uns durchgeführte Untersuchungen bestätigen im wesentlichen die für 1985 geltende Befundlage. So wurde von Lukesch und Habereder (1989) in einer 1986 untersuchten Stichprobe von 174 Jugendlichen gefunden, daß 30,5% einen oder mehrere indizierte Filmtitel als ihre Lieblingsfilme nannten. In bezug auf konfiszierte Filme bewerteten 8% spontan einen oder mehrere dieser Filme als besonders gut. Das Gros der indizierten Filme stammte aus den Bereichen der Horror- (18,4%) und der Action-Filme

(16,1%). Mit deutlichem Abstand rangieren Eastern (5,7%) und Sexfilme (4,0%). Die inhaltliche Zuordnung der konfiszierten Filme ist auf die Bereiche der Horror- (6,9%) und der Sex-Filme (1,1%) beschränkt. In der Jungengruppe werden im Schnitt doppelt so viele indizierte Titel genannt als in der Mädchengruppe. Wer viele Video-Titel erinnert, nennt darunter auch häufig indizierte Filme (r = 0,77 zwischen der Anzahl der erinnerten Video-Titel und der indizierten Video-Filme). Die Nennung indizierter oder konfiszierter Filme korreliert schließlich negativ mit der Höhe des Bildungsniveaus der Befragten (-0,29 bzw. -0,14) und in gleiche Richtung mit der Sozialschichtzugehörigkeit (-0,30 bzw. -0,09). Die Hauptbezugsquelle für die indizierten wie auch die konfiszierten Filme sind Freunde (53 bzw. 80%). Überraschender Weise werden die Eltern als zweithäufigste Bezugsquelle genannt (13,6% bzw. 10%). Nimmt man noch die anderen Familienmitglieder hinzu, so kommen aus dem familiären Bereich sogar 22,7% aller indizierten und 20% aller konfiszierten Filme. Die Selbstausleihe aus Videotheken wird mit knapp 8% fast ebenso selten erwähnt wie der Versandhandel mit 6%.

Beschränkt man sich schließlich auf die ältere Gruppe der Berufsschüler, so sind noch wesentlich höhere Anteile zu beobachten. Bei einer Erhebung 1987 fand Scheungrab (1988) unter 305 Berufsschülern und 62 Berufsschülerinnen alters- und geschlechtskorrelierte Verbreitungszahlen, die weit über die bisherigen Befunde hinausgehen (vgl. Tab. 2.47).

Tabelle 2.47: **Anteil von Berufsschülern, die indizierte oder konfiszierte Video-Filme unter ihren Lieblingsfilmen aufzählen (Scheungrab, 1989), aufgeteilt nach Alter und Geschlecht**

Alter	männliche Berufsschüler		weibliche Berufsschüler	
	indizierte Videos	konfiszierte Videos	indizierte Videos	konfiszierte Videos
bis 16	62,7%	27,1%	33,3%	14,3%
17	62,3%	18,2%	30,0%	10,0%
18	75,6%	17,4%	11,1%	11,1%
19 und älter	42,5%	10,0%	18,2%	9,1%
Gesamt	57,6%	17,6%	24,2%	12,9%

Über alle Untersuchungen hinweg läßt sich ein deutlicher Zusammenhang zwischen der Verbreitung indizierter Filme und verschiedenen sozialen Merkmalen der Befragten feststellen:

(1) Zuerst ist eine deutliche Zunahme mit dem Alter der Befragten zu erwähnen. Während z.B. unter den 13jährigen nur knapp 22% indizierte Filmtitel nennen, sind es unter den 16jährigen bereits 53% (Lukesch, 1985 a; ähnlich auch Hamburg-Nord, 1984: 25% bei Grundschülern, 65 % bei 14- bis 16jährigen; Stadt Schweinfurt, 1984; Bezirksregierung Hannover, o.J.: Steigerung von 14,2% bei den Siebtklässlern auf 52,6% bei den Zehntklässlern einer Realschule).

(2) Es bestehen wiederum deutliche Geschlechtsunterschiede. Während Jungen 43,0% indizierte Titel nennen, kommen bei den Mädchen bei 28,5% solche Nennungen vor (Lukesch, 1985 a; Stadt Ennepetal, o.J.; ähnliche Tendenzen in Hamburg-Nord, 1984).

(3) Schulartspezifische Unterschiede weisen in die Richtung einer wesentlich größeren Verbreitung bei Hauptschülern (41,7%) als bei Realschülern (35,5%) und Gymnasiasten (21,7%; Lukesch, 1985 a; Stadt Ennepetal, o.J.). Auch hier ist die wesentliche soziale Bezugsgruppe die der Mitschüler und weniger die Herkunftsfamilie.

(4) Regionale Unterschiede im Sinne einer größeren Verbreitung indizierter Filme im großstädtischen Bereich lassen sich ebenfalls nachweisen (Lukesch, 1987 a: Großstadt: 40,4%, Dorf: 35,1%).

(5) Zu erwähnen ist noch, daß das Vorhandensein eines Video-Recorders im elterlichen Haushalt für die Konsumhäufigkeit indizierter Filme von Bedeutung ist (Lukesch, 1987 b): In Haushalten ohne Recorder werden im Schnitt pro Befragten 0,8 indizierte Video-Titel erwähnt, ist jedoch ein Recorder vorhanden, so steigt dieser Wert in signifikanter Weise auf 1,04 indizierte Filme.

2.3.4.4. Interrelationen zwischen verschiedenen Qualitäten der Videonutzung

Neben der Betrachtung der Angaben zu den einzelnen Video-Filmgenres ist es möglich, die Daten danach zu gruppieren, ob deren Inhalt eher unterhaltungsorientiert oder eher gewalthaltig ist (getrennt jeweils für die Häufigkeit des Konsums und die Präferenz; zur methodischen Begründung vgl. Anhang B).

Wie aus Tabelle 2.48 hervorgeht, bestehen praktisch zwischen allen Video-Nutzungsmöglichkeiten substantielle Beziehungen, d.h. in etwa, wer häufig unterhaltungsorientierte Video-Filme anschaut, schaut auch häufig gewalthaltige Video-Filme an oder wer eine Vorliebe für gewalthaltige Video-Filme besitzt, bei dem ist auch eine deutliche Vorliebe für unterhaltungsorientierte Video-Filme vorzufinden.

Interessant ist, daß die Videokonsumzeit pro Woche mit der Konsumhäufigkeit gewalthaltiger Filme etwas stärker korreliert als mit der Konsumhäufigkeit unterhaltungsorientierter Filme. Die Videokonsumzeit scheint von daher geringfügig stärker von der Konsumhäufigkeit gewalthaltiger Programme bestimmt zu sein als von unterhaltungsorientierten Filmen.

***Tabelle 2.48:* Zusammenhänge zwischen verschiedenen inhaltlichen und quantitativen Video-Konsum-Indices**

	(1)	(2)	(3)	(4)	(5)
(1) Unterhaltung über Video (Häufigkeit)	--				
(2) Unterhaltung über Video (Präferenz)	.65	--			
(3) Gewaltkonsum über Video (Häufigkeit)	.51	.22	--		
(4) Gewaltkonsum über Video (Präferenz)	.27	.32	.73	--	
(5) Videozeit pro Woche	.23	.09	.32	.21	--
(6) Geschlecht[1)]	.13	.19	-.28	-.34	-.07
(7) Alter	-.01	-.02	.06	.00	.07
(8) Wohnort[2)]	-.02	-.02	-.01	-.05	.06
(9) Schulart[3)]	-.17	-.08	-.24	-.19	-.23

1) männlich = 1, weiblich = 2
2) Weiler = 1, Großstadtzentrum = 6
3) Hauptschule = 1, Realschule = 2, Gymnasium = 3

Die Beziehungen zu den soziodemographischen Hintergrundmerkmalen machen bereits bekannte Trends deutlich, so die geschlechtstypische Nutzung von Video mit einer Affinität unterhaltungsorientierter Filme zu Mädchen und gewalthaltiger zu Jungen und der deutlichen Korrelation zwischen den verschiedenen Konsumarten und der Schulartzugehörigkeit der Befragten (mit den Hauptschülern als jeweils intensivsten Videokonsumenten). Im Vergleich zu diesen beiden Merkmalen stellt sich der Einfluß von Alter und Wohnort als weniger bedeutsam heraus, obwohl auch hier die Tendenz zu vermehrtem Video-Sehen bei älteren und aus großstädtischen Bereichen stammenden Jugendlichen deutlich wird.

2.3.5. Motivationen zum Video-Gebrauch

Während hinsichtlich der Nutzung des Mediums Video kumulierende und sich ausdifferenzierende empirische Evidenzen vorliegen, sind Antworten auf die Frage nach den Motiven für den Video-Gebrauch weitgehend spekulativer Natur. An Spekulationen besteht allerdings kein Mangel; äußerst spärlich und dürftig sind aber Versuche, für die Vermutungen über die Ursachen der Quantität und Qualität des Video-Konsums nachprüfbare Belege zu liefern.

Kurz zusammengefaßt wird im allgemeinen die Faszination des Mediums Video auf die optimale Passung zwischen den Möglichkeiten dieses Mediums und individuellen Bedürfnisstrukturen bei gegebenem gesellschaftlichen Hintergrund zurückgeführt. Dies soll im folgenden weiter ausgeführt werden.

Primär werden durch den Video-Recorder die Freiheitsgrade eigenen Verhaltens erhöht, Beschränkungen durch die Angebote der Rundfunkanstalten fallen weg und - wie Stoffers (1982, S. 98) formulierte - der „Videonutzer (kann) sein eigener Intendant sein“; er verfügt über die Möglichkeit, „sich vom Diktat der Programmveranstalter zu befreien“. Durch den Recorder wird dabei sowohl eine selektivere Nutzung herkömmlicher Fernsehangebote möglich (Aufzeichnung von konkurrierenden Sendungen, zeitversetztes Fernsehen, Mehrfachabspielung von interessanten Filmen und Aufhebung der „Flüchtigkeit“ von Fernsehsendungen) wie auch eine umfassende Programmerweiterung durch den Zugriff auf die etwa 8 500 kommerziell vertriebenen Video-Filme.

Diese durch den Video-Recorder eröffnete Perspektive trifft auf individuelle Bedürfnisstrukturen, die allgemein als durch gesellschaftliche Rahmenbedingungen präformiert gedacht werden. Als solche allgemeinste Bedingungen werden Aspekte heutiger hochtechnisierter und arbeitsteilig organisierter Industriegesellschaften in zumeist kulturkritischer Weise thematisiert.

(1) An erster Stelle ist die Zunahme an Freizeit zu nennen (auch in der Form aufgedrängter freier Zeit durch Arbeitslosigkeit), die für viele nicht durch Möglichkeiten zur selbstgewählten „Arbeit" - in den unterschiedlichsten Formen - ausgefüllt werden kann.

(2) Als spezifische, den Video-Konsum begünstigende Merkmale der heutigen Gesellschaft werden dabei „entpersönlichte Lebensformen" genannt (Bezirksregierung Hannover, o.J.), wie sie durch die auf soziale und individuelle Bedürfnisse kaum Rücksicht nehmende Gestaltung von Wohnblöcken, Schulen oder Arbeitsstätten zum Ausdruck kommen.

(3) Gerade Konsum von Gewaltfilmen wird ein „Spiegelbild der Gesellschaft (gesehen), in der Gewalt als Norm vermittelt wird" (Aktion Jugendschutz, 1984), bzw. „als Symptom für die in der Gesellschaft latent oder manifest vorhandene Gewalt" (Akademie Dillingen, 1985, S. 27).

(4) Das reale Leben in der Industriegesellschaft soll relativ wenig Spannung bieten, auch im Freizeitbereich sind die realen Erlebnismöglichkeiten stark eingeschränkt, das Leben wird als langweilig und wenig herausfordernd beschrieben (Hamburg-Nord, 1984; Aktion Jugendschutz, 1984). Der weitverbreitete Genuß von Action-Filmen befriedigt den Wunsch nach Abenteuern (Hamburg-Nord, 1984), paradoxerweise - so muß man hinzufügen - aber wieder in risikoarmer Surrogatform, denn eine persönliche Gefährdung ist höchstens durch strenge Eltern zu befürchten.

(5) Die Abhängigkeit gesellschaftlicher Anerkennung von Leistungskriterien bei gleichzeitiger Vernachlässigung emotionaler Bedürfnisse wird als gesellschaftliche Ursache von Streß- und Frustrationserlebnissen angesehen (Bezirksregierung Hannover, o.J.), die wieder zu verstärktem Medienkonsum führen; z.B. wird von „Härte und Skrupellosigkeit in Schule und Arbeit" (Hamburg-Nord, 1984) gesprochen, von Frustrationserlebnissen in Familie und Schule (Mags, 1984), Belastungs- und Überlastungssituationen bzw. dem Ausbleiben individueller Erfolgserlebnisse (Bezirksregierung Hannover, o.J.).

(6) Gesellschaftliche Gegebenheiten fördern passive Konsumhaltungen,

z.B. soll sich die Lehrerzentrierung des Unterrichts in der rezeptiven und auf Unterhaltung wartenden Situation des Video-Konsumenten spiegeln (Bezirksregierung Hannover, o.J.), oder die Perspektivlosigkeit der von Arbeitslosigkeit bedrohten Jugendlichen soll Passivität begünstigen (Aktion Jugendschutz, 1984; Mags, 1984).

Auf individueller Ebene wird häufig die eskapistische oder kompensatorische Funktion des Mediengebrauchs im allgemeinen auch als Ursache der Video-Nutzung erwähnt. „Eskapatischer Mediengebrauch ist ein kompensatorischer Mediengebrauch als Folge persönlichkeits- und/oder sozialstrukturell bedingter relativer Deprivation (Frustration), dessen Erholungswert ... nicht allein in der vikariierenden Teilnahme an fiktiven Handlungsabläufen besteht, sondern auch in einer gleichzeitigen temporären Lockerung der Bindung an die eigene 'reale' Situation" (Kunczik, 1982, S. 2).

(1) Wie jedes Medium (Kino als „Illusionsbunker"), wird auch im Video-Gebrauch eine Fluchtmöglichkeit aus dem Alltag gesehen (Sustek, 1984), man gewinnt Distanz zum Alltag durch Eintauchen in einen „Illusionsmechanismus" (Schreckenberg, 1983), Videokonsum stellt so auch eine Form von „Rückzugsverhalten" dar (Mags, 1984).
(2) Die Darstellung emotional tiefgehender Handlungen wird als Ersatz für eigene fehlende Erlebnismöglichkeiten genossen (Schreckenberg, 1983).
(3) Durch das Mitleben mit den Akteuren wird eine „Kompensation des Gefühls eigener Bedeutungslosigkeit" erreicht (Brandes, 1985).
(4) Angeblich können aggressive Tendenzen durch die aufgrund von dargestellten Gewaltszenen initiierten Tagträume auf Vorstellungsebene ausgelebt werden, ohne daß gesellschaftliche Sanktionen zu befürchten sind (Schreckenberg, 1983). Diese angenommene „Aggressionsentladung" aufgrund von „Vernichtungsphantasien" wird auch von Schumann (1984) betont.

Für Kinder und Jugendliche werden noch spezielle, aus der familialen Situation resultierende Motive dem Medienkonsum unterlegt:

(1) Dem Verhalten der Eltern wird dabei ein hoher Stellenwert zugemessen, wobei z.T. von einem „geringen Erziehungsbewußtsein bei Erwachsenen" gesprochen wird (Glogauer, 1985 a). Im einzelnen kann damit gemeint sein

- das Elternvorbild, sowohl hinsichtlich des Ausmaßes an Video-Konsum wie auch in bezug auf die einzelnen Film- Genres, auch manchmal als „Doppelmoral der Erwachsenen" gebrandmarkt (Mags, 1984);

- der Einsatz von Video als Beeinflussungsmittel; so wurde schon früher die Babysitter-Funktion des Fernsehens beklagt, heute kann Video noch als weiteres Mittel zur Ruhigstellung von Kindern und zur Entlastung von Eltern angesehen werden;
- die Gleichgütigkeit und Unsensibilität von Eltern hinsichtlich der den Kindern zugänglich gemachten Filmen.

(2) Eltern und anderen Erziehern fällt es offensichtlich schwer, den Kindern und Jugendlichen attraktive Möglichkeiten der Verwendung ihrer Lebenszeit nahezubringen, sich mit ihnen aktiv auseinanderzusetzen und die eigene Erziehungsaufgabe nicht nur auf Pflegehandlungen zu beschränken (saubere Kleidung, aufgeräumte Wohnung, Geld zur Erfüllung materieller Bedürfnisse).

(3) Andererseits wird auch behauptet (Mags, 1984; Aktion Jugendschutz, 1984), daß durch Erzieher aufgestellte Verbotsschranken wenig nützen bzw. sogar den gegenteiligen Effekt bewirken („Reiz des Verbotenen").

(4) Ein weiterer familiärer Aspekt wird in „desolaten Familienverhältnissen" gesehen (Stürmer, 1984), wobei familiäre Streß- und Frustrationserlebnisse die eskapistische Nutzung des Mediums Video weiter fördern. In etwas abgemilderter Form werden auch mangelnde soziale Zuwendung und Kontaktarmut für den Video-Gebrauch verantwortlich gemacht (Bezirksregierung Hannover, o.J.).

Schließlich müssen bei Jugendlichen noch die gruppendynamischen Funktionen des Medienkonsums hervorgehoben werden:

(1) Wie übrigens auch bei Erwachsenen (z.B. Sportübertragung in der Kneipe), kann das Anschauen von Video-Filmen als gemeinschaftliches Handeln zur Stärkung eines Gruppenzusammenhalts angesehen werden. Damit werden gemeinsame Erfahrungen geschaffen, die Gesprächsstoff und Anlaß zur Pflege der „Gruppenkultur" sind.

(2) Video-Konsum kann auch - wenn er zur Norm geworden ist - durch Gruppendruck erzwungen werden. So ist es zu interpretieren, wenn das Ansehen von grausamen Videofilmen als Mutprobe in der Peer-Group apostrophiert wird (Aktion Jugendschutz, 1984).

(3) Selbstfindung und Selbstkonzeptbildung kann durch soziale Vergleiche in bezug auf die Bewältigung problematischer Filminhalte erreicht werden. Selbstgewählte Aussetzung gegenüber Gewaltfilmen können als Mittel zur Angstbewältigung gesehen werden (Hamburg-Nord, 1984), dabei wird von einem „Idealzustand der Gefühllosigkeit" gesprochen,

der als „Stärke“ angesehen wird (Schumann, 1984). Nur der „Unerfahrenheit mit realer körperlicher Verletzung“ (Aktion Jugendschutz, 1984) bzw. der „fehlenden Einsicht in die Folgen von Gewaltanwendung“ (Mags, 1984) ist es zuzuschreiben, daß Filme mit Gewaltdarstellungen von Jugendlichen überhaupt durchgestanden werden.

In diesen Spekulationen über Motive, Anlässe oder Ursachen des Video-Konsums spiegelt sich eine großteils kulturkritische oder kulturpessimistische Haltung wieder, die von einem großen Mißtrauen gegenüber der Selbstbestimmungsfähigkeit der Video-Konsumenten zeugt. Die Erfahrungsbasis für die angestellten Vermutungen ist schmal, auf Einzelbeobachtungen beschränkt, systematische Überprüfungsversuche sind selten. Dies muß nicht heißen, daß die angesprochenen Verursachungsbereiche nicht von Bedeutung für den Video-Konsum wären, ihr Stellenwert ist aber ohne empirische Absicherung nicht abzuschätzen.

Eine Möglichkeit einer Ursachenanalyse ergibt sich in der vorliegenden Untersuchung aufgrund der subjektiven Einschätzungen der Video-Konsum-Anlässe (vgl. Tab. 2.49). Die Sammlung solcher Angaben (Stadt Ennepetal, 1985) ergibt fast ausschließlich Situationen aus dem individuellen Erfahrungsbereich. Gesellschaftliche oder auch familiale Verursachungen sind auf dem individuellen Reflexionsniveau großteils ausgeschlossen. Dennoch sind solche Motivsammlungen, wenn sie annähernd umfassend sind und dazu Angaben von repräsentativen Stichproben vorliegen, eine Basis, um die Gültigkeit bestimmter Spekulationen zu bewähren.

Tabelle 2.49: Begründungen für den Konsum von Video-Filmen (Angaben in Prozent)

Quelle	Frage	Ergebnisse	%
Kreisverwaltung Altenkirchen (1984)	Was gefällt Dir an Video?	interessante Unterhaltung	20,2
		abwechslungsreich	19,9
		andere Filme als im FS	31,4
		gruselig/abenteuerlich	21,4
		keine anderen Freizeitmöglichkeiten	1,4
		nichts anderes zu tun	1,2
		weiß nicht	4,5
Müller o.J.	Gründe, sich solche (brutale, verrohende, gewaltverherrlichende) Filme anzuschauen?	Neugier	39,5
		Langeweile	41,7
		fehlende Alternativen	10,4
		andere Gründe	22,8
Stadt Erlangen (1985)	Ich schaue Videofilme an ...	weil es mir Spaß macht	51,1
		weil es interessanter ist als Fernsehen	40,9
Stadt Ennepetal (1985)	Aus welchem Grund siehst Du Dir Videofilme an? (keine Quantifizierung der Angaben, aber "Hauptgründe")	Langeweile kein gutes Fernsehprogramm zur Unterhaltung spannende Filme Kino ist zu teuer zum Zeitvertreib gute Filme zum Ausleihen Besuch und gemeinsames Video-Anschauen Allein-Sein weil es Spaß macht weil man ansehen kann, was man will man kann einen guten Film öfter sehen weil ich keinen zum Spielen habe und bei schlechtem Wetter	

Aus unserer Untersuchung (umfassender veröffentlicht in Lukesch, 1987 b) geht hervor, daß folgende Gründe für den Video-Konsum vorrangig genannt werden:

Frage: „Was gefällt Dir bei Video-Filmen besonders gut?"
- „man sieht andere Filme als im Fernsehen" (88,4% Zustimmung),
- „sie sind eine interessante Unterhaltung" (83%),
- „man kann sie selber auswählen" (81%),
- „sie sind abwechslungsreich" (80,3%).

Eine Befürwortung bei etwa der Hälfte der Befragten finden die Statements
- „sie sind gruselig und spannend" (67,1%),
- „meine Freunde schauen die Video-Filme auch an" (53,9%).

Deutlich weniger Zustimmungen entfallen auf folgende Gründe:
- „es ist eine Form, um mit anderen etwas zu unternehmen" (39,8%),
- „ich schaue an, was meine Freunde sehen, auch wenn es mir nicht gefällt" (22%),
- „es macht Spaß, weil ich sie eigentlich nicht sehen dürfte" (18,3%),
- „andere Gründe" (z.B. Erholung, Abwechslung, man muß nicht ins Kino gehen, weil man etwas lernen kann; 16%),
- „weiß ich nicht" (12,4%).

Die Gruppe der Statements mit den geringsten Zustimmungsprozentsätzen umfaßt schließlich
- „ich habe sonst nichts anderes zu tun" (10,7%),
- „man ist dabei schon richtig erwachsen" (10,6%),
- „das Ansehen von Horror-Videos ist eine Mutprobe bei meinen Freunden" (3,2%),
- „andere Freizeitmöglichkeiten habe ich nicht" (4,2%).

Eine andere motivationale Struktur läßt sich erkennen, wenn man die Fragestellung auf bestimmte Filmkategorien eingrenzt. So wurde z.B. von Spanhel (1987, S. 101) gefragt, warum sich Jugendliche Horror- und Gewaltfilme ansehen (vgl. Tab. 2.50).

Für diese Filmsparte stehen die Aspekte „Spannung, Nervenkitzel", „Action" und „Neugierde" im Vordergrund. Der Reiz des Verbotenen spielt eine ebenso untergeordnete Rolle wie auch das sog. „Mutprobenmotiv".

Tabelle 2.50: **Gründe für den Konsum von Horror- und Gewaltfilmen (Spanhel, 1987, S. 101f; Angaben in Prozent der Videoseher)**

Gründe	Geschlecht m.	w.	p	Alter 10-12	13-14	15 u.m.	p	Schulart HS	RS	GY	BS
aus Neugierde	54,2	80,1	ss	74,4	71,0	59,8	s	74,1	64,0	60,1	57,5
etwas Verbotenes anschauen	4,9	4,6	-	8,5	4,9	3,9	s	8,3	2,2	3,5	2,3
aus Spaß	41,1	25,7	ss	26,8	39,3	34,1	s	38,2	31,5	32,9	33,3
Spannung, Nervenkitzel	73,0	74,7	-	69,5	73,8	75,1	s	71,9	80,9	66,4	77,0
aus Langeweile	24,3	28,0	-	41,5	26,2	21,9	-	31,8	30,3	18,2	21,3
Mutprobe	1,1	3,8	-	2,4	2,2	2,2	-	4,4	0,0	1,4	1,1
andere schauen auch	13,4	23,4	ss	22,0	12,6	19,6	-	20,2	18,0	17,5	14,9
Action	62,7	41,8	ss	31,7	51,4	60,1	ss	43,0	66,3	49,7	65,5
sonstige Gründe	8,4	3,4	-	7,3	3,3	7,8	-	3,9	5,6	8,4	8,6
N	367	261		82	183	361		228	89	143	174

Auch hinsichtlich der Frage nach den Gründen für den Video-Konsum lassen sich Beziehungen zu sozio-demographischen Hintergrundsmerkmalen feststellen:

(1) Die geschlechtsspezifischen Unterschiede verweisen darauf, daß fast alle Gründe von Mädchen seltener genannt werden als von Jungen (Lukesch, 1987 a). Die Unterschiede werden besonders dann groß, wenn die Items sozial angepaßtes Verhalten thematisieren (z.B. „es macht Spaß, weil ich sie eigentlich nicht sehen dürfte“: Jungen 23,4%, Mädchen 12,5%;

„man ist dabei schon richtig erwachsen“: Jungen 13,7%, Mädchen 6,9%; „andere Freizeitmöglichkeiten habe ich nicht“: Jungen 5,5%, Mädchen 2,6%).

(2) Mit zunehmendem Alter wird fast allen Gründen häufiger zugestimmt (Lukesch, 1987 a), abnehmende Zustimmungsprozentsätze finden sich naheliegenderweise nur bei den Feststellungen, „es macht Spaß, weil ich sie eigentlich nicht sehen dürfte“ und „man ist dabei schon richtig erwachsen“; auch die Feststellung hinsichtlich der „Mutprobe“ findet bei älteren geringere Unterstützung (13jährige 4,1%, 16jährige 1,5%). Aus der Untersuchung der Kreisverwaltung Altenkirchen (1984) geht auch hervor, daß das Argument, man könne andere Filme als im Fernsehen anschauen, mit dem Alter an Bedeutung gewinnt.

(3) Die Sozialschichtunterschiede machen deutlich, daß die Statements mit absteigender Sozialschicht mehr Zustimmung finden (Lukesch, 1987 a, z.B. „ich schaue an, was die Freunde sehen, auch wenn es mir nicht gefällt“: OS 13,8%, US 23,4%; „man ist dabei schon richtig erwachsen“: OS 3,5%, US 14,5%; „Ansehen von Horror-Videos als Mutprobe bei meinen Freunden“: OS 0%, UMS 5,2%). Diese Differenzen machen den milieuabhängigen Stellenwert des Video-Konsums deutlich, und zwar kommt ihm mit absteigender Schichtzugehörigkeit ein höherer statusverleihender Charakter zu.

(4) In bezug auf Schulartunterschiede ist auffallend, daß Sonderschüler beinahe allen Begründungen für den Video-Konsum häufiger zustimmen als Befragte aus anderen Schularten. In dieser Gruppe sind auch die Aussagen, „andere Freizeitmöglichkeiten habe ich nicht“ und „habe sonst nichts anders zu tun“, mit 21,5 und 11,9% Zustimmungen überproportional häufig vertreten (Kreisverwaltung Altenkirchen, 1984). Auch wenn man die Betrachtung auf Hauptschüler, Realschüler und Gymnasiasten beschränkt (Lukesch, 1987 a), wird bei fast allen Begründungen für den Video-Konsum von Hauptschülern am häufigsten zugestimmt, Realschüler nehmen eine mittlere Stellung ein und Gymnasiasten sind am zurückhaltendsten. Eine Ausnahme bildet die Kategorie „andere Gründe“, hier nennen Gymnasiasten häufiger individuelle Begründungen für den Videokonsum. Die Unterschiede in der Befürwortung der einzelnen Statements gehen den Angaben zum Videokonsum parallel, denn bei Hauptschülern oder Befragten mit niedrigerer Schichtzugehörigkeit sind längere Videozeiten zu finden. Der Vergleich der Sozialschicht- und Schulartunterschiede zeigt

außerdem, daß die Schulartzugehörigkeit wesentlich deutlichere Effekte zeitigt als die Sozialschichtzugehörigkeit. Interpretativ kann dies auf einen größeren Einfluß der Peergruppe auf das Medienverhalten im Vergleich zur Herkunftsfamilie bei Jugendlichen in der Pubertät und Frühadoleszenz zurückgeführt werden. Dieses Phänomen wird im Rahmen entwicklungspsychologischer Theorien als Ablösungsprozeß von der Familie beschrieben (Schenk-Danzinger, 1980).

(5) Stadt-Land-Unterschiede sind relativ spärlich (Lukesch, 1987 a), wobei der Tendenz nach aber Befragte vom Lande häufiger ihre Zustimmung ausdrücken als Befragte aus großstädtischen Bereichen (z.B. „es ist eine Form, um mit anderen etwas zu unternehmen“: Dorf 40,8%, Stadt 29,2%; „es macht Spaß, weil ich sie eigentlich nicht sehen dürfte“: Dorf 22,4%, Stadt 12,7%; „Mutprobe bei den Freunden“: Dorf 3,9%, Stadt 1,7%).

Betrachtet man die vorliegenden Befunde über subjektive Einschätzungen der Motive für den Video-Konsum, so stehen an oberster Stelle die mit dem neuen Medium Video-Recorder verbundenen Möglichkeiten der selbstbestimmten Filmauswahl. Der Nutzer ist danach „sein eigener Programmdirektor“, wobei ein Zugriff auf die Filme möglich ist, die subjektiv den größten Unterhaltungswert besitzen.

Gruppendynamische Begründungen, welche den Stellenwert des Video-Konsums für die Peer-Gruppe zum Ausdruck bringen, machen einen Motivkomplex aus, der gegenüber den autochthonen Anreizen des Mediums sekundär sind, aber immerhin an zweiter Stelle steht. Das Statement, „Horror-Videos stellten eine Mutprobe dar“, findet im Gegensatz zu seiner intensiven Diskussion in populären Darstellungen nur bei knapp jedem dreißigsten jugendlichen Video-Nutzer Zustimmung. Augenscheinlich wird in der öffentlichen Diskussion eine Überakzentuierung eines objektiv eher seltenen Ereignisses vorgenommen.

An dritter Stelle, allerdings mit deutlichem Abstand zu den anderen Begründungen, sind Motive zu nennen, die mit dem Erwachsen-Sein-Wollen der Befragten zu tun haben. Der Reiz des Verbotenen bzw. die Möglichkeit, aufgrund der Übernahme der Konsumgewohnheiten von Erwachsenen den eigenen Status zu erhöhen, sind offensichtlich nicht so gewichtige Anreize für den Video-Konsum. Man könnte auch vermuten, daß es keine so häufigen oder strikten Reglementierungen durch Erwachsene gibt, d.h. den Reiz des Verbotenen gibt es gar nicht. Wie Spanhel (1987, S. 83) darstellt, nimmt die Häufigkeit, mit der Eltern Verbote, bestimmte Videofilme anzuschauen, aussprechen, mit dem Alter der Befragten drastisch ab (10- bis 12jährige: 65,9%, 17 Jahre u.m.: 5,9%), gegenläufig ist hingegen die Tendenz, daß Kinder oder Jugendliche trotz eines Verbotes dennoch Videofilme anschauen (10- bis 12jährige: 5,5%; 17 Jahre u.m.: 62,5%).

Begründungen, die mangelnde andere Freizeitaktivitäten zum Thema haben, stehen an letzter Stelle. Langeweile und mangelnde Alternativen scheinen zumindest im subjektiven Bewußtsein für die Video-Nutzung nicht so bedeutsam zu sein, wie dies von Kritikern dieses Mediums vermutet wird.

Auffallend ist, daß bei subjektiven Begründungen Momente, die eine anomische Situation andeuten, nur selten Zustimmung finden. Allerdings ist aufgrund der höheren Zustimmungen bei Hauptschülern auf diese Feststellungen möglicherweise ein indirekter Hinweis auf den Stellenwert fehlender Anregungsmöglichkeiten, die mit bestimmten gesellschaftlichen Positionen verbunden sind, gegeben. Es würde aber eine Verkennung des Reizes, der von dem neuen Medium selbst ausgeht, bedeuten, wollte man allein in einer anomischen Situation, die sich ja nicht notwendigerweise in einem subjektiven Anomiebewußtsein ausdrücken muß, eine Erklärung für die zunehmende Verbreitung dieses neuen Mediums sehen.

2.3.6. Subjektive Erlebnisse beim Video-Konsum

Eine Möglichkeit, Aufschluß über mögliche unmittelbare Beeinträchtigungen durch Video-Film-Konsum zu erhalten, besteht in der Erhebung von psychischen oder psychosomatischen Reaktionen, die im Anschluß an Video-Filme auftreten und erinnert werden (vgl. Tab. 2.51). Damit ist nicht die Frage angesprochen, ob chronifizierte psychosomatische Symptome als Folge des Video-Konsums anzusehen sind, Aussagen sind im vorliegenden Kontext vielmehr auf die kurzfristigen Erlebnisweisen im Anschluß an Video-Filme beschränkt (psychosomatische Folgen vgl. Kap. 4.5).

Die häufigste unmittelbare Konsequenz nach dem Anschauen eines Video-Films ist, daß man sich Gedanken über die Herstellung von spezifischen Effekten macht. Damit wird auf eine potentielle Verarbeitungsform hingewiesen, nämlich die der intellektualisierenden Bewältigung von bedrängenden Erlebnissen. Durch diese Intellektualisierung wird eine Distanzierung von dem Erlebnis erreicht, die eine bessere Verarbeitung möglich macht. Das Medium wird als solches transparent zu machen versucht.

Tabelle 2.51: Besondere Reaktionen auf Video-Filme und deren Zusammenhänge mit Video-Konsum-Variablen (erste Zeile: einfache Korrelationen, zweite Zeile: partielle Korrelationen unter Konstanthaltung von Geschlecht, Alter, Schulartzugehörigkeit und Wohnortgröße), Befragte mit Zugang zu Video

Feststellungen	Zustimmung %	Korrelationen mit (1) Rec.	(2) Zeit	(3) Kon.	(4) ind.	(5) HU	(6) BU	(7) HA	(8) BA
Gedanken über		0,04	0,04	0,07	0,01	0,17	0,16	-0,02	-0,07
Effekte	74,3	0,03	0,04	0,08	0,03	0,12	0,09	0,05	0,02
Wegschauen wegen		0,03	0,04	0,04	0,02	0,12	0,12	0,01	-0,02
grausamer Szenen	35,6	0,03	0,04	0,05	0,05	0,08	0,07	0,07	0,06
flaues Gefühl		0,02	0,00	0,00	0,01	0,14	0,14	0,01	-0,02
im Magen	29,5	0,02	0,00	0,02	0,03	0,11	0,10	0,07	0,06
hinterher ge-		0,01	0,05	0,05	0,02	0,06	0,05	0,05	0,03
fürchtet	24,5	0,00	0,03	0,03	0,02	0,04	0,04	0,04	0,03
finde es spaßig, wenn es grausam		-0,02	0,01	0,03	-0,02	0,08	0,06	0,05	0,03
in Filmen zugeht	24,0	-0,02	0,01	0,02	-0,01	0,07	0,04	0,05	0,03
Alpträume aufgrund		0,04	0,12	0,18	0,12	0,11	0,01	0,38	0,30
von Video-Filmen	12,5	0,02	0,08	0,14	0,08	0,12	0,03	0,33	0,24
mußte hinausgehen		0,03	0,02	0,03	0,07	0,04	0,01	0,10	0,11
und mich übergeben	2,0	0,04	0,03	0,04	0,06	0,08	0,05	0,09	0,10

(1) Video-Recorder in der Familie (Rec.)
(2) Video-Zeit (Wo/Zeit)
(3) Häufigkeit des Konsums von Video-Filmen (Kon.)
(4) Anzahl indizierter Filme (ind.)
(5) Häufigkeit unterhaltsamer Video-Filme (HU)
(6) Beliebtheit unterhaltsamer Video-Filme (BU)
(7) Häufigkeit aggressiver Video-Filme (HA)
(8) Beliebtheit aggressiver Video-Filme (BA)

Wesentlich seltener wird der Feststellung zugestimmt, man mußte wegen der grausamen Szenen wegschauen (35,6%). Dies ist allerdings nicht verwunderlich, da sich eben nur ein Teil des Video-Konsums auf Filme entsprechender Genres bezieht. Psychische oder psychosomatische Effekte werden von knapp einem Drittel bis Achtel der Video-Konsumenten berichtet. Allerdings kommen gravierende Folgen (hinausgehen und sich übergeben 2%) nur sehr selten vor. Hingegen findet es ca. ein Viertel aller Befragten „spaßig", wenn es in den Filmen grausam zugeht. Letzteres Ergebnis ist nur bedingt als Folge von Habituation und Abstumpfung zu interpretieren. Vielmehr ist es Ausfluß einer spezifischen Rezeptionssituation mit Peers, wobei das Witze-Reißen über vorgeführte Ereignisse ebenfalls eine Methode darstellt, den Wirklichkeitscharakter im Grunde schrecklicher Szenen zu relativieren.

Diese subjektiven Reaktionen stehen mit einigen Hintergrundmerkmalen in Verbindung: Die geschlechtsspezifischen Unterschiede machen eine größere Sensibilität der Mädchen deutlich (wesentlich häufigere Belastungssymptome und geringere Intellektualisierungstendenz). Ein Alterseffekt ist nur bei der Bewertung von grausamen Filmen als „spaßig" festzustellen (bis 13jährige 17,5% Zustimmung, ältere ca. 25%). Die Sozialschichtzugehörigkeit spielt insofern eine Rolle, als mit sinkender Schichtzugehörigkeit mehr Kinder und Jugendliche angeben, schon einmal wegen der grausamen Szenen wegschauen gemußt zu haben. Ebenso finden sich Intellektualisierungstendenzen in der sozialen Unterschicht seltener als in der Oberschicht. Die Schulartzugehörigkeit macht weitere Unterschiede neben den beiden zuletzt genannten deutlich. Bei Hauptschülern kommt es am häufigsten vor, daß sie sich einmal übergeben mußten (HS 2,9%, GY 0,6%), daß sie Alpträume bekamen (13,8%, GY 9,5%) und daß sie grausame Filme als spaßig bewerteten (28,4%, GY 10,8%). Stadt/Land-Unterschiede lassen sich hingegen nicht statistisch absichern.

Setzt man die subjektiven Einschätzungen von Reaktionen über Video-Filme mit quantitativen und qualitativen Aspekten des Video-Konsums in Verbindung, so zeigen sich folgende auffällige Tendenzen:

- Alpträume nach Video-Filmen steigen mit der Intensität des Video-Konsums, der Häufigkeit des Konsums indizierter Filme und vor allem der Häufigkeit und Präferenz von Video-Filmen aggressiven Inhalts;
- Kinder und Jugendliche, die beim Anschauen eines Video-Films hinausgehen und sich übergeben mußten, sind häufiger Konsumenten indizierter

Filme bzw. sie präferieren und konsumieren häufiger Filme aggressiven Charakters;
- Kinder und Jugendliche, die sich Gedanken über die Herstellung von filmischen Effekten machen, konsumieren und bevorzugen eher Filme der Unterhaltungsgattung;
- die Konsumenten unterhaltsamer Filme geben aber auch häufiger an, daß sie bei grausamen Szenen wegschauen müssen bzw. ein flaues Gefühl im Magen bekommen haben.

Aufgrund dieser Zusammenhänge ist zumindest ein kurzfristiger Effekt aufgrund quantitativer und qualitativer Aspekte des Video-Konsums anzunehmen. Am deutlichsten sind dabei die Zusammenhänge mit der Angabe über Alpträume. Die Zusammenhänge bleiben im wesentlichen bestehen, wenn man Schulart-, Geschlechts-, Alters- und Wohnortsgrößeneinflüsse mitberücksichtigt. Diese Variablen erklären zusätzlich zu den Videokonsum-Merkmalen einen Teil der Unterschiede in den berichteten Symptomangaben.

Eine auf die Kategorie der Horror- und Gewaltfilme bezogene Einschätzung eigener Gefühle (Spanhel, 1987), brachte ähnliche Ergebnisse (vgl. Tab. 2.52). Hinzuweisen ist dabei vor allem auf die geschlechts- und altersspezifischen Reaktionsweisen. Die Alterseffekte machten deutlich, daß mit zunehmenden Alter - zumindest nach subjektiver Einschätzung - so starke Barrieren gegenüber den Inhalten der Video-Filme aufgebaut wurden, daß diese den Rezipienten nicht mehr tangieren (Habitualisierung). Die Aufteilung der Daten nach dem Geschlecht der Befragten ergibt geschlechtsrollentypische Selbstbilder der Jugendlichen im Sinne höherer Reagibilität bei Mädchen und größerer Kaltschnäuzigkeit bei Jungen.

Tabelle 2.52: **Gefühle und Körperempfindungen nach dem Ansehen eines Horror- oder Gewaltfilmes (Spanhel, 1987, S. 105f; Angaben in Prozent der Videofilm-Seher)**

	Geschlecht			Alter			
	männl.	weibl.	p	10-12	13-14	15 u.m	p
Gefühle							
erregt	24,5	18,9	s	17,9	25,7	21,7	ss
ängstlich	12,8	45,8	ss	40,5	26,2	24,1	-
stark	8,5	6,5	-	11,9	9,6	5,6	ss
mir ist schlecht	6,9	17,9	ss	23,8	11,2	8,2	-
begeistert	32,2	21,1	s	33,3	29,4	25,4	-
angeekelt	14,1	31,6	s	15,5	20,9	23,3	-
läßt mich kalt	47,1	21,1	ss	19,0	35,8	39,7	s
gereizt	11,2	9,5	-	11,9	10,2	10,3	-
sonstiges	21,5	11,6	-	13,1	14,4	19,6	-
Körperempfindungen							
kalte Hände	8,2	16,7	ss	13,6	19,8	7,7	-
Herzklopfen	22,3	30,2	s	33,3	29,1	22,5	s
flauer Magen	16,1	30,9	ss	21,0	24,7	21,8	-
muß Augen schließen	24,3	61,8	ss	49,4	38,5	39,8	-
will rausgehen	3,5	10,2	s	6,2	4,4	7,4	-
schwitzen	15,3	11,3	-	23,5	19,8	8,5	ss
keine Reaktion	45,2	10,5	ss	12,3	22,5	37,7	ss
sonstiges	7,4	4,7	-	2,5	6,6	6,6	-

2.4. Kino

2.4.1. Allgemeine Nutzungsaspekte

Angeblich hielten sich zu Beginn des 20. Jahrhunderts bürgerliche Kreise vom Kino fern. Die Arbeiter jedoch fühlten sich dort wohl, „da sie vorübergehend vom Zwang der Arbeit entlastet waren. Das Kino war mit der Arbeits- und Lebenssituation des Großstadtproletariats verbunden“ (Kommer, 1979, S. 20). Heute besuchen Personen aus den verschiedenten Bevölkerungsschichten Filmtheater. Laut Kübler (1982) gehen heute sogar wesentlich mehr Personen mit höherer formaler Bildung ins Kino als Volksschüler ohne Berufsbildung. Während heute das Fernsehen eine Veranstaltung ist, die täglich den Großteil der Bevölkerung erreicht (Tagesreichweite 72%), ist das Kino ein „Medium für Minderheiten“ (Frank, 1985, S. 784). Nur 4,4% der Bevölkerung ab 14 Jahren besucht einmal pro Woche ein Kino (AG.MA, 1986).

Nach den Ergebnissen der Media-Analyse 1985 ist unter den Kinobesuchern das jüngere Publikum überrepräsentiert (39% sind 14 bis 19 Jahre, 42% sind 20 bis 29 Jahre), Männer sind unter den Besuchern häufiger zu finden als Frauen (57% bei 47% in der Bevölkerung), ebenso Personen mit höherer Schulbildung (66% weiterführende Schule oder mehr bei 37% in der Population). Kinobesucher sind zudem durch eine starke außerhäusliche Orientierung charakterisiert (Frank, 1985: verstärkt Einladungen und Besuche, Tanzen/Disco, Cafe/Kneipen etc., Konzert/Theater, Schallplatten/Tonbänder, Buchlesen). Wie die Betrachtung der Fernsehnutzungsindikatoren zeigt, sind in den Altersgruppen, die besonders stark unter den Kinobesuchern vertreten sind, Wenig- und Nichtseher entsprechend häufiger. Frank (a.a.O.) verweist zudem auf qualitative Unterschiede der Film- und Fernsehtätigkeit (Fernsehen als Familienmedium/Kino für Gleichaltrige oder Paare; Fernsehen als „kaltes“, Kino als „heißes“ Medium für das Miterleben von Gefühlen).

Auch unter Jugendlichen liegt der Kinobesuch, verglichen mit anderen medialen Beschäftigungen, nicht an erster Stelle. Unter den Freizeitaktivitäten nimmt der Kinobesuch bei den 15- bis 17jährigen den sechsten (J-M-A) bzw. neunten (SINUS) Beliebtheitsrang ein. Bei den 6- bis 13jährigen sind es sogar nur 2%, die häufig ins Filmtheater gehen. Daß das „Heimkino“ bevorzugt wird, mag wohl vor allem daran liegen, daß es billiger und uneingeschränkt verfügbar ist.

2.4.2. Kinonutzung bei Kindern und Jugendlichen

2.4.2.1. Quantitative Nutzungsdaten

Knapp 6% aller Befragten unserer Studie können aufgrund ihres häufigen Kinobesuchs als Cineasten bezeichnet werden (vgl. Tab. 2.53). Dem steht ca. ein Drittel der Befragten gegenüber, die ein Kino nie oder fast nie aufsuchen. Für etwa 60% der Befragten ist ein Kind ein Ereignis, das etwa alle ein bis drei Monate stattfindet.

Tabelle 2.53: **Häufigkeit des Kinobesuchs (Angaben in Prozent), Gesamtstichprobe und nach Hintergrundmerkmalen**

	mehrmals/ Woche	einmal/ Woche	ca. einmal/ Monat	ca. einmal/Vierteljahr	fast nie	nie
Gesamt	0,3	5,6	31,5	29,2	27,0	6,4
Geschlecht						
Jungen	0,4	6,8	31,9	29,4	25,5	5,9
Mädchen	0,2	4,3	30,8	29,1	28,8	6,8
p		**				
Alter						
bis 13	0,2	4,2	26,5	29,0	31,1	9,1
14	0,2	5,9	31,5	30,4	26,8	5,2
15	0,2	5,8	34,8	28,5	24,8	5,8
16 u. ä.	0,6	7,1	32,4	29,3	25,9	2,6
p		**				
Schulart						
Hauptschule	0,5	6,9	30,5	26,2	28,2	7,8
Realschule	0,2	5,9	35,2	29,4	23,5	5,7
Gymnasium	0,3	5,6	31,5	29,2	27,0	6,4
p		**				
Wohnort						
Dorf	0,2	5,4	29,1	28,3	28,3	8,7
Kleinstadt	0,3	7,1	36,7	28,8	23,6	3,5
Großstadt	0,6	3,5	27,9	34,9	28,8	4,4
p		**				

Kinobesuch ist eine Freizeitbetätigung, die von Jungen häufiger realisiert wird als von Mädchen (7,2% Cineasten unter den Jungen und nur 4,5% unter den Mädchen). Die Kinobesuchsfrequenz steigt auch deutlich mit dem Alter an, so sind unter den Befragten, die 13 Jahre oder jünger waren, nur knapp halb so viele, die ein- oder mehrmals pro Woche ins Kino gehen, als unter den Befragten, die 16 Jahre oder älter sind. Statistisch signifikante Verteilungsunterschiede bestehen auch in Abhängigkeit von der Schulartzugehörigkeit der Befragten: Unter den Hauptschülern sind sowohl intensive Kinonutzer wie auch Befragte mit völliger Kinoabstinenz häufiger vertreten als unter Realschülern und Gymnasiasten. Aufgegliedert nach Wohnortgröße ist die Kleinstadt der soziale Ort, an dem Kinobesuch am meisten „in" ist, obwohl das Angebot in den großstädtischen Bereichen wesentlich reichhaltiger ist.

Kino ist demnach ein allseits bekanntes, wenn auch nur von einer Minderheit intensiv genutzten Medium.

Wesentlich seltener hatten Jugendliche die Möglichkeit, selbst gestalterisch mit dem Medium Film umzugehen (vgl. Tab. 2.54). Nur knapp 8% geben an, schon selbst einen Film gemacht zu haben, wobei in dieser Gruppe Jungen, Befragte aus großstädtischem Bereich und Kinofreaks häufiger repräsentiert sind.

Daß ein Interesse, selbst einen solchen Film zu machen, durchaus vorhanden ist, wird aus den Antworten auf entsprechende Fragen deutlich. Fast zwei Drittel aller Befragten geben ein Interesse an eigener filmerischer Tätigkeit an. Unter diesen Personen sind wiederum Gymnasiasten, Befragte aus klein- oder großstädtischem Bereich und Kinofreaks häufiger vertreten. Offensichtlich ist das Potential, das in einem kreativen Umgang mit dem Film liegt, noch wenig genutzt. Medienerziehung scheint, so sie überhaupt angeboten wird, in eher passiver Form des Wissens über oder der Weitergabe von Analysekriterien stattzufinden, nicht aber in Formen selbstentdeckenden Lernens.

Tabelle 2.54: **Aktiver Umgang mit dem Medium Film (Angaben in Prozent der Zustimmungen), Gesamtverteilung und nach Hintergrundmerkmalen**

	Interesse, einen Film zu machen	bereits selbst einen Film gemacht
Gesamt	61,7	7,9
Geschlecht		
Jungen	60,2	10,7
Mädchen	63,0	5,0
p		**
Alter		
bis 13	63,4	7,6
14	60,2	7,5
15	61,8	8,9
16 u.ä.	62,2	7,1
p		
Schulart		
Hauptschule	60,5	7,7
Realschule	60,4	8,4
Gymnasium	65,8	7,5
p	*	
Wohnort		
Dorf	59,6	7,1
Kleinstadt	64,0	7,6
Großstadt	63,5	11,1
p	*	**
Kinobesuchsfrequenz		
nie/fast nie	54,3	6,8
ca. einmal Vierteljahr	62,1	8,6
ca. einmal Monat	66,5	7,1
einmal/mehrmals/ Woche	73,5	12,8
p	**	**

2.4.2.2. Motivationale und soziale Aspekte des Kinobesuchs

Frägt man nach den Gründen, die für einen Kinobesuch ausschlaggebend sind, so steht an erster Stelle das Interesse für den speziellen Film (vgl. Tab. 2.55). Offensichtlich gelingt es, durch werbende Vorinformation, Interesse an Filmen zu wecken. Erst in zweiter Linie sind soziale Motive (um gemeinsam mit Freunden etwas zu unternehmen oder um jemanden kennenzulernen) für den Kinobesuch ausschlaggebend.

Aus der Sicht von Mädchen ist das Interesse für einen speziellen Film und auch das Motiv der gemeinsamen Unternehmung in der Freundesgruppe stärker als bei Jungen vorhanden. Kinobesuch, um jemanden kennenzulernen, wird hingegen häufiger von männlichen Befragten angegeben. Die vorhandenen Alterstrends lassen sich so zusammenfassen, daß so gut wie allen motivationalen Vorgaben mit dem Älterwerden häufiger zugestimmt wird. Bei Hauptschülern ist das Interesse für einen speziellen Film etwas geringer ausgeprägt als bei Realschülern und Gymnasiasten, bei ihnen tritt hingegen das Motiv, Kinobesuch als Anlaß für soziale Kontaktaufnahme einzusetzen, ebenso wie andere Gründe häufiger auf. Kinobesuch als Form gemeinsamer Freizeitgestaltung ist am häufigsten bei Realschülern zu finden. In Abhängigkeit von der Wohnortgröße sind nur zwei Unterschiede signifikant; zum einen wird das Interesse für einen speziellen Film bei Befragten aus ländlicher Gegend seltener als Grund genannt, zum anderen wird von dieser Gruppe ein Kinobesuch häufiger als eine Form, jemanden kennenzulernen, erwähnt. Eventuell steht dies damit in Verbindung, daß für Befragte aus ländlichen Gegenden ein Kinobesuch als spezielles Vergnügen gesehen wird, das man sich nur mit einigem Aufwand verschaffen kann. Zu erwähnen bleibt noch, daß die Kinobesuchsfrequenz mit fast allen Angaben zu den Motiven des Kinobesuchs korreliert ist, allerdings ist die Beziehung nicht immer linear. Besonders deutlich sind die Unterschiede hinsichtlich des Motivs, jemand kennenzulernen; dieses wird von Kinofreaks dreimal so häufig genannt als von den anderen befragten Gruppen.

Tabelle 2.55: **Motivationen für den Kinobesuch (Frage: "Was gibt den Ausschlag, wenn Du ins Kino gehst?", Angaben in Prozent der Zustimmungen, Mehrfachangaben), Gesamtverteilung sowie nach Hintergrundmerkmalen**

	Film, der mich interessiert	**wenn Freunde ins Kino gehen**	**um jemand kennenzulernen**	**andere Gründe**
Gesamt	93,2	37,5	16,2	21,1
Geschlecht				
Jungen	91,8	35,3	17,5	21,2
Mädchen	94,8	39,5	14,7	21,1
p	**	*	*	
Alter				
bis 13	90,2	29,4	12,7	20,0
14	93,9	36,5	16,0	18,9
15	93,9	43,3	19,0	23,0
16 u.ä.	96,3	41,3	16,3	24,5
p	**	**	**	
Schulart				
Hauptschule	89,7	36,1	19,9	24,7
Realschule	96,1	43,0	16,5	20,4
Gymnasium	96,4	33,0	8,8	16,0
p	**	**	**	**
Wohnort				
Dorf	91,7	37,9	17,8	21,1
Kleinstadt	94,8	37,3	16,4	22,2
Großstadt	95,3	35,8	10,8	18,8
p	**		**	
Kinobesuchsfrequenz				
nie/fast nie	86,4	29,6	11,0	15,3
ca. einmal/ Vierteljahr	96,4	36,7	13,5	20,0
ca. einmal/ Monat	96,7	45,1	10,8	25,4
einmal/mehrmals/ Woche	94,0	39,0	31,0	33,7
p	**	**	**	**

Ein Kinobesuch ist für die Befragten in der Regel ein soziales Ereignis, nur etwa jeder Zehnte gibt an, regelmäßig allein ins Kino zu gehen. Am häufigsten geht man mit seinem Freund oder seiner Freundin bzw. mit der ganzen Freundesgruppe ins Kino. Der gemeinsame Kinobesuch mit Eltern oder Verwandten ist hingegen eher selten.

Die geschlechtsspezifischen Unterschiede zeigen, daß Jungen häufiger allein, Mädchen hingegen häufiger in Begleitung eines Freundes oder der Freundesgruppe ins Kino gehen (vgl. Tab. 2.56). Die Alterstrends machen deutlich, daß ein Kinobesuch mit Altersgleichen mit steigendem Alter häufiger unternommen wird, der gemeinsame Kinobesuch mit Eltern hingegen abnimmt. Als schulartspezifische Effekte sind festzustellen, daß unter den Hauptschülern am häufigsten angegeben wird, allein ins Kino zu gehen; Realschüler besuchen am häufigsten mit Altersgleichen (sowohl in Begleitung von Freund/Freundin als auch Freundesgruppe) einen Kinofilm; bei Gymnasiasten kommt eine relativ ausgeprägte Verbundenheit mit den Eltern zum Ausdruck, ein Ergebnis, das sich auch bei anderen medienbezogenen Aktivitäten zeigt. Die Unterschiede in Abhängigkeit von der Wohnortgröße zeigen eine größere Einbezogenheit des Kinobesuchs mit Altersgleichen bei Jugendlichen aus groß- oder kleinstädtischen Bereichen und einen häufigeren Kinobesuch mit Eltern bei Jugendlichen aus dörflicher Wohngegend. Interessant sind die deutlichen Kinobesuchsmuster in Abhängigkeit von der Kinobesuchsfrequenz insgesamt: Die Cineasten geben an, wesentlich häufiger allein ins Kino zu gehen als Befragte mit mittlerem Kinofilmkonsum, sie nutzen auch die Begleitung mit Altersgleichen häufiger, die mit Eltern hingegen seltener.

Filme bilden so gut wie immer einen Gesprächsanlaß (vgl. Tab. 2.57), wobei typischerweise bei Mädchen, Gymnasiasten und Befragten aus groß- oder kleinstädtischem Bereich eine größere Gesprächsbereitschaft gegeben ist. An der Spitze der Gesprächspartner stehen wiederum die Freunde, gefolgt von Eltern und Geschwistern. Alle Gesprächspartner werden von Mädchen häufiger genutzt als von Jungen; im Laufe des Älterwerdens nimmt die Bedeutung der Eltern und Geschwister als Gesprächspartner ab, die der Freunde steigt (wenn auch nicht linear). Als Gesprächspartner werden von Gymnasiasten relativ häufig die eigenen Eltern gewählt, Freunde sind unter den Realschülern die häufigsten Gesprächspartner, während Hauptschüler in der Kategorie „andere Gesprächspartner" die größte Häufigkeit angegeben haben. Die höhere Gesprächsbereitschaft bei Jugendlichen aus großstädtischem Bereich zieht nach sich, daß diese mit Eltern, Geschwistern und auch anderen Personen häufiger über Kinofilme sprechen als solche aus kleinstädtischem oder ländlichem Bereich.

Tabelle 2.56: **Soziale Situation beim Kinobesuch (Frage: "Mit wem gehst Du ins Kino?", Angaben in Prozent der zusammengefaßten Antwortkategorien "regelmäßig" und "gelegentlich"), Gesamtverteilung und nach Hintergrundmerkmalen**

	allein	mit Freund/ Freundin	mit Clique/ Freunden	mit Eltern/ Verwandten
Gesamt	10,2	64,0	48,0	14,0
Geschlecht				
Jungen	16,0	59,8	45,7	13,4
Mädchen	4,0	68,0	50,2	14,7
p	**	**	**	
Alter				
bis 13	9,0	53,7	37,0	19,3
14	10,0	67,0	47,6	14,5
15	10,5	66,5	54,9	12,5
16 u.ä.	10,7	67,9	52,4	5,8
p		**	**	**
Schulart				
Hauptschule	12,2	61,2	42,3	13,4
Realschule	9,1	68,4	53,3	11,3
Gymnasium	8,0	63,8	51,3	18,3
p	*	*	**	**
Wohnort				
Dorf	9,0	60,2	46,8	15,0
Kleinstadt	11,0	68,5	49,3	12,7
Großstadt	11,7	67,0	48,3	13,7
p		**	*	**
Kinobesuchsfrequenz				
nie/fast nie	3,9	27,4	19,2	11,3
ca. einmal/ Vierteljahr	10,8	70,5	52,1	17,7
ca. einmal/ Monat	12,8	83,0	66,4	13,9
einmal/mehrmals/ Woche	23,6	86,8	64,5	9,1
p	**	**	**	**

Es sind nicht die Kinofreaks, welche am häufigsten Aussprachepartner nennen, sondern die, welche einen eher moderaten Kinofilmkonsum aufweisen. Je häufiger jedoch ein Kino besucht wird, desto häufiger wird mit Freunden oder anderen Personen über Kinofilme gesprochen. Die Häufigkeit des Kinobesuchs geht also generell mit einer stärkeren außerhäuslichen Orientierung einher.

Tabelle 2.57: **Gesprächsmöglichkeiten über Kino-Filme (erste Frage: "Redest Du mit jemand über das, was Du im Kino gesehen hast?", Angaben in Prozent der Ja-Antworten; zweite Frage: "Wenn ja, mit wem?", Angaben in Prozent der Kategorie "regelmäßig"), Gesamtverteilung und nach Hintergrundmerkmalen**

	Gesprächs-möglichkeit	Gesprächspartner			
		Eltern	Geschwister	Freunde	andere
Gesamt	91,5	28,4	25,7	54,8	11,0
Geschlecht					
Jungen	89,6	21,9	23,8	53,8	11,3
Mädchen	93,6	27,5	27,7	56,1	10,7
p	**	**	**	**	**
Alter					
bis 13	91,1	32,1	28,9	48,7	10,1
14	91,9	25,0	26,6	55,8	10,8
15	92,3	21,9	24,2	58,5	12,3
16 u. ä.	89,9	15,4	20,7	55,6	10,3
p		**	*	**	*
Schulart					
Hauptschule	88,4	22,2	23,8	50,4	15,9
Realschule	93,7	23,7	26,8	60,2	7,3
Gymnasium	95,0	30,7	27,7	56,3	6,9
p	**	**		**	**
Wohnort					
Dorf	90,3	22,5	26,1	52,6	12,4
Kleinstadt	93,2	24,9	24,7	56,2	9,4
Großstadt	92,0	32,9	28,3	59,3	11,4
p	*	**	*		**
Kinobesuchsfrequenz					
nie/fast nie	83,0	26,1	24,5	40,8	7,8
ca. einmal/ Vierteljahr	95,7	28,3	29,4	55,3	9,9
ca. einmal/ Monat	95,9	21,9	25,0	64,3	13,1
einmal/mehrmals/ Woche	90,3	16,6	16,0	65,5	20,1
p	**	**	**	**	**

2.4.2.3. Inhaltliche Nutzung von Kinofilmen

Bei der Frage nach der Nutzungshäufigkeit einzelner Genres stellte sich heraus (vgl. Tab. 2.58), daß Action-Filme, gefolgt von Klamauk-Filmen an der Spitze liegen. Auch die Besetzung der anderen Kategorien zeigt, daß aufregende und unterhaltende Filme zu den am häufigsten konsumierten Gattungen gehören. Selten bis nie werden über das Filmtheater von Jugendlichen Western, Zeichtrick-, Kriminal-, Sex-, Heimat- und Problem-Filme angeschaut. Z.T. sind dies Genres, die allgemein wenig beliebt sind (z.B. Heimat- oder Problemfilme), z.T. ist über andere Distributionsmedien ein einfacher Zugang gegeben (z.B. Western und Krimis über das Fernsehen, Horror- und Sex-Filme über Video).

Tabelle 2.58: **Sehhäufigkeit von Filmgenres im Kino (aM, 1 = nie, 5 = sehr häufig), Gesamtverteilung sowie nach Hintergrundmerkmalen**[1)]

Filmgenre	Gesamt	Geschlecht	Alter	Schulart	Wohnort
1. Action-Filme	3,10	J	16 u.ä.	HS	GSt
2. Klamauk-Filme	3,08	-	14	RS	KSt
3. Abenteuer-Filme	2,89	J	16 u.ä.	HS/RS	KSt
4. Science-Fiction	2,56	J	16 u.ä.	HS	KSt
5. Musik-Filme	2,44	M	16 u.ä.	RS	--
6. Fantasy-Filme	2,33	M	14	--	KSt
7. Gruselfilme	2,28	J	16 u.ä.	HS	KSt
8. Kung-Fu	2,15	J	16 u.ä.	HS	--
9. Liebesfilme	2,05	M	16 u.ä.	HS	--
10. Kriegsfilme	2,05	J	16 u.ä.	HS	--
11. Western	2,00	J	15	HS	Dorf
12. Zeichentrick	1,97	M	bis 13	HS	KSt
13. Horrorfilme	1,94	J	16 u.ä.	HS	--
14. Krimis	1,77	J	15/16	HS	--
15. Sex-Filme	1,63	M	16 u.ä.	HS	--
16. Heimat-Filme	1,62	M	bis 13	HS	Dorf
17. Problem-Filme	1,56	M	16 u.ä.	--	GSt

1) Es wird - wenn Unterschiede signifikant sind - jeweils angegeben, in welchen Untergruppen die größte Sehhäufigkeit gegeben ist.

Die Nutzungsunterschiede nach den sozio-demographischen Hintergrundmerkmalen lassen sich in bezug auf das Geschlecht der Befragten als typisch geschlechtsrollenspezifisch zusammenfassen: Jungen sind eher auf Abenteuer, Gewalt und Härte aus, Mädchen auf phantasie- und gefühlsvolle Unterhaltung. Mit wenigen Ausnahmen (z.B. größere Konsumhäufigkeit von Zeichentrick- oder Heimat-Filmen bei den jüngsten Befragten) steigt die Häufigkeit, mit der die vorgegebenen filmischen Genres angeschaut werden, mit dem Alter der Befragten an. Jugendliche aus kleinstädtischen Bereichen geben eine größere Filmkonsumhäufigkeit an als die Befragten aus anderen Wohngebieten.

Tabelle 2.59: **Zusammenhänge zwischen Indikatoren des Kinokonsums und soziodemographischen Merkmalen**[1)]

	(1)	(2)	(3)	(4)	(5)	(6)
(1) Unterhaltung im Kino (Häufigkeit)	--	.43	.19	.00	-.07	-.04
(2) Kinogewaltkonsum (Häufigkeit)		--	-.29	.15	-.29	.03

1) 3 = Geschlecht (J = 1, M = 2), 4 = Alter, 5 = Schulart (HS = 1, RS = 2, GY = 3), 6 = Wohnortgröße

Faßt man die Häufigkeitsangaben zu den einzelnen Genres zu zwei Summenwerten zusammen, die kennzeichnend sind für die Konsumhäufigkeit unterhaltender bzw. gewalthaltiger Filme, so zeigt sich, daß beide Sparten bedeutsam miteinander korrelieren (vgl. Tab. 2.59). Der Konsum unterhaltungsorientierter Filme kommt wesentlich häufiger bei Mädchen vor (r=.19), Jungen weisen hingegen eine deutliche Affinität zum Konsum gewalthaltiger Filme auf (r=-.29). Während unterhaltungsorientierter Kinofilmkonsum mit den weiteren soziodemographischen Merkmalen nur geringfügig korreliert ist, steigt die Konsumhäufigkeit gewalthaltiger Filme deutlich mit dem Alter und sinkt mit dem Bildungsniveau.

Tabelle 2.28: Videonutzungszeiten (aM, Angaben in Stunden, Gesamtstichprobe), Gesamtverteilung und aufgeteilt nach Hintergrundmerkmalen (Signifikanzangaben aufgrund einfaktorieller Varianzanalysen) *

	Zeit pro Woche	Werktag	Samstag	Sonntag
Gesamt	2,79	0,39	0,57	0,43
Geschlecht				
Jungen	3,22	0,44	0,64	0,48
Mädchen	2,34	0,31	0,50	0,38
p/%	**/0,55	**/0,49	**/0,39	**/0,23
Alter				
bis 13	2,18	0,29	0,45	0,35
14	2,75	0,37	0,55	0,41
15	3,24	0,44	0,66	0,53
16 u.ä.	3,23	0,47	0,68	0,45
p/%	**/0,49	**/0,44	**/0,60	**/0,36
Schulart				
Hauptschule	4,28	0,36	0,48	0,39
Realschule	2,22	0,17	0,29	0,20
Gymnasium	0,78	0,05	0,14	0,08
p/%	**/5,61	**/4,99	**/4,14	**/4,27
Wohnortgröße				
Dorf	2,50	0,33	0,47	0,39
Kleinstadt	3,19	0,44	0,66	0,45
Großstadt	3,34	0,46	0,75	0,57
p/%	**/0,38	**/0,38	**/0,84	**/0,32

* Vgl. S. 102

2.5. Printmediennutzung

2.5.1. Allgemeine Trends in der Nutzung von Printprodukten bei Kindern und Jugendlichen

In der Öffentlichkeit wird immer wieder die Frage diskutiert, ob die Massenmedien unter den Jugendlichen das Buch verdrängten. Die meisten neueren Untersuchungen zu dieser Frage stellen diese Tendenz fest, es gibt aber auch Studien, die zu einem anderen Ergebnis kommen.

Interessant ist in diesem Zusammenhang ein Generationenvergleich zwischen dem Leseverhalten Jugendlicher der 50iger Jahre, für die der Bildschirm weitgehend noch unbekannt war, und der heutigen sogenannten „Fernsehgeneration".

Blücher (1956, S. 66 bzw. 68) hält in seiner Befragung aus dem Jahre 1953 fest, daß Lesen die beliebteste und häufigste Freizeitaktivität unter den damaligen Jugendlichen war. 49% beschäftigten sich in ihrer Freizeit mit Literatur und 51% gaben sogar an, „viel und öfter" ein Buch in die Hand zu nehmen. In einigen EMNID-Untersuchungen, die zwischen 1953 und 1960 durchgeführt wurden, wurde dargelegt, daß damals etwa 52 % der befragten Jugendlichen regelmäßig Bücher lasen (Strzelewicz, 1968, S. 53). Die heutige Fernsehgeneration nennt Lesen nur noch als sechst- bzw. siebtliebste Freizeitbetätigung, weit hinter dem Interesse für Rundfunk und Fernsehen.

Glaubt man hingegen der SHELL-Studie (1985, Bd. II, S. 191), ist das Leseinteresse der Jugendlichen zwischen 1954 und 1984 nicht so stark gesunken. War für 35% der Jugendlichen damals Lesen die Lieblingsbeschäftigung, sind dies 1984 doch noch 30%. Demnach rangiert Lesen heute auf Platz vier der liebsten Freizeitaktivitäten, weit vor den auditiven Medien und dem Bildschirm.

Leider ließ sich dieses „lesefreundliche" Ergebnis der SHELL-Studie durch keine andere Untersuchung bestätigen. Es liegen hingegen zahlreiche übereinstimmende Forschungsergebnisse vor, die den gegenteiligen Schluß nahelegen (J-M-A, 1980; SINUS-Studie, 1982; Allensbach, 1985; Bonfadelli et al., 1986). Nach der letztgenannten Untersuchung liegt der Anteil der täglichen Buchleser nur bei 19%, somit zählt nur jeder fünfte Jugendliche zu den regelmäßigen Lesern.

Die genannten Prozentangaben geben lediglich einen Durchschnittswert für alle Jugendlichen. Das individuelle Leseinteresse ist aber abhängig von soziologischen Determinanten und muß daher näher aufgeschlüsselt werden. In der SINUS-Studie (1985 b, S. 609) wird festgehalten, daß mehr als doppelt so viele Abiturienten als Haupt- bzw. Volksschüler ohne abgeschlossene Berufsausbildung Lesen als eine ihrer liebsten Freizeitbeschäftigungen angeben. Die ARD/ZDF-Studie kommt zu dem Ergebnis, daß Besucher weiterführender Schulen einen durchschnittlichen Bücherbestand von 110, Volksschüler hingegen nur einen von 72 aufweisen (Bonfadelli et al., 1986, S. 212). Aber auch in der ALLENSBACH-Untersuchung wurde darauf hingewiesen, daß für die dort untersuchte relativ junge Stichprobe eindeutig ein soziales Schichtgefälle im Leseinteresse besteht: 58% der Kinder von Beamten und Selbständigen lesen täglich, aber nur 24% der Arbeiterkinder (STERN-Magazin 1985 Nr. 42, S. 68).

Ebenso läßt sich ein geschlechtsspezifisch unterschiedlisches Leseverhalten nachweisen: ALLENSBACH ermittelte, daß 46% der befragten 8- bis 12jährigen Mädchen „sehr gerne" lesen, bei den männlichen Altersgenossen sind es nur 24% (a.a.O., S. 66 f). Nach der SINUS-Studie (1985 b, Bd. I, S. 606) gehört Lesen bei 45,3% der Mädchen zu den fünf beliebtesten Freizeitbeschäftigungen, aber nur bei 23,7% der Jungen. Sogar Shell (1985, Bd. II, S. 194 f) stimmt hiermit überein: 40% ihrer befragten 15- bis 17jährigen Mädchen lesen am liebsten in ihrer Freizeit, hingegen nur 14% der gleichaltrigen Jungen.

Ferner zeigen sich altersbedingte Leseinteressen. Gibt die ALLENSBACH-Untersuchung für 37% ihrer 8- bis 12jährigen an, daß sie täglich zum Buch greifen, so sind es in der älteren Stichprobe von 12- bis 29jährigen der ARD/ZDF-Studie nur noch 19%. Sicher ist dieser Vergleich zweier altersverschiedener Stichproben problematisch, aber auch innerhalb der letztgenannten Studie ist ein altersbedingter Leseschwund vorhanden: 27% ihrer 12- und 13jährigen, aber nur noch 12% ihrer Endzwanziger lesen täglich (Bonfadelli et al., 1986, S. 136 ff). Zu ähnlichen Ergebnissen kommt auch die SHELL-Studie (1985, Bd. II, S. 200), nach deren Angaben Erwachsene weniger lesen als Jugendliche.

Auch die Determinante „Vielseher-Wenigseher" ist relevant. Ein direkter Vergleich zwischen dem Leseverhalten viel- und wenigfernsehender Jugendlicher liegt aus den genannten Studien leider nicht vor. Dennoch gibt es Anzeichen dafür, daß Vielsehen wahrscheinlich mit Weniglesen einhergeht und umgekehrt, schon allein deshalb, weil die zur Verfügung stehende Freizeit begrenzt ist. Winn (1984, S. 280) berichtet von einem 1974 in Denver durchgeführten Experiment, in dem 25 Familien einen Monat auf ihren

Fernseher verzichten sollten. Ohne Zahlen zu nennen versichert sie, daß die Probanden viel häufiger lasen. Von einem ähnlichen Experiment, das 1971 an 184 Münchener Familien und Junggesellen durchgeführt wurde, berichtet Klaus Brepohl (1978, S. 113). Nach seinen Angaben verdoppelte sich im Versuchszeitraum unter anderem die durchschnittliche Lesezeit der Teilnehmer.

ALLENSBACH (STERN-Magazin 1985, Nr. 42, S. 68) kommt zu dem Ergebnis, daß den 8- bis 12jährigen Leseratten in ihrer frühen Kindheit gut doppelt so häufig Geschichten vorgelesen wurden, als den gleichaltrigen „Lesemuffeln" (60% zu 28%). Demzufolge spielt auch die frühe Gewöhnung der Kinder an das Medium Buch eine Rolle für die spätere Lesehäufigkeit.

Wenn 19% der Jugendlichen angeben, täglich zu lesen, läßt diese Angabe noch keinen Aufschluß über die Qualität der Lektüre zu. Das Spektrum ist weitgefächert und reicht von der anspruchsvollen Fachlektüre bis hin zum leicht konsumierbaren Comic. Zu dieser Frage gibt es leider nur sehr wenige Untersuchungsergebnisse.

Bei der Buchpräferenzanalyse der ARD/ZDF-Studie (Bonfadelli et al., 1986, S. 215) ergibt sich ein deutlicher Unterschied zwischen den männlichen und weiblichen Interessengebieten. Abgesehen von der pflichtmäßigen Schulbuchlektüre lesen Mädchen „mindestens einmal pro Monat" bevorzugt Tier- und Naturbücher, Kochbücher (Anm.d.Verf.: soweit man diese lesen kann), Hobbybücher, Humoresken und Satire sowie Liebes- und Schicksalsromane. Gleichaltrige Jungen lesen am liebsten Bücher über Naturwissenschaft und Technik, Tiere und Natur, Geschichte, Krimis und Spionagegeschichten.

Wiederum unterscheiden sich die Buchpräferenzen von Viel- und Wenigsehern: jugendliche Wenigseher, aber Vielleser bevorzugen vor allem anspruchvollere Literatur, Sach- und Fachbücher, lesen aber auch Ratgeber, Trivial- und Kinder-/Jugendliteratur durchschnittlich oft. Wenigleser, aber Vielseher nutzen die letztgenannte Literaturauswahl ebenfalls durchschnittlich oft, lesen aber kaum Sach- und Fachlektüre oder anspruchsvolle Literatur (a.a.O., S. 128).

Jugendliche mit einer höheren Schulbildung lesen viel mehr anspruchsvolle Literatur, Fachbücher und weniger Unterhaltungs- und Liebesromane (a.a.O., S. 215).

Die Lektüre von Comics - „Fernsehen mit stehenden Bildern" (Bauer, 1980) - scheint vor allem unter jüngeren Kindern und in Unterschichtkreisen sehr verbreitet zu sein. Die Altersgruppe der 9- bis 11jährigen zählt zu den höchsten Comic-Konsumenten; besonders Jungen neigen eher dazu als Mädchen und Kleinstadtbewohner lesen sie mehr als Großstädter (a.a.O., S. 222). Der Comic-Konsum verflacht mit zunehmenden Alter relativ rasch (a.a.O., S. 224). Besonders die Vielseher neigen verstärkt zur Lektüre der sogenannten „Nonbooks" (Winn, 1984, S. 93).

Fast alle Ergebnisse sprechen dafür, daß das allgemeine Leseinteresse im Vergleich zu früheren Jahren gesunken ist. Welche Hindernisse stehen einer intensiveren Buchnutzung im Wege und wie lassen sich diese Hindernisse ausräumen?

Bonfadelli (1983, S. 319) sieht den Zugang zur Buchlektüre im Vergleich zum Fernsehkonsum insofern erschwert, als die Fernsehnutzung von frühester Kindheit an eingeübt und habitualisiert wird und die Buchlektüre auf der erst später zu erwerbenden „Beherrschung der Kulturtechnik des Lesens" beruht. Die Anwendung eines Codes zur Entzifferung der Buchstaben erfordert zweifelsohne Anstrengung, die der sprechende Bildschirm von den Kindern nicht verlangt. Früh an den Fernsehapparat gewöhnt, hat es das Buch wesentlich schwerer, sich Sympathien zu erwerben. Ähnliches meint Marie Winn (1984, S. 89), wenn sie die Lesemüdigkeit damit erklärt, daß die Tätigkeit Lesen geistig anspruchsvoller ist als z.B. Fernsehen und der Mensch von Natur aus dazu tendiere „eine Unterhaltung zu wählen, die geringere und nicht größere Anstrengungen voraussetzt" (vgl. hierzu auch Noelle-Neumann, 1982, S. 37).

Andere Hindernisse sieht Opaschowski (1983, S. 161). Er meint, das Buch habe ein schlechtes Image, weil es nach einer weit verbreiteten Meinung Einzelgängertum und Stubenhockerei fördere und zudem zu wenig Bewegung ermögliche. Lesen verhindere den Kontakt zu Freunden, das Ausleben von Interessen, außerdem erfordere es einen hohen Zeitaufwand und binde ans Haus. Daß dem aber tatsächlich nicht so ist, zeigte eine EMNID-Studie (1971), in der eine Korrelation zwischen regelmäßigem Lesen und aktivem und intensivem Freizeitverhalten nachgewiesen wurde (Schmitz-Scherzer, 1978, S. 130). Auch Steinberg (1984, S. 542) revidiert das „herkömmliche Bild des Lesers als eines introvertierten Einzelgängers", indem er festhält: „Je aktiver ein Mensch ist ..., um so mehr liest er". Trotz der irrtümlichen und negativen Einstellung der Bevölkerung sieht Opaschowski (1983, s. 163 ff) für das Buch eine Zukunftschance, wenn es Bedingungen erfüllt, die es als „Freizeitmedium" wieder attraktiv machen. Zeitungen und Zeitschriften haben im Vergleich zu den Funkmedien ebenfalls einen schweren Stand bei den jungen Menschen. Knapp die Hälfte der von ARD/ZDF befragten

Jugendlichen nutzen diese: 32% greifen täglich zur Zeitung, 14% genauso häufig zu Zeitschriften. Der Zeitschriftenkonsum bleibt in allen Altersstufen ziemlich konstant und nur das Interesse für die Tageszeitung steigt mit zunehmenden Alter kontinuierlich. 17% der 12- bis 15jährigen, aber 43% der Endzwanziger lesen sie täglich. Auch das bildungsabhängige Nutzungsgefälle ist laut ARD/ZDF-Studie hoch: 29% der Volksschüler und 37% der Abiturienten nehmen täglich die Zeitung zur Hand.

Insgesamt scheint das Leseinteresse für Zeitungen und Zeitschriften stark zurückgegangen zu sein. Bei einem Vergleich mit der Studie „Massenkommunikation“, die 1974 an 14- bis 29jährigen durchgeführt wurde, zeigt sich, daß damals noch 71% der Befragten täglich Zeitung lasen, mehr als doppelt so viele der ARD/ZDF-Untersuchung. Ebenso verhält es sich bei den Zeitschriften: Die bereits zitierte Studie „Kommunikationsverhalten und Buch“ ermittelte 1978, daß 51% der 13- bis 29jährigen täglich Illustrierte lasen; 1984 liegt der Anteil der Interessierten nur noch bei 14% (DER SPIEGEL 10/86, S. 110).

Auffallend ist an den Ergebnissen der J-M-A, daß trotz höherer Zeitungsnutzung, Zeitschriftenlesen, was die Beliebtheit betrifft, weit vor der Lektüre einer Tageszeitung rangiert. Zeitschriftenlesen ist mit der Buchlektüre in der Beliebtheitsskala an 6. Stelle gleich auf. Erst an 13. Stelle in der Rangskala der beliebtesten Freizeitaktivitäten folgt die Tageszeitung (Bayer. Jugendring, 1985, S. 37).

Das Leseverhalten unterliegt bildungsabhängigen, geschlechtsspezifischen und altersabhängigen Einflüssen, ist aber auch vom Fernsehverhalten und Gewöhnungseffekten abhängig. Jugendliche, die weiterführende Schulen besuchen, Mädchen und Angehörige jüngerer Altersstufen greifen häufiger zum Buch, außerdem Jugendliche, die seltener Funkmedien nutzen oder nutzen können bzw. die bereits in ihrer Kindheit frühzeitig an das Medium Buch gewöhnt wurden.

Wenn die Gesamtlesezeit also sinkt, stellt sich die Frage, für welche Tätigkeiten dann die dadurch gewonnene Zeit verwendet wird. Es liegt die Vermutung nahe, daß sich im Zeitalter der audiovisuellen Massenmedien unter den Jugendlichen die Lesezeit zu Gunsten der audiovisuellen Medienzeit verringert.

2.5.2. Haushaltsausstattung mit Printprodukten

Eine erste Frage der vorliegenden Untersuchung bezieht sich darauf, wie gut Haushalte mit Büchern, Tageszeitschriften und Erzeugnissen des Buchmarktes ausgestattet sind. Von uns wurde dabei relativ detailliert nach Büchern (Elternbesitz, Eigenbesitz, Leihbibliotheksnutzung), Tageszeitungen, Wochenzeitungen, Zeitschriften/Illustrierten, Jugendzeitschriften, Comic-Heften und -Büchern sowie Romanheften gefragt. Neben der Erhebung, wie viele dieser Produkte in den Haushalten vorhanden sind bzw. wie häufig diese gekauft werden, wurde auch erfaßt, welche es im einzelnen sind. Bei diesen Freiantworten zu den im Haushalt vorhandenen Printmedien wurde bei prozentual substantiellem Vorkommen der Name des jeweiligen Produkts verkodet. Wurden bei den Angaben zu einer bestimmten Kategorie sehr viele Produkte genannt, so wurden diese Angaben zu übergeordneten Kategorien zusammengefaßt.

Bei den Tageszeitungen wurde folgende Aufteilung vorgenommen:

a) Mittelbayerische Zeitung,
b) Amberger Zeitung,
c) Landshuter Zeitung,
d) Der Neue Tag,
e) Oberpfälzer Nachrichten,
f) Süddeutsche Zeitung,
g) Frankfurter Allgemeine Zeitung (FAZ),
h) Bild,
i) Tageszeitung (TZ),
j) Abendzeitung (AZ),
k) Sonstige (Laaber Zeitung, Stiftlandbote, Sulzbach-Rosenberg Zeitung, Nürnberger Nachrichten, Münchner Merkur, Wörther Anzeiger).

Bei den Wochenzeitungen wurden berücksichtigt:

a) Die Woche,
b) Bistumsblatt,
c) Bayernkurier,
d) Bild am Sonntag,
e) Der Spiegel,
f) Stern,
g) Frauenzeitschriften (z.B. Bild der Frau),
h) Fachzeitschriften,
i) Sonstige (Sonntagsblatt, Top Agrar, Barbarablatt, Zenit).

Bei den Illustrierten wurden Kategorien nach folgender Zugehörigkeit gebildet:

a) TV-Programmzeitschriften (Die Zwei, Gong, Fernsehwoche, Hör zu, Bild & Funk, Die Aktuelle, Sieben Tage, Auf einen Blick),
b) Boulevard-Illustrierte (Neue Revue, Quick, Bunte, Das neue Blatt, Praline, Das goldene Blatt, Neue Post),
c) Frauen/Mode (Brigitte, Petra, Freundin, Carina, Für Sie, Cosmopolitan, Vogue, Madame, Tina, Bella, Anna),
d) Motor/Sport (Auto-Motor-Sport, Motorwelt, Kicker, Fußballmagazin, Motorrad, Bayern Sport),
e) Tiere/Land (Ein Herz für Tiere, Geo),
f) Playboy,
g) Sonstige (Der Frauenbund, Rot-Kreuz-Echo, Ministrantenecho).

Bei den Jugendzeitschriften war es wieder möglich, einzelne Produkte zu berücksichtigen. Einige selten genannte Sparten wurden hingegen zu Kategorien zusammgefaßt:

a) Bravo,
b) Popcorn,
c) Pop,
d) Rocky,
e) Metallhammer,
f) Mädchenhefte (Mädchen, Biggi),
g) Videomagazine (Chip, Video Magazin, Video, Homecomputer),
h) Sonstige (Staffette, Floh, Easy Rider, Treff, Bimbo, Jugendlust, Junge Zeit, Weite Welt).

Auch bei den Comic-Heften/Comic-Büchern wurden neben einzelnen Produkten übergreifende Kategorien gebildet:

a) Walt-Disney Hefte,
b) Asterix,
c) Science fiction (Utopic, Batman),
d) Superman,
e) Indianer/Western,
f) Grusel-Comic,
g) Sonstige (Freak Brothers, Clever & Smart, Vanessa, Conny, Mad, Bessy, Titanic).

Bei der Sparte Romanhefte wurden ausschließlich Kategorien gebildet:

a) Liebes-, Arztromane,
b) Heimatromane,
c) Krimi, Western,
d) Science fiction,
e) Gruselhefte,
f) Kriegsromane,
g) Sonstige.

Während im folgenden die einzelnen Printmediengruppen jeweils nach Gesamtvorkommen und nach soziodemographischen Merkmalen aufgeteilt dargestellt werden, soll auf die Untergruppen nur fallweise und unter Verzicht auf vollständige tabellarische Darstellung eingegangen werden.

2.5.2.1. Buchbesitz und Leihbibliotheksnutzung

In bezug auf Bücher sind nur in etwa jedem 39. Haushalt keine Bücher vorhanden und in jedem weiteren 16. sehr wenig (vgl. Tab. 2.60). Ebenso selten sind Haushalte mit sehr vielen Büchern (über 500) anzutreffen (ca. jeder 14.).

Der Buchbesitz im Haushalt hängt erwartungsgemäß nicht mit dem Geschlecht oder dem Alter der Informanten zusammen. Dies kann als Hinweis auf die Gültigkeit der Angaben interpretiert werden. Bedeutsame Unterschiede bestehen hinsichtlich des Buchbesitzes unterschiedlicher Sozialschichtgruppen. Während in den Oberschichthaushalten die Kategorie „keine Bücher vorhanden“ nie vorkommt, steigt dieser Prozentsatz mit absteigender Sozialschichtzugehörigkeit kontinuierlich an (in der untersten sozialen Gruppe sind in jedem 24. Haushalt keine Bücher vorhanden). Analog dazu sind Haushalte mit sehr vielen Büchern in der Oberschicht überrepräsentiert (36,6%) und in der sozialen Unterschicht sehr selten (1,8%). Gleiche Unterschiede bestehen, wenn man die Befragten nach ihrer Schulartzugehörigkeit aufteilt.

Die Wohnortgröße hängt mit der Ausstattung von Haushalten mit Büchern ebenfalls signifikant zusammen, u.zw. kommen in der Großstadt Haushalte mit vielen bzw. sehr vielen Büchern wesentlich häufiger vor als in Kleinstädten oder auf dem Lande.

Befragt nach eigenen Büchern, sind bei den Kindern und Jugendlichen die Extrempositionen (keine Bücher bzw. mehr als 500 eigene Bücher) wesentlich seltener besetzt als bei den Angaben zum elterlichen Haushalt (vgl. Tab. 2.61).

Tabelle 2.60: **Anzahl der Bücher im Haushalt (Frage: "Wie viele Bücher besitzen Deine Eltern?" Angaben in Prozent), Gesamtverteilung und nach Hintergrundmerkmalen**

	Kategorien			
	0	1 - 20	21 - 100	101 u.m.
Gesamt	2,6	25,1	45,5	26,9
Geschlecht				
Jungen	2,9	23,6	45,5	27,9
Mädchen	2,3	26,6	45,4	25,7
p				
Alter				
bis 13	2,1	24,3	46,2	27,7
14	2,5	25,6	45,1	26,8
15	2,7	24,8	45,3	27,2
16 u.ä.	3,6	24,7	46,2	25,5
p				
Sozialschicht				
OS	0,0	4,4	22,5	73,2
OMS	0,3	7,3	38,4	53,9
MMS	2,4	24,2	48,0	25,5
UMS	2,9	34,1	49,0	14,0
US	4,1	34,4	51,0	10,5
p		**		
Schulart				
Hauptschule	3,8	35,7	48,0	12,4
Realschule	2,2	23,9	49,4	24,6
Gymnasium	0,7	6,5	35,7	57,1
p		**		
Wohnortsgröße				
Dorf	2,8	29,7	47,4	20,8
Kleinstadt	2,0	20,1	45,6	32,3
Großstadt	2,9	19,4	39,3	38,5
p		**		

Mädchen besitzen im Schnitt mehr Bücher als Jungen. Das Alter der Kinder und der Buchbesitz hängen in einer etwas schwer zu interpretierenden Weise zusammen: Während bei den älteren (15 bzw. 16 Jahre u.m.) die Kategorie „6 bis 20 Bücher" häufiger besetzt ist als bei den jüngeren, gaben diese häufiger an, zwischen „50 und 100" bzw. „101 und 500" Bücher zu besitzen. Da ein Kohorteneffekt unwahrscheinlich ist, sind vermutlich zusätzliche Hintergrundmerkmale für diese Differenzen verantwortlich. Sozialschicht, Schulartzugehörigkeit und Wohnortgröße stehen mit dem Buchbesitz von Kindern in dem erwarteten Zusammenhang: Mit absteigender Sozialschichtzugehörigkeit nimmt der Buchbesitz ab (die Unterschiede sind besonders deutlich bei der Kategorie „51 bis 100 Bücher"); Hauptschüler verfügen seltener über eigene Bücher als Realschüler oder Gymnasiasten; auch ist bei Kindern in der Großstadt der durchschnittliche Buchbesitz größer, allerdings werden die Differenzen erst in der oberen Kategorie („101 bis 500 Bücher") deutlich.

Ein weiterer Zugang zur Buchwelt ist über die Nutzung von städtischen, kirchlichen oder Schulbibliotheken möglich (vgl. Tab. 2.62). Knapp 40% der Kinder und Jugendlichen benutzen allerdings nie eine Leihbibliothek, während jeder fünfte der Befragten als regelmäßiger Benutzer anzusehen ist.

Unter den Jungen sind Nicht-Benutzer wesentlich häufiger als bei den Mädchen. Diese sind in allen Nutzer-Kategorien häufiger vertreten. Das Alter hängt ebenfalls mit dem Gebrauch einer Leihbibliothek zusammen: Mit zunehmendem Alter nimmt der Anteil der Kinder und Jugendlichen zu, die nie eine Leihbibliothek aufsuchen. Der Anteil der regelmäßigen Benutzer geht von 26,6% bei den 13jährigen auf ca. die Hälfte (13,9%) bei den 16jährigen zurück. Sozialschichtzugehörigkeit, Schulartzugehörigkeit und Wohnortgröße stehen auch signifikant mit der Nutzung einer Bibliothek in Zusammenhang: Der Tendenz nach nimmt mit höherer Sozialschicht der Anteil der Benutzer zu. In ländlichen Wohngegenden ist der Prozentsatz der Nicht-Benutzer bedeutsam höher als in klein- und in großstädtischen Bereichen. Mehr als jeder zweite Hauptschüler gibt an, niemals eine Bibliothek zu benutzen, dieser Anteil der Nicht-Nutzer ist beinahe doppelt so groß als der bei Realschülern oder Gymnasiasten.

Tabelle 2.61: **Eigenbesitz an Büchern (Frage: "Wie viele Bücher - außer Schulbüchern - besitzt Du selbst?", Angaben in Prozent), Gesamtverteilung und nach Hintergrundmerkmalen**

	Kategorien			
	0	1 - 20	21 - 100	101 - 500 u.m.
Gesamt	0,8	28,2	58,1	12,8
Geschlecht				
Jungen	1,1	33,7	53,1	12,0
Mädchen	0,5	22,3	63,6	13,5
p		**		
Alter				
bis 13	0,4	24,8	60,6	14,3
14	0,7	26,4	58,9	14,0
15	0,9	31,5	55,8	11,7
16 u.ä.	1,5	30,8	58,6	9,2
p		**		
Sozialschicht				
OS	0,0	9,7	55,5	34,8
OMS	0,2	12,1	63,4	24,3
MMS	0,8	27,1	60,8	11,3
UMS	0,4	34,4	58,0	7,2
US	1,6	34,5	56,6	7,3
p		**		
Schulart				
Hauptschule	1,4	43,9	51,0	3,7
Realschule	0,5	22,9	65,4	11,2
Gymnasium	0,2	5,5	62,0	32,2
p		**		
Wohnortsgröße				
Dorf	0,7	32,2	57,1	10,0
Kleinstadt	0,9	23,1	61,8	14,2
Großstadt	1,0	25,9	54,3	18,9
p		**		

Tabelle 2.62: **Leihbibliotheksnutzung (Frage: "Leihst Du Dir Bücher aus einer Leihbibliothek aus?", Angaben in Prozent), Gesamtverteilung sowie nach Hintergrundmerkmalen**

	ca. einmal pro Woche	ca. einmal in 14 Tagen	ca. einmal im Monat	noch seltener	nie
Gesamt	6,3	13,5	16,2	24,5	39,4
Geschlecht					
Jungen	5,4	13,0	14,0	23,6	43,6
Mädchen	7,4	13,9	18,3	25,8	34,6
p			**		
Alter					
bis 13	9,1	17,5	17,9	20,2	35,3
14	7,2	13,3	16,2	25,0	38,3
15	4,1	11,8	16,3	27,1	40,6
16 u.ä.	4,0	9,9	12,8	27,0	46,3
p			**		
Sozialschicht					
OS	6,0	16,4	15,1	25,0	37,5
OMS	7,0	15,9	19,8	29,2	28,0
MMS	5,2	10,0	15,9	25,8	43,1
UMS	6,7	14,0	17,3	23,0	39,0
US	6,5	14,1	14,8	19,7	44,9
p			**		
Schulart					
Hauptschule	5,8	10,2	12,5	19,9	51,6
Realschule	6,8	18,7	19,5	27,2	27,8
Gymnasium	6,8	13,2	19,2	30,5	30,3
p			**		
Wohnortsgröße					
Dorf	6,5	12,2	15,1	23,6	42,6
Kleinstadt	5,8	15,7	18,2	24,8	35,6
Großstadt	6,1	12,6	16,1	27,2	38,1
p			**		

Es ist also nicht so, daß ein geringerer Buchbesitz bei Angehörigen unterer Sozialschichten oder von Kindern, die auf dem Lande leben, durch die häufigere Nutzung einer Bibliothek kompensiert würde. Im Gegenteil, es scheinen gemeinsame kulturelle Orientierungen zu bestehen, die dem Buchbesitz und der Bibliotheksnutzung entgegen stehen.

2.5.2.2. Tageszeitung, Wochenzeitung und Zeitschriften

Das Printmedium „Tageszeitung“ ist am häufigsten von allen Periodika in den Haushalten anzufinden, nur jeder siebte Haushalt verfügt nicht regelmäßig über diese Informationsquelle (vgl. Tab. 2.63).

Tabelle 2.63: **Tageszeitungen im Haushalt (Angaben in Prozent), Gesamtverteilung sowie nach Hintergrundmerkmalen**

	Kategorien			
	regelmäßig	gelegentlich	selten	nie
Gesamt	85,8	8,1	3,0	3,1
Geschlecht				
Jungen	86,5	8,0	2,8	2,7
Mädchen	85,1	8,2	3,2	3,5
p		**		
Alter				
bis 13	89,2	6,2	2,3	2,4
14	84,4	9,1	3,0	3,5
15	86,3	7,7	3,3	2,7
16 u.ä.	81,3	10,3	3,7	4,7
p		**		
Sozialschicht				
OS	87,7	7,9	3,1	1,3
OMS	91,9	4,1	1,9	2,1
MMS	89,4	5,6	2,5	2,5
UMS	83,3	10,2	3,0	3,4
US	84,3	7,5	4,4	3,8
p		**		
Schulart				
Hauptschule	80,7	11,6	4,2	3,5
Realschule	88,9	6,1	1,9	3,2
Gymnasium	92,1	3,8	2,1	2,0
p		**		
Wohnortsgröße				
Dorf	88,0	5,9	2,7	3,3
Kleinstadt	86,2	7,6	3,3	2,9
Großstadt	76,4	17,4	2,8	3,4
p		**		

Jungen berichten etwas häufiger über das regelmäßige Vorhandensein von Tageszeitungen im Haushalt als Mädchen, von der Größe her sind die Differenzen allerdings minimal. Das Alter der Kinder steht mit dem Bericht über das Vorhandensein von Tageszeitungen ebenfalls in einem Zusammenhang, wegen der nicht-linearen Beziehungen sind die Unterschiede jedoch nicht schlüssig zu interpretieren. In den oberen sozialen Schichten oder bei Familien von Gymnasiasten ist der regelmäßige Bezug einer Tageszeitung häufiger als in den unteren Schichten. Die Abnahme wird ab der Zugehörigkeit zur unteren Mittelschicht deutlich.

Während der Bezug von Tageszeitungen in ländlichen und kleinstädtischen Bereichen relativ ähnlich ist, ist die großstädtische Wohngegend deutlich davon abgehoben. Deutliche Sozialschicht- und Wohnortgrößenunterschiede treten auch dann auf, wenn die Nennungen einzelner Tageszeitungen betrachtet werden. Deutlich häufiger werden in den oberen Sozialschichtgruppen die „Mittelbayerische“, die „Amberger“, die „Süddeutsche“ und die „FAZ“ genannt. Hingegen sind „Der Neue Tag“, die „Oberpfälzer Nachrichten“ und „Bild“ häufiger in Unterschichthaushalten zu finden.

Wochenzeitungen werden am zweithäufigsten als „regelmäßig“ in den Haushalten vorhanden genannt (vgl. Tab. 2.64). Unterschiedlich häufige Nennungen, die mit dem Geschlecht oder dem Alter der Befragten zusammenhängen, sind nicht nachzuweisen.

Von den einzelnen verkodeten Wochenzeitungen besitzt aufgrund regionaler Besonderheiten der Stichprobe „Die Woche“ die größte Verbreitung. An zweiter Stelle folgt die überregionale Zeitung „Bild am Sonntag“. Der „Stern“, der aufgrund der Nennungen unter der Kategorie Wochenzeitung und nicht als Illustrierte eingeordnet wurde, ist die dritthäufigste Zeitschrift.

Geschlechtsspezifische Unterschiede in den Nennungen treten selten auf: Mädchen erwähnen häufiger das Vorhandensein von Frauenzeitschriften, Jungen von Fachzeitschriften und „sonstigen“ Wochenzeitungen.

Das Alter besitzt für die Nennung der einzelnen Wochenzeitungen mit einer Ausnahme keine Bedeutung. Lediglich „Die Woche“ wird mit zunehmendem Alter der Befragten kontinuierlich häufiger genannt.

Eine sozialschichtspezifisch häufigere Verbreitung von Wochenzeitungen im allgemeinen kann nicht nachgewiesen werden. Hingegen sind sie im großstädtischen Bereich verbreiteter als in kleinstädtischen oder ländlichen Regionen.

Hinsichtlich der einzelnen Periodika können folgende Sozialschichtbezüge genannt werden. „Die Woche“ kommt zwar etwas häufiger in oberen Sozialschichten vor, diese Tendenz kann allerdings nicht statistisch abgesichert werden. Das „Bistumsblatt“ ist am häufigsten in der mittleren Sozialschicht verbreitet. Der „Bayernkurier“ hat seine höchste Verbreitung in der obersten Sozialschicht. „Bild am Sonntag“ und Frauenzeitschriften sind in den unteren Sozialschichtgruppen verbreiteter. „Der Spiegel“, „Stern“, Fachzeitschriften und sonstige Wochenzeitungen werden in den höheren Sozialschichten häufiger gelesen als in der unteren.

***Tabelle 2.64:* Wochenzeitung im Haushalt (Angaben in Prozent), Gesamtverteilung sowie nach Hintergrundmerkmalen**

	Kategorien			
	regelmäßig	gelegentlich	selten	nie
Gesamt	59,5	10,7	4,9	24,9
Geschlecht				
Jungen	60,9	9,9	4,6	24,6
Mädchen	58,5	11,6	5,1	25,0
p				
Alter				
bis 13	59,3	10,5	3,2	27,0
14	59,2	10,7	4,7	25,5
15	60,2	10,8	5,6	23,4
16 u.ä.	60,4	10,8	6,7	22,1
p				
Sozialschicht				
OS	50,7	10,8	4,2	34,3
OMS	60,1	9,0	4,2	26,7
MMS	58,4	11,6	5,5	24,5
UMS	61,9	9,7	5,4	22,9
US	60,8	10,8	3,6	24,9
p				
Schulart				
Hauptschule	64,2	11,5	4,5	19,8
Realschule	58,9	10,4	5,4	25,2
Gymnasium	50,7	9,6	4,9	34,8
p		**		
Wohnortsgröße				
Dorf	59,5	11,1	4,7	24,6
Kleinstadt	58,0	8,7	4,5	28,8
Großstadt	63,5	13,7	6,5	16,3
p		**		

In großstädtischen Bereichen sind häufiger verbreitet „Die Woche“, „Der Spiegel“ und sonstige Wochenzeitungen. In kleinstädtischen Regionen ist der „Stern“ am häufigsten anzutreffen. Den Schwerpunkt der Verbreitung in ländlichen Gegenden haben das „Bistumsblatt“, Frauen- und Fachzeitschriften.

Tabelle 2.65: **Zeitschriften/Illustrierte im Haushalt (Angaben in Prozent), Gesamtverteilung sowie nach Hintergrundsmerkmalen**

	Kategorien			
	regelmäßig	gelegentlich	selten	nie
Gesamt	56,6	20,6	7,8	15,0
Geschlecht				
Jungen	57,7	17,2	8,0	17,1
Mädchen	55,4	24,2	7,7	12,6
p		**		
Alter				
bis 13	57,6	19,6	7,3	15,4
14	55,7	21,4	7,5	15,4
15	56,3	20,4	8,9	14,4
16 u.ä.	57,6	21,3	7,1	14,0
p				
Sozialschicht				
OS	62,8	16,7	6,5	14,0
OMS	61,3	20,1	8,6	10,0
MMS	55,9	21,4	7,1	15,6
UMS	53,6	21,3	9,6	15,6
US	57,1	19,0	6,6	17,3
p		*		
Schulart				
Hauptschule	51,5	22,3	8,3	18,0
Realschule	59,6	20,5	7,1	12,9
Gymnasium	62,7	17,4	8,1	11,9
p		**		
Wohnortgröße				
Dorf	54,1	21,4	7,4	17,1
Kleinstadt	57,8	21,0	8,5	12,7
Großstadt	63,0	18,0	7,3	11,7
p		**		

Zeitschriften und Illustrierte sind von den erhobenen Periodika am dritthäufigsten in den Haushalten vorhanden, 56,6% verfügen „regelmäßig“ hierüber (vgl. Tab. 2.65).

Dabei sind in Haushalten mit einem Jungen diese Produkte häufiger „regelmäßig“ vorhanden als in Haushalten, in denen die Zielperson ein Mädchen ist. In Abhängigkeit vom Alter der Befragten ergeben sich keine Unterschiede bezüglich der Verbreitung von Zeitschriften und Illustrierten.

Betrachtet man die einzelnen Kategorien der Illustrierten, so werden TV-Programmzeitschriften mit 67,2% am häufigsten genannt, an zweiter Stelle folgt die Sparte der Boulevardillustrierten (23,1%) und an dritter Frauen- oder Modezeitschriften (17,8%).

Hinsichtlich aller Kategorien bestehen wesentliche Unterschiede in den Angaben von Jungen und Mädchen. Von Mädchen werden häufiger die Kategorien „TV-Programm-Zeitschrift“, „Boulevard-Illustrierte“, „Frauen- und Modezeitschrift“, „Tier- und Landzeitschrift“ genannt. Jungen geben häufiger die Kategorien „Motor- und Sportzeitschrift“, „Playboy“ und „sonstige“ Illustrierte an.

Das Alter der Befragten spielt insofern eine Rolle, als von älteren häufiger Zeitschriften aus der Sparte „Boulevard-Illustrierte“ und „Playboy“ genannt werden.

Sozialschichtzugehörigkeit und Wohnortgröße besitzen für die Verbreitung von Illustrierten jeweils eine signifikante Bedeutung, und zwar nimmt mit höherer Schichtzugehörigkeit und großstädtischer Wohngegend die Verbreitung von Illustrierten zu.

Betrachtet man die einzelnen Kategorien, so findet man mit absteigender Schichtzugehörigkeit eine höhere Verbreitung von „TV-Programmzeitschriften“. Tendenziell sind hier auch „Boulevardillustrierten“ verbreiteter, allerdings ohne daß dieser Trend statistisch absicherbar wäre. In oberen Sozialschichten findet man häufiger „Frauen- und Modezeitschriften“, „Motor- und Sportillustrierte“, „Tier- und Landschaftzeitschriften“ und sonstige Illustrierte. Dieser Trend besteht auch hinsichtlich der Verbreitung des „Playboy“, ohne daß dies aber statistisch signifikant wäre.

Die Wohnortgröße hat in zwei Fällen auf die Nennung von Illustrierten einen Einfluß: In den beiden Fällen, „TV-Programmzeitschriften“ und „Boulevardillustrierten“, findet sich die höchste Verbreitung in Kleinstädten, gefolgt von Großstädten.

2.5.2.3. Jugendzeitschriften, Comics und Romanhefte

In der Hälfte aller Haushalte mit Kindern und Jugendlichen sind Jugendzeitschriften „regelmäßig“ oder „gelegentlich“ vorhanden: Dabei ist die größere Verbreitung in Haushalten mit einem Mädchen und jüngeren Kindern gegeben (vgl. Tab. 2.66).

Tabelle 2.66: **Jugendzeitschriften im Haushalt (Angaben in Prozent), Gesamtverteilung sowie nach Hintergrundsmerkmalen**

	Kategorien			
	regelmäßig	gelegentlich	selten	nie
Gesamt	21,4	27,4	17,3	31,2
Geschlecht				
Jungen	19,3	23,1	17,2	40,0
Mädchen	29,0	31,9	17,5	21,6
p		**		
Alter				
bis 13	25,1	28,9	16,9	29,1
14	24,5	28,1	17,8	29,6
15	24,1	28,4	18,1	29,5
16 u.ä.	21,5	21,7	14,5	42,3
p		**		
Sozialschicht				
OS	23,4	14,8	12,4	49,3
OMS	21,9	23,7	17,8	36,6
MMS	21,6	28,3	18,0	32,1
UMS	24,1	29,7	17,9	28,3
US	29,2	32,9	16,9	20,9
p		**		
Schulart				
Hauptschule	26,3	31,3	16,9	25,5
Realschule	22,9	26,7	18,0	32,5
Gymnasium	21,2	20,7	17,1	41,0
p				
Wohnortgröße				
Dorf	23,2	28,4	18,4	30,1
Kleinstadt	24,2	28,4	16,5	30,5
Großstadt	28,6	23,1	13,9	34,4
p		*		

Hinsichtlich der einzelnen Jugendzeitschriften nimmt „Bravo“ mit 50% eine führende Rolle ein. Deutlich abgeschlagen folgt die Kategorie der „Mädchenhefte“ (10,3%), von „Pop“ (9,3%) oder „Popcorn“ (8,9%). Videomagazine besitzen eine sehr geringe Verbreitung (0,2%).

Die geschlechtsspezifischen Unterschiede gehen dahin, daß von Mädchen häufiger „Bravo“, „Popcorn“, „Pop“ und Mädchenhefte genannt werden, von Jungen hingegen häufiger „Metallhammer“, Videomagazine oder sonstige Jugenzeitschriften.

Das Alter ist für die Nennung von Jugendzeitschriften ebenfalls von Bedeutung, und zwar nehmen mit ansteigendem Alter (bis 15 Jahren) die Nennungen von „Bravo“, „Pop“ und von Mädchenheften zu, um bei den 16jährigen wieder zurückzugehen. Eine durchgehende Zunahme ist nur bei „Metallhammer“ feststellbar. Sonstige Jugendhefte werden besonders oft von jüngeren Befragten genannt.

Die Verbreitung von Jugendzeitschriften ist abhängig von Sozialschicht und Wohnortgröße. Kinder und Jugendliche geben mit steigender Schicht häufiger an, daß „nie“ eine Jugendzeitschrift im Haushalt ist. Von Kindern und Jugendlichen aus der Großstadt wird hingegen häufiger als von anderen das „regelmäßige“ Vorhandensein von Jugendzeitschriften angegeben.

Bezogen auf einzelne Jugendzeitschriften ist vorrangig die sozialschichtabhängige Verbreitung von „Bravo“ zu nennen: Während in der sozialen Unterschicht diese Zeitschrift von drei von fünf Haushalten bezogen wird, steht sie in der sozialen Oberschicht nur in jedem vierten Haushalt zur Verfügung. Bei der Restkategorie sonstiger Jugendzeitschriften ist ein gegenteiliger Trend nachweisbar.

In den großstädtischen Wohnbereichen kommen besonders häufig „Popcorn“ und „Metallhammer“ vor. Mädchenhefte werden am häufigsten von Kindern und Jugendlichen aus kleinstädtischen Bereichen genannt, „Bravo“ am häufigsten von solchen, die auf dem Land leben.

Comic-Hefte oder Comic-Bücher liegen in der Verbreitung von den einbezogenen Printmedien an vorletzter Stelle (vgl. Tab. 2.67). In beinahe 40% der Haushalte fehlt diese Sparte der Literatur gänzlich.

Comic-Hefte werden häufiger von Jungen als von Mädchen gelesen. Mit zunehmendem Alter nimmt die Verbreitung deutlich ab. Betrachtet man einzelne Produkte oder Produktgruppen, so sind Comic-Hefte von Walt Disney mit 42,6% marktführend, einen substantiellen Teil macht noch „Asterix“ mit 9,6% aus.

Tabelle 2.67: **Comic-Hefte und Comic-Bücher im Haushalt (Angaben in Prozent), Gesamtverteilung sowie nach Hintergrundmerkmalen**

		Kategorien		
	regelmäßig	gelegentlich	selten	nie
Gesamt	7.7	26.7	25.8	39.8
Geschlecht				
Jungen	10,8	30,4	26,8	32,0
Mädchen	4,3	22,8	25,0	47,9
p		**		
Alter				
bis 13	8,4	32,3	29,0	30,3
14	7,8	28,5	24,9	38,8
15	7,7	22,4	26,4	43,5
16 u.ä.	6,3	20,9	21,6	51,2
p		**		
Sozialschicht				
OS	8,5	22,5	28,7	41,3
OMS	7,2	21,5	30,2	41,1
MMS	7,2	28,6	24,6	39,6
UMS	7,3	26,4	25,2	41,1
US	7,6	27,5	25,7	39,2
p				
Schulart				
Hauptschule	9,2	30,2	22,5	38,0
Realschule	6,9	23,7	28,4	40,9
Gymnasium	6,0	23,6	28,7	41,7
p		**		
Wohnortgröße				
Dorf	6,7	26,9	27,0	39,4
Kleinstadt	8,8	26,1	24,4	40,7
Großstadt	8,1	28,5	24,6	38,7
p				

Bei allen Produkten geben Mädchen signifikant seltener das Vorhandensein dieser Hefte im Haushalt an. In Abhängigkeit vom Alter fällt vor allem der starke Rückgang bei den Walt-Disney Produkten mit steigendem Alter auf.

Hinsichtlich der generellen Angaben über die Verbreitung von Comic-

Heften/Comic-Büchern bestehen keine Beziehungen zur Sozialschichtzugehörigkeit oder zur Größe des Wohnortes.

Hingegen wird „Asterix“ wesentlich häufiger in der sozialen Oberschicht als in der Unterschicht genannt, ebenso sind Comic-Hefte über „Western- und Indianerthemen“ sowie „sonstige“ in der Oberschicht verbreiteter.

Die Wohnortgröße spielt für „Walt-Disney Produkte“ und „Grusel-Comic-Hefte“ eine Rolle, diese sind in großstädtischen Bereichen jeweils signifikant häufiger vertreten.

Roman-Hefte stehen bei den einbezogenen Printmedien an letzter Stelle der Verbreitung (vgl. Tab. 2.68). Nur knapp 7% der Kinder und Jugendlichen geben an, daß diese Produkte „regelmäßig“ im Haushalt vorhanden sind. Mädchen erwähnen das „gelegentliche“ Vorhandensein der Roman-Hefte öfter als Jungen; zugleich ist die Tendenz erkennbar, daß mit dem Alter die Verbreitung zunimmt.

Bei den einzelnen Sparten der Roman-Hefte liegen Liebes- und Arztromane an erster Stelle, gefolgt von Krimi- und Western-Heften. Kriegsromane werden am seltensten genannt.

Mädchen erwähnen häufiger Liebes- und Arztromanhefte, Heimat-Romanhefte, Jungen häufiger Science fiction, Grusel- und Kriegsroman-Hefte.

In der befragten Gruppe nimmt mit dem Alter die Nennung von Liebes- und Arztromanheften, von Gruselheften und sonstigen Heften zu.

Es ist eine deutliche Beziehung zwischen Sozialschicht und der Verbreitung von Roman-Heften nachzuweisen: In der untersten sozialen Gruppe sind diese Romanhefte mehr als viermal so häufig „regelmäßig“ im Haushalt vorhanden als in der Mittel- oder Oberschicht. Eine Beziehung zwischen Wohnortgröße und Verbreitung läßt sich hingegen nicht finden.

Hinsichtlich der einzelnen Sparten der Roman-Hefte ist in allen Fällen eine Zunahme der Nennungen mit absteigender Sozialschicht gegeben. Die Wohnortgröße besitzt nur in zwei der sieben Fälle einen bedeutsamen Einfluß: In der Großstadt werden Grusel-Romanhefte häufiger erwähnt und sonstige Romanhefte sind in der Klein- und Großstadt häufiger als auf dem Land.

Tabelle 2.68: **Romanhefte im Haushalt (Angaben in Prozent), Gesamtverteilung sowie nach Hintergrundsmerkmalen**

	Kategorien			
	regelmäßig	gelegentlich	selten	nie
Gesamt	6,9	23,7	16,6	52,9
Geschlecht				
Jungen	6,6	17,9	16,1	59,3
Mädchen	6,9	29,6	17,1	46,3
p		**		
Alter				
bis 13	5,1	21,5	15,2	58,2
14	6,2	23,5	19,1	51,2
15	7,3	25,0	15,8	52,0
16 u.ä.	10,6	24,7	15,2	46,4
p		**		
Sozialschicht				
OS	1,9	10,6	12,0	75,5
OMS	4,6	20,3	16,1	58,9
MMS	5,9	21,4	17,5	55,3
UMS	7,5	27,3	17,4	47,7
US	8,0	26,9	17,7	47,4
p		**		
Schulart				
Hauptschule	8,0	24,4	17,4	50,2
Realschule	7,5	27,2	18,5	46,9
Gymnasium	3,7	17,5	12,8	66,0
p		**		
Wohnortgröße				
Dorf	6,1	23,6	17,0	53,3
Kleinstadt	7,5	24,0	16,5	52,1
Großstadt	7,0	24,0	15,2	53,8
p				

2.5.3. Quantitative Aspekte der Printmediennutzung

Gemäß der von den Befragten abgegebenen Schätzungen beträgt der wöchentliche Printmedienkonsum im Durchschnitt mehr als 14 Stunden (vgl. Tab. 2.69). Eingeschlossen ist dabei die Auseinandersetzung mit allen Arten von Printprodukten. Immerhin macht die Buchlektüre (Bücher zur Weiterbildung, Bücher zur Unterhaltung) dabei mit ca. 5 1/2 Stunden den größten Teil aus; für Jugendzeitschriften, Illustrierte, Romanhefte und Comics werden jeweils pro Woche etwa 1 1/2 Stunden aufgewendet. Im Vergleich zum Konsum auditiver und audiovisueller Medien ist der Konsum an Printmedien allerdings gering (auditive plus audiovisuelle Medien: 34,5 Stunden pro Woche).

Im Gegensatz zur Erhebung von Bonfadelli et al. (1986, S. 133: ca. 50 Miu/Tag) stellten wir höhere Lesezeiten fest (einschließlich Schulbuchlektüre ca. 2 Stunden täglich). Diese Unterschiede sind zum einen durch Stichprobeneigentümlichkeiten, zum anderen auf die Erhebungsmethode zurückzuführen. In der Untersuchung von Bonfadelli wurden Kinder und Jugendliche aus anderen Altersbereichen einbezogen und die Zeitbudgets nur global erhoben.

Mädchen lesen mehr als Jungen: Es gibt dabei aber auch qualitative Unterschiede. So sind die wöchentlichen Lesezeiten bei Mädchen für die Bereiche Bücher zur Unterhaltung, Wochenzeitung, Illustrierte, Jugendzeitschrift und Romanheft bedeutsam höher, während von Jungen mehr Zeit mit der Lektüre von Tageszeitungen und Comics verbracht wird.

Mit zunehmendem Alter lassen sich in dem von uns abgedeckten Altersbereich global zwar keine Unterschiede in den Lesezeiten nachweisen, es ändert sich jedoch deutlich die Struktur der Lektüre: Die Lesezeiten für Belletristik und Comics gehen zurück; eine Zunahme ist hingegen beim Konsum von Tages- und Wochenzeitungen sowie Romanheften festzustellen.

Auch die Schulartunterschiede drücken sich nicht in der Gesamtlesezeit, aus; hingegen lassen sich gegenläufige Tendenzen in den einzelnen Printbereichen feststellen: Gymnasiasten führen bei den beiden Sparten der Buchlektüre, während Hauptschüler (mit einer Ausnahme) bei den übrigen Lektürearten vorne liegen, Realschüler nehmen eine Mittelstellung ein (nur bei Illustrierten ist ihre Konsumzeit am größten). Die Stadt-Land-Unterschiede weisen auf etwas höhere Lesezeiten bei Befragten aus Großstädten hin. In beinahe allen Printmedienbereichen werden von Stadt-Kindern etwas höhere Angaben gemacht.

Tabelle 2.69: Ausmaß des Printmedienkonsums pro Woche (aM, Angaben in Stunden, Signifikanzangaben aufgrund einfaktorieller Varianzanalysen)

	(1)B. z.U.	(2)B. z.W.	(3)Tg. Ztg.	(4)Wo. Ztg.	(5)Il-lustr.	(6)Jg. Ztg.	(7)Co-mics	(8)Roman-hefte	(9)Su. Print.
Gesamt	3,49	2,09	1,22	0,89	1,58	1,83	1,43	1,49	14,33
Geschlecht									
Jungen	2,64	2,00	1,32	0,78	1,29	1,33	1,78	0,79	12,18
Mädchen	4,39	2,17	1,13	0,99	1,88	2,36	1,05	2,22	16,56
p/%	**/4,33	--/--	**/0,37	**/0,57	**/1,78	**/3,48	**/1,93	**/3,98	**/3,35
Alter									
bis 13	4,11	1,91	1,05	0,81	1,48	1,88	1,82	1,11	14,43
14	3,50	2,09	1,14	0,85	1,58	1,83	1,35	1,43	14,15
15	3,19	2,16	1,38	0,96	1,63	1,89	1,32	1,79	14,53
16 u.ä.	2,91	2,26	1,46	0,96	1,67	1,60	1,11	1,63	13,89
p/%	**/0,93	--/--	**/1,02	*/0,21	--/--	--/--	**/0,79	**/0,52	--/--
Schulart									
Hauptschule	3,03	1,68	1,29	1,66	1,62	2,17	1,89	1,71	14,78
Realschule	3,38	2,13	1,25	0,85	1,66	1,78	1,16	1,66	13,92
Gymnasium	4,55	2,85	1,06	0,60	1,37	1,21	0,92	0,83	14,00
p/%	**/2,02	**/2,03	**/0,34	**/1,78	**/0,28	**/1,85	**/2,46	**/0,99	--/--
Wohnortgröße									
Dorf	3,22	1,94	1,21	0,88	1,45	1,77	1,36	1,46	13,45
Kleinstadt	3,81	2,16	1,20	0,87	1,70	1,84	1,40	1,47	14,85
Großstadt	3,71	2,43	1,36	0,95	1,77	2,09	1,86	1,73	16,45
p/%	**/0,46	**/0,28	--/--	--/--	**/0,42	--/--	**/0,37	--/--	**/0,76

(1) Bücher zur Unterhaltung
(2) Bücher zur Weiterbildung lesen
(3) Tageszeitung
(4) Wochenzeitung
(5) Illustrierte
(6) Jugendzeitung
(7) Comic-Hefte, -Bücher
(8) Romanhefte
(9) Gesamtsumme Printmedienkonsum

Schließlich sei noch der Zusammenhang zwischen den verschiedenen Arten der Printmediennutzung erwähnt (vgl. Tab. 2.70). Da es sich um abhängige Daten handelt, korrelieren alle Einzelangaben deutlich mit der Gesamtlesezeit. Auch sind alle Lesezeiten positiv miteinander korreliert, d.h. das Lesen verschiedener Printprodukte schließt einander nicht aus.

Tabelle 2.70: **Zusammenhänge zwischen verschiedenen Aspekten des Printmedienkonsums (Konsumzeiten pro Woche, Gesamtstichprobe), unterhalb der Diagonale: einfache Korrelationen, oberhalb der Diagonale: Korrelationen unter Auspartialisierung von Geschlecht, Alter, Schulart, Wohnortgröße**

	(1)	(2)	(3)	(4)	(5)	(6)	(7)	(8)	(9)
(1) Bücher zur Unterhaltung	--	.25	.07	.08	.11	.09	.15	.24	.62
(2) Bücher zur Weiterbildung	.26	--	.11	.09	.10	.04	.07	.02	.48
(3) Tageszeitungen	.04	.11	--	.32	.25	.15	.06	.03	.32
(4) Wochenzeitungen	.08	.08	.32	--	.31	.27	.10	.07	.37
(5) Illustrierte	.13	.10	.25	.32	--	.35	.10	.11	.45
(6) Jugendzeitschriften	.11	.02	.14	.29	.37	--	.19	.17	.47
(7) Comic-Hefte, -Bücher	.11	.04	.06	.11	.09	.18	--	.07	.40
(8) Romanhefte	.25	.01	.03	.10	.14	.21	.05	--	.48
(9) Gesamtsumme Printmedienkonsum	.62	.47	.30	.38	.47	.49	.37	.49	--
(10) Geschlecht	.20	.03	-.06	.07	.13	.18	-.14	.20	.18
(11) Alter	-.09	.03	.10	.05	.03	-.02	-.08	.07	.00
(12) Wohnort	.04	.05	.03	.02	.06	.04	.04	.01	.08
(13) Schulart	.13	.14	-.05	-.13	-.04	-.13	-.15	-.09	-.03

2.6. Video- und Computerspiele

2.6.1. Verbreitung von Videospielen unter Kindern und Jugendlichen

2.6.1.1. Allgemeine Besitzdaten

Im folgenden wird dargestellt, inwieweit Videospiele in Haushalten vorhanden sind bzw. sich im persönlichen Besitz von Kindern und Jugendlichen befinden. Bei den Studien zur Verbreitung von Videospielen werden alle aufgeführten Gerätetypen miteinbezogen - spezielle Spielgeräte, Zusätze zu TV-Empfängern usw. Das liegt nahe, da zum einen aus vielen Untersuchungen nicht klar ersichtlich ist, um welche Gerätetypen es sich handelt und es zum anderen für die vorliegende Studie von geringer Bedeutung war, welche Abspielgeräte von den Probanden benützt werden. Der Schwerpunkt der Betrachtungen liegt bei den Spielzeiten und den Wirkungen des Videospiels bzw. den Zusammenhängen mit externen Variablen.

Fritz et al. (1983, S. 9) erwähnen, daß etwa jeder fünfte Haushalt in den Vereinigten Staaten ein Telespiel-System besitzt, für die Bundesrepublik Deutschland schätzen sie für 1983, daß nur etwa jeder 20. Haushalt im Besitz eines Videospiel-Systems ist. In einer repräsentativen Studie von 4011 Befragten im Alter von zwölf bis 29 Jahren erfaßten Berg und Kiefer (1986) neben anderen Medien auch die Verbreitung von Telespielen. Insgesamt sind bei 8% der Befragten Telespiele im Haushalt vorhanden. Jeder zehnte männliche Befragte kann bei sich zuhause Telespiele benutzen, während bei den weiblichen Befragten nur bei jeder 17. Person Telespiele vorhanden sind. Auch zwischen den Altersgruppen gibt es Unterschiede: Bei der jüngsten Altersgruppe sind eindeutig die meisten Telespiele vorhanden. Bei den 12- bis 15jährigen besitzen 12% Telespiele, bei den 16- bis 19jährigen 11%, bei den 20- bis 24jährigen 5% und bei den 25- bis 29jährigen sind es 6%. Des weiteren geben 8% der Volksschüler, 11% der Schüler einer weiterführenden Schule, 4% der Abiturienten und 2% der Befragten mit Universitätsbildung an, ein Telespiele zu besitzen (a.a.O., S. 211).

Aus einer Fragebogenuntersuchung, die das Jugendamt der Stadt Ennepetal (1984) an verschiedenen Schulen durchführte, geht hervor, daß 47,5% der Haupt- und Sonderschüler sowie 38,1% der Realschüler und Gymnasiasten Videospiele benutzen. Doppelt so viele Jungen wie Mädchen beschäftigen sich mit Videospielen, dies unabhängig von der Schulart. Leider weist diese Untersuchung erhebliche methodische Mängel auf. Aus der Studie ist nicht ersichtlich, wieviele Schüler insgesamt zu Videospielen befragt wurden. Darüber hinaus werden keine Angaben zur Altersstruktur und anderen soziodemographischen Daten gemacht. Bei einer Befragung von 246 deutschen und ausländischen Jugendlichen in Freizeiteinrichtungen (Hamburg-Nord-Jugendhilfeplanung, 1984) geben 30% der Jugendlichen an, daß sie zuhause Videospiele besitzen. Auch bei dieser Stichprobe verfügen jüngere Befragte häufiger über Videospiele als ältere: in der Gruppe der unter 14jährigen haben 39% zuhause Videospiele, von den über 18jährigen besitzen nur 19% mindestens ein solches Spiel.

Knoll et al. (1986) führten eine repräsentative Untersuchung von 1058 deutschen und ausländischen Probanden im Alter von 12 bis 25 Jahren zum Thema „Bildschirmspiel im Alltag Jugendlicher“ durch. Bei etwa 13% der deutschen und 6% der ausländischen Jugendlichen sind Heimvideospiele im Haushalt vorhanden. Sie meinten damals, „auch unter Berücksichtigung der meist zu Spielzwecken benutzten Homecomputer kann nur eine Minderheit von deutlich unter 20% der Jugendlichen Anfang 1985 im Besitz eigener Bildschirmspiele sein“ (Knoll et al., 1986, S. 131).

Bauer et al. (1985) stellen bei einer Stichprobe von 1059 Schülern im Alter von 13 bis 17 Jahren fest, daß 14% einen eigenen Computer besitzen und 28% zuhause oder bei Freunden Computer benutzen. Die Befragten geben an, daß etwa ein Drittel der am Computer verbrachten Zeit für Spiele verwendet wird.

Obwohl die zitierten Untersuchungen zum Teil unterschiedliche Daten zur Verbreitung von Videospielen enthalten, läßt sich zusammenfassend feststellen, daß die Reichweite der Heimvideo- und Videoautomatenspiele bis 1985 relativ gering ist. Abweichende Ergebnisse zeigt die Untersuchung der Hamburg-Nord-Jugendhilfeplanung (1984); es läßt sich leider nicht klären, ob hier Stichprobeneffekte für die Befunde ausschlaggebend sind. Übereinstimmend ergibt sich, daß männliche Jugendliche häufiger Videospiele besitzen als weibliche und jüngere Befragte intensivere Spieler sind als ältere. Lediglich beim Automatenspielen sind ältere Jugendliche häufiger anzutreffen. Dies dürfte mit ein Effekt der Zugangsbegrenzungen zu Spielhallen und Lokalen mit Spielautomaten sein.

2.6.1.2. Geräteausstattung

Nach unserer Erhebung verfügen die Eltern der Befragten relativ selten über Video-Spielgeräte und ähnliche Apparate. So ist ein Tele-Spiel-System nur bei den Eltern jedes 15. Befragten, ein Heimcomputer nur bei den Eltern jedes 37. Befragten vorzufinden. Wesentlich häufiger finden sich diese Geräte jedoch bei den Jugendlichen selbst (vgl. Tab. 2.71).

Tabelle 2.71: **Besitz an Video- (Tele-, Computer-)Spielapparaten und Heimcomputern bei Kindern und Jugendlichen (Angaben in Prozent der Ja-Antworten), Gesamtverteilung und nach Hintergrundsmerkmalen**

	Telespielapparate	Video-Taschen-Spiel	Glücksspielautomat/Flipper	Konfiguration für Computerspiele	Heimcomputer
Gesamt	21,1	16,6	3,3	12,3	7,1
Geschlecht					
Jungen	31,2	25,2	4,9	20,2	12,6
Mädchen	10,0	7,4	1,6	3,5	1,3
p	**	**	**	**	**
Alter					
bis 13	20,6	19,0	4,3	12,2	7,2
14	21,1	18,3	2,9	13,0	7,0
15	19,8	14,6	2,8	11,1	6,8
16 u. ä.					
p		**			
Schulart					
Hauptschule	23,9	17,2	3,7	14,0	4,7
Realschule	21,7	16,6	3,5	11,9	10,1
Gymnasium	14,7	15,4	2,3	9,2	8,1
p	**				
Wohnortgröße					
Dorf	18,9	15,3	3,3	10,8	5,4
Kleinstadt	23,6	18,0	3,3	13,7	9,4
Großstadt	23,2	19,0	3,7	13,3	8,4
p	**	*		*	**

Am häufigsten benützen Kinder und Jugendliche ein Telespiel-Gerät (21,1%), gefolgt von Video-Taschenspielen (16,6%). Im Vergleich zu diesen preisgünstigen Geräten kommen Konfigurationen, in denen Heimrechner mit spezieller Ausstattung für Computerspiele bzw. Heimcomputer allein vorhanden sind, wesentlich seltener vor (12,3 bzw. 7,1%). Am seltesten sind Glücksspielautomaten oder Flipper im Besitz der Befragten (3,3%). Sämtliche geschlechtsspezifischen Unterschiede weisen darauf hin, daß Jungen eine wesentlich größere Affinität zu diesen technischen Geräten aufweisen als Mädchen, wobei die Diskrepanz bei Heimcomputern oder Konfigurationen für Computerspiele besonders groß ist. Signifikante lineare Beziehungen zwischen dem Alter der Befragten und Gerätebesitz lassen sich nur hinsichtlich der Video-Taschen-Spiele aufweisen, u.zw. im Sinne geringerer Verfügbarkeit bei älteren Befragten. Telespiel-Systeme erfreuen sich unter Hauptschülern größter Verbreitung, ebenso Konfigurationen für Computerspiele. Der Heimcomputer ist am häufigsten bei Realschülern, gefolgt von Gymnasiasten zu finden. Schließlich ist in städtischen Bereichen die Verbreitung dieser Geräte größer als in ländlichen.

Bei den Wünschen nach Spielgeräten und Heimcomputern, steht der Rechner an erster Stelle, gefolgt von der Konfiguration Rechner plus Joystick (vgl. Tab. 2.72). Die anderen Spielgeräte werden von etwa jedem zehnten Befragten gewünscht. Hinsichtlich der geschlechtstypischen Wünsche bestätigen sich die Ergebnisse: Es sind jeweils die Jungen, die sich in allen Fällen diese Geräte häufiger wünschen, allerdings ist der Unterschied nicht so gravierend wie bei den tatsächlichen Besitzangaben (z.B. verfügen Jungen beinahe zehnmal so häufig über einen Heimcomputer als Mädchen, aber nur doppelt so viele Jungen als Mädchen wünschen sich ein solches Gerät). Eine mit dem Alter abnehmende Wunschhäufigkeit bezieht sich auf Telespielapparate und Konfigurationen für Computerspiele. Überraschend ist die durchgehend größere Wunschhäufigkeit der Hauptschüler nicht nur in bezug auf die einfacheren und kostengünstigeren Geräte, sondern auch in bezug auf die Heimcomputer. Die Wunschhäufigkeit nach allen Geräten ist auch bei Befragten aus ländlichen Gebieten größer als bei solchen aus städtischen.

Tabelle 2.72: **Wunsch nach Video- (Tele-, Computer-)Spielapparaten und Heimcomputern bei Kindern und Jugendlichen (Angaben in Prozent der Ja-Antworten), Gesamtverteilung und nach Hintergrundsmerkmalen**

	Telespielapparate	Video-Taschen-Spiel	Glücksspielautomat/ Flipper	Konfiguration für Computerspiele	Heimcomputer
Gesamt	11,5	9,5	11,1	16,9	26,3
Geschlecht					
Jungen	12,5	10,5	14,7	21,3	36,0
Mädchen	10,2	8,4	7,0	12,3	15,8
p	*	*	**	**	**
Alter					
bis 13	11,0	11,3	8,9	17,1	27,4
14	13,2	10,2	11,8	18,9	26,9
15	11,5	8,4	11,6	16,1	26,2
16 u. ä.	7,5	5,6	11,5	12,7	21,5
p	**			*	
Schulart					
Hauptschule	15,9	14,0	15,1	21,2	27,6
Realschule	9,4	6,6	10,2	16,6	28,8
Gymnasium	5,4	4,3	4,2	8,8	20,5
p	**	**	**	**	**
Wohnortgröße					
Dorf	13,7	11,5	11,6	19,3	27,1
Kleinstadt	9,4	7,6	10,8	14,6	27,3
Großstadt	8,4	6,2	9,9	15,0	22,6
p	**	**		**	

2.6.1.3. Nutzungsintensität von Video-Spielen

Von allen Befragten geben 82,5% an, bereits einmal mit einem Video- oder Computer-Spiel gespielt zu haben (vgl. Tab. 2.73); von denen, die dazu noch keine Gelegenheit hatten, wünschen sich 65%, einmal mit solchen Spielen zu spielen. 6,3% der Befragten mit Erfahrung in Video-Spielen bezeichnen dies als ihre liebste Freizeitbetätigung, knapp 30% der Befragten geben an, eigene Spielcassetten zu besitzen, wobei im Schnitt etwas mehr als fünf Cassetten genannt werden. Als die erfahreneren Gruppen stellen sich wieder männliche, ältere Befragte, Realschüler und Befragte aus städtischen Wohngegenden heraus. Die Bindung an das Video-Spiel ist bei Jungen, Hauptschülern und Befragten aus ländlichen und kleinstädtischen Wohngegenden am größten.

***Tabelle 2.73:* Erfahrungen mit Video- oder Computer-Spielen (Frage 1: "Hast Du schon einmal mit Video- (Tele-, Computer-) Spielen gespielt?", Frage 2: "Wenn nein, würdest Du gerne mit Video-Spielen spielen?", Frage 3 (nur bei Befragten mit Video-Spiel-Erfahrung): "Sind Video-Spiele Deine liebste Freizeitbe schäftigung?", Frage 4 (nur Befragte mit Video-Spiel-Erfahrung): "Besitzt Du oder Deine Familie eigene Video-Spielcassetten?", (Angaben in Prozent der Ja-Antworten), Gesamtverteilung sowie nach Hintergrundmerkmalen**

	Erfahrung	Spielwunsch bei den Nicht-erfahrenen	liebste Freizeitbe-schäftigung	eigene Spiel-Cassetten
Gesamt	82,5	65,0	6,3	29,4
Geschlecht				
Jungen	90,9	76,6	9,6	37,7
Mädchen	73,5	55,6	2,0	18,2
p	**	**	**	**
Alter				
bis 13	77,9	66,4	7,5	31,4
14	84,1	69,7	6,7	31,5
15	82,4	60,3	5,8	26,0
16 u. ä.	87,8	54,8	3,9	27,5
p	**	**		*
Schulart				
Hauptschule	80,2	71,1	9,5	32,5
Realschule	87,3	64,0	4,3	28,8
Gymnasium	80,7	49,7	2,7	24,1
p	**	**	**	**
Wohnortgröße				
Dorf	79,9	64,3	6,3	27,2
Kleinstadt	85,3	67,7	7,8	32,4
Großstadt	86,0	62,1	3,6	30,0
p	**		**	*

Die bloße Erfahrung mit Video-Spielen sagt noch relativ wenig über die Intensität der Nutzung aus. Deshalb wurden von uns allen Befragten mit Video-Spiel-Erfahrung noch weitere Fragen vorgelegt. Zu diesen Fragen liegen Angaben von nur 75% der Gesamtstichprobe vor.

Tabelle 2.74: Nutzungsintensität von Video-Spielen (Frage 1: "Wie häufig beschäftigst Du Dich mit Video-Spielen?", Frage 2: "Wenn Du Video-Spiele machst, wie lange bist Du dabei durchschnittlich beschäftigt?", Angaben in Prozent der Videospielnutzer), Gesamtverteilung sowie nach Hintergrundsmerkmalen

	Spielhäufigkeit (Frage 1)				
	täglich	mehrmals pro Woche	ca. einmal pro Woche	ca. einmal pro Monat	noch seltener
Gesamt	5.7	12.4	16.8	20.6	44.5
Geschlecht					
Jungen	8.6	17.4	22.2	21.8	29.9
Mädchen	1.3	5.4	8.9	19.1	65.2
p			**		
Alter					
bis 13	7.4	13.4	16.7	19.7	42.9
14	5.7	13.0	17.5	22.5	41.3
15	4.4	12.4	15.6	20.1	47.5
16 u.ä.	4.6	9.4	17.0	19.5	49.5
p			*		
Schulart					
Hauptschule	6.8	14.3	17.9	20.5	40.5
Realschule	6.0	12.6	17.2	20.8	43.3
Gymnasium	2.9	8.4	13.8	20.8	54.2
p			**		
Wohnortgröße					
Dorf	6.1	13.3	17.8	19.9	42.9
Kleinstadt	6.1	12.9	15.7	21.0	44.3
Großstadt	3.4	7.6	17.1	22.0	49.9
p			**		

	Spieldauer (Frage 2)				
	bis zu einer halben Stunde	bis zu einer Stunde	bis zu zwei Stunden	drei Stunden	noch länger
Gesamt	54.4	27.7	12.0	3.5	2.4
Geschlecht					
Jungen	44.3	31.4	15.6	5.1	3.5
Mädchen	68.0	22.7	7.0	1.3	1.0
p			**		
Alter					
bis 13	56.9	26.9	10.9	2.9	2.4
14	52.1	30.1	11.5	4.2	2.1
15	53.5	26.9	13.7	3.3	2.6
16 u.ä.	58.7	24.8	10.9	3.3	2.3
p					
Schulart					
Hauptschule	51.6	27.7	13.9	3.3	3.4
Realschule	54.1	28.5	11.0	4.0	2.4
Gymnasium	60.6	26.6	3.1	9.3	0.4
p			**		
Wohnortgröße					
Dorf	54.3	28.6	11.8	3.5	1.9
Kleinstadt	54.5	27.3	12.1	3.3	2.8
Großstadt	54.4	26.4	11.3	4.5	3.4
p					

Aufgrund der Frage nach der Spielhäufigkeit sind etwa 20% der Video-Spieler als Intensiv-Nutzer zu bezeichnen; knapp 18% spielen länger als eine Stunde hintereinander. Die Hälfte der Befragten mit Video-Spiel-Erfahrung nutzen diese Freizeitbeschäftigung weniger als einmal pro Monat. Die Gesamtspieldauer ist zumeist sehr gering (vgl. Tab. 2.74).

Typische Intensiv-Nutzer finden sich gehäuft unter den Jungen und den Hauptschülern. Jüngere Befragte und solche aus eher ländlichen Bereichen scheinen - zumindest nach der Spielhäufigkeit - Videospiele intensiver zu nutzen (vgl. hierzu auch Kapitel 4.8.3.1).

Zwischen der Spielhäufigkeit und -dauer der befragten Schüler und dem Besitz eigener Spielgeräte gibt es erwartungsgemäß starke Zusammenhänge.

Tabelle 2.75: **Korrelation zwischen Video-Spielhäufigkeit und -dauer und dem Besitz verschiedener Geräte (Zeile 1 einfache Korrelationen, Zeile 2 partielle Korrelationen unter Konstanthaltung der soziodemographischen Variablen Geschlecht, Alter, Schulartzugehörigkeit, Wohnortgröße und Sozialschicht), Gesamtstichprobe**

Variablen	Spielhäufigkeit	Spieldauer
Tele-Spiel	0,31	0,15
	0,23	0,09
Video-Taschenspiel	0,29	0,13
	0,23	0,08
Heimcomputer	0,36	0,23
	0,32	0,19
Computer-Spiele	0,43	0,22
	0,38	0,16

Die stärkste partielle Korrelation (0,38) besteht zwischen der Spielhäufigkeit und dem Besitz eigener Videospielgeräte (=Computer-Spiele), gefolgt vom Besitz eines eigenen Heimcomputers (0,32) und einem eigenen Telespiel (0,23) sowie einem eigenen Video-Taschenspiel (0,23). Jugendliche, die eigene Geräte besitzen, beschäftigen sich demnach häufiger mit Videospielen. Nicht ganz so stark korreliert der Gerätebesitz mit der Spieldauer. Hier besteht interessanterweise der deutlichste Zusammenhang mit dem Besitz eines eigenen Heimcomputers (0,19), gefolgt vom eigenen Videospielgerät (0,16), dem eigenen Telespiel (0,09) und eigenem Videotaschenspiel (0,08). Die letztgenannte relativ geringe partielle Korrelation erklärt sich möglicherweise dadurch, daß die sehr einfach konstruierten Videotaschenspiele wenig Abwechslung bieten.

Zusammenfassend läßt sich feststellen, daß die Nutzungsintensität sowohl von Heimvideospielen wie auch von Videoautomatenspielen gering ist, es jedoch einen kleinen Kreis von Untersuchten gibt (etwa 14% aller von uns Befragten), der einen nicht unbeträchtlichen Teil der Freizeit mit diesem Medium verbringt. Unter diesen Intensivnutzern dominieren die Jungen, Hauptschüler und Befragte aus ländlichen bzw. kleinstädtischen Regionen.

2.6.1.4. Spielorte und soziale Situationen beim Video-Spielen

Videospiele werden am häufigsten bei Freunden oder Schulkameraden gespielt und an zweithäufigster Stelle zu Hause (vgl. Tab. 2.76). Etwa gleich häufig sind die Spielorte Kaufhaus, Verwandte und öffentliche Automaten. Spielhallen bzw. andere Spielgelegenheiten werden von ca. jedem siebten Video-Spieler genannt. Alle Spielorte werden von Hauptschülern häufiger aufgesucht und (mit einer Ausnahme) auch häufiger von Jungen als von Mädchen. Die altersbezogenen Unterschiede fallen weniger deutlich aus, wobei die jüngste Befragtengruppe häufiger zu Hause und an anderen Orten, die ältesten hingegen häufiger in Spielhallen oder an sonstigen öffentlich aufgestellten Automaten spielen. Die Wohnortsgröße scheint von geringer Bedeutung zu sein.

Am Rande sei erwähnt, daß ein substantieller Bestandteil auch der sehr jungen Befragten in Spielhallen oder an öffentlich zugänglichen Automaten gegen Geld spielen. So sagen 9,8% der 13 Jahre alten oder jüngeren Befragten, daß sie „manchmal“ oder „häufig“ in Spielhallen spielen; immerhin 20,6% der gleichen Altersgruppe geben an, „häufig“ oder zumindest „manchmal“ an öffentlichen Automaten gegen Geld zu spielen. Knoll et al.

(1986, S. 139) geben in diesem Zusammenhang jedoch zu bedenken, daß solche Ergebnisse zumindest zum Teil auf „Imponiergehabe“ von Jugendlichen zurückzuführen seien.

Tabelle 2.76: **Spielorte von Videospielen (Frage: "Wo hast Du Video-Spiele benutzt?", nur Befragte mit Video-Spiel-Erfahrung, Angaben in Prozent der Kategorien "häufig" plus "manchmal"), Gesamtverteilung sowie nach Hintergrundmerkmalen [1)]**

	Gesamt	Geschlecht	Alter	Schulart	Wohnortgröße
Zu Hause	45,7	J	bis 13	HS	--
bei Verwandten	27,7	--	--	HS	--
bei Freunden/ Schulkameraden	50,1	J	--	HS	--
im Kaufhaus/ Spielwarengeschäft	28,6	J	14/15	HS	GSt
an öffentlichen Automaten gegen Geld	26,7	J	16 u. ä.	HS	--
in Spielhallen	13,1	J	16 u. ä.	HS	KSt
bei anderen	14,4	J	bis 13	HS	GSt

1) Wenn Unterschiede signifikant werden, wird angegeben, in welcher Untergruppe die größte Nutzungsintensität auftritt.

Nach unseren Daten sind Geldausgaben für das Spielen an öffentlichen Automaten relativ selten und auch gering. Nur etwa 17% geben an, in der vergangenen Woche Geld für diesen Zweck ausgegeben zu haben. Davon wieder überstieg der ausgegebene Betrag nur bei jedem fünften die 10-DM-Grenze. Dies entspricht in etwa den Erfahrungen anderer Untersucher.

Videospieler, die häufig spielen, tun dies am ehesten zuhause (partielle Korrelation = 0,53), in geringerem Maße an öffentlichen Automaten (0,20) sowie in Spielhallen (0,20), im Kaufhaus (0,18), bei Freunden (0,17), Verwandten (0,14) und am wenigsten an sonstigen Orten (0,10). Auch die Spieldauer weist den stärksten Zusammenhang zum häuslichen Spielen auf (0,20), gefolgt vom Spielen bei Freunden (0,16) und bei Verwandten (0,13). Lange Spielzeiten finden sich jedoch nur in geringem Maße in Spielhallen (0,11), an öffentlichen Automaten (0,07) sowie im Kaufhaus (0,07) und an anderen Orten (0,05). Erklärbar ist dieses Ergebnis damit, daß es sich bei den letztgenannten Spielmöglichkeiten größtenteils um Spiele an Münzautomaten handelt und lange Spielzeiten das Finanzbudget der befragten Schüler stark belasten.

Tabelle 2.77: **Korrelationen zwischen Video-Spielhäufigkeit und -dauer und den Spielorten für die Gesamtstichprobe, (Zeile 1 einfache Korrelationen, Zeile 2 partielle Korrelationen unter Konstanthaltung der soziodemographischen Variablen Geschlecht, Alter, Schulartzugehörigkeit, Wohnortgröße und Sozialschicht)**

	Spielhäufigkeit	Spieldauer
zu Hause	0,57	0,26
	0,53	0,20
bei Verwandten	0,16	0,14
	0,14	0,13
bei Freunden	0,25	0,22
	0,17	0,16
im Kaufhaus	0,27	0,14
	0,18	0,07
an öffentl. Automaten	0,29	0,14
	0,20	0,07
in Spielhallen	0,25	0,15
	0,20	0,11
bei anderen	0,09	0,05
	0,10	0,05

In keiner uns bekannten Studie wurden Daten darüber erhoben, ob bzw. wieviel Geld Jugendliche für den Erwerb eigener Videospielgeräte und Spielcassetten und -disketten ausgeben. Alle genannten Beträge beziehen sich lediglich auf Ausgaben für Videospiele an Automaten. Knoll et al. (1986, S. 139) berichten, daß etwa die Hälfte der Videoautomaten-Spieler pro Spielgelegenheit zwischen einer und vier DM ausgeben, während etwa ein Drittel der Spieler fünf bis acht DM ausgibt. Neun DM und mehr pro Spieltag geben weniger als ein Viertel der Automatenspieler aus. Es wird festgestellt, „daß regelmäßige Video-Spieler etwa viermal pro Monat spielen und dabei jeweils höchstens DM 5,– im Durchschnitt ausgeben“ (a.a.O., S. 142), was einem Ausgabenbetrag von 20 DM pro Monat entspricht.

Schneekloth und Emsbach (1983, S. 78) nennen einen durchschnittlichen Betrag von 5,33 DM, den die Befragten ihrer Gesamtstichprobe monatlich für Videoautomatenspiele ausgaben. Betrachtet man ausschließlich die Automatenspieler, ergibt sich ein durchschnittlicher Betrag von 9,26 DM pro Monat. Beschränktman sich auf die 5% der Befragten mit den höchsten Ausgaben pro Monat, so ergibt sich ein durchschnittlicher Betrag von monatlich 49,86 DM.

Es läßt sich feststellen, daß bei der Mehrheit der Jugendlichen, die an Videoautomaten spielen, das persönliche Finanzbudget nicht überlastet wird (vgl. Schneekloth & Emsbach, 1983, S. 83). Es gibt jedoch eine kleine Gruppe von Spielern, deren finanzielle Aufwendungen für Video-Automaten-Spiele die der anderen Jugendlichen um ein Vielfaches übersteigen.

Am liebsten werden Video-Spiele im Freundeskreis gespielt (vgl. Tab. 2.78). Damit scheint der Umgang mit diesem Medium bei Jugendlichen ähnlich sozial verankert zu sein wie das Anschauen von Videos. Allerdings kommt beim Spielen ein weiteres motivationales Moment zum Tragen, nämlich das Kompetitive, das Bestimmen der eigenen Fähigkeiten im Vergleich mit anderen. Bei der Frage nach der beliebtesten Spielsituation treten geschlechtsspezifische Differenzen auf: Mädchen bevorzugen häufiger als Jungen die Situation mit Freunden bzw. Freundinnen, während Jungen etwas häufiger am liebsten allein spielen bzw. keine Präferenzen äußern. Alters-, Schulart- und regionale Unterschiede lassen sich nicht statistisch absichern.

Nur wenige der Befragten sind Mitglied in einem Video-Spiel-Club, wobei Jungen häufiger als Mädchen und Hauptschüler häufiger als Realschüler oder Gymnasiasten Club-Mitglieder sind.

Ein Tausch von Spielen im Freundeskreis wird von jedem fünften Befragten angegeben, wobei auch dies häufiger von Jungen und besonders Hauptschülern praktiziert wird.

Tabelle 2.78: Soziale Aspekte beim Video-Spielen (Frage 1: "Wie spielst Du am liebsten?", Frage 2: "Bist Du Mitglied in einem Video-Fan- oder Video-Spielclub?", Frage 3: "Tauschst Du oder leihst Du Video-Spiele bei Deinen Freunden aus?", Angaben in Prozent der Zustimmung, nur Befragte mit Video-Spiel-Erfahrung), Gesamtverteilung sowie nach Hintergrundmerkmalen

	Liebste Spielsituation Freunde	allein	egal	Mitglied in Video-Fan oder Spiel-Club	Tausch von Video-Spielen
Gesamt	56,1	12,1	31,7	2,2	20,4
Geschlecht					
Jungen	51,8	14,3	33,9	3,1	29,9
Mädchen	61,7	9,3	29,0	0,9	7,9
p		**		**	**
Alter					
bis 13	52,1	12,4	35,4	1,8	21,5
14	57,6	13,3	29,1	1,7	22,3
15	56,2	11,1	32,7	2,5	19,0
16 u.ä.	59,4	10,2	30,5	2,6	17,3
p					
Schulart					
Hauptschule	55,9	12,8	31,3	2,9	22,6
Realschule	57,0	12,2	30,8	1,9	21,3
Gymnasium	55,6	10,3	34,1	0,9	14,8
p				**	**
Wohnortsgröße					
Dorf	57,3	11,6	30,9	2,3	20,8
Kleinstadt	55,3	12,4	32,3	1,9	21,5
Großstadt	55,3	13,6	31,1	2,5	17,2
p					

Videospieler mit hoher Nutzungsfrequenz betreiben einen regen Tauschhandel mit Spielen (partielle Korrelation = 0,46), haben schon oft daran gedacht, eine Programmiersprache zu lernen (0,29) sowie ein eigenes Spiel zu entwerfen (0,29). Sie geben zudem häufig an, daß Videospiele ihre liebste Freizeitbeschäftigung sind (0,29) und sie sind tenzenziell auch häufiger Mitglied in einem Video-Fan-Club (0,16).

Tabelle 2.79: **Korrelation zwischen Video-Spielhäufigkeit und -dauer und Vaiablen zum sozialen Umgang mit Video-Spielen, Gesamtstichprobe (Zeile 1 einfache Korrelationen, Zeile 2 partielle Korrelationen unter Konstanthaltung von Geschlecht, Alter, Schulartzugehörigkeit, Wohnortgröße und Sozialschicht)**

	Spielhäufigkeit	Spieldauer
Video		
liebste Freizeit-	0,33	0,27
beschäftigung	0,29	0,24
Mitglied in Video-	0,18	0,17
Fan-Club	0,16	0,15
Cassetten	0,52	0,28
tauschen/leihen	0,46	0,23

Kinder und Jugendliche, die pro Gelegenheit lange spielen, geben am häufigsten an, daß Videospielen ihre liebste Freizeitbeschäftigung ist (0,24) und sie tauschen bzw. leihen oder verleihen Spiele häufiger (0,23). Die Mitgliedschaft in einem Video-Fan-Club ist von etwas geringerer Bedeutung (0,15). Insgesamt läßt sich feststellen, daß Schüler, die sich in ihrer Freizeit intensiv mit Videospielen beschäftigen, die benötigten Abspielgeräte oft auch selbst besitzen und umgekehrt demzufolge meistens zuhause spielen. Es zeigt sich auch, daß bei diesen Schülern Videospiele einen hohen Freizeitwert besitzen.

2.6.2. Beliebtheit verschiedener Video-Spiel-Kategorien

Zur Erfassung der Beliebtheit von Video-Spiel-Arten wurde eine offene Frage nach den persönlichen Lieblingsspielen gestellt. Bei der Kategorisierung der Spiele wurde auf folgende Weise vorgegangen: Nach der ersten Durchsicht von 237 Fragebögen aus einer Hauptschule, einer Realschule und einem Gymnasium wurde eine Liste der genannten Titel angefertigt. Die Liste umfaßte 147 verschiedene Spiele, die meisten kamen mehrmals vor. Mit Hilfe der detaillierten Spielbeschreibungen von Huff (1984) und Obermair (1983) wurden die genannten Spiele und etwa 200 weitere den Spielkategorien von Fritz et al. (1983) zugeordnet. Bei einigen wenigen Titeln bestand aufgrund der Spielebeschreibung der beiden o.g. Autoren Unklarheit über die korrekte Zuordnung. Hier konnte die Fachkenntnis eines begeisterten Videospielers weiterhelfen, der detaillierte Beschreibungen der strittigen Titel liefern konnte.

Fritz et al. (1983, S. 30 - 34) unterteilen die Videospiele in zehn Inhaltsbereiche, die im folgenden kurz dargestellt werden sollen.

(1) Kämpfe und Schlachten
In dieser Gruppe sind Spiele zusammengefaßt, bei denen es sich um Kämpfe mit Waffen handelt und die einen „deutlich kämpferischen und militärischen Charakter“ haben (a.a.O., S. 30). Realistisch anmutende Gefechtssimulationen gehören ebenso zu dieser Gruppe wie Duelle und einfache Abschießspiele, die „eher parallelaktiv“ (a.a.O., S. 30) sind.

(2) Futuristisches Gefechtsfeld
Spiele dieses zahlenmäßig größten Bereichs sind dadurch gekennzeichnet, daß die (Kampf-)Handlungen in einer utopischen oder Weltraumumgebung stattfinden. Fritz et al. (a.a.O.) unterscheiden fünf Handlungstypen von Weltraumspielen. Für die vorliegende Studie wurde diese sehr differenzierte Unterteilung jedoch nicht vorgenommen, da sie unserer Meinung nach nur unter Marktforschungsgesichtspunkten sinnvoll erscheint. Die Spielhandlung ist bei allen Handlungstypen vom Kampf um das eigene Überleben und dem Abschießen feindlicher Objekte geprägt.

(3) Sportspiele
In dieser Gruppe sind alle Spiele zusammengefaßt, die „die Dartellung sportlicher Betätigungen“ (a.a.O., S. 30) zum Inhalt haben. Dazu gehören sowohl Einzelwettkämpfe, wie auch Zweikämpfe und Mannschaftssportarten. Bei den beiden letzteren Spieltypen handelt es sich

oft um interaktive Spiele, d.h. zwei Spieler haben die Möglichkeit, aufeinander einzuwirken.

(4) Labyrinthe und Räume
Bei dieser Gruppe findet die Spielhandlung in Labyrinthen und anderen ungewöhnlichen Räumen statt. Auch hier ist oberstes Spielziel der Kampf ums lange Überleben bzw. das Sammeln von möglichst vielen Punkten. Das bekannteste Spiel dieser Art ist der Klassiker PAC MAN und seine Derivate.

(5) Aufstieg
Die Aufgabe bei diesem Spieltyp besteht darin, ein festgelegtes Ziel zu erreichen, dabei verschiedene Hindernisse zu überwinden, die sich in den Weg stellen und möglichst lange zu überleben.

(6) Pong und seine Varianten
Bei diesen Spielen handelt es sich um „einfache Spiele mit Bällen bzw. Objekten in der Funktion eines Balles“ (a.a.O., S. 30). Die Spielvariationen reichen dabei vom einfachen Hin- und Herspielen eines Balles bis zu Spielen, bei denen mit den Bällen Mauern oder andere Hindernisse durchdrungen oder überwunden werden müssen.

(7) Gesellschaftsspiele
In dieser Gruppe sind alle Gesellschaftsspiele zusammengefaßt, die als Videospiel auf den Markt gekommen sind, z.B. Schach, Mühle, Reversi u.ä.

(8) Autofahren
Inhalt dieses Spieltyps ist das Lenken von beweglichen Objekten bzw. die Simulation von Autofahrten. Die Spielziele unterscheiden sich jedoch bei einzelnen Spielen; während es bei einigen Spielen darauf ankommt, so lang wie möglich unfallfrei eine Strecke zu durchfahren, soll bei anderen eine vorgegebene Strecke so schnell wie möglich zurückgelegt werden oder es sollen möglichst viele Autos überholt werden.

(9) Abenteuer
Ziele dieser recht heterogenen Gruppe von Spielen sind die Meisterung verschiedener Gefahren, das Lösen intellektueller Aufgaben oder Rätsel, um einen Schatz o.ä. zu erringen. Die einfachste Form sind „Kombinationsrätsel mit Worteingaben“, (a.a.O., S. 33) bei denen kein graphisches Bildschirmbild existiert. Es gibt jedoch auch bildnerisch gestaltete Spiele mit demselben Grundgedanken. Eine andere Art von Abenteuerspielen sind die Komplettierungsspiele, bei denen Gegenstände

aus Einzelteilen zusammengesucht werden müssen. Eine dritte Spielform wird als Situationsabenteuer bezeichnet (adventure games). Diese Spiele bestehen aus „wechselnden Szenarien mit unterschiedlichen Forderungen an die Geschicklichkeit der Spieler" (a.a.O., S. 33). Erst wenn eine Spielsituation bewältigt wurde, gelangt der Spieler zum nächsten Szenarium.

(10) Sonderformen

Diese Gruppe ist als Restkategorie für Spiele gedacht, die sehr selten vorkommen. Dazu gehören Spielsammlungen mit Spielen aus verschiedenen Bereichen. Ebenso werden Jagd- und Einkreisungsspiele zu dieser Gruppe gerechnet.

(11) Unklassifizierbar

Diese Gruppe ist für Spiele geschaffen worden, die aufgrund ihres Namens einer der o.g. Kategorien nicht zweifelsfrei zugeordnet werden können. In den meisten Fällen dürfte es sich um Spielprogramme für Heimcomputer handeln, von denen inzwischen eine unüberschaubare Anzahl existiert.

(12) Indizierte Spiele

Zusätzlich wurde als weitere Kategorie die von der Bundesprüfstelle für jugendgefährdende Schriften indizierten Spiele eingeführt. Bei den drei 1985 indizierten Spielen „Battle Zone", „River Raid" und „Speed Racer" handelt es sich um Kampfspiele mit grausamem Charakter, die verrohend auf jugendliche Spieler wirken können.

Bei den Videospielen erfreuen sich die Kategorien „Labyrinthe und Räume" sowie „Aufstieg" der größten Beliebtheit (vgl. Tab. 2.80). Nächst häufig werden Spiele der Kategorie „Futuristisches Gefechtsfeld", „Sonderformen", „Sport", „Kämpfe und Schlachten" sowie „Autofahren" angegeben. Relativ selten sind „Gesellschaftsspiele", „Pong" und „Abenteuer".

3,7% der Kinder und Jugendlichen mit Videospielerfahrung zählen ein oder mehrere der drei indizierten Titel zu ihren Lieblingsspielen.

Geschlechtsspezifische Unterschiede werden bei sechs Kategorien deutlich: In allen Fällen sind es die Jungen, die höhere Nennungen aufweisen. Es handelt sich um die Kategorien „Kämpfe und Schlachten", „Futuristisches Gefechtsfeld", „Aufstieg" und „Autofahren" und „Sonderformen". Ein besonders deutlicher Unterschied zeigt sich bei der Nennung indizierter Spiele: Während jeder 18. Junge ein indiziertes Spiel zu seinen Lieblingsspielen zählt, tut dies nur jedes 125. Mädchen.

Altersspezifische Unterschiede sind bei fünf Spielkategorien von Bedeutung: Jüngere Spieler geben häufiger die Kategorien „Kämpfe und Schlachten“, „Labyrinthe und Räume“ sowie „Aufsteig“ an, während ältere Spieler etwas häufiger „Sportspiele“ angeben. „Indizierte Spiele“ sind bei den 14- und 15jährigen am stärksten verbreitet.

Tabelle 2.80: **Kategorisierung von Videospielen nach Video-Spiel-Arten und indizierten Spielen (Frage: "Wie heißen Deine Lieblingsspiele?", Angaben in Prozent der Nennungen pro Kategorie, nur Befragte mit Video-Spiel-Erfahrung), Gesamtverteilung sowie nach Hintergrundmerkmalen[1)]**

Spielarten	Gesamt	Geschlecht	Alter	Schulart	Wohnortgröße
Schlachten und Kämpfe	12,1	J	bis 13	--	--
Futuristisches Gefechtsfeld	28,2	J	--	--	Dorf
Sport	20,3	--	14	HS	KSt
Labyrinthe	35,3	--	bis 13	--	KSt
Aufstieg	34,1	J	14	HS	GSt
Pong	2,9	--	--	--	Dorf
Gesellschaftsspiele	5,1	--	--	--	KSt
Autofahren	10,0	J	--	--	KSt
Abenteuer	1,2	--	--	HS	--
Sonderformen	22,6	J	--	HS	GSt
indizierte Spiele	3,7	J	14	HS	--

1) Es wird - wenn Unterschiede signifikant ausfallen - jeweils angegeben, in welcher Untergruppe die höchste Vorkommenshäufigkeit gegeben ist.

Zwischen Wohnortgröße und Spielarten besteht in acht Fällen ein Zusammenhang. Kinder und Jugendliche aus der Großstadt nennen häufiger „Aufstieg“ und „Sonderformen“, in kleinstädtischen Bereichen werden häufiger „Sportspiele“, „Labyrinthe und Räume“, „Gesellschaftsspiele“ und „Autofahren“ genannt. Für Befragte aus ländlichen Wohngegenden gehören „Futuristisches Gefechtsfeld“ und „Pong“ häufiger zu den Lieblingsspielen.

Die Schulartzugehörigkeit hängt in fünf Fällen mit den Spielkategorien zusammen. Die Hauptschüler zählen häufiger „indizierte Spiele“, „Sonderformen“, „Abenteuer“ und „Aufstieg“ zu ihren Lieblingsspielen. Die Kategorie „Sportspiele“ wird am seltensten von Realschülern genannt.

Um Unterschiede zwischen Häufig- und Gelegenheitsspielern hinsichtlich der von ihnen bevorzugten Video-Spiel-Kategorien feststellen zu können, wurden die Spieler gemäß ihrer Angaben hyphenationüber Spielhäufigkeit und Spieldauer in vier Gruppen eingeteilt.

(1) Die Gruppe der „Häufig-und-lang-Spieler“ (N = 209) setzt sich aus Befragten zusammen, die täglich oder mehrmals pro Woche bis zu zwei Stunden oder länger spielen.

(2) Die Gruppe der „Häufig-und-kurz-Spieler“ (N = 340) besteht aus Schülern, die täglich oder mehrmals in der Woche höchstens bis zu einer Stunde spielen.

(3) Zu der Gruppe der „Selten-und-lang-Spieler“ (N = 339) gehören die Befragten, die ca. einmal pro Woche oder seltener bis zu zwei Stunden oder länger spielen.

(4) Die weitaus größte Gruppe der „Selten-und-kurz-Spieler“ (N = 2092) setzt sich aus Schülern zusammen, die ca. einmal pro Woche oder seltener und dann höchstens bis zu einer Stunde spielen.

In Tabelle 2.81 werden die von den vier Spielergruppen genannten zehn Spielkategorien sowie die der indizierten Spiele wiedergegeben.

Deutliche Unterschiede zwischen Häufig- und Gelegenheitsspielern gibt es bei den Kategorien „Kämpfe und Schlachten“, „Futuristisches Gefechtsfeld“, „Aufstieg“, „Abenteuer“ und „Sonderformen“, ebenso bei den „indizierten Spielen“. Diejenigen Befragten, die „häufig und lang“ spielen, weisen in fünf Fällen die meisten Spielnennungen auf und die Gruppe der selten und kurz Spielenden gibt in allen genannten Fällen die wenigsten Spiele an.

Die Spielkategorie „Futuristisches Gefechtsfeld“ wird von den Häufigspielern und den Selten/Lang-Spielern von allen Kategorien am häufigsten genannt. Die Gruppe der Selten/Kurz-Spieler nennt „Labyrinthe und Räume“ als häufigste Kategorie.

Tabelle 2.81: **Nennungen von Videospielkategorien nach Häufigkeit und Dauer des Videospielens (Angaben in Prozent)**

Spielkategorien	häufig/ lang n=209	häufig/ kurz n=340	selten/ lang n=339	selten/ kurz n=2092	p
Kämpfe und Schlachten	30,3	17,4	12,1	7,2	**
Futuristisches Gefechtsfeld	50,3	45,6	31,7	20,8	**
Sport	30,4	26,6	18,3	17,2	ns
Labyrinthe und Räume	32,1	37,7	30,5	30,4	ns
Aufstieg	46,4	45,5	31,0	27,5	*
Pong	2,6	2,0	2,6	2,8	ns
Gesellschafts-spiele	5,6	3,9	3,3	3,9	ns
Autofahren	14,3	14,5	8,4	7,1	ns
Abenteuer	3,1	2,6	3,3	0,4	**
Sonderformen	21,4	13,8	12,0	7,4	**
Indizierte Spiele	13,8	6,3	4,0	2,1	**

2.6.3. Bewertung des Video-Spielens durch Kinder und Jugendliche

In der Projektstudie von Grau et al. (1984, S. 64) wurden von Jugendlichen folgende Urteile zu Videospielen abgegeben: „das bringt nichts" (37%), „da geht das Geld ganz schön drauf" (16%), „das mach ich nur zur Unterhaltung" (8%), „das ist mal gut, mal blöd" (8%), „das bringt viel" (6%) und „das ist gut" (18%). Mehr als die Hälfte der Befragten drückt damit eine negative Einstellung zu Videospielen aus, ein Viertel von ihnen hat eine eindeutig positive Einstellung, während die übrigen Befragten sich nicht auf eine eindeutige Haltung festlegen. Knoll et al. (1984, S. 39) geben an, daß 62% der untersuchten Jugendlichen Videospiele dem Kriegsspielzeug zuordnen. Da jedoch zwei Drittel der Befragten nicht glauben, „daß nach einem Verbot von Kriegsspielzeug die Menschen friedlicher miteinander umgehen" (a.a.O., S. 73), folgern die Autoren, daß die Untersuchten keinen Zusammenhang zwischen dieser Freizeitbeschäftigung und dem Entstehen von Konflikten sehen.

In einer Gruppendiskussion äußerten insgesamt 175 Jugendliche ihre Einstellungen zu Videospielen (Fritz et al., 1983, S. 59). Ein großer Anteil der Befragten bewertete die Spiele negativ und stellt fest, daß der finanzielle Aufwand dafür zu hoch sei und die Spiele auf Dauer langweilig würden. Es fällt jedoch auf, daß das Alter der Schüler mit ihren Bewertungen zusammenhängt. Jüngere Schüler finden diese Spiele häufiger gut, während ältere Schüler eine deutlich kritischere Haltung einnehmen.

Auch Knoll et al. (1986, S. 184 f) haben u.a. „das Image des Bildschirmspiels" bei den Interviewten untersucht, wobei den Jugendlichen 19 Statements zu Videospielen vorgelegt wurden, die gängigen Urteilen über die Spiele entsprachen. An erster Stelle geben alle Jugendlichen, unabhängig von ihrer Spielerfahrung an, Videospiele seien teurer als andere Freizeitbeschäftigungen. Gleichzeitig meint ein Großteil der Befragten, daß Videospiele Spaß machten. Aussagen, daß Videospiele die Reaktions- und Konzentrationsfähigkeit erhöhten sowie daß man sich mit Freunden messen könne, finden ebenfalls hohe Zustimmung. In geringerem Maße wird dem Statement beigepflichtet, Videospiele seien eine gute Möglichkeit, Freunde zu treffen. Der Leistungsaspekt ist von geringer Bedeutung. Der Aussage, „beim Videospiel merkt man, was man leisten kann", wird nur von 6% der Jugendlichen zugestimmt, während sie 45% eindeutig ablehnen. Die Statements, Videospiele seien gefährlich, weil sie oft Gewalt verherrlichen und in geringerem Maße die Aussage, Videospiele machten aggressiv, finden mehr Zustimmung als die Aussage, Videospiele seien eine gute Möglichkeit, um Aggressionen abzubauen (a.a.O., S. 185).

Bei diesen Beurteilungen zeigen sich deutliche Unterschiede zwischen Videospielern und Jugendlichen ohne Spielerfahrung: Videospieler schätzen die Spiele deutlich positiver ein. Von ihnen wird die Gewaltverherrlichung durch die Spielprogramme als geringer eingestuft. Der Leistungscharakter sowie die sozialen Aspekte des Spielens haben für Videospieler eine größere Bedeutung als für nichtspielende Jugendliche.

Ausgehend von diesen Befunden wurden von uns zur Bewertung des Video-Spielens 20 Items vorgegeben, wobei zwölf eine positive Einstellung zum Video-Spielen und acht eine negative zum Ausdruck brachten. Positiv waren die Feststellungen:

(2) Videospiele dienen der Unterhaltung,
(3) sie sind eine Möglichkeit, um mit Computern vertraut zu werden,
(5) sie fördern das technische Verständnis,
(7) sie fördern Geschicklichkeit der Reaktion,
(8) sie sind ein Mittel gegen Langeweile,
(11) sie fördern die Konzentration,
(12) man kann sich mit anderen vergleichen,
(13) sie bauen Aggressionen ab,
(14) sie sind eine Möglichkeit, Freunde zu treffen,
(15) sie bereiten auf die Zukunft vor,
(18) sie sind entspannend,
(20) es macht Spaß, seine Punktzahlen zu steigern.

In eine tendenziell negative Richtung formuliert waren die Statements:

(1) sie sind eine Geldverschwendung,
(4) sie machen nervös,
(6) sie lenken von den wirklichen Problemen ab (z.B. Schule, Eltern, Freunde),
(9) sie stellen Gewalt als etwas Gutes dar,
(10) sie bewirken, daß man öfter allein ist,
(16) sie sind eine Zeitverschwendung,
(17) sie sind ein Kriegsspielzeug,
(19) sie sind im Grunde überflüssig.

Die höchsten Zustimmungen (jeweils über 80%, vgl. Tab. 2.82) erreichen die Feststellungen, daß Video-Spiele die Reaktion förderten, daß sie der Unterhaltung dienten, daß sie ein Mittel gegen Langeweile seien und daß es Spaß mache, seine Punkte zu steigern. Über 60% Zustimmung erhalten noch die Feststellungen, daß Video-Spiele Geldverschwendung sind, daß sie die Konzentration förderten, daß sie von den wirklichen Problemen ablenkten, daß sie mit dem Umgang mit Computern vertraut machten und daß man sich dabei mit anderen vergleichen könne. Die geringsten Zustimmungsprozentsätze erreichen die Feststellungen, Video-Spiele bewirkten, daß man öfter allein sei bzw. daß sie auf die Zukunft vorbereiteten.

Die geschlechtsspezifischen Antwortmuster sind mit noch zu nennenden Ausnahmen auf die einfache Formel zu bringen: Posititve Feststellungen werden von männlichen Befragten deutlicher befürwortet als von weiblichen. Den Statements, Video-Spiele lenkten von den wirklichen Problemen des Lebens ab, sie stellten Gewalt als etwas Gutes dar und sie seien Kriegsspielzeug wird von männlichen Jugendlichen mehr Zustimmung entgegengebracht als von weiblichen. Der Inhalt der genannten Aussagen kann als ambivalent in bezug auf die Befürwortung von Video-Spielen angesehen werden.

Die altersspezifischen Trends gehen in die Richtung, daß die subjektiven Einschätzungen positiver Effekte der Video-Spiele im allgemeinen mit höherem Alter abnehmen und skeptische Meinungen deutlicher befürwortet werden.

Sehr deutliche Unterschiede treten bei fast allen Antwortverteilungen in Abhängigkeit von der Schulartzugehörigkeit der Befragten auf. Hauptschüler geben generell die positivsten Einschätzungen über das Video-Spielen ab und Gymnasiasten die negativsten. Ausnahmen stellen die Feststellungen über Video-Spiele als Unterhaltungsmittel dar (Item 2, größere Zustimmung bei Realschülern und Gymnasiasten), die Ablenkungsfunktion solcher Spiele (Item 6, größte Zustimmung bei Haupt- und Realschülern), die Förderung der Reaktionsfähigkeit (Item 7, größte Befürwortung bei Realschülern und Gymnasiasten) und die Einschätzung des Video-Spielens als Mittel gegen Langeweile (Item 8, größte Befürwortung bei den Realschülern).

In Abhängigkeit von der Größe des Wohnortes werden nur vier Unterschiede deutlich. Diese machen eine negative Bewertung des Video-Spielens bei Befragten aus großstädtischen Bereichen und die positivere bei Befragten aus dörflichen Wohngegenden deutlich.

Tabelle 2.82: **Einschätzung des Videospielens, Prozent Zustimmung zu vorgegebenen Statements (nur Befragte mit Video-Spiel-Erfahrung), Gesamtverteilung sowie nach Hintergrundmerkmalen[1]**

Statements	Gesamt	Geschlecht	Alter	Schulart	Wohnortgröße
(1) Geldverschwendung	68,4	M	16 u.ä.	GY	GSt
(2) dienen der Unterhaltung	87,1	J	--	RS/GY	--
(3) vertraut mit Computer	60,5	--	--	HS/RS	--
(4) machen nervös	41,6	M	16 u.ä.	GY/RS	--
(5) fördern techn. Verständnis	42,4	J	bis 13	HS	Dorf
(6) Problemablenkung	60,9	J	15/ 16 u.ä.	RS	--
(7) fördern Reaktionsgeschick	88,0	J	--	RS/GY	--
(8) Mittel gegen Langeweile	85,6	J	14/15	RS	--
(9) stellen Gewalt als etwas Gutes dar	39,4	J	--	--	--
(10) öfteres Alleinsein	28,3	--	--	HS	--
(11) fördern Konzentration	62,5	--	15/ 16 u.ä.	HS	--
(12) Vergleich mit anderen	60,2	J	--	RS	--
(13) Aggressionsabbau	37,2	J	16 u.ä.	RS	--
(14) Treffen mit Freunden	51,1	J	--	RS/HS	Dorf
(15) Zukunftsvorbereitung	21,1	J	--	HS	--
(16) Zeitverschwendung	38,2	M	16 u.ä.	GY	--
(17) Kriegsspielzeug	38,0	J	16 u.ä.	RS	--
(18) sind entspannend	34,7	J	bis 13/ 14	HS	--
(19) sind überflüssig	55,3	M	16 u.ä.	GY	GSt
(20) Spaß, Punkte zu steigern	82,0	J	14	--	--

1) **Es wird - wenn Unterschiede signifikant ausfallen - jeweils angegeben, in welcher Untergruppe die höchste Zustimmung zu finden ist.**

Tabelle 2.83: **Subjektive Bewertungen der Kinder und Jugendlichen von Videospielen nach Spielhäufigkeit und -dauer (Angaben in Prozent der Ja-Antworten)**

Feststellungen	häufig/ lang n=209	häufig/ kurz n=340	selten/ lang n=339	selten/ kurz n=2092	p
(1) Geldverschwendung	40,8	49,0	62,1	73,8	**
(2) dienen der Unterhaltung	93,2	96,2	91,4	85,5	**
(3) vertraut mit Computer	72,3	65,5	65,7	58,3	**
(4) machen nervös	17,4	32,1	33,4	46,5	**
(5) fördern techn. Verständnis	63,1	49,4	47,0	39,2	**
(6) Problemablenkung	71,5	60,4	64,2	60,1	**
(7) fördern Reaktions-Geschick	94,7	94,4	92,5	86,9	**
(8) Mittel gegen Langeweile	93,2	93,5	86,6	84,2	**
(9) stellen Gewalt als etwas Gutes dar	43,2	38,6	36,3	39,7	ns
(10) öfter Alleinsein	24,8	26,0	23,0	29,3	**
(11) fördern die Konzentration	79,9	71,0	67,2	60,2	**
(12) Vergleichen mit anderen	74,5	71,4	64,8	57,4	**
(13) Aggressionsabbau	61,3	50,0	46,8	31,7	**
(14) Treffen mit Freunden	68,3	60,1	63,2	58,7	**
(15) bereiten auf Zukunft vor	38,0	27,9	24,8	17,8	**
(16) Zeitverschwendung	14,6	18,4	28,9	43,7	**
(17) Kriegsspielzeug	32,8	28,4	34,4	39,8	ns
(18) sind entspannend	63,5	54,8	43,3	29,0	**
(19) sind überflüssig	21,4	36,1	46,8	61,7	**
(20) Spaß, Punkte zu steigern	92,2	93,8	88,6	79,6	**

Die Gruppen der Häufig- und der Seltenspieler unterscheiden sich in nahezu allen Aussagen über Videospiele deutlich voneinander. Ausnahmen bilden die Aussagen, daß Gewalt als etwas Gutes dargestellt würde und daß Videospiele ein Kriegsspielzeug seien (vgl. Tab. 2.83). Insgesamt zeigt sich deutlich, daß Häufigspieler eine weitaus positivere Einstellung zu Videospielen haben als Seltenspieler. Sehr krasse Unterschiede zeigten sich bei den Aussagen, daß Videospiele Geldverschwendung seien, daß sie nervös machten, daß sie technisches Verständnis förderten bzw. Konzentrationsfähigkeit förderten, Aggressionen abbauten, auf die Zukunft vorbereiteten, daß sie entspannen und daß sie überflüssig seien.

Auch innerhalb der zwei Hauptgruppen gibt es deutliche Unterschiede: Die Häufig/Lang-Spieler bewerten die Spiele insgesamt positiver als die Häufig/Kurz-Spieler; die Selten/Kurz-Spieler haben eine negativere Einstellung zu Videospielen als die Selten/Lang-Spieler. Problematisch ist jedoch das Item „sie lenken von den wirklichen Problemen ab“, das von den Häufig/Lang-Spielern signifikant häufiger genannt wird. Dieser Befund läßt die Klassifikation dieses Statements als problematisch erscheinen.

Die Angaben der Jugendlichen zur Bewertung des Video-Spielens und die durch das Spielen ausgelösten Handlungsbereitschaften wurden zu drei Skalen zusammengefaßt (vgl. Anhang B). Wie zu erwarten, korrelieren die zusammengefaßten Bewertungen mit Videospiel-Häufigkeit und -dauer in der erwarteten Weise (vgl. Tab. 2.84). Befragte, die von den positiven Aspekten des Videospielens überzeugt sind bzw. den negativen weniger häufig zustimmen, spielen öfter und länger. Wie schließlich die Korrelationen mit soziodemographischen Merkmalen zeigen, variiert in Abhängigkeit vom Bildungsniveau sowohl die quantitative Nutzung als auch die Bewertung der Spiele. Noch deutlicher unterscheiden sich Mädchen von den Jungen. Die Altersvariable weist weniger Zusammenhänge auf. Immerhin ist bei älteren Jugendlichen eine leichte Tendenz zu geringerer Spiel-Häufigkeit gegeben, die negative Bewertung des Videospielens ist deutlicher ausgeprägt und die vom Videospiel ausgehenden Handlungsbereitschaften sind weniger stark. Sozialschicht und Wohnortsgröße weisen nur marginale Beziehungen zu den Videospiel-Indikatoren auf. Es wird nur eine geringe Tendenz zu abnehmender Videospiel-Häufigkeit und kritischerer Bewertung des Videospielens mit steigender Sozialschichtzugehörigkeit deutlich; in die gleiche Richtung weisen die Zusammenhänge mit der Größe des Wohnortes. Betrachtet man die Zusammenhänge insgesamt, so wird deutlich, daß für die Bewertung des Videospiels das Geschlecht von hervorragender Bedeutung ist.

Tabelle 2.84: Zusammenhänge zwischen Videospiel-Indikatoren untereinander und mit soziodemographischen Indikatoren (einfache Korrelationen); nur Befragte mit Videospiel-Erfahrung (5%: r = .03, 1%: r = .05)

Soziodemographische Merkmale	Videospiel-Indikatoren (1)	(2)	(3)	(4)	(5)
Schulart	-.12	-.09	.08	-.16	-.03
Geschlecht	-.35	-.23	.09	-.19	-.36
Alter	-.06	.01	.09	-.01	-.06
Sozialschicht	-.03	-.02	.05	-.09	.03
Wohnortsgröße	-.06	.02	.04	-.04	-.01
Videospiel-Häufigkeit	--	.36	-.26	.31	.54
Videospiel-Dauer		--	-.18	.23	.37
negative Bewertung			--	-.19	-.18
positive Bewertung				--	.26

(1) Videospiel-Häufigkeit
(2) Videospiel-Dauer
(3) negative Bewertung von Video-Spielen
(4) positive Bewertung von Video-Spielen
(5) videospiel-bezogene Handlungsbereitschaft

2.6.4. Kreativer Umgang mit Video-Spielen

Um das persönliche Aktivitätspontential zu untersuchen, das von dem Umgang mit Video-Spielen ausgeht, wurden zwei Fragen gestellt: Die Jugendlichen sollten angeben, ob sie daran gedacht hätten, selbst ein Video-Spiel zu entwerfen und ob sie zu diesem Zweck eine Programmiersprache erlernt haben oder dies im Begriff stehen zu tun (vgl. Tab. 2.85).

Tabelle 2.85: **Kreativer Umgang mit Video-Spielen (Frage 1: "Hast Du daran gedacht, ein eigenes Video-Spiel zu entwerfen?", Frage 2: "Willst Du eine Programmiersprache lernen, um selbst ein Video-Spiel zu entwickeln?", Gesamtstichprobe, Angaben in Prozent der Zustimmungen), Gesamtverteilung sowie nach Hintergrundmerkmalen**

	Video-Spiel entwerfen	Programmiersprache lernen
Gesamt	18,7	28,9
Geschlecht		
Jungen	29,7	42,6
Mädchen	6,7	14,1
p	**	**
Alter		
bis 13	19,9	29,7
14	19,9	30,1
15	17,6	28,4
16 u.ä.	15,5	25,0
p		
Schulart		
Hauptschule	18,4	24,5
Realschule	19,7	36,1
Gymnasium	17,9	27,9
p		**
Wohnortgröße		
Dorf	17,1	27,2
Kleinstadt	20,9	31,4
Großstadt	19,7	28,3
p	*	*

Fast jeder fünfte Befragte gibt an, schon einmal daran gedacht zu haben, selbst ein Video-Spiel zu entwerfen, und knapp 30% wären bereit dazu, eine Programmiersprache zu lernen. Auch wenn beide Fragen nur hypothetisch sind, so zeigen die Antworten doch, daß eine gewisse Stimulierung von der Beschäftigung mit Video-Spielen ausgeht.

Bei beiden Fragen sind beträchtliche geschlechtsspezifische Unterschiede nachweisbar, wobei wiederum jeweils die Jungen ein wesentlich stärkeres Interesse bekunden. Altersunterschiede in der Beantwortung beider Fragen lassen sich nicht absichern. Das Interesse, eine Programmiersprache zu lernen, ist unter den Realschülern am größten. Sowohl Gymnasiasten wie auch Hauptschüler folgen mit deutlichem Abstand. Tendenziell zeigen Befragte aus kleinstädtischen Wohngegenden stärkeres Interesse. Der Gedanke daran, selbst ein Videospiel entwerfen zu wollen, ist auch bei Konstanthaltung der wesentlichen soziodemographischen Hintergrundfaktoren deutlich mit Spielhäufigkeit und Spieldauer korreliert (0,29/0,21), das gleiche gilt für die Bereitschaft zum Erlernen einer Programmiersprache (0,29/0,20). Ausgehend von diesen Zusammenhängen läßt sich sagen, daß - zumindest der Absicht nach - eine ernsthafte Auseinandersetzung mit Computern durch das Video-Spielen angeregt werden kann. Eine alternative Interpretation hätte von der Vermutung größerer Affinität für Spiele der angesprochenen Art bei technisch und allgemein an Computern Interessierten auszugehen.

2.7. Rückblick auf die Mediennutzung von Kindern und Jugendlichen

2.7.1. Wöchentliche Mediennutzung

Bei Betrachtung des Wochenmedienkonsums unter quantitativen Gesichtspunkten fällt auf, daß die Nutzung des Fernsehens (15,84 Std.) die der auditiven Medien (15,32 Std.) knapp übertrifft, wobei Jugendliche die Schallplatten und Cassetten dem Rundfunk vorziehen (vgl. Tab. 2.86). Weit weniger Zeit als für Fernsehen und auditive Medien wenden die Befragten für das Bücherlesen auf (5,57 Std.). Bei der Auswahl von Büchern wird Unterhaltungslektüre der Weiterbildungsliteratur vorgezogen. Bücher werden intensiver genutzt als Jugendzeitschriften (1,83 Std.), Illustrierte (1,58 Std.) bzw. Tages- oder Wochenzeitungen 1,22 bzw. 0,88 Std.).

Tabelle 2.86: **Rangfolge genutzter Medien nach quantitativem Aspekt (wöchentliche Gesamtnutzungsdauer in Stunden)**

Rang	Medienart		Wochenkonsum in Stunden	Streuung
1	Fernsehen		15,84	9,59
2	Auditive Medien	gesamt	15,32	--
		Platten/Cassetten	9,07	8,61
		Radio	6,25	6,92
3	Bücher	gesamt	5,75	--
		Unterhaltungslit.	3,49	4,09
		Weiterbildungslit.	2,08	3,13
4	Zeitschriften	gesamt	3,41	--
		Illustrierte	1,58	2,12
		Jugendzeitschriften	1,83	2,69
5	Video		2,79	5,83
6	Zeitungen	gesamt	2,10	--
		Tageszeitungen	1,22	1,49
		Wochenzeitungen	0,88	1,33
7	Romanhefte		1,49	3,50
8	Comics		1,43	2,60

Am geringsten konsumieren die Befragten Romanhefte und Comics. Jugendliche verbringen in der Woche durchschnittlich 2,79 Std. mit dem Anschauen von Videofilmen, Musikvideos u.ä. 6,9% der Befragten beschäftigen sich in ihrer freien Zeit am liebsten mit Videospielen (für Videospiele wurden in der vorliegenden Untersuchung keine Wochennutzungszeiten erhoben.

Hinsichtlich des Medienverhaltens unterscheiden sich die Geschlechter sehr deutlich (vgl. Tab. 2.87). Jungen nutzen audiovisuelle Medien weitaus intensiver. Sie sitzen in der Woche 17,31 Stunden vor dem Fernseher (Mädchen: 14,29 Std.) und 3,22 Stunden vor dem Videogerät (Mädchen: 2,34 Std.).

Tabelle 2.87: **Wochenmedienkonsum nach Geschlecht, Angaben in Stunden (Gesamtstichprobe), und Zusammenhänge zwischen Konsum und Geschlecht**

Medienart	Gesamt Std.	männl. Std.	weibl. Std.	Korrelation r	r part [1]
Bücher gesamt	5,57	4,64	6,56	+0.19	+0.18
Unterhaltung	3,49	2,64	4,39	+0.21	+0.20
Bildung	2,08	2,00	2,17	+0.03	+0.01
Zeitungen gesamt	2,10	2,09	2,12	+0.02	+0.03
Tageszeitungen	1,22	1,31	1,13	-0.06	-0.06
Wochenzeitungen	0,88	0,78	0,99	+0.08	+0.09
Zeitschriften	3,41	2,62	4,23	+0.18	+0.19
Illustrierte	1,58	1,29	1,87	+0.14	+0.14
Jugendzeitschriften	1,83	1,33	2,36	+0.19	+0.21
Comics	1,43	1,78	1,05	-0.14	-0.13
Romanhefte	1,49	0,79	2,22	+0.20	+0.21
auditive Medien	15,32	13,95	16,80	+0.12	+0.13
Platt./Cass.	9,07	8,15	10,06	+0.11	+0.13
Radio	6,25	5,80	6,74	+0.07	+0.07
Fernsehen	15,84	17,31	14,29	-0.16	-0.14
Video	2,79	3,22	2,34	-0.07	-0.05

[1] Partielle Korrelation unter Konstanthaltung von Alter, Schicht- und Schulartzugehörigkeit.

Die Unterschiede bei der Nutzungsdauer schlagen sich auch in den Freizeitpräferenzen nieder: 13,1% der Jungen, aber nur 9,6% der Mädchen geben Fernsehen und 9,6% der männlichen, aber nur 2,0% der weiblichen Befragten geben Video als liebste Freizeitbeschäftigung an. Auch Comics werden von Jungen (1,78 Std.) häufiger in die Hand genommen als von Mädchen (1,05 Std.). Die Jungen bevorzugen also bildbetonte Medien, Mädchen hingegen auditives und sprachliches Material. Sie hören nämlich wöchentlich 16,80 Stunden Radio, Schallplatten usw. (Jungen: 13,95 Std.) und lesen 6,56 Stunden Bücher (Jungen: 4,64 Std.). Mehr als die doppelte Lesezeit verwenden die Mädchen für Unterhaltungslektüre, lesen trotzdem aber auch mehr Weiterbildungsliteratur als Jungen. Mädchen lesen 4,23 Stunden in der Woche Zeitschriften (Jungen: 2,62 Std.), überwiegend Jugendzeitschriften, und 2,22 Stunden Romanhefte (Jungen: 0,79 Std.). Lediglich beim Konsum von Zeitungen sind die Geschlechter ziemlich gleichauf (m: 2,09 Std.; w: 2,12 Std.). Bei einer Aufsplittung nach Tages- und Wochenzeitungen fällt auf, daß Jungen mehr Interesse für das Tagesgeschehen, Mädchen für längerfristig Aktuelles haben.

Entsprechend fallen die Ergebnisse aus, wenn man einen Zusammenhang zwischen Geschlechtszugehörigkeit und Mediennutzungsdauer unter Konstanthaltung der Variablen Alter, Schicht- und Schulartzugehörigkeit berechnet. Fernsehen (-0.14), das Lesen von Comics (-0.13) und der Videokonsum (-0.05) sind mit dem männlichen Geschlecht korreliert. Das Lesen von Romanheftchen (+0.21), Zeitschriften (+0.19), vor allem Jugendzeitschriften (+0.21), Büchern (+0.18), hierbei besonders die Unterhaltungsliteratur (+0.20), und der Konsum von Klangmedien (+0.13) ist eher mädchenspezifisch. Diese Befunde wurden gestützt und unterstrichen durch die Betrachtung geschlechtsspezifischer Freizeitaktivitäten allgemein (vgl. Kap. 3.2.1).

Bei der Betrachtung des Alterseinflusses auf den Medienkonsum wird deutlich, daß vor allem Comics (-0.09), Bücher (-0.07) und Unterhaltungsliteratur (-0.09) auf das Interesse der Jüngeren stoßen (vgl. Tab. 2.88). Auditive Medien (+0.19) und Zeitungen (+0.08), sowohl Tages- (+0.11) als auch Wochenzeitungen (+0.05), werden von älteren Jugendlichen bevorzugt, aber auch Videos (+0.06) und Romanhefte (+0.07) werden von ihnen häufiger genutzt. Obwohl sich für den Zeitschriften- und Fernsehkonsum bei der Nutzungsdauer keine signifikanten Alterseinflüsse zeigen, nennen 12,6% der 14jährigen, aber nur 7,1% der 16- bis 19jährigen Fernsehen als ihre liebste Freizeitbeschäftigung. 6,7% der jüngeren Befragten und nur 3,9% der älteren beschäftigen sich am liebsten mit Videospielen.

Tabelle 2.88: **Wöchentlicher Medienkonsums nach Alter in Stunden und Zusammenhänge zwischen Alter und Konsum (Gesamtstichprobe)**

Medienart	Gesamt	Alter bis 13	14	15	16 u.ä.	Korrelation r	r part [1]
Bücher gesamt	5,57	6,01	5,58	5,35	5,17	-0.07	-0.07
Unterhaltg.	3,49	4,10	3,50	3,19	2,91	-0.09	-0.09
Bildung	2,08	1,91	2,08	2,16	2,26	+0.04	+0.04
Zeitungen	2,10	1,86	1,98	2,34	2,41	+0.08	+0.08
Tagesztg.	1,22	1,05	1,13	1,38	1,45	+0.11	+0.11
Wochenztg.	0,88	0,81	0,85	0,96	0,96	+0.05	+0.05
Zeitschriften	3,41	3,36	3,41	3,52	3,27	+0.00	+0.00
Illustr.	1,58	1,48	1,58	1,63	1,67	+0.03	+0.03
Jugendzt.	1,83	1,88	1,83	1,89	1,60	-0.02	-0.02
Comics	1,43	1,82	1,35	1,32	1,11	-0.08	-0.09
Romanhefte	1,49	1,11	1,43	1,79	1,63	+0.07	+0.07
audit.Medien	15,32	11,95	14,98	16,82	19,79	+0.19	+0.19
Platte/Cass.	9,07	6,74	8,95	10,27	11,39	+0.18	+0.18
Radio	6,25	5,21	6,03	6,55	8,40	+0.13	+0.13
Fernsehen	15,84	15,27	16,22	16,17	15,15	+0.01	+0.00
Video	2,79	2,18	2,75	3,24	3,23	+0.07	+0.06

[1] Partielle Korrelation unter Konstanthaltung von Geschlecht, Schicht- und Schulartzugehörigkeit.

Beim Medienkonsum zeigen sich Bildungsunterschiede dahingehend, daß Jugendliche mit einem niedrigeren Schulniveau deutlich häufiger fernsehen (-0.26; vgl. Tab. 2.89). Hauptschüler sehen im Laufe einer Woche 18,78 Stunden fern, Realschüler 15,57 Stunden, Gymnasiasten 10,77 Stunden. Hohe Nutzungsunterschiede zeigen sich auch im Videokonsum (-0.20). Hauptschüler nutzen den Videorecorder durchschnittlich 4,28 Stunden in der Woche, Gymnasiasten nur 0,78 Stunden.

Tabelle 2.89: **Medienkonsums nach Schulartzugehörigkeit in Stunden und Zusammenhänge zwischen Bildungsniveau und Konsum (Gesamtstichprobe)**

Medienart	Gesamt	Hauptschule	Realschule	Gymnasium	Korrelation r	r part[1]
Bücher ges.	5,57	4,71	5,51	7,40	+0.19	+0.13
Unterhalung	3,49	3,03	3,38	4,55	+0.14	+0.09
Bildung	2,08	1,68	2,13	2,85	+0.14	+0.12
Zeitungen	2,10	2,35	2,10	1,65	-0.10	-0.09
Tagesztg.	1,22	1,29	1,25	1,06	-0.06	-0.05
Wochenztg.	0,88	1,06	0,85	0,59	-0.14	-0.13
Zeitschriften	3,41	3,79	3,44	2,58	-0.09	-0.10
Illustr.	1,58	1,62	1,66	1,37	-0.04	-0.05
Jugendzt.	1,83	2,17	1,78	1,21	-0.14	-0.13
Comics	1,43	1,89	1,16	0,92	-0.15	-0.13
Romanhefte	1,49	1,71	1,66	0,84	-0.09	-0.09
auditive Med.	15,32	16,34	15,28	13,46	-0.08	-0.09
Platten/Cas.	9,07	10,01	9,05	7,33	-0.12	-0.13
Radio	6,25	6,33	6,23	6,13	-0.01	-0.01
Fernsehen	15,84	18,78	15,57	10,77	-0.33	-0.26
Video	2,79	4,28	2,22	0,78	-0.24	-0.20

1) Partielle Korrelation unter Konstanthaltung von Geschlecht, Alter und Schicht.

Es überrascht daher nicht, daß auch die Antworten auf die Frage nach Fernsehen oder Videospielen als liebste Freizeitbeschäftigung sehr divergieren. In der freien Zeit schauen am liebsten 16,4% der Hauptschüler, aber nur 4,4% der Gymnasiasten Fernsehen, und Videospiele üben am liebsten 9,5% der Hauptschüler aber nur 2,7% der Gymnasiasten aus. Hauptschüler lesen im Durchschnitt eine Stunde in der Woche länger Comics als Gymnasiasten (-0.13), etwa 75 Minuten länger Zeitschriften (-0.10), vor allem Jugendzeitschriften, (-0.13), circa eine Stunde länger Romanhefte (-0.09) und etwa 40 Minuten länger Zeitungen (-0.09). Hierbei fällt besonders der rege Konsum von Wochenzeitungen durch Hauptschüler ins Gewicht (-0.13). Auditive Medien nutzen Hauptschüler pro Woche durchschnittlich 16,34 Stunden, Realschüler 15,28 Stunden, Gymnasiasten hingegen nur 13,46 Stunden. Vor allem bei Schallplatten und Cassetten zeigen sich Nutzungsunterschiede. Die Zahlen verdeutlichen, daß Gymnasiasten in ihrer freien Zeit häufiger auditive Medien als bildgestützte nutzen; bei den Hauptschülern, auch den Realschülern, ist dies umgekehrt. Das Lesen von Büchern steht in einem deutlichen Zusammenhang mit dem Bildungsniveau der Jugendlichen (+0.13). Gymnasiasten lesen im Wochendurchschnitt 7,40 Stunden Bücher, davon 4,55 Stunden Unterhaltungs- und 2,85 Stunden Bildungslektüre: die Lesezeit von Hauptschülern beträgt hingegen insgesamt nur 4,71 Stunden pro Woche.

2.7.2. Mediennutzungstypologie

Eine über den quantitativen Aspekt der Nutzungszeiten für einzelne Massenmedien hinausgehende Frage ist, ob in der Vielfalt der von uns erhobenen Merkmale zur Beschreibung des Medienverhaltens Jugendlicher eine Struktur erkennbar ist, die im Sinne typischer Nutzungsmuster zusammengefaßt werden kann.

Zu diesem Zwecke wurden aus den etwa 500 erhobenen Einzelmerkmalen 53 indikative Variable ausgewählt und deren interne Struktur ermittelt. Außer den für die einzelnen Medien kennzeichnenden quantitativen und qualitativen Indikatoren wurden zur sozialen Verortung die wichtigsten soziodemographischen Merkmale aufgenommen (Geschlecht, Alter, Schulartzugehörigkeit, Sozialschicht, Wohnortgröße) sowie die drei Summenskalen des Freizeitverhaltens (vgl. Kap. 3.2). Zur Strukturierung des Variablenbereiches wurde eine Faktorenanalyse eingesetzt. Die Ergebnisse sind in Tabelle 2.90 dargestellt. Aufgrund eines numerischen Scree-Tests beschreibt eine Sechs-Faktoren-Lösung den Variablensatz angemessen (iterative Kommunalitätenschätzung nach Kaiser-Guttman, Varimax-Rotation, Variablenmittelwerte als Schätzungen bei Missing-Values).

Zunächst ist festzuhalten, daß die Faktorenanalyse zu einer Einfachstruktur geführt hat: Sämtliche Faktoren weisen im Bargmann-Test eine hinreichende Anzahl von Nulladungen auf. Die Varianzaufklärung ist jedoch mit 26,2% gering. Dies läßt sich dahingehend interpretieren, daß das Konsumverhalten Jugendlicher sehr heterogen ist und auch von anderen als den hier einbezogenen Faktoren abhängig ist. Dennoch ergibt die Faktorenanalyse eine gut interpretierbare Struktur, die wie folgt dargestellt werden kann.

Faktor 1 (Video-Spiel und Video-Film-Faktor): Auf diesem Faktor laden alle Variablen hoch, welche sich auf Video-Spiel-Tätigkeiten beziehen. Dies sind nicht nur die Häufigkeitsangaben über das Videospielen, sondern Variable, die die Einbettung des Videospielens in eine jugendliche Subkultur indizieren (z. B. Tausch von Spielcassetten, Mitgliedschaft in Video-Fan-Club). Die zweite Variablengruppe, die auf diesem Faktor hoch lädt, sind die Angaben über die Konsumhäufigkeit von Video-Filmen. Hierbei ist interessant, daß vor allem Indikatoren für action-orientierte Filme auf diesem Faktor vereinigt werden (z.B. Gewaltkonsum über Video, Anzahl indizierter Filme) und nicht die ebenfalls über Video beziehbaren unterhaltungsorientierten Filme. Auch der Konsum gewalthaltiger Kinofilme weist auf diesem Faktor eine hohe Ladung auf. Die Variablen auf diesem Faktor weisen, zumindest was die Videokonsum-Merkmale anbelangt, eine Affinität zum Faktor 5 auf, der als Faktor alterskorrelierter Medientätigkeiten aufgefaßt werden kann. Faktor 5 weist seinerseits eine negative Beziehung zu Faktor 4 auf, der Variablen des fernsehzentrierten Medienkonsums zusammenfaßt. Bezugsladungen auf Faktor 1 besitzen die Merkmale Geschlecht (Ausprägung männlich), die Präferenz für Fernsehgewaltkonsum und - in geringerem Ausmaß - Videounterhaltung sowie die Fernsehfreakvariable.

Faktor 2 (Faktor des unterhaltungsorientierten auditiven und audiovisuellen Medienkonsums bei gleichzeitiger intensiver Freizeitorientierung): Alle (nicht-fernsehbezogenen) Tätigkeiten zum Film-Konsum in Richtung leichte Unterhaltung finden auf diesem Faktor eine hohe Ausprägung. Zugleich sind auf diesem Faktor die Angaben über Freizeitaktivitäten zusammengefaßt. Wegen der negativen Polung dieser Freizeitvariablen bedeutet in diesen drei Fällen eine negative Ladung eine hohe Vorkommenshäufigkeit. Auch jugendorientierter auditiver Medienkonsum ist diesem Faktor zugehörig.

Ganz wesentlich ist die Geschlechtsvariable mit diesem Faktor verbunden, u.zw. in dem Sinn, daß Mädchen eher zu dieser Art von medialer und Freizeit-Tätigkeit neigen als Jungen. Von den Variablen, die primär anderen Faktoren zuzurechnen sind, lädt am stärksten noch die Präferenz für Unterhaltungssendungen im Fernsehen. Die den Faktor 2 markierenden Freizeitaktivitäten weisen außerdem noch eine deutliche Beziehung zu Faktor 5 auf.

Faktor 3 (informationsorientierter Medienkonsum): Die diesen Faktor bestimmenden Variablen beziehen sich großteils auf Angaben über den Konsum informations- und nachrichtenorientierter Sendungen im Fernsehen oder im Radio. Aus den Bezugsladungen ist zu ersehen, daß diese Art der Mediennutzung bei Jungen stärker ausgeprägt ist als bei Mädchen. Faktor 3 steht mit der Orientierung an Video eher in negativer Beziehung, korreliert jedoch mit einigen Fernsehkonsumindices positiv. Auch die Nutzung der Tageszeitung (als weiterer Informationsträger) weist zu diesem Faktor substantielle Beziehungen auf.

Faktor 4 (Fernsehkonsumfaktor): Auf diesem Faktor sind alle die Variablen vereint, die einen Bezug zum Fernsehen aufweisen; es macht dabei keinen Unterschied, ob es sich dabei um quantitative Konsumvariablen oder Angaben zur Nutzung spezifischer Fernsehangebote handelt. Bezugsladungen weist dieser Faktor auf zu Schulart und Sozialschicht der Befragten, u.zw. in dem Sinn, daß höheres Bildungsniveau bzw. steigende Sozialschichtzugehörigkeit mit diesem Faktor in einer inversen Beziehung steht. Von den Variablen, die nicht zu diesem Faktor im engeren Sinn zu zählen sind, weisen vor allem die Angaben zu Gewaltkonsum über Kino oder Video noch die engsten Beziehungen zu diesem Faktor auf.

Faktor 5 (alterskorrelierte Medientätigkeiten): Dieser Faktor ist im wesentlichen durch die Altersvariable und der mit dem Alter sich ändernden medialen Tätigkeiten bestimmt. Die wesentlichen alterskorrelierten Medientätigkeiten sind dabei in der Kinonutzung, der Erfahrung hinsichtlich Video-Filme und Video-Spiele sowie in der besonderen Nutzung gewaltorientierter Videos zu sehen. Wesentliche Bezugsladungen auf diesen Faktor weisen alle Indikatoren der Freizeitbetätigungen auf, ebenso die Nutzung auditiver Medien (Schallplatte/Cassette sowie Musiksendungen im Radio).

Faktor 6 (Lese- und auditiver Medienkonsumfaktor): Auf diesem Faktor sind alle Angaben über den Konsum von Printmedien und auditive Medien vereinigt. Will man in diesem Ergebnis nicht nur ein Methodenarteffekt sehen, das durch das gleiche Erfassungsschema bedingt ist, bildet die Auseinandersetzung mit Printmedien trotz der Unterschiedlichkeit der Printprodukte einen eigenständigen Bereich. Von diesem Ergebnis macht einzig die Konsumzeit für Comics eine Ausnahme; sie weist eine höhere Ladung auf dem Video-Spiel- bzw. Video-Gewalt-Faktor auf. Gegen die Befürchtung, es handle sich bei diesem Faktor um ein durch methodische Besonderheiten bedingtes Ergebnis, spricht, daß die Zuordnung der Konsumzeiten für Video bzw. Fernsehen durchaus auf den inhaltlich entsprechenden Faktoren erfolgt ist.

Die hier vorgenommene Strukturierung massenmedialer Betätigungen von Jugendlichen stellt einen Versuch zur Ordnung des Medienverhaltens dar. Dies bedeutet, daß das Medienverhalten Jugendlicher als nach fünf voneinander mehr oder weniger unabhängigen inhaltlichen und einer entwicklungsbezogenen Dimension zu kennzeichnen ist.

Tabelle 2.90: Medienkonsumvariablen: Kommunalitäten und Ladungen der varimax-rotierten Faktorenmatrix

Variable	F1	F2	F3	F4	F5	F6	h^2
5 Häufigkeit des Videokonsum	-.46	.21	-.19		.20		.35
6 Tauschen von Videocassetten	-.38				.21		.22
7 Mehrfachkonsum von Videos	-.33						.18
8 Videokonsumwunsch	-.38			-.39	.24		.38
38 Videogewaltkonsum (Häufigkeit)	-.53	.29		-.27	.26		.53
40 Videogewaltkonsum (Präferenz)	-.45	.21		-.32	.19	-.19	.45
53 Videokonsum: h/Woche	-.39		-.20		.24		.31
25 Anzahl indizierter Videos	-.23				.27		.13
36 Kinogewaltkonsum (Häufigkeit)	-.39	.19		-.36	.38		.47
15 Häufigkeit des Videospielens	-.54						.33
16 Dauer des Videospielens	-.44						.21
17 Anzahl indizierter Videospiele	-.17						.04
18 Videospiele - Freizeitpräferenz	-.42						.20
19 Mitglied in Videospiel-Club	-.31						.10
20 Tauschen von Videospielen	-.50						.27
48 Comicskonsum: h/Woche	-.27					.20	.15

9	Radiosendung - Musik		.24			.19	.20	.16
11	Radiosendungen - Jugendmagazin		.28	.24				.16
21	Geschlecht	.35	.35	-.31	.21	-.20	.26	.49
26	Freizeit interaktiv		-.44			-.28		.35
27	Freizeit allein passiv		-.36			-.34		.32
28	Freizeit allein aktiv		-.49		-.20		-.24	.35
33	Unterhaltung im Kino (Häufigkeit)		.46					.28
34	Unterhaltung über Video (Häufigkeit)	-.22	.62					.45
35	Unterhaltung über Video (Präferenz)		.61					.40
10	Radiosendungen - Nachrichten			.43				.23
12	Radiosendungen - Hörspiel			.29				.15
13	Radiosendungen - Sport			.43	-.20			.28
31	Nachrichten - TV (Häufigkeit)			.49	-.29			.34
32	Nachrichten-TV (Präferenz)			.54				.30
1	Schulart				.48			.28
23	Sozialschicht				.39			.18
3	TV - Freizeitpräferenz				-.24			.11
41	Fernsehfreak	-.19			-.26			.12
29	Unterhaltung TV (Häufigkeit)			.27	-.60			.47
30	Unterhaltung TV (Präferenz)		.36	.25	-.41			.37
37	Fernsehgewaltkonsum (Häufigkeit)				-.57			.40
39	Fernsehgewaltkonsum (Präferenz)	-.31		.22	-.49	.25		.45
52	TV-Zeit/Woche				-.48			.30
22	Alter					.45		.22
24	Wohnort					.25		.10
2	Häufigkeit des Kinobesuchs					.32		.18
4	Kein Zugang zu Video				.26	-.29		.19
14	Videospielerfahrung					.32		.14
42	Unterhaltungsbücher/Woche				.22		.32	.20
43	Weiterbildungsbücher/Woche				.22		.22	.12
44	Tageszeitung			.21			.34	.18
45	Wochenzeitung						.45	.22
46	Illustrierte						.49	.25
47	Jugendzeitschrift		.21				.46	.30
49	Romanhefte		.19				.30	.14
50	Platte/Cassette					.33	.36	.28
51	Radio						.26	.10
	Varianz %	5.8	4.8	3.3	5.8	3.3	3.3	26.2

„Aber die Art und Weise, durch das Gefallen zu überzeugen, ist unvergleichlich viel schwieriger, feiner, nützlicher und bewunderungswürdiger, und von ihr handle ich nur deshalb nicht, weil ich dazu nicht fähig bin. ... Der Grund dieser übermäßigen Schwierigkeit stammt daraus, daß die Gründe des Vergnügens nicht fest und beständig sind. Sie sind bei jedem Menschen verschieden und in jedem einzelnen so vielfältig veränderlich, daß kaum ein Mensch von dem anderen verschieden ist, als man es von sich selber zu verschiedenen Zeiten ist."

Blaise Pascal (Die Kunst zu überzeugen, 2. Abteilung, 2. Teil).

„Man kann das Leben nicht wiederholen wie einen Zug beim Brettspiel."

Antiphon (Über Gemeinsinn, Absatz 13).

3. Freizeitaktivitäten und Medienkonsum bei Kindern und Jugendlichen

3.1. Allgemeines aus der Freizeitforschung

3.1.1. Zum Begriff „Freizeit“

Freizeit ist ein Begriff, von dem aufgrund eigener Erfahrungen jeder bestimmte Vorstellungen hat und der auf den ersten Blick auch recht einfach definierbar zu sein scheint. Es wäre jedoch unzureichend, wenn wir uns bei einem Definitionsversuch darauf beschränkten, Aktivitäten aufzusummieren, die den Feierabend füllen. Die Sache ist komplizierter, denn was vom einen als Freizeitaktivität erlebt wird, mag für den anderen eine unangenehme Pflichtübung sein. Welche Kriterien also sind anzusetzen, wo beginnt Freizeit, wo sind ihre Grenzen, ist sie überhaupt begrenzbar? Die Vielzahl von Definitionen, die sich in der Literatur finden läßt, verdeutlicht die Problematik.

Heyde (1954, zit. Schmitz-Scherzer, 1974, S. 138) z.B. machte es sich einfach, indem er Freizeit auf die „Zeitspanne, in der der Mensch nicht Arbeit verrichtet“, beschränkt und damit Zwischenlösungen nicht zuläßt. Scheuch (1969, S. 757) bezieht in seiner Definition bereits die subjektive Erlebnisweise mit ein: „Freizeit sind diejenigen Tätigkeiten, die sich nicht notwendig aus zentralen funktionalen Rollen ergeben“, läßt dabei jedoch unbeachtet, daß Handlungen außerhalb bestimmter Rollenzugehörigkeit oft unfreiwilligen Charakter haben. Eine Erweiterung der Definition um die funktionale Bedeutung von Freizeit nimmt Ries (zit. Dorsch, 1982, S. 225) vor, indem er Freizeit beschreibt als eine „von Abhängigkeit und Zwang befreite Zeit, die freie Wahlmöglichkeiten, eigenständige Entscheidungen und soziale Mitverantwortung ermöglicht“.

Freizeit zeichnet sich also aus durch „Frei“-Sein von Verpflichtungen, Zwängen, Abhängigkeiten und stellt damit den Gegenpol zur Arbeitszeit dar. Dieser Betrachtungsweise von Freizeit als polarem Prinzip weist der Freizeitwissenschaftler Opaschowski (1976, S. 104f) eine negative Begriffsdefinition zu. Er unterscheidet zwischen dem negativen und dem positiven Freizeitbegriff. Dem negativen Verständis geht eine künstliche Aufteilung des Arbeits- und Freizeitbereichs voraus, denn Freizeit wird hier verstanden als die „Abwesenheit von Arbeit“ (a.a.O., S. 111) und als eine „quantitative Restzeit“, auf die der Arbeitnehmer Anspruch hat. Anspruch auf „freie

Zeit“ hingegen hat jeder, sie bestimmt sich nach Opaschowski als „qualitative Handlungszeit“. Diesem Verständnis liegt die Idee zugrunde, Arbeit und Freizeit nicht als Gegensatz, sondern als integrative Einheit zusammen mit anderen Lebensbereichen wie Familie, Gesellschaft, Kultur, Politik u.a., sozusagen als „Lebenszeit“ zu betrachten. Zentrale Bedeutung bei der positiven Begriffsbestimmung hat das Wort „Freiheit“, das sich nicht reduziert auf den Bereich der freien Zeit. Gemeint ist eine Freiheit *in* der Arbeit, die das Bedürfnis nach Freiheit *von* Arbeit überflüssig macht (a.a.O., S. 104f).

Diese positive Definition eilt wohl dem Freizeitverständnis unserer Gesellschaft voraus, dennoch wäre es erstrebenswert, wenn die Polarität von Arbeit und Freizeit aufgelöst und „freie Zeit als die Eröffnung frei wählbarer, selbst- und mitbestimmbarer Handlungsfelder in allen Lebensbereichen verstanden werden könnte“ (a.a.O., S. 106).

Will man die täglich zur Verfügung stehende Zeit klassifizieren, so kann man drei Bereiche unterscheiden (Opaschowski, 1976, S. 107):

(1) Die **Determinationszeit** (abhängige Zeit) umfaßt Beschäftigungen, die zur Befriedigung der physischen und hygienischen Grundbedürfnisse (Schlaf, Essen, Körperpflege) notwendig sind, sowie auch alle fremdbestimmten Tätigkeiten (z.B. Berufsarbeit, Schulbesuch oder zur Tradition gewordene Handlungsmuster in Familie und Freundeskreis);

(2) die **Obligationszeit** (gebundene Zeit) ist mit zweckgerichteten Tätigkeiten ausgefüllt, zu denen man aus familiären, sozialen oder gesellschaftlichen Gründen verpflichtet ist (z.B. Erledigung von Schulaufgaben, Mithilfe im Haushalt, Kirchenbesuche, Vereinsaktivitäten);

(3) die **Dispositionszeit** (Freizeit im engeren Sinn) ist durch selbstbestimmte, durch eigene Initiative gesteuerte und freiwillige Tätigkeiten ausgefüllt (z.B. Spiele, Unterhaltung, soziale Aktivitäten, Nachdenken, Nichts-Tun).

Der Bereich der Freizeit im engeren Sinn wird bei Jugendlichen auf drei bis maximal fünf Stunden täglich geschätzt (Opaschowski, 1976, S. 52; Tippelt & Becker, 1984, S. 63). Vergleicht man die Zeit, während der sich Kinder und Jugendliche Medien aussetzen, so ist ersichtlich, daß Freizeit weitgehend deckungsgleich mit Mediennutzungszeit ist. Allerdings gibt es auch Inkongruenzen, denn Medienkonsum kann während der sog. Determinations- und Obligationszeit Hintergrundbeschäftigung bei anderen Tätigkeiten sein. Außerdem kann die Intensität der Medienzuwendung durch Aufmerksamkeitsvariation gesteuert werden.

3.1.2. Funktionen der Freizeit

War in der Zeit der industriellen Revolution die wohl einzige Aufgabe der freien Zeit die Regeneration der Arbeitskraft, so hat sich ihre Funktion durch die zunehmende Vermehrung und Bedeutung in unserer heutigen Gesellschaft wesentlich verändert. Schon 1958 sprach Habermas von einer suspensiven Funktion der Freizeit, womit er die Aufhebung der während der Arbeitszeit fremdbestimmten und abstrakten Werte in der freien Zeit meint, sowie von einer kompensatorischen Funktion, d.h., Freizeit müsse die Möglichkeit der inneren Abschaltung und persönlichen Entfaltung bieten (zit. n. Giesecke, 1968, S. 112). Daran anknüpfend geht Erich Weber (1963) von einem anthropologischen Modell aus, nach dem folgende drei Elemente im Freizeitverhalten integriert sein sollen:

1) Regeneration, d.h. die Freizeit muß die Möglichkeit der Erholung und Wiederherstellung der Arbeitskraft einräumen.
2) Kompensation, d.h. der Mensch muß die Möglichkeit haben, seine durch die Arbeit verkümmerten Fähigkeiten und Kräfte entfalten zu können.
3) Ideation, hiermit meint Weber die „Orientierung im Bereich des Ideellen“.

Erst wenn diese drei Funktionen erfüllt sind, ist nach Weber das Freizeitverhalten „sinnvoll“ (zitiert nach Giesecke, 1983, S. 98f). Aufbauend auf den Ansätzen von Weber nennt Opaschowski acht individualistisch-gesellschaftliche Zielfunktionen, die als Einheit zu verstehen sind. Sie greifen ineinander über, auch wenn die ersten vier eher Zielfunktionen für das Individuum darstellen, die anderen vier eher gesellschaftsrelevant sind (Opaschowski, 1976, S. 118):

1) Rekreation: Erholung und Entspannung (z.B. Ausruhen, Nichtstun, gesundheitsfördernde Tätigkeiten);
2) Kompensation: Ablenkung und Zerstreuung (z.B. Entlastung, Unterhaltung, Vergnügen; Ausgleich von Mängeln, Versagungen, Entbehrungen, Enttäuschungen, insbesondere unbefriedigter Ansprüche auf Achtung, Anerkennung und Geltung);
3) Edukation: Lernen und Weiterbildung (z.B. „education permanente“, Lernen von Freizeit in Freiheit, soziales Lernen);

4) Kontemplation: Selbstbesinnung und Selbstfindung (z.B. Sinnfindung des Lebens, Muße, geistige Erbauung, Beschaulichkeit, Nachdenken, Meditation, religiöse Andacht, künstlerische Betrachtung, Identitätsfindung);

5) Kommunikation: Mitteilung und Partnerschaft (z.B. Austausch von Informationen, Kontakte zwischen Individuen und Gruppen, personale Beziehungen, Artikulation individueller Bedürfnisse im Dialog; Begegnung, Sensibilisierung für die Gefühle und Absichten anderer);

6) Partizipation: Beteiligung und Engagement (z.B. Teilhabe am gesellschaftlichen Leben, Mitwirkung am öffentlich-politischen Geschehen, demokratische Mitsprache, Mitbestimmung und Mitverantwortung, Solidarität und soziale Aktion, Gemeinschaftsbewußtsein);

7) Integration: Sozialorientierung und gemeinsame Lernerfahrung (z.B. Stabilisierung des Familienlebens, Hineinwachsen in Schule, Nachbarschaft, Gemeinwesen und Gesellschaft, Orientierung an institutionalisierten Formen der Kindererziehung, des religiösen Verhaltens, der Zusammenarbeit u.a.);

8) Enkulturation: Kulturelle Selbstenfaltung und Kreativität (z.B. Teilnahme an der Gegenwartskultur, Kultivierung eigener Möglichkeiten in Spiel, Sport, Kunst und Wohnkultur, Erleben kulturtechnischer Fertigkeiten, schöpferische Tätigkeit).

Opaschowski betont ausdrücklich, daß diese „existenzerweiternden" Zielfunktionen als ideale Ziele zu verstehen sind und nicht der gegenwärtigen Situation entsprechen. Es ist ein anzustrebendes Modell, das Vollständigkeit aller zu berücksichtigenden individuellen, gesellschaftlichen, sozialen und kulturellen Dimensionen aufweist.

Zusammenfassend kann man sagen, daß die funktionale Bedeutung von Freizeit darin besteht, für das Individuum Möglichkeiten der Erholung, Ablenkung, Weiterbildung und Selbstfindung zu schaffen. Für den auf die Gesellschaft bezogenen Bereich sollte Freizeit die Funktion der Kommunikation, des gesellschaftspolitischen Engagements, der Sozialorientierung und der kulturellen Entfaltung und Teilhabe erfüllen. Diese von Opaschowski in Anlehnung an Habermas (1958) und Weber (1963) genannten Zielfunktionen der freien Zeit beinhalten alle Bereiche, die auf den Menschen einwirken. Sie fassen Freizeit und Arbeit als integrative Bestandteile des gesamten Lebens zusammen. Diese Funktionen betreffen nicht nur die Freizeit von Erwachsenen, sondern in viel stärkerem Maße die der Jugendlichen, da Freizeit für die jungen Menschen als Experimentierfeld auf dem Weg der Sozialisierung dient, wo sie vor allem in der Gleichaltrigengruppe spielerisch verschiedenste soziale Rollen erproben und für ihre spätere Lebensbewältigung relevante soziale Kompetenzen erlernen können.

3.1.3. Determinanten der Interessensgenese

Jedes Individuum zeichnet sich aus durch Interessen und einem daraus resultierenden Freizeitverhalten. Mit ziemlicher Sicherheit kann man davon ausgehen, daß bei der individuellen Interessensfindung Umwelteinflüsse beteiligt sind (Oerter & Montada, 1982, S. 606). Freizeitverhalten hat, wie alle Verhaltensweisen eine eigene Entstehungsgeschichte, die eng mit der Biographie des Individuums verbunden ist und von sozialpsychischen Faktoren abhängt.

Zunächst soll die Entstehung von Interessensgebieten vor dem Hintergrund entwicklungspsychologischer Aspekte betrachtet werden:
Nach einem Modell von Oerter (1982) wirkt auf das Kleinkind zunächst eine Unmenge von Informationen ein, die mit zunehmendem Differenzierungsvermögen notwendigerweise selektiver verarbeitet wird. Der Handlungsbereich, auf den sich das Kind konzentriert, wird immer enger aber auch intensiver bearbeitet, wobei sich erste Interessensschwerpunkte herauskristallisieren. Die Interessensentwicklung ist abhängig von der Qualität und Quantität der durch die Umwelt und dem zur Verfügung stehenden Handlungsspielraum, der für die Interessensintensivierung notwendig ist (Oerter & Montada, 1982, S. 605 f). Der erste Experimentierrahmen für die Interessensfindung ist das kindliche Spiel, das noch ein sehr breites inhaltliches Spektrum aufweist.

Mit zunehmendem Alter werden die Freizeitinteressen spezifizierter. Der Handlungsort verlagert sich aus der familiären Umgebung in die altershomogene Gruppe (a.a.O., S. 248; vgl. auch Schmitz-Scherzer, 1974, S. 60; Lüdtke, 1972, S. 111).

Aber auch eine altersabhängige Interessensverlagerung läßt sich feststellen. An amerikanischen Jugendlichen wurde nachgewiesen, daß die Freizeitbeschäftigungen Reiten, Fischen, Radfahren und Rollschuhlaufen mit dem Älterwerden sowohl bei Mädchen als auch bei Jungen an Bedeutung verlieren. Die Häufigkeit dieser Aktivitäten konfligiert mit dem Interesse männlicher und weiblicher Heranwachsender für Naturwissenschaften, Sozialkontakte, Tanzen und Mode. Vor allem wächst ab einer bestimmten Altersstufe das Interesse für Gruppenkontakte und heterosexuelle Beziehungen (Oerter & Montada, 1982, S. 608 f).

Die kindliche und jugendliche Freizeitbeschäftigung ist noch relativ flexibel und wandelbar; fest steht jedoch, daß bis zum Alter von 19 Jahren die Interessen- und Hobbyfindung bis zu 90% abgeschlossen ist und danach nur noch wenige neue Freizeitbetätigungen in das Verhaltensrepertoire aufgenommen werden (Schmitz-Scherzer, 1973, S. 142). Bestätigt wird dies durch die Tatsache, daß die Freizeitaktivitäten älterer Jugendlicher und jüngerer Erwachsener nicht sehr differieren. Unterschiede zeigen sich darin, daß jüngere mehr sportlichen Tätigkeiten nachgehen und ältere eher Interesse für Haus- und Gartenarbeit zeigen (Schmitz-Scherzer, 1974, S. 64 f). Mit dem Eintritt ins Erwachsenenalter nimmt die Vielfalt der Freizeitaktivitäten, bedingt durch berufliche und familiäre Verpflichtungen, stetig ab und erreicht mit etwa 50 Jahren einen Tiefpunkt (Oerter & Montada, 1982, S. 613). Erst ab der Pensionierung steigt mit dem erhöhten Freizeitbudget die Ausprägung von Hobbys wieder an (a.a.O., S. 613; Schmitz-Scherzer, 1973, S. 231).

Nach einer Erhebung von Scheuch (1969, S. 784) gelten folgende Faktoren als wichtigste Determinanten für das Freizeitverhalten in der Bundesrepublik: Alter, Schulbildung und die soziale Rolle (Berufs- oder Hausfrauentätigkeit). Der Altersaspekt wurde bereits besprochen. Personen mit höherer Schulbildung zeigen nach Schmitz-Scherzer (1974, S. 81) im allgemeinen ein aktiveres Freizeitverhalten, sie lesen mehr Bücher und Zeitschriften, sind kontaktfreudiger, sportlich aktiver, zeigen am kulturellen Leben mehr Interesse und haben einen geringeren Medienkonsum. Die Schulbildung ist insofern relevant, als sie ihrerseits wieder Determinanten wie Berufsart, Einkommen, Bildungsniveau oder den sozialen Status beeinflußt. Als zweitwichtigste Determinanten bezeichnet Scheuch (1969, S. 784) das Geschlecht, die Art des Berufs, die Stellung im Lebenszyklus und den Wohnort (Stadt/Land). Zahlreiche Studien verweisen darauf, daß Männer und Frauen sich in ihrem Freizeitverhalten stark unterscheiden. Schmitz-

Scherzer (1974, S. 46) legt dar, daß Frauen in ihrer Freizeit häufiger lesen und mehr familiäre oder soziale Aktivitäten durchführen als Männer, die sich in ihrem Feierabend eher weiterbilden, aktiv Sport treiben oder technischen Interessen nachgehen. Auch in ihrem Zeitbudget unterscheiden sich die Geschlechter: Bedingt durch die geschlechtsspezifische Sozialisation haben Frauen einen kürzeren Feierabend, da sowohl die erwachsene Frau als auch der schulpflichtige Teenager durch Tätigkeiten im Haushalt zeitlich mehr beansprucht sind (Schmitz-Scherzer, 1974, S. 47, S. 51, S. 58; Tippelt & Becker, 1984, S. 64). Der Annahme, daß der Art des Berufs eine wichtige Determinationskraft zukommt, widerspricht Schmitz-Scherzer (1973, S. 131). Nicht die Art des Berufs sei entscheidend, sondern der Grad der Zufriedenheit mit dem Einkommen und der beruflichen Tätigkeit, für den eine positive Korrelation mit der Freizeitaktivität nachgewiesen werden konnte. Schließlich hat auch die Wohnlage offensichtlichen Einfluß auf das Freizeitverhalten. Städter weisen ein größeres Maß an Mobilität in ihrer Freizeit auf als Landbewohner. Freizeiteinrichtungen wie Theater, Cafes, Bibliotheken, Kinos oder Sportstätten sind problemloser erreichbar, außerdem ist das städtische Freizeitangebot breiter.

Als schwächere Freizeitdeterminanten gibt Scheuch (1969, S. 784) Individual-, Haushaltseinkommen und Autobesitz an. Materieller Wohlstand ist wohl als Folge der Determinante Schulbildung und sozialer Status zu betrachten. Schmitz-Scherzer (1974, S. 86) bekräftigt, daß dort die freie Zeit am aktivsten und intensivsten verbracht wird, wo auch das höchste Einkommen vorhanden ist.

Weitere, von Scheuch ungenannte Faktoren halten andere Autoren für erwähnenswert: Nach Meyersohn (1972, zit. n. Scheuch & Meyersohn, 1972, S. 19) ist das Freizeitverhalten abhängig von der Resonanz anderer. Dies trifft z.B. für Cliquenmitglieder zu, die einem gewissen Gruppenzwang unterliegen. Gerade für die bei Jugendlichen häufige Peergruppenmitgliedschaft mag dies eine bestimmende Einflußgröße sein. Lüdtke (1972, S. 121) und Schmitz-Scherzer (1974, S. 76) bezeichnen den Familienstand bzw. die Familiensituation als freizeitrelevante Komponente. Opaschowski (1976, S. 87) hält auch noch „psycho-somatische Anlagen und verinnerlichte soziale Einstellungen“ für wichtig.

Alle erwähnten Determinanten beeinflussen sich gegenseitig und wirken mehr oder minder stark auf das individuelle Freizeitverhalten und damit auf den gesamten Lebensbereich ein. In Anlehnung an Thomae (1960) hält Schmitz-Scherzer (1974, S. 135) fest: „Freizeit wird ... nicht nur von verschiedenen Determinanten beeinflußt, sondern stellt mit Bezug auf den gesamten Lebensvollzug selbst eine Determinante dar".

3.1.4. Freizeitverhalten Jugendlicher

Zur deskriptiven Erfassung des Freizeitverhaltens von Jugendlichen sind vor allem drei beobachtbare Dimensionen interessant, die wir im folgenden näher darstellen wollen. Es handelt sich um die für Freizeitaktivitäten insgesamt zur Verfügung stehende Zeit, um die präferierten Freizeitpartner und um die bevorzugten Freizeittätigkeiten. Abschließend versuchen wir, Differenzen zwischen Freizeitwirklichkeit und Freizeitwünschen aufzuzeigen.

3.1.4.1. Zeitbudget

Aus den unterschiedlichsten Zeitbudgeterhebungen geht hervor, daß Jugendliche - abgesehen von Pensionären - die Altersgruppe mit dem höchsten Quantum an frei disponibler Zeit sind. Dennoch darf man die Freizeitmenge gerade von Schülern nicht überschätzen. Nach einer Berechnung von Schönwälder (1976, zit. n. Hoyer & Kennedy, 1978, S. 33) kann man auch bei den Schulpflichtigen außerhalb der Ferien von einer 40-Stundenwoche oder mehr ausgehen, rechnet man Zeiten für den Schulweg und die Hausaufgaben zur in der Schule verbrachten Zeit hinzu. Natürlich sind bei diesen Angaben individuelle Abweichungen entsprechend unterschiedlicher Jahrgangsstufen und Schultypen zu berücksichtigen.

Opaschowski (1976, S. 52 f) berechnet sogar noch Zeiten für Nachhilfestunden, Prüfungsvorbereitungen, Ferienjob und Zeiten für sonstige Verpflichtungen inner- und außerhalb des familiären und schulischen Bereichs hinzu, so daß er auf nur drei Stunden frei disponibler Zeit pro Schultag kommt. Maximal 2,5 Stunden frei verfügbarer Zeit pro Arbeitstag veranschlagt Opaschowski für Lehrlinge.

Andere Untersuchungen gehen von einem höheren Zeitbudget Jugendlicher aus. Mündel (1966), Schilling (1977, S. 93), Werner und Blumers (o.J., zit. Hoyer & Kennedy, 1978, S. 26) und Tippelt und Becker (1984, S. 63) rechnen mit durchschnittlich vier Stunden Freizeit pro Werktag, die SHELL-Studie '85 (Jugendwerk der deutschen Shell, Bd. II, S. 199) spricht der Altersgruppe der 14 bis 19jährigen sogar eine freie Zeit von 494 Minuten (8,23 Std.) pro Werktag zu. Diese Angabe kam vermutlich durch die Einberechnung der Obligationszeit zustande, die jedoch nicht als Freizeit im engeren Sinn anzusehen ist.

Insgesamt scheinen die Jugendlichen mit ihrem Maß an freier Zeit zufrieden zu sein. Nach der Sinus-Studie (a.a.O., S. 52 u. S. 106) geben 60% der befragten Jugendlichen an, über „ausreichend Freizeit“ zu verfügen, 14% sogar über „sehr viel“, wobei hier der Anteil von Schülern sehr hoch ist. 26% meinen, „zu wenig“ oder „gar keine Freizeit“ zu haben. Hierbei muß berücksichtigt werden, daß in der befragten Stichprobe Personen bis zu 30 Jahren erfaßt sind und vor allem die über 22jährigen Wehrpflichtigen und junge Mütter über Freizeitmangel klagen.

Zusammenfassend sei festgehalten, daß abzüglich der Zeiten z.B. für Hausaufgaben, Exkursionen, Mithilfe im Haushalt oder Ferienjobs, einem Schüler werktäglich schätzungsweise drei bis vier Stunden Zeit für Aktivitäten ihrer Wahl bleiben. Für Mädchen und jugendliche Landbewohner muß noch etwas weniger freie Zeit veranschlagt werden.

3.1.4.2. Freizeitpartner

Interessant ist auch die Frage, mit welchen Personen bzw. Personengruppen die frei verfügbare Zeit der Jugendlichen bevorzugt verbracht wird.

Alleine verbringen ihre Freizeit nur wenige gern; laut Sinus-Studie (1985 b, Bd. I, S. 602) sind dies nur 4% der Altersgruppe zwischen 15 und 17; Werner und Blumers (o.J. zit. n. Hoyer & Kennedy, 1978, S. 26) geben an, daß sich werktags 14%, am Wochenende nur 5% ihrer befragten Schüler alleine beschäftigen. Die Geselligkeitsform in der Freizeit wird also dem Alleinsein vorgezogen. 15,9% der 15- bis 17jährigen geben bei der Sinus-Befragung an, ihre Freizeit überwiegend mit dem/der festen Partner/in zu verbringen und 70,9% bevorzugen die größere Gemeinschaft, wie etwa den Freundeskreis, die Clique bzw. die Mitschüler.

Die Freizeitaktivitäten dieser Altersgruppen verlagern sich außerdem mehr in den außerfamiliären Kreis, laut Sinus-Studie verbringen nur 8,3% der Jugendlichen ihre freie Zeit mit der Familie. Tatsächlich ist das Interesse von Jugendlichen, sich einer altershomogenen Gruppe anzuschließen, sehr hoch. Opaschowski (1983, S. 161) fand, daß 88% der 6- bis 17jährigen Kinder und Jugendlichen den Freundeskreis bevorzugen und gemäß der Jugend-Media-Analyse ’80 sind 92% der befragten 12- bis 21jährigen „sehr gern“ in ihrer Freizeit mit Freunden zusammen (Bayerischer Jugendring, 1985, S. 37).

Feste Mitglieder in der sogenannten Clique sind nach Allerbeck und Hoag (1985, S. 38) 56,9% ihrer 16- bis 19jährigen Befragten. Die beiden Autoren halten fest, daß dieser Prozentsatz in den letzten 20 Jahren bedeutsam angewachsen ist und daß Mädchen heute im Gegensatz zu früheren Jahren genauso oft wie Jungen in einer Clique anzutreffen sind. Die Jugendlichen geben hierbei an, daß die wichtigste Funktion ihrer Gruppenmitgliedschaft die Gestaltung der eigenen Freizeit ist (a.a.O., S. 41).

Die Peer-Gruppe stellt nicht nur ein Zusammenfinden Gleichaltriger dar, sondern sie setzt sich meist auch aus Jugendlichen identischer Schichtzugehörigkeit zusammen. Dies erleichtert nach Ausubel (1976, zitiert nach Arbogast & Tippelt, 1981, S. 74) die Herausbildung der Eigenschaften „persönliches Zusammenpassen, gleicher Geschmack und gegenseitige Bewunderung und Zuneigung“ (vgl. auch Tippelt & Becker, 1984, S. 63). Diese alters- und schichthomogene, häufig auch gleichgeschlechtliche Clique hat für die Persönlichkeitsentwicklung große Relevanz, sie stellt ein Experimentierfeld im Rahmen des Sozialisierungsprozesses dar. Nach Schilling (1977) kommt der Peer-Gruppe dabei eine Reihe sozialer Funktionen zu, die Bauer (1980, S. 138 f) kurz zusammengestellt hat:

1) Emanzipation und Autonomie:
   Jugendliche haben die Aufgabe, sich von ihrer Herkunftsfamilie zu lösen und mehr und mehr den Erwachsenenstatus zu übernehmen.
2) Status- und Verhaltenssicherheit:
   Der Statuswechsel vom Jugendlichen zum Erwachsenen verunsichert. Zunehmende Anforderungen und Erwartungen seitens der Erwachsenen an den Jugendlichen bringen ihn nicht selten in Konflikte. Zur Verarbeitung solcher Verhaltenskonflikte braucht der Jugendliche die altershomogene Bezugsgruppe.
3) Angstminderung und emotionale Sicherheit:
   Übergänge bringen ein erhöhtes Maß an emotionaler Labilität mit sich. Emotionale Sicherheit und emotionale Entlastung erfährt der Jugendliche in altershomogenen Bezugsgruppen.
4) Orientierung und Bezugssystem:
   Jugendliche haben in unserer Gesellschaft einen Randplatz. Um Unsicherheiten und Ängste zu verarbeiten, orientiert er vor allem sein Freizeitverhalten an seinen Altersgruppen.
5) Ich-Stütze und Ich-Stärke:
   In der von Erwachsenen dominierten Umwelt hat der Jugendliche eine sehr untergeordnete Rolle. In der Altersgruppe hat er die Chance, sozial anerkannte Positionen innerhalb der Gruppenhierarchie anzustreben.

6) Identität und Identifikation:
Die Gruppensolidarität führt den Jugendlichen dazu, sich mit den Gruppennormen zu identifizieren. Die Übernahme von Wertmustern und Verhaltensstilen stabilisiert seine Identität.
7) Selbstdarstellung und Selbstbewußtsein:
In Altersgruppen hat der Jugendliche die Möglichkeit, sein Selbstbild in Frage zu stellen und offen zu sein für neue Selbstverstehensdimensionen. Besonders die Freizeit ermöglicht ihm expressive Formen der Selbstdarstellung.
8) Solidarität und Konformität:
Solidarität schützt einerseits gegen überzogene Ansprüche durch Erwachsene, andererseits ist sie ein wichtiger Faktor emanzipierter Sozialisationsprozesse indem der Jugendliche lernt, Normenloyalität seiner Altersgruppe gegenüber aufzubringen.
9) Stabilisierung und Abbau von Frustration:
Altersgruppen helfen, alltäglich erfahrene Frustration zu minimieren.
10) Gratifikation und Anerkennung:
In altershomogenen Gruppen findet der Jugendliche jene Anerkennung, die ihm in der Erwachsenenwelt mitunter versagt wird. In der altershomogenen Gruppe verliert sein Status an Unklarheit.
11) Persönlichkeitsentwicklung:
Altershomogene Gruppen helfen dem Jugendlichen in der sozialen Lokomotion.
12) Sexualität und Politik, sowie die Funktion der
13) Sozialisationsagentur.

Die Peer-Gruppe hat bei der Übernahme der Erwachsenen-Rolle für den Jugendlichen also eine besondere Bedeutung. Tatsächlich hat Rosenmayr (1976) festgestellt, daß Jugendliche, die niemals einer altershomogenen Gruppe angehört haben, im Erwachsenenalter zu einem wesentlich rigideren und unflexibleren Verhalten neigten und eher dazu tendierten, an ihren eigenen starren Normen festzuhalten. Außerdem seien Toleranzschwäche und Neigung zu stereotypen Verhaltensweisen bei früh isolierten Jugendlichen häufig (zitiert nach Arbogast & Tippelt, 1981, S. 78). Zusammenfassend sei bemerkt, daß die Peer-Gruppe ein altersspezifisches Phänomen darstellt. Ihre besondere Funktion besteht darin, den Jugendlichen beim Abnabelungsprozess von der Familie aufzufangen, ihm in einer relativ instabilen Entwicklungsphase Rückhalt zu bieten und ihm in seiner Persönlichkeits- und Autonomieentwicklung behilflich zu sein.

3.1.4.3. Freizeitaktivitäten

Die zur Verfügung stehende Zeit, die Jugendliche alleine, häufiger aber mit Freunden verbringen, wird mit bestimmten Aktivitäten gefüllt. In diesem Zusammenhang wird das Wort „Aktivitäten" auch für Tätigkeiten passiver Art, wie z.B. Nichtstun, aus dem Fenster schauen usw., gebraucht. Zur Dartellung der jugendlichen Freizeitbeschäftigungen stützen wir uns auf die Daten jüngster Untersuchungen. Hierzu wollen wir einen Vergleich folgender drei Studien vornehmen:

1) *Jugend-Media-Analyse 1980*; N = 3092
„Welche Freizeitbeschäftigung tue ich sehr gern?"
(zit. Bayerischer Jugendring, 1985, S. 37)

2) *Sinus-Studie*, durchgeführt 1982; N = 2012
„... nennen Sie mir die fünf wichtigsten Dinge, die Sie in Ihrer Freizeit tun."
(Sinus-Institut, 1985 b, S. 606)

3) *SHELL-Studie*, durchgeführt 1984; N = 1472
„Womit befaßt Du Dich in Deiner Freizeit am liebsten?"
(Jugendwerk der deutschen Shell, 1985, Bd. 5, S. 199)

Bei der Darstellung der Ergebnisse dieser Studien beschränken wir uns auf die Stichprobe der 15- bis 17jährigen Jungen und Mädchen. Bei allen drei Studien waren Mehrfachnennungen möglich. Teilweise weichen die Antwortvorgaben der Untersuchungen voneinander ab, z.B. wird die Kategorie „Aktiver Sport" bei der Sinus-Befragung untergliedert in „Vereinssport" und „Freizeitsport". Derartige Abweichungen sind aber an entsprechender Stelle vermerkt. Für den Vergleich wurden exemplarisch genannte Freizeitaktivitäten ausgewählt, die Zahlenangaben stellen Prozentwerte dar, die in Klammern befindliche Zahl gibt den Rangplatz nach dem Beliebtheitsgrad an:

Tabelle 3.1: **Vergleich beliebter Freizeitaktivitäten Jugendlicher, Angaben in Prozent der Befragten und Rängen**

Aktivität	J-M-A 1980	Sinus 1982	Shell 1984
Musik passiv	96 % (1)	61,1 % (1)	21 % (5) (+ Radio)
Musik aktiv	31 % (17)	16,5 % (12)*	12 % (7)
Fernsehen	74 % (4)	24,2 % (6)	6 % (15) (+ Video)
Sport aktiv	73 % (5)	33,9 % (3) (Verein) 24,5 % (5) (Freizeit)	50 % (1)
Lesen	67 % (6)	23,6 % (7)	30 % (4)
Freundeskreis	92 % (2) "mit Freunden zs. sein"	36 % (2) "mit and. zs. sein, sich treffen"	40 % (2) "unterhalten mit Freunden /innen"

* Frage: "künstlerische Hobby's" einschließlich Malen, Schreiben, Töpfern ...

Diese Übersicht macht große Schwankungen in den Zahlen deutlich, die nur durch eine eingehende Analyse der Erhebungsdurchführung und -auswertung zu erklären sind. Dessen ungeachtet fällt jedoch auf, daß die beiden erstgenannten Studien in ihren Angaben über den relativ hohen Medienkonsum der 15- bis 17jährigen in ihrer Freizeit recht gut übereinstimmen. Passives Musikhören ist die beliebteste Tätigkeit unter den befragten Jugendlichen, gefolgt vom Fernsehen, welches den vierten bzw. sechsten Beliebtheitsrang einnimmt. Der Medienkonsum wird laut J-M-A und SINUS von den Jugendlichen dem Lesen (sechster bzw. siebter Rang), dem Sport (fünfter Rang) oder dem Musizieren (17. bzw. 12. Rang) vorgezogen.

Zu völlig anderen Ergebnissen kommt die SHELL-Studie. Sie ermittelt bei ihren Befragten ein weit weniger konsumhaftes Freizeitverhalten. Laut diesen Angaben betreiben die Jugendlichen am liebsten Sport (Rang 1) und sie lesen (Rang 4) und musizieren (Rang 7) lieber als sie fernsehen (Rang 15).

In allen drei Studien stimmen die Angaben über die Beliebtheit der Freizeit in der Clique überein. Diese Kategorie ist jedoch nicht unbedingt als eigene Freizeitaktivität aufzuführen, da der Freundeskreis das Ausüben anderer Tätigkeiten nicht verhindert, sondern es vielleicht sogar erst reizvoll macht, wie z.B. Sport, gemeinsam Video ansehen oder fernsehen, Musik hören, Kinobesuch, Tanzen gehen u.a.m.

Die drei Studien zeigen zwei sehr unterschiedliche Freizeitcharaktere. Laut J-M-A und SINUS ist die Altersgruppe der 15- bis 17jährigen eher medienorientiert. Schenkt man der SHELL-Studie Glauben, widerstehen die Jugendlichen den medialen „Verführern“ und betätigen sich eher sportlich und kulturell. Was trifft nun wirklich zu?

Bonfadelli et al. (1986) kommen zu dem Schluß, daß 95% der 12- bis 29jährigen täglich irgendeine Art von Medien nutzen. Darunter schalten 71% täglich den Bildschirm ein - inclusive Video und Telespiele -, 72% hören Radio, 21% hören täglich Schallplatte oder Kassette. Weit weniger attraktiv sind Printmedien. Nur 32% der Jugendlichen greifen täglich zur Zeitung, 14% lesen Zeitschriften und die tägliche Buchlektüre pflegen nur 19% der Befragten (a.a.O., S. 137).

Bei den nicht-medialen Freizeitaktivitäten gehen immerhin 58% der 16- bis 19jährigen mindestens einmal in der Woche einem Hobby nach, bevorzugt werden dabei die Tätigkeiten „Briefe schreiben“, „Basteln“, „Handarbeiten“ und „Heimwerken“ angegeben (a.a.O., S. 88 u. S. 213). Diese Aktivitäten werden meistens alleine ausgeführt. Dennoch bestätigt diese Untersuchung den starken Wunsch nach Geselligkeit (91%), sei es mit dem eigenen Partner oder dem Freundeskreis. Insgesamt hält Bonfadelli fest, daß dieses beschriebene Verhalten „das eher konventionelle Bild“ darstelle „einer mehr individualistisch gesinnten Jugend, für die Sozialkontakte im engen Kreis, der private Freiraum, Selbstentfaltung und das Sich-erholen-Können wichtige Freizeitanliegen sind“ (a.a.O., S. 110).

Alle vier Jugendstudien verdeutlichen, daß das jugendliche Freizeitverhalten sich nach geschlechtsspezifischen, altersabhängigen und bildungsspezifischen Faktoren unterscheidet.

Die Untersuchungen sind sich ziemlich darin einig, daß die Freizeitaktivitäten Handarbeiten, Kochen oder Basteln, Wandern oder Spazierengehen, Bücherlesen, Tanzen oder kreative Hobbys wie Zeichnen oder Malen lieber von Mädchen ausgeübt werden. (ARD/ZDF-Studie: Briefeschreiben). Aktiver und passiver Sport, besonders auch Auto, Mofa oder Motorrad sind die Interessensschwerpunkte von Jungen. Hinzu kommt bei den männlichen Jugendlichen ein Nutzungsvorsprung bei den audiovisuellen Medien wie Fernsehen, Video, Kino oder Telespiele. Deutlich zeigen sich auch altersabhängige Bevorzugungstendenzen bestimmter Freizeittätigkeiten. Bei einem Vergleich der genannten Studien kristallisieren sich für die Jugendlichen, die um die 15 Jahre alt sind, Interessensschwerpunkte für Radfahren, Bücherlesen, Fernsehen oder aktiven Sport heraus. Ältere, etwa 20jährige, fahren lieber Auto, Motorrad oder Mofa (männlich), Handarbeiten oder Kochen und Tanzen häufiger (weiblich), lesen öfter die Tageszeitung und nutzen im Vergleich zu den Jüngeren verstärkt die auditiven Medien.

SHELL, SINUS und die ARD/ZDF-Studie stimmen darin überein, daß Hauptschüler häufiger fernsehen und auch stärker an Autos usw. interessiert sind. Jugendliche, die weiterführende Schulen besuchen, lesen mehr, führen öfter Gespräche mit Freunden, treiben häufiger Sport und musizieren mehr. Außerdem sind sie kulturell interessierter und sozial engagierter. Die Freizeitgestaltung scheint mit steigenden Schulbildungsniveau abwechslungsreicher und weniger konsumorientiert zu sein.

Aus allen Studien ergibt sich, daß ein ausgesprochen hoher Zeitanteil täglich mit Medienkontakt verbracht wird. Bei Jugendlichen sind es ca. fünf bis sechs Stunden. Im Vergleich zu der Situation zu Beginn der 70er Jahre hat sich die Mediennutzungszeit deutlich ausgeweitet (1970 waren aufgrund einer Tagesablaufstudie nur drei Stunden und 15 Minuten mit Medienkontakten erfüllt, wobei damals 55% der Zeit auf das Fernsehen entfiel; Horn, 1975).

Zusammenfassend ist ein Trend unter den Jugendlichen deutlich geworden, der weg von den Buchstaben und hin zu den Funkmedien führt, der aber auch besonders die steigende Beliebtheit der auditiven Medien aufzeigt. Neumann-Bechstein (1984, S. 200) prophezeit für den Medienkonsum der Zukunft eine noch stärkere Nutzung der Massenmedien, die nicht an ein bestimmtes Programm gebunden sind. Bewahrheitet sich dies, dann wären

Video, Cassettenrecorder und andere Tonträger die Medien der Zukunft, da sie die höchste „Adressaten- und Nutzungsflexibilität" bieten.

Während die einen die Bindung von Kindern und Jugendlichen an die audio-visuellen Massenkommunikationsmittel beklagen, wird von den Medienmachern vieles unternommen, (z.B. Tagesablaufstudien, Erhebung von Seherwünschen, Programmangebote für immer differenziertere Zielgruppen), um eine optimale Synchronizität zwischen Freizeit und Medienangebot herzustellen (Frank, 1985).

3.1.4.4. Freizeitwunsch und Freizeitwirklichkeit

Zahlreiche Untersuchungen belegen, daß tatsächliches Freizeitverhalten keineswegs mit den vorhandenen Freizeitinteressen oder -bedürfnissen übereinstimmen muß. So wiesen Schmitz-Scherzer (1971) und Kemperdick (1972) am Beispiel des Fernsehverhaltens Jugendlicher nach, daß das Interesse und die wirkliche Nutzung nur schwach korrelieren (zit. n. Schmitz-Scherzer, 1974, S. 33). Raddatz und Opaschowski (1982, S. 26) ermittelten in einer Untersuchung an 400 Berufstätigen, die zwischen 16 und 59 Jahren alt waren, erhebliche Differenzen zwischen Freizeitwünschen und -aktivitäten. Es zeigte sich, daß sowohl bei den Jugendlichen als auch bei den Erwachsenen die tatsächliche Mediennutzung in der Freizeit teilweise sehr viel höher ist als das Interesse dafür und daß alle angegebenen nicht-medialen Tätigkeiten gerne häufiger ausgeübt würden. 67,3% der Befragten geben an, „sehr oft/öfter" fernzusehen, aber nur 19,3% äußern den Wunsch danach. Negative Differenzen ergeben sich ebenso für die Tätigkeiten Zeitunglesen (-46%), Musikhören (-19,5%) und bei den jüngeren Altersgruppen erstaunlicherweise für das Bücherlesen (16- bis 19jährige: -2,2%; 19- bis 29jähr.: -4,5%). Alle nicht-medialen Aktivitäten werden seltener ausgeübt, als Interesse dafür besteht: Faulenzen (+0,5%), Bücherlesen (+ 1,5% im Gesamtdurchschnitt), Fortbildung (+ 2,9%), aktiver Sport (+ 5%), Zeit für sich selbst (+ 12%), Ausflüge (+ 16,2%) und schließlich Reisen (+ 47%).

Wie sind nun diese Ergebnisse zu interpretieren? Raddatz und Opaschowski (1982, S. 25 ff) glauben, aus diesen Zahlen einen Trend für das künftige Freizeitverhalten ablesen zu können und behaupten, passive Aktivitäten und Medienkonsum würden sich bald reduzieren, stattdessen würden Entspannung, Selbst-aktiv-sein, Reisen, Sozialkontakte, Spaß und Lebensgenuß die Freizeitpräferenzen der Zukunft sein. Nach Schmitz-Scherzer (1974, S. 33) sind Differenzen zwischen erwünschtem und tatsächlichem Freizeitverhalten dadurch zu erklären, „daß Freizeittätigkeiten unter Umständen mehr durch Motive anderer Art und Determinanten unterschiedlichster Art ausgelöst werden können als durch mehr oder weniger spezifische Interessen". Demnach könnte in bezug auf das Fernsehverhalten z.B. der Gewöhnungseffekt eine solche Determinante sein, die trotz geringem Interesse häufigeren Fernsehkonsum bewirkt. Dieser Hinweis verdeutlicht, daß Differenzen zwischen Freizeitverhalten und -wünschen keine Zukunftstrends wiederspiegeln müssen, sondern vielleicht ein gewisses Unbehagen über das eigene Freizeitverhalten offenbart.

Fassen wir die Ergebnisse verschiedener Jugenduntersuchungen zusammen: Die durchschnittlich drei bis vier Stunden täglich frei verfügbarer Zeit verbringen die Jugendlichen am häufigsten im gleichaltrigen Freundeskreis, der für diese Altersgruppe auf dem Weg der Sozialisation besondere Relevanz hat. Nach Angaben der zitierten Studien füllen die Jugendlichen ihre Freizeit am liebsten mit Tätigkeiten wie Musik hören, Sport oder Fernsehen aus. Geringes Interesse besteht hingegen für kulturelle oder kreative Betätigungen. Auffallend ist die große Beliebtheit audiovisueller und auditiver Medien, die nach diesen Untersuchungsergebnissen den Freizeitbereich insbesondere der männlichen Jugendlichen relativ stark beherrschen. Das Buch wird zwar genutzt, ist aber - ähnlich wie die übrigen Printmedien - gegenüber den Funkmedien nachrangig.

Diese Zusammenfassung vermittelt den Eindruck einer eher konsumorientierten als aktivistischen Haltung der Jugendlichen in ihrer Freizeit. Hierbei drängt sich die Frage auf, inwieweit die Massenmedien das Verhalten der jungen Menschen dahingehend beeinflussen, daß sie möglicherweise ihre Freizeit im Vergleich zu früheren Generationen phantasieloser und passiver gestalten.

3.2. Ergebnisse zu Freizeit- und Medienaktivitäten

3.2.1. Beschreibung der Freizeitaktivitäten von Kindern und Jugendlichen

In unserer Untersuchung wurden die Freizeitaktivitäten mittels eines Häufigkeitsratings erhoben. Für 22 Einzelaktivitäten sollten die Befragten angeben, wie häufig sie diese durchführen (1 = sehr häufig, 5 = gar nicht), ein niedriger Wert bedeutet eine große Häufigkeit. Zusätzlich wurden die

Einzelaktivitäten zu mehreren Summenwerten zusammengefaßt (vgl. Anhang B), Indikatoren wurden gebildet für die Aspekte „Freizeit interaktiv", „Freizeit allein - passiv" und „Freizeit allein - aktiv".

Wie aus Tabelle 3.2 zu ersehen ist, sind die am häufigsten ausgeübten Freizeitaktivitäten: Schallplatten/Cassetten anhören, Sport ausüben, mit Freunden etwas unternehmen, Gespräche mit Freunden, Beisammensein mit Freund oder Freundin, Bücher lesen und bei Sportveranstaltungen zuschauen. Die am seltensten vorkommenden Tätigkeiten beziehen sich auf aktiv Musik ausüben, Geld verdienen, Mofa/Mopedfahren, Jugendzentrum besuchen, Tagebuch schreiben und soziale Aktivitäten. Das Schlußlicht bildet die Aktivität in einer politischen Gruppe.

Mit der SINUS-STUDIE (1985) - erfragt wurden dort die fünf wichtigsten Freizeittätigkeiten - ergeben sich gute Übereinstimmungen. Die häufigst genannten Aktivitäten waren dort Musik hören, mit anderen zusammentreffen, Lesen, Handarbeiten, Reparaturen/Basteln, Freizeitsport treiben, Sportbetätigung im Verein und Fernsehen. Die Kategorie Handarbeiten/Basteln rangiert bei uns weiter unten, was aber mit der leicht unterschiedlichen Formulierung zu erklären ist. Fernsehen als Freizeittätigkeit wurde von uns nicht in diese Liste aufgenommen, da wir diesen Bereich detaillierter erfaßt haben, allerdings ergibt sich auch in unserer Studie, daß es verschwindend wenige Nichtnutzer (z.B. 4,2% an Wochentagen) gibt, Fernsehen also einen hohen Stellenwert bei den Freizeittätigkeiten einnimmt.

Wie aus Tabelle 3.2. hervorgeht, gibt es nur bei einer Tätigkeit keine geschlechtsspezifischen Präferenzen (Jugendzentrum), alle anderen Unterschiede können im Sinne rollentypischen Verhaltens zusammengefaßt werden (z.B. häufigeres Schreiben von Briefen oder eines Tagebuches bei Mädchen oder eher Sportausübung, Engagement in Jugendzentrum oder Mofa/Mopedfahren bei Jungen; vgl. auch SINUS-STUDIE, 1985, S. 110 f).

Tabelle 3.2: Häufigkeit von Freizeitbetätigungen (aM und Rangplätze, 1 = sehr häufig, 5 = gar nicht), Gesamtverteilung sowie nach Hintergrundmerkmalen [1)]

Freizeitbetätigungen	Gesamt aM	Rang	Geschlecht	Alter	Schulart	Wohnortgröße
(1) Sport ausüben	2,03	2	J	--	GY	--
(2) bei Sportveranstaltungen zuschauen	3,03	7	J	--	HS	Dorf
(3) Gespräche mit Freunden	2,18	4	M	16 u.ä.	RS/GY	--
(4) mit Freunden etwas unternehmen	2,08	3	M	16 u.ä.	RS/HS	GSt
(5) Musik machen	3,67	16	M	bis 13	GY	--
(6) Gesellschaftsspiele spielen	3,17	10	J	bis 13	HS	--
(7) Tanzen/Disco	3,32	12	M	16 u.ä.	HS	GSt
(8) in Jugendzentrum gehen	4,06	19	--	16 u.ä.	HS	--
(9) bei Jugendverein mitmachen	3,13	9	J	14/15	RS/GY	KSt
(10) bei polit. Gruppe mitmachen	4,81	22	J	--	HS	Dorf
(11) soziale Aktivitäten	4,48	21	J	--	GY	KSt
(12) Handarbeiten/Basteln	3,59	15	M	bis 13	GY	Dorf
(13) Geldverdienen/Jobben	3,83	17	M	16 u.ä.	HS	--
(14) mit Freund(in) zusammensein	2,19	5	M	16 u.ä.	RS	GSt
(15) Mofa/Moped fahren	3,83	18	J	16 u.ä.	HS	GSt
(16) allein sein/träumen	3,11	8	M	15/16 u.ä.	GY	--
(17) Bücher lesen	2,74	6	M	bis 13	GY	--
(18) Schallplatten/Cassetten hören	1,80	1	M	15/16 u.ä.	RS/HS	--
(19) Briefe schreiben	3,49	13	M	--	GY	--
(20) Spazieren/Wandern	3,26	11	M	bis 13	GY	--
(21) Tagebuch schreiben	4,23	20	M	--	GY	--
(22) gar nichts tun	3,56	14	M	--	RS	--

1) Es wird - wenn Unterschiede statistisch signifikant ausfallen - jeweils angegeben, in welcher Untergruppe eine größere Häufigkeit gegeben ist.

Bei Konstanthaltung der Einflußgrößen Alter, Schicht- und Schulartzugehörigkeit ergibt sich, daß die Mitgliedschaft im Jugendverein am deutlichsten mit dem männlichen Geschlecht zusammenhängt (+0.22; vgl. Tab. 3.3). Aber auch Mofa oder Moped fahren (+0.19), Sportveranstaltungen besuchen (+0.18), aktiv Sport betreiben (+0.18), Jobben (+0.12) und die Mitarbeit in einer politischen (+0.06) und sozialen Gruppe (+0.04) kommt bei Jungen signifikant häufiger vor. Briefe (-0.41) und Tagebuch schreiben (-0.37), Bücher lesen (-0.27), Handarbeiten oder Basteln (-0.25), allein sein (-0.24), Gespräche mit Freunden, Wandern und Tanzen gehen oder eine Disco besuchen (jeweils -0.21) sind Aktivitäten, die Mädchen häufiger ausüben. Aber auch für die Tätigkeiten Cassetten/Platten hören (-0.18), Zusammensein mit dem Freund/en oder Freundinnen (-0.16), Nichts tun (-0.1), Musik machen (-0.09) und mit Freunden etwas unternehmen (-0.09) lassen sich für Mädchen statistisch bedeutsame Zusammenhänge feststellen.

Tabelle 3.3: **Graphische Darstellung der partiellen Korrelationen zwischen Geschlecht und Freizeitaktivitäten unter Konstanthaltung von Alter, Schicht- und Schulartzugehörigkeit**

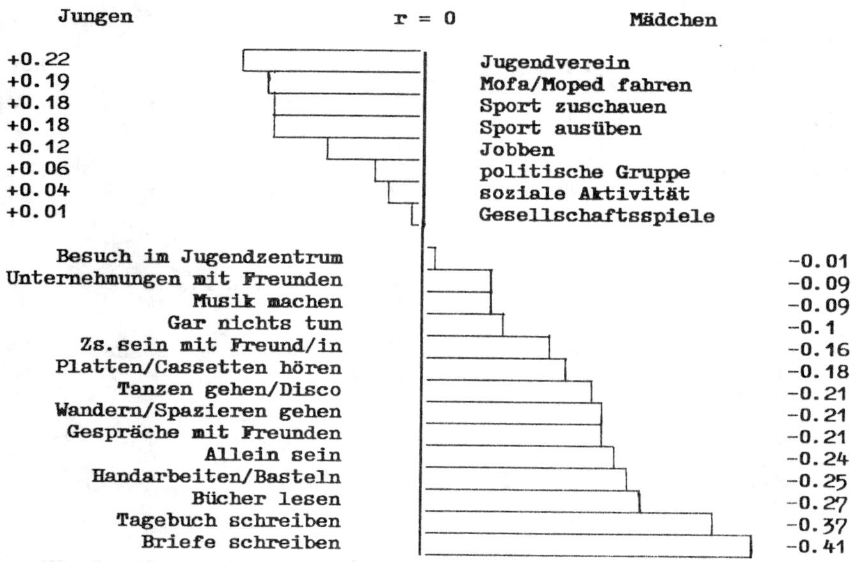

Nicht ganz so stark wie das Geschlecht beeinflußt das Alter den Freizeitbereich der Jugendlichen. Trotzdem zeigen sich auch hier nach der Berechnung der partiellen Korrelationskoeffizienten unter Konstanthaltung von Geschlecht, Schicht- und Schulartzugehörigkeit deutliche Unterschiede (vgl. Tab. 3.4). Vor allem Bücherlesen (+0.16) und Gesellschaftsspiele (+0.13) sind die Domänen der Jüngeren aus der Stichprobe, aber auch Musizieren (+0.1), Handarbeiten oder Basteln (+0.08), Wandern oder Spazieren gehen (+0.06) und Tagebuchschreiben (+0.04). Die älteren Jugendlichen gehen stattdessen häufiger zum Tanzen und fahren häufiger Mofa/Moped (jeweils -0.29), ferner sind sie öfter mit dem Freund oder der Freundin zusammen (-0.16), jobben (-0.14), gehen ins Jugendzentrum (-0.12), führen mit Freunden Gespräche (-0.12) und sind aber auch öfter allein (-0.12). Ebenso stehen Unternehmungen im Freundeskreis (-0.1), Platten oder Cassetten hören (-0.09) und soziale Aktivitäten (-0.05) bei den Älteren etwas höher im Kurs. Bei den Beschäftigungen mit passivem und aktivem Sport, Briefe schreiben, gar nichts tun und dem Engagement in Jugendverein oder politischen Organisationen machen sich keine altersabhängigen Unterschiede bemerkbar.

Tabelle 3.4: **Graphische Darstellung der partiellen Korrelationen zwischen Alter und Freizeitaktivitäten unter Konstanthaltung von Geschlecht, Schicht- und Schulartzugehörigkeit**

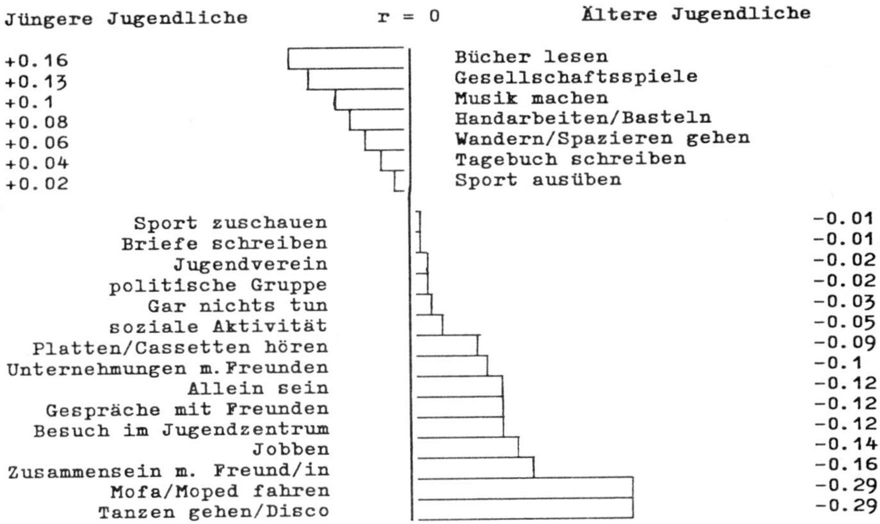

Die Schulartzugehörigkeit ist mit allen Tätigkeiten verbunden. Von Gymnasiasten werden häufiger aktive Sportausübung, Musik machen, allein sein/träumen, Bücher lesen, Briefe schreiben und Gar-nichts-Tun genannt. Bei Hauptschülern kommt es häufiger zu passivem Sportkonsum, Tanzen/Discobesuch, Jugendzentrumsbesuch, Aktivität in einer politischen Gruppe, Geld verdienen, Zusammensein mit Freund oder Freundin, Mofa/Mopedfahren und (geringfügig) häufigerem Anhören von Schallplatten.

Tabelle 3.5: **Graphische Darstellung der partiellen Korrelationen zwischen Schulartzugehörigkeit und Freizeitaktivitäten unter Konstanthaltung der Variablen Geschlecht, Alter und Schicht**

niedrigeres Schulniveau	r = 0	höheres Schulniveau
+0.21		Mofa/Moped fahren
+0.15		Besuch im Jugendzentrum
+0.13		Tanzen gehen/Disco
+0.12		Jobben
+0.08		politische Gruppe
+0.05		Zs. sein mit Freund/in
+0.04		Platten/Cassetten hören
+0.04		Sport zuschauen
+0.04		Tagebuch schreiben
+0.03		Unternehmungen mit Freunden
+0.02		Gesellschaftsspiele
+0.02		Wandern/Spazieren gehen
+0.02		soziale Aktivität
+0.00		Handarbeiten/Basteln
Gespräch mit Freunden		-0.03
Jugendverein		-0.04
Briefe schreiben		-0.04
Gar nichts tun		-0.04
Allein sein		-0.05
Sport ausüben		-0.08
Musik machen		-0.15
Bücher lesen		-0.20

Partielle Korrelationsberechnungen bei Konstanthaltung der Geschlechts, Alters- und Schichtvariable machen deutlich, daß vor allem die Aktivitäten Mofa/Moped fahren (+0.21), Besuch von Jugendzentren (+0.15) und von Tanzveranstaltungen (+0.13), Jobben (+0.12), politisches Engagement (+0.08), Zusammensein mit dem/r Freund/in (+0.05), Platten/Cassetten hören (+0.04), bei Sportveranstaltungen zuschauen (+0.04) und Tagebuch schreiben (+0.04) signifikant häufiger von Jugendlichen mit einem niedrigeren Schulniveau ausgeübt werden (vgl. Tab. 3.5). Jugendliche, die weiterführende Schulen besuchen, lesen häufiger Bücher (-0.20) und musizieren (-0.15), sind sportlich aktiver (-0.08) und auch häufiger allein (-0.05), schreiben mehr Briefe (-0.04), tun häufiger aber auch gar nichts (-0.04) oder besuchen einen Jugendverein (-0.04).

Die Wohnortgröße ist für neun Aktivitäten von Bedeutung. Befragte aus großstädtischen Bereichen unternehmen häufiger etwas mit Freunden, gehen öfter zum Tanzen, sind häufiger mit Freund-Freundin beisammen und hören sich vermehrt Schallplatten an. Jugendliche aus dörflicher Umgebung schauen eher bei Sportveranstaltungen zu, sind häufiger in einer politischen Gruppe vertreten und sind öfter mit Handarbeiten und Basteln beschäftigt.

Verglichen mit den anderen Hintergrundmerkmalen bestehen zwischen Geschlecht und Freizeitaktivitäten die deutlichsten Beziehungen, geringere Bedeutung besitzen das Alter, die Schulartzugehörigkeit und die Wohngegend.

Auf der Ebene der globalen Freizeitindikatoren wird deutlich, daß Jungen häufiger interaktive Freizeitbetätigungen angeben und Mädchen eher Freizeittätigkeiten, die sie allein/aktiv ausüben (vgl. Tab. 3.6). Mit dem Alter werden die allein ausgeübten, passiven Freizeitbetätigungen sowie die interaktiven intensiviert, eine leichte Abnahme ist hingegen bezüglich der allein und aktiv durchgeführten Freizeitbetätigungen festzustellen. Interaktive Freizeittätigkeiten kommen bei Hauptschülern häufiger vor, ebenso sind bei ihnen öfter passive Freizeitbeschäftigungen zu finden, bei Gymnasiasten sind allein ausgeführte, aktive Freizeittätigkeiten häufiger. Die Wohnortgröße besitzt bezüglich der Globalindikatoren des Freizeitverhaltens keine Bedeutung.

Tabelle 3.6: Zusammenhänge zwischen Freizeitbereichen und sozio-demographischen Merkmalen [1]

Freizeitaktivitäten (Summenwerte)	Soziodemographische Merkmale Geschlecht	Alter	Schulart	Wohnortgröße
Freizeit interaktiv	.08	-.14	.09	-.03
Freizeit allein/ passiv	-.02	-.20	.11	.01
Freizeit allein/ aktiv	-.39	.04	-.07	.02

1) Aufgrund der hohen Stichprobengröße sind bereits Koeffizienten r = .04 statistisch signifikant.

3.2.2. Freizeit- und Medienverhalten von Vielsehern und Wenigsehern

Zur Differenzierung von Viel- und Wenigsehern halten wir uns an ein von Buss (1985, S. 379 f) entwickeltes Raster, das den über 13jährigen Wenigseher bei einem durchschnittlichen täglichen Fernsehkonsum von bis zu einer Stunde, den Vielseher bei mehr als drei Stunden täglicher Nutzungszeit festlegt. Demnach fallen 17,7% aus unserer Schülerstichprobe in die Kategorie der *Wenigseher* und die auch die 1,8% Nichtseher mit einschließt (aM = 4,25 Std./Woche). Etwas mehr als die Hälfte, nämlich 56,7% bilden die Gruppe der *Durchschnittsseher* mit einem wöchentlichen Fernsehkonsum zwischen sieben und 21 Stunden (aM = 13,60 Std.) und gut ein Viertel der Befragten

(25,6%) sind *Vielseher*, mit einem Wochenkonsum von mehr als 21 Stunden (aM = 29,00 Std.).

Korrelationsberechnungen unter Auspartialisierung von Geschlecht, Alter, Schicht- und Schulartzugehörigkeit zeigen, daß Wenigsehen eng mit schöpferischer und aktiver Freizeitgestaltung zusammenhängt, so z.B. mit Aktivitäten wie Wandern (+0.09) Bücher lesen (+0.07), Musizieren (+0.07), sozialem Engagement (+0.05), Tagebuch (+0.05) und Briefe schreiben (+0.04) und Handarbeiten oder Basteln (+0.04). Bei Sportveranstaltungen zuschauen (-0.09), gar nichts tun (-0.09), Platten oder Cassetten hören (-0.08), mit dem Freund bzw. der Freundin oder dem Freundeskreis zusammen sein (jeweils -0.06), aktiven Sport treiben (-0.05), zum Tanzen bzw. in die Disco gehen, Gesellschaftsspiele machen und sich mit Freunden unterhalten (jeweils -0.04) ist eher die Sache der Vielseher. Für die Aktivitäten politisches Engagement, Jobben, allein sein und dem Besuch im Jugendzentrum oder im Jugendverein lassen sich keine statistisch bedeutsamen Zusammenhänge mit der Höhe des Fernsehkonsums nachweisen (vgl. Tab. 3.7).

Tabelle 3.7: **Graphische Darstellung der partiellen Korrelationen zwischen Fernsehkonsum und Freizeitaktivität unter Konstanthaltung der Variablen Geschlecht, Alter, Schicht- und Schulartzugehörigkeit**

Wenigseher	r = 0	Vielseher
+0.09	Wandern/Spazieren gehen	
+0.07	Bücher lesen	
+0.07	Musik machen	
+0.05	Tagebuch schreiben	
+0.05	soziale Aktivität	
+0.04	Briefe schreiben	
+0.04	Handarbeiten	
+0.01	politische Gruppe	
	Jobben	-0.01
	Allein sein	-0.02
	Besuch im Jugendzentrum	-0.02
	Jugendverein	-0.03
	Mofa/Moped fahren	-0.03
	Gespräch mit Freunden	-0.04
	Gesellschaftsspiele	-0.04
	Tanzen gehen/Disco	-0.04
	Sport ausüben	-0.05
	Unternehmungen mit Freunden	-0.06
	Zusammensein mit Freund/in	-0.06
	Platten/Cassetten hören	-0.08
	Gar nichts tun	-0.09
	Sport zuschauen	-0.09

Sowohl Viel- als auch Wenigseher verbringen ihre freie Zeit etwa gleich oft in Gesellschaft oder alleine (vgl. Tab. 3.8). Deutliche Differenzen zeigen sich jedoch beim Aktivitätsgrad. Vielseher sind in der freien Zeit, in der sie sich alleine beschäftigen, deutlich passiver (-0.11), Wenigseher hingegen aktiver (+0.06).

Tabelle 3.8: **Summenwerte der Freizeitaktivitäten nach Fernsehkonsum, Mittelwerte und Korrelationskoeffizienten**

Freizeit-art	Gesamt	Wenig-seher	Durch-schnitt-seher	Viel-seher	Korrelation r	r part.*
interaktiv	32,62	32,85	32,83	32,17	-0.04	-0.03
all./passiv	15,29	16,02	15,38	14,60	-0.13	-0.11
all./aktiv	17,86	17,03	17,87	18,47	+0.12	+0.06

* Partielle Korrelation unter Konstanthaltung von Geschlecht, Alter, Schicht- und Schulartzugehörigkeit.

19,8% der Vielseher, aber nur 4,9% der Wenigseher geben Fernsehen als ihre liebste Freizeitbeschäftigung an. Unter Konstanthaltung der Hintergrundfaktoren für Geschlecht, Alter, Schulartzugehörigkeit und Wohnortgröße korreliert die Fernsehpräferenz mit den Variablen selten mit Freunden etwas unternehmen (.08), wenig aktiven Sport ausüben (.06), selten in eine Disco gehen (.05), kaum in einem Jugendverein mitmachen (.05), selten Gespräche mit Freunden führen (.04), wenig mit Freund/Freundin zusammen sein (0.04), selten Bücher lesen (.04) und häufiger gar nichts tun (-.04). Offensichtlich bezeichnen diejenigen Jugendlichen das Fernsehen als liebste Freizeitaktivität, die wenig Kontakt zu Gleichaltrigen haben und die zugleich keinen Anreiz darin sehen, ihre Freizeit mit literarischen Aktivitäten auszufüllen. Probanden, die im Fernsehen ihre Lieblingstätigkeit sehen, üben auch seltener interaktive Freizeittätigkeiten insgesamt aus (r part =.06).

Die Frage nach den Videospielen als liebste Freizeitbeschäftigung beantworten 8,4% der Viel- und 4,0% der Wenigseher positiv. Jugendliche, die viel fernsehen, sind, mit Ausnahme der Bücher, auch allen anderen Medien stärker zugeneigt (vgl. Tab. 3.9). Die deutlichsten partiellen Korrelationskoeffizienten ergeben sich für die auditiven Medien (+0.15), für Zeitschriften (+0.14) und Videos (+0.12). Signifikante Werte werden aber auch für Comics (+0.09), Zeitungen (+0.09) und Romanhefte (+0.08) ermittelt.

Tabelle 3.9: **Wochenmedienkonsum in Stunden bei Viel-, Wenig- und Nichtfernsehern; Mittelwerte und Korrelationskoeffizienten**

Medienart	Gesamt	Wenig-seher	Durch-schnitt-seher	Viel-seher	Korrelation r	r part *
Bücher	5,97	6,37	5,49	5,01	-0.09	-0.01
Unterhalt.	3,49	3,95	3,46	3,11	-0.07	+0.00
Weiterbil.	2,08	2,42	2,03	1,90	-0.05	-0.01
Zeitungen	2,10	1,56	2,06	2,49	+0.11	+0.09
Tagesztg.	1,22	1,00	1,20	1,39	+0.09	+0.07
Wochenztg.	0,88	0,56	0,86	1,10	+0.13	+0.11
Zeitschrift.	3,41	2,24	3,34	4,10	+0.13	+0.14
Illustr.	1,58	1,04	1,57	1,84	+0.12	+0.14
Jgndzschr.	1,83	1,20	1,77	2,26	+0.13	+0.12
Comics	1,43	0,85	1,33	1,99	+0.15	+0.09
Romanhefte	1,49	0,90	1,53	1,72	+0.07	+0.08
audit.Medien	15,32	12,35	14,54	18,19	+0.15	+0.15
Pla./Cass.	9,07	7,22	8,51	11,09	+0.16	+0.15
Radio	6,25	5,13	6,03	7,10	+0.10	+0.11
Video	2,79	1,22	2,41	4,47	+0.19	+0.12

* Partielle Korrelation unter Konstanthaltung von Geschlecht, Alter, Schicht- und Schulartzugehörigkeit

Auf Ebene der partiellen Korrelation lassen sich keine signifikanten Zusammenhänge zwischen wenig fernsehen und Bücher lesen feststellen, was möglicherweise bedeuten könnte, daß die auspartialisierten Variablen Geschlecht, Alter und Schulbildung, auf das Leseverhalten einen größeren Einfluß ausüben, als die Menge des Fernsehkonsums.

Zusammenfassend läßt sich festhalten, daß Fernsehkonsumenten, die durchschnittlich nicht mehr als eine Stunde täglich dieses Medium nutzen, ihre Freizeit zwar nicht häufiger allein verbringen, aber in dieser Zeit deutlich mehr Aktivität und Kreativität entfalten als jugendliche Vielseher, die mindestens drei Stunden im Tagesdurchschnitt vor dem Bildschirm sitzen. So verbringen die Wenigseher ihre freie Zeit signifikant häufiger mit Wandern, Lesen, Musizieren, Tagebuch oder Briefe schreiben, sozialem Engagement und Handarbeiten oder Basteln. Die Vielseher bevorzugen hingegen sowohl den aktiven als auch passiven Sport, sind öfter allein, mit dem Freund oder der Freundin und dem Freundeskreis zusammen und gehen öfter Tanzen. Ferner nutzen sie neben dem Bildschirm nicht nur die auditiven Medien stärker, sondern - abgesehen von den Büchern - auch alle anderen Medienarten signifikant häufiger.

Betrachtet man die Zusammenhangsmuster zwischen Fernsehen und Freizeit, so wird die besondere soziale Situation derjenigen deutlich, die im Fernsehen ihre Lieblingstätigkeit sehen (Tendenz zu sozialer Isolation und relative Ferne zu „kulturell wertvollen" Freizeittätigkeiten). Die Zusammenhänge lassen es aber als wenig wahrscheinlich erscheinen, daß die kausale Verknüpfung als von der Hochschätzung dieses Mediums ausgehend und die Freizeitaktivitäten beeinflussend gesehen werden kann. Die Bindung an dieses Medium entsteht vielmehr als Ersatz für eine unbefriedigende soziale Situation, die Zusammenhänge sind also eher dem Denkschema das „uses and gratification approaches" (Hunziker, 1982) zu subsumieren. Ergänzt wird diese Interpretation auch durch das Faktum, daß die Fernsehkonsumdauer am deutlichsten mit allein ausgeführten und passiven Freizeittätigkeiten zusammenhängt. Die Situation, in seiner freien Zeit vorwiegend auf sich selbst angewiesen zu sein und nur eingeschränkt über aktiv durchzuführende Freizeitmöglichkeiten zu verfügen, läßt eben eher zu dem in den Haushalten fast ubiquitär vorhandenen, kognitiv anspruchslosen und Unterhaltung bietenden Medium Fernsehen greifen. Damit wird für die Rezipientengruppe der Jugendlichen eine Befürchtung von Neumann-Bechstein (1985, S. 468) konkretisiert, wonach „Fernsehprogramme in stärkerem Umfang als bisher zum Medium für Teilgruppen und sozial Benachteiligte werden" und die gesamtgesellschaftlich sozialintegrative Funktion der audio-visuellen Medien abgeschwächt wird.

3.2.3. Freizeit- und Medienverhalten von Viel- und Weniglesern

Um Kategorien für Viel- und Wenigleser zu erhalten, wurden die Angaben zu den wöchentlichen Lesezeiten für Unterhaltungsbücher in Quartile unterteilt. Das untere Quartil (26,3%) stellte die Gruppe der *Wenigleser* dar, d.h. diejenigen Befragten, die nicht mehr als 1/2 Stunde in der Woche Unterhaltungsliteratur lesen. Davon sind immerhin etwa 80%, nämlich 20,3% der Gesamtstichprobe, Nichtleser (mittlere Lesezeit pro Woche im unteren Quartil: 0,08 Std.). Die beiden mittleren Quartile (48,6%) werden als *Durchschnittsleser* bezeichnet. Ihre Lesezeit beträgt eine halbe Stunde bis fünf Stunden in der Woche (durchschnittlich = 2,68 Std.). Die Kategorie der *Vielleser*, Personen die mehr als 5 Stunden in der Woche Unterhaltungsliteratur lesen, bilden 25,1% der Befragten (durchschnittliche Lesezeit: 8,95 Std.). Darin enthalten sind die 6,1% der Befragten, die angeben, sich mehr als zehn Stunden in der Woche mit Unterhaltungsliteratur zu beschäftigen.

Korreliert man unter Auspartialisierung von Geschlecht, Alter, Schicht- und Schulartzugehörigkeit die Freizeittätigkeiten mit der Dimension Viel- vs. Wenigleser, wird ersichtlich, daß Vielleser ein deutlich breiteres und vielfältigeres Freizeitangebot wahrnehmen als die Wenigleser (vgl. Tab. 3.10). Naheliegenderweise lesen Vielleser mehr (Korrelation mit Bücher lesen: -0.48), wandern mehr (-0.12), schreiben öfter Briefe (-0.11) und Tagebuch (-0.08), machen mehr Gesellschaftsspiele (-0.11) und sind häufiger allein (-0.09). Ferner musizieren die Jugendlichen, die viel lesen, öfter (-0.08), Basteln oder Handarbeiten häufiger (-0.06), sind sozial engagierter (-0.05), hören mehr Platten oder Cassetten (-0.05) und unterhalten sich in ihrer freien Zeit öfter mit Freunden (-0.04). Keine statistisch bedeutsamen Zusammenhänge mit Viel- bzw. Weniglesen gibt es für die Aktivitäten Tanzen gehen bzw. Discobesuch, Jobben, Zusammensein mit Freund oder Freundin, gar nichts tun, aktiver und passiver Sport, politisches Engagement, Besuch von Jugendzentren und Unternehmungen mit Freunden. Vielleser fahren aber seltener Mofa oder Moped (r = 0.09).

Tabelle 3.10: Graphische Darstellung der partiellen Korrelationen zwischen Lesehäufigkeit und Freizeitaktivitäten unter Konstanthaltung der Variablen Alter, Geschlecht, Schicht- und Schulartzugehörigkeit

Wenigleser	r = 0	Vielleser
+0.09	Mofa/Moped fahren	
+0.03	Tanzen gehen/Disco	
+0.00	Jobben	
+0.00	Zusammensein mit Freund/in	
+0.00	Gar nichts tun	
	Sport zuschauen	-0.01
	Jugendverein	-0.01
	politische Gruppe	-0.01
	Besuch im Jugendzentrum	-0.02
	Unternehmungen mit Freunden	-0.02
	Sport ausüben	-0.03
	Gespräche mit Freunden	-0.04
	soziale Aktivität	-0.05
	Platten/Cassetten hören	-0.05
	Handarbeiten/Basteln	-0.06
	Musik machen	-0.08
	Tagebuch schreiben	-0.08
	Allein sein	-0.09
	Gesellschaftsspiele	-0.11
	Briefe schreiben	-0.11
	Spazieren gehen/Wandern	-0.12
	Bücher lesen	-0.48

Bei der Betrachtung der Freizeitsummenwerte fällt auf (vgl. Tab. 3.11), daß sowohl ein interaktives (-0.06), stärker jedoch allein und aktiv verbrachtes Freizeitverhalten (-0.25) mit Viellesen korreliert. Angesichts der Resultate über die Durchführung der freizeitbezogenen Einzelaktivitäten mit der Lesezeit überrascht es nicht, daß viellesende Schüler in ihrer allein verbrachten Zeit deutlich aktiver sind als weniglesende.

Tabelle 3.11: **Summenwerte der Freizeitaktivitäten nach Lesehäufigkeit in Stunden/Woche, Korrelationskoeffizienten**

Freizeit-art	Gesamt	Wenig-leser	Durch-schnitt-leser	Viel-leser	Korrelation r	r part.*
interaktiv	32,62	33,12	32,46	32,36	-0.04	-0.06
all./passiv	15,29	15,02	15,38	15,29	+0.03	-0.01
all./aktiv	17,86	19,68	17,65	16,25	-0.32	-0.25

* Partielle Korrelation unter Konstanthaltung von Geschlecht, Alter, Schicht- und Schulartzugehörigkeit.

Es zeigt sich, daß mit Ausnahme der audiovisuellen Medien Fernsehen und Video alle anderen Mediennutzungen mit Viellesen zusammenhängen. Besonders hohe partielle Korrelationskoeffizienten ergeben sich erwartungsgemäß bei den Printmedien: Weiterbildungsliteratur (0.19), Romanhefte (0.18), Zeitschriften (0.15), Comics (0.13) und Zeitungen (0.11) werden von Viellesern häufiger gelesen. Aber auch Klangmedien konsumieren diese - möglicherweise als musikalischen Background bei der Lektüre - öfter als Wenigleser (0.09). Obwohl 14,8% der Jugendlichen, die wenig lesen, Fernsehen und 8,6% Videospiele als ihre liebste Freizeitbeschäftigung angeben (Vielleser 9,0% bzw. 4,2%), lassen sich für die Fernseh- und Videonutzungszeiten nach Auspartialisierung von Drittvariablen keine statistisch bedeutsamen Zusammenhänge mehr nachweisen. Die Ergebnisse der einfachen Korrelation zeigen, daß die fraglichen Zusammenhänge über die Merkmale Geschlecht und Schulbildung hergestellt werden (vgl. Tab. 3.12).

Tabelle 3.12: **Summenwerte des Wochenmedienkonsums in Stunden nach Lesehäufigkeit, Mittelwerte und Korrelationskoeffizienten**

Medienart	Gesamt	Wenig-leser	Durch-schnitt-leser	Viel-leser	Korrelation r	r part.*
Weiterbil.	2,08	1,34	1,94	3,16	+0.20	+0.19
Zeitungen	2,10	1,92	2,07	2,39	+0.09	+0.11
Tagesztg.	1,22	1,16	1,21	1,32	+0.04	+0.08
Wochenztg.	0,88	0,76	0,86	1,07	+0.08	+0.10
Zeitschrift.	3,41	2,64	3,32	4,41	+0.17	+0.15
Illustr.	1,58	1,20	1,54	2,05	+0.14	+0.12
Jgndzschr.	1,83	1,44	1,78	2,36	+0.12	+0.10
Comics	1,43	1,28	1,31	1,82	+0.07	+0.13
Romanhefte	1,49	0,81	1,25	2,75	+0.19	+0.18
audit.Medien	15,32	15,04	14,24	17,74	+0.08	+0.09
Pla./Cass.	9,07	9,03	8,30	10,69	+0.06	+0.08
Radio	6,25	6,01	5,94	7,05	+0.05	+0.06
Fernsehen	15,84	17,46	15,42	15,19	-0.08	+0.00
Video	2,79	3,35	2,62	2,58	-0.05	+0.02

* Partielle Korrelation unter Konstanthaltung der Variablen Geschlecht, Alter, Schicht- und Schulartzugehörigkeit.

Fassen wir zusammen: Vielleser, also Personen die mehr als fünf Stunden in der Woche Unterhaltungsliteratur lesen, sind in ihrer freien Zeit mehr in Gesellschaft als die 26,3% weniglesenden Schüler. Vielleser zeigen deutlich aktiveres Freizeitverhalten, das besonders durch häufigeres Wandern, Tagebuch und Briefe schreiben, Gesellschaftsspiele, Handarbeiten oder Basteln, Musizieren, Alleinsein, Musik hören, soziales Engagement und Unterhaltung mit Freunden bestimmt wird. Die einzige Freizeitaktivität, die mit Weniglesen zusammenhängt, ist Mofa bzw. Moped fahren. Vielleser nutzen alle Printmedien signifikant stärker und hören mehr Klangmedien als die Wenigleser. Der Konsum von audiovisuellen Medien hängt auf der Ebene der einfachen Korrelation mit Weniglesen zusammen, nicht aber bei Konstanthaltung soziodemographischer Merkmale. D.h. dieses Nutzungsmuster ist im wesentlichen durch einen gleichartigen sozialen Hintergrund bestimmt.

3.2.4. Freizeit- und Medienverhalten von Videonutzern

3.2.4.1. Videokonsum und Freizeitaktivität

Als Indikatoren des Videokonsums soll bei der folgenden Darstellung berücksichtigt werden (1) der Video-Recorder-Besitz im Haushalt, (2) die wöchentliche Videozeit, (3) die Häufigkeit des Videokonsums und (4) die Anzahl der angegebenen indizierten Videos.

Einleitend muß betont werden, daß die Zusammenhänge zwischen den verschiedenen Aspekten des Medienkonsums und den einzelnen Freizeitaktivitäten nicht allzu eng ausgeprägt sind (vgl. Tab. 3.13). Dennoch lassen sich eine Reihe von signifikanten Beziehungen finden, wobei allerdings auch die Stichprobengröße zu bedenken ist. Im folgenden sollen für alle Medienkonsumvariablen die Freizeittätigkeiten aufgeführt werden, die am engsten mit den jeweiligen Konsumvariablen korreliert sind. Dabei wird von den partiellen Korrelationen ausgegangen, da hier bereits die Einflüsse, die durch geschlechts-, alters-, schulart- oder regionsspezifisches Medienverhalten erklärt werden können, ausgeschaltet sind.

Der Recorderbesitz in einer Familie geht einher mit häufigerem Discobesuch, Mofa- bzw. Mopedfahren, Besuch eines Jugendzentrums, passivem Sportkonsum, Jobben und Briefe schreiben. Die Variablen besitzen allerdings alle weniger 1% gemeinsame Varianz, die Zusammenhänge sind also relativ niedrig.

Die wöchentliche Videozeit hängt am engsten mit der Häufigkeit des Discobesuchs, häufigem Mofa- bzw. Mopedfahren, dem Besuch eines Jugendzentrums, passivem Sportkonsum, Jobben, dem Zusammensein mit dem Freund oder der Freundin und dem Hören von Schallplatten oder Cassetten zusammen.

Tabelle 3.13: **Zusammenhänge zwischen Freizeitaktivitäten und Videokonsumvariablen (partielle Korrelationen unter Konstanthaltung von Geschlecht, Alter, Schulartzugehörigkeit und Wohnortgröße)**

Freizeit-aktivitäten	Video-Recorder	Video-Zeit	Video-Konsum Häufigkeit	Anzahl indizierter Videos
Sport ausüben	-0,04	-0,06	-0,06	-0,03
bei Sport zuschauen	-0,06	-0,11	-0,11	0,01
Gespräche mit Freunden	-0,04	-0,04	-0,02	-0,07
mit Freunden etwas unternehmen	-0,02	-0,07	-0,04	-0,07
Musik machen	0,02	0,01	0,00	0,01
Gesellschaftsspiele	-0,01	0,00	-0,01	0,03
Tanzen/Disco	-0,08	-0,17	-0,15	-0,09
in Jugendzentrum gehen	-0,07	-0,12	-0,14	-0,03
bei Jugendverein mitmachen	-0,01	-0,02	-0,04	-0,01
bei politischer Gruppe mittun	-0,01	-0,04	-0,06	0,03
soziale Aktivitäten	0,01	-0,02	-0,02	0,03
Handarbeiten/Basteln	0,04	0,03	0,03	0,03
Geld verdienen	-0,05	-0,11	-0,09	-0,03
mit Freund(in) zusammensein	-0,03	-0,10	-0,08	-0,05
Mofa/Mopedfahren	-0,08	-0,15	-0,16	-0,09
allein sein/träumen	-0,02	-0,02	-0,04	-0,02
Bücher lesen	0,04	0,05	0,05	0,05
Schallplatten/Cassetten	-0,03	-0,08	-0,08	-0,04
Briefe schreiben	-0,05	-0,07	-0,07	-0,01
Spazieren/Wandern	0,03	0,01	0,03	0,03
Tagebuch schreiben	-0,04	-0,06	-0,06	0,01
gar nichts tun	0,01	-0,02	-0,02	-0,05

Ähnlich gelagerte Beziehungen findet man bei der Variable Häufigkeit des Videokonsums. In Zusammenhang damit steigt die Häufigkeit des Mofa bzw. Mopedfahrens, der Discobesuch, die Aktivität in einem Jugendzentrum, der passive Sportkonsum, das Jobben und die Häufigkeit des Zusammenseins mit einem Freund bzw. einer Freundin. Die Häufigkeit des Videokonsums geht demnach mit einem Freizeitverhalten einher, das durch typisch gruppenorientierte Aktivitäten gekennzeichnet ist und eine gewisse Distanz zu den traditionellerweise als „kulturell wertvoll" bezeichneten Tätigkeiten aufweist. Dem steht der Typ des relativ behütet aufwachsenden Jugendlichen gegenüber, der wenig Kontakte zu Peers bzw. zu jugendtypischen Aktivitäten hat, der dies aber durch Freizeittätigkeiten ausgleicht, die traditionellen Wertvorstellungen entsprechen.

Als ein Indikator problematischen Videokonsums wurde die Häufigkeit frei genannter indizierter Filmtitel angesehen. Im Vergleich zur Videokonsumhäufigkeit kovariiert dieses Merkmal weniger stark mit den Freizeitaktivitäten. Die höchsten Korrelationen betreffen dabei den Discobesuch, das Mofa- oder Mopedfahren, Gespräche und Unternehmungen mit Freunden.

In ähnlicher Weise wie zu den Einzelmerkmalen des Freizeitverhaltens kann eine Beziehung zwischen Medienkonsum und allgemeinen Freizeitcharakteristika hergestellt werden (vgl. Tab. 3.14). Aufgrund der (partiellen) Korrelationskoeffizienten ist folgendes zu ersehen:

- in Familien mit einem Videorecorder geben Jugendliche eher allein ausgeübte passive Freizeittätigkeiten an;
- mit der wöchentlichen Videokonsumzeit steigt die Anzahl der interaktiven Freizeittätigkeiten, allerdings auch die der allein verbrachten passiven Betätigungen;
- die Häufigkeit des Videokonsums steigt sowohl bei vermehrten interaktiven wie auch passiven Freizeittätigkeiten (bei den letzteren wird dies wieder hinsichtlich passiver Tätigkeiten besonders deutlich);
- zwischen der Häufigkeit des Konsums indizierter Filme und Freizeitaktivitäten sind nur geringe Beziehungen vorhanden, dabei werden geringfügig häufiger interaktive Betätigungen wie auch allein durchgeführte passive Freizeitbeschäftigungen angegeben.

Nach den vorliegenden Ergebnisse scheint eine spezifisch soziale Verankerung des Videoverhaltens gegeben zu sein. Fast durchgängig besteht zwischen den Indikatoren des Video-Konsums und allein sowie passiv durchgeführten Freizeittätigkeiten ein substantieller Zusammenhang, zusätzlich aber auch immer zur Häufigkeit interaktiv durchgeführter Freizeittätigkeiten. Auch dieses Zusammenhangsmuster macht eine Interpretation im Sinne traditioneller Konzepte der Medienwirkungsforschung problematisch. Videokonsum erscheint vielmehr als ein Bestandteil eines gemeinsamen Lebensstils einer jugendlichen Subgruppe, der durch eher unterschichtspezifische, stark peergruppenorientierte und wenig auf Lesekultur abgestellte Freizeittätigkeiten gekennzeichnet ist. In der Quantität und Qualität des Videokonsums dieser Altersgruppe ist ein der Peergruppenkultur dienendes Verhalten zu sehen, das vorwiegend für die Realisierung einer eigenen Jugendkultur instrumentalisiert wird.

***Tabelle 3.14:* Zusammenhänge zwischen Freizeitaktivitäten und Videokonsumvariablen (partielle Korrelationen unter Konstanthaltung von Geschlecht, Alter, Schulartzugehörigkeit und Wohnortgröße)**

Freizeit-aktivitäten	Video-Recorder-Besitz	Video-konsumzeit	Video-konsum-häufigkeit	Anzahl indizierter Videos
Freizeit interaktiv	-0,03	-0,12	-0,11	-0,04
Freizeit allein/passiv	-0,13	-0,13	-0,14	-0,07
Freizeit allein/aktiv	0,06	-0,05	-0,05	0,02

3.2.4.2. Video-Konsum und die Nutzung anderer Massenmedien

Hinsichtlich der Konkurrenz einzelner Medien wurde von Hoffmann (1984, S. 770 f) für den US-amerikanischen Raum darauf verwiesen, daß Video den Konsum der regulären oder gegen Gebühren angebotenen Fernseh-Programme beeinträchtigt. Durch Video ist eine noch mehr auf individuelle Bedürfnisse abgestimmte Nutzung audio-visueller Angebote möglich. Zwischen Video und Kino wird hingegen keine Konkurrenzsituation gesehen. Dies liegt auch daran, daß sich die Vermarktungsstrategie der Film-Produktions- und Verleih-Firmen geändert hat. Heute setzt zugleich mit dem Anlaufen eines Filmes im Kino dessen Vermarktung über Video ein. In den Vereinigten Staaten werden an den Kino-Kassen z.T. bereits die Video-Kassetten der laufenden Filme angeboten (a.a.O.). Direkte Beziehungen zwischen Video- und Fernsehkonsum wurden von Wiedemann (1984) herausgearbeitet (vgl. Tab. 3.15). Demnach beeinflußt der Besitz eines Video-Recorders die Fernsehnutzung in positiver Weise, d.h. bei Erwachsenen mit einem Recorder nimmt die Fernsehzeit zu.

Von Darschin und Frank (1986) wurden aus dem GfK-Panel die Bildschirmaktivitäten in Haushalten mit und ohne Video-Recorder für November 1985 miteinander verglichen. Es zeigte sich, daß die Einschaltdauer der Fernsehgeräte in Video-Haushalten um täglich eine Stunde höher ist als in Nicht-Video-Haushalten. Dabei ist sowohl eine Verlängerung der regulären Fernsehaktivität um ca. 25 Minuten wie auch die spezielle Nutzung durch Video-Filme von täglich 37 Minuten festzustellen. Sowohl die Sehdauer der Personen über 14 Jahren wie auch die der Kinder zwischen 6 und 13 Jahren ist in Videohaushalten um ca. 50 Minuten höher. Die Unterschiede haben sich dabei im Vergleich zu früheren Studien vergrößert (Wiedemann, 1984). Die größere Bindung der Video-Recorder-Besitzer an den Bildschirm und das Fernsehen wird auch von Erfahrungen bei den Kabelpilotprojekten gestützt. So war in einer im Rahmen des Berliner Kabelpilotprojektes durchgeführten Befragung unter den Videorecorder-Besitzern das Interesse an zusätzlichen Fernsehprogrammen bedeutsam höher (53,7%) als bei Befragten ohne Recorder (25,6%; Storll, 1985).

Tabelle 3.15: **Beziehungen zwischen Video- und Fernsehkonsum bei Personen ab 14 Jahren (Wiedemann, 1984, S. 714)**

Quelle	Stichprobe (Haushalte)	durchschnittliche Fernsehzeit in Min. (Mo - So)
TELESKOPIE	11 186	
mit Videorecorder		92
ohne Videorecorder		83
vor Kauf		95
nach Kauf		101
ELEKTRONISCHE MEDIEN ANALYSE	15 268	
mit Videorecorder		132
ohne Videorecorder		126
IFAK-VIDEO 1983		
mit Videorecordern	509	127
IFAK-VIDEO 1984		
mit Videorecordern	984	141

In Weiterführung dieses Ansatzes wurden von uns Beziehungen zwischen der Haushaltsausstattung mit einem Video-Recorder und der Nutzung sowohl von auditiven, audio-visuellen wie auch von Printmedien bei Kindern und Jugendlichen untersucht. Neben der Ausstattung der Haushalte mit Mediengeräten wurden u.a. die Nutzungszeiten (getrennt für einen typischen Werktag, einen Samstag und einen Sonntag) und sonstige Freizeitaktivitäten erhoben. Im folgenden wird dargestellt, welche Beziehungen zwischen dem Recorder-Besitz und der Nutzung anderer Medien besteht.

Das Vorhandensein eines Videorecorders hängt nur geringfügig mit der Gesamtnutzungsdauer von Printmedien zusammen. Die wöchentlichen Lesezeiten eines Jugendlichen betragen in Familien mit einem Recorder ca. 890 Minuten pro Woche, in Familien ohne Recorder 850 Minuten. Dieses auf den ersten Blick überraschende Ergebnis ist aber durch den Aspekt der qualitativ anderen Printmediennutzung zu ergänzen. Dabei ist vor allem auf die längere Lesedauer von Jugendlichen mit einem Recorder in der Familie in bezug auf den Konsum von Wochenzeitungen, Jugendzeitschriften und Comics zu verweisen. Ist ein Videorecorder im Haushalt vorhanden, so sind hingegen die Lesezeiten für Bücher zur Unterhaltung deutlich reduziert.

Dies deutet auf eine andersartigen Lesekultur bei Jugendlichen aus einer Familie mit einem Video-Recorder hin, die durch eine Tendenz zu sogenannten „nonbooks“ (Winn, 1979; Postman, 1985) beschrieben werden kann. Bei nonbooks, Illustrierten, Comics usw. werden Bedeutungen nicht durch einen kohärenten Text vermittelt, sondern mittels Photos und Illustrationen transportiert, wobei dem Text eher Lückenbüßerfunktion zukommt. D.h. diese Produktionen sind strukturell den audiovisuellen Medien angenähert.

Qualitativ bedeutsam unterschiedlich ist die Nutzung audiovisueller Medien durch Jugendliche in Familien mit bzw. ohne Video-Recorder. In Familien mit einen Recorder ergibt sich eine pro Woche etwa um neun Stunden längere Nutzung auditiver und audiovisueller Medien durch die Jugendlichen. Zu dieser Differenz tragen das Hören von Schallplatten, Cassetten und Radio sowie das Ansehen von Fernsehsendungen jeweils eine Stunde bei, der Rest besteht in einer zusätzlichen Nutzung des Mediums Video. Man kann auch für die vorliegende Stichprobe nicht davon sprechen, daß durch den Videorecorder andere Medien verdrängt würden, vielmehr vermehrt sich die Gesamtnutzungsdauer audiovisueller Medien beträchtlich.

Jugendliche in Haushalten mit Recorder erinnern auch mehr Video-Titel (ohne Recorder 3,26 Titel, mit Recorder 4,61 Titel), darüber hinaus nennen diese Jugendlichen unter den frei genannten Video-Titeln mehr indizierte

Filme (ohne Recorder 0,8, mit Recorder 1,04 Titel). Allerdings ersieht man daraus auch, daß das Vorhandensein eines Recorders in der Familie die Zugangsmöglichkeit zu indizierten Titeln nicht erschöpfend erklärt.

Tabelle 3.16: **Medienkonsum bei Jugendlichen in Haushalten ohne (N = 2 949) und mit (N = 879) Video-Recorder (in Stunden pro Woche**

Medien	ohne Recorder	mit Recorder	p[1]	%[1]
Printmedien				
Bücher zur Unterhaltung	3,57	3,17	s	0,2
Bücher zur Weiterbildung	2,09	2,07	–	–
Tageszeitung	1,22	1,24	–	–
Wochenzeitung	0,86	0,97	s	0,1
Illustrierte	1,55	1,67	–	–
Jugendzeitschriften	1,74	2,13	ss	0,4
Comics	1,32	1,80	ss	0,6
Romanhefte	1,48	1,52	–	–
Gesamtprintmedien	14,13	14,84	–	–
Auditive und audiovisuelle Medien				
Schallplatten/Cassetten	8,81	10,01	ss	0,3
Radio	6,31	5,97	–	–
Fernsehen	15,71	16,54	s	0,1
Video	1,25	8,10	ss	22,2
Gesamt audio(visuelle) Medien	32,55	40,85	ss	3,0

1) s: Wert signifikant auf 5% Niveau
ss: Wert signifikant auf 1% Niveau
2) Prozent aufgeklärter Varianz

Frühere Tendenzen haben sich somit nicht bestätigt, nach denen der Recorder bei Erwachsenen mit keiner und bei Kindern nur mit einer geringfügigen Verlängerung (fünf Minuten) der Sehdauer einhergeht (Darschin & Frank, 1984), vielmehr wird durch den Videorecorder die zeitliche Bindung an den Fernsehapparat bedeutsam erhöht (Wild, 1986). Man kann davon ausgehen, daß Video nicht das herkömmliche Fernsehen verdrängt; im Gegenteil, intensive Fernsehnutzer schaffen sich eher einen Video-Recorder an und konsumieren zusätzlich in den fernseh-angebotsarmen oder -freien Zeiten entweder aufgezeichnete oder ausgeliehene Videos (Darschin & Frank, 1986, S. 222).

Jugendliche aus Familien mit einem Videorecorder weisen rückblickend eine qualitativ andersartige Printmediennutzung und einen wesentlich höheren Konsum audiovisueller Medien auf. Es scheint naheliegend, diese Unterschiede im Sinne von „Auswirkungen" des Vorhandensein eines Recorders zu interpretieren; allerdings darf nicht aus den Augen verloren werden, daß in der vorliegenden Untersuchung nicht Änderungen, sondern nur Unterschiede deutlich gemacht wurden. Darüber hinaus ließ sich zeigen, daß soziodemographische Merkmale mit dem Medienverhalten in Beziehung stehen und daß schließlich bei Jugendlichen mit hohem Videokonsum ein typisches Muster an Freizeitaktivitäten besteht (vgl. Kap. 3.2.4.1): von daher liegt eine vom „uses-and-gratifications-approach" ausgehende Interpretation der Ergebnisse nahe.

3.2.5. Videospiel- und Freizeitnutzung

3.2.5.1. Allgemeine Befunde

Schneekloth und Emsbach (1983, S. 77 f) geben an, daß zwischen der Spielhäufigkeit an Videoautomaten oder Heimtelespielen und der Zeit, die die Befragten mit anderen Freizeitaktivitäten verbringen, „Korrelationen nahe Null" existieren. Das würde bedeuten, daß andere Freizeitaktivitäten nicht durch das Videospielen eingeschränkt werden, was bei einer damals errechneten Wochennutzungszeit von lediglich zehn Minuten nicht verwunderlich ist (vgl. 2.6.1.3).

Die Studie von Knoll et al. (1986, S. 127 f) bestätigt den geringen Stellenwert, den Bildschirmspiele im Freizeitverhalten Jugendlicher einnehmen. Bei der Frage nach den beliebtesten Spielen, rangieren Videospiele an vorletzter Stelle, nur noch gefolgt von Geldspielautomaten. 4,5% der befragten Ausländer und 7,1% der Deutschen geben Videospiele als ihr Lieblingsspiel an. An erster Stelle in der Beliebtheit bei Jugendlichen stehen Brettspiele, die von mehr als 30% der Befragten als beliebteste Spiele angegeben werden, dicht gefolgt von Kartenspielen. Ebenso werden Flipper, Kicker und Billard den Videospielen vorgezogen. Sowohl bei deutschen wie bei ausländischen Jugendlichen läßt sich feststellen, daß Jungen Videospiele wesentlich häufiger als ihr Lieblingsspiel bezeichnen als Mädchen. Mit dem Alter abnehmende Beliebtheit zeigt sich bei einem Vergleich der Altersgruppe der 12- bis 17jährigen mit den 18- bis 25jährigen. Eine besondere Stellung nimmt die Gruppe der türkischen Jugendlichen ein. „Ihr Anteil unter den Vielspielern liegt mit 11% mehr als doppelt, unter den extremen Vielspielern mit über 14% beinahe dreimal so hoch wie der Anteil türkischer Jugendlicher in der Bundesrepublik“ (a.a.O., S. 234). Da die Ausstattung mit Videospielgeräten bei dieser Bevölkerungsgruppe vergleichsweise gering ist, weichen türkische Jugendliche häufiger auf Münzautomaten aus.

Was die Freizeitgestaltung von Videospielern betrifft, sind Knoll et al. (1984, S. 36 f) in einer früheren Studie, in der jedoch ausschließlich Videoautomaten-Spieler untersucht wurden, zu folgenden Ergebnissen gekommen: Zwei Drittel der Befragten geben an, daß sie häufig Sport treiben. Kartenspiele sowie andere Automatenspiele (Flipper, Tischfußball) nennen 32% bzw. 31% der Befragten; an vierter Stelle stehen Brettspiele und das Schlußlicht bilden Heimfernsehspiele, die von jedem fünften Videoautomaten-Spieler häufig benutzt werden.

Anders sieht es jedoch in der Gruppe der Vielspieler aus. Hier spielen 30% der Befragten häufig Heimvideospiele, die somit den zweiten Rang in der Beliebtheitsskala einnehmen, gefolgt von anderen Automatenspielen, Brettspielen und Kartenspielen. Aufgrund der größeren Beliebtheit, die Heimvideospiele bei den Vielspielern haben, kann angenommen werden, daß die Spiele insgesamt einen größeren Raum in der häuslichen Freizeitgestaltung dieser Gruppe einnehmen.

Insgesamt zeigen sich jedoch kaum Unterschiede zwischen den bevorzugten Freizeitaktivitäten von Videoautomaten-Spielern im Vergleich zur Gesamtgruppe der Jugendlichen. Als häufigste Freizeitaktivitäten werden sportliche Betätigungen, Unternehmungen mit der Clique, Kinobesuche sowie entspannende Verhaltensweisen genannt (Ausruhen, Schlafen, Spazierengehen, Träumen). Das Fernsehschauen wird von etwa einem Viertel der Jugendlichen als beliebte Freizeitaktivität genannt und nimmt damit den siebten Rang bei den aufgeführten Betätigungen ein.

Hingegen stellen Knoll et al. (1986, S. 145 f) bei einer repräsentativen Stichprobe fest, daß Videospieler im Vergleich zu anderen Jugendlichen hauptsächlich am Wochenende über ein etwas größeres Zeitbudget verfügen. An Freitagen haben sie etwa eine halbe Stunde mehr freie Zeit, an Samstagen und Sonntagen jeweils etwa eine Stunde. Videospieler gestalten ihre Freizeit häufiger gesellig und außer Haus. Sie verbringen deutlich mehr Zeit in der Clique oder mit Schulkameraden, jedoch seltener mit einem einzelnen Freund, ihren Eltern oder allein. Zu den bevorzugten Freizeitaktivitäten von Videospielern zählen in stärkerem Maße als bei Nichtspielern sportliche Aktivitäten, der Besuch von Diskotheken, Lokalbesuche zusammen mit Freunden sowie der Besuch von Sportveranstaltungen und Kinos. Zudem sehen sich Spieler mehr Videofilme an, fahren häufiger Motorrad bzw. Moped, lesen jedoch weniger Bücher als Nichtspieler. Videospielende Mädchen haben weniger Interesse an Handarbeiten und an dem Zusammensein in der Familie.

Einen Zusammenhang zwischen Videospielen und dem Ansehen von Videofilmen stellt auch die Hamburg-Nord-Jugendhilfe-Planung (1984) fest: 69% der Befragten sehen Videofilme und beschäftigen sich zudem mit Videospielen. Die 14% der Befragten, die zuhause über beide Medien verfügen können, geben einen wöchentlichen Konsum von 6,8 Stunden für Videofilme und von 4,8 Stunden für Videospiele an.

Der Medienkonsum von Videospielern wird von Knoll et al. (1986, S. 151) als „insgesamt stärker ausgeprägt" bezeichnet als bei den Nichtspielern. Die Präferenzen der Videospieler liegen bei Videofilmen verstärkt bei Action-, Western- und Kriminalfilmen sowie bei den Genres Science-Fiction-, Horror- und Kriegsfilm.

Für eine Minderheit von Jugendlichen nehmen Videospiele einen sehr hohen Stellenwert im Freizeitverhalten ein, nämlich für diejenigen, die sie als liebste Freizeitbeschäftigung bzw. liebstes Hobby bezeichnen. Bei Grau et al. (1984) rechnen 8 von insgesamt 87 interviewten Jugendlichen Telespiele zu ihrer Lieblingsbeschäftigung.

3.2.5.2. Videospielnutzung und die Verwendung anderer Medien

In der vorliegenden Untersuchung wurden fünf Indices für die Videospielnutzung und -bewertung erhoben. Neben den Nutzungsdaten Häufigkeit und Dauer wurde die positive und negative Bewertung von Videospielen erfaßt sowie ein Maß für die Bereitschaft zur Ausführung solcher Spiele.

Betrachtet man den Zusammenhang zwischen Printmedienkonsum und diesen Videospiel-Indices, so ist die höchste Korrelation mit der Konsumdauer von Comics zu finden: Videospiel-Häufigkeit und -Dauer, die positive Bewertung des Videospielens und die vom Videospielen ausgehenden Handlungstendenzen sind bei intensiven Comics-Lesern wesentlich größer als bei Jugendlichen, die seltener Comics lesen. In abgeschwächter Form gilt dies auch für die häufigen Nutzer von Jugendzeitschriften oder Romanheften. Die mit der Nutzung anderer Printmedien in Zusammenhang stehenden Korrelationen entsprechen zwar intuitiv begründbaren Erwartungen, sind aber von der Größe des Zusammenhanges zu gering, um substantiell unterschiedliche Nutzungsmuster belegen zu können.

Als nächstes wurden die Variablen für die Nutzung auditiver und audiovisueller Medien sowie der informations- und unterhaltungsorientierte Medienkonsum mit den fünf Videospiel-Indices in Beziehung gesetzt (vgl. Tab. 3.18). Es zeigt sich ein positiver und zumeist mäßig ausgeprägter Zusammenhang zwischen Videospiel-Nutzung bzw. positiver Videospiel-Bewertung und den audiovisuellen Medienkonsumindikatoren. Auch Schallplatten- und Cassettennutzungszeiten korrelieren in dieser Weise mit den Videospiel-Variablen, einzig die Radiohörzeiten machen eine Ausnahme. In abgeschwächter Form ist auch der unterhaltungsorientierte Konsum von Kino-, Fernseh- und Videofilmen mit der Videospiel-Nutzung verbunden. Die nachrichten- und informationsorientierte Fernsehnutzung korreliert hingegen inkonsistent und relativ unbedeutend mit der Videospiel-Nutzung. Insgesamt läßt sich sagen, daß Jugendliche, die Videospiele häufig gebrauchen und von ihnen auch positive Effekte erwarten, zu den intensiveren Nutzern der audiovisuellen Medien zählen; Kino-, Fernseh- und Videozeiten sind bei ihnen höher. Die größere Nutzungszeit wird vor allem für den Konsum von leichter Unterhaltung, nicht jedoch von informationsorientierten Angeboten verwendet.

Tabelle 3.17: **Zusammenhänge zwischen Videospiel-Indices und Indikatoren des Printmedienkonsums (erste Zeile: einfache Korrelationen, zweite Zeile: partielle Korrelationen unter Konstanthaltung von Schulartzugehörigkeit, Geschlecht, Alter, Sozialschicht und Wohnortgröße; nur Befragte mit Videospiel-Erfahrung)**

Wöchentlichen Konsumzeiten für ...	Videospiel-Indices (1)	(2)	(3)	(4)	(5)
Bücher zur Unterhaltung	-.08 .00	-.04 .01	.06 .04	-.06 .00	-.04 .03
Bücher zur Weiterbildung	-.01 .01	.03 .04	.04 .03	-.01 .01	.06 .08
Tageszeitung	.02 .00	.02 .01	.02 .02	.01 .00	.01 .00
Wochenzeitung	.04 .07	.02 .03	.00 .00	.06 .06	.00 .04
Illustrierte	-.02 .03	.02 .05	.02 .00	.04 .06	-.04 .01
Jugendzeitschrift	.01 .08	.04 .08	.00 .00	.05 .08	-.03 .05
Comics	.18 .13	.13 .10	-.03 .00	.14 .10	.15 .10
Romanhefte	-.04 .04	.01 .06	.02 .00	.02 .05	-.04 .05
Printmedien gesamt	-.01 .07	.05 .09	.03 .02	.03 .07	.01 .09

(1) Videospiel-Häufigkeit
(2) Videospiel-Dauer
(3) negative Bewertung von Videospielen
(4) positive Bewertung von Videospielen
(5) videospiel-bezogene Handlungsbereitschaft

Tabelle 3.18: **Zusammenhänge zwischen Videospiel-Indices und Indikatoren des auditiven und audiovisuellen Medienkonsums (erste Zeile: einfache Korrelationen, zweite Zeile: partielle Korrelationen unter Konstanthaltung von Schulartzugehörigkeit, Geschlecht, Alter, Sozialschicht und Wohnortgröße; nur Befragte mit Videospiel-Erfahrung)**

Mediennutzungs-indices	Videospiel-Indices (1)	(2)	(3)	(4)	(5)
Wöchentliche Konsumzeiten für ...					
Schallplatte/Cassette	.02 .08	.05 .07	.02 .00	.06 .08	-.02 .04
Radio	-.02 .01	.00 .01	.03 .01	.01 .03	-.04 -.01
Fernsehen	.21 .15	.16 .11	-.10 -.07	.23 .17	.11 .07
Video	.17 .15	.11 .09	-.06 -.05	.14 .10	.11 .10
Audiovisuelle Medien	.16 .16	.13 .12	-.04 -.04	.18 .15	.06 .08
Kinogehen	.20 .21	.10 .10	-.07 -.08	.10 .10	.14 .15
Fernseh-freak	.12 .10	.13 .12	.09 .11	.18 .16	.13 .11
Informations- und unterhaltungsorientierter Medienkonsum					
Nachrichten im Fernsehen (Häufigkeit)	.10 .03	.10 .05	.03 .05	.09 .04	.13 .07
Nachrichten im Fernsehen (Präferenz)	.04 -.03	.04 -.01	.10 .11	.01 -.02	.12 .05
Unterhaltung im Fernsehen (Häufigkeit)	.20 .12	.14 .10	-.11 -.06	.25 .20	.12 .06
Unterhaltung im Fernsehen (Präferenz)	.09 .10	.04 .05	-.04 -.03	.16 .16	.05 .07
Unterhaltung im Kino (Häufigkeit)	.03 .11	.00 .05	-.02 -.03	.07 .10	.01 .09
Unterhaltung durch Video (Häufigkeit)	.08 .12	.05 .07	-.05 -.04	.11 .11	.06 .13
Unterhaltung durch Video (Präferenz)	-.02 .05	.01 .06	.01 .00	.07 .10	-.01 .08

(1) Videospiel-Häufigkeit
(2) Videospiel-Dauer
(3) negative Bewertung von Videospielen
(4) positive Bewertung von Videospielen
(5) videospiel-bezogene Handlungsbreitschaft

Bei den Indikatoren zum Mediengewaltkonsum wird der stärkste Zusammenhang mit den Videospiel-Indices deutlich (vgl. Tab. 3.19). Die Ergebnisse zeigen, daß die häufigere Nutzung und die positivere Bewertung von Videospielen mit einem intensiven Gebrauch von gewalthaltigen Kino-, Fernseh- und Videofilmen in Zusammenhang steht. Dieser Zusammenhang ist deutlich höher ausgefallen als der zur unterhaltungsorientierten audiovisuellen Mediennutzung.

Tabelle 3.19: **Zusammenhänge zwischen Videospiel-Indices und Gewaltkonsumindikatoren (erste Zeile: einfache Korrelationen, zweite Zeile: partielle Korrelationen unter Konstanthaltung von Schulartzugehörigkeit, Geschlecht, Alter, Sozialschicht und Wohnortgröße)**

Gewaltkonsum-indikatoren	Videospiel-Indices (1)	(2)	(3)	(4)	(5)
Kinogewalt-konsum (Häufigkeit)	.31 .24	.21 .15	-.10 -.08	.23 .16	.25 .19
Fernsehgewalt-konsum (Häufigkeit)	.20 .16	.14 .11	-.13 -.10	.23 .18	.09 .07
Fernsehgewalt-konsum (Präferenz)	.29 .17	.22 .13	-.17 .14	.29 .22	.25 .14
Videogewalt-konsum (Häufigkeit)	.32 .23	.24 .18	-.11 -.08	.25 .19	.24 .17
Videogewalt-konsum (Präferenz)	.30 .19	.23 .16	-.10 -.06	.26 .19	.25 .14

(1) Videospiel-Häufigkeit
(2) Videospiel-Dauer
(3) negative Bewertung von Videospielen
(4) positive Bewertung von Videospielen
(5) videospiel-bezogene Handlungsbereitschaft

3.2.5.3. Videospielnutzung und andere Freizeitaktivitäten

Jugendliche, die häufig Videospiele spielen, gehen eher in ein Jugendzentrum, fahren häufiger Mofa oder Moped, gehen öfter zu Sportveranstaltungen, zum Tanzen oder in die Disco, unternehmen häufiger etwas mit Freunden, sind häufiger mit einem Freund bzw. einer Freundin zusammen, jobben öfter, üben vermehrt Sport aus, beschäftigen sich häufiger mit Gesellschaftsspielen sowie mit politischen und sozialen Aktivitäten (vgl. Tab. 3.20).

Tabelle 3.20: **Zusammenhänge zwischen Videospiel-Häufigkeit und -Dauer und der Angaben zu den einzelnen Freizeitaktivitäten (erste Zeile: einfache Korrelation, zweite Zeile: partielle Korrelation unter Konstanthaltung von Schulartzugehörigkeit, Geschlecht, Alter, Sozialschicht und Wohnortgröße)**

Freizeit-aktivitäten	Videospiel-Häufigkeit	Videospiel-Dauer	Freizeit-aktivitäten	Videospiel-Häufigkeit	Videospiel-Dauer
Sport ausüben	-0.10 -0.06	-0.05 -0.02	Politische Gruppe	-0.07 -0.05	-0.07 -0.05
Sport zuschauen	-0.16 -0.10	-0.06 -0.02	Soziale Aktivitäten	-0.04 -0.04	-0.03 -0.03
Gespräche mit Freunden	0.06 -0.02	0.03 -0.01	Hand-arbeiten	0.11 0.04	0.13 -0.03
Unternehmungen mit Freunden	-0.04 -0.08	-0.04 -0.05	Jobben	-0.11 -0.07	-0.13 -0.10
Musik machen	0.03 -0.02	0.00 -0.03	Zusammensein mit Freund/in	-0.02 -0.08	-0.00 -0.03
Gesellschafts-spiele	-0.07 -0.06	-0.04 -0.04	Mofa/Moped fahren	-0.16 -0.11	-0.14 -0.09
Tanzen/ Disco	-0.02 -0.09	-0.03 -0.07	allein sein	0.09 -0.00	0.05 -0.00
Jugend-zentrum	-0.12 -0.13	-0.13 -0.12	Bücher lesen	0.12 0.03	0.07 0.00
Tagebuch schreiben	0.10 -0.01	0.06 -0.01	Platten hören	0.01 -0.05	-0.01 -0.05
gar nichts tun	0.01 -0.03	0.01 -0.02	Briefe schreiben	0.10 -0.05	0.09 0.00
Jugendverein	-0.12 -0.07	-0.07 -0.03	Wandern	0.10 0.05	0.07 0.03

Ebenso hören sie häufiger Platten und schreiben öfter Briefe. Lediglich Wandern, Handarbeiten und Bücherlesen werden von ihnen etwas seltener ausgeübt. Die gleiche, wenn auch etwas abgeschwächte Tendenz zeigt sich, wenn man die Zusammenhänge zwischen der Spieldauer und den einzelnen Freizeitaktivitäten betrachtet.

Auf der Ebene der Freizeitskalen lassen sich gleichsinnige, wenn auch nicht sehr stark ausgeprägte Zusammenhänge finden (vgl. Tab. 3.21). Befragte, die ihre Freizeit häufig mit anderen verbringen bzw. sich in ihrer allein verbrachten Freizeit passiven Betätigungen hingeben, weisen der Tendenz nach eine höhere Videospiel-Nutzung auf und sie stehen dieser Spielform auch aufgeschlossener gegenüber. Hinsichtlich der allein und aktiv verbrachten Freizeit ergeben sich auf der Ebene der einfachen Korrelationskoeffizienten dem obigen Muster entgegengesetzte Zusammenhänge. Dieser Befund geht auf die Wirkung der soziodemographischen Merkmale zurück, deren Interdependenz mit der Videospielhäufkeit und -präferenz bereits gezeigt wurde (vgl. Kap. 2.6).

Tabelle 3.21: **Zusammenhänge zwischen Videopiel-Indices und Freizeitskalen (erste Zeile: einfache Korrelation, zweite Zeile: partielle Korrelationen unter Konstanthaltung von Schulartzugehörigkeit, <Geschlecht, Alter, Sozialschicht und Wohnortgröße)**

Freizeit-skalen	Videospiel-Indices (1)	(2)	(3)	(4)	(5)
Freizeit interaktiv	-.08	-.07	-.04	-.08	-.05
	-.13	-.09	-.02	-.09	-.11
Freizeit allein passiv	-.09	-.06	-.05	-.13	-.03
	-.11	-.07	-.04	-.13	-.06
Freizeit allein aktiv	.12	.04	-.09	.06	.04
	-.02	-.05	-.07	-.02	-.11

(1) Videospiel-Häufigkeit
(2) Videospiel-Dauer
(3) negative Bewertung von Videospielen
(4) positive Bewertung von Videospielen
(5) videospiel-bezogene Handlungsbereitschaft

3.3. Zusammenfassung

Die Ergebnisse dieser Feldstudie zeigen mit den eingangs zitierten Jugenduntersuchungen hohe Übereinstimmungen. Die Nutzung auditiver Medien, der aktive Sport und das Zusammensein im Freundeskreis sind - wie erwartet - die Hauptbeschäftigungen der Jugendlichen in ihrer frei disponiblen Zeit. Das interaktive Freizeitverhalten bestätigt den hohen Stellenwert der Peers im Leben der untersuchten Altersgruppe, denen nicht nur Sozialisationsrelevanz, sondern auch eine wichtige Entscheidungshilfe für die Freizeitplanung der Jugendlichen zugesprochen wird (Giesecke, 1983, S. 122).

Möglicherweise könnte gerade die dem Einzelnen durch die Gruppe abgenommene Freizeitgestaltung die Autonomie und die Initiative des Individuums für die allein zu verbringende Freizeit hemmen. Auffallend ist jedenfalls, daß sich hohe Zusammenhänge zwischen dem Beisammensein im Freundeskreis (Unternehmungen und Gespräche mit Freunden, Zusammensein mit Freund oder Freundin), dem Alleinsein/Träumen und dem Garnichtstun nachweisen lassen und nur geringe Zusammenhänge zwischen dem Zusammensein im Freundeskreis und allein verbrachter aktiver Freizeitbetätigung bestehen. Ferner werden erwartungsgemäß von den Jugendlichen insgesamt kreative Tätigkeiten (Briefe und Tagebuch schreiben, Musizieren, Handarbeiten/Basteln etc.) weit seltener und soziales oder politisches Engagement so gut wie nie angegeben. Aber auch ihre allein verbrachte Freizeit füllen die jungen Menschen eher mit passiven als mit aktiven Beschäftigungen. Zu dieser eher passiven Freizeitgestaltung gehört der relativ hohe wöchentliche Fernsehkonsum von durchschnittlich fast 16 Stunden, mit dem der Jugendliche seine freie Zeit ausfüllt.

Die fast gleichermaßen bevorzugte Nutzung auditiver Medien fügt sich ebenso in das Bild der Peergruppenorientierung von Jugendlichen ein, da der Gebrauch dieser Medien vor allem auch als Gemeinschaftsaktivität vorstellbar ist. Der äußerst hohe Konsum dieser Medien von 15 Stunden in der Woche kommt eher dadurch zustande, daß sich die Klangmedien besonders gut als Background beim Lesen oder Handarbeiten, aber auch bei obligatorischen Tätigkeiten wie Essen, Waschen, Haushaltsarbeiten oder sogar für den Schulweg eignen.

Bücher, Zeitungen und andere Druckmedien können nur bei ungeteilter Aufmerksamkeit und Zurückgezogenheit konzentriert genutzt werden. Wohl nicht nur aus diesen Gründen, sondern auch wegen der arbeitsähnlichen Decodierung von Worten und Druckzeichen ist der Zugang zu den Printmedien erschwert (Bonfadelli, 1983; Winn, 1984; Noelle-Neumann, 1982). Bücher jedenfalls beanspruchen, gemessen am wöchentlichen Fernsehkonsum, nur etwa ein Drittel der Zeit; Zeitschriften, Zeitungen, Romanhefte und Comics noch weniger.

Jugendliche zeigen ein sehr traditionelles, geschlechtsrollenspezifisches Freizeitverhalten. Herausragend sind hierbei die männlichen Interessensschwerpunkte für Sport, Fahrzeuge und für die bildorientierten Medien, einschließlich der Comics. Typisch weiblich sind die Aktivitäten Handarbeiten, Spazieren und Tanzen gehen, aber auch die Verbundenheit zu Schriftmedien, sei es in Form des Lesens (Unterhaltungsbücher, Zeitschriften, Zeitungen etc.) oder des aktiven Schreibens (Briefe, Tagebücher). Zinnecker (1985, S. 248 ff) interpretiert die besondere poetische Verbundenheit der Mädchen als Folge ihrer rollenspezifisch bedingten stärkeren Emotionalität und Gefühlsbetontheit, die auf diese Art rezeptiv genährt und der so produktiv Ausdruck verliehen werden kann. Möglicherweise ist nach Zinnecker (1985, S. 174 ff u. S. 196) die typisch weibliche, schriftfixierte Kommunikationsform auch der Ausdruck einer eher häuslichen und familienbezogenen Orientierung infolge geschlechtsspezifischer Erziehung.

Die solitäre Form der Freizeitnutzung weiblicher Jugendlicher hängt wohl mit rollenspezifischer Interessensbildung zusammen. Mädchen sind jedoch nicht nur hochsignifikant häufiger allein in ihrer freien Zeit, sondern auch etwas interaktiver als Jungen, was nicht unbedingt einen Widerspruch darstellen muß. Es könnte ein Hinweis darauf sein, daß die befragten Schülerinnen ihre Freizeit insgesamt flexibler und abwechslungsreicher gestalten, sie also ein größeres Repertoire sowohl an allein durchführbaren, als auch an gemeinschaftlichen Freizeitaktivitäten wahrnehmen. Dies wird dadurch bekräftigt, daß Mädchen mehr Freizeittätigkeiten insgesamt angeben, vielleicht auch deshalb, weil Jungen mehr freie Zeit vor dem Bildschirm verbringen und dies bei den globalen Freizeitvariablen unberücksichtigt blieb.

Bei den altersspezifischen Interessensunterschieden ist auffallend, daß die Freizeitplanung der älteren Jugendlichen deutlich peergruppenorientierter ist. Hier stehen Zusammensein im Freundeskreis und die mit der Clique möglichen Tätigkeiten Tanzen gehen, Mofa/Moped fahren, Platten oder Cassetten hören besonders hoch in Kurs. Mit diesen gemeinschaftlichen Aktivitäten bietet die Gruppe gute Kennenlern- und Annäherungsmöglichkeiten für heterosexueller Beziehungen.

Zu dieser Sehnsucht paßt auch der bei älteren Jugendlichen vorhandene höhere Konsum an auditiven Medien, der besonders bei dieser Altersgruppe stimmungsfördernd, aber auch spannungslösend bei emotionalen Schwierigkeiten wirken kann (Jugendwerk der deutschen Shell, Bd. II, S. 202; Bonfadelli, 1983, S. 319). Auch hier ist wiederum ein Zusammenhang zwischen Peergruppenorientierung und Passivität in der Freizeit sichtbar geworden.

Ältere Jugendliche verbringen mehr Zeit in der Clique, sind aber auch hochsignifikant passiver als die jüngeren in ihrer allein verbrachten freien Zeit. Den höheren Lesekonsum, besonders von Unterhaltungsliteratur und Comics bei jüngeren, 11- bis 13jährigen Befragten erklärt Wermke (1982, zit. n. Kagelmann & Wenninger, 1982, S. 13) mit dem stärkeren Bedürfnis nach „Identifikation mit dem Helden als omnipotentem und 'vorbildlichem' Erwachsenen"; dieses Bedürfnis ist besonders in diesem durch die Suche nach Individualität und eigener Identität gekennzeichneten Entwicklungsstadium ausgeprägt. In diesem Alter träumt der Jugendliche von „freier Bewegung ..., von Allmacht, vom Sieg über die Feinde", er träumt von Vollkommenheit, die er zumindest in der Phantasie durch die Identifikation mit dem fiktiven Helden anstrebt.

Besonders hohe Nutzungsunterschiede zeigen sich bei einer bildungsabhängigen Aufgliederung. Mit Ausnahme der Bücher werden alle Medien, besonders die bildreichen und schriftarmen (Comics, Fernsehen, Video) von Schülern mit einem niedrigeren Schulniveau häufiger genutzt. Bonfadelli (1983, S. 319) sieht die Ursache hierfür darin, daß höher gebildete Jugendliche eher gelernt haben, auch „das Buch als Unterhaltungsmedium zu nutzen". Hauptschüler zeigen ein eher geselligkeitsbezogenes Freizeitverhalten, das durch peergruppentypische Aktivitäten, wie z.B. zum Mofa/Moped fahren, Tanzen gehen, Platten hören oder durch die Nutzung von Bildmedien gekennzeichnet ist (vgl. Sinus, 1985). Die weniger gruppenbezogene Freizeitgestaltung der Realschüler und Gymnasiasten könnte mit den größeren schulischen Anforderungen in Zusammenhang stehen, zu deren Erfüllung eher Zurückgezogenheit erforderlich ist, die ihrerseits wiederum allein ausgeübte auch kreative Freizeitgestaltung begünstigen könnte. Feststellbar ist jedenfalls, daß Jugendliche, die weiterführende Schulen besuchen, ihre Freizeit deutlich aktiver und kreativer gestalten und daß sie viel eher dem audio-visuellen Medienkonsum widerstehen als Jugendliche mit niedrigerem Schulniveau.

Sehr viel geringere Einflüsse auf das Freizeit- und Medienverhalten als Geschlecht, Alter und Schulart üben nach unseren Ergebnissen die Höhe des Fernsehkonsums und die Lesehäufigkeit aus. Trotzdem konnte ein hochsignifikanter Aktivitätsunterschied festgestellt werden. Vielseher verbringen im Gegensatz zu Wenigsehern ihre Freizeit sehr viel passiver und nutzen mit Ausnahme der Bücher alle anderen Medien stärker. Damit bestätigt sich die Annahme, daß ein hoher Fernsehkonsum in engem Zusammenhang mit konsumorientierter Freizeitgestaltung insgesamt steht (Bauer, 1980) bzw. daß mangelnde Freizeitkompetenz (Opaschowski, 1983) und die Unfähigkeit, Freizeit qualitativ hochwertig zu gestalten (Schmitz-Scherzer, 1974), die Neigung zu hohem Medienkonsum verstärkt. Opaschowski (1983, S. 159) sieht einen übermäßigen Fernsehkonsum als Folge der Unzufriedenheit mit der eigenen Freizeit, die wiederum nach Giesecke (1983, S. 199 f) durch ein Überangebot im Freizeitbereich verursacht sein könnte. Die Unfähigkeit zu gewinnbringender Freizeitgestaltung führt nach Opaschowski zu Langeweile, Leere und zu ziellosen und unbefriedigenden Freizeitbeschäftigungen und letztlich zu „gedankenlosen Medienkonsum", der im Extremfall im Stadium der „zwanghaften Fernsehsucht" enden kann. Für diese Annahme lassen sich in unserer Untersuchung einige Indizien finden. Möglicherweise sind Vielseher deshalb eher auf gleichaltrige Freunde angewiesen, weil sie es nicht gelernt haben, ihre freie Zeit allein und aktiv zu gestalten und nun für ihre Freizeitgestaltung den Rat der Gruppe benötigen. Auch das Garnichtstun in der freien Zeit hängt so mit einem hohen Fernsehkonsum korrelativ zusammen.

Die Ergebnisse können wiederum in Übereinstimmung gebracht werden mit dem sogenannten Nutzen-Ansatz (Blumer & Katz, 1974; Teichert, 1972, 1973), demzufolge eine unbefriedigende soziale Situation durch eine stärkere Fixierung an die Medien, insbesondere an leicht zugängliche und ohne große Anstrengung konsumierbare bildorientierte Medien (Fernsehen, Video) kompensiert wird. Ungeklärt bleibt, ob geringe Freizeitkompetenz tatsächlich hohen Fernsehkonsum bedingt oder ob es nicht gerade umgekehrt sei.

Ähnliche Aktivitätsunterschiede, wie die zwischen Viel- und Wenigsehern, zeigen sich bei Viellesern und Weniglesern. Jugendliche, die häufig ein Buch in die Hand nehmen, sind erwartungsgemäß im Freizeitverhalten deutlich aktiver. Interpretiert wird dieser Befund dadurch, daß Lesen als aktiver Vorgang eher anregend wirkt. Die Richtung des Kausalbezugs ist hier ebenfalls ungeklärt, und die Annahme komplexer Interdepentenzen zwischen Freizeitaktivitäten untereinander und dem Freizeitverhalten auf der einen und allgemeinen Gegebenheiten der Lebensführung auf der anderen Seite liegt nahe. Häufig lesende Jugendliche zeigen jedenfalls ein größeres Maß an Fähigkeit, ihre Freizeit alleine und aktiv zu gestalten.

Nach Riesman (o.J., zit. n. Steinberg, 1984, S. 536) kommt dem Buch eine persönlichkeits- und autonomiefördernde Funktion zu. Er schreibt: „Es ist das Buch, das die Individuation des Menschen entscheidend gefördert hat. Das Buch emanzipiert den heranwachsenden von seiner Gruppe und deren Emotionen, erlaubt ihm, Alternativantworten zu erwägen, vermag tradierte Autorität zu zersetzen und verleiht Autonomie ...". Autonomie bedeutet insgesamt, freie Zeit alleine verbringen zu können. In der vorliegenden Stichprobe zeigt sich, daß die Leseratten insgesamt öfter alleine sind und diese Zeit mit aktiven Beschäftigungen füllen. Individualität führt keineswegs zu Isolation und Einsamkeit (Opaschowski, 1983, S. 160 ff; Schmidtchen, 1968, zit. n. Steinberg, 1984, S. 539). Unsere Untersuchung zeigt, daß viellesende Jugendliche ihre disponible Zeit auch häufiger in Gesellschaft verbringen als weniglesende. Dies muß keinen Wiederspruch zum häufigeren Alleinsein der Buchliebhaber darstellen, sondern könnte Ausdruck einer höheren Freizeitflexibilität sein, eines größeren Repertoirs an Freizeitmöglichkeiten.

Jugendliche, die viel lesen, zeigen auch eine höhere Nutzung auditiver Medien, die zur Leseaktivität eventuell den musikalischen Hintergrund bilden, sowie eine Neigung zu allen anderen Printmedien, einschließlich Comics und Romanheftchen.

Die in der Medienforschung viel diskutierte Frage, ob das Buch durch das Fernsehen verdrängt wird, kann von unseren Ergebnissen nicht beantwortet werden. Hierzu wäre eine Langzeitstudie erforderlich, die einen direkten Vergleich zu analogen früheren Befragungen ermöglicht. Aus den gleichen Gründen kann diese Arbeit auch keine abschließende Antwort geben auf die Frage nach den durch den Medienkonsum veränderten Freizeitstrukturen von Jugendlichen.

Zusammenfassend stellt sich das Freizeitverhalten der Kinder und Jugendlichen als sehr peergruppen- und medienorientiert heraus. Der Konsum vor allem von Funkmedien ist relativ hoch, Bücher hingegen nehmen viel weniger Raum in der freien Zeit ein und werden stärker von Mädchen genutzt als von Jungen.

Bei den Weniglesern und Vielsehern ist ein insgesamt passiveres und eher konsumorientierteres Freizeitverhalten vorherrschend. Im Gegensatz dazu zeigen Jugendliche, die viel lesen und diejenigen, die selten fernsehen, eine deutlich aktivere Freizeitgestaltung. Aufgrund dieser Ergebnisse können Einflußprozesse zwischen Fernsehkonsum, Lesehäufigkeit und der Aktivität im Freizeitbereich vermutet werden.

„Sollen wir es also so leicht hingehen lassen, daß die Kinder Märchen, wie sie sich eben treffen und von wem es sich traf, erfunden, anhören und so in den Seelen Vorstellungen aufnehmen, meistenteils denen entgegengesetzt, welche sie, wenn sie erwachsen sind, unserer Meinung nach werden haben sollen? - Das wollen wir keineswegs hingehen lassen.- Zuerst also, wie es scheint, müssen wir Aufsicht führen über die, welche Märchen und Sagen dichten, und welches Märchen sie gut gedichtet haben, dieses einführen, welches aber nicht, das ausschließen. Die eingeführten aber wollen wir Wärterinnen und Mütter überreden, den Kindern zu erzählen, um so noch weit sorgfältiger die Seele durch Erzählung zu bilden, als mit ihren Händen den Leib."

Platon, Der Staat (Zweites Buch, Abschn. XVII, übertragen Friedrich Schleiermacher).

4. Effekte der Massenmedien?

4.1. Rückblick auf die Medienwirkungsforschung

Die Probleme der empirischen Untersuchung von Wirkungen der Massenmedien wurden in der Bundesrepublik Deutschland erst seit kurzem zusammenfassend dokumentiert (DFG, 1986). Dabei wurde kritisiert, daß hierzulande ein Mißverhältnis zwischen der öffentlichen Diskussion über Bedeutung und Auswirkung von Medien einerseits und den für empirische Forschungen zur Verfügung stehenden Ressourcen besteht (Winterhoff-Spurk, 1986, S. 173). Rückblickend auf die Medienwirkungsforschung ist zu sagen, daß der Verbreitung neuer Medien jeweils sehr rasch eine Welle der Besorgnis folgte, deren Themen meist gleichblieben.

An erster Stelle stand und steht die Sorge, daß die Inhalte der Massenmedien beim Konsumenten eine Ablehnung und Mißachtung bestehender Normen und Werte bewirken. Man befürchtete zum Beispiel in England, daß durch Unterhaltungsserien im Fernsehen Promiskuität, Untreue und Alkoholismus vom Zuschauer zunehmend als normal und unvermeidlich angesehen werden, da dies in den Medien so dargestellt würde (Halloran et al., 1972, S. 14). Weitere den Medien zugeschriebene Einflüsse wurden im Abtöten von Sensibilität, dem Schüren von Zweifeln durch irreführende Darstellungen über den Sinn der Welt, einer steigenden Bereitschaft, Unrecht, Böses und Gewalt zu akzeptieren, einer Aufforderung zum Nachahmen verbrecherischer oder anderer abweichender Verhaltensformen durch deren positive Darstellung und ähnlichem mehr gesehen.

Befragungen in den USA und in England zeigen am Beispiel Fernsehen, wie sehr die breite Öffentlichkeit von den behaupteten Medienwirkungen überzeugt ist. So hielten in einer Gallup-Umfrage in England 35% der Befragten die Gewalt in Unterhaltungssendungen für eine „sehr wichtige Ursache“ von Verbrechen und Gewalttätigkeiten. Bei einer vergleichbaren USA-Studie sahen immerhin 27% der Befragten die Fernsehgewalt als eine sehr wichtige Ursache von Verbrechen an. In einer Liste möglicher Ursachen, die zwölf Punkte umfaßte (z.B. Drogenmißbrauch, allgemeiner Rückgang der Achtung von Autorität, Gesetz und Ordnung), steht die Fernsehgewalt bei der englischen Befragtengruppe auf Rang sechs, bei den Befragten in den USA auf Rang acht (vgl. Halloran et al., 1972, S. 15).

Halloran et al. (1972) sind der Ansicht, daß neben berechtigter Sorge auch andere Absichten ausschlaggebend sind: „Es kann sehr bequem sein, einen leicht zu identifizierenden Sündenbock zur Verfügung zu haben. Wenn wir das Gefühl haben, bestimmte Probleme existieren, und wir überzeugt davon sind, ihre Ursachen zu kennen, befinden wir uns an einem Punkt, wo wir uns selbst freisprechen können." Die Angriffe auf die Medien dienen also sicher auch dazu, bestehende Probleme, wie zum Beispiel hohe Jugendkriminalität, auf eine Ursache zurückzuführen, um unangenehmen Fragen an die Gesellschaft auszuweichen. Schwer faßbare und durch viele Faktoren bedingte Probleme werden vereinfacht und sind scheinbar leicht zu lösen bzw. stehen außerhalb eigener Kompetenz. Die öffentliche Kontroverse entsteht dann gewöhnlich dadurch, daß sich die Medienmacher gegen die Vorwürfe wehren und beide Seiten neue Argumente ins Feld zu führen versuchen.

Interessanterweise wurde vieles von dem, was man später dem Fernsehen an negativen Wirkungen anlastete, zuvor von Filmen, Comics, Zeitschriften und der Presse behauptet. Die Besorgnis der Öffentlichkeit in den USA über mögliche negative Wirkungen von Kinoprogrammen auf die Jugend und die daraus entstehende Kontroverse mit den Kino-Machern führte schon Ende der zwanziger Jahre zur Gründung des „National Comittee for the Study of Social Values in Motion Pictures". Diese Organisation rief 1928 eine Anzahl Sozialwissenschaftler auf, ein Konzept für mögliche Forschungen zu erarbeiten. Aus Geldern des Payne Fund wurden zwölf Arbeiten finanziert, die von 1929 bis 1932 vom neugegründeten „Committee on Educational Research of the Payne Fund" durchgeführt wurden.

Eine dieser Studien gilt als Pionierarbeit auf dem Forschungsgebiet Filmkonsum und Kriminalität bzw. Gewalttätigkeit. Herbert Blumer und Philip Hauser versuchten in ihrer Untersuchung „Movies, Delinquency and Crime" (1933) die Zusammenhänge zwischen der Delinquenz von Jugendlichen und ihrem Filmkonsum zu erhellen. Dazu erhoben die Autoren unter anderem Daten von je 300 männlichen und weiblichen Delinquenten und je über 400 männlichen und weiblichen Schülern aus verschiedenen Bezirken Chicagos, die sich nach der Verbrechensrate unterschieden. Blumer und Hauser fanden an direkten Filmwirkungen:

- die Verbreitung krimineller Techniken;
- die Vermittlung des Nervenkitzels, der die Tat begleitet;
- die Vermittlung der Wichtigkeit und Macht eines Bandenchefs;
- die Vermittlung der Ansicht, daß „schnelles Geld" ein buntes, angenehmes, inhaltsreiches Leben ermöglicht.

Die Autoren betonten, daß sich durch Filmkonsum das Repertoire abweichender Fähigkeiten zwar erweitern läßt, daß dies aber nicht notwendig zu mehr abweichendem Verhalten führen muß. Ungefähr zehn Prozent der männlichen und 25 Prozent der weiblichen Straffälligen sagten, sie wären auf die eine oder andere Weise durch einen Film beeinflußt worden. Die Einflüsse stammten aus Filmen, die erfolgreiche Verbrecher zeigten, eine Mentalität der Härte erzeugten, sexuelle Wünsche erregten und Reichtum und Luxus sowie ungesetzliche Mittel zu deren Erlangen herausstrichen. Für die größere Wichtigkeit indirekter Einflüsse spricht, daß von den jugendlichen Kriminellen 49 Prozent sagten, Filme würden den Wunsch erzeugen, eine Waffe zu tragen, 20 Prozent meinten, daß sie vom Kino verschiedene Diebstahltechniken gelernt hätten, 45 Prozent äußerten, daß Filme Wege zeigten, wie man sehr leicht an Geld kommt. Blumer und Hauser (1970) betonten jedoch gleichzeitig die große Bedeutung gesellschaftlicher Rahmenbedingungen im Wirkungsgefüge Film und Delinquenz. Der Einfluß des Films sei proportional zur Schwäche von Familie, Kirche, Schule und Umgebung zu sehen.

Die Autoren untersuchten darüber hinaus die Aussage der Film-Macher, daß Kinofilme eher von kriminellem Verhalten abschrecken, da sie zeigten, wie Verbrecher verfolgt und schließlich gefaßt oder vernichtet werden - daß sich Verbrechen aber letztlich nicht lohnt. Die Daten ihrer Untersuchung führten aber zur Schlußfolgerung, Filme vom Typ „Verbrechen zahlt sich nicht aus“ könnten zwar einen abschreckenden Einfluß haben, müßten aber nicht unbedingt zu diesem Effekt führen. Die „heilsame“ Wirkung kann zum Beispiel dadurch abgeschwächt werden, daß die Sympathie für den Kriminellen sehr stark ist oder daß die Verheißung von leicht zu erlangendem Reichtum und Abenteuern als äußerst attraktiv empfunden wird.

Die anderen elf Payne-Fund-Forschungsarbeiten befaßten sich mit einem breiten Spektrum von später in ähnlichen Arbeiten wieder aufgegriffenen Themen wie Kino und die sozialen Einstellungen von Kindern, Sozialverhalten und Einstellung von Kino-Fans oder emotionale Reaktionen von Kindern auf die Film-Situation.

Das Interesse der Medienforscher verlagerte sich in den darauffolgenden Jahren zunehmend in den Bereich der Beeinflussung von Konsumenten in bezug auf ihre politische Anschauung, ihr Wahlverhalten, die Modifikation von Vorurteilen usw.

Die Massenkommunikationsforschung der 40er Jahre beschäftigte sich auch sehr intensiv mit den Wirkungen des sich stark verbreitenden Mediums Radio auf Tagesablauf, politische und allgemeine Einstellungen usw., weil der Rundfunk neben den Zeitungen das wichtigste Massenmedium geworden war, ja die Zeitungen bald an Bedeutung überflügelte. Obwohl hier nicht auf die zahlreichen Arbeiten eingegangen werden kann, soll zumindest der wohl wichtigste Vertreter der Radioforschung, Paul F. Lazarsfeld, erwähnt werden. Lazarsfeld behandelte grundsätzliche Fragen wie „Warum mögen die Leute ein bestimmtes Programm?" und forschte über Zusammenhänge zum Konsum anderer Medien, wie zum Beispiel Tageszeitungen (Lazarsfeld, 1940). Ab 1941 bis 1943 führte er zusammen mit Frank Stanton vom „Columbia Broadcasting System" (CBS) und einer Reihe anderer Forscher umfangreiche Untersuchungen über die Inhalte von Radiosendungen und Charakteristika von Hörern durch. Über Inhaltsanalysen und allgemeine Hörergewohnheiten hinaus erforschte dieses Team erstmals auch die Effekte spezieller Programme auf spezifische Hörergruppen hinsichtlich ihrer Vorurteile und Einstellungen. Außerdem beschäftigte sich Lazarsfeld intensiv mit der Verbesserung von Forschungsmethoden im Bereich der Massenkommunikation (Lazarsfeld & Stanton, 1944).

Neben der Wirkung von Radioprogrammen lag ein weiterer Schwerpunkt der Medienforschung in den 40er Jahren auf der Untersuchung von Effekten des Konsums von Comics. Die steigenden Auflagen solcher Druckerzeugnisse hatten wieder die bekannten Befürchtungen zur Folge. In dieser Diskussion fühlten sich sehr bald Psychiater und Psychotherapeuten berufen, aufgrund ihrer realen oder vermeintlichen Erfahrungen Äußerungen zum Thema abzugeben (Wertham, 1949, zit. n. Halloran et al., 1972, S. 17).

Das anhaltende Interesse der Öffentlichkeit veranlaßte aber auch einige seriöse Forscher zu empirischen Unternehmungen. Zum Beispiel wurde von Thrasher (1949) die Problematik der Ursachenzuschreibung von sozialen Problemen auf einen allein wirksamen kausalen Faktor offengelegt. Auch hier existierte ein Regierungsgremium, das entsprechende Untersuchungen veranlaßte und als Zusammenfassung des Wissens über Comics 1955 den „Report of the New York State Joint Legislative Committee to Study the Publication of Comics" herausgab. Wie bei Blumer und Hauser (1970) erwiesen sich persönliche, familiäre und soziale Faktoren als wichtige beeinflussende Variablen.

Dritter Schwerpunkt der Radio- bzw. Medienforschung in den 40er Jahren waren Wahlstudien (unter anderem auch Lazarsfeld, 1969). Die Ergebnisse dieser Arbeiten führten zum Teil zu Pessimismus gegenüber den Einflußmöglichkeiten der Medien. Diese Einstellung kam dadurch zustande, daß man im Film, Radio und anderen Medien in den 30er und 40er Jahren entscheidende Beeinflussungspotentiale gesehen hatte und jetzt immer mehr intervenierende Variablen entdeckte. Vor dem Entwirren dieser komplexen Zusammenhänge schreckten die meisten Forscher zunächst zurück bzw. sie waren dem Problem gegenüber ratlos.

Die Massenmedienforschung hatte auch immer wieder Ergebnisse produziert, die darauf hindeuteten, daß die Medien eher bestehende Ansichten und Tendenzen verstärkten als neue Ansichten und Haltungen zu vermitteln. So wurde eine aggressionsfördernde Wirkung von Medieninhalten meist nur in dem Teil der Population beobachtet, der ohnehin schon Tendenzen zu aggressivem und anderem abweichenden Verhalten zeigte. Spezielle Wirkungen bestimmter Medieninhalte auf bestimmte Gruppen von Konsumenten, wie sie schon Lazarsfeld und Stanton (1944) untersuchten, werden in neueren Arbeiten unter dem Stichwort „rezipientenorientierte Medienforschung" wieder häufiger thematisiert (vgl. Sturm, 1982).

Die 50er Jahre waren auf dem Gebiet der Medienforschung eindeutig von der raschen Ausbreitung des Fernsehens geprägt. Das in den USA schon nach kurzer Zeit am meisten genutzte Medium hatte sehr bald Kritiker gefunden, die neben vielem anderen beklagten, daß das Fernsehen zu viel Gewalt und Verbrechen darstelle. Deshalb wurde begonnen, den Inhalt des Fernsehprogramms auf Gewalt hin zu analysieren. Logan (1950) publizierte zum Beispiel jährliche Zählungen von Morden, Kidnappings und anderen Verbrechen in einer Auswahl bestimmter Fernsehprogramme. Head (1954) führte eine Inhaltsanalyse von 209 Fernsehprogrammen durch und stellte fest, daß in ihnen Totschlag ungefähr 22 mal so häufig vorkam wie in der Realität. Weniger spektakuläre Verbrechenstypen waren unterrepräsentiert. Die ausgefeiltesten und umfangreichsten Inhaltsanalysen schließlich wurden in den jährlichen Berichten der „National Association of Educational Broadcasters" 1952 bis 1954 veröffentlicht (vgl. Purdue Opinion Panel, 1954). Hier wurde jede Gewalttat oder deren Androhung, die während einer bestimmten Woche im New Yorker Fernsehen zu sehen war, nach bestimmten Kriterien eingestuft und gezählt. Die Zahl der Gewaltandrohungen und -taten stieg von Jahr zu Jahr. So fand man in der Testwoche von 1954 genau 6868 solcher Fälle gegenüber 3350 in der Vergleichswoche des Vorjahres (Klapper, 1966, S. 136f). An solchen Inhaltsanalysen wurde jedoch immer wieder kritisiert, daß die Breite der Gewaltdefinition die psychologische Validität dieses Begriffs fraglich mache. Vom brutalen Verbrechen über die Androhung von Gewalt bis zum Stolpern eines Komödianten und zum Verkehrsunfall wurde alles als „Gewalt" kategorisiert. Auffallend ist, daß bis zu diesem Zeitpunkt nur die Gewalt in Spielhandlungen untersucht wurde, die reale Gewalt (z.B. in den Nachrichtensendungen) jedoch nicht, da man diese für nicht gefährlich hielt.

Ein weiterer Kritikpunkt war, daß die Beziehung zwischen der Gewalt im Fernsehen und der Wahrscheinlichkeit von Verhaltenswirkungen völlig ungeklärt blieb.

Die wohl wichtigste Arbeit über längerfristige Auswirkungen des Fernsehkonsums in den 50er Jahren ist die Studie von Himmelweit, Oppenheim und Vince (1958). Es war die erste große Felduntersuchung zum Thema Wirkung des Mediums Fernsehen auf Kinder. Ziel der Studie war, durch einen Vergleich einer großen Zahl von fernsehenden und nichtfernsehenden Kindern herauszufinden, wie das Fernsehen auf Kinder verschiedener Altersstufen bezüglich verschiedener Aspekte ihres Lebens ihre Interessen, Werthaltungen, Schulleistungen und Wissen wirkt. Untersucht wurden zum einen zeitliche Verschiebungseffekte im Tagesablauf der Kinder durch das neue Medium Fernsehen und zum anderen Effekte bestimmter Inhalte (Wildwestfilme, Krimis und Abenteuerfilme) auf Wissen, Werthaltungen und Verhalten. Zu diesem Zweck wurden in der Hauptstudie insgesamt 4 500 Kinder von zehn bis elf und von 13 bis 14 Jahren untersucht. Aus dieser Stichprobe wurden 1 854 Kinder ausgewählt, von denen jeweils ein Kind die Möglichkeit zum Fernsehen hatte („Seher“) und ein in bestimmten Merkmalen wie Alter, Intelligenz, sozialer Hintergrund u.a. gleiches Kind keine Fernsehmöglichkeit hatte („Nichtseher“). Außerdem gab die Einführung des Fernsehens in Norwich Gelegenheit zu einer klassischen Vorher-Nachher-Untersuchung, der sogenannten „Norwich-Studie“. Vor Einführung des Fernsehens wurden hier alle Kinder in den Schulen Norwichs (N = 2 200) mit den gleichen Instrumenten untersucht wie die Kinder der Hauptstudie. Nach einem Jahr wurde die Untersuchung mit einem Teil der Kinder wiederholt. Auch hier wurden wieder Paare von Sehern und Nichtsehern gebildet und die Seher- und Nichtsehergruppe verglichen (N = 370 Kinder).

Die grundlegende Hypothese von Himmelweit et al. (1958) war, daß die Wirkungen des Fernsehens auf Kinder je nach Altersstufe, Intelligenz, Persönlichkeitsstruktur, Schicht und emotionalem Klima des Elternhauses unterschiedlich ausfallen. Die vielfältigen Ergebnisse der Untersuchung bestätigten insgesamt diese Annahme. Die beschriebenen Faktoren bestimmen als Prädispositionen, wie häufig Kinder fernsehen, welche Sendungen sie bevorzugen, welche Bedeutung dem Fernsehen neben anderen Freizeitaktivitäten zukommt und wie Kinder Gesehenes aufnehmen und verarbeiten.

Im einzelnen ergab sich:

- Wenn das Fernsehen alle anderen Aktivitäten des Kindes stark dominiert, ist dies mit großer Wahrscheinlichkeit als Symptom gestörter Beziehungen des Kindes zu seiner Umwelt zu werten.
- Die Untersuchung der Inhaltseffekte ergab das bereits hinsichtlich anderer Medien gefundene Bild, daß spezifische Programminhalte eher bestätigend als verändernd auf vorhandene Einstellungs- und Verhaltensmuster wirken. Ein einstellungsgenerierender Einfluß kommt dem Fernsehen nur auf Gebieten zu, wo die Einstellung des Zuschauers noch nicht gefestigt ist oder das Fernsehen Informationen über neue Sachverhalte liefert. Weil diese Konstellation bei Kindern sehr häufig anzutreffen ist, besitzt das Fernsehen bei diesen Zuschauern eine große einstellungsformende Bedeutung.
- Die Autoren fanden bei Sehern eine Haltung zu Beruf und Berufserfolg, die große Ähnlichkeit mit der typischen Berufseinstellung in den üblichen Fernsehspielen hatte (letzteres wurde durch Inhaltsanalysen ermittelt). Die „white collar jobs“ der Mittelschicht wurden als erstrebenswert angesehen, handwerkliche Berufe minder bewertet; für eine positive Berufskarriere hielt man Härte und Durchsetzungsbereitschaft für ebenso wichtig wie Fleiß.
- Unterschiede zwischen Sehern und Nichtsehern in bezug auf aggressives Verhalten waren minimal, d.h. eine Kausalbeziehung zwischen Konsum von Fernsehgewalt und aggressiven Verhaltensweisen der Zuschauer konnte nicht festgestellt werden. Eine sehr kleine Anzahl emotional gestörter Kinder wurde jedoch durch die Gewaltdarstellungen zu aggressivem Verhalten angeregt. - Bei einer Minderheit von Kindern lösten Gewaltdarstellungen unmittelbar Angstgefühle aus. Ausschlaggebend für diese Reaktion schien weniger das Ausmaß der Gewalttätigkeit oder der Ernst ihrer Konsequenzen als der filmische Kontext zu sein. So waren Angstreaktionen bei Western eher gering, da die Kinder das klare Schema von Gut und Böse leicht durchschauen und auf das erwartete Happy End setzen konnten. Bei Krimis jedoch, die aus der Perspektive des Verbrechers erzählt wurden, Gut und Böse nicht klar trennten und einen nicht vorherzusehenden Handlungsablauf aufwiesen, zeigten die Kinder die stärksten Angstreaktionen.
- Darüber hinaus zeigte sich, daß physisch ausgetragene Auseinandersetzungen zwischen Erwachsenen die Kinder weniger ängstigten als starke verbale Aggressivität, wie Schimpfen, Anbrüllen, Demütigen. Zudem ergab sich eine Abstufung der Angst nach Gewaltmitteln: Schießen, Boxen oder Ringen in einer Gewaltszene ängstigte die Kinder weniger als wenn Messer oder

Dolche benutzt wurden.
- Die Unterscheidung zwischen realistischer und fiktiver Gewalt erbrachte widersprüchliche Ergebnisse: Einerseits reagierten die Kinder bei realistischen Gewaltdarstellungen weniger ängstlich als bei frei erfundener Gewalthandlung, andererseits lehnten sie realistische Gewalt stärker ab.
- Als wichtig für die Reaktionen der Kinder erwies sich zudem die Fernsehsituation: Am meisten Angst hatten Kinder, wenn sie alleine bzw. zusammen mit Gleichaltrigen Gewaltprogramme ansahen oder in einem stark abgedunkelten Raum saßen.

Zusammenfassend schreiben die Autoren dem Fernsehen langfristig keineswegs harmlose Wirkungen zu. Sie sind überzeugt davon, daß durch die wiederholte Rezeption von Gewaltdarstellungen bei Kindern und Jugendlichen eine Einstellung entsteht, Gewalt sei im Alltag ein normales (insbesondere männliches) Mittel der Konfliktlösung. Man sollte auch nicht die Bedeutung des Ergebnisses unterschätzen, daß unter den Kindern, die viel und gerne Gewaltprogramme ansahen, auffallend häufig „schwierige Kinder" anzutreffen waren, die Probleme mit sich selbst, mit Eltern und Gleichaltrigen hatten. Ähnliche Ergebnisse fanden sich in zahlreichen anderen Studien (z.B. Riley & Riley, 1951; Bailyn, 1959).

Die Ergebnisse von Himmelweit et al. (1958) wurden so ausführlich dargestellt, weil sie als Pionierarbeit eines umfassenden Ansatzes (Extremgruppenvergleich, Vorher-Nachher-Design, Inhaltsanalyse) anzusehen ist und viele Ergebnisse dieser Arbeit immer wieder bestätigt wurden. So deuten z.B. amerikanische und japanische Untersuchungen im wesentlichen auf die gleichen Sachverhalte hin (Schramm, Lyle & Parker, 1961; Furu, 1962, 1965).

Die 60er und 70er Jahre waren neben weiteren ähnlich angelegten Feldstudien und verfeinerten Methoden der Inhaltsanalyse vor allem durch experimentelle Arbeiten geprägt, die die Bedeutung einiger weniger Variablen unter Vernachlässigung vieler anderer ausführlich erforschten.

Anfangs der 60er Jahre erlangten die Arbeiten Seymor Feshbachs nicht nur in Forscherkreisen einige Bekanntheit. Mit seiner 1961 veröffentlichten Experimentalstudie „Stimulierende versus kathartische Wirkungen stellvertretender aggressiver Aktivität" (Übers. Verf.) führte Feshbach nach seiner Auffassung den Beweis, daß filmisch dargebotene Aggressivität (im Sinne „stellvertretender Aggressivität") zu einer Abnahme nachfolgenden aggressiven Verhaltens führt, wenn die betreffende Person zum Zeitpunkt des

Films selbst verärgert oder emotional verstimmt ist. Tatsächlich reagierten seine aggressiv gestimmten Zuschauer auf Mediengewalt verbal (Fragebogen) weniger aggressiv als bei neutralen Medieninhalten, wenn ihre Aggressivität kurz vor oder gleichzeitig mit der Gewaltdarstellung ausgelöst worden war.

Kritiker Feshbachs warnten vor Generalisierung und Übertragung der Ergebnisse auf das Fernsehen, da die vorher ausgelöste Aggressivität in einem inhaltlichen Zusammenhang zur stellvertretenden Aggression stehen muß, um kathartisch zu wirken. Dies ist beim Fernsehen wohl sehr selten und nur zufällig der Fall. Hauptpunkt der Kritik an Feshbachs Ergebnissen war jedoch, daß die der Katharsishypothese zugrundeliegende Annahme von der Gleichwertigkeit von tatsächlicher und stellvertretender Aggressivität in keinem einzigen Experiment bestätigt werden konnte. Nur diese Äquivalenzannahme aber macht plausibel, daß durch Identifikation mit einem Aggressor im Film eigene Aggressionsäußerungen als nicht mehr nötig angesehen werden. Ebenso konnte nie gezeigt werden, daß eine Übertragung des Aggressionsbedürfnisses gegenüber persönlichen Feinden auf bestimmte Fernsehcharaktere stattfindet.

Ein anderes Erklärungsmodell für die Feshbach-Ergebnisse wurde von Leonhard Berkowitz und seinen Mitarbeitern vertreten und durch experimentelle Arbeiten gestützt. Nach der von ihnen entwickelten „Inhibitionsthese“ ist das Ausbleiben aggressiven Verhaltens nach Gewaltdarstellungen auf verstärkte Hemmungen gegen die Äußerung aggressiver Bedürfnisse zurückzuführen. Diese Hemmungen sind nach Berkowitz durch Aggressionsangst hervorgerufen, welche wiederum aus psychischen und situativen Faktoren entsteht. In zwei Experimenten von Berkowitz und Rawlings (1963) sowie Berkowitz, Corvin und Hieronimus (1963) wurde diese Hypothese überprüft. Aggressionsangst wurde durch die Verurteilung der dargestellten Gewalt induziert, als unterdrückendes Agens von Aggressionsangst die Rechtfertigung der Filmgewalt eingeführt. Die Untersuchungsergebnisse bestätigten die Annahmen. Im Falle gerechtfertigter Mediengewalt wurde mehr, im Falle verurteilter Mediengewalt gehemmte Aggressivität festgestellt wurde.

Berkowitz' Hauptinteresse galt jedoch der Aggressionsstimulierung durch filmisches Material bzw. der Erforschung von Bedingungen, unter denen ein Film Aggressionen hervorrufen kann. Als ein solcher auslösender Faktor erwies sich in den oben genannten Experimenten die Rechtfertigung der Gewaltdarstellung. In weiteren Experimenten (Berkowitz & Geen, 1966) wurden neben den Faktoren Frustration und moralische Rechtfertigung auch der Faktor Ähnlichkeit zwischen filmischem Aggressor oder dem Opfer und dem potentiellen Opfer der Versuchsperson überprüft. Die Ähnlichkeit wurde über den Namen hergestellt, d.h. das potentielle Opfer hatte den gleichen Vornamen oder Nachnamen wie das Opfer der Filmhandlung.

Die Experimente ergaben, daß Versuchspersonen bei Kombination von Frustration, moralischer Rechtfertigung und Ähnlichkeit des Frustrators mit einer der beiden Hauptfiguren im Film unmittelbar nach der Gewaltdarstellung verstärkt Aggressivität äußerten. Maximale aggressive Reaktionen zeigten Versuchspersonen bei Namensgleichheit zwischen Frustrator und Opfer im Film. Veränderungen im Zeitpunkt der Namensnennung des Frustrators wirkten sich nicht auf das Verhalten aus. Diese Reihe von Experimenten zeigte, daß aggressionsstimulierende Eigenschaften des Frustrators wichtige intervenierende Variablen im Wirkungsgefüge zwischen Gewaltdarstellung und aggressivem Verhalten darstellen. Die vorhergehende Frustration der Versuchspersonen zeigte sich in allen Experimenten der Berkowitz-Gruppe als zentrale Grundbedingung der aggressiven Reaktion auf Mediengewalt.

Dieses Resultat führte Geen (1968) dazu, die durch Frustration erzeugte Erregung genauer zu untersuchen. Sein Experiment zeigte, daß sich auf eine Frustration (unlösbare Aufgabe bzw. eine Beleidigung) allgemein Erregung einstellt. Das Ausmaß dieser Erregung ist bei Beleidigung größer als bei Frustration. Werden Versuchspersonen zunächst für aggressives Verhalten belohnt, anschließend frustriert oder beleidigt und darauf einer aggressiven Filmszene ausgesetzt, sind nachfolgend starke aggressive Reaktionen gegenüber dem Frustrator bzw. Beleidigenden zu beobachten. Ohne ein stimulierendes handlungsauslösendes Moment ist Frustration ein nur schwaches Motiv für aggressives Verhalten (Geen, 1968; Buss, 1966). Dies läßt den Faktor „Mediengewalt“ als Variable mit recht großem Gewicht erscheinen.

Ein starker Einfluß der Gewaltdarstellung wurde auch in zwei Untersuchungen von Walters et al. (1962, 1963) gefunden. In der ersten Untersuchung wurde vor dem Ansehen der Gewaltdarstellung das Aggressionsniveau der Versuchspersonen gemessen (Baseline) und danach. Es ergab sich folgendes Ergebnis: Bei filmischer Darbietung von Gewalt läßt sich das gemessene Aggressivitätsniveau gegenüber einer Kontrollgruppe signifikant erhöhen. Die zweite Untersuchung von Walters et al. (1963) brachte für andere Versuchspersonengruppen (männliche Erwachsene, weibliche Erwachsene, männliche Jugendliche) vergleichbare Ergebnisse.

Für die „Stimulationsthese" sprechen ebenfalls die Forschungsergebnisse von Albert Bandura und seinen Mitarbeitern. Sie untersuchten die Bedingungen, unter denen die Nachahmung beobachteter aggressiver Verhaltensweisen erleichtert wird. Die Versuchsanordnung sah vor, daß eine erwachsene Modellperson einer Puppe gegenüber für die kindlichen Versuchspersonen neuartige aggressive Handlungen ausführte (Beobachtungsphase). Danach wurden die Kinder leicht frustriert und anschließend in einem Spielraum allein gelassen und beobachtet (Spielphase). In diesem Raum befand sich neben anderem Spielzeug die Puppe, die in der vorgeführten Filmszene verwendet worden war.

Kinder, die die Gewaltdarstellung beobachtet hatten, reagierten mit mehr Aggression in der Spielphase als Kinder der Kontrollgruppe, die keine Gewaltszene gesehen hatten. Die aggressiven Handlungen der Versuchspersonen in der Experimentalgruppe bestanden im wesentlichen aus der direkten Nachahmung der dargestellten Gewalthandlung (Bandura et al., 1961b). Kinder imitierten das aggressive Verhalten einer ihnen vertrauten Person merklich stärker als das einer unbekannten Person (Bandura & Huston, 1961a). Realistische Gewaltdarstellungen (real oder filmisch dargeboten) bewirken stärkere nachfolgende Aggressivität als die verfremdeten Darstellungen (Bandura et al., 1963a, b).

Aufgrund weiterer Untersuchungen differenzierte Bandura seine Sicht der Wirkungen von Gewaltdarstellungen dahingehend, daß er zwischen dem Erwerb („acquisition") von Verhaltensweisen und dem eigentlichen Ausführen des Verhaltens („performance") unterschied. Gemäß dieser Unterscheidung kann man sagen, daß Kinder durch Beobachtung verschiedene Formen aggressiven Verhaltens (wie auch andere Verhaltensweisen) erlernen, d.h. als Verhaltensmöglichkeit im Gedächtnis abspeichern. Daß beobachtete aggressive Verhaltensweisen von Kindern über sechs bis acht Monate behalten und auf Verlangen reproduziert werden können, zeigten Experimente von Hicks (1965, 1968). Damit dieses im Gedächtnis gespeicherte Wissen in tatsächliche Handlungen umgesetzt wird, ist aber eine Reihe von Zusatzbedingungen notwendig, die Bandura als Verstärker bezeichnete (vgl. Kellner & Horn, 1974, S. 18). Ein solcher Verstärker kann die Reaktion der Umwelt auf das Verhalten bzw. die Antizipation positiver Folgen sein. Unter die Reaktionen der Umwelt können auch die von Berkowitz und Rawlings (1963) sowie Berkowitz et al. (1963) untersuchten Variablen Rechtfertigung bzw. Verurteilung von Mediengewalt als hemmender Faktor subsumiert werden.

Neben Katharsis, Inhibition und Stimulation vermutete man schon längere Zeit, daß das Fernsehen auch Habitualisierung, d.h. Abstumpfung durch Gewöhnung z. B. an Gewaltdarstellungen, zur Folge haben könnte. Experimente zu dieser Hypothese gingen von den Ergebnissen physiologischer Untersuchungen aus, wonach das wiederholte Auslösen einer Reaktion zu einer fortschreitenden Abnahme der Reaktionsintensität führt.

Berger (1962) und Lazarus et al. (1964) haben durch eine Reihe von Experimenten nachgewiesen, daß erwachsene Versuchspersonen, die eine andere Person im Film leiden sahen (durch Elektroschocks oder ein blutiges Stammesritual), zunächst eine intensive emotionale Erregung zeigten, welche im Verlauf mehrerer Versuchsserien progressiv abnahm.

Außer diesen experimentellen Arbeiten zu den Wirkungen von Gewaltdarstellungen und sie verstärkende oder hemmende Bedingungen sind die Versuche George Gerbners ab dem Ende der 60er Jahre hervorzuheben, der inhaltsanalytische Verfahren verfeinerte. Einige Ergebnisse wurden 1969 im Bericht an die „National Commission on the Causes and Prevention of Violence" veröffentlicht (Gerbner, 1969). Gerbner stellte in den Untersuchungsjahren 1967 und 1968 eine hohe aber konstante Zahl von Gewaltakten in den untersuchten Unterhaltungssendungen fest. Die schon genannten älteren Analysen konstatierten im Gegensatz dazu ein Ansteigen gewalthaltiger Aktionen in den 50er Jahren (Klapper, 1960, S. 136f).

Eine erste grundlegende Verbesserung gegenüber älteren Inhaltsanalysen war Gerbners enge Definition von Gewalt als „sichtbare Darstellung physischer Kraft, die sich mit der Absicht präsentiert, zu verletzen oder zu töten" (Gerbner, 1969, Übers. Verf.). Diese Definition hat zur Folge, daß die psychologische Relevanz der darunter subsumierten Handlungen deutlich ist.

Neben dem Umfang der Gewalt ermittelte Gerbner verschiedene Arten gewaltbezogener Akte. Er schlüsselte sie auf nach Ernsthaftigkeit, Mitteln, den Gründen, den Reaktionen von Opfern und Zeugen, den eingesetzten Charakteren, die die Gewalthandlungen typischerweise ausführen. Die wichtigsten Ergebnisse aus seinen Untersuchungen sind:

- Allgemeine Häufigkeit von Gewaltdarstellungen: 81% aller 183 während einer Woche untersuchten Unterhaltungssendungen beinhalteten Gewalt.
- Häufigkeit von Gewaltdarstellungen in bestimmten Filmgenres: 66% der Komödien, die 1967/68 etwa 47% aller Unterhaltungssendungen ausmachten, enthielten Darstellungen mindestens einer Gewalttat. 94% aller Cartoons (etwa 31% der untersuchten Sendungen) enthielten dagegen Gewaltdarstellungen. Dies wurde als alamierend empfunden, da diese Programme

meist von Kindern gesehen werden und von ihnen angeblich als realistisch dargestellte fiktive Spielhandlungen aufgefaßt werden. 97% der Krimis und sonstigen Programmteile (64% der Sendungen) enthielten Gewaltdarstellungen.

- Art der Gewaltdarstellungen: Acht von zehn „Gewalt-Episoden" standen in einem ernsthaften Kontext, die restlichen 20% waren humorvoll gemeint (z.B. Slapstick). In 60% der Gewaltakte erfolgte keine Reaktion des Opfers.
- Gewalttätige Charaktere: Von den 455 Hauptpersonen der untersuchten Sendungen waren 241 als gewalttätig zu klassifizieren. Das Verhältnis Männer zu Frauen ist bei den Gewaltdarstellungen 4 : 1; Männer töten achtmal mehr als Frauen und werden siebenmal häufiger als Frauen getötet. Gewalttätige und Mörder sowie ihre Opfer sind meist unverheiratet. Gewalttätig im Fernsehen sind 70% aller Farbigen und 60% aller Fremden. 22% aller Gewalttätigen und damit 10% aller Hauptpersonen sind Mörder.
- Gewalt spielt sich im Fernsehen meist zwischen Fremden ab und wird meist mit Waffen ausgeführt, während sie sich in der Realität in der Regel zwischen einander bekannten Personen ereignet und kaum Waffengebrauch beinhaltet.

Die Daten dieser Inhaltsanalysen wurden im gleichen Band mit den Ergebnissen einer Repräsentativumfrage verglichen, die 1968 durchgeführt worden war (Baker & Ball, 1969, S. 341 - 362). Der Vergleich zeigte Unterschiede in den Gewaltnormen: Alltagsgewalt wird von den meisten Befragten nur gebilligt, wenn sie legal ist. Als Mittel zur Verfolgung egoistischer Interessen wird sie überwiegend abgelehnt. Die Gewalt im Fernsehen wird dagegen kaum unter dem Gesichtspunkt der Legalität, sondern meist unter dem der Effizienz eingesetzt.

Auffallend war auch, daß die Gruppen (unter Erwachsenen und Teens), die der Art der Gewaltdarstellung im Fernsehen zustimmten bzw. harte Fernsehgewalt bevorzugten, fast alle demographischen Merkmale der „Gewalttätigen" und „Gewaltbefürworter" der Umfragegruppen aufgewiesen. Die Ergebnisse dieses Vergleichs deuten darauf hin, daß die Wirkung von Gewaltdarstellungen im Fernsehen auf „Gewalttätige" in Richtung unbegrenzter Billigung realer Gewaltanwendung verläuft.

Im Erscheinungsjahr dieses Berichts wurde ein Forschungsprogramm zum Thema „Fernsehen und Sozialverhalten" begonnen und unter der Schirmherrschaft der obersten Medizinalbehörde der USA durchgeführt. Der Schwerpunkt des Programms lag auf der Untersuchung der Beziehungen zwischen Fernsehgewalt und Einstellungen bzw. Verhalten von Kindern. Die Ergebnisse von über 40 Forschungsprojekten wurden 1972 veröffentlicht (Comstock & Rubinstein, 1972).

Diese Forschungsarbeiten waren Vorläufer einer immer größer werdenden Zahl von Experimenten und Studien zur Auswirkung von Mediengewalt, die in den 70er Jahren durchgeführt wurden. Es mag bisher der Eindruck entstanden sein, daß man fast nur im anglo-amerikanischen Sprachraum zu diesem Themenkomplex forschte. Dieser Eindruck ist falsch, denn fast alle der hier referierten grundlegenden Arbeiten wurden in anderen Ländern repliziert bzw. auf die je andersartigen Gegebenheiten hin abgestimmt.

Von den Untersuchungen, die in diesem Zusammenhang exemplarisch angeführt werden können, zählt die Studie der australischen Psychologin Patricia Edgar (1977). Ausgangspunkt der Autorin ist ihre Realitäts-Konstruktions-Theorie, die kurz gefaßt folgendes besagt: Menschen verstehen einander, weil sie gleiche Typisierungen für bestimmte Sachverhalte und Personen benutzen. Wenn jemand in einer bestimmten Weise typisiert ist (z.B. ein Mitglied der Kategorie „Snob“, „Dickerchen“ oder „Frau“), werden seine Handlungen auf diese Typisierung zurückgeführt. Analog dazu sind die empirisch gut belegten Schematheorien in der Erforschung von Textverstehen und Gedächtnis zu sehen (Wessels, 1984, S. 326ff). Erst in der unmittelbaren Interaktion wird eine Person aus der Anonymität der Typisierung hervortreten und für den Interaktionspartner ein eigenständiges Individuum werden. Bestimmtes Wissen über Personen und Personenklassen wird im Alltag so lange als richtig vorausgesetzt, bis es zur Bewältigung konkreter Situationen nicht mehr ausreicht. Dann werden Typisierungen aufgegeben, Ansichten verändert. Das Individuum spielt beim Realitätsaufbauprozeß eine aktive, interpretierende Rolle; die Interpretationsmöglichkeiten sind jedoch durch die jeweilige Gruppenzugehörigkeit und die damit verbundenen mehr oder weniger umfangreichen Lernmöglichkeiten eingeschränkt.

Die Wahrnehmung der Welt und damit auch von Medieninhalten gehen auf die je individuellen Erfahrungen und Interpretationen zurück. Diese Erfahrungen und Interpretationen werden von anderen Mitgliedern der Gruppe geteilt. Deshalb müssen, um Medienwirkungen vorhersagen zu können, die Weltsichten verschiedener Gruppen verstanden und die durch die jeweilige Situation bedingten Einschränkungen in den Möglichkeiten der Realitätskonstruktion berücksichtigt werden.

In der Untersuchung von Edgar (1977) wurden den Probanden drei verschiedene Filme gezeigt, um die Bezüge zwischen Geschlechtsrolle,

Selbsteinschätzung und Gewaltkonsum einer Analyse zu unterziehen: Der erste Film, „The Dirty Dozen“, repräsentiert die Kategorie fiktive Gewalt und beschreibt, wie zwölf ehemalige Sträflinge im 2. Weltkrieg einen deutschen Militärstützpunkt angreifen und die dort stationierten Generäle ermorden. Film Nummer 2, „The War Game“, stellt realistische Gewalt dar und beschreibt in Dokumentarfilm-Aufmachung die Auswirkungen eines Atomkriegs. Im dritten Film, „Our Mother's House“, kommt fiktive und realistische Gewalt vermischt bei einer kleinen Gruppe von Personen vor; unmittelbar nach dem Ansehen des Films wurden die jugendlichen Versuchspersonen interviewt.

Es zeigte sich, daß die Variablen Geschlecht und Selbsteinschätzung sehr wichtige Einflußgrößen für die Reaktionen auf Gewaltdarstellungen waren. Männliche Jugendliche mochten den Film „The Dirty Dozen“ am liebsten; Mädchen beurteilten den Film als stellenweise sehr grausam, sie empfanden ihn als ängstigend und unangenehm. Mehr Mädchen als Jungen gefiel „Mother's House“ am besten, und mehr Mädchen wollten diesen Film noch einmal sehen.

Die Variable Selbsteinschätzung erwies sich ebenfalls als bedeutsam: Personen mit hoher Selbstbewertung verstanden eher die Botschaft des Films „The War Game“. Sie gingen mit dem Erlebten in eher positiver Weise um, obwohl der Film alle Probanden am meisten beunruhigte. Speziell die Jungen mit hoher Selbsteinschätzung äußerten den Wunsch, der Film möge vielen Leuten die Wirkungen eines solchen Krieges mehr Menschen klar machen. Die Probanden mit niedriger Selbsteinschätzung zeigten keine solchen Reaktionen, sondern schienen von der dargestellten Gewaltwirkung lediglich überwältigt und verstört worden zu sein.

Auch hier wurde gefunden, daß Kinder bzw. Jugendliche Gewalt im jeweiligen Handlungskontext bewerten. Kinder reagieren stärker auf Dinge, die ihre eigene Umwelt betreffen, die für sie bedeutsam sind. Die in „The Dirty Dozen“ gezeigte Gewalt wurde als nicht so schlimm oder erschreckend gesehen, da das Bewußtsein der Fiktion immer vorhanden war. „The War Game“ bewirkte mehr Erschrecken und Betroffenheit wegen des realistischen Charakters der dargestellten Gewalt.

Edgars Arbeiten zeitigten mit verschiedenen Methoden übereinstimmende Ergebnisse. Es wurde deutlich, daß familiärer und sozialer Hintergrund, Geschlecht, Selbsteinschätzung und andere Variablen mit den Inhalten des Mediums interagieren und zu je verschiedenen Wirkungen des Mediums führen. Es wurde gezeigt, daß viele der Zuschauervariablen gruppentypisch ausgeprägt sind und daß die Medienwirkungen in einer Gruppe deshalb ebenfalls ähnlich ausfallen. Basierend auf den Ergebnissen ihrer Untersuchungen schlägt Edgar als „Rezept“ zur Verminderung der Effekte der Fernsehgewalt vor, in die Gewaltdarstellungen auch die realistische Darstellung der Gewaltwirkungen und die Folgen der Gewalt einzubeziehen, weil diese Art der Darstellung den Zuschauern unangenehm ist und so die „Nachfrage“ nach Fernsehgewalt bald rapide sinken würde.

Von den weiteren Arbeiten zu Medienwirkungen, die in den 70er Jahren durchgeführt wurden, gehört die 1978 von William Belson veröffentlichte Studie „Television Violence and the Adolescent Boy“ zu den bedeutendsten. Belson (1978) untersuchte Langzeitwirkungen des via Bildschirm dargebotenen Gewaltkonsums auf aggressives Verhalten männlicher Jugendlicher. Zentrale Hypothese war, daß hoher Konsum von Fernsehgewalt den Grad erhöht, in dem männliche Jugendliche allgemeines bzw. gefährliches aggressives Verhalten im Alltag zeigen. Zudem wurden Auswirkungen auf die Einstellungen zu Gewalt in verschiedenen Situationen postuliert.

Belsons Studie kombiniert die Vorteile von Experiment und Felduntersuchung, das heißt aufgrund experimenteller Untersuchungen postulierte Kausalbeziehungen sollten an einer repräsentativen Stichprobe repliziert werden. Zu diesem Zweck verglich Belson Vielseher von Fernsehgewalt mit einer nach demographischen Merkmalen angepaßten Kontrollgruppe. Angepaßt wurden die Gruppen dadurch, daß in den 127 Prädiktoren der abhängigen Variable „aggressives Verhalten“ gleiche Ausprägungen verlangt wurden.

Die wichtigsten Messungen, die Belson vornahm, betrafen den Fernsehgewaltkonsum und das aggressive Verhalten seiner Probanden. Zur Schätzung des Gewaltkonsums wurde eine Auswahl von Fernsehfilmen aus den 1958 bis 1969 gesendeten gewalthaltigen Programmen getroffen. Die Probanden mußten später angeben, ob bzw. wie oft sie den betreffenden Film gesehen hatten. Der Score für den Gewaltkonsum ergab sich aus der Summe des jeweiligen Produkts von Gewaltgehalt und Anzahl der gesehenen Ausstrahlungen pro Sendung über alle ausgewählten Fernsehfilme.

Der Score für gewalthaltiges Verhalten wurde dadurch gewonnen, daß man den Jungen eine Liste vorlegte, die aus Gewaltakten verschiedenster Schwere bestand. Die Probanden wurden danach befragt, ob und wie häufig sie die bezeichneten Handlungen in den letzten sechs Monaten ausgeführt hatten.

Belsons Stichprobe bestand aus 1 565 Jungen des Londoner Stadtgebietes im Alter von zwölf bis 17 Jahren, die nach Zufall ausgewählt worden waren.

Zu Art und Ausmaß der ausgeführten Gewaltakte ergaben sich die folgenden Ergebnisse: Unter den zehn am häufigsten ausgeübten Gewaltakten fand sich an zweiter Stelle „jemanden treten", dann lügen, streiten, jemanden beschimpfen, jemanden quälen, jemandem etwas nachwerfen. Wenn die verschiedenen Schweregrade nicht berücksichtigt wurden, zeigten die einzelnen Gewaltkategorien große Besetzungen. Vier Prozent der Stichprobe verübte mit großer Häufigkeit Taten der drei ernsteren Gewaltarten, zwölf Prozent taten dies zehnmal und mehr, während 54 Prozent keine solche Handlung begingen. Über die ganze Stichprobe hinweg ergaben sich sechs ernstere Gewaltakte pro Person in einem halben Jahr. Diese ernsteren Gewalttaten korrelierten mit Schuleschwänzen, Schulunlust und geringem Haushaltseinkommen.

Als wichtigstes Ergebnis der Studie stützen die Daten sehr stark die Hypothese, hoher Fernsehgewaltkonsum führe zu vermehrten Gewaltakten ernsterer Art. Diese Richtung des Kausalbezugs wurde von der Tatsache untermauert, daß die Rückwärtsform der Hypothese keinerlei Unterstützung durch die Daten fand.

Der häufige Konsum folgender fünf Gewaltarten erhöht die Wahrscheinlichkeit ernsterer Gewaltakten:

- Gewalt im Kontext enger Sozialbeziehungen,
- Gewalt ohne engen Bezug zur Erzählstruktur des Films, die um ihrer selbst Willen in die Sendung eingebaut wurde,
- realistisch dargestellte Gewalt in einer erdachten Handlung,
- moralisch gerechtfertigte Gewalt für einen „guten Zweck",
- Western mit extensiven Gewaltdarstellungen.

Es zeigte sich, daß hoher Fernsehgewaltkonsum mit bestimmten Kategorien von Gewalttaten in Zusammenhang steht. Dies ist einmal ungeplante spontane Gewalt und solche, die leicht nachzuahmen ist. Die Daten zeigen eine charakteristische Art der Beziehung zwischen ernsten ausgeführten Gewaltakten und hohem Fernsehgewaltkonsum: Die Häufigkeit dieser Gewalttaten steigt nämlich erst bei Zunahme des Konsums von Gewalt über eine relativ hoch liegende Schwelle hinweg an, d.h. erst nach einer großen Menge beobachteter Gewaltdarstellungen.

Die angenommenen Auswirkungen auf die Einstellungsstruktur konnten nicht bestätigt werden.

In seiner Zusammenfassung meinte Belson, alles deute darauf hin, daß ein Prozeß eintrete, der die durch Sozialisation erworbenen Hemmungen abschwächt und schließlich außer Kraft setzt. Bemerkenswert an diesen Veränderungen sei, daß sie keine parallelen Änderungen der Einstellungen gegenüber Gewalt mit sich brächten, also „unbewußt" abliefen. In den Ergebnissen der Feldstudie zeigten sich in einigen Bereichen Nachahmungsprozesse, und zwar gerade dort, wo eine Handlung leicht imitiert werden kann. Die von Belson gefundenen Ergebnisse können weder mit der Katharsis- noch mit der Habitualisierungshypothese erklärt werden. Vielmehr gelang es Belson mit aufwendigen Datenerhebungs- und Verrechnungsmethoden, Kausalbeziehungen zwischen Fernsehgewaltkonsum und Aggressivität in einer Felduntersuchung überzeugend aufzuzeigen.

Galt das Hauptinteresse von Medienforschern sehr häufig der Frage nach der Beziehung zwischen konsumierten Medieninhalten und der Entstehung von Verhaltensdispositionen, so sind in den 70er und 80er Jahren eine Reihe zusätzlicher Fragestellungen aufgegriffen worden. Im Bereich der politisch bedeutsamen Wirkungen massenmedial distribuierter Inhalte ist vor allem die Theorie der Schweigespirale von Noelle-Neumann (1974; 1977; 1980) zu erwähnen, mit der - ähnlich wie im Modell des „Two step flow of communication" (Lazarsfeld et al., 1944) - ein mehrphasiger Wirkungsprozeß zwischen medialen Inhalten und sozialen Kommunikationsformen thematisiert wurde.

Ausgehend vom Nutzenansatz in der Medienforschung (Lazarsfeld et al., a.a.O.), in welchem die aktiv selegierende Rolle des Rezipienten zur Maximierung persönlicher Bedürfnisbefriedigungen untersucht wurde, hat Sturm (1982) darauf hingewiesen, daß Effekte der Massenmedien nur konsistent erklärt werden können, wenn Persönlichkeitsmerkmale der Rezipienten, wie z. B. der kognitive Entwicklungsstand, berücksichtigt werden. Eine weitere originär kommunikationswissenschaftliche Fragestellung ist in der „Agenda setting Hypothese" enthalten (MacCombs & Shaw, 1972; Schulz, 1984). Auch hier wird das eher indirekt wirkende Potential der Massenmedien angesprochen. Dabei wird davon ausgegangen, daß Massenmedien zwar nicht deterministisch festzulegen vermögen, was Menschen denken, sehr wohl aber die Themen vorgeben können. Ein ebenfalls kommunikationswissenschaftlicher Ansatz wird unter der Bezeichnung „Knowledge-gap-Hypothese" diskutiert (Tichenor et al., 1970; Bonfadelli, 1980). Dabei geht es um die Frage, ob durch die schichtspezifisch unterschiedliche Nutzung bestimmter Medien (zumeist Fernsehen versus Tageszeitung) eine sich ausweitende Kluft der Informiertheit entsteht, die ihrerseits die politische Partizipations- und Handlungsfähigkeit der Rezipienten beeinflußt.

Ein weiteres aktuelles Gebiet der Massenmedienforschung bezieht sich auf Angebot, Nutzung und Wirkung pornographischer Materialien. Zu diesem Thema wurde in den USA 1970 ein Bericht der „Commission on Obscenity and Pornography" vorgelegt, in dem der damalige Wissensstand zusammengefaßt war. Allerdings wurde durch diesen Bericht kein Schlußstein in der Pornographieforschung gesetzt, vielmehr war die von vielen Seiten vorgebrachte Kritik Anlaß zu weitergehenden Untersuchungen (Attorney General's Commission on Pronography, 1986; Selg & Bauer, 1986; Donnerstein, Linz & Penrod, 1987). Neben den bis zum damaligen Zeitpunkt unzureichenden Untersuchungen zur Medienwirkung im allgemeinen und zu Effekten von Pornographie im besonderen haben gesellschaftliche Gruppen, die über ein breites politisches Meinungsspektrum hinwegreichen, diesem Thema zu neuer Aktualität verholfen (Dworkin, 1987). Wichtig dabei war die Entwicklung auf dem Video-Markt. Es ist heute möglich, praktisch alle Varianten menschlicher Sexualität in aller Explizitheit nicht nur in einschlägigen Etablissements, sondern auch auf dem heimischen Bildschirm konsumieren zu können. Die Angebote auf dem Pornomarkt der 50er oder 60er Jahre sind mit dem seit Mitte der 70er Jahre produzierten Angeboten qualitativ nicht zu vergleichen. Die Grenzen des bildlich Dargestellten wurden immer weiter hinausgeschoben, und trotz Strafandrohung durch § 184 Abs. 3 im bundesdeutschen Strafgesetz werden immer wieder Fälle von Darstellungen des Geschlechtsverkehrs mit Tieren, sexueller Handlungen mit Kindern und sado-masochistischer Praktiken aufgedeckt.

Gerade die befürchteten Folgen des Video-Konsums bei Kindern und Jugendlichen haben die Auseinandersetzung mit diesem Medium gefördert. Vertreter des Jugendschutzes, der Schulen und der Kirchen befürchteten vor allem negative Auswirkungen. Anlaß für diese Befürchtungen waren primär inhaltsbezogene Gründe. Überlegungen zur Angebots- und Steuerung der Nutzungsseite dieses Mediums stellen im Grunde einen Rückfall in die Anfänge der empirischen Medienforschung dar: Angebot und Nutzung sind nicht deckungsgleich und lassen weder von Angebots- noch von Nutzungsdaten einen Schluß zu auf irgendwelche Wirkungen. Da sich aber ein Teil der Video-Filme beträchtlich vom Angebot im Kino oder des Fernsehens unterscheidet und darüber hinaus die Rezeptionssituation eine eigene Wirkungsweise entwickeln kann, scheinen Befunde aus der Film- und Fernsehforschung nicht unbedingt auf das Medium Video übertragbar zu sein. Eine eigenständige Video-Wirkungsforschung wurde bisher nicht etabliert bzw. sie befindet sich erst im Aufbau (Brosius, 1987).

Zusammenfassend ist festzustellen, daß Effekte, die aus der Nutzung von Massenmedien resultieren, abhängig sind von intrapsychischen Rezeptionsprozessen und der Medienkompetenz des Rezipienten, d. h. der sinnvollen Medienauswahl und des quantitativen und qualitativen Medienkonsums. Inhaltlich lassen sich Medienwirkungen nach emotionalen, kognitiven und sozialen Aspekten unterscheiden.

Emotionale Wirkungen beziehen sich auf den Grad der affektiven Anteilnahme am Mediengeschehen und auf die Induktion von Affekten bei der Rezeption. Diese Emotionen werden durch Beobachtung der Charaktere aus der Medienwelt gelernt. Die Lernwirkungen beim Rezipienten sind am größten, wenn die Medienakteure stark emotional reagieren, ihr Verhalten positiv verstärkt wird und wenn sie wahrnehmbare Ähnlichkeiten mit der Person des Rezipienten aufweisen (Bandura, 1965).

Die Aufnahme von Medieninhalten, ihre Speicherung und Verarbeitung sind kognitive Prozesse. Durch die Aufnahme von Informationen verändern sich die Realitätskonzepte des Menschen und passen sich der Umwelt an (Sturm & Grewe-Partsch, 1977). Gemäß dem entwicklungspsychologischen Modell Piagets (1969) werden die Realitätskonzepte durch kognitive Schemata aufgebaut. Diese kognitiven Schemata beeinflussen die Aufnahme neuer Information. Die Angleichung der neu erworbenen Informationen an die Realität vollzieht sich über Akkomodationsprozesse. Bekanntes Material kann von den kognitiven Schemata assimiliert werden, ohne daß sich die Struktur der Konzepte ändert.

Soziale Medienwirkungen beinhalten die Umsetzung neuerworbener Sichtweisen in offenes Verhalten. Das bisherige Rollenrepertoire wird erweitert, modifiziert oder und durch neue Verhaltensmöglichkeiten ergänzt. Medieninhalte können sich z.B. auf antisoziale und prosoziale Verhaltensweisen, auf das Geschlechtsrollenverhalten oder in anderen Bereichen auswirken (Horn, 1983).

Ein allgemeines Modell zur Darstellung der Interaktionen zwischen Massenmedien und Merkmalen des Rezipienten wurde bisher nur in Teilbereichen untersucht. Die Wechselwirkungen im massenmedialen Geschehen sind zu komplex, als daß alle bedeutenden Einflußgrößen in empirischen Studien hätten angemessen berücksichtigt werden können.

4.2. Gewaltkonsum durch audiovisuelle Medien und aggressives Verhalten beim Zuschauer

4.2.1. Medienpsychologisch relevante Untersuchungen

Die unter anderem von Feshbach (1961) vertretene Katharsishypothese besagt, daß der Konsum von Gewalt im Film oder Fernsehen für die Zuschauer eine Ventilfunktion erfüllt. Perzipierte Gewalt ermöglicht es ihnen, durch Identifikation mit dem medialen Aggressor auf eigene aktive Aggressivität zu verzichten. Dem ist kritisch entgegenzuhalten, daß die postulierte Äquivalenz von tatsächlicher und stellvertretender Aggressivität nie schlüssig nachgewiesen wurde und ein Übertragen des Aggressionsbedürfnisses auf bestimmte Filmcharaktere nie gezeigt werden konnte. Zusammen mit der Vielzahl entgegengesetzter Ergebnisse zur Gewaltwirkung muß dies zu dem Schluß führen, daß eine kathartische Wirkung von Gewaltdarstellungen auf die Rezipienten nicht zu erwarten ist.

Eine weitere Wirkungsweise gewalthaltiger Filme wird in der sogenannten Habitualisierungshypothese angesprochen. Sie postuliert, daß durch gehäuftes Betrachten von Gewaltdarstellungen ein Gewöhnungseffekt eintritt: die anfangs starke Erregung schwächt sich bei wiederholter Betrachtung sukzessive ab. Lazarus und Alfert (1964) konnten dies experimentell nachweisen. Genauere Untersuchungen darüber, wie diese Gewöhnung verläuft, gibt es nicht. Auch ist unklar, was die verminderte Erregung für das Verhalten der Person bedeutet. Einerseits kann die Aggressivität des Rezipienten zurückgehen, andererseits kann eine Desensitivierung des Zuschauers eingetreten sein, die ihrerseits zur Folge hat, daß Gewalt als etwas Normales, Alltägliches angesehen wird und daher auch eher selbst ausgeführt werden kann.

Die Habitualisierungshypothese läßt sich in eine lernpsychologische Sicht der Aggression integrieren. Von diesem Standpunkt aus betrachtet, bedeutet die verminderte Erregung bei häufigem Gewaltkonsum nichts anderes, als daß das dargestellte aggressive Verhalten mit den zugehörigen Tendenzen und Stilen bereits gelernt worden ist und ein weiteres Betrachten kein weiteres Lernen von Aggressivität mehr möglich macht (denn was man schon kann, braucht man nicht mehr zu lernen).

Die Inhibitionshypothese besagt, daß nach Gewaltdarstellungen verstärkte Hemmungen gegen die Äußerung aggressiver Bedürfnisse beim Zuschauer auftreten. Die Aggressionshemmung wird durch Aggressionsangst ausgelöst, die ihrerseits von persönlichen und sozialen Faktoren bestimmt ist. Alles in allem entsprechen die Befunde der Experimente von Berkowitz und Rawlings (1963; Kap. 4.1) sowie Berkowitz et al. (1963; Kap. 4.1) dem bekannten lerntheoretischen Prinzip, daß belohntes Verhalten häufiger, bestraftes dagegen weniger häufig ausgeführt wird.

Nach den bisher durchgeführten Studien zu Medienwirkungen muß man die Stimulationshypothese in Form des Modells des sozialkognitiven Lernens (Bandura, 1979) als bestes Erklärungsmodell für die Zusammenhänge von Gewaltkonsum und Aggressivität ansehen. Danach haben Gewaltdarstellungen sehr wahrscheinlich aggressionsfördernde Wirkung insbesondere auf die jungen Zuschauer.

Berkowitz und Rawlings (1963), Berkowitz et al. (1963) sowie Berkowitz und Geen (1966) wiesen die aggressionsfördernde Wirkung einiger inhaltlicher Merkmale von Filmen experimentell nach. Die Experimente der Bandura-Gruppe (Bandura et al., 1961a, b; 1963a, b) sprechen für die Stimulationshypothese. Zahlreiche Felduntersuchungen (Himmelweit et al., 1958; Schramm et al., 1961; Belson, 1978) sprechen ebenfalls für diese Hypothese.

Die Stimulationshypothese fußt auf Grundkonzepten der Lerntheorie: Verhalten wird durch Erfolg und/oder Beobachtung von Modellen gelernt. Ein Kind, das etwa zwei Stunden täglich fernsieht, wird zwischen dem sechsten und 15. Lebensjahr etwa 14 000 mal Zeuge von Körperverletzungen, Totschlag und Mord (Selg, 1972). Der Einfluß dieser Erfahrung auf das Verhalten ist abhängig von anderen Modellen bzw. von dem, was man an Verhaltensmöglichkeiten gelernt hat und lernt. Einflüsse der Medien sind gerade dort zu erwarten, wo die Rezipienten keine anderen Modelle und Bewertungen von Verhaltensweisen oder eigene Erfahrungen haben.

Man kann Merkmale sowohl von Gewaltdarstellungen als auch von Rezipienten darstellen, die aggressionsfördernde Wirkungen wahrscheinlich werden lassen. Folgende Arten von Filmen erwiesen sich als ausgesprochen stark aggressionsstimulierend (vgl. Bryan & Schwartz, 1971; Belson, 1978):

- Filme, in denen Gewalt im Kontext enger persönlicher Beziehungen gezeigt wird (Gewalt zwischen Ehepartnern, Verwandten etc.).
- Filme, in die Gewalt nur aus Effekthascherei und Sensationsgewinn eingebaut wurde und zum Erzählen der Handlung des Films nicht notwendig ist (dies ist z. B. bei sog. Horror- und Metzelfilmen der Fall).
- Filmische Darstellungen von Gewalt, die sehr realistisch sind (diese kom-

men ebenfalls sehr häufig in Horrorfilmen, aber auch in vielen Action- und Kriegsfilmen vor).
- Filme, die Gewalt als etwas präsentieren, das für einen guten Zweck ausgeübt wird (Inhalte vom Typus: Der „gute" Gesetzeshüter verfolgt die „bösen" Gangster mit unerbitterlicher Härte und ohne Gnade).
- Filme, die Gewalt als gerecht bzw. gerechtfertigt darstellen (dazu sind zum Beispiel solche zu zählen, die das spätere Gewaltopfer als feiges, hinterlistiges oder anderswie minderwertiges Subjekt eindeutig negativ darstellen).
- Filme, die die Erfahrung vermitteln, daß Gewalthandlungen belohnt werden (z.B. mit einer so gearteten Szene: ein Angreifer schlägt ein Opfer und nimmt ihm einen begehrten Gegenstand weg; der Aggressor erhält so das Begehrte).
- Filme, die das bunte, reiche Leben eines aggressiven Helden sehr „schmackhaft" darstellen und unter Umständen Empathie beim Zuschauer wecken, der auch so ein interessantes, spannendes Leben führen will.
- Filme, die auf große Ähnlichkeit zwischen der Situation des aggressiven Modells und der Situation des Zuschauers abzielen bzw. dem Zuschauer einen ihm selbst sehr ähnlichen aggressiven Filmhelden zeigen (das im Film gelernte Verhalten wird dann mit höherer Wahrscheinlichkeit ausgeführt).

Diesen Charakteristika von Medieninhalten stehen einige Merkmale von Rezipienten gegenüber, bei deren Vorhandensein eine erhöhte Ansprechbarkeit für Gewaltdarstellungen zu erwarten ist und die Wahrscheinlichkeit aggressiven Verhaltens stark ansteigt. Diese Merkmale sind zum Teil miteinander verwoben, was dazu beiträgt, daß man das Gewicht eines einzelnen Merkmals (z.B. sozioökonomischer Status) im Gefüge der Vielzahl anderer beeinflussender Variablen sehr schwer bestimmen kann.

- Eine immer wieder gefundene Einflußgröße ist der sozioökonomische Status der betreffenden Person. Kinder und Jugendliche aus niedrigen sozialen Schichten sehen mehr fern und zeigen gleichzeitig mehr Aggressivität nach Gewaltszenen als Gleichaltrige höherer Schichten. Dies ist nicht so zu werten, daß Kinder aus niedrigen Schichten a priori unbedingt aggressiver sind als andere, sondern daß sie gehäuft mit aggressiven Modellen in der Wohngegend, mit Gewalt rechtfertigenden Ideologien, mit stark eingeschränkten Freizeitmöglichkeiten, mit schlechten Bildungs- und Berufsaussichten und ähnlich widrigen Umständen konfrontiert sind (vgl. Singer & Singer, 1981) und wenig aggressionsfreie Verhaltensmöglichkeiten für alltägliche Konflikte und deren Bewältigung lernen konnten. Der Mangel an Kontakten zu ver-

schiedenen Realitäten und Lebensumständen (der sich z.B. auch in einer geringen Anzahl von zuhause verfügbaren Büchern ausdrückt) erhöht die Bedeutung des Fernsehens als Vermittler von Realität ungemein.
- Als weitere bedeutsame Variable ist die Kommunikation in der Familie anzusehen. Bei hohem Fernsehkonsum sind solche Kinder mehr verängstigt und aggressiv, die keine erklärenden Worte seitens der Eltern zu den Fernsehinhalten gewohnt sind und wenig Anregung erhalten, über Gefühle nach gewalttätigen Fernsehsendungen (und im allgemeinen) mit den Eltern zu sprechen.
- Befürwortet die Familie aggressives Verhalten am Bildschirm und in der Realität oder lassen die Eltern das Kind im Unklaren über ihre eigene Einstellung zur Gewalt auf dem Bildschirm, steigt die Wahrscheinlichkeit, daß das Kind selbst eine positive Einstellung zur Gewalt erwirbt und öfter aggressiv handeln wird (Dominick & Greenberg, 1972; Singer & Singer, 1981). Gewalt wird dann eher als adäquates Mittel gesehen, um Probleme zu lösen.
- In die gleiche Richtung geht die in vielen Untersuchungen (z.B. Himmelweit et al., 1958; Bailyn, 1959; Blumer & Hauser, 1970) gemachte Erfahrung, daß unter den aggressiv handelnden Vielsehern gehäuft Kinder bzw. Jugendliche sind, die schlechte Sozialbeziehungen aufweisen. Angehörige dieser Gruppe äußern häufig, daß sie schlechte Beziehungen zu den Eltern, keine Freunde und oft Probleme mit sich selbst haben.
- Weiterhin wichtig und im Zusammenhang mit dem bisher Genannten stehend ist der Einfluß der Selbsteinschätzung des Sehers anzusehen. Jugendliche mit niedrigerer Selbsteinschätzung sind dadurch charakterisiert, daß sie mit Gewaltdarstellungen (wie mit allgemeinen Lebensproblemen auch) schlechter umgehen können. Im speziellen bedeutet das, daß sie von Fernsehgewalt eher geschockt und verwirrt werden, als daß sie sich konstruktiv - z.B. in der Kommunikation mit anderen - damit auseinandersetzen können.
- Auch die Häufigkeit und Dauer des Sehens spielt insofern eine Rolle, als mit steigender Ausprägung des Fernsehkonsums mehr Gewalt konsumiert wird (MacCarthy et al., 1975) und sich andererseits zeigt, daß dem Fernsehen mehr Realitätscharakter zugeschrieben wird (Lefkowitz et al., 1972; Gerbner & Gross, 1973). Sachverhalte werden von Vielsehern so als real angesehen, wie sie im Fernsehen dargestellt werden (Gerbner & Signorelli, 1979). Deshalb wird die Realität von dieser Zuschauergruppe auch für sehr gewalthaltig gehalten (mehr, als sie es tatsächlich z.B. laut Kriminalstatistiken ist; vgl. Gerbner & Gross, 1973; Doob & MacDonald, 1979).

Andererseits sind es aber gerade die sich selbst niedrig einschätzenden Jugendlichen, die mehr Fernsehprogramme konsumieren und zwar häufig nur, weil sie nichts besseres mit ihrer Freizeit anzufangen wissen. Sie lesen wenig, treiben wenig Sport etc. (Edgar, 1977).

Die Verbindungen zu anderen Einflußgrößen werden deutlich, wenn man Korrelate von z.B. hoher Selbsteinschätzung betrachtet. Sich selbst hoch einschätzende Probanden stammen eher aus höheren Schichten, haben gute Beziehungen zu ihren Eltern, haben viele Freunde und berichten, daß es ihnen leicht fällt, neue Freunde zu gewinnen. Sie schätzen ihre schulischen Fähigkeiten ziemlich hoch ein und schaffen Prüfungen leichter. Sie haben mehr Bücher zuhause als die Mitglieder der Gruppe mit niedriger Selbsteinschätzung und wissen mehr über das Bildungsniveau ihres Vaters. Die sich niedrig Einschätzenden berichten in den hier genannten Punkten jeweils das Gegenteil (Edgar, 1977).

- Das Geschlecht des Zuschauers ist dahingehend von Bedeutung, daß Mädchen eher schockiert und aufgeregt auf Gewaltdarstellungen reagieren, was auf eine geschlechtsspezifische Sozialisation der Reaktion auf Gewalt zurückzuführen ist (Edgar, 1977). Wohl aus demselben Grund zeigen Jungen nach dem Konsum von Gewaltdarstellungen eher und mehr Aggressivität als Mädchen (Bandura, 1965; Lefkowitz et al., 1977), allerdings wurde in den letzten Jahren für beide Geschlechter nach Konsum von Gewaltdarstellungen verstärkte Aggressivität nachgewiesen (vgl. Eron & Huesmann, 1980; Singer & Singer, 1981).
- Ebenso wie das Geschlecht spielt das Alter der Zuschauer eine Rolle (Atkin et al., 1979). Es bestehen zwar Übereinstimmungen zwischen Kindern und Müttern in der Rangfolge (nach Gewalt-Inhalt) von Programmen, jedoch nehmen die Kinder mehr Gewalt wahr als die Mütter. Gleichzeitig sehen Kinder mehr Gewaltprogramme Die besondere Ansprechbarkeit der Gruppe der Kinder um zehn Jahre für Gewaltdarstellungen wird deutlich, wenn man einige Fakten im Zusammenhang sieht. Diese Gruppe hat auf vielen Gebieten wenig eigene Erfahrungen und ist deshalb auf Modelle angewiesen. Diese Modelle findet die Gruppe der Zehnjährigen in Fernsehcharakteren wie Krimihelden, erfolgreichen Verbrechern etc., deren „Leben" sie täglich einige Stunden lang auf der Mattscheibe verfolgen. Die Kinder nehmen mehr Gewaltmodelle auf und werden wegen mangelnder Erfahrung und gesehener Belohnung eher aggressives Verhalten an den Tag legen. Dies ist besonders der Fall, wenn begünstigende Faktoren in Familie und sozialem Umfeld

das aggressive Verhalten billigen oder belohnen. Dazu muß man ergänzend in Betracht ziehen, daß Vielseher (besonders dieser Altersgruppe) dem im Fernsehen Gezeigten einen hohen Grad an Realität zusprechen - Gewalt daher als etwas Normales und weit Verbreitetes ansehen.

- Als weitere wichtige Einflußgröße soll in dieser Auswahl noch die bestehende Aggressivität des Zuschauers erwähnt werden. Dies mag auf den ersten Blick trivial oder gar zirkulär erscheinen, spiegelt jedoch einen sehr gut abgesicherten Befund wider. Es zeigte sich nämlich wiederholt - sowohl in Felduntersuchungen (Himmelweit et al., 1958; Belson, 1978) als auch in Experimentalstudien (Walters et al., 1962; Hartman, 1969) - daß Gewaltdarstellungen besonders bei Probanden mit erhöhtem Aggressivitätsniveau (gewonnen durch Fragebogenmessungen oder Zählung von Eintragungen wegen krimineller Vergehen u.ä.) zu verstärktem aggressiven Verhalten führen. Die Gruppe mit erhöhter Aggressivität vor dem Konsum von Mediengewalt ist mit der Gruppe praktisch identisch, die die schwerwiegendsten aggressiven Akte unter Beeinflussung durch Gewaltdarstellungen ausführt.

4.2.2. Fragestellungen und Hypothesen zu Wirkungen gewalthaltiger Filme

Die zentrale Hypothese der vorliegenden Untersuchung ist, daß Jugendliche, die häufig Gewalt durch Film, Fernsehen und Video konsumieren, mehr aggressives Verhalten zeigen als Jugendliche, die einen geringen Gewaltkonsum haben.

Weiterhin wird angenommen, daß sich die Gruppe der aggressiven Jugendlichen von der der nicht- bzw. wenig aggressiven Probanden durch folgende Merkmale unterscheidet:

1. Aggressive kommen aus Familien mit geringerem Sozialstatus als Nichtaggressive.
2. Aggressive besuchen seltener weiterführende Schulen.
3. Aggressive bevorzugen passive Freizeitaktivitäten und solche, die sie alleine ausführen können.
4. Aggressive lesen weniger Bücher und Zeitungen als Nichtaggressive.
5. Aggressive reden weniger mit Eltern, Geschwistern und anderen über das, was sie im Kino, im Fernsehen oder auf Video gesehen haben.

Für die Gruppe der Vielseher von Mediengewalt wird angenommen, daß sie sich von den Wenigsehern in den gleichen fünf Punkten unterscheidet wie die Gruppe der Aggressiven von der der Nichtaggressiven (Hypothese 6 bis 10).

Zudem wird vermutet, daß jüngere mehr Gewalt durch die Medien konsumieren und höhere Aggressionswerte haben als ältere Jugendliche (Hypothese 11, Hypothese 13). Ebenso erwarten wir von männlichen Jugendlichen, daß sie mehr Mediengewalt sehen und mehr Aggressivität äußern als gleichaltrige Mädchen (Hypothese 12 und 14).

Mit der Überprüfung dieser Hypothesen sollen bereits an anderen Stichproben und mit anderen Methoden erhobene Befunde zur Wirkung hohen Gewaltkonsums an einer repräsentativen deutschen Stichprobe repliziert werden. Der Wert dieser Untersuchung besteht vor allem darin, daß der Konsum von Videos mit in die Liste gewalthaltiger Medien aufgenommen wurde.

Die folgenden Auswertungen beziehen sich auf die Teilstichprobe D, wie sie in Anhang A beschrieben ist. Der Altersmittelwert dieser N=807 Kinder und Jugendlichen beträgt 14,09 Jahre (s=1,05). 56% der Probanden besuchen die Hauptschule, 29% die Realschule und 15% das Gymnasium. 48,3% der Befragten sind männlich. (Zur Operationalisierung der Scores für spontane und reaktive Aggressivität und der verschiedenen Gewaltkonsumindices vgl. Anhang B.)

4.2.3. Ergebnisse zu Medienkonsum und Aggressivität von Jugendlichen

4.2.3.1. Lebensweltliche Einpassung von Aggressionstendenzen

Die erste Hypothese nimmt einen Zusammenhang an zwischen Aggressivität und sozialem Status. Die Schichtzugehörigkeit der Jugendlichen wurde mit dem Verfahren von Kleining und Moore (1968) ermittelt.

Eine varianzanalytische Überprüfung der Hypothese zeigt keine signifikanten Unterschiede in den mittleren Scores für spontane und reaktive Aggressivität der verschiedenen Sozialschichtgruppen. Somit kann aufgrund der Daten aus unserer Stichprobe die Hypothese eines Zusammenhangs von hoher Aggressivität und Zugehörigkeit zu einer niedrigen sozialen Schicht nicht unterstützt werden.

Bei der varianzanalytischen Prüfung der zweiten Hypothese dieses Themenbereichs, nach der aggressivere Jugendliche eher in der Hauptschule zu erwarten sind, ergab sich ein differenziertes Bild. In den mittleren Werten für spontane Aggressivität konnten keine signifikanten Unterschiede zwischen den Schularten festgestellt werden. Betrachtet man dagegen die Skala für reaktive Aggressivität, zeigen sich signifikante Unterschiede zwischen Hauptschülern, Realschülern und Gymnasiasten (vgl. Tab. 4.1).

Tabelle 4.1: **Unterschiede (aM, s) zwischen Schülern verschiedener Schularten in den Maßen für spontane (Agg 1) und reaktive Aggressivität (Agg 2)**

Schulart	"Agg 1" aM	s	"Agg 2" aM	s
Hauptschule	64,91	21,06	44,47	21,98
Realschule	62,56	15,60	34,94	13,90
Gymnasium	62,37	16,76	36,27	13,96
	p = 0,21	% Varianz = 0,4	p = 0,01	% Varianz = 5,6

Aus Tabelle 4.1 geht hervor, daß Hauptschüler einen signifikant höheren „Agg 2"-Score erzielen als Realschüler bzw. Gymnasiasten. Der Test der Mittelwertsunterschiede ergibt zwischen den Gruppen keinen statistisch bedeutsamen Unterschied zwischen Realschülern und Gymnasiasten im Score für reaktive Aggressivität. Das bedeutet, daß die Signifikanz des Faktors bei „Agg 2" weitgehend durch die Unterschiede zwischen Hauptschülern einerseits und Realschülern und Gymnasiasten auf der anderen Seite zustande kommt.

In der dritten Hypothese wurde die Erwartung formuliert, daß sich Aggressive von weniger Aggressiven in ihren Freizeitaktivitäten unterschieden. Im einzelnen wird erwartet, daß die Aggressiven in der Freizeit eher passives Verhalten zeigen und diese häufiger alleine verbringen. Diese Hypothese überprüften wir anhand der Korrelationen der Aggressivitätsskalen mit den Freizeitscores (vgl. Anhang B).

Mit spontaner Aggressivität korrelierten die Werte für interaktiv verbrachte Freizeit mit $r = 0{,}15$ und für allein verbrachte Freizeit passiv mit $r = 0{,}25$, nicht jedoch der Wert für aktiv allein verbrachte Freizeit. Mit reaktiver Aggressivität korrelierte dagegen nur der Wert für Freizeit alleine passiv statistisch bedeutend von Null verschieden (r = 0,10). Im Hinblick auf die Hypothese deuten diese Daten darauf hin, daß die Aggressiveren in ihrer allein verbrachten Freizeit eher passiven Tätigkeiten nachgehen, während die Annahme nicht gestützt wird, sie seien in ihrer freien Zeit insgesamt häufiger alleine als zusammen mit anderen. Gerade bei Jugendlichen, die ihre Freizeit häufig mit peerorientierten Tätigkeiten ausfüllen, besteht die Möglichkeit, daß durch subkulturelle Peerkontakte aggressive Verhaltensdispositionen gefördert werden.

Die vierte Hypothese hat zum Inhalt, daß aggressivere Jugendliche seltener Bücher und Zeitungen lesen als die weniger aggressiven Jugendlichen. Die korrelative Überprüfung dieser Hypothese brachte auf der Ebene der einfachen Korrelationskoeffizienten in bezug auf die Bücher nur das Ergebnis, daß Probanden mit höherer reaktiver Aggressivität tendenziell weniger Bücher zur Unterhaltung lesen als Befragte mit geringerer reaktiver Aggressivität (Tab. 4.2).

Tabelle 4.2: **Zusammenhänge zwischen Variablen des Printmedienkonsums und den Aggressionswerten (erster Korrelationskoeffizient: einfache Korrelation, dahinter in Klammern: partieller Korrelationskoeffizient unter Konstanthaltung von Schulartzugehörigkeit, Geschlecht, Alter, Sozialschicht und Wohnortgröße)** [1]

Wöchentliche Konsumzeiten für ...	spontane Aggressivität	reaktive Aggressivität
Bücher zur Unterhaltung lesen	-.05 (.00)	-.07 (-.03)
Bücher zur Weiterbildung lesen	-.05 (-.05)	-.03 (-.01)
Tageszeitung	.05 (.02)	.02 (-.01)
Wochenzeitung	.05 (.06)	.03 (.02)
Illustrierte	-.04 (-.02)	-.03 (-.03)
Jugendzeitschriften	.03 (.07)	.02 (.03)
Comics	.11 (.10)	.13 (.09)
Romanhefte	.07 (.12)	-.06 (-.03)
Printmedien gesamt	.02 (.06)	-.03 (-.01)

1) Bei einem N > 800 ist ein Korrelationskoeffizient >= .09 signifikant auf dem 1 %-Niveau und ein Koeefizient >= .07 signifikant auf dem 5 %-Niveau.

Die Signifikanz geht allerdings verloren, wenn wesentliche soziodemographische Merkmale, die für den Medienkonsum von Bedeutung sind, durch Auspartialisierung konstant gehalten werden. Die Partialkorrelationen machen aber deutlich, daß zumindest ein geringfügiger Zusammenhang zwischen dem Ausmaß an spontanter Aggressivität und dem Lesen von Jugendzeitschriften, Comics und Romanheften besteht und daß darüber hinaus in einem Fall, nämlich dem Lesen von Comics, eine signifikante Korrelation auftritt. Es kann hier nicht auf die vielfältigen Vermittlungsmechanismen zwischen der Qualität der Lektüre von Jugendlichen auf die Entstehung aggressiver Verhaltensdispositionen eingegangen werden.

Tabelle 4.3: **Zusammenhänge zwischen Aggressionskalen und der Kommunikation über Inhalte verschiedener Medien mit Eltern, Geschwistern, Freunden und anderen (erste Zeile: einfache Korrelationen, zweite Zeile: partielle Korrelationen unter Konstanthaltung von Schulartzugehörigkeit, Geschlecht, Alter, Sozialschicht und Wohnortgröße)** [1)]

	Eltern	Geschwister	Freunde	andere
		Kommunikation Kino		
spontane Aggressivität	-.03 .01	.01 .03	.10 .11	.10 .10
reaktive Aggressivität	-.03 .01	-.04 -.03	-.02 .01	.06 .03
		Kommunikation TV		
spontante Aggressivität	-.04 -.01	-.02 -.01	.08 .07	.08 .07
reaktive Aggressivität	.00 .03	.02 .02	.00 .00	.13 .11
		Kommunikation Video		
spontane Aggressivität	.04 .03	-.11 -.09	-.05 -.04	.06 .06
reaktive Aggressivität	-.05 -.06	-.10 -.09	-.08 -.08	-.01 -.02

1) sign. 1 %: r >= .09; sign. 5 % r >= .07

Die Ergebnisse legen aber die Annahme nahe, daß ausgehend von der Lektüre von Comics, Jugendzeitschriften und Romanheften ein zumindest geringfügiger Beitrag zur Aggressivitätsgenese geleistet wird. Bei Hypothese fünf wird davon ausgegangen, daß aggressivere Jugendliche weniger mit ihren Eltern und anderen Personen über Medieninhalte sprechen als ihre weniger aggressiven Mitschüler. Medienbezogene Kommunikation erfaßten wir durch die Häufigkeit von Gesprächen über Kino-, Fernseh- und Videoinhalte mit Eltern, Geschwistern, Freunden und anderen.

Die Ergebnisse machen deutlich, daß Gespräche mit Freunden oder Gespräche mit anderen bei Personen mit hoher spontaner Aggressivität der Tendenz nach häufiger vorkommen (vgl. Tab. 4.3). Gespräche mit Geschwistern stehen bei den Video-Filmen mit geringeren Aggressionswerten in Zusammenhang. Dieses Ergebnis scheint der aufgestellten Hypothese zu widersprechen. Es läßt aber die Interpretation zu, daß nicht das Gespräch als solches wichtig ist, sondern die durch den Gesprächspartner bestimmte Qualität der Gespräche. So scheint die Verarbeitung von Fernseh- und Kinoinhalten in der Freundesgruppe eher aggressionsfördernde Effekte zur Folge zu haben, während Gespräche im familiären Bereich eher mit gegenläufigen Tendenzen in Zusammenhang stehen. Die Daten stehen mit dieser Interpretation nicht völlig in Einklang, und die Effekte fallen gering aus.

Die sechste Hypothese zum Bereich „Medienkonsum und Aggressivität Jugendlicher“ besagt, daß Unterschiede zwischen Vielsehern von Mediengewalt und Wenigsehern in bezug auf deren Schichtzugehörigkeit vorhanden sind. Von den Vielsehern wird erwartet, daß sie aus niedrigeren sozialen Schichten kommen als die Wenigseher. Zur Hypothesenprüfung wurden die Korrelationen zwischen der Schichtzugehörigkeit und den fünf Gewaltkonsumindices berechnet. Es zeigen sich Zusammenhänge in der erwarteten Richtung (vgl. Tab. 4.4), d. h. mit höherer Sozialschichtzugehörigkeit nimmt der Konsum bzw. die Vorliebe für gewalthaltige Filme ab. Die Zusammenhänge sind allerdings relativ gering und decken nur etwa 1% gemeinsame Varianz ab.

In Hypothese sieben wird analog zu Hypothese sechs angenommen, daß Vielseher von Mediengewalt eher eine niedriger qualifizierende Schulart besuchen als die Wenigseher. Bei der varianz- und korrelationsanalytischen Prüfung dieser Hypothese zeigen sich in sämtlichen fünf Gewaltkonsumskalen hochsignifikante Unterschiede zwischen Schülern verschiedener Schularten (vgl. Tab. 4.4 und 4.5).

Tabelle 4.4: Zusammenhänge zwischen Mediengewaltkonsum, soziodemographischen Merkmalen und Freizeitwerten (einfache Korrelationskoeffizienten) [1]

Medienwaltkonsumindices	Sozialschicht	Schulartzugehörigkeit	Freizeit [2] interaktiv	Freizeit [2] allein/passiv	Freizeit [2] allein/aktiv
Kinogewaltkonsum (Häuf.)	-.07	-.20	-.31	-.30	-.02
Fernsehgewaltkonsum (Häuf.)	-.14	-.25	-.20	-.20	.00
Fernsehgewaltkonsum (Präf.)	-.06	-.15	-.18	-.22	.12
Videogewaltkonsum (Häuf.)	-.09	-.18	-.22	-.23	.00
Videogewaltkonsum (Präf.)	-.07	-.14	-.16	-.18	.03

1) sign. 1 %-Niveau: r <= .09; sign. 5 %-Niveau: r <= .05.

2) Die Freizeitskalen sind negativ gepolt, d. h. daß ein Minuszeichen einen gleichsinnigen Zusammenhang bedeutet.

Tabelle 4.5: Univariate Varianzanalysen mit dem Faktor Schulartzugehörigkeit und den Indices für Mediengewaltkonsum als abhängige Variablen (Angabe von arithmetischem Mittel, Standardabweichung, Signifikanzniveau und Prozentsatz aufgeklärter Varianz)

Mediengewalt-konsumindices		Schulartzugehörigkeit Hauptschule	Realschule	Gymnasium
Kinogewaltkonsum	aM	20,67	18,23	16,78
(Häufigkeit)	s	8,76	6,77	6,47
	p/%		**/3,67	
Fernsehgewaltkonsum	aM	29,62	27,99	22,95
(Häufigkeit)	s	8,37	7,36	7,20
	p/%		**/7,93	
Fernsehgewaltkonsum	aM	28,44	27,37	25,83
(Präferenz)	s	6,44	5,62	6,27
	p/%		**/2,23	
Videogewaltkonsum	aM	26,74	23,02	20,82
(Häufigkeit)	s	10,87	9,91	11,47
	p/%		**/4,20	
Videogewaltkonsum	aM	30,79	28,45	26,69
(Präferenz)	s	9,57	9,82	11,77
	p/%		**/2,21	

In allen Gewaltkonsumscores haben die Hauptschüler die höchsten Werte, gefolgt jeweils von den Realschülern und schließlich den Gymnasiasten.

Aufgrund der achten Hypothese sind Unterschiede in den Freizeitaktivitäten der Viel- bzw. Wenigkonsumenten von Mediengewalt zu erwarten, und zwar dergestalt, daß Gewaltvielseher eher von Passivität geprägte Freizeitbeschäftigungen bevorzugen und ihre Freizeit lieber alleine als zusammen mit anderen verbringen. Die Hypothese wurde durch Korrelation der fünf Gewaltkonsumskalen mit den Freizeitscores geprüft (vgl. Tab. 4.4). Deutlich erkennbar sind die substantiellen Korrelationen zwischen den Gewaltkonsum-Skalen und dem Score „Freizeit alleine passiv", während die Konsumskalen mit dem Score „Freizeit alleine aktiv" gar nicht und eine Skala gegensinnig korreliert. Für die Hypothese läßt sich daraus folgern, daß die behauptete Präferenz von passiven Möglichkeiten der Freizeitgestaltung durch Vielseher nicht im Widerspruch zu den vorliegenden Daten steht. Dagegen korrelieren die Gewaltkonsumskalen auch mit „Freizeit interaktiv", was nicht für die Annahme spricht, daß Gewalt-Vielseher in der Freizeit häufiger alleine als mit anderen die freie Zeit zu verbringen. Vielmehr ist dies ein Hinweis auf die besondere Bedeutung von Peerkontakten bei häufigen Gewaltsehern.

Bei korrelationsstatistischer Prüfung der neunten Hypothese dieses Bereichs, nach der Vielseher von Mediengewalt eine spezifische Printmedienlektüre aufweisen, konnten folgende Zusammenhänge gefunden werden (vgl. Tab. 4.6): Am höchsten korreliert die Konsumzeit für Comics mit allen Indices für Gewaltkonsum. An zweiter Stelle weist die Konsumzeit für Jugendzeitschriften noch durchgehend signifikante Zusammenhänge mit diesen Maßen auf. Die Gesamtlesezeit, die ebenfalls mit allen Gewaltkonsummaßen korreliert, bringt als abhängiges Maß, in das auch die Lesezeiten für Comics und Jugendzeitschriften enthalten sind, keine zusätzlichen Erkenntnisse. Die Konsumzeiten für Illustrierte und Romanhefte weisen in drei bzw. vier Fällen positive Korrelationen mit den Gewaltkonsumindices auf. Mit der Zeit für Buch- oder Zeitungslektüre sind hingegen nur mehr in vereinzelten Fällen signifikante Korrelationen zu finden. Insgesamt bedeutet dies, daß die etwas höheren Gesamtlesezeiten bei den intensiven Konsumenten audiovisueller Gewalt durch den größeren Konsum sog. „non-books" zustandekommen (Comics, Jugendzeitschriften, Romanheftchen, Illustrierte). Zusammenhänge mit der Buch- und Zeitungslektüre in dem Sinn, daß für diese Medien geringere Lesezeiten angegeben würden, konnten jedoch bei Berücksichtigung wesentlicher Drittvariablen nicht gefunden werden.

Tabelle 4.6: **Zusammenhänge zwischen Printmedienkonsum und Mediengewaltkonsum (erste Zeile: einfache Korrelationen, darunter: partielle Korrelationen unter Auspartialisierung von Schulartzuhörigkeit, Geschlecht, Alter, Sozialschicht und Wohnortgröße)**

Wöchentliche Konsumzeiten für ...	Kinogewaltkonsum (Häuf.)	Fernsehgewaltkonsum (Häuf.)	Fernsehgewaltkonsum (Präf.)	Videogewaltkonsum (Häuf.)	Videogewaltkonsum (Präf.)
Bücher zur Unterhaltung	-.08	-.02	-.08	-.05	-.01
	.00	.02	.03	.04	.09
Bücher zur Weiterbildung	.05	-.07	.03	.07	.04
	.07	-.05	.04	.09	.05
Tageszeitung	.06	.09	.04	.06	.01
	.01	.06	.00	.02	-.01
Wochenzeitung	.11	.08	.05	.02	.00
	.11	.05	.07	.03	.02
Illustrierte	.09	.11	.05	.01	-.01
	.12	.11	.10	.04	.03
Jugendzeitschriften	.14	.17	.01	.05	.05
	.18	.19	.15	.19	.12
Comics	.22	.16	.18	.23	.19
	.20	.13	.14	.20	.15
Romanhefte	.09	.06	.05	-.05	-.02
	.15	.08	.15	.01	.07
Printmedien gesamt	.14	.11	.08	.07	.05
	.19	.12	.17	.12	.14

Auch bei der Frage nach Unterschieden zwischen Viel- und Wenigkonsumenten von Mediengewalt soll der medienbezogenen Kommunikation mit Personen aus dem Umfeld des Jugendlichen Aufmerksamkeit geschenkt werden. Die zehnte Hypothese beinhaltet, daß Vielseher von Mediengewalt weniger mit anderen Personen über Medieninhalte sprechen als Wenigseher. Einen Überblick über die Ergebnisse der korrelationsstatistischen Prüfung dieser Hypothese findet man in Tab. 4.7.

Tabelle 4.7: **Zusammenhänge zwischen Kommunikation über Medieninhalte und Mediengewaltkonsum (erste Zeile: einfache Korrelationen, darunter: partielle Korrelationen unter Auspartialisierung von Schulartzuhörigkeit, Geschlecht, Alter, Sozialschicht und Wohnortgröße)**

Häufigkeit von Gesprächen mit ...	Indices für Mediengewaltkonsum: Kinogewaltkonsum (Häuf.)	Fernsehgewaltkonsum (Häuf.)	Fernsehgewaltkonsum (Präf.)	Videogewaltkonsum (Häuf.)	Videogewaltkonsum (Präf.)
Eltern über Kino	-.09 -.03	-.03 .01	-.09 -.03	-.10 -.05	-.10 -.05
Geschwistern über Kino	-.04 -.03	-.01 .00	-.02 .01	-.05 -.03	-.04 -.02
Freunden über Kino	.17 .20	.02 .06	.09 .13	.06 .09	.03 .06
anderen über Kino	.22 .21	.14 .10	.12 .10	.14 .11	.11 .10
Eltern über Fernsehen	-.02 .01	.04 .06	-.05 .00	-.09 -.05	-.07 -.03
Geschwistern über Fernsehen	-.05 -.05	.01 .00	-.02 -.01	-.05 -.04	-.02 -.01
Freunden über Fernsehen	.17 .16	.09 .09	.16 .15	.06 .04	.09 .07
anderen über Fernsehen	.12 .10	.09 .07	.10 .09	.06 .04	.06 .05
Eltern über Videofilme	.09 .08	.04 .05	.08 .07	.17 .18	.10 .10
Geschwistern über Video	-.02 .01	.01 .02	-.03 .00	.03 .06	-.01 .03
Freunden über Videofilme	.02 .02	.01 .00	.05 .07	.09 .10	.07 .09
anderen über Videofilme	.13 .12	.10 .09	.08 .05	.15 .14	.11 .11

Die globale Vermutung, Vielseher von Mediengewalt verfügten über weniger Gesprächspartner für die Diskussion gesehener Filme in den einzelnen Distributionsmedien, kann nicht aufrechterhalten werden. Das bestehende, aber nicht sehr deutlich ausgeprägte Netz an Zusammenhängen kann vielmehr wie folgt zusammengefaßt werden. Häufige Gespräche über Medieninhalte mit den Eltern stehen hinsichtlich Kino und Fernsehen tendenziell mit einem geringeren Mediengewaltkonsum in Verbindung. Häufige Gespräche mit den Eltern über Videofilme kommen hingegen bei den Vielsehern von Mediengewalt öfters vor. Gespräche mit den Geschwistern sind für die Gewaltkonsumindices generell von untergeordneter Bedeutung. Hingegen ist es im Falle der Gespräche mit Freunden oder anderen Personen mit wenigen Ausnahmen so, daß hoher Mediengewaltkonsum mit häufigeren Gesprächskontakten zu diesen Kommunikationspartnern einhergeht.

Es scheint, daß Gespräche mit Eltern ein Indikator für gute Kontakte zum Jugendlichen und eventuell auch für mehr Behütung durch die Eltern sind und daß in diesen Gesprächen die Ansichten der Eltern eine gewisse Akzeptanz beim jungen Gesprächspartner erlangen. Eine Ausnahme darin machen „Video-Eltern“, die vermutlich einen den Jugendlichen ähnlichen Videokonsum haben. In solchen Fällen hat das Gespräch mit den Eltern eher eine den Gewaltkonsum verstärkende Funktion.

Den Abschluß der Hypothesen zum Bereich „Medienkonsum und Aggressivität“ bilden Annahmen über Einflüsse von Alter und Geschlecht Jugendlicher auf deren Mediengewalt-Konsum bzw. Aggressivität. Hypothese elf sagt aus, daß jüngere Individuen mehr Gewalt durch Medien konsumieren als dies die älteren tun. Die Korrelationen zwischen der Variablen Alter und den fünf Gewaltkonsum-Scores liegen in vier Fällen bei Null. Nur zwischen der Konsumhäufigkeit von Kinogewalt und dem Alter besteht eine Korrelation von $r = 0{,}14$, was angesichts der Freigabebestimmungen für Kinofilme nicht verwundert. Die Hypothese erhält damit von unseren Daten keine Unterstützung.

Nach Hypothese zwölf erwarteten wir, daß männliche Jugendliche mehr Mediengewalt konsumieren als weibliche. Diese Hypothese wurde dadurch geprüft, daß für jede Gewaltkonsumvariable die Mittelwertunterschiede der beiden Gruppen auf Signifikanz getestet wurde. Alle Ergebnisse weisen in die gleiche Richtung (vgl. Tab. 4.8).

Tabelle 4.8: **Univariate Varianzanalysen mit Geschlecht als unabhängiger Variable und den Indices für Mediengewaltkonsum sowie den Aggressionsskalen als abhängige Variablen (arithmetisches Mittel, Streuung, Signifikanz und Prozentsatz der erklärten Varianz)**

Mediengewalt-konsumindices		Mädchen		Jungen
Kinogewaltkonsum (Häufigkeit)	aM	17,45		21,38
	s	6,99		8,51
	p/%		**/6,04	
Fernsehgewaltkonsum (Häufigkeit)	aM	27,34		28,91
	s	7,99		8,42
	p/%		**/0,91	
Fernsehgewaltkonsum (Präferenz)	aM	25,45		30,19
	s	5,64		5,93
	p/%		**/14,40	
Videogewaltkonsum (Häufigkeit)	aM	22,21		27,96
	s	9,51		11,47
	p/%		**/7,00	
Videogewaltkonsum (Präferenz)	aM	26,34		33,05
	s	9,51		8,88
	p/%		**/11,77	
spontane Aggressivität (Agg 1)	aM	60,07		67,96
	s	15,72		21,33
	p/%		**/4,32	
reaktive Aggressivität (Agg 2)	aM	38,59		42,27
	s	19,56		18,59
	p/%		**/0,92	

Männliche Jugendliche haben über alle fünf Konsumskalen hinweg deutlich höhere Werte als weibliche. Besonders starke Unterschiede zeigen sich in den Präferenzscores für Mediengewalt, wo durch die Variable Geschlecht ein hoher Prozentsatz der Varianz in der jeweiligen Skala aufgeklärt wird. Die Hypothese wird somit von den Daten der vorliegenden Untersuchung gut gestützt.

Als Analogon zur Hypothese elf, nach der jüngere Probanden höheren Mediengewaltkonsum zeigen sollten, sagt Hypothese dreizehn voraus, daß jüngere Schüler der Stichprobe höhere Aggressivitätswerte erzielen werden. Diese Hypothese wurde korrelationsanalytisch geprüft. Dabei ergibt sich eine Korrelation von r = 0,10 zwischen Alter und spontaner aggressiver Aktivität, während reaktive Aggressivität nicht mit dem Alter korreliert. Aufgrund dieser Daten ist die Hypothese eher zurückzuweisen.

Schließlich vermuteten wir mit der letzten Nebenhypothese, daß Jungen mehr Aggressivität äußern als Mädchen. Für beide Aggressivitätsskalen wurden die Mittelwerte der zwei Geschlechtsgruppen auf signifikante Unterschiede hin geprüft (vgl. Tab. 4.8). In beiden Aggressivitätsscores zeigen die männlichen Jugendlichen höhere Werte als die weiblichen, wobei der Unterschied bei der reaktiven Aggressivität (knapp ein Prozent Varianzaufklärung) nur sehr gering ausfällt .

4.2.3.2. Audiovisueller Gewaltkonsums und Aggressivität

Zentrale Frage innerhalb des Themenkomplexes „Medienkonsum und Aggressivität von Jugendlichen" ist naheliegenderweise, ob Zusammenhänge zwischen dem Ausmaß von Gewaltkonsum durch audiovisuelle Medien und aggressiven Einstellungen und Verhaltensweisen zu finden sind und ob diese kausal interpretiert werden können. Die entsprechende Hypothese der vorliegenden Feldstudie besteht in der Annahme, daß hoher Gewaltkonsum via audiovisueller Medien mit einer Erhöhung des Aggressivitätspegels der untersuchten Personen einhergeht.

Schon beim Prüfen der bisherigen Hypothesen wurde die in allen anderen Feldstudien (vgl. z.B. Himmelweit et al., 1958; Schramm et al., 1961; Belson, 1978) gefundene Tatsache deutlich, daß eine Reihe intervenierender Variablen wie Geschlecht, Alter, Schulartzugehörigkeit etc. einen bedeutenden Einfluß auf die Aggressivität und/oder den Mediengewaltkonsum ausüben. Die Wirkung dieser Variablen kann korrelative Zusammenhänge zwischen den hier interessierenden Variablen verfälschen. Um die Dritteinflüsse zu kontrollieren, werden im folgenden diese Faktoren entweder durch partielle Korrelationstechniken konstant gehalten oder bei der multiplen Vorhersage der Aggressionswerte in den Satz von Prädiktoren mit aufgenommen.

Betrachtet man die Zusammenhänge zwischen den Aggressionsskalen, den soziodemographischen Variablen und den Indices des Mediengewaltkonsums (vgl. Tab. 4.9), so zeigen sich die deutlichsten Zusammenhänge zwischen dem Ausführen aggressiver Handlungen (spontane Aggressivität) und der

Häufigkeit, mit der Gewaltdarstellungen im Kino konsumiert werden. Die partielle Korrelation von r = .30 zwischen spontaner Aggressivität und der Skala für Kinogewaltkonsum muß besonders in Anbetracht der Tatsache, daß fünf Aggressivitätsprädiktoren auspartialisiert wurden, als Beleg eines faktisch engen Zusammenhangs zwischen beiden Variablen gesehen werden. Zudem ist die Häufigkeit des Konsums von Kinogewalt die einzige Gewaltkonsum-Skala, die mit dem Wert für reaktive Aggressivität so hoch korreliert, daß mindestens ein Prozent gemeinsame Varianz auftritt. Für die weiteren Gewaltkonsumskalen konnte kein korrelativer Zusammenhang mit dem Wert für reaktive Aggressivität gefunden werden, der nach der Auspartialisierung noch signifikant gewesen wäre. Die Häufigkeit des Konsums von Gewalt durch Video und die Präferenz von Videos mit Gewaltinhalten korrelieren jedoch substantiell mit dem Ausüben aggressiver Akte (spontane Aggressivität). Gleiche Zusammenhänge finden sich zwischen der Präferenz für Gewaltinhalte im Fernsehen sowie der Häufigkeit des Sehens gewalthaltiger Fernsehserien und dieser Skala.

Als Vergleich zu den beschriebenen Zusammenhängen zwischen Mediengewaltkonsum und Aggressivität sollen an dieser Stelle die multiplen Korrelationen der auspartialisierten demographischen Variablen mit den verwendeten Aggressivitätsskalen angeführt werden. Die multiple Korrelation zwischen den wichtigsten soziodemographischen Variablen und der „Agg 1“-Skala beträgt r = 0,24, wobei zu diesem Zusammenhang die Variablen Geschlecht (beta-Koeffizient = -0,21) und Alter (beta-Koeffizient = 0,11) den größten Beitrag leisten. Die multiple Korrelation der soziodemographischen Variablen mit der Skala für reaktive Aggressivität fällt mit r = 0,23 nur unwesentlich schwächer aus, wobei besonders die Variablen Schulart (beta-Koeffizient = -0,19) und Geschlecht (beta-Koeffizient = -0,10) zu diesem Wert beitragen.

Diese Korrelationen liegen in bezug auf spontane Aggressivität nicht bedeutend über den Werten für Kinogewalt- und Videogewalt-Konsum, im Falle des Gewaltkonsums im Kino sind sie sogar deutlich niedriger. Da die wichtigsten intervenierenden Variablen bei letztgenannten Zusammenhängen auspartialisiert wurden, kommt dem kino- bzw. videovermittelten Mediengewalt-Konsum für die spontane Aggressivität eine recht große Bedeutung zu.

Tabelle 4.9: Einfache und multiple Vorhersage der Aggressionswerte aus den Indices für Mediengewaltkonsum und/oder demographischen Merkmalen

Prädiktor	spontane Aggressivität					reaktive Aggressivität				
	$r^{1)}$	$r^{2)}$	a)	b)	c)	$r^{1)}$	$r^{2)}$	a)	b)	c)
(1) Schulart	-.07	-	-.04	-	-.02	-.20	-	-.19	-	-.18
(2) Geschlecht	-.21	-	-.21	-	-.13	-.13	-	-.10	-	-.09
(3) Alter	.10	-	.11	-	.06	-.01	-	.01	-	-.01
(4) Sozialschicht	-.02	-	-.02	-	-.01	-.05	-	.02	-	.02
(5) Wohnortsgröße	.02	-	.03	-	.03	-.01	-	.01	-	.02
(6) Kinogewaltkonsum (Häufigkeit)	.35	.30	-	.32	.31	.16	.11	-	.15	.15
(7) Fermsehgewaltkonsum (Häufigkeit)	.12	.10	-	-.01	.00	.11	.06	-	.07	.04
(8) Fernsehgewaltkonsum (Präferenz)	.25	.15	-	.14	.11	.12	.03	-	.00	-.01
(9) Videogewaltkonsum (Häufigkeit)	.21	.18	-	.01	.00	.09	.05	-	-.06	-.09
(10) Videogewaltkonsum (Präferenz)	.19	.13	-	-.06	-.08	.11	.06	-	.07	.05
R	-	-	.24	.37	.39	-	-	.23	.20	.28

$r^{1)}$ einfache Korrelationskoeffizienten

$r^{2)}$ partielle Korrelationskoeffizienten unter Konstanthaltung der soziodemographischen Merkmale

a) Beta-Koeffizienten für die Vorhersage der Aggressionswerte aus den soziodemographischen Prädiktoren Zeile eins bis fünf

b) Beta-Koeffizienten für die Vorhersage der Aggressionswerte aus den Gewaltkonsumindices Zeile sechs bis zehn

c) Beta-Koeffizienten für den gesamten Prädiktorensatz Zeile eins bis zehn.

Versucht man schließlich sowohl aus den soziodemographischen Merkmalen wie den Gewaltkonsumindices die Aggressionswerte vorherzusagen, so gelingt dies für beide Skalen in signifikanter Weise. Am bedeutendsten für die Vorhersage spontaner Aggressivität stellt sich dabei das männliche Geschlecht, die Häufigkeit des Kinogewaltkonsums sowie die Präferenz für Fernsehgewaltkonsum heraus. Für reaktive Aggressivität scheinen Zugehörigkeit zur Hauptschule und die Häufigkeit des Kinogewaltkonsums die wichtigsten Variablen zu sein. Dies muß aber nicht unbedingt heißen, daß die anderen Gewaltkonsumindices unbedeutend sind. Vielmehr treten aufgrund hoher Korrelationen zwischen gleichsinnig gebildeten Medienkonsumindices Kollinearitätsprobleme auf, wodurch bei der multiplen Vorhersage das Gewicht spezifischer Einzelvariabler nicht mehr adäquat abgebildet werden kann (vgl. Tab. 4.10).

Eindeutige Unterstützung findet die Annahme von Zusammenhängen zwischen Mediengewaltkonsum und Aggressivität in bezug auf Kinoprogramme. Bei einer Erhöhung dieses Konsums sind gleichzeitig erhöhte Werte in spontanen aggressiven Handlungen und in reaktiver Aggressivität zu konstatieren, wenngleich die zweite Skala nur in relativ geringem Umfang vom Kinogewaltkonsum beeinflußt ist.

Häufiges Sehen von Gewaltvideos und stärkere Präferenz von Videos mit Gewaltinhalt sind beide mit gesteigerten eigenen aggressiven Aktivitäten verbunden, nicht jedoch mit erhöhter reaktiver Aggressivität. Weniger Unterstützung erhält die Hypothese von den Daten zum Fernsehgewaltkonsum. Hier sind nur Zusammenhänge von stärkerer Bevorzugung der Gewaltinhalte im Fernsehen und spontaner - nicht jedoch reaktiver - Aggressivität zu verzeichnen. Die Häufigkeit des Gewaltkonsums via Fernsehen korreliert geringer mit spontaner und reaktiver Aggressivität als z. B. Kino- und Videogewaltkonsum. Letzteres kann eventuell auf den Gebrauch des Fernsehens als Instrument zur „Berieselung“ und die damit verbundene geringe Selektivität der Zuschauer zurückzuführen sein, wogegen eine eindeutige Präferenz für Gewaltinhalte mit erhöhter Aufmerksamkeit einherzugehen scheint.

Tabelle 4.10: Zusammenhänge zwischen Medienkonsumindices für Teilstichprobe D (obere Hälfte: einfache Korrelationen, untere Hälfte: partielle Korrelationen unter Konstanthaltung von Schulartzugehörigkeit, Geschlecht, Alter, Sozialschicht und Wohnortgröße)

Medienkonsumindices	(1)	(2)	(3)	(4)	(5)	(6)	(7)	(8)	(9)	(10)	(11)	(12)
(1) Kinogewaltkonsum (Häuf.)	--	.30	.50	.53	.46	.23	.17	.32	.16	.46	.26	.15
(2) Fernsehgewaltkonsum (Häufigkeit)	.27	--	.37	.26	.25	.33	.03	.55	.36	.17	.17	.15
(3) Fernsehgewaltkonsum (Präferenz)	.44	.36	--	.46	.61	.26	.15	.33	.36	.09	.09	.12
(4) Videogewaltkonsum (Häufigkeit)	.48	.22	.39	--	.72	.15	.13	.21	.12	.09	.52	.20
(5) Videogewaltkonsum (Präferenz)	.41	.22	.54	.69	--	.18	.15	.22	.20	.05	.24	.29
(6) Nachrichten in TV (Häufigkeit)	.18	.31	.20	.09	.11	--	.49	.42	.28	.12	.11	.13
(7) Nachrichten in TV (Präferenz)	.11	.01	.06	.07	.08	.47	--	.12	.23	.07	.07	.06
(8) Unterhaltung in TV (Häufigkeit)	.28	.52	.28	.15	.17	.40	.09	--	.49	.26	.16	.14
(9) Unterhaltung in TV (Präferenz)	.19	.36	.44	.14	.25	.30	.26	.51	--	.36	.25	.36
(10) Unterhaltung im Kino (Häufigkeit)	.54	.20	.19	.15	.13	.16	.12	.32	.36	--	.31	.33
(11) Unterhaltung - Video (Häufigkeit)	.29	.17	.15	.58	.31	.14	.11	.18	.23	.28	--	.63
(12) Unterhaltung - Video	.21	.17	.22	.27	.38	.17	.11	.17	.35	.31	.62	--

Insgesamt gesehen deuten unsere Ergebnisse in bezug auf Gewaltkonsum durch Kino und Video und bei Betrachtung lediglich der eher spontanen aggressiven Aktivität auf die Richtigkeit der Annahme eines Zusammenhanges zwischen Konsum und Aggressivität hin. Reaktive Aggressivität scheint im Gegensatz dazu vom Mediengewalt-Konsum ziemlich unbeeinflußt zu sein.

Tabelle 4.11: **Zusammenhänge zwischen den Konsumzeiten für auditive und audiovisuelle Medien pro Woche sowie der Nutzung nicht-gewaltbezogener Medieninhalte (erster Koeffizient: einfache Korrelation, dahinter in Klammern: partielle Korrelation unter Konstanthaltung von Schulartzugehörigkeit, Geschlecht, Alter, Sozialschicht und Wohnortgröße)**

Medienkonsumindices	spontane Aggressivität	reaktive Aggressivität
Wöchentliche Konsumzeiten für ...		
Schallplatten/Cassetten	.14 (.16)	.05 (.06)
Radio	.07 (.09)	-.02 (.01)
Fernsehen	.16 (.13)	.10 (.04)
Video	.08 (.05)	.10 (.06)
Audiovisuelle Medien gesamt	.21 (.19)	.09 (.06)
Informations- und unterhaltungsorientierter audiovisueller Medienkonsum		
Nachrichten und allgemeine Information im Fernsehen (Häufigkeit)	.11 (.06)	.06 (.01)
Nachrichten und allgemeine Information im Fernsehen (Präferenz)	.04 (-.01)	.01 (-.03)
Unterhaltung im Fernsehen (Häufigkeit)	.17 (.14)	.13 (.08)
Unterhaltung im Fernsehen (Präferenz)	.01 (.03)	.03 (.03)
Unterhaltung im Kino (Häufigkeit)	.08 (.12)	.03 (.05)
Unterhaltung über Video (Häufigkeit)	.04 (.07)	.02 (.02)
Unterhaltung über Video (Präferenz)	-.04 (.00)	-.05 (-.03)

Dies läßt sich wahrscheinlich daraus erklären, daß reaktive Aggressivität von unseren sozialen Normen bis zu einem hohen Grad gutgeheißen, zumindest aber akzeptiert wird. Bezüglich Fernsehgewalt scheint nach unseren Ergebnissen weniger die Häufigkeit des Sehens als vielmehr das Gernesehen von Gewaltdarstellungen für eine Erklärung spontaner eigener Aggressivität ausschlaggebend zu sein. Bei Betrachtung der Zusammenhänge mit den soziodemographischen Variablen zeigt sich bei spontaner Aggressivität die relativ große Bedeutung vor allem des Kino- und Videogewaltkonsums.

Ergänzend zur Überprüfung der Haupthypothese wurden Korrelationen zwischen den Aggressivitätsscores und den Kennwerten für den Medienkonsum anderer Genres als Gewalt berechnet (Unterhaltung, Nachrichten und allgemeine Information). Auch bei diesen Berechnungen wurden die fünf bekannten soziodemographischen Prädiktoren für Aggressivität konstant gehalten (vgl. Tab. 4.11).

Betrachtet man die partiellen Korrelationskoeffizienten, so ist zuerst festzustellen, daß die Zusammenhänge mit den Aggressionsskalen im Vergleich zu den Gewaltkonsumindices wesentlich geringer sind. Für die Skala reaktive Aggressivität wird einzig die Korrelation zur Häufigkeit des Konsums unterhaltender Sendungen im Fernsehen signifikant. Für höhere Werte auf der Skala spontane Aggressivität erweist sich die längere Nutzung der auditiven und audiovisuellen Medien als bedeutsam, besonders hoch korreliert die wöchentliche Konsumzeit für Schallplatten und Cassetten. Von den qualitativen Mediennutzungsangaben ist die Häufigkeit des Konsums unterhaltungsorientierter Sendungen im Fernsehen, im Kino und - mit einigem Abstand - auch über Video für das Ausmaß an spontaner Aggressivität bedeutsam.

Aggressive Jugendliche konsumieren sowohl mehr Gewalt via Kino und Video und sie weisen auch in einigen anderen Genres einen höheren Medienkonsum auf (Comics, Romanhefte und Jugendzeitschriften). Dies alles könnte darauf hindeuten, daß Aggressive vermehrt Schwierigkeiten im Umgang mit der Realität haben und deshalb in die Beschäftigung mit Medien flüchten. Bevorzugte Inhalte der Medien sind leicht verständliche, einfach strukturierte Handlungen (vom Action-Film bis zum Romanheft), deren Gemeinsamkeit wohl darin liegt, daß sie um ein interessantes, spannungsreiches Leben eines beneideten „Helden“ kreisen. In dieselbe Richtung weist der vermehrte Konsum von Schallplatten, Cassetten und Radioprogrammen der aggressiven Jugendlichen: Hier sind es die begehrten Stars der Pop-, Disco- und Rockmusikszene, deren Leben verfolgt wird und deren Musik als Medium für Tagträume genutzt werden kann, um der Realität zu entfliehen.

4.2.3.3. Kausalmodell über audiovisuellen Gewaltkonsum und Aggressivität

Obwohl in Feldstudien über die Effekte des Konsums gewalthaltiger Medien und Aggressivität überwiegend signifikante Zusammenhänge zwischen Konsum und Aggressivität gefunden wurden (Turkat, 1977; Roloff & Greenberg, 1979; Nimh, 1982; Sheenan, 1983; Singer et al., 1984; Huesmann & Eron, 1986) und negative Befunde eher eine Ausnahme darstellen (Carlisle & Howell, 1974; Milavsky et al., 1982), bleibt ein zentraler Kritikpunkt bestehen. Dieser richtet sich gegen die in Feldstudien ungeklärten Verursachungsverhältnisse. So kann es aufgrund von Selbstselektionseffekten durchaus sein, daß die aggressiveren Personen andere Medieninhalte suchen als die weniger aggressiven. Medienwirkung (im Sinne einer Zunahme der Aggressivitätsneigung) wie Selbstselektion können im übrigen auch durchaus simultan auftreten, da - zeitlich gesehen - prä- und post-kommunikative Einflüsse unterschieden werden müssen. Bislang ist die Vermutung eines bidirektionalen Einflusses (Huesmann & Eron, 1986) in Felduntersuchungen nur unzureichend untersucht worden. Die Entwicklung verfeinerter statistischer Analyseverfahren macht es aber möglich, Modelle über nicht-rekursive Prozesse, die in Gleichzeitigkeitskorrelationen eventuell vermischt vorhanden sind, aufzustellen und zu prüfen.

Eine Möglichkeit zur Abbildung solcher reziproker Zusammenhänge ist in Modellschätzungen mittels des „Two-Stage-Least-Square“-Verfahrens zu sehen (Wonnacott & Wonnacott, 1970; Hodapp, 1984). Dabei werden Gleichungssysteme aufgestellt, in denen zentrale Variablen sowohl als Bedingung wie auch als Folge anderer Variablen fungieren. Um solche Gleichungssysteme lösen zu können, muß man für die nichtrekursiv-endogenen Variablen in so einem System zusätzliche Schätzgrößen besitzen. Diese instrumentellen Variablen müssen inhaltlich begründbar mit den endogenen Variablen des Systems in Zusammenhang stehen und unabhängig von diesen erhoben sein.

Unter Verwendung dieser Methodik wurde ein solches reziprokes Kausalmodell von uns aufgestellt. Um von möglichst reinen potentiellen Einflußvariablen auszugehen, wurde als Expositionsvariable die Skala über die Häufigkeit des Konsums an gewalthaltigen Video-Filmen als Mediengewaltvariable verwendet. Als instrumentelle Variablen wurden für diese die beiden anderen Skalen über die Häufigkeit des Gewaltkonsums im Kino und im

Fernsehen verwendet, zusätzlich noch die mit der Häufigkeit des Gewaltvideokonsums korrelierende Schulartzugehörigkeit. Als Maß für Aggressivität wurde die Skala für spontane Aggressivität herangezogen, da diese nach den bisherigen Analysen enger mit dem Medienkonsum korreliert als das zweite Aggressivitätsmaß. Letzeres wurde jedoch als Instrument für spontane Aggressivität eingesetzt. Geschlecht, Alter und Sozialschicht wurden als eventuell bedeutsame Drittvariablen in das Modell einbezogen, wobei ein Einfluß auf beide nicht-rekursiv endogenen Variablen zugelassen wurde. Die Schätzung dieses Modells über mögliche Kausalbeziehungen zwischen Videogewaltkonsum und spontaner Aggressivität ist in Abbildung 4.1 enthalten.

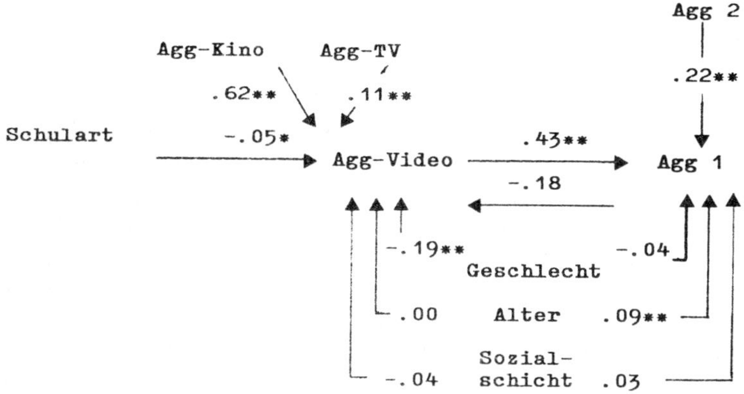

Abb. 4.1: **Geschätzte Koeffizienten eines nicht-rekursiven Modells über das Zusammenwirken der Häufigkeit des Videogewaltkonsums (Agg-Video) und spontanter Aggressivität (Agg 1)**

Wie die Ergebnisse zeigen, weist der stärkste, als kausal aufgefaßte Einfluß von der Häufigkeit des Videogewaltkonsums auf die spontane Aggressivität. Das heißt, daß - mit den gegebenen Einschränkungen, denen eine solche Analysemethode unterliegt - aus dieser Feldstudie ein Verursachungsmoment für Aggressivität in der Qualität des Videokonsums gesehen werden kann. Für den Einfluß in die umgekehrte Richtung ist der Koeffizient negativ, und er verfehlt knapp die Signifikanzgrenze. Die Korrelation zwischen den Residuen von Videogewaltkonsum und spontaner Aggressivität beträgt nur -.10, ist also verschwindend gering, und kann als Beleg für die Angemessenheit des Modells interpretiert werden.

Das häufige Anschauen gewalthaltiger Viodeos hat einen besonders starken Einfluß auf die Konsumhäufigkeit gewalthaltiger Kinofilme, weniger bedeutsam ist es für die Konsumhäufigkeit gewalthaltiger Fernsehangebote. Innerhalb des geschätzten Modells ist wiederum die Zugehörigkeit zum männlichen Geschlecht kausal bedeutsam für die Häufigkeit des Videogewaltkonsums. Für spontane Aggressivität ist nur das Alter wesentlich, allerdings weit weniger gewichtig als der gewalthaltige Videokonsum. Was damit gezeigt werden kann, ist, daß diese Drittvariablen das Bedingungsgefüge zwar erweitern, aber nicht wesentlich verändern.

Während in den meisten Untersuchungen der Gewaltkonsum über TV thematisiert wird (Nimh, 1982; Huesmann & Eron, 1986; Wiegman et al., 1986), wird hier auch der Bedeutung des alten Mediums Kino und des neuen Mediums Video nachgegangen. Für beide bestätigen sich der Tendenz nach etwas deutlichere Zusammenhänge mit Aggressivität als mit dem Gewaltkonsum über Fernsehen. Eine Möglichkeit, diesen Unterschied zu erklären, könnte darin gesehen werden, daß sowohl Video- wie auch Kinofilmkonsum ein aktives Aufsuchen voraussetzen, während der Fernsehkonsum durch ein ins Haus geliefertes Angebot und weitgehende Passivität gekennzeichnet ist. Außerdem darf nicht vergessen werden, daß das öffentlich-rechtliche Fernsehen der Bundesrepublik bei weitem nicht so gewalthaltige Programme anbietet als die kommerziellen Fernsehstationen der USA.

Der bedeutsam höhere Zusammenhang der Häufigkeit von Gewaltkonsum über Kino und Video (r = .53) als der zwischen TV und Video (r = .26) oder TV und Kino (r = .30) ist noch aus subkultureller Sicht zu kommentieren (vgl. Tab. 4.10). Sowohl Videokonsum wie auch Kinobesuche sind deutlich peerorientierte Tätigkeiten. Sie setzen eine hohe außerhäusliche Orientierung und den Anschluß an eine Gruppe Gleichgesinnter voraus (Lukesch, 1986). Intensives Fernsehen bzw. eine starke Bindung an das Fernsehen kann hingegen in dieser Altersspanne als Kompensationsversuch für soziale Defizite bzw. als eine noch starke Bindung der Jugendlichen an das elterliche Heim interpretiert werden. Dies ist selbstverständlich nicht absolut zu sehen, es sind jedoch unterschiedliche Schwerpunkte in der Orientierung vorhanden.

In der von uns vorgenommenen Querschnittuntersuchung war es nicht möglich, den Einfluß früherer Ausprägungsgrade von Aggressivität in die Analyse miteinzubeziehen (Milavsky et al., 1982; Shennan, 1983; Singer et al., 1984; Huesmann & Eron, 1986; Wiegman et al., 1986). Aber der Hinweis von Huesmann & Eron (1986), daß möglicherweise ein reziproker Prozeß zwischen Aggressivität und Gewaltkonsum vorhanden ist, wurde explizit durch ein nicht-rekursives Modell berücksichtigt. Die geschätzten Koeffizienten dieses Modells machen einen als „kausal" zu interpretierenden Einfluß des Videogewaltkonsums auf die Aggressivität deutlich. Für die umgekehrte Wirkrichtung, aggressivere Menschen suchten sich eine entsprechende Medienumgebung, konnten hingegen keine eindeutigen Belege gefunden werden. Bemerkenswert ist noch, daß unter zeitlichen Aspekten gesehen, der Videokonsum ebenso wie der Kinobesuch im Vergleich zur durchschnittlichen Fernsehdauer eher gering einzuschätzen ist (vgl. Tab. 2.86). Eventuell ist es neben der Verstärkungswirkung durch Peer-Einflüsse die spezifische Qualität des genutzen Video-Angebots, das dieses Wirkungspotential im Sinne einer Steigerung spontaner Aggressivität zustandekommen läßt.

4.2.3.4. Zusammenfassung der Ergebnisse zu Medienkonsum und Aggressivität

Vergleicht man das Hauptergebnis der vorliegenden Feldstudie in bezug auf den Zusammenhang zwischen Mediengewalt-Konsum und Aggressivität Jugendlicher mit den in der Literatur zu diesem Thema referierten Forschungsresultaten (vgl. zusammenfassend Liebert, 1972; Andison, 1977; Huesmann, 1982), so zeigt sich eine gute Übereinstimmung. Der Konsum von Gewalt via audio-visueller Medien erweist sich auch in der vorliegenden Arbeit als eine mit Aggressivitätswerten verbundene Größe, selbst wenn man die Einflüsse der wichtigsten soziodemographischen Variablen kontrolliert.

Insgesamt liegen die Korrelationen zwischen den verwendeten Mediengewalt-Konsumscores und der hier verwendeten Skala für spontane Aggressivität mit einer Ausnahme (dem Score für die Konsumhäufigkeit von Fernsehserien mit Gewaltinhalt) im mittleren bis oberen Sektor des für ähnliche

Feldstudien üblichen Bereichs von r = .15 bis r = .30 (vgl. Huesmann, 1982, S.127). Von besonderem Interesse ist dabei, daß auch häufig und gerne gesehene Gewalt auf Video statistische Zusammenhänge mit dem Indikator aggressiven Verhaltens in gleicher Größenordnung aufweist, wobei sich dieser Einfluß kausal interpretieren läßt. Allerdings steht der Konsum von Kinogewalt - auf die Gruppe unserer Probanden bezogen - in einem noch stärkeren Zusammenhang mit spontaner Aggressivität.

Die durchgehend niedrigen Werte der Korrelationen mit der Skala für reaktive Aggressivität dürften darauf zurückzuführen sein, daß die allgemeinen Normen unserer Gesellschaft ein „Sich-wehren" und ähnliche Verhaltensweisen in hohem Maße billigen und deshalb nur geringe bzw. keine Unterschiede zwischen jugendlichen Viel- oder Wenigsehern von Mediengewalt in bezug auf reaktive Aggressivität zu erwarten sind.

Neben den beschriebenen Werten für den Gewaltkonsum durch audiovisuelle Medien wurden in der vorliegenden Feldstudie noch weitere Medienkonsum-Indikatoren auf etwaige Zusammenhänge zu den verwendeten Aggressivitätsskalen untersucht. Nach Auspartialisieren der wichtigsten soziodemographischen Variablen waren dabei Korrelationen mit spontaner Aggressivität in nennenswerter Höhe für den Konsum von Unterhaltung in Fernsehen, Kino und Video (r = .14, r = .03 bzw. r = .07), für den Zeit-Mittelwert des Lesens von Romanheften (r = .12), Jugendzeitschriften (r = .07), Comics (r = .10) und vor allem für den Zeit-Mittelwert des Konsums von Schallplatten/Musiccassetten (r = .16), Radiosendungen (r = .09) und des Fernsehens (r = .13) zu verzeichnen. Diese Daten gehen konform mit dem unter anderen auch schon bei Himmelweit et al. (1958) berichteten Zusammenhang zwischen hohem Medienkonsum und Problemen im Umgang mit der Realität. Ebenfalls in die gleiche Richtung deuten die Untersuchungsbefunde von Edgar (1977), nach denen bei Jugendlichen mit niedriger Selbsteinschätzung eine verstärkte Flucht aus der Realität via Medienkonsum zu erwarten ist, weil die alltäglichen Probleme schwer bewältigbar erscheinen und deshalb lieber beiseite geschoben werden.

Für die vorliegende Arbeit heißt das, daß die aggressiveren Jugendlichen unserer Stichprobe wohl verstärkte Schwierigkeiten im Umgang mit der sie umgebenden Alltagsrealität haben und deshalb in die Traumwelt der Medien flüchten. Dort finden sie in Unterhaltungs- und Gewalt-Programmen meist einfach strukturierte Zusammenhänge vor, die im allgemeinen um das interessante, ereignisreiche Leben eines die Situation kontrollierenden siegreichen Protagonisten kreisen. Die gleichen Strukturen sind sehr wahrscheinlich auch für den höheren Konsum der auditiven Medien durch die aggressiveren Jugendlichen verantwortlich. Ähnlich wie bei den genannten Film- und Fernsehgenres kann man die gefeierten „Superstars“ der Pop-Kultur und Disco-Szene scheinbar hautnah erleben, an ihrem schillernden Leben teilhaben und so dem eigenen Alltag entfliehen.

Die These der „Realitätsflucht“ kann auch als Erklärungsmöglichkeit für einen Teil der Ergebnisse zu den Nebenhypothesen dieses Themenbereichs angewendet werden. Jugendliche aus den unteren Sozialschichten sehen deutlich mehr Fernsehserien mit Gewaltinhalt als ihre Mitschüler aus der Mittel- und Oberschicht. Dies deutet auf verminderte Möglichkeiten der Freizeitgestaltung hin. Ungleiche Verteilungen von Chancen und Möglichkeiten eigener Lebensgestaltung spiegeln sich in dem Ergebnis wider, daß Hauptschüler deutlich mehr Gewalt durch sämtliche AV-Medien konsumieren als Realschüler und letztere wiederum einen substantiell höheren Gewalt-Konsum angeben als Gymnasiasten. Es scheint, daß je geringer die Gestaltungsmöglichkeiten der eigenen Lebensrealität aufgrund eigener Potenzen oder zugestandener Möglichkeiten bzw. je spärlicher die Anregungen dazu sind, desto mehr Bedarf besteht, vor allem durch den Gebrauch technischer Medien dieser Realität zu entfliehen. Diese Interpretation erhält weiteres Gewicht durch den Befund, daß sich Vielseher von Gewalt durch mehr Passivität im Freizeitverhalten von anderen Jugendlichen unterscheiden und dieses Merkmal auch die aggressiveren von den weniger aggressiven Schülern trennt.

Wie bereits von Edgar (1977) beschrieben, zeigen sich auch in der vorliegenden Arbeit die Auswirkungen geschlechtsspezifischer Sozialisation darin, daß männliche Jugendliche sowohl mehr als auch lieber Mediengewalt konsumieren als weibliche Jugendliche und gleichermaßen höhere Werte in spontaner und reaktiver Aggressivität erzielen. In der Arbeit von Lefkowitz et al. (1977) werden substantielle Zusammenhänge zwischen Aggressivität und männlicher Geschlechtsrollenorientierung berichtet, die für das beschriebene Ergebnis aus der vorliegenden Untersuchung zur Erklärung herangezogen werden können. Ebenfalls dem Einfluß der Sozialisation dürfte es zuzuschreiben sein, daß ältere Probanden höhere Werte in spontaner Aggressivität erzielen als jüngere.

Als weitere Erklärungsmöglichkeit der Ergebnisse zu den Nebenhypothesen unserer Feldstudie soll die Orientierung an der Gruppe der Gleichaltrigen, der „peer-group“, angeführt werden (vgl. Stone & Church, 1978, S. 144ff, S. 238ff). Die Ergebnisse zur Kommunikation mit anderen Personen zeigen, daß Vielseher von Gewalt tendenziell weniger mit ihren Eltern und mehr mit Freunden und anderen über gesehene Medieninhalte sprechen als das die Wenigseher tun. Dies deutet darauf hin, daß der Konsum von Mediengewalt zu den positiv sanktionierten Verhaltensweisen der Peer-Group gehört und auch gepflegt wird. Von einer ebenfalls nicht geringen Bedeutung der Peer-Group für den Videokonsum im allgemeinen berichtet auch Lukesch (1986). Gleichzeitig fehlen den Jugendlichen relativierende Meinungen zur Mediengewalt, da die Kommunikation mit den Eltern über Medieninhalte praktisch nicht stattfindet. Die eher tendenziellen Ergebnisse zu diesem Bereich sollten Ansporn sein, die Bedeutung von Beziehungen zu Eltern und besonders zu Gleichaltrigen für den Medienkonsum noch genauer und systematischer zu untersuchen.

4.3. Audiovisuelle Medien und Moralität

4.3.1. Psychologische Konzepte von Moral und Methoden zu deren Erfassung

Obwohl häufig behauptet wurde, daß die Medien besonders junge Zuschauer zu Gleichgültigkeit gegenüber ihren Mitmenschen und Morallosigkeit erziehen (vgl. Kap. 4.1), existieren nur unzureichende empirische Befunde, die die Richtigkeit dieser Behauptung auch nur in begrenztem Umfang untermauern könnten. In dieser Untersuchung wurde erstmals auf der Grundlage der Kohlberg'schen Theorie der Moralentwicklung überprüft, ob Zusammenhänge zwischen Medienkonsum und Moralität feststellbar sind.

Im Bereich der Erfassung von Moralentwicklung unterscheidet man gewöhnlich drei Aspekte der Moral: Verhalten, Emotion und Kognition. Die drei theoretischen Hauptsichtweisen von Moralentwicklung lassen sich nach Eckensberger (1982) anhand ihrer Forschungspräferenz für einen dieser Aspekte grob voneinander unterscheiden. Allen gemeinsam ist, daß die moralische Entwicklung als ein Prozeß zunehmender Internalisierung von kulturellen Regeln angesehen wird, wodurch sich eine Person auch in unsanktionierten Situationen an bestimmte Grundsätze hält. Moral wird so gewöhnlich als eine Anzahl vom Individuum internalisierter kultureller Regeln definiert, die das soziale Verhalten anleiten (Nöldner, 1984, S. 165).

Das Hauptaugenmerk der lerntheoretisch orientierten Forscher liegt auf dem Verhalten von Probanden in Versuchungssituationen. Meistens wird die Versuchsperson in eine Situation gebracht, in der eine Regelübertretung sehr wahrscheinlich ohne negative Folgen bleiben würde. Wenn sich der Proband dennoch regelgemäß verhält, wird dies als moralisches Verhalten interpretiert. Unterschiede zwischen Personen in Dauer und Häufigkeit der Versuchungsresistenz werden als Ausdruck unterschiedlich ausgeprägter Moralität gesehen. Dieses differierende Verhalten wird auf eine je spezifische Lerngeschichte des Individuums zurückgeführt.

In tiefenpsychologischen Theorien wird davon ausgegangen, daß moralische Normen im Zuge der Überwindung der ödipalen Konfliktkonstellation durch Identifikation mit einem Elternteil übernommen werden. Auf diese Weise bildet sich das Über-Ich als Gewissensinstanz aus, womit die bis dahin externen Instanzen der Bestrafung introjiziert werden. Das besondere Interesse der Tiefenpsychologen gilt deshalb dem Gefühlsaspekt der Moral.

Ihrer Meinung nach zeigen sich nämlich als Folge der Überschreitung verinnerlichter Normen charakteristische Schuld-, Scham- und Angstgefühle.

Eine dritte Gruppe von Moralforschern, die Vertreter der kognitiven Entwicklungstheorie, befaßt sich vorwiegend mit moralischen Begründungen von Urteilen und legt so ihre Forschungspräferenzen auf den kognitiven Aspekt der Moral. Als Klassiker auf dem Gebiet der Moralforschung im allgemeinen und speziellen auf dem Gebiet kognitiver Entwicklungstheorien der Moral gilt die Arbeit des Entwicklungspsychologen Jean Piaget anfangs der dreißiger Jahre (Piaget, 1954). Aufgrund von Daten aus systematischen Befragungen und Interviews fünf bis dreizehn Jahre alter Kinder entwickelte Piaget sein aus zwei Stadien bestehendes Modell der moralischen Entwicklung.

Im Stadium heteronomer Moral formulieren Autoritäten wie Eltern, Kirche und andere die gültigen Normen und sanktionieren Abweichungen davon. „Jede Handlung ist gut, welche vom Gehorsam der Regel oder sogar den Erwachsenen gegenüber zeugt, gleichviel welche Weisungen sie erteilen, jede den Regeln nicht entsprechende Handlung ist schlecht. Die Regel ist also keineswegs eine durch das Bewußtsein ausgearbeitete, noch durch es beurteilte oder ausgelegte. Sie wird als solche in fertiger Form von außen her ins Bewußtsein getragen“ (Piaget, 1954, S. 121). Was gut oder schlecht ist, wird ausschließlich am Gehorsam definiert. Die Regel wird nicht sinngemäß, sondern wörtlich befolgt. Verantwortung für ein Tun wird „objektiv“ aufgefaßt, d.h. Handlungen werden nur nach ihrem Ausgang ohne Rücksicht auf die Absichten des Handelnden bewertet.

Im Stadium autonomer Moral setzt sich die betreffende Person selbst moralische Grundregeln, die sie ohne Steuerung durch Sanktionen aufgrund eigener Entscheidung befolgt. Grundlage für die positive Bewertung einer Handlung ist nicht mehr nur die Konformität mit von Autoritäten gesetzten Regeln, sondern auch die Achtung anderer beteiligter Personen. Regeln werden auf ihren Inhalt hin reflektiert und weniger nach Wortlaut als nach Sinngehalt befolgt. In die Bewertung der Handlungen anderer Personen geht die jeweilige Handlungsabsicht mit ein, so daß nicht allein der Handlungsausgang ausschlaggebend für die Einschätzung eines Tuns als gut oder als böse ist.

Später griff Lawrence Kohlberg diese Überlegungen Piagets auf, arbeitete sie aus und erweiterte sie (Kohlberg, 1958). Aus Interviewdaten von 72 zehn- bis sechzehnjährigen Jungen zu vorgegebenen Dilemmageschichten entwickelte Kohlberg sein Modell der Entwicklung des moralischen Urteilens. Sein Hauptinteresse richtete sich ebenfalls auf das abgegebene Urteil zu den in den Geschichten beschriebenen Verhaltensweisen und die Argumentationsweise seiner Probanden. Ein bekanntes Beispiel für die Struktur der vorgegebenen Dilemmata ist folgende Geschichte:

Eine todkranke Frau litt an einer besonderen Krebsart. Es gab ein Medikament, das nach Ansicht der Ärzte ihr Leben hätte retten können, und zwar ein Radiumderivat, das ein Apotheker der Stadt kurz zuvor entdeckt hatte. Das Medikament war teuer in der Herstellung; der Apotheker verlangte jedoch das zehnfache seiner eigenen Kosten. Er kaufte das Radium für Dollar 200,–, verlangte aber für eine kleine Dosis Dollar 2 000,–. Heinz, der Ehemann der kranken Frau, borgte von all seinen Bekannten, um die Summe zusammenzubringen, brachte es jedoch nur auf insgesamt Dollar 1 000,–, die Hälfte also der tatsächlichen Kosten. Er sagte dem Apotheker, daß seine Frau sterben würde und bat ihn, den Preis zu reduzieren oder ihn die Differenz später zahlen zu lassen. Der Apotheker lehnte jedoch ab mit dem Nachsatz: „Ich habe das Medikament entdeckt und ich will Geld damit verdienen.“ Verzweifelt brach Heinz in die Apotheke ein und stahl das Medikament für seine Frau (Kohlberg, 1981).

Im Anschluß an die Vorgabe des jeweiligen Dilemmas wurde die Versuchsperson bezüglich ihrer moralischen Kognitionen zur Geschichte befragt. Die Fragen bezogen sich auf Bereiche wie Rechte und Pflichten, Gehorsam gegenüber dem Gesetz oder Bestrafung der Nicht-Beachtung eines Gesetzes. Anhand der verschiedenen Argumentationsweisen seiner Probanden wies Kohlberg sie den sechs verschiedenen Stufen der Moralentwicklung zu, die im folgenden kurz dargestellt werden sollen.

Die sechs Moralstufen werden von Kohlberg unter drei Niveaus des moralischen Urteilens subsumiert: Die Stufen 1 und 2 bilden das „Präkonventionelle Niveau“, Stufe 3 und 4 das „Konventionelle Niveau“ und Stufe 5 und 6 schließlich das „Postkonventionelle Niveau“.

Auf dem präkonventionellen Niveau ist die Stufe 1 geprägt von einer heteronomen Moralität. Personen auf dieser Stufe orientieren sich an Strafe und Gehorsam um ihrer selbst willen. Das Hauptaugenmerk beim moralischen Urteil gilt der Vermeidung von Schäden für Personen und Eigentum. Psychologische Charakteristika oder intrinsische Motive bleiben wegen einer Zentrierung auf extrinsische Merkmale wie Status oder Macht im Hintergrund.

Auf der Stufe 2 wird ein zunehmender Individualismus erkennbar. Die Person handelt nach instrumentellen Absichten und löst Konflikte zwischen Bedürfnissen und Regeln auf pragmatische Art. Eine richtige Handlung zeichnet sich dadurch aus, daß sie die eigenen Bedürfnisse instrumentell befriedigt. Ein Sinn für Gegenseitigkeit ist zwar vorhanden, wird aber nicht im Sinne von Loyalität oder Gerechtigkeit interpretiert, sondern in der Art „eine Hand wäscht die andere" gesehen.

Das Erreichen der Stufe 3 bedeutet gleichzeitig einen Übergang zum konventionellen Niveau der Moral. Wechselseitige interpersonelle Erwartungen und Konformität gegenüber stereotypen Vorstellungen von mehrheitlich für richtig befundenem Verhalten sind wichtige Orientierungspunkte für moralisches Handeln. Es ist wichtig, „gut zu sein", gute Charakterzüge zu besitzen und ehrenwerte Absichten zu haben. Eine Sorge um andere und die Anerkennung wechselseitiger Beziehungen sind zu erkennen.

Die Stufe 4 beinhaltet eine Orientierung an Recht und Ordnung, an Autorität und festgelegten Regeln. Gesetze und Verträge werden in ihrer allgemeinen Funktion verstanden. Richtiges Verhalten heißt, seine Pflicht zu tun, Autorität zu respektieren und für die vorhandene soziale Ordnung um ihrer selbst willen einzutreten. Gesetzesübertretungen werden nur dann gebilligt, wenn eine Einhaltung der Gesetze mit anderen festgelegten sozialen Verpflichtungen unvereinbar wäre.

Mit der Stufe 5 beginnt das postkonventionelle oder prinzipiengeleitete Niveau moralischer Entwicklung. Dem Individuum auf dieser Stufe wird bewußt, daß Meinungen und Werthaltungen relativ sind. Regeln sollen befolgt werden, weil sie Teil eines sozialen Kontraktes aller Mitglieder der Gesellschaft sind. Wenn Gesetze oder Regeln nicht demokratischen oder sozial nützlichen Zielen dienen, sollten sie in einem demokratischen Prozeß verändert werden. Außerhalb des gesetzlich festgelegten Bereichs basieren Verpflichtungen auf freier Übereinkunft und Verträgen. Einige Werte wie Leben und Freiheit werden als unantastbar angesehen.

Auf der Stufe 6 orientiert sich das Individuum an universellen ethischen Prinzipien, die es selbst gewählt hat. Wenn Gesetze mit Prinzipien in Konflikt stehen, werden die Prinzipien stärker als die Gesetze gewichtet. Gesetze sollen aus moralischen Prinzipien folgen und nicht umgekehrt. Diese Prinzipien sind universale Grundsätze der Gerechtigkeit, der Gegenseitigkeit und Gleichheit der Menschenrechte für alle und des Respekts vor der Würde des Menschen als Individuum. Personen auf dieser Stufe der Moralität empfinden eine persönliche Verpflichtung für diese Prinzipien.

Auf dem präkonventionellen Niveau ist also der Mensch nicht wirklich fähig, die Regeln, Gesetze und Erwartungen zu verstehen, sondern er befolgt sie nach Wortlaut. Auf konventionellem Niveau werden Regeln und Gesetze verstanden und eher deswegen eingehalten, weil es sich um gesellschaftliche

Erwartungen, Pflichten, Regeln und Konventionen handelt. Personen auf dem postkonventionellen Niveau sehen Prinzipien, die den gesellschaftlichen Festlegungen übergeordnet sind. Gesetze und Normen werden anerkannt, wenn sie aus diesen ethischen Grundprinzipien abgeleitet sind.

Kohlberg nimmt an, daß seine sechs Stufen die gleichen Bedingungen erfüllen, die Piaget (1970) für seine Stufen der logisch-kognitiven Entwicklung fordert (Kohlberg, 1958; 1969): Die Abfolge der Stufen soll invariant sein. Die Stufen sollen kulturunabhängig immer gleich auftreten. Unterschiede zwischen den Stufen sind qualitativer und nicht quantitativer Art. Die Stufen bilden eine Entwicklungshierarchie mit zunehmender Integration und Differenzierung, in der jede neue Stufe auch die Strukturen der vorhergehenden Stufe in modifizierter Form beinhaltet.

Eine empirische Validierung wichtiger Teile des Sechsstufen-Modells konnte durch zwei Längsschittstudien mit türkischen und amerikanischen Probanden erreicht werden (Nisan & Kohlberg, 1982; Colby, Kohlberg, Gibbs & Liebermann, 1983). Es zeigte sich, daß während der Entwicklung keine Stufe übersprungen wird und die Richtung der Stufenabfolge invariant ist. Ebenso konnte gezeigt werden, daß die Zuordnung zu einer bestimmten Stufe moralischen Urteilens ziemlich unabhängig vom Inhalt (d.h. den „content issues") des moralischen Dilemmas angesehen werden kann. Die Daten der türkischen Stichprobe zeigten - grob gesehen - die gleichen Verläufe wie bei der amerikanischen, was heißt, daß zumindest für diese zwei Kulturen invariante Sequenzen aufweisbar sind.

Die Erforschung des moralischen Urteilens im deutschsprachigen Raum wurde anfänglich ebenfalls ausschließlich mit der Interviewmethode nach Kohlberg betrieben. Die Auswertung der Interviews erfolgte anhand einer von Eckensberger und Mitarbeitern erstellten Übersetzung eines früheren Auswertungsmanuals der Kohlberg-Gruppe (Reinshagen, Eckensberger & Eckensberger, 1976).

Ebenfalls 1976 erschien jedoch schon die erste Version des „Moralisches - Urteil - Test" (MUT) des Konstanzer Psychologen Georg Lind (Lind, 1976). Neben einer verbesserten Anwendungs- und Auswertungsobjektivität beansprucht der MUT, daß er zentrale Aspekte des Konstrukts „moralisches Urteil" erfassen kann, von denen einige mit der Meßintention Kohlbergs identisch sind. Während Kohlberg zu seinen Dilemmageschichten jedoch Argumente frei produzieren läßt, wird im MUT von der Versuchsperson eine Beurteilung von insgesamt zwölf Argumenten zu zwei moralischen Dilemmatas verlangt, welche die sechs Stufen moralischer Entwicklung nach

Kohlberg repräsentieren. Der MUT mißt bereits erste Indikatoren einer bestimmten Stufenzugehörigkeit, während nach Kohlbergs Auswertungsmodus die Zuordnung zu einer Stufe erst dann vorgenommen wird, wenn eine kognitive Verankerung der Argumentationsweise dieser Stufe erreicht ist. Diese Ansicht wird in Arbeiten des amerikanischen Psychologen Rest immer wieder betont. Rest beschrieb die Erreichung einer bestimmten Stufe moralischer Entwicklung als Prozeß zunehmender kognitiver Verankerung (Rest, 1973):

Zuerst kann man Argumente der betreffenden Stufe präferieren, dann verstehen (im Sinne von reproduzieren können). Erst in einem dritten Schritt kann man schließlich die Argumente dieser Stufe zur Begründung einer eigenen moralischen Entscheidung benutzen. Eine zusätzliche Erweiterung dieses Prozesses ist ebenfalls denkbar: In einem vierten Schritt wird die Orientierung gemäß dieser Stufe auch bei starkem persönlichem Involvement aufrechterhalten (Lind, 1977, S. 3).

Das Ansetzen an verschiedenen Punkten der zunehmenden Verankerung bleibt nicht ohne Konsequenzen für die Forschungsergebnisse (Lind, 1977, S. 4):

- Fast alle Versuchspersonen in der Untersuchung von Rest (1973) präferierten Argumente der Stufe 6.
- Nur ein Viertel der Versuchspersonen dieser Studie verstanden auch die Argumente dieser Stufe 6.
- Ein noch geringerer Anteil von Probanden zeigte einen spontanen Gebrauch von Argumenten dieser Stufe.
- Von acht Personen, die Kohlberg aufgrund von Interviewdaten der Moralstufe 6 zugeordnet hat, zeigten in einem Milgram-Experiment nur sechs Widerstand gegen die Instruktion des Versuchsleiters, eine andere Versuchsperson mit Stromschlägen zu „bestrafen“ (Lickona, 1976, S. 18). Dies zeigt den Einfluß persönlicher Involviertheit in eine moralische Entscheidung.

Linds Methode zur Gewinnung von „Präferenzdaten“ im oben genannten Sinne läßt sich wie folgt skizzieren: Den Probanden werden zwei schriftlich fixierte Dilemmata vorgelegt. Die erste der beiden dargebotenen Dilemmageschichten („Arbeiter - Dilemma“) stellt die Übertretung eines Gesetzes zur Durchsetzung eines anderen Gesetzes dar, während die zweite Geschichte („Arzt - Dilemma“) den Konflikt zwischen Erhaltung von Leben und der Beendigung unerträglicher Leiden beschreibt, der schließlich zugunsten der letzteren Möglichkeit gelöst wird. Im Anschluß an beide Geschichten werden jeweils sechs Argumente für und gegen das beschriebene Verhalten im Fragebogen skizziert, die den sechs Stufen der Moralentwicklung nach Kohlberg entsprechen. Neben den Möglichkeiten, Einflüsse von Gleichheit bzw. Gegenteiligkeit der Argumente zum eigenen Urteil sowie die Abhängigkeit des eigenen Urteils vom Inhalt der jeweiligen Geschichte zu prüfen, ist durch die Auswertung der MUT-Daten vor allem die rasche und einfache Bestimmung des Niveaus moralischen Urteilens möglich. Die Entwicklungsstufe des moralischen Urteils der betreffenden Person wird durch die durchschnittliche Akzeptabilität von Argumenten dieser Stufe festgestellt. Die am meisten präferierte Stufe ist der Indikator für die Höhe des Niveaus moralischen Urteilens.

Ursprünglich wurde der MUT von seinem Konstrukteur zur Erfassung von Veränderungen im moralischen Urteilen beim Übergang von Gymnasium in die Hochschule konzipiert, d.h. für Probanden ab dem zehnten Schuljahr, Studenten und Erwachsene. Später wurde der MUT auch bei jüngeren Probanden (ab 14 Jahren) mit geringerer Schulbildung eingesetzt, was jedoch nur unter veränderten Voraussetzungen geschehen konnte. So wurde die Instruktion ausführlicher gestaltet, es waren Rückfragen während des Ausfüllens möglich und die Skala hinsichtlich des Akzeptierens eines Arguments wurde vereinfacht (nur drei Alternativen: „ja - indifferent - nein" gegenüber Linds ursprünglichen neun Antwortmöglichkeiten). Außerdem gab man nur ein Dilemma (das „Arzt - Dilemma") vor und vereinfachte die sprachliche Darstellung der Pro- und Kontra-Argumente zum beschriebenen Verhalten des Arztes (Briechle, 1981a, S. 7).

Um ein einfacher auszuwertendes Instrument zur Feststellung des Niveaus moralischen Urteilens zur Verfügung zu haben, das der Altersgruppe der zwölf- bis sechzehnjährigen noch besser angepaßt ist, konstruierte Linds Kollege Ralf Briechle den „Moralischen - Urteils - Präferenztest" (Briechle, 1981a). Der MUP zeichnet sich durch folgende Konstruktionsmerkmale aus (vgl. a.a.O., S. 3f):

- Die Antwortkategorien zu den Argumenten sind dichotom („ja / nein").
- Das Dilemma, das im MUP Gegenstand des Urteilens ist, wurde für Schüler erfahrungsnah gestaltet. Der Proband muß sich entscheiden, ob er einem Mitschüler helfen will, indem er ihn abschreiben läßt und den Lehrer belügt oder dem Lehrer gegenüber die Wahrheit sagt, was für den Mitschüler wiederum das Nichterreichen des Klassenziels zur Folge hat.
- Die Ich-Nähe der Problemstellung wurde dadurch erhöht, daß die Begrün-

dungen für Lügen oder Nichtlügen in der „Ich“-Form dargestellt wurden (z.B. „Ich würde nicht lügen, weil mir sonst Strafe vom Lehrer droht“).
- Möglichst große „Handlungsnähe“ wurde zu erreichen versucht. Das, was ich selbst machen würde, steht im Vordergrund, nicht was ich verstehe und lediglich positiv bewerte.
- Der Proband muß sich sofort nach der Dilemmavorgabe für oder gegen ein Belügen des Lehrers entscheiden und bearbeitet nur die Argumente für seine Entscheidung (nicht wie bei Lind auch die für die Alternativentscheidung).
- Die Items wurden möglichst umgangssprachlich und kurz gestaltet, um zu gewährleisten, daß schichtspezifische und altersspezifische Sprachbarrieren möglichst keinen negativen Einfluß auf die Wahl höherer Stufen haben.
- Schließlich wurden nur fünf der sechs Kohlberg-Stufen operationalisiert, da bei einem Sechzehnjährigen moralisches Urteilen auf Entwicklungsstufe 6 sehr unwahrscheinlich ist und auch so die wichtige Differenzierung zwischen konventioneller und postkonventioneller Moral getroffen werden kann.

Briechles Studien zeigten, daß die von ihm untersuchten Jugendlichen in seinem Test gegenüber dem MUT tendenziell eine Stufe niedriger eingeschätzt wurden. Er selbst führt dies unter anderem auf die größere Ich- und Handlungsnähe sowie auf das restriktivere Verscorungsverfahren zurück. Im MUP erfolgt nämlich die Zuordnung zu einer Stufe, wenn die zwei Argumente dieser Stufe präferiert werden und Argumente niedriger Stufen nicht eine gleiche Präferenz erfahren. Präferiert eine Person im MUP zum Beispiel Stufe 2 und 3 gleichermaßen, führt dies zu einer Einstufung auf Stufe 2. Im MUT werden dagegen auch neutrale Antworten nach einer einmaligen deutlichen Präferenz positiv verscort.

Die für eine Felduntersuchung günstige Einfachheit des MUP (nur zwei Antwortmöglichkeiten pro Argument, einfache Formulierungen), die Kürze des Verfahrens (schneller aufzufassen als der MUT; nur der eigenen Meinung konforme Argumente sind zu bewerten) und die gute Auswertungsökonomie ergaben zusammen mit der eher konservativen Stufenzuschreibung den Ausschlag für die Verwendung dieses Tests in der vorliegenden Arbeit.

4.3.2. Einflußgrößen auf das moralische Urteil

Nach der Beschreibung des Kohlbergschen Entwicklungsmodells und der verschiedenen Methoden zur Bestimmung der Stufen moralischen Urteilens sollen nun einige der bisher gefundenen (meist korrelativen) Zusammenhänge zwischen Stufenzugehörigkeit und verschiedenen weiteren Variablen dargestellt werden. Diese Auswahl wahrscheinlicher Einflußgrößen verdeutlicht, daß die Entwicklung des moralischen Urteilens von vielen Randbedingungen abhängig ist, welche je nach Ausprägung bzw. Vorhandensein hemmend oder fördernd wirken können. Ob und wie der Konsum von audiovisuellen Medien ebenfalls auf das Niveau dieses Urteilens einwirken kann, soll im nächsten Abschnitt skizziert werden, um dann schließlich die in der vorliegenden Arbeit untersuchten Hypothesen über Zusammenhänge von Medienkonsum und moralischem Urteilen zu explizieren.

Zuvorderst ist bei der Auflistung einiger beeinflussender Variablen das Alter der betreffenden Person zu erwähnen, was bei einer Entwicklungsvariable wie dem moralischen Urteilen nicht verwundern kann. Schon die Forschergruppe um Kohlberg berichtet in einer häufig erwähnten Längsschnittstudie (Colby et al., 1983, S. 46f) von bedeutsamen Korrelationen zwischen dem mittleren moralischen Reifescore („mean moral maturity score") und dem Alter der untersuchten Personen. Die gefundene Korrelation zwischen Alter und MMS lag hier bei 0,78. Die Zusammenhänge waren so geartet, daß der Gebrauch von Stufe 1 und 2 ab zehn Jahren monoton abnahm, und der Gebrauch von Stufe 3 bis zwischen sechzehn und achtzehn anstieg, um dann wieder abzunehmen. Gleichzeitig zeigte sich, daß die Stufe 4 von null Prozent bei Zehnjährigen zu einem Gebrauch von 62 Prozent bei 36jährigen monoton anstieg. Anders ausgedrückt wurden 47 Prozent der Zehnjährigen auf Stufe 1 oder 2 stehend eingeschätzt, während sich nur zwei Prozent der Sechzehn- bis Achtzehnjährigen noch auf diesem Niveau befanden. Die meisten Individuen, die Stufe 2 und 3 gebrauchten, waren zwischen dreizehn und vierzehn Jahren alt. Der Anteil der Stufe-3-Individuen stieg bis achtzehn, um dann wieder zu fallen. Vor dem Erreichen des zwanzigsten Lebensjahres ist mit einem durchgängigen Gebrauch der Stufe 4 nicht zu rechnen. Ab Mitte zwanzig traten erstmals Argumente der Stufe 5 auf. Der Anteil der Individuen auf dieser Stufe blieb jedoch bis Mitte dreißig sehr gering (elf bis sechzehn Prozent aller Individuen dieser Stichprobe).

Auch bei dem in der vorliegenden Feldstudie verwendeten Fragebogenverfahren MUP zeigten sich Altersunterschiede (Briechle, 1981a, S. 31): Die zwölf bis dreizehn Jahre alten Probanden eines Schülersamples präferierten am häufigsten die Stufe 2 (gefolgt von Stufe 3), während die Vierzehn- bis Fünfzehnjährigen am häufigsten Argumente der Stufe 3 und 4 bevorzugten.

Diese Daten lassen darauf schließen, daß eine Beeinflussung des moralischen Urteils durch die allgemeine kognitive Entwicklung vorliegt, d.h. daß ein Beherrschen gewisser kognitiver Operationen notwendig für das Erreichen einer höheren Stufe der Moralentwicklung ist. So wurden in einer Forschungsarbeit der Kohlberg-Gruppe (Kuhn, Langer, Kohlberg & Haan, 1977) Hinweise darauf gefunden, daß das Erreichen der Stufe 4 an das Vorhandensein formaler Denkoperationen gebunden ist. Die kognitiven Voraussetzungen für andere Stufen wurden noch nicht ausreichend empirisch untersucht.

Neben dem Alter ist auch der sozioökonomische Status eine relevante Einflußgröße für die moralische Entwicklung. Auch hier liegen Ergebnisse aus der oben erwähnten Langzeitstudie vor (Colby et al., 1983, S. 52f). Die Korrelationen zwischen sozioökonomischem Status der Eltern und den Scores für die Differenziertheit des moralischen Urteilens der Probanden lagen zwischen 0,32 und 0,62. Ein Vergleich von Untergruppen aus Arbeiter- bzw. Mittelschicht bezüglich der Prozentanteile des Gebrauchs jeder Stufe in einem bestimmten Alter ergaben folgendes Bild: Sowohl die Stufe 4 als auch die Stufe 3 werden von Angehörigen der Mittelschicht schon in früheren Lebensjahren erreicht. Bei Angehörigen dieser Gruppe fand man Individuen auf Stufe 3 bereits mit zehn Jahren, während im Sample der Arbeiterschicht erst ab dreizehn Jahren die ersten Probanden diese Stufe erreichten. Ähnlich erschien die Argumentationsweise der Stufe 4 in der Gruppe der Mittelschicht erstmals bei Sechzehnjährigen, während sie in der Unterschichtgruppe nicht vor einem Alter von zwanzig Jahren gefunden wurde.

In die gleiche Richtung gehen Befunde zu sozioökonomischen Daten und MUP-Einschätzungen (Briechle, 1982, S. 6). Bei gleichzeitigem Vorhandensein bestimmter familiärer Indikatoren (Vater ist Arbeiter, hat Hauptschulabschluß; Eltern besitzen wenige Bücher) erreichten 62,9 Prozent der Jugendlichen (7. Klasse) die Stufe 1 oder 2. Von den Angehörigen der entgegengesetzten Extremgruppe (Vater ist kein Arbeiter, hat einen höheren Schulabschluß; Eltern besitzen viele Bücher) befanden sich nur noch 41,2 Prozent auf diesem Niveau des moralischen Urteilens, während die anderen Gruppenmitglieder alle darüber lagen. In einer anderen Veröffentlichung (Briechle, 1981b) ergab sich eine Korrelation von Schichtindex der Eltern und dem Urteilsniveau des Kindes von $r = 0{,}25$. Während die Hauptpräferenzstufe von Arbeiterkindern (zwischen zwölf und sechzehn Jahren) in dieser Studie die Stufe 2 des moralischen Urteilens war, präferierten Kinder von Angestellten hauptsächlich die Stufe 3.

Die Wirkungen von sozioökonomischen Bedingungen auf das moralische Urteil der Jugendlichen sieht Briechle eher indirekt als unmittelbar. Er geht davon aus, daß Jugendliche aus der Unterschicht gewöhnlich andere Erziehungsstile erfahren: In dieser Gesellschaftsgruppe wird stärker auf unmittelbare (auch physische) Sanktionstechniken zurückgegriffen und die Unterordnung unter Stärkere häufiger gefordert, während in der Mittelschicht indirekte Sanktionsstrategien (z.B. Liebesentzug) vorherrschen. Hier sind auch häufiger induktive Erziehungsstile festzustellen (Briechle, 1981b, S. 269). Deshalb lernen Kinder verschiedener sozioökonomischer Gruppen unterschiedliche Wertorientierungen, welche wiederum bestimmte Denk- und Urteilsweisen forcieren und andere hemmen.

Ähnlich wie bei den die Wirkungen des Medienkonsums verstärkenden Variablen sind auch bei der Moralität die beeinflussenden Größen nicht unabhängig voneinander. Dies wird deutlich, wenn man eine weitere Variable betrachtet, die moralisches Urteilen beeinflußt: die Schulzugehörigkeit. Unter anderem sprechen die Daten Briechles für einen deutlichen Einfluß dieser Variable: „Realschüler erreichen durchschnittlich ein höheres Stufenniveau als Hauptschüler, und Gymnasiasten wiederum ein höheres Niveau als Realschüler. Beim MUP sind die festgestellten schulformspezifischen Unterschiede signifikant auf dem 5 Prozent-Niveau, so macht der Unterschied zwischen Hauptschülern und Gymnasiasten ... durchschnittlich eine ganze Urteilsstufe aus" (Briechle, 1981a, S. 22).

Briechle untersuchte zudem die Einflüsse kultureller Interessen auf das moralische Urteilsniveau (Briechle, 1981b). Dazu bediente er sich eines von Specht (1980, zit. n. Briechle, 1981b) entwickelten umfangreichen Fragebogeninstruments zur Erfassung verschiedener kultureller Orientierungen und setzte die dort erzielten Werte mit Niveaueinstufungen nach dem MUP-Verfahren in Beziehung. Der Fragebogen bezüglich kultureller Präferenzen gibt acht verschiedene Freizeitsituationen vor, in denen die Befragten jeweils zwischen konkreten Alternativen wählen können (z.B. in der Situation „allein zuhause" lieber „Pop- und Discomusik anhören" oder eine „Politiksendung verfolgen"). Es zeigte sich eine Korrelation zwischen Urteilsniveau und kulturellen Interessen von r = 0,32. Aber auch zwischen kulturellen Interessen und Schichtzugehörigkeit fand man eine Korrelation von r = 0,26 und zwischen Schulform und kulturellen Interessen von r = 0,25 (Briechle, 1981b, S. 270). Dies signalisiert sowohl den Einfluß kultureller Interessen auf das moralische Urteil als auch die Abhängigkeit dieser Interessen von Schichtzugehörigkeit und der besuchten Schulform. „Klassische kulturelle Interessen" (z.B. Interesse an klassischer Musik und Literatur) korrelierten positiv mit dem Niveau des Moralurteils, während „Interesse an der

Pop-Kultur“ mit dem Urteilsniveau negativ zusammenhängt.

Briechle erklärt diese Zusammenhänge damit, daß klassische kulturelle Werke wie differenzierte politische Analysen (in den Medien) das Problem konfligierender Interessen zwischen Individuen oder sozialen Gruppen thematisieren und versuchen, Lösungswege vorzuschlagen. Die Pop-Kultur bietet dagegen überwiegend eine Befriedigung passiver Konsumbedürfnisse und regt nicht zu Reflexion an. Diese entspannende Funktion fördert nicht die soziokognitiven Leistungen, die für das moralische Urteil bedeutsam sind, sondern steht in einem negativen Zusammenhang mit ihnen.

Als letzte Variable dieser sicherlich nicht vollständigen Liste von Einflußgrößen auf das moralische Urteil soll die Kriminalität erwähnt werden. Es ist davon auszugehen, daß kriminelle Personen gegenüber Gleichaltrigen eine niedrigere Stufe des moralischen Urteils erreichen. Diese Ansicht findet unter anderem durch die von Lind (1983) sekundäranalysierten Daten einer Marburger Diplomarbeit (Wischka, 1982) Bestätigung. Die MUT-Antworten von 58 Strafgefangenen erwiesen sich bei der für die MUT-Auswertung obligatorischen Varianzkomponentenzerlegung als weitgehend unabhängig vom Faktor „Stufe“ und sehr stark davon beeinflußt, ob die Argumente für oder gegen die eigene Meinung sprechen. Bei Abiturienten, Studenten und besonders bei Wissenschaftlern übte die Stufenzugehörigkeit einen weitaus größeren Einfluß auf das moralische Urteil aus (Lind, 1983, S. 146ff). Die relative Unabhängigkeit des Moralurteils von der Stufenzugehörigkeit ist aber wiederum ein Kennzeichen niedriger Stufen moralischer Entwicklung, und zwar insbesondere ein Merkmal von Individuen auf präkonventionellem Niveau. Die Kriminellen dieser Untersuchung standen einerseits auf einer niedrigen Stufe des moralischen Urteils und beurteilten andererseits die Argumente bezüglich vorgegebener Dilemmata eher nach Meinungskonformität als nach moralischen Kriterien. Auch in einer Untersuchung von Freundlich und Kohlberg (o.J.; zit. n. Kohlberg & Turiel, 1971, S. 460) befanden sich 83 Prozent der untersuchten Delinquenten aus der Unterschicht, die zwischen fünfzehn und siebzehn Jahre alt waren, auf dem präkonventionellen Niveau der Moralentwicklung. Die Kontrollgruppe der gleichaltrigen nicht-delinquenten Unterschichtjugendlichen bestand dagegen nur zu 23 Prozent aus Individuen dieses Moralniveaus.

In dieselbe Richtung weisen Ergebnisse von Untersuchungen zu verschiedenen Bewältigungsstrategien bei Konflikten. Personen auf präkonventionellem Niveau moralischen Urteilens thematisieren Konflikte oft unter einem anderen Gesichtspunkt als der Moral: „Für Präkonventionelle hingegen stellen sich manche Konflikte überhaupt nicht als moralisch relevante; die eigenen Interessen werden klar erkannt und können rein strategisch durchgesetzt werden, weil die entsprechenden moralischen Regeln schlicht nicht in's Blickfeld treten" (Döbert & Nunner-Winkler, 1980, S. 297). Auf die sich daraus ergebenden Implikationen für eine erweiterte Erklärung von Delinquenz und neue Interventionsmöglichkeiten ist hier kurz hinzuweisen, sie können aber in diesem Rahmen nicht weiter expliziert werden.

Zusammenfassend kann man sagen, daß die Entwicklung moralischen Urteilens nicht allein vom Erwerb bestimmter kognitiver Fähigkeiten (wie z.B. dem Beherrschen des Reziprozitätsbegriffs) vorangetrieben wird, sondern zudem unter dem Einfluß vieler sozialer Variablen steht. So wirken sich beispielsweise sozioökonomische Faktoren unter anderem über Erziehungsklima und Wertvorstellungen in der Familie auf Einstellungen und Erwartungen junger Individuen aus und tragen zusammen mit Sozialisationserfahrungen vor allem durch die Schule zu bestimmten kulturellen Orientierungen des Einzelnen bei. Bestimmte Werthaltungen und Erwartungen gegenüber anderen Menschen und spezifische Erfahrungen im Umgang mit anderen fördern wiederum die moralische Entwicklung des Einzelnen mehr als dies anders geartete Erfahrungen und Haltungen tun. Zum Beispiel wird das Erleben eines demokratischen, sachlichen und eher induktiven Erziehungsstils zusammen mit Erfahrungen in einer Gruppe gleichgestellter Individuen bei entsprechenden kognitiven Voraussetzungen den Übergang von der Stufe 2 des moralischen Urteils (Orientierung an aktuellen eigenen Bedürfnissen) zur Stufe 3 (Orientierung eher an Beziehungen und Sorge um andere) fördern. Sind die Erfahrungen in der Erziehung und im Zusammenleben mit anderen vor allem von Unterordnung und geringem Einfluß geprägt, wird die Moralentwicklung nicht gefördert, sondern sogar aktiv gehemmt. Das betreffende Individuum wird moralische Konflikte eher im Hinblick auf bedingungslosen Gehorsam gegenüber Gesetzen (Argumentation auf Stufe 1) bewerten und den moralischen Gehalt bestimmter Dilemmata häufig gar nicht als solchen erkennen. Dies alles zeigt, wie die Moralentwicklung durch externe Einflüsse auf das Individuum mitbedingt und mitgesteuert wird.

4.3.3. Medienkonsum und Moralität

Sowohl in Anbetracht der Struktur gängiger Fernsehprogramme sowie der Filme aus Kino- und Videohitlisten als auch aufgrund vieler Forschungsergebnisse (vgl. Kap. 4.1) kann man davon ausgehen, daß ein hoher Konsum dieser Medien gleichzeitig einen starken Konsum von Mediengewalt beinhaltet. In den beliebten Kriminal- oder Actionfilmen werden Aggressionen und illegale Handlungen häufig als erfolgreich und gerechtfertigt dargestellt. Die Gesetzeshüter und anderen Helden gebrauchen Gewalt genauso häufig wie die Bösewichte und übertreten ebenso wie letztere ziemlich oft die Gesetze. Die grundlegende Weltsicht, die in solchen Filmen dargeboten wird, ist die, daß der Zweck die Mittel heiligt, und die erfolgreich dargestellten Mittel sind oft gewalttätig und ungesetzlich. Der Inhalt fast aller Gewaltprogramme ist analog zu einer Argumentationsweise auf Kohlbergs Stufe 2 moralischer Entwicklung zu sehen, das heißt das Grundschema der Handlung ist vom Typus „Auge um Auge, Zahn um Zahn".

Im Kapitel über den Konsum von Mediengewalt und Aggressivität wurde berichtet, daß auch die Zehn- bis Dreizehnjährigen sehr viel Gewalt durch Medien konsumieren, und im vorhergehenden Abschnitt über die Moralentwicklung erwies sich diese Altersgruppe meist als auf der Stufe 2 des Kohlbergschen Entwicklungsmodells stehend. Die Wirkungen des Konsums von Mediengewalt auf diese Gruppe sind als entwickungshemmend zu bezeichnen, da die Inhalte der Gewaltfilme strukturell dieselbe Stufe repräsentieren wie die Moralurteile der Mitglieder dieser Altersgruppe. Um jedoch eine Weiterentwicklung der Moralität hin zur Stufe 3 zu erreichen, müßte neben kognitiven Grundvoraussetzungen beim Individuum auch eine Konfrontation mit Argumenten dieser dritten Moralstufe gegeben sein. Kohlberg betonte immer wieder, daß ein „kognitiv - moralischer Konflikt" durch Konfrontation mit Argumenten genau einer Stufe über der eigenen zu einem Übergang auf diese Stufe führt: „Die strukturelle Theorie betont, daß sich der Übergang zum jeweils nächsten Stadium (der Moralentwicklung) durch reflektierende Reorganisation vollzieht, die in Gang kommt, wenn in der Struktur des jeweils gerade erreichten Stadiums Widersprüche fühlbar werden" (Colby & Kohlberg, 1978, S. 365; Ergänzung in Klammer durch den Verfasser).

Die hier angesprochenen Widersprüche führen als dosierte Diskrepanzerlebnisse zum Nachdenken über den bisher verfolgten Urteilsstandpunkt und so schließlich zu einer Weiterentwicklung des Moralurteils. Fehlen die Möglichkeiten zum Erleben von Widersprüchen (z.B. dadurch, daß man nur der eigenen Moralstufe entsprechende Argumente erfahren kann) oder sind diese zu stark (z.B. wenn man sich Argumenten zwei Stufen über der eigenen ausgesetzt sieht), so ist keine Weiterentwicklung der Moralität zu erwarten. Kohlberg und seine Mitarbeiter konnten diese Zusammenhänge unter anderem bei Moraldiskussionsgruppen mit Schülern empirisch aufzeigen (vgl. zusammenfassend Kohlberg & Turiel, 1971). Außerdem ist zu bedenken, daß ein vorübergehender Stillstand der adäquaten Entwicklung mit zunehmender Dauer immer schwerer zu überwinden ist: „Unsere Forschungsergebnisse deuten darauf hin, daß die Kinder, die sich einige Jahre lang nicht weiterentwickeln konnten, mit größerer Wahrscheinlichkeit in ihrer Entwicklung blockiert werden beziehungsweise auf dem bis dahin erreichten Niveau fixiert bleiben ... Ein Slum-Kind auf der Stufe 2 nimmt seine Umgebung eher im Sinne von instrumentellem Egoismus und Austausch wahr und mag die mittelschichtsorientierte Welt der gesetzmäßigen Macht sogar nur als auf Stufe 1 - Gehorsam und Bestrafung - stehend ansehen. Je mehr es verhältnismäßig gut zutreffende Stufe 2-Interpretationen seiner sozialen Umwelt entwickelt, desto verfestigter wird sein Denken auf der Stufe 2 sein" (Kohlberg & Turiel, 1971, S. 448; Übers. Verf.).

Neben dieser unmittelbaren Wirkung speziell der Gewaltprogramme ist ein mittelbarer Zusammenhang zwischen dem Medienkonsum und dem Niveau des Moralurteils zu erwarten. Kohlberg betonte nämlich neben der Wichtigkeit kognitiver Voraussetzungen und der oben beschriebenen Diskrepanzerlebnisse auch die Bedeutung allgemeiner sozialer Erfahrungen für die Moralentwicklung. Diese Erfahrungen schlagen sich in einer verschieden ausgeprägten „Fähigkeit zur Rollenübernahme" nieder, das heißt, ein Individuum lernt bei günstigen sozialen Bedingungen - wie häufiger Interaktion mit Erwachsenen und Gleichaltrigen auf demokratischer Basis - mehr und mehr, sich in andere hineinzuversetzen und deren Standpunkt nachzuvollziehen, bei ungünstigen sozialen Gegebenheiten tritt dieses Lernen nur sehr begrenzt auf. Diese Fähigkeit zur Rollenübernahme ist ein zentraler Motor für eine Weiterentwicklung des moralischen Urteils (Colby & Kohlberg, 1978, S. 362f).

In zahlreichen Untersuchungen zum Medienkonsum und dessen Wirkungen zeigte sich nun immer wieder, daß intensive Mediennutzer offenbar vermehrt Probleme im Umgang mit ihren Eltern und mit Gleichaltrigen haben und häufig Medienangebote konsumieren, weil sie sonst nichts mit sich und ihrer Freizeit anzufangen wissen (vgl. Kap. 4.2). Der sich aus solchen Problemen ergebende Mangel an Erfahrungen mit Interaktion im allgemeinen und speziell mit gleichberechtigter Interaktion wird auch bei diesen Individuen die Fähigkeit zur Rollenübernahme hemmen, was sich wiederum in einem niedrigen Niveau des moralischen Urteilens niederschlagen wird.

Diese Gedankengänge machen deutlich, daß der Medienkonsum bedeutsame direkte und indirekte Wirkungen auf die Moralentwicklung von Kindern und Jugendlichen haben kann.

4.3.4. Hypothesen zu Medienkonsum, Moral und Aggressivität

Aus den Ergebnissen der dargestellten Untersuchungen zur Entwicklung des moralischen Urteils, dem Wissen um das Wirken der beschriebenen Einflußgrößen und aus den im vorhergehenden Abschnitt skizzierten Vermutungen über Zusammenhänge zwischen Medienkonsum und Moralität ergaben sich für die vorliegende Untersuchung eine Reihe von zu prüfenden Hypothesen. Im einzelnen wurde von uns angenommen:

1. Jüngere Schüler des Samples bevorzugen zu einem höheren Prozentsatz Argumente auf präkonventionellem Niveau als dies die älteren tun.
2. Schüler mit niedrigerem sozialen Status zeigen ein niedrigeres Urteilsniveau als vergleichbare Schüler mit mittlerem bis hohem Sozialstatus.
3. Schüler der Hauptschule erreichen ein niedrigeres Moralurteils-Niveau als Realschüler. Letztere liegen im Urteilsniveau wiederum etwas unter den Gymnasiasten.
4. Schüler, deren Freizeitaktivitäten von wenig Interaktion mit anderen geprägt sind, haben ein niedrigeres Niveau moralischen Urteilens als Schüler mit vielen „interaktiven" Freizeittätigkeiten.
5. Schüler mit wenig (medieninhaltsbezogener) Kommunikation mit Eltern und Gleichaltrigen haben ein niedrigeres Niveau des Moralurteils als Schüler mit viel kommunikativen Beziehungen.

Zusätzlich zu diesen Hypothesen sollen in der vorliegenden Untersuchung hauptsächlich folgende zentrale Annahmen überprüft werden:

6. Vielseher von Mediengewalt haben ein niedrigeres Niveau im moralischen Urteil als Wenigseher von Mediengewalt.
7. Schüler, die hohe Aggressivitätswerte erzielen, haben ein niedrigeres Moralurteilsniveau als Schüler, die eher niedrige Aggressivitätsscores aufweisen.

Die Überprüfung dieser Hypothesen sowie der im Kapitel 4.2 explizierten Annahmen zu Medienkonsum und Aggressivität soll zur Klärung der strittigen Fragen bezüglich Medienwirkungen und speziell der Wirkung des „neuen" Mediums Video einen empirisch fundierten Beitrag leisten. (Die folgenden Auswertungen werden anhand der Teilstichprobe C berechnet. Eine genaue Beschreibung des MUP findet sich in Anhang B.)

4.3.5. Ergebnisse zu Medienkonsum und moralischem Urteil bei Jugendlichen

4.3.5.1. Soziodemographische Merkmale und moralisches Urteilen

Den Inhalt der ersten Hypothese dieses Themenbereichs bildet die Annahme, daß jüngere Probanden unseres Samples zu einem höheren Prozentsatz Argumente auf präkonventionellem Niveau bevorzugen als dies die älteren tun. Zur Hypothesenprüfung wurden die Schüler unserer Stichprobe in drei etwa gleichstarke Altersgruppen aufgeteilt, von denen die jeweiligen Anteile für die verschiedenen MUP-Stufen bestimmt wurden (vgl. Tab. 4.12).

Tabelle 4.12: **Prozent- und Häufigkeitsangaben von Schülern verschiedener Altersgruppen für die fünf MUP-Stufen**

Altersgruppe		MUP-Stufe 1	2	3	4	5	**k.A.**
12 - 13 Jahre	%	7,2	44,1	34,7	9,0	5,0	6,3
(N=237)	N	16	98	77	20	11	15
14 Jahre	%	6,9	38,1	33,6	15,0	6,5	5,4
(N=261)	N	17	94	83	37	16	14
15 - 18 Jahre	%	5,7	36,6	40,8	11,8	5,0	5,1
(N=276)	N	15	96	107	31	13	14

Aus der Tabelle geht hervor, daß sich der Anteil der Stufe 1 und 2 präferierenden Schüler mit zunehmendem Alter vermindert. Während 51,3 Prozent der 12- bis 13jährigen diese MUP-Stufen bevorzugt wählen, sind es bei den 14 Jahre alten Probanden noch 45 Prozent und bei den 15- bis 18jährigen 42,3 Prozent. Diese Abstufung kann jedoch nur als Tendenz gewertet werden, da der Chi^2-Wert von 4,88 bei 4 Freiheitsgraden nicht signifikant ist. Die Hypothese erhält damit nur eine leichte Stützung durch die vorliegenden Daten.

An dieser Stelle ist ergänzend anzumerken, daß auf den Stufen 3, 4 und 5 keine kontinuierliche Zunahme der Präferenzen bei steigendem Alter zu beobachten ist, obwohl dies nach theoretischen Überlegungen (vgl. Kap. 4.3.2) zu erwarten wäre. Bei einer Analyse der Daten nach dem Niveau des moralischen Urteils sensu Kohlberg liegen jedoch wieder Tendenzen in der erwarteten Richtung vor. 43,7 Prozent der Zwölf- und Dreizehnjährigen bevorzugen die Stufen 3 und 4 im MUP, wogegen von den Vierzehnjährigen 48,7 Prozent und von den fünfzehn bis achtzehn Jahre alten Schülern sogar 52,6 Prozent dieses „konventionelle Niveau“ präferieren.

Tabelle 4.13: **Prozent- und Häufigkeitsangaben verschiedener Schichtgruppen für die fünf MUP-Stufen.**

		MUP-Stufe					
		1	2	3	4	5	k.A.
Oberschicht u. obere Mittelschicht (N=97)	%	1.1	38.5	39.6	11.0	9.9	6.2
	N	1	35	36	10	9	6
mittlere Mittelschicht (N=229)	%	6.9	35.3	5.8	16.1	6.0	4.8
	N	15	77	78	35	13	11
untere Mittelschicht u. Unterschicht (N=372)	%	8.6	41.8	36.7	9.2	3.7	6.2
	N	30	146	128	32	13	23

Die zweite Hypothese zum Bereich des moralischen Urteils sagt aus, daß Jugendliche mit niedrigem Sozialstatus ein niedrigeres Niveau des Moralurteils aufweisen als Jugendliche mit mittlerem bis hohem Status. Auch hier prüften wir die Hypothese dadurch, daß wir die Prozentanteile verschiedener Schichtgruppen für die fünf Stufen des moralischen Urteils berechneten und verglichen. Die erhaltenen Werte sind aus der Tabelle 4.13 ersichtlich.

Betrachtet man die Prozentangaben für das präkonventionelle Niveau (bestehend aus Stufe 1 und 2), wird eine Abnahme des Anteils von Präferenzen bei steigendem Schichtniveau evident. Von unseren Schülern aus Unterschicht und unterer Mittelschicht wählten 50,4 Prozent vorwiegend Argumente dieses Niveaus des moralischen Urteils, während 42,2 Prozent der Jugendlichen aus der mittleren Mittelschicht und nur 39,6 Prozent der Schüler aus der oberen Mittelschicht und der Oberschicht das präkonventionelle Niveau bevorzugten. Im Gegensatz dazu verhält es sich bei Betrachtung des konventionellen Urteilsniveaus so, daß 45,6 Prozent unserer der Unterschicht sowie der unteren Mittelschicht zugeordneten Probanden dort anzusiedeln sind, dagegen aber 51,6 Prozent der Schüler aus der mittleren Mittelschicht sowie 48,9 Prozent der Jugenlichen aus der oberen Mittelschicht und Oberschicht diese Stufen präferieren. Hinsichtlich des postkonventionellen Niveaus sind nur 3,6% der Jugendlichen der untersten Schichtgruppe hier zuzuordnen, aber 5,8% der mittleren und immerhin 10,6% der obersten Schichtgruppe. Diese Unterschiede fallen statistisch signifikant aus. Insgesamt wird die Hypothese leicht von den Daten gestützt, da Unterschiede zwischen „Unterschicht und untere Mittelschicht“ und den anderen Schichtgruppen vorzufinden sind, wogegen sich letztere nicht immer deutlich unterscheiden. Auch hier fällt auf, daß ein Vergleich der Schichtgruppen nach den einzelnen Stufen in bezug auf die Hypothese zum Teil andere Ergebnisse erbringt, die Zuordnung nach Niveau aber signifikant bei eindeutiger Richtung wird.

Aufgrund der dritten Hypothese erwarteten wir, daß Hauptschüler ein niedrigeres Moralurteils-Niveau erreichen als Realschüler und letztere im Urteilsniveau wiederum unter den Gymnasiasten rangieren. Zur Hypothesenprüfung wurde ein Vergleich der Prozentanteile für die verschiedenen MUP-Stufen über Schüler der Haupt- und Realschule sowie des Gymnasiums angestellt. Eine Übersicht der Verhältnisse gewinnt man aus der Tab. 4.14.

Insgesamt 50,3 Prozent der Hauptschüler befinden sich nach MUP-Einstufung auf dem präkonventionellen Niveau des moralischen Urteils. Realschüler sind zu 48,9 Prozent so einzustufen, wogegen nur 25,4 Prozent der Gymnasiasten Argumente dieser Stufe präferierten. Wenn die Unterschiede beim konventionellen Niveau auch nicht so deutlich ausgeprägt sind, so erweisen sich doch die Gymnasiasten mit 55,4 Prozent Präferenz als Spitzengruppe, während Realschüler und Schüler der Hauptschule mit 46,1 bzw. 47,8 Prozent in etwa die gleichen Anteile der Bevorzugung dieser Stufe aufwiesen. Auf dem postkonventionellen Niveau sind die größten Unterschiede auszumachen, nur 2,0% der Hauptschüler, aber 5,0% der Realschüler und immerhin 19,1% der Gymnasiasten sind hier anzusiedeln. Der Chi^2-Wert von 61,91 ist bei 4 Freiheitsgraden signifikant. Für die Hypothese bedeutet dies, daß sie von den vorliegenden Daten gestützt wird.

Tabelle 4.14: **Prozent- und Häufigkeitsangaben von Schülern verschiedener Schularten für die fünf MUP-Stufen**

Schulart		MUP-Stufe 1	2	3	4	5	k.A.
Hauptschule	%	11,1	39,2	35,2	12,6	2,0	4,9
(N=427)	N	45	159	143	51	8	21
Realschule	%	1,4	47,5	35,6	10,5	5,0	5,2
(N=231)	N	3	104	78	23	11	12
Gymnasium	%	1,8	23,6	42,7	12,7	19,1	8,3
(N=120)	N	2	26	47	14	21	10

Bei der varianzanalytischen Überprüfung der vierten Hypothese (vgl. Tab. 4.15), nach der Jugendliche mit wenig interaktiven Freizeitbeschäftigungen ein geringeres Niveau moralischen Urteilens aufweisen als Jugendliche mit viel interaktiven Freizeitaktivitäten, ergaben sich keine bedeutsamen Gruppenunterschiede. Allerdings konnte bei Jugendlichen auf postkonventionellem Urteilsniveau eine größere Häufigkeit allein verbrachter aktiver Freizeittätigkeiten gefunden werden. D. h. diese Jugendlichen beschäftigen sich in der Zeit des Alleinseins vermehrt mit kreativen Betätigungen.

Tabelle 4.15: Univariate Varianzanalysen mit dem Niveau des moralischen Uteils als unabhängige Variable und den Freizeitskalen als abhängige Variablen

Freizeit-skalen		moralisches Urteilsniveau präkonventionell	konventionell	postkonventionell
Freizeit inter-aktiv	aM	32,63	32,84	30,80
	s	6,37	6,70	5,40
	p/%		--/0,06	
Freizeit allein/ passiv	aM	15,15	15,41	14,93
	s	3,63	3,60	3,60
	p/%		--/0,17	
Freizeit allein/ aktiv	aM	17,50	17,47	15,88
	s	4,01	4,65	3,49
	p/%		*/0,83	

Den Abschluß der Hypothesen dieses Bereichs bildet die Vermutung von Hypothese fünf, Jugendlichen mit wenig medienbezogener Kommunikation mit Eltern und Gleichaltrigen hätten ein niedrigeres Niveau im Moralurteil als Schüler mit vielen kommunikativen Beziehungen dieser Art. Diese Hypothese überprüften wir durch Kontingenztafel-Analyse. Für die Fragen zu inhaltsbezogener Kommunikation mit Eltern, Geschwistern, Freunden und Anderen über Kino, Fernsehen und Video mit den jeweils dreistufigen Antwortkategorien („nie" - „selten" - „oft") ergaben sich keinerlei Gruppenunterschiede - weder nach Stufe noch nach Niveau des moralischen Urteils. Die medieninhaltsbezogene Kommunikation hat demnach bei der untersuchten Stichprobe keinen Einfluß auf das Niveau des Moralurteils.

4.3.5.2. Medienvariablen und moralisches Urteilen

Die erste der zwei zentralen Annahmen dieses Themenbereichs geht davon aus, daß Vielseher von Mediengewalt ein niedrigeres Niveau des moralischen Urteils haben als Wenigseher. Zur Hypothesenprüfung nahmen wir einen varianzanalytischen Vergleich der Gewaltkonsum-Scores unserer Probanden auf präkonventionellem, konventionellem und postkonventionellem Niveau des Moralurteils vor. Tabelle 4.16 bietet eine Übersicht der Ergebnisse dieser Berechnungen.

In allen fünf Gewaltkonsum-Scores weist die Gruppe der Probanden auf präkonventionellem Moralurteilsniveau die höchsten Gewaltkonsumwerte auf, jeweils gefolgt von den Schülern auf konventionellem Urteilsniveau und schließlich - mit größerem Abstand - den Jugendlichen auf postkonventionellem Niveau. Betrachtet man die bei der Varianzanalyse möglichen Tests der Mittelwertsunterschiede, so ergibt sich, daß für sämtliche fünf Gewaltkonsumindices die Unterschiede der Probanden auf präkonventionellem Niveau zu denen auf konventionellem Niveau nicht signifikant werden. Die Mittelwertsunterschiede zwischen Schülern auf postkonventionellem Niveau und den anderen Gruppen sind dagegen durchgängig signifikant. Für die Hypothese bedeutet das, daß Jugendliche auf postkonventionellem Niveau des moralischen Urteils deutlich weniger Gewalt durch die Medien konsumieren und diese auch wesentlich weniger präferieren als andere Jugendliche. Wie die zusätzlich berechneten partiellen Korrelationen zeigen, bleiben die Zusammenhänge zwischen der Höhe des moralischen Urteilens und dem Mediengewaltkonsum auch dann bestehen, wenn Drittvariablen kontrolliert werden.

Betrachtet man zusätzlich die weiteren quantitativen und qualitativen Medienkonsumindices (vgl. Tab. 4.17), so werden zusätzlich in sechs Variablen Unterschiede in Abhängigkeit vom Niveau des moralischen Urteilens signifikant. So ist der wöchentliche Unterhaltungslektürekonsum von Jugendlichen, die sich auf höherem moralischen Urteilsniveau befinden, um ca. 1 1/2 Stunden größer als derjenigen auf präkonventionellem Niveau. Letztere weisen dagegen einen wesentlich höheren Comickonsum auf; beträchtlich höher ist bei ihnen auch die Fernseh- und Videonutzungszeit.

In qualitativer Hinsicht wird neben den bereits besprochenen Unterschieden im Gewaltkonsum (vgl. Tab. 4.16) bei Jugendlichen auf präkonventionellem Niveau noch das bedeutsam höhere Ausmaß an Nutzung von leichter Unterhaltung im Fernsehen und im Kino deutlich.

Tabelle 4.16: **Univariate Varianzanalysen mit MUP-Niveaus als unabhängiger und Gewaltkonsumindices als abhängigen Variablen; angegeben sind für jedes Niveau arithmetischer Mittelwert, Standardabweichung, Signifikanzniveau und Prozentsatz erklärter Varianz für jeden Gewaltkonsumscore**

abhängige Variable		MUP-Niveau präkonventionell	konventionell	postkonventionell	r 1)	r 2)
Kinogewaltkonsum (Häufigkeit)	aM	20,65	19,08	15,63	-.16	-.13
	s	8,45	7,84	5,70		
	p/%		**/2,31			
Fernsehgewaltkonsum (Häufigkeit)	aM	29,04	27,97	23,27	-.14	-.08
	s	8,00	8,24	8,19		
	p/%		**/2,48			
Fernsehgewaltkonsum (Präferenz)	aM	28,22	27,93	24,05	-.10	-.07
	s	6,17	6,32	6,19		
			**/2,09			
Videogewaltkonsum (Häufigkeit)	aM	26,01	24,96	17,93	-.12	-.07
	s	10,54	11,29	10,50		
	p/%		*/1,55			
Videogewaltkonsum (Präferenz)	aM	30,16	29,86	21,00	-.12	-.09
	s	9,62	9,94	12,31		
	p/%		**/2,31			

1) einfache Korrelationen zwischen der Stufe des moralischen Urteilens und den Gewaltkonsumindices

2) partielle Korrelationen unter Konstanthaltung von Schulartzugehörigkeit, Alter, Sozialschicht und Wohnortgröße

Alle diese Unterschiede lassen sich interpretativ als Wechselspiel vorhandener kognitiver Urteilsfähigkeit und der auf diesen Gegebenheiten fußenden selektiven Medienzuwendung erklären. Die selbstgewählte Art des Medienkonsums scheint dabei eher dazu angetan, vorhandene Strukturen zu festigen und ist nicht geeignet - was auch ohne Anstoß von außen schwer vorstellbar ist - weitere Entwicklungen einzuleiten.

Tabelle 4.17: Univariate Varianzanalysen mit dem Niveau des moralischen Urteilens als unabhängige Variable und den Mediennutzungsindikatoren als abhängige Variablen

Medienkonsum-indikatoren		MUP-Niveau präkonventionell	konventionell	postkonventionell	r1)	r2)
Wöchentliche (in Std.) Konsumzeiten für ...						
Bücher zur Unterhaltung	aM	3,13	3,57	4,79	.09	.07
	s	3,44	4,35	4,26		
	p/%		*/0,99			
Bücher zur Weiterbildung	aM	1,70	1,82	2,70	.06	.04
	s	3,22	2,94	4,38		
	p/%		--/0,49			
Tageszeitung	aM	1,15	1,31	1,09	.02	.04
	s	1,45	1,30	1,11		
	p/%		--/0,39			
Wochenzeitung	aM	0,98	0,90	0,53	-.10	-.07
	s	1,47	1,27	0,74		
	p/%		--/0,56			
Illustrierte	aM	1,64	1,47	1,35	-.04	-.04
	s	3,01	1,68	1,68		
	p/%		--/0,16			
Jugendzeitschriften	aM	1,94	1,85	1,49	-.05	-.04
	s	2,90	2,22	2,48		
	p/%		--/0,16			
Comics	aM	1,64	1,25	0,81	-.10	-.05
	s	2,87	2,47	2,05		
	p/%		*/0,83			
Romanhefte	aM	1,43	1,47	1,19	-.02	-.03
	s	3,35	3,69	3,23		
	p/%		--/0,03			

Schallplatte/ Cassette	aM	9,33	8,74	8,19	-.04	-.05
	s	9,21	8,53	7,98		
	p/%		--/0,15			
Radio	aM	6,12	6,01	7,02	.01	-.02
	s	6,54	6,66	8,49		
	p/%		--/0,11			
Fernsehen	aM	17,62	16,47	11,50	-.15	-.09
	s	9,63	10,18	6,82		
	p/%		**/2,00			
Video	aM	3,39	2,39	0,27	-.14	-.09
	s	6,60	5,00	1,04		
	p/%		**/1,82			
Unterhaltung im Fernsehen (Häufigkeit)	aM	35,36	34,53	29,88	-.17	-.13
	s	7,10	7,08	7,45		
	p/%		**/2,85			
Unterhaltung im Fernsehen (Präferenz)	aM	33,57	33,04	30,88	-.09	-.07
	s	5,46	6,28	6,03		
	p/%		*/1,03			
Nachrichten im Fernsehen (Häufigkeit)	aM	14,19	14,46	14,51	.01	.04
	s	4,00	3,83	4,08		
			--/0,13			
Nachrichten im Fernsehen (Präferenz)	aM	18,65	18,99	20,60	.06	.08
	s	5,70	5,43	6,03		
	p/%		--/0,60			
Unterhaltung im Kino (Häufigkeit)	aM	12,41	11,63	10,76	-.12	-.13
	s	3,87	3,75	4,29		
	p/%		**/1,53			
Unterhaltung über Video (Häufigkeit)	aM	13,23	12,80	11,27	-.07	-.05
	s	5,30	5,95	8,58		
	p/%		--/0,40			
Unterhaltung über Video (Präferenz)	aM	15,76	15,25	13,53	-.07	-.07
	s	5,15	5,58	6,87		
	p/%		--/0,59			

1) einfache Korrelationen zwischen der Stufe des moralischen Urteilens und den Medienkonsumindices

2) partielle Korrelationen unter Konstanthaltung von Schulartzugehörigkeit, Geschlecht, Alter, Sozialschicht und Wohnortgröße

Den Inhalt der zweiten Hypothese dieses Bereichs bildet die Annahme, daß Schüler, die sowohl in spontaner als auch in reaktiver Aggressivität hohe Werte erzielen, ein niedrigeres Moralurteilsniveau aufweisen als solche, die nur wenig spontane und reaktive Aggressivität zeigen. Um diese Hypothese zu prüfen, wurde wiederum eine Varianzanalyse durchgeführt, bei der das Niveau des moralischen Urteils als unabhängige Variable gesetzt wurde, während die Skala für spontane Aggressivität („Agg 1“) und die Skala für reaktive Aggressivität („Agg 2“) als abhängige Variablen dienten (vgl. Tab. 4.18).

Tabelle 4.18: **Varianzanalysen mit MUP-Niveaus als unabhängiger und den Aggressionswerten als abhängigen Variablen; angegeben sind für jedes Niveau arithmetischer Mittelwert, Standardabweichung, Signifikanzniveau und der Prozentanteil gemeinsamer Varianz**

abhängige Variablen		präkonventionell	MUP-Niveau konventionell	postkonventionell
spontane	aM	66,05	63,06	59,25
Aggressivität	s	20,83	18,24	11,84
(Agg 1)	p/%		*/0,95	
reaktive	aM	40,66	38,57	37,14
Aggressivität	s	18,36	17,82	17,91
(Agg 2)	p/%		ns/0,41	

Auch in der Skala für spontane Aggressivität zeigt sich die in den Gewaltkonsum-Skalen gefundene Rangfolge der Jugendlichen verschiedener Urteilsniveaus. Die Signifikanztests ergaben, daß sämtliche Mittelwertsunterschiede hochsignifikant sind. Andererseits kann nicht übersehen werden, daß nur 1,04 Prozent gemeinsamer Varianz von MUP und dieser Aggressivitätsskala zu finden waren. In der Skala für reaktive Aggressivität ist zwar wiederum die gleiche Rangfolge von Probanden auf verschiedenen Moralurteilsniveaus festzustellen, die Unterschiede lassen sich aber nicht statistisch erhärten.

Insgesamt kann man sagen, daß die Daten unserer zweiten Hypothese in bezug auf spontane Aggressivität hinlängliche Stützung geben. Das heißt, von Jugendlichen auf präkonventionellem Moralurteilsniveau ist mehr spontane Aggressivität zu erwarten als von Jugendlichen, die auf dem konventionellen moralischen Niveau urteilen, und diese zeigen wiederum mehr spontanes Aggressionsverhalten als Adoleszenten auf postkonventionellem Niveau.

4.3.5.3. Zusammenfassung der Ergebnisse zu Medienkonsum und moralischem Urteilen

Tendenziell präferieren jüngere Schüler (12 bis 13 Jahre alt) eher Argumente auf dem präkonventionellen Niveau des moralischen Urteils als dies ältere (zwischen 14 und 16 Jahren) tun. Ebenso neigen Jugendliche mit niedrigem Sozialstatus eher als die mit mittlerem bis hohem Status dazu, Argumente auf diesem Niveau zu bevorzugen. Deutliche Unterschiede im Niveau des Moralurteils sind zwischen Gymnasiasten und Schülern anderer Schularten zu verzeichnen. Die Gymnasiasten befürworten wesentlich weniger als die anderen Argumentationsweisen auf präkonventionellem Niveau, wogegen sie höhere Anteile von Schülern auf konventionellem und postkonventionellem Niveau aufweisen.

Im Vergleich von Jugendlichen mit häufiger medieninhaltsbezogener Kommunikation zu Eltern, Geschwistern und Gleichaltrigen mit denen, die von keinerlei inhaltsbezogenen Gesprächen mit den genannten Personen berichten, zeigte sich kein Unterschied in bezug auf das Moralurteil. Das gleiche gilt für Jugendliche mit vielen interaktiven Freizeitaktivitäten versus passiver Freizeitbetätigung. Allerdings weisen Befragte auf höheren Niveaus in den allein verbrachten Freizeittätigkeiten vermehrte aktive und kreative Betätigungen auf. Dies steht auch damit in Einklang, daß hinsichtlich der anderen Medienbetätigungen mit niedrigem Urteilsniveau ein geringeres Ausmaß an Buchlektüre, vermehrter Comicgebrauch und wesentlich höhere Fernseh- und Videonutzungszeiten auftreten.

Weitere Unterschiede zwischen Jugendlichen auf verschiedenem Niveau des moralischen Urteils werden deutlich, wenn man deren Mediengewaltkonsum betrachtet. Schüler, die im MUP die Stufen 1 und 2 erreichen, sehen lieber und häufiger als andere Gewaltdarstellungen im Kino, im Fernsehen und auf Video. Jugendliche auf postkonventionellem Moralurteilsniveau berichten dagegen von einem bedeutsam geringeren Gewaltkonsum durch diese audiovisuellen Medien. Signifikante Unterschiede zwischen den Niveau-Gruppen zeigen sich schließlich auf der Skala für spontanes aggressives Verhalten. Die höchsten Werte werden hier von Schülern auf präkonventionellem Moralurteilsniveau erzielt, während die Jugendlichen auf konventionellem und postkonventionellem Niveau deutlich niedrigere Werte aufweisen.

Da in der vorliegenden Feldstudie erstmals Zusammenhänge zwischen Mediengewalt-Konsum und Moralentwicklung untersucht wurden, lassen sich für den gefundenen Zusammenhang zwischen hohem Gewaltkonsum und niedrigem Niveau des Moralurteils in der Literatur zum moralischen Urteil nur im weiteren Sinne parallele Ergebnisse berichten. Zu diesen gehören Briechles (1981a, b) Befunde zu kultureller Orientierung und moralischem Urteil. Briechle fand Verbindungen zwischen der Präferenz niedriger MUP-Stufen und einer Orientierung an eher trivialen kulturellen Angeboten, während sich eine eher anspruchsvolle kulturelle Orientierung mit der Wahl von höheren MUP-Stufen verknüpft zeigte (Briechle, 1981a, 29f). In derselben Publikation äußert Briechle folgende Vermutungen, die von den Ergebnissen der vorliegenden Arbeit bestätigt werden: „Insbesondere der Konsum von Gewaltdarstellungen etwa in Fersehfilmen, Kinofilmen und Groschenheften dürfte sogar zu einer Fixierung auf die Stufen 1 und 2 des moralischen Urteils führen. Die Regel vieler Westernfilme oder Kriegsfilme: 'Auge um Auge, Zahn und Zahn' ist z.B. ein typisches Argument für die Stufe 2“ (Briechle, 1981a, 29).

Als ebenfalls konform zu den aktuellen Ergebnissen können die Befunde von Kohlberg und Turiel (1971) gesehen werden, nach denen eine ständige Konfrontation mit Argumenten der eigenen Moralstufe die Weiterentwicklung hemmt, während häufiges Konfrontiertsein mit Argumenten genau einer Stufe über der selbst bereits erreichten zu einer Entwicklung auf diese nächsthöhere Stufe hin beiträgt. Die Probanden der vorliegenden Feldstudie, welche viel Mediengewalt konsumieren und dort sehr häufig Handlungsstrukturen des präkonventionellen Moralurteilsniveaus vorfinden, präferieren gleichzeitig eher Argumente dieses Niveaus moralischen Urteilens, was die oben beschriebenen Ergebnisse von Kohlberg und Turiel (1971) widerspiegelt.

Unser Ergebnis, daß Probanden auf präkonventionellem Niveau des moralischen Urteils mehr spontanes aggressives Verhalten zeigen als ihre Mitschüler auf konventionellem oder postkonventionellem Moralurteilsniveau, deutet ebenfalls in dieselbe Richtung wie die referierten Befunde von Briechle (1981a, b) bzw. Kohlberg und Turiel (1971). Zudem kann das gefundene Ergebnis als konform zu Linds (1983) bzw. Freundlich und Kohlbergs (ohne Jahr, zit. n. Kohlberg & Turiel 1971) Untersuchungsergebnissen zu Zusammenhängen zwischen Kriminalität und Entwicklung des moralischen Urteils interpretiert werden. In beiden genannten Arbeiten zeichneten sich Kriminelle durch einen vergleichsweise hohen Gebrauch bzw. eine große Präferenz von Argumenten auf präkonventionellem Niveau aus, was wiederum parallel zu dem genannten Befund der vorliegenden Feldstudie - Aggressivere bevorzugen eher Argumente auf präkonventionellem Moralurteilsniveau - gesehen werden kann.

4.4. Medienkonsum, abweichendes Verhalten und Delinquenz

4.4.1. Medienkonsum und abweichendes Verhalten

Im Rahmen der klassischen Medienwirkungsforschung stellt die Frage nach dem Zusammenhang zwischen Medienkonsum und Aggressivität den am intensivsten untersuchten Bereich dar (Comstock & Rubinstein, 1972; Nimh, 1982; Huesmann & Eron, 1986). Die Untersuchungen sind zumeist so angelegt - wie bereits angeführt wurde (vgl. Kap. 4.1 und 4.2) - daß über Feld- oder Laboruntersuchungen ein möglichst als kausal zu interpretierender Zusammenhang zwischen Medienkonsum (häufig beschränkt auf das Medium Fernsehen) und Aggressivität als Persönlichkeitsmerkmal (operationalisiert über subtile Verhaltens- und Einstellungsindikatoren) deutlich gemacht werden soll. Als Nebenaspekt dieser Thematik wird auch gefragt, ob Medienkonsum eine Bedeutung für die Genese von Verhaltensstörungen oder krimineller Devianz haben könnte. Es ist dabei festzustellen, daß in der Tradition der kriminologischen Forschung und in Modellen über die Entstehung abweichenden Verhaltens dem Medienkonsum eine allenfalls randständige Bedeutung zugemessen wird (Seitz, 1975; Kaiser, 1979; Lamnek, 1979; Ulich, 1980). Hingegen fehlt es nicht an Stimmen, die mit populärwissenschaftlicher Argumentation den Medienkonsum als dominanten Erklärungsfaktor für die Devianz- und Delinquenzgenese hervorgehoben wissen wollen (Schreiber & Häring, 1971; Stefen, 1973).

Betrachtet man die vorliegenden empirischen Untersuchungen, so kann man nicht davon ausgehen, daß die Wirkungsstudien über den Zusammenhang von Medienkonsum und Aggressivität auch für die Devianz- und Delinquenzgenese aussagekräftig sind. Selbst wenn eine aggressivitätssteigernde Wirkung des Gewaltkonsums über Medien zweifelsfrei nachgewiesen wäre, so wäre damit allenfalls eine persönlichkeitsspezifische Vorbedingung für Devianz erfaßt (eventuell bedeutsam für Gewaltdelikte) und keine hinreichende Erklärung für die Entstehung abweichenden Verhaltens generell gegeben. Dies vor allem deshalb, weil deviantes Verhalten einer sehr starken sozialen Normierung und Sanktionierung bis hin zur Androhung strafgesetzlicher Folgen unterliegt.

Die Untersuchungen über den Zusammenhang von Medienkonsum und deviantem Verhalten werden seit den sog. Payne-Fund-Studies der 30er Jahre durchgeführt. Frühere Ergebnisse (Blumer & Hauser, 1933; Cressay & Thrasher, 1933; Gray, 1950) wurden eher im Sinne indirekter Wirkungen des Besuchs einschlägiger Kinofilme interpretiert. In einer weiteren Studie untersuchte Halloran (zit. n. Jauch, 1977) das Fernsehverhalten von straffälligen und nichtstraffälligen Jugendlichen in Großbritannien. Zu diesem Zweck bildete er drei Gruppen von Probanden: Die erste Gruppe umfaßte männliche und weibliche Jugendliche, die von den Jugendgerichten im gleichen Zeitraum mit Bewährung verurteilt worden sind („Bewährungssample"). Die zweite Gruppe umfaßte nicht straffällige Grund- und Oberschüler („Kontrollsample"). Eine dritte Gruppe bestand aus Jugendlichen der unteren Mittelschicht, die insgesamt einen höheren sozioökonomischen Status, höhere Intelligenz und bessere Schulleistungen aufweisen konnten. Für alle drei Gruppen war typisch, daß sie Film und Fernsehen als die bevorzugten Medien zur abendlichen Freizeitgestaltung ansahen. Erregende Programme fanden den meisten Zuspruch bei Jugendlichen aus dem „Bewährungssample", und signifikant häufiger gaben diese Jugendlichen einen Helden für ihre Vorliebe an. Halloran (a.a.O.) führt dies darauf zurück, daß viele Jugendliche der ersten Gruppe schlechte Identifikationsmöglichkeiten mit dem Vater hatten, weil dieser entweder nicht mit ihnen zusammenlebte, arbeitslos oder krank war. Des weiteren meint er, daß Kriminelle das Fernsehen nicht nur als Mittel zur Unterhaltung benutzen, sondern damit auch ihre eigenen kriminellen Handlungen zu rationalisieren und zu effektivieren versuchen (Jauch, 1977, S. 343).

Im Auftrag des österreichischen Fernsehens sollte ein kinder- und jugendpsychiatrisches Team der Uni Wien überprüfen, ob es Fernsehwirkungen gibt, die kriminalitätsförderlich sind (Jauch, 1977). Zu diesem Zweck wurden 100 delinquente Jugendliche zwischen 14 und 19 Jahren aus einer Erziehungsanstalt mit 40 nicht-delinquenten Lehrlingen im gleichen Alter aus einem Lehrlingsheim bezüglich ihres Fernsehverhaltens miteinander verglichen. Die Probanden waren alle männlich und stammten in der Mehrzahl aus dem Arbeitermilieu.

Bei jugendlichen Delinquenten war keine erhöhte Fernsehintensität zu beobachten. Beide Gruppen wurden gleich nachhaltig von Krimis beeinflußt, aber die Delinquenten waren eher fähig, die Tatsache der Fiktion des Geschehenen zu vergessen als die Lehrlinge. Trotzdem verfügten sie über ein ungeschmälertes Realitätsbewußtsein, was mögliche Fernsehwirkungen gering halten kann. Bezüglich der im Film gezeigten Verbrechensmethoden gab es drei Unterschiede zwischen den beiden Gruppen: Die Delinquenten registrierten häufiger ihnen unbekannte Methoden und Verbrechensdetails, sie dachten öfters über Chancen des Täters nach, straffrei zu entkommen, und sie hielten eine Beeinflussung des Publikums durch das Aufzeigen neuer Tatkategorien und Methoden im Fernsehen für wahrscheinlich. Deutliche Unterschiede ergaben sich bezüglich Empathie: So fühlten 46% der Straffälligen mit dem Täter und lediglich 4% mit der Polizei, während sich 40% der Lehrlinge überhaupt nicht identifizierten und die Identifikationen der übrigen annähernd gleich über Täter, Opfer und Polizei verteilt waren. Beide Gruppen bevorzugten Kriminalserien gegenüber Unterhaltungsserien und beide zeigten eine relativ ausgeprägte Gewöhnung an brutale Szenen im Fernsehen. In der Studie wurde als Ergebnis festgehalten, daß dem Fernsehen keine verursachende Funktion für Delinquenz zugeschrieben werden kann, daß aber filmisch dargebotene Verbrechensmethoden die bereits delinquenten Jugendlichen beeinflussen können (Jauch, 1977, S. 343).

Des weiteren belegen auch neuere Untersuchungen einen indirekten Medieneinfluß für die Medien Kino (Furhammer, 1966; Pfuhl, 1970; Clostermann & Preuss, 1952) und Fernsehen (Halloran et al., 1972). Interessant bleibt, daß delinquente Jugendliche das Filmangebot offensichtlich anders verarbeiten als nicht-delinquente.

Geringfügige, aber immerhin positive Korrelationen zwischen dem Ausmaß an Fernsehkonsum und der Delinquenzbelastung fanden MacCarthy et al. (1975), wobei aber der simultane Einfluß weiterer Faktoren nicht in die Analyse einbezogen wurde. In einer Studie mit multivariater Auswertungstechnik wurden von Thornton und Voigt (1984) die auf der Ebene der einfachen Korrelationskoeffizienten sehr hohen Zusammenhänge zwischen Delikthäufigkeiten und Medienkonsumvariablen (bis $r = .59$) durch den Einbezug von soziodemographischen Merkmalen (Alter, Geschlecht, Rasse, soziale Schicht) sowie Variablen der sozialen Kontrolle (z. B. Verbindlichkeit konventioneller Zielsetzungen, soziale Bindung an die Eltern, Bindung an die Schule) drastisch reduziert. Innerhalb des gesamten Variablensystems erwies sich die Delinquenz im Freundeskreis, der Glaube an das Rechtssystem und die Bindung an die Eltern als gewichtiger als der Medieneinfluß. Zu ähnlichen Resultaten kamen Robinson und Bachman (1972) sowie MacIntyre et al. (1972).

Studien, die nicht auf Individual- sondern auf Aggregatebene durchgeführt wurden, führten zu widersprüchlichen Resultaten. Während Henighan et al. (1982) zumindest noch einen Zusammenhang zwischen der Einführung des Fernsehens und dem Ansteigen von Diebstählen (nicht aber für Betrug, Gewaltverbrechen und Autodiebstähle) absichern konnten, Philipps (1983) nach der Berichterstattung über Boxkämpfe ein signifikantes

Ansteigen von Mordfällen fand, aber Clark und Brandenburg (1972) sowie Berkowitz und Macaulay (1971) keine Effekte fanden, stellte Messner (1986) sogar inverse Beziehungen zwischen der Konsumhäufigkeit gewalthaltiger Fernsehprogramme und den in bestimmten Distrikten ausgeübten Deliktraten für Mord, Vergewaltigung, Raub, schwere Körperverletzung und einen Gesamtwert über alle Delikte fest. Erklärt wird dieses letztere prima facie kontraintuitive Resultat u. a. damit, daß das Fernsehen die Jugendlichen an das Zuhause bindet, und daß somit die Wahrscheinlichkeit kriminogener Peer-Kontakte reduziert wird.

Neben der uneinheitlichen Befundlage wird die Situation noch dadurch verkompliziert, daß vorhandene Korrelationen auch im Sinne einer größeren Präferenz Delinquenter für bestimmte mediale Inhalte interpretiert werden können (Kunczik, 1978, S. 98) und nicht unbedingt als Vorbedingung für die Entwicklung abweichenden Verhaltens angesehen werden müssen. Damit wird wieder eine dem Nutzen-Ansatz verpflichtete Perspektive eröffnet. Allerdings muß diese Einschätzung nicht nur auf der Ebene beliebiger Interpretation verbleiben, da es - wie bereits gesagt (vgl. Kap. 4.2.3.3) - möglich ist, reziproke Bedingungsverhältnisse auch anhand von Querschnittuntersuchungen durch nicht-rekursive Modelle abzubilden. Ein solcher Ansatz wird im folgenden verfolgt, d.h. es geht zuerst um einen korrelativen Aufweis eines Zusammenhanges zwischen Aspekten des Medienkonsums und abweichendem Verhalten, zweitens einer Überprüfung, ob dieser Zusammenhang durch Drittvariable vermittelt ist und schließlich, ob sich eine bestimmte Qualität des Medienkonsums und abweichendes Verhalten gegenseitig bedingen.

4.4.2. Konzeption und Fragestellungen der Untersuchung zu Medienkonsum und abweichendem Verhalten

Im Rahmen der von uns vorgenommenen Querschnittuntersuchung wurde 801 Jugendlichen ein Fragebogen zur Erfassung abweichenden Verhaltens in und außerhalb der Schule vorgelegt. In dieser Teilstichprobe befanden sich - wie im Anhang B genauer dokumentiert - 56,2% Hauptschüler, 27,5% Realschüler und 16,4% Gymnasiasten. Die Aufteilung nach dem Geschlecht war paritätisch (50,3% Mädchen). 29,2% besuchten die siebte, 36,7% die achte und 34,0% die neunte Schulstufe. Der Altersmittelwert betrug 14,04 Jahre (s=1,08). Die Sozialschichtzugehörigkeit wurde über ein Berufsprestigerating der Väterberufe ermittelt (OMS: 13,5%, UMS: 39,2%, OUS: 34,6%, UUS: 12,7%).

Die Skalen zur Erfassung des abweichenden Verhaltens sind im Rahmen einer schulsystemvergleichenden Untersuchung von Helmke (1978) entwickelt und von uns ergänzt worden. Insgesamt umfaßt das Instrument 40 Items, die zu sieben Skalen und einen Gesamtwert zusammengefaßt werden (vgl. Anhang B). Bei jedem Item muß angegeben werden, wie häufig die darin thematisierte Verhaltensweise vorkommt (1 = nie, 5 = fast täglich). Die Skalen umfassen folgende Bereiche:

(1) Aggressionen gegen Lehrer (Agg-Leh, z. B. Lehrer nachäffen),
(2) Aggressionen gegen Mitschüler und Sachen (Agg-M/S, z. B. Sachen von anderen wegnehmen),
(3) Unruhe im Unterricht (Unr-Unt, z. B. in der Klasse herumlaufen),
(4) Reduzierte Unterrichtsteilnahme (Red-Unt, z. B. Heftchen während des Unterrichts lesen),
(5) Fluchtverhalten (Flucht, z. B. sich krank stellen),
(6) Täuschungsverhalten (Täusch, z. B. Unterschriften fälschen),
(7) Kleinkriminalität (Krimin, z. B. ohne Fahrkarte fahren),
(8) Gesamtskala über abweichendes Verhalten (Ges-VS).

Wie in Kapitel 4.2 soll auch hier zuerst untersucht werden, inwieweit diese Verhaltensweisen mit soziodemographischen Merkmalen in Verbindung stehen. Sodann wird der Zusammenhang mit den Gewaltkonsumvariablen und den anderen Medienkonsumvariablen berechnet. Schließlich wird in einem ausgewählten Fall mit Hilfe einer 2 SLS-Schätzung ein nonrekursives Modell über den reziproken Einfluß von Videogewaltkonsum und Kleinkriminalität berechnet.

4.4.3. Ergebnisse zu Medienkonsum und abweichendem Verhalten

4.4.3.1. Soziodemographische Merkmale und abweichendes Verhalten

Wie aus Tabelle 4.19 zu entnehmen ist, korreliert die Schulartzugehörigkeit mit zwei Subskalen zur Erfassung abweichenden Verhaltens in signifikanter Weise, u. zw. ist bei Hauptschülern ein größeres Ausmaß an Fluchtverhalten und an Kleinkriminalität festzustellen. Da in anderen Unterbereichen (Unruhe im Unterricht und Reduzierte Unterrichtsteilnahme) der Tendenz nach bei Schülern höherer Schularten größere Werte erreicht werden, verwischt sich der Zusammenhang zwischen dem Gesamtwert für abweichendes Verhalten und der Schulartvariable.

Bei männlichen Befragten ist eine größere Häufigkeit an selbstberichteten Verhaltensauffälligkeiten festzustellen, wobei Jungen in den Unterbereichen Aggressionen gegen Mitschüler und Sachen, Fluchtverhalten sowie Kleinkriminalität jeweils signifikant höhere Werte aufweisen. Nur die Abweichungsform reduzierte Unterrichtsteilnahme ist bei Mädchen häufiger vorzufinden, eine Art verdeckte Rebellion gegen die Anforderungen der Schule.

Mit dem Alter der Schüler sind alle Abweichungsformen positiv korreliert. Dies bedeutet, daß es der Schule als Sozialisationsinstitution - zumindest in dem hier untersuchten Altersspektrum - nicht gelingt, Verhaltensstörungen zu reduzieren, sondern vielmehr zu erhöhen. Der Thematik der schulischen Bedingtheit von abweichendem Verhalten soll aber hier nicht weiter nachgegangen werden, auf sie sei aber nachdrücklich hingewiesen.

Das Elternhaus bzw. die soziale Herkunft ist ebenfalls mit dem Ausmaß an Verhaltensabweichungen korreliert. Wie schon in früheren Arbeiten aufgewiesen (Brusten & Hurrelmann, 1973), sollte aber die Enge des Zusammenhanges nicht überschätzt werden; in keinem Fall sind mehr als 1% gemeinsame Varianz zwischen Sozialschichtzugehörigkeit und der Häufigkeit abweichenden Verhaltens gegeben. Der Zusammenhang fällt außerdem nur für die Gesamtskala sowie für vier der sieben Subskalen signifikant aus. Der Tendenz nach äußern Schüler aus höheren Sozialschichten in diesen vier Bereichen mehr abweichendes Verhalten als solche aus niedrigen.

Mit der Wohnortgröße stehen drei Bereiche abweichenden Verhaltens in schwachem, aber noch statistisch signifikantem Zusammenhang (Unruhe im Unterricht, Kleinkriminalität, Gesamtskala). In allen Fällen wird von Befragten aus ländlichen Gegenden mehr Problemverhalten angegeben. Aber auch hier sind die Korrelationen der Größe nach sehr gering und außerdem durch die Wohnort-Schulart-Korrelation zu relativieren.

Die Vorhersage des selbstberichteten Ausmaßes an abweichendem Verhalten aus den soziodemographischen Variablen gelingt in bezug auf alle acht eingesetzten Skalen. Aus der simultanen Berücksichtigung aller soziodemographischen Merkmale ergibt sich keine wesentliche Verschiebung der Gewichte der Einzelvariablen für die Vorhersage des Ausmaßes an abweichendem Verhalten: Die größte Bedeutung besitzt das Alter, gefolgt von Geschlecht und Sozialschicht.

Die Art der Freizeitbetätigungen hat für die Häufigkeit abweichenden

Verhaltens eine substantielle Bedeutung (vgl. Tab. 4.20). So ist über alle Bereiche abweichenden Verhaltens bei Befragten mit ausgeprägten interaktiven Freizeitbetätigungen ein größeres Ausmaß an Normabweichung festzustellen. Bei Berücksichtigung der soziodemographischen Merkmale, die mit dem Freizeitverhalten in Beziehung stehen (vgl. Kap. 3.2.1), bleiben diese Beziehungen nach Richtung und Größe bestehen.

Tabelle 4.19: **Zusammenhänge zwischen den Skalen zur Erfassung abweichenden Verhaltens und soziodemographischen Merkmalen (erste Zeile: einfach Korrelationskoeffizienten, darunter: Beta-Koeffizienten und multiples R)**

Skalen zur Erfassung abweichenden Verhaltens		Schulart	Geschlecht	Alter	Sozialschicht	Wohnortgröße	R
Aggressionen gegen Lehrer	r	-.03	-.04	.19	.08	-.01	
	beta	-.03	-.04	.18	.09	-.04	.21
Aggressionen gegen Mitschüler und Sachen	r	-.03	-.17	.08	.05	-.04	
	beta	-.02	-.17	.09	.07	-.06	.21
Unruhe im Unterricht	r	.03	-.05	.17	.10	-.08	
	beta	.04	-.07	.18	.10	-.12	.24
Reduzierte Unterrichtsteilnahme	r	.05	.10	.21	.05	-.06	
	beta	.06	.09	.22	.04	-.08	.25
Fluchtverhalten	r	-.13	-.08	.21	.06	-.03	
	beta	-.13	-.07	.19	.11	-.05	.27
Täuschungsverhalten	r	-.03	-.05	.22	.09	-.05	
	beta	-.03	-.05	.22	.11	-.09	.26
Kleinkriminalität	r	-.15	-.18	.16	.00	-.10	
	beta	-.12	-.18	.15	.05	-.12	.29
Gesamtskala über abweichendes Ver-	r	-.04	-.08	.22	.08	-.07	
	beta	-.02	-.08	.22	.10	-.10	.27

Der gleiche Befund ergibt sich hinsichtlich der allein verbrachten passiven Freizeitaktivitäten, denn auch hier sind bei Jugendlichen mit einem hohen Ausmaß an Verhaltensabweichungen wesentlich häufiger passiv verbrachte Zeiten vorzufinden. Differenzierter ist das Bild, wenn man die Angaben zu den allein und aktiv verbrachten Freizeitbetätigungen betrachtet. Hier fällt einmal auf, daß die Zusammenhänge wesentlich geringer sind und bei Berücksichtigung von Drittvariablen fast ganz verschwinden. Einzig zu zwei Bereichen (reduzierte Unterrichtsteilnahme, Fluchtverhalten) ergibt sich eine schwache Korrelation.

***Tabelle 4.20:* Zusammenhänge zwischen den Skalen zur Erfassung abweichenden Verhaltens und Freizeitskalen (erste Zeile: einfache Korrelationen, zweite Zeile: partielle Korrelationen unter Konstanthaltung von Schulartzugehörigkeit, Geschlecht, Alter, Sozialschicht und Wohnortgröße)[1]**

Skalen zur Erfassung abweichenden Verhaltens	Freizeit interaktiv	Freizeit allein/passiv	Freizeit allein/aktiv
Aggressionen gegen Lehrer	-.25 -.23	-.27 -.26	.04 .02
Aggressionen gegen Mitschüler und Sachen	-.18 -.20	-.21 -.22	.09 .01
Unruhe im Unterricht	-.24 -.23	-.29 -.28	.04 .02
Reduzierte Unterrichtsteilnahme	-.28 -.25	-.34 -.31	-.11 -.08
Fluchtverhalten	-.25 -.23	-.26 -.24	-.02 -.08
Täuschungsverhalten	-.24 -.22	-.24 -.22	.05 .03
Kleinkriminalität	-.22 -.22	-.22 -.21	.13 .04
Gesamtskala	-.30 -.29	-.34 -.33	.03 -.01

1) Da die Freizeitskalen negativ gepolt sind, bedeutet eine Minus-Korrelation einen gleichsinnigen Zusammenhang.

Die Ergebnisse zu den Freizeitaktivitäten verweisen auf zwei weitere Bedingungen, die auch mit der Qualität des Medienkonsums in Verbindung stehen und die vermutlich zu einer Verstärkung von Normabweichung führen. Es sind Jugendliche mit häufigen Peer-Kontakten, bei denen das Ausmaß an Verhaltensstörungen größer ist, und es sind solche, die in ihrer Freizeit mit sich wenig anfangen können und demgemäß in der allein verbrachten Zeit zu passiven Tätigkeiten neigen. Eine spiegelbildlich „schützende" Funktion kreativer Freizeitbetätigung (wie sie sich in zwei Fällen auf der Ebene der einfachen Korrelationskoeffizienten andeutet), konnte hingegen statistisch nicht gesichert werden.

4.4.3.2. Medienkonsumvariablen und abweichendes Verhalten

Obwohl für die Genese normabweichenden Verhaltens weitere Bedingungen als für die Entstehung von Aggressivität verantwortlich gemacht werden können, soll im folgenden geprüft werden, ob in dem Gewaltkonsum über Medien ein Verursachungsfaktor in dem multikausalen Bedingungsgeflecht ausgemacht werden kann. Wie bereits aus den einfachen Korrelationskoeffizienten in Tab. 4.21 hervorgeht, bestehen zwischen allen Formen abweichenden Verhaltens und den fünf Arten des Gewaltkonsums substantielle Beziehungen. Diese bleiben auch dann bestehen, wenn die Korrelationen zu den soziodemographischen Drittvariablen auspartialisiert werden. Obwohl noch in allen Fällen signifikant, fällt einzig die Beziehung zu der Häufigkeit des Gewaltkonsums im Fernsehen etwas geringer aus.

Versucht man des weiteren, die Werte der Skalen zur Erfassung abweichenden Verhaltens aus den Indices für Gewaltkonsum durch Medien vorherzusagen, so gelingt dies für alle Skalen in signifikanter Weise. Die multiplen Korrelationskoeffizienten sind dabei jeweils höher als bei dem Versuch der Vorhersage aus den soziodemographischen Variablen (vgl. Tab. 4.20). Besonders gut gelingt die Vorhersage für die Gesamtskala zur Erfassung abweichenden Verhaltens ($R = .38$). Den konsistent größten Beitrag zur Vorhersage abweichenden Verhaltens liefern die Angaben über die Häufigkeit des Gewaltkonsums durch Kinofilme. Im Vergleich hierzu spielen die anderen Variablen des medialen Gewaltkonsums eine geringere Rolle; die Präferenz für Gewaltkonsum im Fernsehen und die Häufigkeit des Videogewaltkonsums leisten noch in relativ konsistenter Weise Beiträge zur Vorhersage der Werte auf den Skalen zur Erfassung abweichenden Verhaltens. Die Präferenz für Videogewalt weist hingegen negative Beta-Koeffizienten im multiplen Vorhersagesystem auf. Dies ist vermutlich wieder auf Kollinearitätsprobleme bzw. die bessere Varianzabschöpfung der vorhergehenden Gewaltkonsumvariablen zu erklären.

Tabelle 4.21: **Zusammenhänge zwischen den Skalen zur Erfassung abweichenden Verhaltens und dem Gewaltkonsum über Medien (erste Zeile: einfache Korrelationen, zweite Zeile: partielle Korrelationen unter Konstanthaltung von soziodemographischen Merkmalen, dritte Zeile: Beta-Koeffizienten)**

Skalen zur Erfassung abweichenden Verhaltens		Kinogewaltkonsum (Häuf.)	Fernsehgewaltkonsum (Häuf.)	Fernsehgewaltkonsum (Präf.)	Videogewaltkonsum (Häuf.)	Videogewaltkonsum (Präf.)	R
Aggressionen gegen Lehrer	r	.28	.15	.22	.19	.15	
	r part.	.26	.15	.21	.17	.13	
	beta	.23	.03	.14	.06	-.12	.31
Aggressionen gegen Mitschüler und	r	.30	.16	.27	.21	.19	
	r part.	.27	.15	.22	.17	.13	
	beta	.22	.03	.18	.04	-.08	.33
Unruhe im Unterricht	r	.24	.13	.24	.18	.16	
	r part.	.23	.15	.24	.17	.14	
	beta	.15	.02	.17	.06	-.08	.28
Reduzierte Unterrichtsteilnahme	r	.23	.12	.16	.15	.13	
	r part.	.26	.15	.22	.18	.16	
	beta	.20	.03	.05	.05	-.04	.25
Fluchtverhalten	r	.26	.14	.18	.22	.17	
	r part.	.19	.15	.13	.17	.12	
	beta	.17	.04	.01	.14	-.03	.28
Täuschungsverhalten	r	.27	.11	.20	.18	.17	
	r part.	.24	.10	.18	.15	.14	
	beta	.23	-.01	.06	.02	.01	.29
Kleinkriminalität	r	.32	.12	.26	.28	.23	
	r part.	.25	.08	.18	.22	.16	
	beta	.21	-.03	.11	.15	-.04	.35
Gesamtskala	r	.35	.17	.29	.26	.22	
	r part.	.32	.17	.27	.23	.19	
	beta	.25	.02	.15	.09	-.08	.38

Als weiterer Analyseschritt wurde die Güte der Vorhersage der Verhaltensauffälligkeitswerte simultan aus soziodemographischen und Gewaltkonsumindices berechnet (vgl. Tab. 4.22). Der Vergleich der multiplen Korrelationskoeffizienten aus Tab. 4.21 und 4.22 zeigt, daß durch das erweiterte Vorhersagesystem eine nur unwesentliche Verbesserung der Vorhersagegüte geleistet wird. Eine Erhöhung der multiplen Korrelationen ist nur hinsichtlich der zweiten Nachkommastelle festzustellen, d. h. sie liegt unter 1% zusätzlicher Varianzaufklärung. Von allen zehn Prädiktoren für Verhaltensabweichungen besitzt der Kinogewaltkonsum das höchste Gewicht, an zweiter Stelle kommt die Altersvariable und an dritter die Präferenz für Fernsehgewaltkonsum.

Will man diesen Befund erklären, so ist wieder auf das Zusammenspiel von Peer-Kontakten bei gewalthaltigem Medienkonsum zu verweisen, das in der von uns untersuchten Altersspanne der Jugendlichen (von hauptsächlich 13 bis 16 Jahren) zunimmt. Wesentlich scheint nicht nur die Aussetzung gegenüber gewalthaltigen Filmen zu sein, sondern zusätzlich die gleichsinnige Verarbeitung durch Diskussionen mit Gleichaltrigen (siehe auch weiter unten).

Zusätzlich wurde überprüft, ob noch die anderen Arten des Medienkonsums für das Ausmaß an selbstberichteten Normabweichungen von Bedeutung sind. Betrachtet man die Indikatoren des Printmedienkonsums (vgl. Tab. 4.23), so findet man global wesentlich geringere Beziehungen verglichen mit den Gewaltkonsumindikatoren. Der Tendenz nach ist bei hohem Buchkonsum ein geringeres Ausmaß an Abweichung generell vorhanden, wobei auch noch signifikant geringere Werte auf den Skalen „Unruhe im Unterricht“ und „Täuschungsverhalten“ erreicht werden. Die Häufigkeit des Konsums an Tageszeitungen steht mit den gleichen Variablen abweichenden Verhaltens in gerade umgekehrter Beziehung. Etwas höher und für alle erfaßten Bereiche abweichenden Verhaltens in gleichsinniger Weise korrelieren die Konsumzeiten für Jugendzeitschriften, Comics und Romanheften mit dem Ausmaß abweichenden Verhaltens positiv, d. h. Befragte mit hohem Konsum in diesen Printbereichen weisen ein leicht erhöhtes Ausmaß an Normabweichung auf.

Tabelle 4.22: **Vorhersage der Skalen zur Erfassung des abweichenden Verhaltens aus soziodemographischen Merkmalen und den Gewaltkonsumindices (Beta-Koeffizienten und multiple Korrelationen)**

Prädiktoren	Skalen zur Erfassung abweichenden Verhaltens (1)	(2)	(3)	(4)	(5)	(6)	(7)	(8)
Schulart	.04	.05	.10	.13	-.07	.03	-.05	.06
Geschlecht	.05	-.08	.04	.19	-.01	.03	-.10	.03
Alter	.13	.03	.13	.16	.15	.17	.10	.15
Sozialschicht	.11	.09	.12	.05	.12	.13	.05	.12
Wohnortsgröße	-.06	-.09	-.14	-.10	-.07	-.10	-.15	-.13
Kinogewaltkonsum (Häufigkeit)	.22	.23	.15	.18	.14	.21	.19	.24
Fernsehgewaltkonsum (Häufigk.)	.06	.05	.05	.05	.05	.01	-.02	.05
Fernsehgewaltkonsum (Präf.)	.17	.17	.21	.12	.03	.10	.10	.18
Videogewaltkonsum (Häufigk.)	.06	.05	.07	.06	.12	.02	.15	.09
Videogewaltkonsum (Präferenz)	-.13	-.12	-.11	-.01	-.06	-.01	-.10	-.10
R	.36	.36	.37	.39	.35	.37	.40	.44

(1) Aggressionen gegen Lehrer
(2) Aggressionen gegen Mitschüler und Sachen
(3) Unruhe im Unterricht
(4) Reduzierte Unterrichtsteilnahme
(5) Fluchtverhalten
(6) Täuschungsverhalten
(7) Kleinkriminalität
(8) Gesamtskala

Tabelle 4.23: **Zusammenhänge zwischen den Skalen zur Erfassung abweichenden Verhaltens und Indikatoren des Printmedienkonsums (erste Zeile: einfache Korrelationen, zweite Zeile: partielle Korrelationen unter Konstanthaltung von Schulartzugehörigkeit, Geschlecht, Alter, Sozialschicht und Wohnortgröße)** [1]

Konsumzeiten pro Woche für	Skalen zur Erfassung abweichenden Verhaltens (1)	(2)	(3)	(4)	(5)	(6)	(7)	(8)
Bücher zur Unterhaltung	-.07 -.04	-.10 -.06	-.09 -.07	-.02 -.02	-.10 -.05	-.12 -.09	-.13 -.06	-.11 -.07
Bücher zur Weiterbildung	-.06 -.06	-.04 -.04	-.05 -.05	-.02 -.04	-.05 -.04	-.01 -.01	-.05 -.03	-.06 -.06
Tageszeitung	.07 .04	.04 .01	.09 .07	.07 .06	.07 .04	.14 .11	.08 .04	.10 .07
Wochenzeitung	.06 .04	.00 .00	.07 .06	.08 .05	.02 -.01	.10 .08	.03 .02	.06 .05
Illustrierte	.03 .02	-.01 .02	.01 .01	.06 .03	.00 -.01	.02 .02	-.06 -.04	.02 .02
Jugendzeitschriften	.09 .10	.02 .07	.10 .13	.19 .18	.06 .08	.09 .10	.04 .09	.11 .14
Comics	.08 .10	.10 .10	.03 .05	.06 .12	.10 .11	.05 .08	.06 .05	.09 .12
Romanhefte	.09 .10	.04 .08	.05 .07	.15 .14	.05 .05	.12 .13	.09 .11	.10 .12
Printmedien Gesamt	.05 .06	-.06 .03	.02 .04	.12 .11	.01 .03	.05 .07	-.01 .04	.05 .07

1) Legende siehe Tabelle 4.22.

Betrachtet man schließlich noch die Angaben über das Ausmaß an auditiven und audiovisuellen Medienkonsum sowie über die nicht-gewaltbezogenen Medieninhalte (vgl. Tab. 4.24), so findet man der Tendenz nach, daß Jugendliche mit mehr Verhaltensabweichungen zu vermehrtem Medienkonsum neigen. Besonders deutlich ist dies für den Konsum von Schallplatten und Cassetten, aber auch für die Fernseh- und Videozeiten sowie die Häufigkeit des Kinobesuchs. Unter inhaltichem Aspekt stehen allein Häufigkeit und Präferenz von Nachrichten und informationsorientierten Sendungen im Fernsehen in keiner Beziehung zum Ausmaß an Verhaltensabweichungen. Alle anderen unterhaltungsbezogenen Medienkonsumvariablen korrelieren leicht positiv mit der Häufigkeit von Abweichung, wobei bei einer Reihung der Medien nach ihrer Bedeutung das Kino an erster Stelle steht, das Medium Video an zweiter und das Fernsehen an dritter.

Diese Ergebnisse zeigen an, daß Befragte mit vermehrten Verhaltensabweichungen, wobei sich der Schwerpunkt auf das Ausmaß an Abweichungen von schulischen Verhaltensnormen bezieht, zu einem intensiveren Medienkonsum neigen. Dieser ist dabei nicht nur im Gewaltbereich erhöht, sondern auch im Bereich der Printmedien (Jugendzeitschriften, Comics, Romanhefte), im auditiven (besonders stark hinsichtlich Schallplatten und Cassetten) und auch im audiovisuellen Bereich (Kino, Video, Fernsehen). Die intensivere Nutzung der wenig anspruchsvollen Printmedien sowie der auditiven und audiovisuellen Medien untermauern die These von Luger (1985), daß Medien zur „Lernflucht" genutzt werden. Im Sinne des Nutzenansatzes ist es naheliegend, daß eine als unbefriedigend empfundene Schulsituation an Medien fixiert. Besonders der einfache und kognitiv wenig anspruchsvolle Medienkonsum ist für eine unmittelbare Bedürfnisbefriedigung gut geeignet, wogegen die Konfrontation und Auseinandersetzung mit Schulproblemen in der Regel intensive Anstrengungen erfordern würden. Eine hohe Bindung der Jugendlichen mit emotionalen Schwierigkeiten an die Medien ist bereits früher gefunden worden (Himmelweit et al., 1958), im vorliegenden Kontext wurde dieser Befund auch auf den Bereich des schulisch abweichenden Verhaltens ausgeweitet. Im Sinne des Nutzenansatzes scheint es naheliegend, daß verhaltensauffällige Jugendliche Medien in erster Linie zur Realitätsflucht und zur Bewältigung des Schulalltags einsetzen, als eine Art „Selbstmedikation", um den Alltag erträglicher zu machen (Luger, 1985, S. 236 ff).

Tabelle 4.24: **Zusammenhänge zwischen den Skalen zur Erfassung abweichenden Verhaltens und den Indices für auditiven sowie audiovisuellen Medienkonsum und die Nutzung nichtgewaltbezogener Medieninhalte (erste Zeile: einfache Korrelationen, zweite Zeile: partielle Korrelationen unter Konstanthaltung von Schulartzugehörigkeit, Geschlecht, Alter, Sozialschicht und Wohnortgröße)** [1]

Medienkonsum-indices	Skalen zur Erfassung abweichenden Verhaltens (1)	(2)	(3)	(4)	(5)	(6)	(7)	(8)
Wöchentliche Konsumzeiten für ...								
Schallplatten/ Cassetten	.21 .21	.09 .11	.17 .19	.25 .23	.18 .18	.26 .26	.13 .15	.23 .23
Radio	.09 .07	.01 .01	.09 .08	.11 .09	.03 .01	.08 .06	.07 .07	.09 .08
Fernsehen	.11 .12	.15 .14	.14 .16	.13 .17	.11 .09	.16 .17	.14 .10	.17 .18
Video	.15 .13	.09 .08	.14 .15	.13 .14	.22 .19	.14 .13	.24 .21	.20 .19
Audiovisuelle Medien gesamt	.22 .22	.14 .15	.22 .24	.25 .26	.21 .18	.26 .26	.23 .21	.28 .28
Fernsehfreak	.18 .18	.23 .22	.17 .17	.20 .22	.09 .08	.23 .23	.15 .14	.23 .23
Häufigkeit des Kinobesuchs	.20 .18	.20 .20	.20 .19	.22 .20	.16 .15	.20 .18	.17 .18	.25 .24
Informations- und unterhaltungsorientierter audiovisueller Medienkonsum								
Nachrichten TV (Häufigkeit)	.08 .07	.08 .04	.05 .04	.02 .04	.06 .03	.05 .04	.08 .03	.08 .06
Nachrichten TV (Präferenz)	-.04 -.06	.02 -.02	.00 -.02	-.06 -.04	.05 .02	-.02 -.04	.01 -.04	-.01 -.04
Unterhaltung im Fernsehen (Häuf.)	.07 .09	.09 .08	.08 .11	.04 .09	.03 .04	.03 .05	.06 .04	.08 .10
Unterhaltung im Fernsehen (Präf.)	.03 .06	.03 .06	.05 .08	.02 .04	.01 .04	.01 .04	-.02 .00	.03 .06
Unterhaltung im Kino (Häufigkeit)	.13 .15	.04 .09	.08 .11	.16 .15	.01 .03	.07 .09	.00 .05	.10 .13
Unterhaltung über Video (Häuf.)	.10 .11	.03 .06	.03 .06	.07 .07	.07 .07	.02 .04	.06 .08	.07 .09
Unterhaltung über Video (Präf.)	.09 .09	.02 .05	.07 .08	.09 .07	.05 .06	.05 .05	.03 .05	.08 .09

1) Legende siehe Tabelle 4.22.

Tabelle 4.25: **Zusammenhänge zwischen den Angaben über Rezeptionssituation beim Medienkonsum und den Skalen zur Erfassung abweichenden Verhaltens (erste Zeile: einfache Korrelationen, zweite Zeile: partielle Korrelationen unter Konstanthaltung von Schulartzugehörigkeit, Geschlecht, Alter, Sozialschicht und Wohnortgröße)** [1]

Rezeptions-situation	Skalen zur Erfassung abweichenden Verhaltens (1)	(2)	(3)	(4)	(5)	(6)	(7)	(8)
allein in Kino	.02 .02	.06 .03	-.01 -.01	-.04 -.02	.03 .01	-.02 -.02	.09 .06	.02 .01
mit Freund/Freundin in Kino	.20 .18	.19 .21	.20 .19	.22 .18	.17 .17	.21 .19	.14 .17	.25 .24
mit Clique/Freunden in Kino	.20 .18	.12 .13	.19 .17	.20 .15	.15 .13	.21 .18	.17 .17	.23 .21
mit Eltern/Verwandten in Kino	-.09 -.07	-.03 -.03	-.09 -.09	-.07 -.05	-.05 -.02	-.09 -.07	-.08 -.08	-.09 -.08
mit der Familie fernsehen	-.03 -.03	-.05 -.05	-.04 -.04	-.06 -.07	-.05 -.04	-.06 -.07	-.11 -.11	-.07 -.07
mit den Geschwistern fernsehen	.00 .00	.01 .01	.02 .00	.02 .00	-.05 -.06	-.01 -.02	-.09 -.10	-.01 -.02
mit Freunden fernsehen	.21 .21	.12 .14	.20 .20	.27 .25	.18 .17	.20 .19	.19 .20	.25 .25
allein fernsehen	.03 .03	.09 .09	.10 .11	.11 .13	.05 .04	.07 .08	.05 .04	.10 .11
mit Eltern Videos anschauen	.01 .03	-.01 .00	-.02 .01	-.03 .00	.07 .08	-.10 -.09	-.03 -.03	-.02 .01
mit Geschwistern/Verwandten Videos anschauen	.01 .02	.05 .06	.07 .09	.05 .06	.05 .06	-.01 .00	-.04 -.03	.04 .06
mit Freunden Videos anschauen	.27 .25	.19 .19	.21 .20	.21 .19	.25 .22	.26 .24	.29 .27	.29 .27
mit anderen Videos anschauen	.21 .21	.14 .15	.13 .14	.12 .12	.20 .18	.13 .12	.18 .16	.20 .21

1) Erfragt wurde, wie häufig die Jugendlichen, z. B. mit den Eltern in's Kino gehen (3 = regelmäig, 1 = nie).

Ausgehend von den unterschiedlichen Rezeptionssituationen für die einzelnen Medien (vgl. Tab. 4.25) läßt sich feststellen, daß Formen abweichenden Verhaltens bedeutsam häufiger bei solchen Befragten vorkommen, die vermehrt in der Gruppe Gleichaltriger Medieninhalte konsumieren. Diese Beziehung gilt für die hier betrachteten Medien Kino, Fernsehen sowie Video und die Beziehungen werden auch nicht verändert, wenn der Einfluß von Drittvariablen berücksichtigt wird. Der häufige Medienkonsum im Kreis der Familie kommt hingegen bei Jugendlichen mit weniger Verhaltensabweichungen öfter vor. Allerdings sind die Korrelationskoeffizienten wesentlich geringer ausgefallen. Man könnte daraus folgern, daß der Stellenwert der Freundesgruppe für die Ausprägung abweichenden Verhaltens beträchtlich größer ist als der Einfluß der Familie, um solche Abweichungen zu verhindern.

Die Vermutung, daß Jugendliche mit einem höheren Ausmaß an abweichendem Verhalten weniger Gesprächspartner zur Aussprache über rezipierte Medieninhalte zur Verfügung stünden, kann in dieser Allgemeinheit nicht bestätigt werden (vgl. Tab. 4.26). Relativ konsistent ist der Befund, daß Jugendliche, die regelmäßig mit ihren Freunden über Inhalte von Kinofilmen oder Fernsehsendungen sprechen, vermehrt Verhaltensabweichungen aufweisen. Häufige Gespräche der Jugendlichen mit Eltern über Videofilme stehen ebenfalls mit einem größeren Ausmaß an Verhaltensstörungen in Verbindung. Auch die Häufigkeit von Gesprächen mit anderen (über Kino, Fernsehen und Video) korreliert positiv mit dem Ausmaß an Verhaltensabweichungen. Nur in drei Ausnahmefällen ist bei vermehrten Gesprächen mit Eltern (über Fernsehen) sowie Geschwistern (über Fernsehen) eine negative Korrelation zur Häufigkeit von Kleinkriminalität und im letzteren Fall auch von Täuschungsverhalten gegeben.

Der Verarbeitung von Medieninhalten in der Form von Alltagsgesprächen scheint keine den Rezipienten schützende Funktion zugesprochen werden zu können. Es ist vielmehr so, daß solche Gespräche (mit Freunden und anderen Personen und im Falle von Video auch mit den eigenen Eltern) eher Ausdruck einer hohen Bindung an diese Medien darstellt, wobei eben diese Bindung bei Jugendlichen mit Verhaltensproblemen größer ist als bei solchen mit weniger Auffälligkeiten. Zusätzlich kann vermutet werden, daß durch die hier angeführten Gesprächskontakte gewalthaltige Medieninhalte in einer sich selbst verstärkenden Form diskutiert werden, d. h. daß solche Aspekte herausgegriffen und positiv geschätzt werden, die eher normabweichendem Verhalten entsprechen.

Tabelle 4.26: **Zusammenhänge zwischen den Angaben über Kommunikationspartner über Medieninhalte und den Skalen zur Erfassung abweichenden Verhaltens (erste Zeile: einfache Korrelationen, zweite Zeile: partielle Korrelationen unter Konstanthaltung von Schulartzugehörigkeit, Geschlecht, Alter, Sozialschicht und Wohnortgröße)**

Häufigkeit von Gesprächen mit ...	Skalen zur Erfassung abweichenden Verhaltens (1)	(2)	(3)	(4)	(5)	(6)	(7)	(8)
Eltern über Kino	-.03	-.05	-.03	.00	-.03	-.05	-.07	-.04
	-.01	-.03	-.01	.01	.01	-.02	-.03	-.01
Geschwistern über Kino	.04	.06	.09	.07	-.03	-.03	-.03	.05
	.04	.07	.10	.06	-.03	.04	-.02	.06
Freunden über Kino	.15	.08	.18	.19	.05	.12	.06	.16
	.14	.09	.18	.16	.05	.11	.07	.16
anderen über Kino	.04	-.01	.03	.06	.07	.07	.07	.06
	.04	.00	.04	.06	.06	.07	.07	.06
Eltern über Fernsehen	-.05	.00	-.03	.01	-.03	-.08	-.11	-.05
	-.03	.03	.00	.01	.00	-.06	-.08	-.02
Geschwister über Fernsehen	-.03	.01	-.03	-.01	-.08	-.05	-.10	-.04
	-.03	.02	-.03	-.02	-.08	-.05	-.10	-.04
Freunden über Fernsehen	.12	.10	.12	.14	.06	.09	.08	.14
	.11	.09	.10	.13	.05	.08	.07	.12
anderen über Fernsehen	.05	.04	.05	.11	.10	.11	.12	.09
	.05	.04	.06	.11	.08	.11	.11	.09
Eltern über Videofilme	.07	.07	.10	.06	.07	.07	.12	.10
	.07	.06	.09	.05	.06	.06	.10	.09
Geschwister über Video	-.01	.02	.00	.00	.01	-.02	-.02	-.01
	.00	.04	.01	.01	.03	.00	.00	.02
Freunde über Video	-.02	.01	.00	.00	-.02	-.02	-.05	-.02
	-.02	.02	.00	-.01	-.02	-.02	-.06	-.02
andere über Videofilme	.07	.01	.06	.09	.02	.06	.12	.08
	.07	.01	.07	.09	.01	.06	.11	.08

1) Legende siehe Tabelle 4.22.

Zusammenfassend sind die Gemeinsamkeiten herauszustellen, die in Abhängigkeit über Angaben, die auf eine hohe Peer-Orientierung hinweisen, gefunden wurden. Häufige interaktive Freizeitaktivitäten, Medienrezeption im Freundeskreis und häufige Gespräche mit Freunden sind offensichtlich Bestandteil einer jugendlichen Subkultur, in der auch aggressive und normabweichende Verhaltensstile akzeptierte Bestandteile sind. Unter diesen Voraussetzungen kann nicht erwartet werden, daß die kommunikative Verarbeitung rezipierter Medieninhalte den von der Erwachsenenkultur gewünschten Verhaltensstandards entspricht. Vielmehr ist dies ein Weg, um sich von diesen Erwartungen abzusetzen und ein subgruppen-spezifisches Normgefüge in Abhebung von den Erwachsenennormen zu etablieren und zu verstärken.

4.4.3.3. Kausalmodell über audiovisuellen Gewaltkonsum und Kleinkriminalität

Die bislang mittels einfacher oder multipler Korrelationsmethoden erhaltenen Resultate sind primär deskriptiver Art, Verursachungsverhältnisse werden durch sie nicht erfaßt. Um aber Aussagen über mögliche „kausale" Abhängigkeiten zu machen, wurde wieder der Versuch gemacht, mittels non-rekursiver Modelle die eventuell vorhandene gegenseitige Beeinflussung zwischen Medienkonsum und abweichendem Verhalten auch an Querschnittdaten abzubilden. Dieses Verfahren setzt bekanntlich voraus, daß für die nicht-rekursiven endogenen Variablen des Modells zusätzliche Schätzer, sog. instrumentelle Variablen, vorhanden sind.

Aus dem Bereich der Skalen zur Erfassung des abweichenden Verhaltens wurde die Skala „Kleinkriminalität" als erste endogene Variable ausgewählt; als instrumentelle Variable dafür wurde „Aggressivität gegen Mitschüler und Sachen" verwendet, sowohl wegen inhaltlicher Ähnlichkeit als auch wegen der relativ hohen empirischen Korrelation zu „Kleinkriminalität". Als Medienkonsumvariable wurde „Agg-Video", d. h. die Häufigkeit des Konsums gewalthaltiger Video-Filme als endogene Variable herangezogen; die beiden anderen Medienkonsumindikatoren (Agg-Kino und Agg-TV) dienten wieder als instrumentelle Variablen. Die soziodemographischen Merkmale wurden mitberücksichtigt, wobei ein Einfluß auf beide endogene Variablen als möglich gehalten wurde. Wie die geschätzten Koeffizienten des Modells nahelegen, läßt sich nach diesem Vorgehen wohl eine „kausale" Bedeutung des Konsums gewalthaltiger Videofilme für Kleinkriminalität aufzeigen. Der

Einfluß in die umgekehrte Richtung, der inhaltlich aussagen würde, daß Jugendliche mit der Neigung zu delinquenten Handlungen sich eher gewalthaltige Videofilme aussuchen würden, ließ sich hingegen nicht absichern.

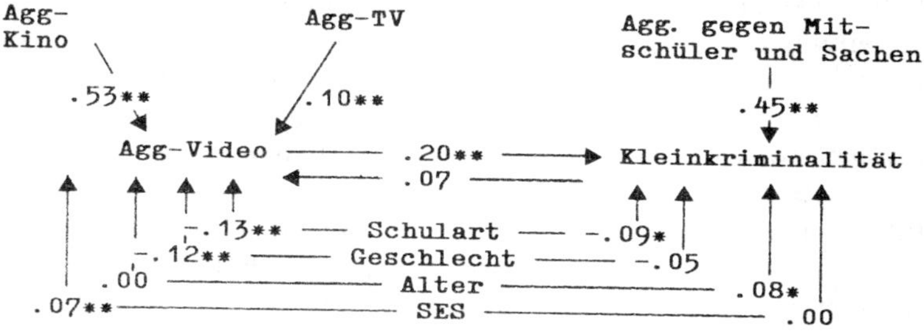

Abb. 4.2: Geschätzte Koeffizienten eines nichtrekursiven Modells über das Zusammenwirken von Gewaltkonsum über Video (Agg-Video) und Kleinkriminalität (* = sign. 5 %, ** = sign. 1 %).

Die Korrelation zwischen den Residuen ist mit .16 relativ niedrig, sodaß das Modell als akzeptable Anpassung an die Daten angesehen werden kann. Die soziodemographischen Merkmale sind in diesem Modell für beide endogene Variablen von geringerer Bedeutung. Es zeigt sich aber ein statistisch absicherbarer Effekt der Schulartzugehörigkeit sowohl auf den Videokonsum wie auch auf Kleinkriminalität (Hauptschüler weisen in beiden Bereichen höhere Werte auf). Die Geschlechtszugehörigkeit erwies sich nur für den Konsum gewalthaltiger Videofilme als bedeutsam und zwar mit wesentlich geringerer Konsumhäufigkeit bei den Mädchen. Ältere Jugendliche zeigten eher eine Tendenz zu Kleinkriminalität, ohne aber gewalthaltige Videofilme bedeutsam häufiger als jüngere zu konsumieren. Die Schichtzugehörigkeit erwies sich wiederum nur für die Konsumhäufigkeit, nicht aber für das Ausmaß an Kleinkriminalität als signifikant.

4.4.3.4. Zusammenfassung der Ergebnisse zu Medienkonsum und abweichendem Verhalten

In der vorliegenden Untersuchung wurde versucht, ein breites Spektrum devianten Verhaltens durch Selbstangaben von Jugendlichen zu erfassen.

Da die Erhebung in Schulen durchgeführt wurde, lag der Schwerpunkt auf der Verletzung schulischer Verhaltensnormen, zusätzlich waren aber auch „milde“ Formen von Delinquenz (sog. „Kleinkriminalität“) einbezogen.

Außer den zu erwartenden Korrelationen zwischen den verschiedenen Devianzformen und den soziodemographischen Merkmalen wurden auch konsistente Zusammenhänge zwischen Devianz und den Werten für Gewaltkonsum gefunden. Diese Zusammenhänge können nicht durch die soziodemographischen Merkmale bedingt erklärt werden, da bei Auspartialisierung soziodemographischer Merkmale nur geringfügige Veränderungen in den Korrelationen zwischen Gewaltkonsum durch Medien und abweichendem Verhalten auftraten.

Interessant ist dabei, daß die Häufigkeitsangaben hinsichtlich des Gewaltkonsums über Fernsehen mit abweichendem Verhalten wesentlich geringer korrelieren als dies für den Gewaltkonsum über Kino oder Video feststellbar ist. Bemerkenswert ist dies deshalb, weil Kino oder Videokontakte weitaus seltener sind als Fernsehkontakte. So gehen in der Gesamtstichprobe nur 5.9% der Jugendlichen wöchentlich in ein Kino, 31.5% einmal im Monat, 29,2% einmal im Jahr und der Rest nie oder fast nie. Auch ist die Videonutzungszeit mit z. B. 23 Minuten an einem Wochentag wesentlich unter der Fernsehzeit, die für einen Wochentag im Durchschnitt 129 Minuten beträgt.

Will man in der Tradition des Erklärungsschemas der Theorie zum Modellernen dieses Ergebnis rechtfertigen, so ließe sich anführen, daß die im öffentlich-rechtlichen Fernsehen gezeigten Filme weniger Gewaltakte oder weniger brutale Handlungsstränge enthalten als entsprechende Genres, die nur durch einen Kinobesuch oder über Video zugänglich sind. Eine zusätzliche Erklärungsmöglichkeit könnte darin bestehen, daß Kino und Video deutlich peer-orientierte Tätigkeiten sind, während das Fernsehen eher noch für eine Bindung an die Familie spricht (Howitt & Cumberbatch, 1982; Lukesch, 1986). Die Peergruppe bietet aber wiederum eher die Möglichkeit, daß Normsysteme entwickelt werden, die von der dominanten Mittelschichtkultur abweichen (Short & Strodtbeck, 1965; Sutherland, 1974).

Die Ergebnisse entsprechen dabei der Tendenz nach denen von Pfuhl (1970), der zwar zwischen Delinquenzbelastung und dem Besuch von Kriminalfilmen, nicht aber dem Fernsehkonsum signifikante Korrelationen fand. Zu verweisen ist auch auf den Befund von Jauch (1977), daß Delinquente das Kino dem Fernsehen vorziehen (Video spielte für diese Untersuchungen noch keine Rolle).

In der vorliegenden Untersuchung wurden am Beispiel der Delinquenzskala die möglicherweise reziproken Beziehungen zwischen Gewaltkonsum über Medien und Devianz überprüft. Gerade für die hier untersuchten Jugendlichen liegt die These nahe, daß Medienkonsum als Flucht aus einem als nicht bewältigbaren Alltag eingesetzt wird, Medien als Möglichkeit zur Lernflucht genutzt werden, wie dies Fallberichte nahelegen (Luger, 1985). Allerdings ließ sich in dem analysierten Beispiel nur eine „kausale" Bedeutung des Gewaltkonsums über Video für das Ausmaß der Delinquenzbelastung nachweisen, nicht aber die umgekehrte Möglichkeit. Damit soll nicht in Abrede gestellt werden, daß eventuell durch Längsschnittstudien auch der umgekehrte Einfluß nachgewiesen werden könnte. Bei Betrachtung des Konsums von Medien zeigt sich bei Jugendlichen mit einem erhöhten Ausmaß an Abweichung, daß sie in fast allen Bereichen (Ausnahmen betreffen nur den Lektürekonsum sowie die informationsorientierte Fernsehzeit) die intensiveren Mediennutzer sind. Dies spricht dafür, daß Medien von ihnen zur Realitätsbewältigung in Form einer Realitätsflucht eingesetzt werden.

Die vorliegende Untersuchung war auf ein bestimmtes Variablenspektrum beschränkt. Die in Richtung auf eine Verursachung von abweichendem Verhalten (vor allem durch Videokonsum und Kinobesuch) weisenden Ergebnisse lassen aber genug Raum für weitere devianzfördernde Bedingungskonstellationen. Es kann auch nicht als ausgeschlossen betrachtet werden, daß bei Einbezug devianznaher Konstrukte, wie z. B. Einsatz von „Neutralisierungstechniken" (Sykes & Matza, 1974), der Akzeptanz von Mittelschichtnormen (Yinger, 1960) oder der Berücksichtigung von Sozialisationsdefiziten der Familie (Seitz, 1975) dem Medienkonsum nur mehr eine indirekte Wirkung auf die Devianzgenese zugeschrieben werden kann.

4.5. Psychosomatische Korrelate des Medienkonsums

4.5.1. Psychosomatische Störungen und Medienkonsum

Ziel dieses Teiles der Untersuchung ist die Erforschung überdauernder psychosomatischer Folgen des Konsums audiovisueller Medien. Es handelt sich dabei nicht um eine Untersuchung temporärer und reversibler körperlicher Begleiterscheinungen des Filmerlebens, sondern es wird die Frage gestellt, ob bei Kindern und Jugendlichen als Folge der zeitlichen Dauer, des Konsums bestimmter Filmarten oder der Art und Weise des Umgangs und der Einstellung zum Medium und zum konsumierten Filminhalt psychovegetative Störungen auftreten.

Audiovisuelle Medien werden als Reizquellen aufgefaßt, die beim Betrachter einen emotionalen Erregungszustand (Aktivierung, Arousal) auslösen können. Diese Störung des inneren Gleichgewichtszustandes wird vom Körper mit einem phylogenetisch festgelegten Programm beantwortet: Das Individuum wird für ein eventuell notwendiges Abwehrverhalten physiologisch mobilisiert. Für Selye (1981) ist es dabei bedeutungslos, ob der Erregungszustand positiv oder negativ bewertet wird, die Streßreaktion ist in beiden Fällen dieselbe. Im Gegensatz dazu betonen Vertreter der kognitiven Streßtheorie die Wichtigkeit kognitiver Bewertungsprozesse und Bewältigungsmöglichkeiten. Erst wenn diese Denkprozesse negativ verlaufen, erlebt das Individuum eine Streßemotion.

Die Situation des Rezipienten kann der einer Schreibtischtätigkeit unter Zeitdruck entsprechen. Die Anspannung und Erregung wird völlig „sinnlos“ mit einer Mobilisierung des Kreislaufs und der Energiereserven beantwortet. Diese Streßreaktion ist der Situation in keiner Weise angepaßt, weil an den Beobachter keine reale Anpassungsforderung gestellt wird. Eine körperliche Aktivität, welche allein diesen Mobilisierungszustand abbauen könnte, findet nicht statt. Ein langandauernder Streßzustand oder häufig überschießende, der Situation nicht angepaßte Streßreaktionen, können einen pathogenen Faktor bilden.

Selbstverständlich sind audiovisuelle Medien nicht immer und auch nicht die einzigen Stressoren, denen Jugendliche ausgesetzt sind. Die Häufigkeit und Qualität des Medienkonsums könnte aber einen mitverursachenden Faktor bei der Entstehung funktioneller Störungen darstellen.

4.5.1.1. Theoretische Konzepte und epidemiologische Daten

Als allgemein psychosomatisches Syndrom (a.p.S.) ist ein körperlich zentriertes, meist polysymptomatisches Beschwerdebild zu beschreiben, das keine krankhaften organischen Ursachen oder Korrelate hat, sich aber auf psychosoziale Belastungen und/oder innere Konfliktsituationen zurückführen läßt. Im Vordergrund steht dabei eine Tendenz zur Somatisierung seelischer Konflikte und sozialer Belastungen (Bräutigam & Christian, 1981, S. 320).

Zahlen über die Auftretenshäufigkeit psychosomatischer Symptome variieren beträchtlich angesichts der Maßstäbe, die bei denverschiedenen Untersuchungen angelegt werden. Uexküll (1960) nennt als Minimalzahl Ergebnisse aus einer Untersuchung an der Poliklinik Gießen: Nur 25,5% der Personen mit körperlichen Beschwerden hatten nach einer eingehenden internistischen Untersuchung nicht die geringste Abweichung von der Norm.

Als mögliche vegetative Störungen nennt Walcher (1975) Appetitlosigkeit, Schweißausbrüche, allgemeine Müdigkeit, Ein- und Durchschlafstörungen, Kopfdruck bis hin zum vasomotorischen Kopfschmerz, Herzbeschwerden, Beklemmungsgefühle in der Brust, abdominelle Beschwerden, Diarrhoe, Obstipation, Rückenschmerzen u. a. Daraus können sich organerkrankungsähnliche Korrelate oder manifeste Organläsionen entwickeln. Im psychischen Bereich zeitigt krankhafte Streßbelastung vorwiegend Symptome, die subjektiv als Verlust erlebt werden: Aktivitätsabfall, Gefühlsleere, Verminderung des Selbstwertgefühls, Ratlosigkeit und Hoffnungslosigkeit.

Nach Selye entstehen psychosomatische Krankheiten durch Entgleisung des Mechanismus, der das Anpassungssyndrom auslöst. Dies geschieht im Zusammenspiel zwischen äußeren und inneren konditionierenden Faktoren und der Streßreaktion. Es gibt kein einzelnes „Pathogen", sondern eine „pathogene Konstellation, es handle sich um eine multifaktoriell (bedingte) Krankheit" (Selye, 1981, S. 180). Streßbedingte Krankheiten sind also nicht allein unmittelbare Folge von äußeren Einflüssen, sondern resultieren aus unangemessenen Anpassungsversuchen des Individuums. Diese Anpassungsreaktionen können u. U. größere Gefahren heraufbeschwören als die Auslösebedingungen.

Ein Zusammenhang zwischen pathogener Exposition und Morbidität wird als gesichert angesehen. Er konnte in zahlreichen retrospektiven Untersuchungen nachgewiesen werden. Die Pathogenese streßbedingter organischer Krankheiten ist allerdings noch völlig unklar (Halhuber, 1977, S. 141). Man behilft sich mit der Heuristik, eine nachweisbare Schädigung manifestiere sich an dem Organ, welches aufgrund erblicher Einflüsse oder individuellen Fehlverhaltens (Alkohol-, Nikotinabusus, Übergewicht) die geringste Widerstandsfähigkeit habe.

4.5.1.2. Film und Fernsehen als Stressoren

Im folgenden soll ein Überblick über empirische Forschungsergebnisse zur Frage emotionaler Wirkungen von Medien gegeben werden. Allerdings lag die Zielsetzung vieler Arbeiten nicht darin, Medienwirkungen zu untersuchen, sondern man suchte nach „einem natürlichen Weg, um Streßprozesse im Labor zu erzeugen und zu untersuchen. Filme erschienen hierfür ideal, da ihre Wirkung nicht auf Tatsachen beruht, sondern auf der natürlichen Tendenz von Menschen, bei der Beobachtung beeinträchtigender Erfahrungen anderer Menschen emotional zu reagieren" (Lazarus & Launier, 1981, S. 228).

Die als Streßreize ausgewählten Filme haben mit dem gewöhnlichen Fernsehprogramm wenig gemeinsam, dennoch „bieten sie ... die Möglichkeit, die Reaktionen der Zuschauer in filminduzierten emotionalen Extremsituationen zu studieren" (Huth, 1978, S. 235). Eine besondere Aktualität gewinnen diese Streßfilme durch die Entwicklungen des Videofilmmarktes. Die zwei am häufigsten verwendeten Filme waren „Subincision", ein Stummfilm über Beschneidungsriten bei australischen Ureinwohnern und ein Bericht über Arbeitsunfälle in einer Sägemühle („It didn't have to happen"). Im ersten Film war „eine Reihe von grausamen Operationen an Penis und Hoden Jugendlicher zu sehen" (Lazarus & Launier, 1981, S. 229), der zweite zeigte, „wie ein Mensch auf grausame Art ums Leben kommt" (Huth, 1978, 235).

In den meisten Studien wurden emotionale Reaktionen unmittelbar nach der Vorführung eines Experimentalfilms gemessen, über längerfristige Auswirkungen liegen hingegen nur wenige Aussagen vor. Horowitz (1969, zit. nach Huth, 1978) stellte bei seinen Vpn noch 24 Stunden nach der Vorführung eines Streßfilms sich aufdrängende visuelle Bilder fest. Eine Untersuchung von Hawel (1970, zit. nach Huth, 1978) bringt als Variable die Art der durch den Film geweckten Stimmung ins Spiel. Jugendliche, die ihre Gefühle unmittelbar nach einem Film als „traurig", „mißmutig", „ernst", „gehemmt" und „zurückgezogen" eingestuft hatten, gaben eineinhalb Stunden später immer noch an, Trauer und ein Gefühl der Verschwommenheit zu empfinden. Eine „heitere", „offene", „verspielte" Stimmung schlug im selben Zeitraum in „Müdigkeit“ und „Mißmutigkeit“ um. Wall und Simson (1950, zit. n. Huth, 1978) hingegen hatten bei einer Befragung von über 1000 Jugendlichen festgestellt, daß meist nur die angenehmen und lustigen Erlebnisse längere Zeit erinnert wurden, Angst oder Trauer jedoch rasch vergessen waren.

Hagfors (1970, zit. n. Huth, 1978, S. 249) ermittelte eine Liste von erregenden Handlungselementen bei Jugendlichen (ca. 17 Jahre alt). Qualifizierbare koordinierte psychogalvanische Reaktionen traten in folgenden Situationen auf:

a) „in lustigen Szenen, bei Witzen etc., auch wenn die Zuschauer nicht in offenes Gelächter ausbrachen;
b) wenn sie sich in einer neuen Situation orientieren mußten, so bei unerwartetem Text, plötzlichem Szenenwechsel oder Auftritt einer neuen Figur;
c) in filmischen Konfliktsituationen, also beispielsweise, wenn sich die Protagonisten in einem emotionalen Konflikt befanden;
d) als konditionierte Orientierungsreaktion - das typische Beispiel hierfür ist die Reaktion beim Läuten eines Telefons;
e) als Schreckreaktion, so in gefährlichen oder Action-Szenen, aber auch bei einem unvermuteten lauten Geräusch“.

Auch die Form der Darstellung, unabhängig vom Inhalt, kann Erregung aufbauen. Watt und Krull (1977) konnten zeigen, daß „die Komplexität der gezeigten Formen und Bewegungen physiologische Erregung verursacht; der Rezipient hat die kognitive Aufgabe zu bewältigen, einen komplexen visuellen Stimulus zu dekodieren, wie ihn die schnelle Bildabfolge zum Beispiel in Action-Szenen darstellt“.

Eine detaillierte Untersuchung an Kindern unternahmen Keilhacker et al. (1967). Versuchspersonen waren 6- bis 12jährige Kinder. Bei Kindern dieser Altersstufe sind Erleben und Ausdrucksverhalten noch eng miteinander verknüpft, so daß eventuell vom Ausdruck unmittelbar auf das Erleben geschlossen werden kann. Die Autoren konnten 5 Stufen der Beteiligung am Filmgeschehen unterscheiden:

1. Gleichgültigkeit,
2. zuschauende Haltung und sachliches Interesse,
3. Beteiligung am Aktionsgeschehen,
4. emotionale Anteilnahme,
5. starre Bannung, explosionsartige Reaktionen.

Gleichzeitig wurde bei den Kindern die Pulsfrequenz gemessen. Dabei stellte sich heraus, daß die Pulsfrequenz schon vor Beginn des Filmes infolge der Erwartungshaltung um fünf bis zehn Schläge/Min. erhöht war. Während der Vorführung stieg die Pulsfrequenz noch einmal an und erreichte Spitzenwerte von 25 Schlägen/Min. über dem Ausgangspuls. Die durchschnittliche Pulserhöhung entsprach etwa den Pulsfrequenzveränderungen bei einer mitttelschweren körperlichen Arbeit. Die Pulsveränderungen korrespondierten eng mit der Art der Zuwendung zum Filmgeschehen. Die ausdruckspsychologisch stärksten Reaktionen und zugleich die höchsten Pulsfrequenzsteigerungen erfolgten bei folgenden Szenen (die Zahlen geben den durchschnittlichen Beteiligungsgrad an):

1. Kinder allein in fremder und „feindlicher" Umgebung (4,1),
2. Nahtstellen zwischen Angst-Spannungsszenen und ihrer Lösung (4,0),
3. Szenen mit Schreckcharakter (4,0),
4. Trauer, Mitgefühl, Abneigung hervorrufende Szenen (3,9),
5. Aktionsszenen (3,9),
6. Lustige und überraschende Vorkommnisse (3,8).

Bemerkenswert ist, daß die Pulsfrequenz beinahe unmittelbar auf die emotionale Erregung ansprach und nach Abklingen des Affekts sofort wieder absank. Bei Kreislaufbelastungen, etwa infolge von körperlicher Arbeit, pflegen sich die jeweiligen Werte erst innerhalb einiger Minuten einzustellen. Diese Art der Pulsreaktion sowie die Beobachtung, daß auch bei äußerlich völlig unbewegten Kindern deutliche Pulsfrequenzerhöhungen gemessen wurden, spricht für eine Erhöhung auf zentral-nervösem Wege und nicht für eine Pulsfrequenzsteigerung aufgrund eines erhöhten Energieumsatzes infolge einer gesteigerten Muskeltätigkeit.

Insgesamt handelt es sich bei den Kreislaufreaktionen um einen sympathikotonen Reizzustand, dessen Charakteristikum darin besteht, daß auch schon bei den einführenden Szenen eine deutliche Steigerung der Pulsfrequenz eintrat, deren Niveau während des ganzen Films nicht mehr unterschritten wurde.

Voraussetzung für eine solche Intensität des psychophysischen Filmerlebens ist nach Keilhacker et al. (1967) eine starke Projektion psychischer Erlebnisinhalte und der damit verbundenen Phantasien und Gefühle in das Filmgeschehen sowie eine wenigstens teilweise Identifikation mit den dargestellten Figuren.

In einer anderen Untersuchung beschäftigte sich Plaikner (1972) mit physischen und psychischen Begleiterscheinungen des Fernsehkonsums bei 6- bis 8jährigen Kindern. Aufgrund von Intelligenztestergebnissen wurden 84 Grundschüler auf zwei Experimentalgruppen (hoher bzw. niedriger IQ) und eine Kontrollgruppe (mittlerer IQ) aufgeteilt. Die Experimentalgruppen sahen zwei Kriminalfilme, einen Kinder- und einen Märchenfilm, der Kontrollgruppe wurde lediglich ein „Nullfilm" vorgeführt (optische und akustisch inhaltslose farbige Filmstreifen). Allerdings wurde diesen Kindern der Inhalt des Märchenfilms erzählt. Bei allen Vpn wurde während des Versuchs die Herzfrequenz gemessen. Ferner wurden die Nacherzählungen der Filminhalte bzw. der erzählten Geschichte ausgewertet.

Bei den Experimentalgruppen kam es zu einer signifikanten Erhöhung der Herzfrequenz. Während des Märchenfilms betrug die durchschnittliche Erhöhung 21% gegenüber dem Ausgangswert, die verbale Mitteilung desselben Märchens hatte lediglich eine Frequenzsteigerung von 6% zur Folge. Die Nacherzählleistungen waren aber bei der Erzählung doppelt so hoch wie bei der Filmvorgabe. Die Autorin ist der Meinung, daß die durch die Filmvorgabe ausgelöste emotionale Erregung die Aufnahme, Verarbeitung und Speicherung der Informationen beeinträchtigt habe.

Horowitz und Wilner (1976, zit. n. Huth, 1978) benutzten als Indikator für die Erregungsqualität eines Filmes die Anzahl von „intrusive thoughts", d. h. visueller Erinnerungen an einen vorher gezeigten Film, die den Vpn nach eigenen Angaben unerwünscht in den Sinn kamen. Verwendet wurde der Film über Unfälle in einem Sägewerk, eine tragische Sequenz mit dem Hauptthema Trennung und eine Passage mit erotischen Szenen sowie ein nicht-emotionaler Kontrollfilm. Die drei erregenden Filme unterschieden sich in der Erregungsintensität signifikant vom Kontrollfilm, untereinander aber nur unwesentlich, obwohl die emotionale Reaktion auf diese drei Filme, ermittelt durch einen Fragebogen, signifikant verschieden war. Huth (1978) faßt die genannten Ergebnisse wie folgt zusammen: „Filme produzieren neben spezifischen, verbal meßbaren Gefühlsreaktionen, die in ihrer Art direkt vom Kommunikationsinhalt abhängen, physiologische Erregung und eine länger andauernde emotionale Aktivierung, die sich nicht auf den Filminhalt bezieht ... und fast vollkommen unspezifisch ist, differenziert sie doch nicht einmal zwischen angenehmen und unangenehmen Reizen" (a.a.O., S. 253).

Dysinger und Rickmick (1933, a.a.O; Zit. n. Huth, 1978) konnten zeigen, daß Zuschauer auf erregende Situationen desto stärker reagierten, je jünger sie waren. Eine Ausnahme bildeten Szenen, deren Bedeutung die Kinder nicht begreifen konnten und erotische Darstellungen. Im Alter von neun bis zehn Jahren beginnen die Kinder, sich vom Filmgeschehen zu distanzieren, d. h. sie versuchen das Gesehene zu objektivieren und es an ihrer eigenen Erfahrung zu messen. Die Autoren bezeichnen dieses Verhalten als „Erwachsenenvorbehalt“ (adult discount). Bei erotischen Szenen wurde die stärkste Reaktion bei 13- bis 18jährigen Jugendlichen gemessen.

Croft und Courier (1973, zit. n. Huth, 1978) wiesen bei 5- bis 14jährigen Vielsehern signifikant schwächere physiologische Reaktionen auf Boxkampfsszenen nach als bei Wenigsehern. Darüber hinaus blieben die Wenigseher auch in den nichtaggressiven Sequenzen auf einem höhern Erregungsniveau. „Der Zusammenhang zwischen dem Ausmaß des Film- und Fernsehkonsums und der Intensität der Reaktion auf bestimmte Filme wurde zumeist in Hinblick auf die Frage nach Gewöhnung oder Abstumpfung des Zuschauers untersucht. Das übereinstimmende Ergebnis, das vor allem anhand violenter Mediendarbietungen erzielt wurde, lautet: Zuschauer mit hohem allgemeinen Medienkonsum und hohem Konsum im besonderen an gewalttätigen Sendungen zeigen signifikant schwächere emotionale Reaktionen auf violente Unterhaltungsfilme als Wenigseher“ (Huth, 1978, S. 261).

Koriat et al. (1972) gaben Vpn die Anweisung, der Vorführung eines Streßfilms mit möglichst intensiver emotionaler Anteilnahme zu folgen. Die spätere Befragung der Vpn ergab, „ein Mitfühlen durch Empathie ... habe sich als verhältnismäßig wirkungslos erwiesen, während eine starke gefühlsmäßige Anteilnahme dann leicht erreicht werden konnte, wenn man sich vorstellte, die gezeigten Unfälle träfen einen selbst. Die Gefühlsreaktion hängt stark davon ab, inwieweit der Zuschauer sich selbst an die Stelle der Filmhelden versetzen, sich mit ihnen identifizieren kann“ (Huth, 1978, S. 263). Diese Hypothese konnte experimentell bestätigt werden. Je stärker sich Vpn mit einem in Not geratenen Protagonisten identifizierten, desto heftiger waren ihre bewußten und auch physiologischen Streßreaktionen (Tannenbaum & Gaer, 1965, zit. nach Huth, 1978).

4.5.1.3. Mechanismen des Erregungsabbaus und der Zusammenbruch psychischer Abwehrmechanismen

Eine theoretische Grundlage hierfür kann das Modell von Berlyne (1969) sein. Demnach wird ein mäßiger Spannungsanstieg und dessen Auflösung angenehm erlebt. Hingegen wirken ein starker Aktivierungsanstieg und/-oder eine emotionale Erregung, die längere Zeit nicht abgebaut wird, unlustvoll. Dagegen wird in Donohews (1978, zit. n. Huth, 1978) Theorie der

Informationsaufnahme angenommen, emotionale Erregung werde von einem bestimmten Punkt an aversiv erlebt. Das Individuum sei in diesem Fall bestrebt, den Erregungsgrad wieder auf bzw. unter das optimale Niveau zu senken, um sich dann wieder neuen Reizen zu öffnen. Dieses Modell greift also den Homöostase-Begriff von Cannon (zit. n. Selye, 1974) auf. Beide Autoren stimmen jedoch darin überein, daß ein Medienkonsument bestrebt und auch dazu in der Lage ist, einen zu raschen Aktivierungsanstieg bzw. einen zu hohen Erregungsgrad mit Hilfe von psychischen Abwehrmechanismen zu korrigieren.

Üblicherweise wird die emotionale Erregung durch dramaturgische Mittel reguliert. „Unter anderem zeigte Hagfors (1970), daß die typische Verlaufskurve der Erregung während einer Filmvorführung bei kommerziellen Filmen exakt dem traditionellen Konzept der Dramaturie entspricht. Ein rascher Erregungsanstieg im ersten Drittel wird von einem Absinken im Mittelteil gefolgt, worauf sich schrittweise die Spannung zum Höhepunkt im letzten Drittel aufbaut und danach scharf abfällt" (Huth, 1978, S. 273). Die Bedeutung des Happy-End für den Erregungsrückgang am Schluß des Films konnten Zillmann et al. (1973, zit. n. Huth, 1978) nachweisen. Sie zeigten eine Szene aus einem aufregenden, aggressiven Film mit und ohne Happy-End. „Die durch Resterregung vom Film verstärkte Aggressivität der Zuschauer war nach dem Happy-End signifikant geringer als in der Versuchsgruppe, die eine nicht abgeschlossene Filmhandlung bzw. das scheinbare Scheitern des Protagonisten gesehen hatte" (Huth, 1978, S. 273f.).

Tannenbaum und Gaer (1965, zit. n. Huth, 1978) variierten einen 20-minütigen Ausschnitt aus einem Western („The Ox-Bow Incident") mit glücklichem, tragischem offenen Schluß und ohne Schluß. Die emotionale Erregung stieg nach dem tragischen Schluß noch über das Niveau, das auf dem Spannungshöhepunkt erreicht worden war, während sie in den anderen Versionen (am ausgeprägtesten beim Happy-End) hochsignifikant absank. Das Streßniveau lag aber in allen Fällen nach dem Film höher als vorher.

Auch der Rezipient verfügt über Mechanismen zur emotionalen Selbstregulierung. Als solche können angesehen werden:

a) Wahrnehmungsblockierung

Damit ist die Abwehr unangenehmer Gefühlserregungen durch selektive Wahrnehmung gemeint. Bei Erwachsenen wurde ein hedonistisches Rezeptionsverhalten festgestellt; unter verschiedenen Bildern werden diejenigen am längsten betrachtet, welche angenehme Gefühle auslösen (Huth, 1978).

Experimente von Faw und Nunnally (1978, zit. n. Huth, 1978) ergaben, daß Kinder sowohl die angenehmen als auch die unangenehmen Bilder länger betrachten als die neutralen. Bei anderen Experimenten wurden von mehreren Stimuli oder von einem komplexen Stimulus nur der angenehme Bestandteil rezipiert.

b) Verdrängung (denial) und Intellektualisierung
Verwendet wurde bei einem dieser Experimente der Film „Subincision". Drei Kommentare im Stile von Reiseberichten wurden für den Film erstellt: (1) ein Trauma-Kommentar, der die hauptsächlichen Quellen der Bedrohung (z. B. Schmerz, Krankheit, Sadismus, Kastration) in dem Film hervorhob; (2) ein Leugnungs-/Reaktionsbildungskommentar, der das Geschehen als harmlos, für die Jungen nicht qualvoll und sogar als lustvoll charakterisierte; (3) ein Intellektualisierungs-Kommentar, der eine emotionale Distanz zu den Filmereignissen vermittelte (Lazarus & Launier, 1981, S. 229). Während der Trauma-Kommentar die bewußte und physiologische Erregung verstärkte, wurde sie von den beiden anderen Kommentaren abgeschwächt. Genauere Analysen ergaben allerdings, daß der Verdrängungskommentar nur bei denjenigen Vpn eine Verminderung der Streßreaktion bewirkte, denen ohnehin „denial" als Charakterzug eigen war. Ebenso verhielt es sich mit der Intellektualisierung.

c) Fiktionalitätsbewußtsein
Koriat et al. (1972) gaben ihren Vpn die Anweisung, den Film „It didn't have to happen" möglichst distanziert anzuschauen. Als Strategien zur Vermeidung emotionaler Anteilnahme gaben die Vpn u. a. an, sich auf die technische Machart des Films zu konzentrieren, andere machten sich Gedanken über einen verbesserten Unfallschutz. Besonders ängstliche Vpn neigten dazu, den Unfallopfern selbst die Schuld zuzuschreiben. Als wirksamstes Mittel wurde genannt, sich die Fiktionalität des Films immer wieder bewußt zu machten. Dies ist die gleiche Methode, welche gewöhnlich benutzt wird, um Kinder zu beruhigen, die von einem Film allzu sehr berührt werden: „Ist doch bloß ein Film".

4.5.2. Fragestellung und Hypothesen

Selye (1974, S. 61) betont ausdrücklich, daß die Streßreaktion mehr sei als nervöse Erregung. Sie beinhalte vielmehr eine umfassende physiologische Aktivierung des Individuums. Sämtliche Untersuchungen, in denen physiologische Messungen während des Filmerlebens vorgenommen wurden, verwendeten nervöse Parameter, wie PGR und Herzfrequenz, d. h. gemessen wurde möglicherweise nur ein sympathikotoner Reizzustand oder eine Orientierungsreaktion. Um audiovisuelle Medien eindeutig als mögliche Stressoren zu identifizieren, müßte strenggenommen die Ausschüttung von Katecholaminen und Kortikoiden erfaßt werden. Dann könnte die Behauptung der kognitiven Streßtheorie einwandfrei überprüft werden, wonach ein Mensch nach einem negativ verlaufenden Bewertungsprozeß eine Streßreaktion erlebt und erst dann eine physiologische Aktivierung zur Durchführung eines Abwehrverhaltens auftritt.

Übertragen auf die Situation eines Zuschauers vor der Leinwand oder dem Fernsehschirm könnte man einwenden, daß selbst bei der Betrachtung eines brutalen Horrorfilms die absolute Gewißheit besteht, das Gezeigte spiele sich nur auf Celluloid ab und stelle für den Betrachter keinesfalls eine Bedrohung dar. Lazarus und Launier (1981) gestehen allerdings selbst ein, daß der Mensch die Tendenz habe, bei der Beobachtung beeinträchtigender Erfahrungen anderer Menschen emotional zu reagieren. Deshalb können Filme benutzt werden, um im Labor experimentelle Streßreaktionen zu erzeugen.

Der nächste Punkt betrifft die Entstehung psychosomatischer Störungen durch Streß. Im Tierversuch wurde die Entstehung von Krankheiten infolge eines starken, ständig präsenten Stressors, dem sich der Organismus nicht entziehen kann, nachgewiesen. Eine vergleichbare Stressorwirkung können wir für audiovisuelle Medien nur bedingt annehmen. Psychovegetative Störungen können entstehen, wenn der Organismus einer *ständigen* Belastung ausgesetzt ist und/oder *immer wieder physiologisch aktiviert* wird. Schädigungen beim Menschen werden aber im Unterschied zu den Erklärungsmustern, die für den Tierbereich gelten, nicht als unmittelbare Folgen eines Stressors betrachtet, sondern als unangemessene Anpassungsversuche an die Streßsituation.

Sollten audiovisuelle Medien per se eine Stressorwirkung haben, dann wäre die zeitliche Dauer des Medienkonsums ein guter Prädiktor zur Vorhersage streßbedingter psychosomatischer Störungen. Kognitive Bewertungsprozesse und Bewältigungsmöglichkeiten sollten allerdings zumindest indirekt abgeschätzt werden, indem die Einstellungen zum Medium einer genaueren Analyse unterzogen werden.

Weit schwieriger gestaltet sich eine inhaltliche Aufgliederung des Filmangebots nach unterschiedlichen Stressorqualitäten. Wie dargestellt, kann praktisch jeder audiovisuelle Stimulus einen Zustand emotionaler Erregung auslösen. Besonderes Augenmerk soll aber auf Filmgenres gelegt werden, die auf Spannungs- und Angsterzeugung angelegt sind. Diese Filmtypen können mit „harmloseren“ Genres verglichen werden.

In vielerlei Hinsicht interessant sind Items, die Angsterlebnisse während oder nach dem Konsum von Videofilmen abfragen. Es ist zu prüfen, ob Jugendliche, die bereits eine oder mehrere Angstreaktionen erlebten, ein bestimmtes Konsummuster besitzen und aufgrund dessen vermehrt Angstzustände und damit heftige Distreßreaktionen erleben. Zum anderen ist zu prüfen, ob die ohnehin psychosomatisch belasteten Jugendlichen eher zu Übererregung und Angst neigen.

Die empirische Überprüfung der kognitiven Streßtheorie soll vor allem auf korrelationsstatistischem Wege erfolgen, d. h. es werden Korrelationen zwischen Medienkonsumindikatoren und der Häufigkeit psychosomatischer Symptome gebildet. Positive Korrelationen wären ein erster Beleg für die Gültigkeit der dargestellten Theorie. Die Wahl dieser Methode ergibt sich unmittelbar aus der Theorie der Genese streßbedingter Krankheiten. Wir unterstellen dabei einen proportionalen Zusammenhang zwischen „Mediendosis“ und Stressorwirkung, welche dann psychosomatische Störungen verursacht. Gegen die Modellannahme eines linearen Prädiktor-Kriterium-Zusammenhangs sprechen allerdings empirische Untersuchungen, wonach Vielseher und Konsumenten von aggressiven Filmen signifikant niedrigere emotionale Reaktionen zeigen als Kontrollgruppen. Offenbar unterliegen emotionale Reaktionen auf audiovisuelle Medienreize einem Gewöhnungseffekt.

Zusammenfassend lautet die Fragestellung der vorliegenden Untersuchung: Gibt es psychosomatische Korrelate des Medienkonsums bei Kindern und Jugendlichen? Anders formuliert: Besteht ein Zusammenhang zwischen dem Konsum bestimmter Medien in qualitativer und quantitativer Hinsicht und den von den Probanden wahrgenommenen und angegebenen psychosomatischen Störungen? Zur Prüfung dieser Fragestellung sollen folgende Hypothesen untersucht werden.

Hypothese 1: Es besteht eine positive Korrelation zwischen dem Konsum audiovisueller Medien und der Häufigkeit psychosomatischer Symptome (PS-Score) bei den untersuchten Kindern und Jugendlichen. Daraus folgt natürlich nicht, daß ein ursächlicher Zusammenhang besteht. Die Dauer des Fernseh- und Videokonsums wird als alleiniger Belastungsfaktor aufgefaßt, unabhängig von den gesehenen Inhalten.

Hypothese 2: Es besteht eine positive Korrelation zwischen dem Konsum von Filmen aggressiven Inhalts und der Häufigkeit psychosomatischer Störungen. Ausgehend von empirischen Untersuchungen, wonach sich das Erregunsniveau von Vpn während der Betrachtung von aggressiven Filminhalten stark erhöht, läßt sich im Sinne der Theorie von Selye (1974) folgern, daß eine häufige Beschäftigung mit solchen Filmen einen spezifisch wirkenden Belastungsfaktor darstellt.

Hypothese 3: Wenn Jugendliche eine positive Einstellung zum Mediem zeigen und den Wunsch äußern, Filme aggressiven Inhalts zu sehen, so wird die Korrelation zum PS-Score von Null nicht verschieden sein. Diese Hypothese formuliert die Position der kognitiven Streßtheorie. Ob eine emotionale Erregung zu einem Stressor wird, hängt davon ab, wie eine Person sie wahrnimmt und bewertet.

Hypothese 4: Es besteht eine positive Korrelation zwischen dem PS-Score und einer Variablen, die als Fernsehsucht bezeichnet werden kann. Entscheidend ist also nicht die Dauer des Konsums oder der Konsum bestimmter Filmgenres. Vielmehr kommt es auf die Art und Weise des Umgangs mit dem betreffenden Medium an.

Hypothese 5: Psychosomatisch vorbelastete Personen haben bestimmte Medien- und Programmpräferenzen. Diese Hypothese postuliert einen bestimmten Typus des Medienverhaltens bei Menschen, die aufgrund der besprochenen Ursachen zu psycho-vegetativen Störungen neigen. Medienkonsumvariablen als mitverursachende Faktoren bei der Genese psychosomatischer Krankheiten werden zugunsten einer Selbstselektionsvermutung zurückgestellt.

Hypothese 6: Jugendliche, die während des Anschauens von Videofilmen heftige Angstreaktionen erlebt haben, werden belastende Filme meiden und sich weniger erregenden Filmgenres zuwenden. Schlägt die lustvolle Erregung, die von spannenden und gruseligen Filmen vermittelt wird, in Angst um, so werden die Jugendlichen solche Filme meiden oder sich geeigneter psychischer Abwehrmechanismen bedienen. Die Jugendlichen werden sich also nicht willenlos Situationen aussetzen, die sie nicht verkraften können. An dieser Stelle muß darauf hingewiesen werden, daß auch die lustvolle oder „kontrollierte“ Erregung nach Selye einen Belastungsfaktor darstellt, besonders bei längerer Einwirkung auf den Organismus.

Die Auswertungen beziehen sich dabei auf die Teilstichprobe A, bei der der Fragebogen für psychosomatische Beschwerden durchgeführt wurde (N=801). Von diesen 801 Befragten waren 793 Fragebogen vollständig verwertbar (vgl. Angang B, Tab. B 12 und B 13). In dieser Stichprobe betrug das Durchschnittsalter 14,04 Jahre (s=1,07). 49,7% der Befragten waren Jungen. 55% besuchten zum Befragungszeitpunkt eine Hauptschule, 27,5% eine Realschule und 17,5% ein Gymnasium.

Der Fragebogen zur Erfassung von Angstsymptomen beim Anschauen von Videofilmen wurde hingegen von allen Befragten, die im Videoteil die entsprechende Skala beantwortet hatten, ausgewertet (N=2847, vgl. Anhang B, Tab. B 23 und B 24), ebenso die Skala Video gefallen, mit der die positive Bewertung zum Medium Video ausgedrückt wird (N = 2870, vgl. Anhang B, Tab. B 25 und B 26).

4.5.3. Ergebnisse zu psychosomatischen Korrelaten des Medienkonsums

4.5.3.1. Psychosomatische Beschwerden und soziodemographische Merkmale

Je nach Symptombereich stellen sich 30 bis 75% der Befragten als psychosomatisch vorbelastet dar (vgl. Tab. 4.27). Am seltensten werden dabei „Übelkeit und Erbrechen“, „Druckgefühl in der Schläfengegend“, „Eßstörungen“ oder „Schmerzen in Herz- und Brustgegend“ angegeben, die häufigsten Beschwerden beziehen sich auf „Kopfschmerzen“, „Müdigkeit“, „Nervosität“, „innere Unruhe“ und „Konzentrationsschwierigkeiten“.

Tabelle 4.27: **Häufigkeiten psychosomatischer Beschwerden (in)**

Symptome	nie	mehrmals im halben Jahr	mehrmals im Monat	mehrmals pro Woche	fast täglich
Kopfschmerzen	25,3	43,5	19,5	7,4	4,4
Magen- oder Darmschmerzen	51,0	34,7	9,9	3,6	0,8
Übelkeit oder Erbrechen	45,5	43,0	8,3	2,6	0,6
Eß- oder Appetitstörungen	43,8	36,6	11,8	5,9	1,9
Schwindelgefühle	50,1	27,1	11,3	8,0	3,5
Nervosität, innere Unruhe	32,3	34,0	16,6	10,6	6,6
Schmerzen in Herz- und Brustgegend	62,5	24,9	7,9	3,1	1,7
Druckgefühl in der Schläfengegend	68,4	22,9	5,0	2,4	1,2
Konzentrationsschwierigkeiten	35,9	36,4	16,5	7,3	4,0
Flimmern vor Augen	56,5	25,6	10,6	4,7	3,2
Müdigkeit, Abgespanntheit, Schlappheit	27,1	36,2	20,5	11,1	5,0

Auf der Ebene des zusammenfassenden Skalenwertes (vgl. Tab. 4.28) wird deutlich, daß die Häufigkeit der psychosomatischen Beschwerden bei Mädchen wesentlich größer ist als bei Jungen. Auch das Alter spielt für die angegebene Beschwerdehäufigkeit eine Rolle, u. zw. nehmen diese über den von uns erfaßten Altersbereich zu. Hingegen finden sich keine Korrelationen zu Schulart, Sozialschicht oder Wohnortgröße.

Tabelle 4.28: **Zusammenhänge zwischen den Skalen zur Erfassung psychosomatischer Beschwerden sowie von Video gefallen und Angstsymptomen beim Videokonsum und soziodemographischen Kriterien (erste Zeile: einfache Korrelationen, zweite Zeile: Beta-Koeffizienten)**

Soziodemographische Kriterien	Psychosomatik N=793[1]	Video gefallen N=2870[2]	Videoangst N=2847[2]
Schulartzugehörigkeit	.05 .03	-.19 -.18	-.07 -.08
Geschlecht	.22 .21	-.16 -.15	.25 .25
Alter	.09 .10	.11 .12	.01 .01
Sozialschicht	.03 .02	-.06 .00	-.05 -.02
Wohnortgröße	-.02 -.02	-.04 -.06	.01 .01
R	.24	.27	.26

1) p 5% : r = .07, p 1% : r = .09
2) p 5% : r = .04, p 1% : r = .05

4.5.3.2. Psychosomatische Beschwerden und Medienkonsum

Hinsichtlich des Printmedienkonsums wird die Tendenz deutlich, daß belastete Jugendliche höhere Lesezeiten angeben (vgl. Tab. 4.29). Neben dem global erhöhten Gesamtprintmedienkonsum sind vor allem die längeren Beschäftigungen mit Romanheften und Jugendzeitschriften aber auch mit Wochenzeitschriften und Comics zu erwähnen. Die Beziehungen bleiben bestehen, wenn die soziodemographischen Merkmale konstant gehalten werden, d.h. die Zusammenhänge können nicht durch wesentliche Hintergrundvariable erklärt werden.

Der Vollständigkeit halber wurden in Tabelle 4.29 auch noch die Zusammenhänge zwischen Printmedienkonsum und der Einstellung zu Video bzw. Angsterlebnissen während des Videokonsums aufgenommen. Hierbei tritt das bereits bekannte Muster hervor (vgl. Kap. 2.3), daß Jugendliche, die das Medium Video sehr positiv bewerten, weniger Bücher lesen, sich aber vermehrt Jugendzeitschriften, Comics oder Illustrierten zuwenden. Der Printmedienkonsum ist bei ihnen insgesamt nicht reduziert, die angegebenen Lesezeiten sind sogar leicht erhöht, davon profitieren aber nicht das Buch oder die informationsorientierte Tages- oder Wochenzeitung, sondern die stark bebilderten Printprodukte. Wesentlich geringer ist der Zusammenhang zwischen videobezogenen Angsterlebnissen und dem Printmedienkonsum. Auf der Ebene der partiellen Korrelationskoeffizienten weisen die Ergebnisse aber in eine ähnliche Richtung, d.h. Jugendliche, die vermehrt Angstsymptome bei sich wahrnehmen, beschäftigen sich etwas länger mit leichter Lektüre (i.e. Jugendzeitschriften, Comics und Romanhefte).

Auch die Konsumzeiten für auditive und audiovisuelle Medien korrelieren signifikant positiv mit dem Ausmaß an psychosomatischer Belastung (vgl. Tab. 4.30). Relativ ausgeprägt ist dabei die Korrelation zum wöchentlichen Schallplatten- und Cassettenkonsum, die Fernsehzeiten sind länger und auch die Videozeiten sind zumindest leicht erhöht. Besonders eng ist die Korrelation zwischen psychosomatischen Beschwerden und der Fernsehsuchtskala.

Tabelle 4.29: Zusammenhänge zwischen den Skalen zur Erfassung psychosomatischer Beschwerden, der Einstellung zu Video sowie von Angstsymptomen beim Videokonsum und Indikatoren des Printmedienkonsums (erste Zeile: einfache Korrelationen, zweite Zeile: partielle Korrelationen unter Konstanthaltung von Schulartzugehörigkeit, Geschlecht, Alter, Sozialschicht und Wohnortgröße)

Wöchentliche Konsumzeiten für ...	Psycho-somatik	Video gefallen	Video-angst
Bücher zur Unterhaltung	.05	-.13	.07
	.02	-.07	.03
Bücher zur Weiterbildung	.02	-.04	.01
	.01	-.02	.01
Tageszeitung	.04	.02	-.01
	.05	.00	.00
Wochenzeitung	.10	.04	.04
	.07	.03	.01
Illustrierte	.09	.06	.04
	.05	.08	.00
Jugendzeitschriften	.14	.13	.11
	.09	.15	.06
Comics	.02	.11	.05
	.07	.08	.08
Romanhefte	.15	.03	.10
	.11	.05	.04
Printmedien gesamt	.16	.03	.09
	.12	.06	.04

Tabelle 4.30: Zusammenhänge zwischen den Skalen zur Erfassung psychosomatischer Beschwerden, der Einstellung zu Video sowie von Angstsymptomen beim Videokonsum und Indikatoren für auditiven und audiovisuellen Medienkonsum sowie für die Nutzung nicht-gewaltbezogener Medieninhalte (erste Zeile: einfache Korrelationen, zweite Zeile: partielle Korrelationen unter Konstanthaltung von Schulartzugehörigkeit, Geschlecht, Alter, Sozialschicht und Wohnortgröße)

Medienkonsumindices	Psychosomatik	Video gefallen	Videoangst
Wöchentliche Konsumzeiten für ...			
Schallplatte/Cassette	.19 .16	.13 .13	.07 .03
Radio	.06 .04	.00 .00	.04 .02
Fernsehen	.07 .12	.20 .15	.03 .04
Video	.06 .07	.21 .17	.05 .05
Audiovisuelle Medien gesamt	.15 .16	.22 .18	.07 .05
Kinobesuchshäufigkeit	.10 .08	.17 .16	-.04 -.02
Fernsehsüchtigkeit	.24 .27	.30 .30	.21 .23
Informations- und unterhaltungsorientierter audiovisueller Medienkonsum			
Nachrichten/TV (Häufigkeit)	.02 .08	.11 .07	.02 .05
Nachrichten/TV (Präferenz)	.04 .08	-.01 -.05	-.01 .05
Unterhaltung/TV (Häufigkeit)	.05 .10	.20 .16	.05 .09
Unterhaltung/TV (Präferenz)	.10 .11	.11 .12	.12 .10
Unterhaltung Kino (Häufigkeit)	.16 .11	.08 .11	.14 .09
Unterhaltung Video (Häufigkeit)	.10 .07	.23 .24	.18 .18
Unterhaltung Video (Präferenz)	.12 .08	.15 .14	.17 .11

Die beiden zusätzlich aufgenommenen Indikatoren über die Einstellung zu Video bzw. die Skala über Angsterlebnisse während des Videokonsums vervollständigen das bereits bekannte Bild über die Mediennutzung des begeisterten Videokonsumenten. Jugendliche, die Video toll finden, nutzen (mit Ausnahme des Radio) die anderen audiovisuellen Medien stärker als solche, denen Video nicht so sehr gefällt. Diese Zusammenhänge können nicht durch soziale Zusatzbedingungen (wie Schulartzugehörigkeit, Geschlecht etc.) wegerklärt werden. Angstsymptome aufgrund von Videos sind wieder deutlich schwächer mit den anderen Angaben über den audiovisuellen Medienkonsum korreliert.

Qualitative Aspekte der audiovisuellen Mediennutzung sind ebenfalls positiv mit der Beschwerdehäufigkeit korreliert. Nach Auspartialisierung der sozio-demographischen Hintergrundvariablen hängen alle Indikatoren der informations- und unterhaltungsorientierten Mediennutzung mit vermehrten Beschwerden zusammen. Jugendliche, die Video positiv bewerten, nutzen auch die unterhaltenden Sparten im Fernsehen und Video stärker. Eine Ausnahme davon macht die Präferenz für informationsorientierte Sendungen im Fernsehen, die zwar geringfügig aber signifikant niederiger bei diesen Befragten ausgeprägt ist.

Für den Gewaltkonsum über Medien ergeben sich nur in drei von fünf Fällen (Kinogewaltkonsum und beide Fernsehgewaltkonsumindices) signifikante Korrelationen (vgl. Tab. 4.31), allerdings sind auch diese Koeffizienten relativ niedrig und decken nicht mehr als 1% gemeinsame Varianz ab. Deutlich erwartungswidrig ist vor allem die insignifikante Korrelation zu den Videogewaltindices. Es kann also nicht aufgewiesen werden, daß bei hohem Gewaltkonsum über Video die psychosomatische Belastung ansteigt. Daß die positive Bewertung von Video mit erhöhtem Gewaltkonsum auf allen drei Medien einhergeht, ist hingegen nicht überraschend. Eine leichte Tendenz besteht ebenfalls zwischen den beiden Videogewaltkonsumindices und der Häufigkeit von Angsterlebnissen bei Video. Während die Korrelation mit dem ersten Indikator (Häufigkeit des Videogewaltkonsums) im Sinne einer schwach ausgeprägten Wirkung interpretiert werden kann, könnte in der zweiten Korrelation (Präferenz für Videogewaltkonsum) ein leichter Hinweis auf einen Angst-Lust-Mechanismus gesehen werden.

Tabelle 4.31: **Zusammenhänge zwischen den Skalen zur Erfassung psychosomatischer Beschwerden, der Einstellung zu Video sowie von Angstsymptomen und den Gewaltkonsumindices (erste Zeile: einfache Korrelationen, zweite Zeile: partielle Korrelationen unter Konstanthaltung von Schulartzugehörigkeit, Geschlecht, Alter, Sozialschicht und Wohnortgröße)**

Gewaltkonsumindices	Psycho-somatik	Video gefallen	Video-angst
Kinogewaltkonsum (Häufigkeit)	.05 .10	.37 .30	-.03 .03
Fernsehgewaltkonsum (Häufigkeit)	.04 .07	.22 .18	.05 .05
Fernsehgewaltkonsum (Präferenz)	-.02 .08	.36 .31	-.06 .03
Videogewaltkonsum (Häufigkeit)	-.02 .02	.47 .41	.02 .08
Videogewaltkonsum (Präferenz)	-.06 .01	.43 .38	-.03 .06

4.5.3.3. Verarbeitungsmechanismen als Moderatorvariablen beim Videokonsum

Gemäß der kognitiven Streßtheorie wurde erwartet, daß die Zusammenhänge zwischen psychosomatischer Belastung und Medienkonsum verloren gehen, wenn die Einstellung zum Medium Video berücksichtigt wird. Auch zu dieser Vermutung sind die Ergebnisse konträr ausgefallen (vgl. Tab. 4.32). Wird die Einstellung zum Medium Video mittels partieller Korrelationstechnik konstant gehalten, so korreliert weiterhin der unterhaltungsorientierte Videokonsum mit der Skala für psychosoziale Belastung. Zusätzlich wird aber eine negative Beziehung zum Videogewaltkonsum deutlich. Beide

Ergebnisse zusammen machen deutlich, daß die kognitive Streßtheorie auf die von uns im realen Feld vorgefundenen Beziehungen nicht anwendbar ist. Vielmehr legen die Befunde nahe, daß hinsichtlich psychomatischer Belastung ein Selbstselektionseffekt vorliegt. Jugendliche, die sich als belastet einstufen, wenden sich von aufregenden Inhalten ab und schauen sich im Sinne eines für sie optimalen Stimmungs- und Erregungsmanagements solche Inhalte an, die für sie nicht streßreich sind. Da bei einer experimentell nicht registringierten Untersuchung - wie der vorliegenden - keine erzwungene Konfrontation mit bestimmten medialen Stimuli stattfindet bzw. der Rezipient im Alltag bei ihm unangenehmen Stimmungslagen weitere Medienkontakte meiden kann, läßt sich kein Beleg dafür finden, daß für Genießer actionsreicher und gewalthaltiger Videos diese für diese Rezipientengruppe eine Belastung darstellen.

Tabelle 4.32: **Zusammenhänge zwischen psychosomatischen Auffälligkeiten und Videosonsumindices (erste Zeile: einfache Korrelationen, zweite Zeile: partielle Korrelationen unter Konstanthaltung der Einstellung zu Video)**

Videokonsum-indices	Psychosomatik
Unterhaltung Video (Häufigkeit)	.10 .08
Unterhaltung Video (Präferenz)	.12 .11
Videogewaltkonsum (Häufigkeit)	-.02 -.08
Videogewaltkonsum (Präferenz)	-.06 -.11

4.5.3.4. Zusammenfassung der Ergebnisse zu psychosomatischen Aspekten des Medienkonsums

Als einleitende Annahme wurde auf der Basis der allgemeinen Streßtheorie vermutet, daß der Medienkonsum nicht nur im Labor, sondern auch im realen Leben ein Stressor sein könnte. In der Tat ließ sich nachweisen, daß erhöhte Werte in der Skala über psychosomatische Beschwerden mit ausgeprägterem Medienkonsum einhergehen. Eine Interpretation in die Richtung, daß hiermit ein Medieneffekt nachgewiesen worden sei, fällt allerdings schwer. Dies besonders angesichts der Tatsache, daß sich für die zweite Vermutung eines besonders engen Zusammenhangs zwischen medialem Gewaltkonsum und psychosomatischer Belastung nur geringe und inkonsistente Beziehungen nachweisen ließen. Fügt man die Resultate über die signifikanten Zusammenhänge zwischen dem Ausmaß des Medienkonsums sowie des Ausmaßes an unterhaltungs- und informationsorientierten Mediengebrauch mit dem nicht konsistenten Korrelationsmuster zwischen gewalthaltigem Medienkonsum und psychosomatischen Beschwerden zusammen, so führt dies zu der Interpretation, daß auch jugendliche Rezipienten Medien gezielt einsetzen, sich also in der Regel nicht mehr zumuten als sie vertragen können. Nicht ausgeschlossen ist dabei, daß bei den Liebhabern der besonders harten Videoprogramme bereits ein Gewöhnungs- und Abstumpfungsprozeß eingetreten ist, der gegen eine Konversion streßreicher Filmerlebnisse in somatische Beschwerden resistent macht.

Auch für die kognitive Streßtheorie, nach der die Einstellung zum Medium eine moderierende Funktion in bezug auf Medieneffekte besitzen soll, ließ sich keine Bestätigung finden. Es ist zwar nicht ausgeschlossen, daß in kontrollierten Situationen durch die Aktivierung unterschiedlicher Interpretationsschemata dasselbe Geschehen auch unterschiedlich streßreich erlebt wird (Lazarus & Launier, 1981), die im Feld vorfindbaren Beziehungen lassen sich aber nicht diesem Wirkkonzept subsumieren. Zwar ist es so, daß Befragte mit hoher Wertschätzung von Video auch gewalthaltige Filme häufiger sehen und deutlicher präferieren, aber durch die auf statistischem Wege mögliche Konstanthaltung des Einflusses dieses Merkmals geht der Zusammenhang zwischen Videokonsum und psychosomatischen Beschwerden nicht wie in Hypothese drei vermutet verloren. Vielmehr wird der Zusammenhang noch deutlicher, allerdings gerade in die nicht erwartete Richtung. Auch dieses Ergebnis (positiver Zusammenhang zwischen psychosomatischen Beschwerden und unterhaltungsorientiertem Videokonsum und negativer mit gewaltorientiertem Videokonsum) stützt die oben gegebene Interpretation, nach der mit stark ausgeprägtem Konsum gewalthaltiger Filme ein Gewöhnungseffekt einsetzt (Huth, 1978).

Nachweisbar war in der Tat aber eine relativ ausgeprägte Beziehung zwischen psychosomatischen Beschwerdehäufigkeiten und einer engen Bindung an das Fernsehen im Sinne von Fernsehsucht. Dieser Zusammenhang kann wegen der anders gearteten Qualität des Fernsehangebots insofern schlüssig interpretiert werden, als man dahinter eine Flucht - weg von einer möglicherweise krankmachenden Realität - in die Scheinwelt des Fernsehens erblicken kann.

In Zusammenhang mit den bereits besprochenen Interpretationen ist auch Hypothese fünf zu bewerten. In der Tat weisen psychosomatisch belastete Jugendliche andere Medienpräferenzen auf als weniger belastete. Diese kommen durch mehr oder minder bewußte Selbstzuordnungen zustande, d.h. psychosomatisch belastete Jugendliche wissen darum, daß actionreiche Filme sie überfordern. Sie gehen diesen deshalb gezielt aus dem Weg und wenden sich vermehrt der Sparte „leichte Unterhaltung" zu.

Keine Bestätigung fand sich letztlich für die Vermutung, daß Jugendliche, die häufig Angstreaktionen während eines Videofilmes erlebt haben, diese Filme meiden werden. Hier findet man, daß solche Jugendliche wiederum allgemein zu vermehrtem Medienkonsum neigen, vor allem auch eine enge Beziehung an das Fernsehen aufweisen (Fernsehsucht, vgl. Tab. 4.31). Eine mögliche Interpretation dieses Ergebnisses in Richtung Realitätsflucht liegt nahe. Ein gleichsinniger Zusammenhang ergibt sich aber auch zu der Häufigkeit und Präferenz gewalthaltigen Videomaterials. Gerade letzteres Ergebnis läßt vermuten, daß in der vorliegenden Stichprobe keine extremen und eventuell traumatisierenden Angsterfahrungen aufgrund des Videokonsums vorhanden waren und die Schwelle, bis zu der angstvolle Erregung noch als lustvoll erfahren werden kann, nicht überschritten wurde. Daß aber auch diese lustvolle Erregung eventuell zu einem langzeitlichen Belastungsfaktor werden kann, darauf verweist die Korrelation zwischen psychosomatischer Symptomhäufigkeit und der Häufigkeit von Angsterlebnissen beim Ansehen von Video ($r = 0{,}28$ bzw. 0,25 bei Auspartialisierung der soziodemographischen Hintergrundmerkmale). Im vorliegenden Kontext scheint aber ein Hinweis auf einen Angst- bzw. Erregungs- und Lust-Mechanismus vorzuliegen.

4.6. Soziale Beliebtheit, schulische Leistungen und Medienkonsum

4.6.1. Vorbemerkung

Die Schulklasse ist für Schüler ein wesentliches Sozialisationsfeld. Neben den formellen Einflüssen durch Lehrer und Unterricht sind es die informellen Beziehungen der Schüler untereinander, welche für die Entstehung von Wertsystemen wichtig sind. Da Schule als Lerninstitution konzipiert wurde, haben relativ viele Forscher den Zusammenhang zwischen erbrachten schulischen Leistungen und der sozialen Anerkennung, die Schülern von ihren Mitschülern entgegengebracht wird, untersucht (Selg, 1965; Heller & Nickel, 1976; Knapp & Schindler, 1976). Dabei stellte sich heraus, daß in einem leistungsorientierten schulischen Kontext, wie er in der Regel eher in Gymnasien zu finden ist, der Zusammenhang zwischen sozialer Anerkennung durch die Mitschüler und Leistung enger ist. Nicht-leistungsbezogene Attribute tragen hingegen in anderen institutionellen oder gruppenbezogenen Kontexten zu sozialem Status bei.

Im Rahmen der vorliegenden Medienstudie soll in diesem Exkurs der Frage nachgegangen werden, ob soziale Beliebtheit mit Art und Ausmaß des Medienkonsums zusammenhängt. Da in den vorigen Kapiteln bereits herausgestellt wurde, daß die Schulartzugehörigkeit für den Medienkonsum eine entscheidende Rolle spielt, in den meisten Fällen sogar wichtiger als die soziale Herkunft ist, wird im folgenden getrennt untersucht, welche Beziehungen innerhalb der jeweiligen Institutionen Hauptschule, Realschule oder Gymnasium zwischen sozialem Status, Schulleistungseinschätzungen und Medienkonsumvariablen bestehen.

4.6.2. Fragestellung und Methodik

Da der hier zu untersuchende Bereich nicht zentral für die vorliegende Jugendmedienstudie war, wurden nur mit wenigen ausgewählten Variablen die Bereiche schulische Leistung und soziale Beliebtheit erfaßt. In der Gesamtstichprobe wurden die schulischen Leistungen durch Selbstangaben und die Anzahl der wiederholten Klassen erhoben, mittels Selbsteinschätzung werde eruiert, ob sich die Befragten im Vergleich mit ihren Mitschülern besser, gleich gut oder schlechter einschätzen. Eine sinngemäße Einstufung wurde für die soziale Beliebtheit vorgenommen.

Zusätzlich zu diesen drei von allen Befragten erhobenen Angaben wurde eine Realschule ausgewählt, in der in je fünf 8. und 9. Klassen ein Soziogramm durchgeführt wurde. Dabei wurden vier soziometrische Fragen gestellt, wobei mit je zwei Fragen der Beliebtheits- oder Wahlstatus und mit zweien der Unbeliebtheits- oder Ablehnungsstatus erfaßt wurde („Wen würdest Du aus Deiner Klasse zu einer Geburtstagsparty/Fete einladen?" und „Neben wem möchtest Du gern sitzen?" bzw. „Wen würdest Du nicht einladen?" und „Neben wem würdest Du nicht so gerne sitzen?"). Bei allen Fragen konnten beliebig viele Schüler angegeben werden. In den zehn Klassen befanden sich insgesamt 288 Schüler(innen). 59,9% waren davon Jungen. Das Durchschnittsalter betrug 14,86 Jahre. Knapp die Hälfte der Befragten (47,6%) stammte aus der Kleinstadt, in der die Realschule war, der Rest kam aus umliegenden Dörfern.

Zur Auswertung des Soziogramms wurde auf Indices von Petillon (1980, S. 100) zurückgegriffen. Dieser schlägt vor, auf Klassenebene für jeden Schüler einen Wahl- und einen Ablehnungsstatus nach folgenden Formeln zu berechnen:

$$WS = 1 + \frac{SummeWa_i - \bar{x}(Wa)}{Max(Wa)}$$

$$AS = 1 + \frac{SummeAb_i - \bar{x}(Ab)}{Max(Ab)}$$

WS, AS: Wahl-, Ablehnungsstatus
Summe W a_i, Ab_i: Summe der Wahlen bzw. Ablehnungen, die ein Schüler erhält
$\bar{x}$ (Wa), (Ab): durchschnittliche Anzahl der Wahlen bzw. Ablehnungen, die in einer Klassen pro Schüler vergeben werden
Max (Wa), (Ab): Maximale Anzahl der Wahlen bzw. Ablehnungen, die auf einen Schüler fallen können (zumeist N-1)

Die so gebildeten Indices berücksichtigen zwei wesentliche Bezugswerte, nämlich einmal die Gruppengröße (die gleiche Anzahl von Wahlen oder Ablehnungen bedeutet je nach Gruppengröße etwas anderes) und die Wahl-

und Ablehnungsbereitschaft der Gruppe. Durch diese Relativierungen meint Petillon (a.a.O.), daß sich die Zahlenwerte mit Ergebnissen aus anderen Gruppen oder zu anderen Zeitpunkten vergleichen lassen.

Aufgrund des errechneten Wahl- und Ablehnungsstatus (für jedes Fragenpaar) lassen sich durch Kombination beider Werte sieben soziometrische Typen bilden. Als Cutting-Points zur Typenbildung wurden von Petillon (a.a.O., S. 105) die Ablehnungs- oder Wahlstatus-Werte 0,8 bzw. 1,2 vorgeschlagen.

Diese sieben Typen lassen sich wie folgt unterscheiden:

Typ 1(„Ausgestoßener"): Er erhält kaum Wahlen und wird von den meisten Mitschülern abgelehnt.

Typ 2 („Abgelehnter"): Der „Abgelehnte" bekommt zwar ebenso viele Ablehnungen wie der „Ausgestoßene", jedoch eine durchschnittliche Anzahl von Wahlen.

Typ 3 („Unbeachteter"): Die Klassengemeinschaft schenkt ihm wenig Aufmerksamkeit. Die Stimmen für und gegen ihn halten sich in Grenzen.

Typ 4 („Unauffälliger"): Eine mittlere Anzahl von Wahlen und Ablehnungen kennzeichnen die Position des unauffälligen Schülers. Typ 4 ist demnach durchschnittlich beliebt und liegt im Mittelfeld des Einteilungsschemas.

Typ 5 („Anerkannter"): Er besitzt eine soziometrisch angesehene Stellung in der Klasse, da er bei einem mittleren Wahlstatus nur wenige Ablehnungen erhält.

Typ 6 („Beachteter"): Die führende Position des beachteten Schülers ist auf eine sehr hohe Anzahl von Wahlen zurückzuführen. Sein mittlerer Ablehnungsstatus unterscheidet ihn vom „Star".

Typ 7 („Star"): Der „Star" erhält sehr viele Wahlen und auffallend wenige Ablehnungen. Diese überragende Position hat einen unumstrittenen Führungscharakter.

Es wurde in der vorliegenden Untersuchung zwar versucht, diese Typologien anzuwenden, die Differenzierung konnte aber wegen der vielen Schüler in mittleren Positionen nicht verwendet werden.

4.6.3. Ergebnisse zu sozialer Beliebtheit, schulischen Leistungen und Medienkonsum

4.6.3.1. Allgemeine Bedingungen für soziale Beliebtheit und schulische Leistungen

Betrachtet man die Beziehungen aller soziodemographischen Merkmale zu den drei Angaben zu schulischer Leistung und sozialer Beliebtheit getrennt nach Schularten, so zeigen sich keine sehr deutlichen Ergebnismuster (vgl. Tab. 4.33). So sind die erhobenen Selbstangaben über alle Schularten hinweg mit dem Geschlecht der Befragten unkorreliert. Mit zunehmendem Alter der Befragten hängt am engsten die Anzahl der Klassenwiederholungen zusammen, was auch plausibel ist. Die älteren Befragten schätzen sich in Haupt- und Realschule als etwas beliebter ein als die jüngeren. Die Leistungsselbsteinschätzung ist mit dem Alter in der Hauptschule leicht positiv, im Gymnasium etwas stärker negativ korreliert. In einem bildungstheoretischen Kontext wäre zu untersuchen, inwieweit sich hinter diesen Zusammenhängen systematisch unterschiedliche Schülerkarrieren verbergen. Die Sozialschicht zeitigt im Kontext der Hauptschule - vermutlich aufgrund eingeschränkter Varianz - keine Effekte. Im Bereich der Realschule sind alle drei Indikatoren mit den Sozialschichtangaben positiv korreliert, was eventuell ebenfalls durch Selektionseffekte zu erklären wäre (z. B. könnten statushöhere Realschüler, die früher am Gymnasium versagt haben, als Realschüler zwar vermehrt Klassenwiederholungen aufweisen, zugleich in diesem Vergleichskontext aber zu den besseren Schülern gehören). Im Gymnasium sind in bezug auf die Leistungseinschätzungen konsistente Resultate vorhanden, d. h. mit steigender Sozialschicht ist die Selbsteinstufung schulischer Leistungen positiver, Klassenwiederholungen aber seltener (auch dieser Befund könnte in einem bildungstheoretischen Zusammenhang noch vertieft werden, z. B. durch Berücksichtigung der im Gymnasium hohen Mobilität nach unten). Unter Haupt- und Realschülern, die in Großstädten wohnen, ist eine größere Anzahl von Klassenwiederholungen festzustellen, nicht aber unter Gymnasiasten; auch hinsichtlich dieses Ergebnisses soll auf Weiterführungsmöglichkeiten, wie sie z. B. durch die Betrachtung regional unterschiedlicher Begabungsabschöpfung möglich wären, verzichtet werden.

Zu erwähnen ist schließlich, daß die Selbsteinstufung nach sozialer Beliebtheit im Kontext der Hauptschule nur schwach positiv mit der Selbsteinstufung nach schulischer Leistung korreliert. In den beiden anderen Schulformen sind hingegen die Anzahl der Klassenwiederholungen positiv mit sozialer Beliebtheit verbunden. Es kann dabei nicht entschieden werden, ob diese gefundenen Zusammenhänge auf realen Verhältnissen beruhen, d. h. ob Repetenten tatsächlich einen höheren sozialen Status genießen, oder ob sich dahinter eine systematische Selbstüberschätzung nach sozialem Ansehen durch die Klassenwiederholer verbirgt.

Tabelle 4.33: **Zusammenhänge zwischen den Selbstangaben über (1) schulische Leistungen, (2) Anzahl der Klassenwiederholungen, (3) sozialer Beliebtheit und soziodemographischen Angaben, getrennt nach Schularten (einfache Korrelationen [1])**

Soziodemographische Angaben	Hauptschule (N=1887)			Realschule (N=1260)			Gymnasium (N=937)		
	(1)	(2)	(3)	(1)	(2)	(3)	(1)	(2)	(3)
Geschlecht	.02	-.01	.03	-.02	-.01	.03	-.02	-.05	.01
Alter	.05	.35	.06	-.02	.50	.12	-.10	.43	.05
Sozialschicht	.04	.03	.00	.06	.09	.06	.18	-.09	.05
Wohnortgröße	.01	.15	.02	.00	.15	.01	.10	.01	.04
schulische Leistung	--	.01	.06	--	-.02	.03	--	-.19	.00
Anzahl der Klassenwiederholungen		--	.03		--	.13		--	.09

1) Signifikanzgrenzen: HS 5 % r = .05, 1 % r = .06;
RS 5 % r = .06, 1 % r = .07;
GS 5 % r = .06, 1 % r = .08.

(1) schulische Leistung: 1 = schlechter als andere,
3 = besser als andere
(3) soziale Beliebtheit: 1 = gehöre zu den weniger beliebten,
3 = gehöre zu den sehr beliebten Schülern.

Insgesamt muß aber der Einfluß soziodemographischer Merkmale auf die untersuchten Kriterien als gering veranschlagt werden. Auch die gefundenen Beziehungen zwischen Leistungs- und Statuseinschätzung sind von der Größe her nicht überwältigend. Offensichtlich ist für die hier verwendete Operationalisierung über Selbstangaben von einer relativen Unabhängigkeit zwischen Leistungs- und Statusangaben auszugehen.

Tabelle 4.34: **Zusammenhänge zwischen den Selbstangaben über (1) schulische Leistungen, (2) Anzahl der Klassenwiederholungen, (3) sozialer Beliebtheit und den Skalen zur Erfassung des Freizeitverhaltens, getrennt nach Schularten (erste Zeile: einfache Korrelationen, zweite Zeile: partielle Korrelationen unter Konstanthaltung von Geschlecht, Alter, Sozialschicht und Wohnortgröße)** [1]

Freizeit-skalen	Hauptschule			Realschule			Gymnasium		
	(1)	(2)	(3)	(1)	(2)	(3)	(1)	(2)	(3)
Freizeit	.00	-.04	-.17	.08	-.07	-.18	.17	-.15	-.25
interaktiv	.01	.01	-.16	.08	-.01	-.16	.15	-.09	-.25
Freizeit	.05	.01	-.10	.08	-.15	-.17	.17	-.14	-.13
allein/passiv	.06	.07	-.10	.08	-.06	-.15	.13	-.06	-.13
Freizeit	-.01	.01	-.02	.02	.01	-.04	-.03	-.02	-.01
allein/aktiv	-.01	-.01	-.01	.02	-.02	-.04	-.05	-.05	.00

1) Legende siehe Tabelle 4.33.

Da die Freizeitskalen negativ gepolt sind, bedeutet ein Minus-Zeichen einen gleichsinnigen Zusammenhang.

Die Art der Freizeitbetätigungen steht mit den Selbstangaben über schulische Leistungen und soziale Beliebtheit in einer engen Beziehung (vgl. Tab. 4.34). Eine Ausnahme davon machen nur die Angaben zur allein und aktiv verbrachten Freizeitgestaltung, d. h. es macht für den hier zu untersuchenden Bereich nichts aus, ob sich die Befragten in der allein verbrachten Zeit mit kreativen Tätigkeiten beschäftigen oder ob nicht. Sehr deutlich ist die Häufigkeit interaktiver Freizeitbeschäftigungen mit sozialer Beliebtheit korreliert, am höchsten im übrigen bei Gymnasiasten. Zusätzlich gilt für Realschüler und Gymnasiasten, daß die Häufigkeit interaktiver Freizeittätigkeiten mit Leistungskriterien negativ verbunden ist, d. h. Schüler mit vielen Freizeitkontakten in der Peer-Gruppe weisen vermehrt Klassenwiederholungen auf und sie schätzen sich hinsichtlich ihrer schulischen Leistungen schlechter ein. Dieses Ergebnismuster wiederholt sich für alle Schularten in abgeschwächter Form für die Angaben über allein und passiv verbrachte Freizeittätigkeiten, d. h. solche Formen der Betätigung sind bei den sozial beliebteren sowie den leistungsmäßig schwächeren Schülern gehäuft vorzufinden.

Für die nur für Realschüler erhobenen Soziogrammdaten lassen sich diese Ergebnisse bestätigen. Die Anzahl der interaktiven Freizeittätigkeiten korreliert gleichsinnig mit dem Wahlstatus bei der Frage nach dem Geburtstagsfest (-.21/-.18) und gegensinnig mit dem Ablehnungsstatus bei der Festfrage (.13/.15) sowie dem Ablehnungsstatus bei der Frage nach dem Sitznachbar (.14/.14). Die allein verbrachten passiven Freizeitaktivitäten korrelieren mit allen soziometrischen Indices in ähnlicher Weise (WS Fest: -.23/-.23; AS Fest: .16/.17; WS Sitznachbar: -.13/-.13; AS Sitznachbar: .19/.20). Mit der Häufigkeit allein und aktiv verbrachter Freizeitbetätigungen ergibt sich kein Zusammenhang.

Schließlich kann noch an den Teilstichproben A und D untersucht werden, inwieweit soziale Beliebtheit und schulische Leistungen mit den Skalen zur Erfassung abweichenden Verhaltens und von Aggressivität korreliert sind. Wie aus Tab. 4.35 hervorgeht, ist so gut wie keine Beziehung zwischen den verschiedenen Formen abweichenden Verhaltens und sozialer Beliebtheit zu finden. Zwei Ausnahmen hiervor treten bei Realschülern auf, wobei sich ein höherer Grad an sozialer Beliebtheit bei Schülern mit vermehrtem Flucht- und Täuschungsverhalten findet. Relativ deutlich und über alle drei Stichproben konsistent negativ ist die Beziehung zwischen schulischen Leistungskriterien und Normabweichungen. Verhaltensabweichungen kommen in allen Schularten vermehrt bei den Schülern mit geringer Leistungseinschätzung bzw. mit Klassenwiederholungen vor.

Tabelle 4.35: Zusammenhänge zwischen den Selbstangaben über (1) schulische Leistungen, (2) Anzahl der Klassenwiederholungen (3) sozialer Beliebtheit und den Skalen zur Erfassung abweichenden Verhaltens, getrennt nach Schularten (erste Zeile: einfache Korrelationen, zweite Zeile: partielle Korrelationen unter Konstanthaltung von Geschlecht, Alter, Sozialschicht und Wohnortgröße) [1)]

Skalen zur Erfassung abweichenden Verhaltens	Hauptschule			Realschule			Gymnasium		
	(1)	(2)	(3)	(1)	(2)	(3)	(1)	(2)	(3)
Aggressionen gegen Lehrer	-.05	.08	.04	-.04	.12	.12	-.21	.29	.01
	-.08	.03	.01	-.05	.07	.11	-.21	.23	.03
Aggressionen gegen Mitschüler und Sachen	-.05	.01	-.01	-.09	.05	-.07	-.13	.00	.00
	-.05	-.02	-.02	-.10	.00	-.10	-.12	-.07	.00
Unruhe im Unterricht	-.10	.07	.07	-.12	.11	.07	-.23	.02	-.01
	-.12	.05	.05	-.13	.05	.03	-.19	-.03	.04
Reduzierte Unterrichtsteilnahme	-.07	.02	.06	-.17	.19	.11	-.20	.19	.07
	-.09	-.02	.03	-.18	.16	.08	-.16	.18	.13
Fluchtverhalten	-.14	.14	.05	-.07	.25	.19	-.13	.27	.01
	-.15	.09	.02	-.09	.21	.17	-.09	.22	.05
Täuschungsverhalten	-.08	.14	.06	-.27	.22	.16	-.31	.28	-.01
	-.10	.09	.03	-.19	.15	.13	-.28	.23	.03
Kleinkriminalität	-.09	.04	.07	-.19	.16	-.01	-.12	.04	.03
	-.11	-.01	.05	-.20	.10	-.01	-.09	-.03	.05
Gesamtskala	-.10	.09	.06	-.18	.18	.08	-.26	.19	.02
	-.12	.04	.03	-.19	.11	.05	-.23	.13	.07

1) **Signifikanz für**
Hauptschulstichprobe: 5 % r = .09, 1 % r = .12,
Realschulstichprobe: 5 % r = .13, 1 % r = .17,
Gymnasialstichprobe: 5 % r = .17, 1 % r = .20.

Die beiden Aggressionsskalen stehen bei Gymnasiasten in positiver Beziehung zur sozialen Beliebtheit, allerdings läßt sich nur ein Korrelationskoeffizient gegen den Zufall absichern (vgl. Tab. 4.36). Geringere schulische Leistungen gehen hingegen bei Haupt- und Realschülern mit einem höheren Ausmaß an Aggressivität einher. Der Größe und Richtung nach ist bei Gymnasiasten zwar die gleiche Beziehung gegeben, aufgrund des geringeren Stichprobenumfanges verfehlt jedoch der Koeffizient für spontane Aggressivität das Signifikanzniveau knapp.

Tabelle 4.36: **Zusammenhänge zwischen den Selbstangaben über (1) schulische Leistungen, (2) Anzahl der Klassenwiederholungen, (3) sozialer Beliebtheit und der Skalen zur Erfassung der Aggressivität, getrennt nach Schularten (erste Zeile: einfache Korrelationen, zweite Zeile: partielle Korrelationen unter Konstanthaltung von Geschlecht, Alter, Sozialschicht und Wohnortgröße)[1]**

Aggressions-skalen	Hauptschule (1)	(2)	(3)	Realschule (1)	(2)	(3)	Gymnasium (1)	(2)	(3)
spontane Ag-	-.14	-.04	-.04	-.15	.05	-.02	-.17	-.01	.16
gressivität	-.14	-.11	-.04	-.16	-.02	-.05	-.16	.01	.20
reaktive Ag-	-.05	.01	-.01	-.17	-.01	.06	-.02	-.09	.14
gressivität	-.04	.01	-.01	-.17	-.06	.04	-.03	-.07	.15

1) Signifikanzgrenzen: HS 5 % r = .09, 1 % r = .12;
RS 5 % r = .13, 1 % r = .17;
GY 5 % r = .18, 1 % r = .23.

4.6.3.2. Medienkonsum, soziale Beliebtheit und schulische Leistung

Die Angaben über den Printmedienkonsum stehen nur in wenigen Fällen in signifikanter Beziehung zu den Selbstangaben über schulische Leistung und soziale Beliebtheit (vgl. Tab. 4.37). Schüler, die sich als sozial beliebt wahrnehmen, lesen der Tendenz nach weniger Bücher (signifikant für Hauptschüler und Gymnasiasten), mehr Jugendzeitschriften (signifikant bei Hauptschülern) und vermehrt Romanhefte (signifikant für alle drei Schularten). Mit der Selbsteinschätzung schulischer Leistungen korreliert der Konsum von Jugendzeitschriften und Comics in allen Schularten negativ, d. h. intensive Leser dieser Literatursparte schildern sich als leistungsschwächer. Die häufige Lektüre von Romanheften ist wiederum positiv mit den Leistungseinschätzungen verbunden. Alle Korrelationen verweisen auf einen gemeinsamen Varianzanteil von ca. 1 bis 2% und sind demnach relativ gering ausgefallen. Angesichts dieser schwachen Beziehungen lohnt es sich nicht, die Frage nach Ursache und Wirkung bzw. nach gemeinsamen Bedingungen für Art der Printlektüre und den erhobenen Selbsteinschätzungen zu stellen.

Wendet man sich dem auditiven und audiovisuellen Medienkonsum zu, so wird ein konsistentes Beziehungsmuster deutlich (vgl. Tab. 4.38). Die soziale Beliebtheit ist ist bei den Jugendlichen größer, die auch einen höheren Medienkonsum aufweisen. Eine Ausnahme davon macht nur die Häufigkeit des Radiohörens bei allen Schularten sowie die Intensität des Videokonsums bei Realschülern und Gymnasiasten. Bei den Jugendlichen, die sich als sozial beliebter wahrnehmen, ist auch ein konsistent höherer unterhaltungsorientierter Medienkonsum zu finden, wobei das Medium Video bei den Gymnasiasten eine Ausnahme macht. Häufigkeit und Präferenz für Nachrichten und informationsorientierte Sendungen im Fernsehen korrelieren hingegen nicht mit den Selbsteinschätzungen sozialer Beliebtheit. Daß gemeinsame Medientätigkeiten eine substantielle Bedeutung für sozialen Status zukommt, läßt sich auch für die Häufigkeit des Kinobesuchs in der Freundesclique (HS: $r = .14/.13$; RS: $r = .16/.14$; GY: $r=.21/.21$), dem Anschauen von Fernsehsendungen (HS: $r = .12\ /.03$; RS: $r = .11/.10$; GY: $r = .06/.07$) und mit Ausnahme der Gymnasiasten auch für die gemeinsame Konsumhäufigkeit von Videos (HS: $r = .\ 12/.12$; RS: $r = .10/.09$; GY: $r = .03/.03$) absichern.

Tabelle 4.37: **Zusammenhänge zwischen Printmedienkonsum und den Selbstangaben über (1) schulische Leistungen, (2) Anzahl der Klassenwiederholungen, (3) sozialer Beliebtheit, getrennt nach Schularten (erste Zeile: einfache Korrelationen, zweite Zeile: partielle Korrelationen unter Konstanthaltung von Geschlecht, Alter, Sozialschicht und Wohnortgröße)**[1]

Wöchentliche Konsumzeiten für ...	Hauptschule (1)	Hauptschule (2)	Hauptschule (3)	Realschule (1)	Realschule (2)	Realschule (3)	Gymnasium (1)	Gymnasium (2)	Gymnasium (3)
Bücher zur	.00	-.02	-.06	.03	-.03	-.02	.05	-.01	-.07
Unterhaltung	.00	.00	-.07	.03	.02	-.02	.03	.08	-.07
Bücher zur	.01	.03	-.03	.02	-.01	-.04	-.03	.02	-.07
Weiterbildung	.01	.02	-.03	.02	-.04	-.05	.04	.00	-.07
Tageszeitung	.00	.02	.03	.04	.04	.05	-.07	.15	.04
	.00	.00	.03	.04	.00	.05	.05	.04	.03
Wochen-	-.01	.00	.05	-.04	.03	.05	-.08	.05	.01
zeitung	-.01	-.02	.04	-.03	.00	.04	-.08	.06	.01
Illustrierte	-.01	.01	.02	-.04	.01	.04	-.02	.07	-.02
	-.01	-.02	.02	-.04	.02	.04	-.01	.04	-.02
Jugendzeit-	-.05	-.01	.12	-.06	-.06	.03	-.11	.02	.04
schrift	-.06	-.01	.12	-.06	-.03	.04	-.10	.05	.04
Comics	-.09	.02	-.04	-.09	-.07	.00	-.10	.02	-.02
	-.09	.03	-.04	-.09	-.03	.02	-.11	.06	-.01
Romanhefte	.04	.04	-.01	-.02	.01	-.02	-.07	.07	.07
	.09	.13	.09	.08	.10	.10	.07	.14	.09
Printmedien	-.01	.04	.00	-.03	-.03	.01	-.02	.06	-.04
gesamt	-.02	.02	-.01	-.03	-.01	.01	-.03	.10	-.03

1) Legende siehe Tabelle 4.33.

Tabelle 4.38: Zusammenhänge zwischen Mediennutzung und den Selbstangaben über (1) schulische Leistungen, (2) Anzahl der Klassenwiederholungen, (3) sozialer Beliebtheit, getrennt nach Schularten (erste Zeile: einfache Korrelationen, zweite Zeile: partielle Korrelationen unter Konstanthaltung von Geschlecht, Alter, Sozialschicht und Wohnortgröße)[1]

Mediennutzungsindices	Hauptschule (1)	(2)	(3)	Realschule (1)	(2)	(3)	Gymnasium (1)	(2)	(3)
Wöchentliche Konsumzeiten für ...									
Schallplatten/Cass.	-.04	.10	.10	-.10	.12	.14	-.09	.15	.13
	-.05	.04	.09	-.10	.02	.12	-.07	.09	.12
Radio	.01	.05	.00	.02	.11	.02	-.11	.06	.02
	.01	.02	-.01	.02	.03	.00	-.09	.00	.02
Fernsehen	-.01	-.01	.06	-.01	-.05	.03	-.17	.10	.06
	-.01	-.01	.06	-.02	-.03	.04	-.14	.05	.07
Video	-.04	.09	.06	-.06	.05	.04	-.09	.11	.01
	-.04	.05	.06	-.05	.04	.04	-.08	.08	.01
audiovis. Medien ges.	-.02	.09	.08	-.06	.09	.10	-.18	.16	.10
	-.03	.04	.08	-.06	.02	.09	-.15	.07	.10
Häufigkeit des Kinobesuchs	-.02	-.01	.11	-.07	.06	.14	-.15	.09	.14
	-.02	-.05	.11	-.07	.00	.15	-.14	.04	.14
Fernsehfreak	-.08	-.05	.01	-.01	-.03	-.03	-.14	.01	-.03
	-.08	-.03	.02	-.01	.04	-.02	-.14	.00	-.02
Informations- und unterhaltungsorientierter Medienkonsum									
Nachrichten im Fernsehen (Häufigkeit)	.00	-.01	.01	.05	.01	.02	-.04	.06	.03
	.00	-.03	.01	.05	.02	.02	-.02	.02	.03
Nachrichten im Fernsehen (Präferenz)	.03	.01	.00	.06	.01	-.01	.09	.06	.02
	.03	-.01	.00	.06	-.02	-.01	.10	.00	.02
Unterhaltung im Fernsehen (Häufigkeit)	.00	-.08	.12	-.01	-.16	.12	-.13	.00	.09
	.01	-.06	.13	-.02	-.04	.16	-.12	.04	.12
Unterhaltung im Fernsehen (Präferenz)	.01	-.03	.13	.05	-.15	.09	-.10	.02	.12
	.02	.00	.14	.05	-.07	.11	-.09	.06	.14
Unterhaltung im Kino (Häufigkeit)	-.05	.00	.08	-.01	-.02	.15	-.20	.05	.07
	-.05	.02	.08	-.01	-.02	.15	-.18	.03	.08
Unterhaltung über Video (Häufigkeit)	-.07	.03	.10	-.04	.00	.07	-.11	-.01	.04
	-.07	.03	.09	-.04	.04	.08	-.09	-.03	.05
Unterhaltung über Video (Präferenz)	-.03	.02	.08	-.03	-.03	.05	-.07	-.02	.03
	-.03	.03	.08	-.04	.00	.05	-.06	-.03	.03

1) Legende siehe Tabelle 4.33.

Setzt man diese Analyse mit den an einer Realschule erhobenen Soziogrammdaten fort, so findet man ähnliche Ergebnisse (vgl. Tab. 4.39). Hohe soziale Wertschätzung korreliert positiv mit erhöhtem Medienkonsum, signifikant werden die Beziehungen zur Häufigkeit des Kinobesuchs, des unterhaltungs- und gewaltorientierten Filmkonsums im Kino, der wöchentlichen Nutzungszeiten für Jugendzeitschriften, Schallplatten/Cassetten und Video sowie dem auditiven und audiovisuellen Medienkonsum insgesamt. Negative Korrelationen tauchen zur Häufigkeit der Nutzung von nachrichten- und informationsorientierten Sendungen im Fernsehen sowie in einem Fall zum Gewaltkonsum im Fernsehen auf. Auffallend ist auch, daß der Wahlstatus fast immer mit Indikatoren eines hohen Medienkonsums korreliert, der Ablehnungsstatus aber nur in Ausnahmefällen signifikant spiegelbildliche Korrelationen zum Medienkonsum aufweist. Dies könnte heißen, daß für die Ablehnung eines Schülers der Medienkonsum relativ unbedeutend ist, für die positive Auswahl aber sehr wohl ein Selektionskriterium darstellt. Auch verdient es der Erwähnung, daß die Mediennutzung, die wieder in der Peer-Gruppe besonders möglich ist (Kinobesuch, Videokonsum, Schallplatten-/Cassettenkonsum) mit den Beliebtheitskriterien stark korreliert, hingegen die für das Fernsehen verwendeten Konsumindices in anderer Richtung bzw. nicht signifikant mit dem Wahlstatus in Beziehung stehen. Fernsehen ist demnach eher eine Betätigung, die nicht so sehr für die Bewertung im Freundeskreis wichtig ist, sondern deren sozialer Effekt auf die Familie beschränkt bleibt.

Betrachtet man die erhobenen Merkmale für schulische Leistungen, so kann als Globaleindruck festgehalten werden, daß Jugendliche, die sich als weniger leistungsstark wahrnehmen oder die bereits Klassenwiederholungen hinter sich haben, ebenfalls zu vermehrtem Medienkonsum neigen (vgl. Tab. 4.38). Besonders deutlich fällt dieses Beziehungsmuster bei den Gymnasiasten aus. An dieser Schulart mit den höchsten Leistungsanforderungen scheint Medienkonsum eine Möglichkeit zu sein, diesen Leistungsforderungen zu entgehen. Es ist dabei interessant, daß diese „Lernflucht" (Luger, 1985) eher in den audiovisuellen Medienkonsum als in den Printmedienkonsum erfolgt. Offensichtlich wird im Sinne einer Nutzenoptimierung gehandelt. Eine Präferenz der leistungsschwächeren Schüler für die Nutzung von Unterhaltungsangeboten wird durchgängig nur für die Gymnasiasten deutlich. Für die Gruppen der Haupt- und Realschüler sind der Tendenz nach zwar ähnliche Zusammenhänge vorhanden, diese fallen aber nur in Einzelfällen statistisch signifikant aus.

Tabelle 4.39: Zusammenhänge zwischen soziometrischen Indices und Medienkonsumvariablen (erste Zeile: einfache Korrelationen, zweite Zeile: partielle Korrelationen unter Konstanthaltung von Geschlecht, Alter, Sozialschicht und Wohnortsgröße, N=288 Realschüler, aufgeführt werden nur Medienvariablen, zu denen signifikante Beziehungen bestehen)[1]

Medienkonsum-variablen	Soziometrische Indices WS-Fest	AS-Fest	WS-Sitz-nachbar	AS-Sitz-nachbar
Kinobesuch	.14	-.14	.15	-.20
(Häufigkeit)	.14	-.15	.15	-.21
Nachrichten in TV	-.10	.05	-.17	.07
(Häufigkeit)	-.08	.05	-.15	.06
Nachrichten in TV	-.13	.00	-.15	.01
(Präferenz)	-.11	.00	-.13	.01
Unterhaltung Kino	.13	-.10	.16	-.07
(Häufigkeit)	.10	-.10	.13	-.06
Kinogewaltkonsum	.12	-.04	.06	-.06
(Häufigkeit)	.16	-.07	.10	-.09
Fernsehgewaltkonsum	-.04	.08	-.12	.09
(Häufigkeit)	-.01	.08	-.11	.08
Jugendzeitschriften	.12	.03	.10	.03
Std. pro Woche	.12	.04	.08	.04
Schallplatte/Cass.	.15	-.11	.17	-.06
Std. pro Woche	.13	-.12	.15	-.06
Videokonsum	.09	-.02	.01	.00
Std. pro Woche	.14	-.06	.03	-.03
Audit. und audiovis.	.13	-.07	.11	-.03
Medienkonsum pro Woche	.15	-.09	.12	-.04

1) Sign. 5 %: r = .12, sign. 1 %: r = .15.

Tabelle 4.40: **Zusammenhänge zwischen den Indices für audiovisuellen Gewaltkonsum und den Selbstangaben über (1) schulische Leistungen, (2) Anzahl der Klassenwiederholungen, (3) sozialer Beliebtheit, getrennt nach Schularten (erste Zeile: einfache Korrelationen, zweite Zeile: partielle Korrelationen unter Konstanthaltung von Geschlecht, Alter, Sozialschicht und Wohnortgröße)** [1]

Audiovisueller Gewaltkonsum	Hauptschule (1)	(2)	(3)	Realschule (1)	(2)	(3)	Gymnasium (1)	(2)	(3)
Kinogewaltkonsum (Häufigkeit)	-.08	.08	.10	-.08	.09	.15	-.21	.13	.08
	-.08	.02	.10	-.08	.03	.15	-.20	.04	.08
Fernsehgewaltkonsum (Häufigkeit)	-.01	-.01	.09	.00	-.04	.06	-.13	.08	.03
	-.01	-.01	.10	.01	.01	.08	-.10	.06	.04
Fernsehgewaltkonsum (Präferenz)	-.01	.01	.07	-.01	-.01	.07	-.13	.07	.07
	.00	-.02	.08	-.01	.00	.09	-.12	.03	.09
Gewaltkonsum über Video (Häufigkeit)	-.07	.04	.08	-.07	.02	.10	-.10	.02	.01
	-.07	.01	.09	-.08	.01	.11	-.09	-.01	.01
Gewaltkonsum über Video (Präferenz)	-.02	.02	.03	-.04	-.01	.06	-.04	.01	-.01
	-.02	.02	.04	-.05	.01	.08	-.04	.01	-.01

1) Legende siehe Tabelle 4.33.

Wendet man sich schließlich dem Gewaltkonsum über Medien zu, so ergibt sich ein ähnliches Ergebnismuster (vgl. Tab. 4.40). Die Selbsteinschätzung als sozial beliebt steht häufigerem Gewaltkonsum nicht entgegen, sondern im Gegenteil, dieser ist bei den sich als beliebt wahrnehmenden Schülern sogar höher als bei den weniger beliebten. Für die Gymnasiasten ist dies allerdings nur für zwei der fünf Gewaltkonsumindices statistisch abgesichert, nämlich für die Häufigkeit des Kinogewaltkonsums und die Präferenz für gewalthaltige Sendungen im Fernsehen. Zu dem Gewaltkonsum über Video bestehen keine Korrelationen, vermutlich deswegen, weil dieses Medium und auch das angesprochene Genre von Gymnasiasten nicht so stark genutzt wird.

Die leistungsschwächeren Schüler geben ebenfalls der Tendenz nach einen höheren Gewaltkonsum an als die leistungsstärkeren. Dieser Zusammenhang ist wiederum bei Gymnasiasten besonders deutlich und als Eskapismus gegenüber schulischen Leistungsanforderungen zu interpretieren.

4.6.3.3. Zusammenfassung der Ergebnisse über Medienkonsum, soziale Beliebtheit und schulische Leistungen

Die für die Indices über quantitative und qualitative Nutzung der auditiven und audiovisuellen Medien gefundenen Beziehungen zu Leistungs- und Beliebtheitsindikatoren beeindrucken weniger von ihrer Größe als von der Konsistenz des Beziehungsgeflechts. Es läßt sich feststellen, daß intensiver Medienkonsum dem sozialen Status eines Schülers keineswegs abträglich ist, sondern - im Gegenteil - soziale Beliebtheit und vermehrte Mediennutzung gehen parallel. Als Erklärungsmöglichkeit bietet sich auch hier wieder als Bezugspunkt die Peer-Gruppe an, für deren Entstehung und Zusammenhalt ein spezifischer Mediengebrauch wesentlich zu sein scheint. Über Medienkonsum können Gemeinsamkeiten hergestellt werden, Anlässe gefunden werden, sich mit Freunden zu treffen, Meinungen auszutauschen und sich gemeinsam Stimmungen hinzugeben bzw. diese zu konstituieren. Zugleich ermöglicht der Medienkonsum eine Abschottung von der Erwachsenenwelt, da die medialen Welten der Jugendlichen nur partiell von den Erwachsenen geschätzt werden. Von dieser Interpretation ausgehend ist es nicht verwunderlich, daß der die Medien intensiv nutzende Jugendliche bei Gleichaltrigen tendenziell beliebter ist als derjenige, der diesen Zugang nicht gefunden hat.

Für die im großen und ganzen inversen Beziehungen zwischen Schulleistung und Mediennutzung kann interpretativ der Nutzenansatz herangezogen werden. Die leicht verfügbaren und kognitiv wenig anspruchsvollen auditiven und audiovisuellen Medien bilden für den leistungschwächeren Schüler ein Refugium vor den Anforderungen der Schule. Sie stellen einen Lebensbereich dar, der nicht durch Leistungsanforderungen gekennzeichnet ist, sondern der ohne Aufwand individuelle Zufriedenheitserlebnisse durch das Eintauchen in eine Schweinwelt ermöglicht, die vielerlei Identifikations- und Projektionsmöglichkeiten anbietet. Vermehrter Medienkonsum ist bei leistungsschwächeren Schülern der Tendenz nach als ein Problembewältigungsversuch aufzufassen. Daß damit bestehende Probleme nicht tatsächlich gelöst, sondern die Auseinandersetzung mit ihnen nur aufgehoben wird, die Probleme eventuell gerade durch den fortgesetzten eskapistischen Mediengebrauch auch noch verschärft werden, steht auf einem anderen Blatt.

4.7. Selbstkonzeptrelevante Aspekte des Medienkonsums

4.7.1. Medienkonsum und Selbstkonzept

In dieser Untersuchung soll das Selbstbild des Menschen als differentielles Merkmal in seinen Auswirkungen auf das massenmediale Handeln des Rezipienten untersucht werden. Das Selbstkonzept des Menschen wird als eine angemessene Variable betrachtet, um das individuelle Medienverhalten der Rezipienten zu erklären. Es steuert Prozesse der Selbst- und Umweltwahrnehmung und somit auch der Mediennutzung. Massenmedien sind Teil des gesellschaftlichen Umfeldes des Menschen und ihr Gebrauch läßt auch Rückschlüsse auf die Bedürfnisse der Benutzer zu.

In den bisherigen wissenschaftlichen Untersuchungen, in welchen Gründe für massenmediales Handeln der Rezipienten erforscht wurden, sind zu wenig Variablen erhoben worden, die geeignet gewesen wären, das individuelle Medienverhalten der Rezipienten zu erklären. Auch die Vertreter des Uses-and-gratifications-Ansatzes berücksichtigen in ihren empirischen Untersuchungen die differentiellen Merkmale der Mediennutzer nur in geringem Maße, deshalb unterscheiden sich ihre Untersuchungen kaum von den empirischen Studien der klassischen Wirkungsforscher („Vielseherforschung", z. B. Huth, 1982).

Wenn aber valide Aussagen zur Handlungsmotivation der Rezipienten gemacht werden sollen, müssen sowohl individuelle Merkmale der Rezipienten, die ihre Interaktionen mit der Umwelt erklären können, als auch soziale Variablen des Rezipienten erfaßt und miteinander in Beziehung gesetzt werden. Oder anders ausgedrückt: „Nach allem, was bisher gesagt wurde, ist es wahrscheinlicher, daß Unterschiede im Intensitätsgrad des Einflusses mehr mit den charakteristischen Merkmalen der Zuschauer und ihrer sozialen Umwelt zusammenhängen als mit der Höhe des Fernsehkonsums. Dennoch wird in den meisten vorliegenden Untersuchungen das Ausmaß der Sehzeit als die angemessene, erklärende Variable angesehen" (Himmelweit, 1980, S. 320).

Bereits in früheren Untersuchungen wurde der Frage nachgegangen, welche Bedeutung dem Selbstkonzept für den Umgang mit Massenmedien zukommt. So stellte Johnstone in seiner Untersuchung über den Medienkonsum von Jugendlichen (1961, zit. n. Katz & Foulkes, 1962, S. 381) fest, daß eine negative Beziehung zwischen der Höhe des Selbstwertgefühls und der Höhe des Medienkonsums besteht. Jugendliche, die wenige soziale Beliebtheitsmerkmale (guter Schüler, sportlich, viel Geld) besaßen, schauten am meisten fern. Je mehr sie sich sozial isoliert fühlten, desto mehr begeisterten sie sich für Rock n' Roll-Musik.

Neubauer (1967) befragte 840 Arbeiter aus der metallerzeugenden Industrie im Alter von 17 - 24 Jahren über ihr Selbst- und Idealbild. Die Datenerhebung erfolgte anhand eines Fragebogens, der eine Liste von 15 bipolaren Adjektivpaaren enthielt (z. B. gesellig/verschlossen, ungeduldig/abgeklärt). Personen, deren Selbsteinschätzung niedrig war (gemessen als überdurchschnittliche Differenz zwischen Selbst- und Idealkonzept), sahen häufiger Natur-, Tier- und Heimatfilme im Fernsehen an, sie gingen fast doppelt so oft ins Kino wie Personen mit großer Real-Idealbildübereinstimmung, lasen weniger Bücher und bevorzugten weniger anspruchsvolle Literatur. Bei Zeitungsartikeln wählten sie sensationelle, emotionale Inhalte aus (z. B. Unfälle, Verbrechen, Gerichtsprozesse), während Personen mit hoher Selbstwerteinschätzung signifikant mehr Zeitungsartikel lasen, die sich mit politischen und wirtschaftlichen Themen befaßten. Personen mit hoher Übereinstimmung im Selbst- und Idealkonzept waren signifikant stärker interessiert an Tatsachensendungen aus dem Bereich der Politik und der Kultur (politische Dokumentarfilme, Kulturfilme, Reiseberichte, Tiersendungen).

Der Autor erklärt diese Ergebnisse so, daß Personen mit einer hohen Leistungsmotivation und einer geringen Selbsteinschätzung sich aus Angst vor Mißerfolg nicht bemühen, das Ziel des beruflichen Aufstiegs auch tatsächlich zu erreichen. Als Kompensation dieser persönlichen Niederlagen flüchten sich solche Personen in eine gewünschte oder erträumte Welt, z. B. durch häufigen Konsum von Massenmedien oder durch Alkoholgenuß (Neubauer, 1967, S. 227f.).

Personen mit starken Abweichungen zwischen ihrem Ideal- und Selbstbild pflegten auch signifikant weniger soziale Kontakte. Dieses Phänomen läßt sich so interpretieren, daß sich solche Personen im sozialen Kontakt mit anderen unsicher und gehemmt fühlen und sich im Vergleich zu Personen ihrer Umwelt negativ bewerten. Durch ihre soziale Abgeschiedenheit setzen sie sich weniger dem Zwang aus, sich von anderen abgrenzen und sich selbst darstellen zu müssen (Neubauer, 1967, S. 217f.).

Himmelweit und Swift (1976) führten eine Längsschnittuntersuchung zur Mediennutzung und den Programmpräferenzen von Jugendlichen und Erwachsenen durch. Zum ersten Untersuchungszeitpunkt im Jahre 1951 wurden 365 13- bis 14jährige männliche Jugendliche im Gebiet von Groß-London befragt. Daten wurden erhoben zum sozialen Hintergrund, zur familiären Situation, zur Schulbildung, zum Berufsziel, zu den sozialen Kontakten innerhalb der Familie und zu Gleichaltrigen. Als Persönlichkeitsmerkmale erfaßte man Neurotizismus, Geselligkeit, Orientierung auf akademische Leistung, Autoritarismus und Bevorzugung von Veränderungen im Vergleich zum jetzigen Status-quo. Elf Jahre später, 1962, wurde die gleiche Stichprobe erneut hinsichtlich ihrer Medienkonsumgewohnheiten untersucht. 1970 befragte man 246 Personen der damaligen Stichprobe zum dritten Mal, die Probanden waren zu diesem Zeitpunkt im Alter von 33 bis 34 Jahren. Folgende Ergebnisse ließen sich an den verschiedenen Untersuchungszeitpunkten replizieren: Hohe Begabung, gute Ausbildung und Mittelschichtzugehörigkeit führten zur selektiven Nutzung des Fernsehens. Innerhalb der Gruppen mit gleichen Fähigkeiten und gleicher Ausbildung bestimmten Persönlichkeitsmerkmale und individuelle Einstellungen die Mediennutzung und die Programmauswahl. Personen mit hoher Leistungsbereitschaft bevorzugten Sendungen mit realistischen und anspruchsvollen Inhalten, wie etwa Nachrichtensendungen, Informationssendungen und Dokumentarberichte. Im Bereich der Literatur lagen die Schwerpunkte auf Sachbüchern. Eine allgemein positive Lebenseinstellung und eine nicht-autoritäre Sicht der Gesellschaft waren verknüpft mit beruflichem Erfolg und sozialer Anpassung. Probanden, die sich als machtlos ihrer Umwelt gegenüber erlebten und geringe soziale Aktivitäten zeigten, bevorzugten wenig anspruchsvolle Medieninhalte, z. B. Unterhaltungssendungen und Actionfilme, die einen hohen Stimulationseffekt besaßen.

Edgar (1977) untersuchte das Selbstwertgefühl von Jugendlichen im Zusammenhang mit ihrem Medienverhalten (vgl. auch Kap. 4.1). Sie nahm dabei an, daß die Wahrnehmung der Massenmedieninhalte für jedes Individuum einzigartig und spezifisch sei. Die Variablen, die die Art der Wahrnehmung steuern, sind das Selbstwertgefühl des Individuums, das erlernte Geschlechtsrollenverhalten und die individuellen Erfahrungen bezüglich des Umgangs mit Gewalt. Einer Stichprobe von 816 Schülern im Alter zwischen 12 und 14 Jahren wurde das „Self-Esteem Inventory“ (SEI) zur Messung der Höhe des Selbstwertgefühls vorgelegt. Aus der befragten Gruppe wurden 184 Schüler ausgewählt, die überdurchschnittlich hohe oder überdurchschnittlich niedrige Werte auf der Selbstwertskala erreicht hatten. Fünf Monate später wurden 144 Probanden von den ursprünglich 184 Probanden noch einmal mit dem „SEI“ getestet und mittels der „Sarason General Anxiety Scale“ über den Grad ihrer allgemeinen Ängstlichkeit befragt. Es wurde festgestellt, daß Jugendliche mit niedriger Selbsteinschätzung eher ängstlich waren. Nach Meinung der Autorin habe der hohe Grad der Ängstlichkeit von Jugendlichen mit niedrigem Selbstwertgefühl Auswirkungen auf die Verarbeitung von solchen Film- und Fernsehinhalten, die die Jugendlichen verunsichern. Jugendliche mit niedrigem Selbstwertgefühl haben weniger Bewältigungsstrategien zur Verfügung (z. B. Vergessen, Intellektualisieren, Rationalisieren), um sich mit bedrohlichen Filminhalten auseinanderzusetzen als Jugendliche mit hohem Selbstwertgefühl.

Um die Programmvorlieben bestimmen zu können, wurde den Jugendlichen eine Liste mit Fernsehsendungen des australischen Fernsehens vorgelegt, die auf einer 5-Punkte Skala bewertet wurden. Durch Faktorenanalyse wurden die Fernsehsendungen in neun Genres unterteilt, die sich wiederum in Fernsehsendungen mit realistischen Inhalten (z. B. Nachrichten, Sportmagazine, Quizsendungen) und in Sendungen mit phantasieorientierten Inhalten (z. B. Science-Fiction, Popsendungen, Familiensendungen) gliedern ließen. Die beliebtesten Fernsehsendungen bei Mädchen waren Familienkomödien und Popmusiksendungen. Mädchen mit niedrigem Selbstwertgefühl wählten diese Sendungen am häufigsten. Alle Mädchen bevorzugten eindeutig Sendungen mit weiblichen Hauptdarstellerinnen. Jungen sahen am liebsten Fernsehsendungen mit männlichen Protagonisten, z. B. Science-Fiction-Filme, Slapstickkomödien und alle Arten von Sendungen aus dem Sportbereich. Vor allem Jungen mit hoher Selbstwerteinschätzung sahen Sportsendungen sehr häufig, sie bevorzugten aber auch Nachrichten- und Dokumentarsendungen. Jungen mit niedrigem Selbstwertgefühl sahen meist solche Sendungen, die aus dem Unterhaltungsbereich stammten (z. B. Slapstickkomödien, Detektivgeschichten). Diese Ergebnisse entsprachen der Vermutung, daß Jugendliche solche Medieninhalte auswählen, die aus ihrem Erfahrungsbereich stammten und mit denen sie sich identifizieren konnten. Als weiteres Ergebnis der Studie ergab sich, daß Jugendliche mit niedrigem Selbstwertgefühl mehr als vier Stunden täglich vor dem Fernsehapparat saßen; sie gingen öfter ins Kino, hörten mehr Radio und verbrachten weniger Zeit damit, Zeitungen und Bücher zu lesen, als Jugendliche mit hohem Selbstwertgefühl. Jugendliche mit niedrigem Selbstwertgefühl hatten auch größere Konflikte innerhalb der Familie, was die Auswahl der Sendungen betraf und sie sprachen mit ihren Eltern seltener darüber, was sie im Fernsehen gesehen hatten. Jugendliche mit hohem Selbstwertgefühl tauschten sich mit ihren Eltern und Freunden signifikant öfter über Fernsehinhalte aus. Jugendliche mit niedriger Selbsteinschätzung hatten öfter Alpträume über Fernsehsendungen, Mädchen waren signifikant mehr geängstigt durch

Fernsehinhalte als Jungen. Jugendliche mit niedrigem Selbstwertgefühl gebrauchten das Fernsehen als Mittel, um sich nicht mehr alleine zu fühlen und meinten, daß sie alles übrige um sich herum vergessen würden, wenn sie vor dem Fernsehapparat säßen. Die Jugendlichen dieser Gruppe stimmten häufiger der Aussage zu, daß das Fernsehen ihnen einen Eindruck der „richtigen" Welt vermitteln würde.

Travis (1975) untersuchte das Medienverhalten von internal vs. external kontrollierten Personen. Er ging von der Hypothese aus, daß Personen mit internen Kontrollüberzeugungen ein größeres Informationsbedürfnis besitzen als Personen mit externaler Kontrolle. Seine 125 Probanden wurden über ihre Mediengewohnheiten und über ihren Internalitätsscore befragt. Zwischen dem Internalitätsfaktor und der Höhe der Zeit, die zum Lesen von informativen Artikeln in Printmedien aufgewendet wurde, ergab sich eine signifikante positive Korrelation. Für das Fernsehen wurde nur zwischen einer Internalitätsskala (aktive politische Beteiligung) und der Höhe der Zeit, die zum Sehen von informativen Sendungen diente, eine positive Korrelation gefunden. Die Ursache für die geringen Zusammenhänge sieht Travis im Vorhandensein von strukturellen und situationsgebundenen Faktoren (Zuschauersituation, Erreichbarkeit der Medien, soziale Beeinflussung der Medienauswahl etc.).

Krampen et al. (1982) untersuchten an 192 Erwachsenen deren Fernsehverhalten (Höhe des Fernsehkonsums, Programmpräferenzen, Motive für das Fernsehschauen etc.) im Zusammenhang mit Persönlichkeitsvariablen (Konservatismus, interpersonales Vertrauen, Machiavellismus, Rigidität, Angst und ein Maß für „irrationale Vorstellungen" der Person). Der Externalitätsfaktor, gebildet aus dem Fatalismusscore und dem Score für subjektive Machtlosigkeit, korrelierte positiv mit häufigem Sehen von Kriminalfilmen (Derrick, Aktenzeichen XY-ungelöst, Straßen von San Francisco), von Unterhaltungssendungen (Einer wird gewinnen, Ohnsorg-Theater, Alles oder nichts, Der große Preis) und Ratgebersendungen (Die Sprechstunde, ARD-Ratgeber Gesundheit). Personen mit einer durch Fatalismus bedingten Externalität konsumierten häufiger Unterhaltungssendungen, während Personen mit einer durch Machtlosigkeit bedingten Externalität Kriminalfilme bevorzugten. Der Internalitätsfaktor korrelierte positiv mit dem Konsum von Informations- und Nachrichtensendungen wie ZDF-Magazin, Heute, Tagesschau. Die Analyse der Motive der Fernsehnutzung im Zusammenhang mit den Kontrollüberzeugungen ergab niedrige, aber signifikante Korrelationen. Internal orientierte Personen nutzten das Medieum Fernsehen, um mit anderen über die gezeigten Inhalte diskutieren zu können, aus informativen Gründen und weil es ihnen Spaß machte. Personen mit hoher Externalität sahen fern, damit sie von ihren Alltagssorgen abgelenkt wurden und um Einsamkeitsgefühlen zu entfliehen.

Buerkel-Rothfuss und Mayes (1981) gingen in ihrer Untersuchung der Frage nach, ob Fernsehzuschauer durch das häufige Sehen von sog. „soap-operas“ ihre soziale Umwelt anders wahrnehmen würden. Als mögliche Motive für die Beliebtheit von Seifenopern wurden ein niedriges Selbstwertgefühl und eine allgemeine Lebensunzufriedenheit angenommen. Die Stichprobe umfaßte 290 Studenten (47 männliche, 159 weibliche), von denen 71% mindestens einmal in der Woche eine „soap-opera“ ansahen. Die Höhe der Selbstwerteinschätzung korrelierte negativ mit der Höhe des Konsums von Seifenopern. Ein niedriges Selbstkonzept korrelierte zudem positiv mit gering ausgeprägten Bewältigungsmöglichkeiten, einem wenig aufregenden Leben und einer geringen Lebenszufriedenheit. Die Autorinnen meinen, daß die Wahrnehmung der realen Welt nicht allein durch das Anschauen von „soap-operas“ beeinflußt würde, sondern daß auch sonstige Lebenserfahrungen eine Rolle spielten. Jedoch wurde in dieser Untersuchung deutlich gemacht, daß Fernsehinhalte die Zuschauer in der Wahrnehmung ihrer realen Umwelt nur dann beeinflussen, wenn bestimmte Persönlichkeitsmerkmale vorhanden sind.

4.7.2. Konzeption und Fragestellungen der Untersuchung über selbstkonzeptrelevante Aspekte des Medienkonsums

Wie aus den bisherigen Untersuchungen hervorgeht, sind eine Reihe von Beziehungen zwischen Selbstkonzeptmerkmalen und der Intensität sowie der Qualität des Medienkonsums gefunden worden.

- So scheint ein niedriges Selbstkonzept mit erhöhtem audiovisuellen Medienkonsum einherzugehen. Sowohl Fernseh- wie auch Kinonutzung sind bei ihnen ausgeprägter. Dieser Mediengebrauch scheint eine Ersatzfunktion auszuüben, sind doch auch die sozialen Beziehungen bei Personen mit niedrigem Selbstkonzept weniger intensiv oder befriedigend ausgeprägt.
- Im Bereich der Printmedien sind positive Selbstkonzeptaspekte mit informationsorientierter Lektüre sowohl im Buch- wie auch im Zeitungsbereich verbunden.
- Qualitative Unterschiede in der Nutzung audiovisueller Medien sind insofern gegeben, als Befragte mit niedrigen Selbstkonzept bzw. ausgeprägten

internalen Kontrollüberzeugungen Unterhaltungs- und Actionprogramme stärker bevorzugen und nutzen als Personen mit höherem Selbstkonzept.

Diese Verbindung zwischen Mediennutzung und Selbstkonezpt soll in der folgenden Untersuchung genauer geprüft werden. Im Unterschied zu den anderen Erhebungen wurde ein mehrdimensionales Fragebogenverfahren, u. zw. das „Inventar zu Selbstkonzept und Selbstvertrauen (ISS)“ von Fend et al. (1984), eingesetzt. Das ISS wurde speziell für Jugendliche zwischen 12 und 16 Jahren konzipiert. Seine 80 Items sind als Selbstbeschreibungen vorgegeben und mit einem dichotomen Antwortschema (stimmt/stimmt nicht) versehen. Inhaltlich werden die folgenden elf Selbstkonzeptaspekte erfaßt:

(1) Kompetenzbewußtsein der Zukunftsbewältigung,
(2) Kompetenzbewußtsein der sozialen Durchsetzungsfähigkeit,
(3) Kompetenzbewußtsein hinsichtlich Schulerfolg,
(4) Selbstkonzept der sozialen Integration,
(5) Emotionskontrolle,
(6) Handlungskontrolle,
(7) Selbstakzeptierung,
(8) Selbstkonzept der eigenen Begabung,
(9) Selbstkonzept des eigenen Aussehens,
(10) Selbstkenntnis,
(11) Selbstaufmerksamkeitsskala.

Das eingesetzte Verfahren wurde reanalysiert und konnte ohne Modifikationen verwendet werden (vgl. Anhang B). Die Substichprobe, an der das Verfahren eingesetzt wurde, umfaßte 1017 Jugendliche. Davon waren 56,9% männlich. Das Durchschnittsalter betrug 14,1 Jahre (s=1,04). Von den Jugendlichen besuchten 47,7% eine Hauptschule, 31,5% eine Realschule und 20,8% ein Gymnasium.

4.7.3. Ergebnisse zu Selbstkonzept und Medienkonsum

4.7.3.1. Soziodemographische Variable, Freizeitskalen und Selbstkonzept

Von den elf Selbstkonzeptskalen lassen sich neun in signifikanter Weise aus den soziodemographischen Variablen hervorsagen (vgl. Tab. 4.41). Innerhalb des Systems an Prädiktorvariablen kommt überraschenderweise der Wohnortgröße der Befragten neben der Schulartzugehörigkeit besondere

Bedeutung zu, auch die Sozialschichtzugehörigkeit ist noch substantiell mit den Selbstkonzeptskalen korreliert, das Geschlecht jedoch nur mehr in vier der elf Fälle. Die Selbstkonzeptskalen erweisen sich durchgehend vom Alter unabhängig.

Tabelle 4.41: **Zusammenhänge zwischen den Selbstkonzeptskalen und soziodemographischen Merkmalen (erste Zeile: einfache Korrelationen, zweite Zeile: Beta-Koeffizienten)** [1]

Soziodemographische Merkmale	Selbstkonzeptskalen [2]										
	(1)	(2)	(3)	(4)	(5)	(6)	(7)	(8)	(9)	(10)	(11)
Schulart-zugehörigkeit	.15	.28	.03	.00	.19	.15	-.10	.21	.06	-.29	-.22
	.13	.19	.02	-.01	.11	.07	-.05	.14	.07	-.18	-.11
Geschlecht	-.08	.05	.00	-.04	-.01	.00	-.17	-.03	-.16	-.17	-.03
	-.10	.02	-.01	.04	-.04	-.03	-.15	-.06	-.16	-.13	.01
Alter	.00	.05	-.02	.02	-.01	-.02	-.01	.01	.03	.01	.04
	.00	.04	-.02	.02	-.02	-.03	-.01	.00	.02	.01	.05
Sozialschicht	.10	.22	.01	.03	.17	.15	-.09	.17	.05	-.23	-.22
	.05	.11	.00	.03	.07	.06	-.05	.07	.02	-.10	-.11
Wohnortgröße	.08	.30	.01	-.01	.35	.34	-.16	.28	.01	-.41	-.40
	.06	.24	.01	-.02	.32	.31	-.13	.25	.01	-.35	-.36
R	.19	.39	.04	.05	.38	.36	.24	.34	.18	.49	.44

1) Sign. 5 %: r = .06, sign. 1 % r = .08

2) Die Selbstkonzeptskalen sind wie folgt bezeichnet:
(1) = Kompetenzbewußtsein der Zukunftsbewältigung,
(2) = Kompetenzbewußtsein der sozialen Durchsetzungsfähigkeit,
(3) = Kompetenzbewußtsein hinsichtlich Schulerfolg,
(4) = Selbstkonzept der sozialen Integration,
(5) = Emotionskontrolle,
(6) = Handlungskontrolle,
(7) = Selbstakzeptierung,
(8) = Selbstkonzept der eigenen Begabung,
(9) = Selbstkonzept des eigenen Aussehens,
(10) = Selbstkenntnis,
(11) = Selbstaufmerksamkeitsskala.

Mit höherer Schulartzugehörigkeit sind die positiven Selbstkonzeptaspekte stärker ausgeprägt. Eine negative Korrelation besteht hingegen zu dem Merkmal Selbstakzeptierung sowie zu den Skalen Selbstkenntnis und Selbstaufmerksamkeit. Letztere aber sind nicht eindeutig positiv zu werten, da hohe Ausprägungen auf diesen beiden Skalen als Ausdruck neurotisierender Selbstzentrierung interpretiert werden.

Jungen beschreiben sich im Vergleich zu Mädchen durch ein geringer ausgeprägtes Kompetenzbewußtsein hinsichtlich der Zukunftsbewältigung, durch weniger Selbstakzeptierung, ein negativeres Selbstkonzept hinsichtlich des eigenen Aussehens und durch weniger Selbstkenntnis. Wenn auch die Korrelationen nicht sehr ausgeprägt sind, so deutet sich doch an, daß in dem erfaßten Altersbereich die Jungen mit mehr Selbstkonzeptproblemen zu kämpfen haben als die Mädchen.

In Abhängigkeit von der Sozialschichtzugehörigkeit wiederholen sich die Zusammenhänge, wie sie für die Schulartkorrelation gelten. Die Zusammenhänge sind nur tendenziell etwas schwächer ausgeprägt. Insgesamt heißt dies, daß negativere Selbstkonzeptaspekte bei Angehörigen niedriger Sozialschichten bzw. bei Hauptschülern häufiger vorkommen.

Überraschend hohe Korrelationen wurden zwischen Selbstkonzept und Wohnortsgröße gefunden. Befragte aus städtischen Gegenden schreiben sich im Unterschied zu solchen aus ländlichen ein höheres Kompetenzbewußtsein hinsichtlich der Zukunftsbewältigung zu, sie schildern sich als sozial durchsetzungsfähiger, gekennzeichnet durch höhere Kontrolle über Emotionen und Handlungen und als besser begabt. Geringer ausgeprägt ist bei ihnen der Aspekt der Selbstakzeptierung sowie die beiden negativ zu wertenden Skalen Selbstkenntnis und Selbstaufmerksamkeit. Aus den Daten geht somit eine vergleichsweise hohe Verunsicherung von Jugendlichen, die in dörflichen Wohngegenden leben, hervor; Befragte aus großstädtischen Bereichen schildern sich hingegen als kompetenter und durchsetzungsfähiger.

Die Selbstkonzeptskalen korrelieren mit den allein und aktiv verbrachten Freizeitbetätigungen so gut wie gar nicht (vgl. Tab. 4.42). Nur eine einzige Korrelation erweist sich nach Auspartialisierung der soziodemographischen Merkmale noch als signifikant (höhere Selbstaufmerksamkeit bei vielen aktiven Freizeitaktivitäten), der Zusammenhang ist aber von der Größe her vernachlässigenswert gering. Hingegen verfügen Jugendliche, die ihre Freizeit häufig mit interaktiven Tätigkeiten verbringen, über ein höheres Selbstkonzept der sozialen Integration, aber über weniger Emotionskontrolle; Selbstkenntnis und Selbstaufmerksamkeit sind bei ihnen wieder stärker ausgeprägt. Ähnliche Ergebnisse zeigen sich, wenn man die Anzahl der allein und passiv verbrachten Freizeitbetätigungen mit den Selbstkonzeptskalen korreliert. Zu den bereits angeführten Beziehungen kommt dabei noch hinzu, daß bei vermehrten passiven Tätigkeiten das Kompetenzbewußtsein hinsichtlich der Zukunftsbewältigung geringer ist, daß bei ihnen auch ein geringeres Ausmaß an Handlungskontrolle vorhanden ist und daß das Selbstkonzept der eigenen Begabung negativer ausgeprägt ist.

Tabelle 4.42: **Zusammenhänge zwischen den Selbstkonzept- und Freizeitskalen (erste Zeile: einfache Korrelationen, zweite Zeile: partielle Korrelationen unter Konstanthaltung von Schulartzugehörigkeit, Geschlecht, Alter, Sozialschicht und Wohnortgröße)** [1)]

Freizeit-skalen	Selbstkonzeptskalen (1)	(2)	(3)	(4)	(5)	(6)	(7)	(8)	(9)	(10)	(11)
Freizeit interaktiv	.00	-.01	.04	-.14	.08	.02	-.03	.00	-.04	-.11	-.14
	-.01	-.01	.04	-.14	.08	.01	-.04	-.01	-.05	-.13	-.15
Freizeit allein-passiv	.10	.05	.04	-.08	.13	.11	.03	.09	.04	-.06	-.13
	.08	.02	.03	-.08	.10	.08	.05	.06	.03	-.03	-.09
Freizeit allein-aktiv	.03	.00	.01	.04	.03	.00	.11	-.01	.08	.04	-.05
	.02	.04	.01	.03	.04	.02	.05	-.01	.03	-.05	-.09

1) Legende siehe Tab. 4.41.

Da die Freizeitskalen negativ gepolt sind, bedeutet ein Minuszeichen einen gleichsinnigen Zusammenhang.

4.7.3.2. Medienkonsum und Selbstkonzept

Als erstes wurde der Zusammenhang zum Printmedienkonsum berechnet (vgl. Tab. 4.43). Es fällt auf, daß sich hier nur minimale Verbindungen ergeben. Nach Auspartialisierung der soziodemographischen Drittvariablen ist auch in den statistisch signifikant ausfallenden Koeffizienten nicht mehr als 1% gemeinsame Varianz enthalten. Will man trotz dieser Einschränkung die gegen den Zufall absicherbaren Zusammenhänge beschreiben, so ist festzuhalten, daß das Ausmaß an Buchlektüre mit einem niedrigen Selbstkonzept der sozialen Integration und einem eher negativen Selbstkonzept des eigenen Aussehens einhergeht. Ausgehend vom Lektüreausmaß an Wochenzeitungen sind ein (minimal) niedereres Kompetenzbewußtsein hinsichtlich Schulerfolg und weniger Handlungskontrolle festzustellen. Der Umfang an Comiclektüre korreliert in vier Fällen negativ mit Selbstkonzeptaspekten (Kompetenzbewußtsein hinsichtlich Schulerfolg, Selbstkonzept der sozialen Integration, Emotionskontrolle und Selbstkonzept der eigenen Begabung). Schließlich geben noch Jugendliche mit ausgeprägtem Konsum an Romanheften ein niedrigeres Ausmaß an Handlungskontrolle an.

Auch wenn die hier herausgestellten Zusammenhänge im Einzelfall nicht unplausibel sind, so wird durch sie die These selbstkonzeptspezifischen Printmediengebrauchs nur marginal gestützt.

Wendet man sich der Nutzung der auditiven und audiovisuellen Medien zu, so findet man im Vergleich zu den Printmedien deutlich höhere Zusammenhänge (vgl. Tab. 4.44). So ist das wöchentliche Ausmaß an Schallplatten- und Cassettennutzung trotz Auspartialisierung soziodemographischer Bedingungen sehr deutlich mit den meisten Selbstkonzeptskalen verbunden. Jugendliche, die diese auditiven Medien intensiv nutzen, weisen sich vor allem durch ein erhöhtes Kompetenzbewußtsein hinsichtlich der Zukunftbewältigung und der sozialen Durchsetzungsfähigkeit sowie hinsichtlich des Schulerfolges aus.

Bei Einsatz eines anderen Analyseverfahrens ergeben sich allerdings geschlechtsspezifisch unterschiedlich gelagerte Ergebnisse. Berechnet man getrennt für Jungen und für Mädchen die Zusammenhänge zwischen Schallplatten-Cassetten-Konsum und den Selbstkonzeptskalen, so ergeben sich für die männliche Stichprobe negative Korrelationen zum Kompetenzbewußtsein hinsichtlich des Schulerfolgs (-.10), Emotionskontrolle (-.14) und Handlungskontrolle (-.12) sowie positive zu Selbstkenntnis (.11) und Selbstaufmerksamkeit (.16). Bei der Gruppe der Mädchen sind solche Verbindungen zu negativen Selbstkonzeptaspekten nicht zu finden, im Gegenteil, in den Fällen des Kompetenzbewußtseins hinsichtlich des Schulerfolgs (.12) und dem Selbstkonzept des eigenen Aussehens (.09) weisen die Zusammenhänge signifikant in eine positive Richtung. Erhöhter auditiver Medienkonsum hat demnach bei Jungen einen völlig anderen Stellenwert als bei Mädchen. Während er bei ersteren Symptom für Selbstwertprobleme und Eskapismus ist, deutet er bei Mädchen eher auf eine problemlosen Umgang mit sich selbst hin.

***Tabelle 4.43:* Zusammenhänge zwischen den Selbstkonzeptskalen und Indikatoren des Printmedienkonsums (erste Zeile: einfache Korrelationen, zweite Zeile: partielle Korrelationen unter Konstanthaltung von Schulartzugehörigkeit, Geschlecht, Alter, Sozialschicht und Wohnortgröße)**

Wöchentliche Konsumzeiten für ...	Selbstkonzeptskalen [1] (1)	(2)	(3)	(4)	(5)	(6)	(7)	(8)	(9)	(10)	(11)
Bücher zur Unterhaltung	.00	.03	-.01	-.10	.04	-.01	-.10	.02	-.10	-.10	-.07
	-.01	-.04	-.01	-.09	-.01	-.05	-.05	-.02	-.09	-.01	-.01
Bücher zur Weiterbildung	.06	.08	.02	-.07	.05	.01	-.06	.05	.00	-.07	-.04
	.03	.01	.02	-.08	-.01	-.05	-.04	.00	-.02	-.01	.02
Tageszeitung	.00	.00	-.06	-.01	.00	-.01	-.03	.00	.01	-.06	-.02
	.00	-.03	-.05	-.02	-.03	-.04	-.03	-.03	.00	-.04	.01
Wochenzeitung	.00	-.04	-.07	.01	-.03	-.06	.01	-.05	.01	.03	.00
	.02	-.04	-.07	.01	-.03	-.06	.02	-.04	.03	.04	.00
Illustrierte	.01	.01	.03	-.01	.01	-.01	-.04	-.01	.00	-.04	-.01
	.01	-.02	.03	-.01	-.03	-.05	-.01	-.03	.02	.02	.04
Jugendzeitschriften	-.03	.00	-.03	-.02	-.02	-.02	-.05	-.05	-.03	-.02	.02
	.01	.02	-.03	-.01	-.01	-.02	-.02	-.03	.00	-.01	.03
Comics	-.06	-.05	-.06	-.09	-.08	-.05	.02	-.10	-.02	.02	.06
	-.05	-.01	-.06	-.09	-.07	-.05	-.01	-.08	-.03	-.03	.04
Romanhefte	.00	-.01	-.04	-.05	-.03	-.06	-.01	-.04	-.06	-.03	.04
	.03	-.01	-.04	-.04	-.02	-.06	.02	-.03	-.02	-.01	.04
Printmedien gesamt	.00	.02	-.04	-.09	-.01	-.04	-.07	-.03	-.06	-.08	.00
	.01	-.02	-.04	-.09	-.04	-.08	-.03	-.06	-.04	-.02	.05

[1] Legende siehe Tab. 4.41.

Tabelle 4.44: Zusammenhänge zwischen den Selbstkonzeptskalen und den Indices für auditiven und audiovisuellen Medienkonsum sowie für die Nutzung nicht gewaltbezogener Medieninhalte (erste Zeile: einfache Korrelationen, zweite Zeile: partielle Korrelationen unter Konstanthaltung von Schulartzugehörigkeit, Geschlecht, Alter, Sozialschicht und Wohnortgröße)

Medienkonsumindices	Selbstkonzeptskalen [1] (1)	(2)	(3)	(4)	(5)	(6)	(7)	(8)	(9)	(10)	(11)
Wöchentliche Konsumzeiten für ...											
Schallplatte/ Cassette	-.05	.05	-.07	.04	-.07	-.05	-.01	-.03	.02	.03	.05
	.28	.23	.23	.09	.05	.05	.07	.06	.10	.06	.05
Radio	-.05	-.04	.01	-.04	-.04	-.03	-.02	-.02	-.04	-.02	.03
	-.05	-.05	.02	-.04	-.04	-.04	-.02	-.02	-.04	-.02	.03
Fernsehen	-.06	-.10	-.04	-.05	-.12	-.13	.06	-.12	-.06	.13	.09
	-.02	-.02	-.03	-.05	-.08	-.11	.01	-.08	-.06	.04	.04
Video	-.08	-.04	-.05	-.02	-.02	.00	.02	-.07	.04	.07	.01
	-.06	.01	-.04	-.03	.00	.02	.00	-.05	.04	.02	-.02
Audiovis. Medien gesamt	-.10	-.05	-.07	-.04	-.12	-.10	.02	-.11	-.03	.09	.08
	-.07	.01	-.06	-.04	-.10	-.09	.00	-.08	-.02	.04	.05
Kinobesuchshäufigkeit	.03	.05	-.08	.12	-.05	-.02	.04	.00	.03	.08	.04
	.02	.03	-.08	.12	-.08	-.03	.04	-.02	.01	.11	.07
Fernsehfreak	-.20	-.17	-.13	-.11	-.23	-.27	-.13	-.21	-.12	.09	.16
	-.20	-.13	-.14	-.11	-.20	-.25	-.17	-.19	-.13	.03	.12
Informations- und unterhaltungsorientierter audiovisueller Medienkonsum											
Nachrichten TV (Häuf.)	.00	-.05	.03	.00	-.09	-.06	.00	.00	-.02	.06	.10
	.01	-.01	.03	.00	-.08	-.05	-.03	.02	-.04	.01	.08
Nachrichten TV (Präf.)	.06	.00	.03	-.01	.00	.03	.01	.06	.01	.01	.07
	.03	-.02	.03	-.02	-.03	.01	-.01	.04	-.03	.01	.10
Unterhaltung TV (Häuf.)	-.03	-.15	-.01	.08	-.12	-.13	.12	-.12	.02	.19	.15
	.01	-.05	-.01	.08	-.06	-.08	.06	-.06	.02	.08	.08
Unterhaltung TV (Präf.)	-.02	-.06	.03	.06	-.08	-.09	.04	-.07	-.01	.07	.10
	.00	-.02	.03	.07	-.07	-.08	.03	-.05	.01	.04	.09
Unterhaltung Kino (Häuf.)	-.03	-.09	-.07	.01	-.10	-.09	.00	-.13	-.07	.10	.12
	.00	-.07	-.07	.02	-.08	-.08	.02	-.10	-.03	.12	.12
Unterhaltung Video (Häuf.)	-.07	-.07	-.08	.05	-.09	-.07	.01	-.11	-.01	.06	.12
	-.04	-.03	-.08	.06	-.06	-.05	.01	-.07	.03	.04	.10
Unterhaltung Video	-.07	-.05	-.04	.01	-.06	-.04	-.03	-.10	-.08	.02	.09
	-.04	-.04	-.04	.02	-.05	-.03	-.01	-.09	-.05	.04	.10

[1] Legende siehe Tab. 4.41.

Während die Radionutzungszeiten nicht mit den Selbstkonzeptskalen korreliert sind, und hohe Videonutzung nur mit einem geringeren Kompetenzbewußtsein hinsichtlich der Zukunftsbewältigung zusammenhängt, treten recht deutliche Korrelationen zur Bindung an das Fernsehen auf. So hängt die Nutzungsdauer des Fernsehens mit geringer Emotions- und Handlungskontrolle zusammen sowie mit einem niedrigen Selbstkonzept der eigenen Begabung und des eigenen Aussehens. Wesentlich höher und auch durchgängiger sind die Beziehungen, wenn man die Korrelationen zur Skala zur Erfassung von Fernsehsucht (Fernsehfreak) betrachtet. Es lassen sich bei Befragten mit vielen Symptomen fernsehsüchtigen Verhaltens durchgängig negativ ausgeprägte Aspekte des Selbstkonzepts feststellen. Dieser Befund deckt sich mit den Studien von Johnstone (zit. n. Katz & Foulkes, 1962, S. 381) und Edgar (1977), die feststellten, daß Jugendliche mit niedrigem Selbstkonzept mehr Fernsehkonsum als Gleichaltrige mit hohem Selbstkonzept haben. Besonders auffällig ist dabei, daß die Jugendlichen mit hoher Fernsehbindung niedrige Werte hinsichtlich sozialer Integriertheit und Selbstakzeptanz besitzen, wie dies durch Befunde zur Vielseherforschung zu erwarten war (Himmelweit, Oppenheim & Vince, 1958; Hendry & Thornton, 1976; Huth, 1982). Es kann zwar nicht davon ausgegangen werden, daß Jugendliche, die viel fernsehen, generell ein niedriges Selbstkonzept haben, aber Jugendliche mit hoher Bindung an das Fernsehen unterscheiden sich von den anderen durchgängig durch ein problematisches Selbstkonzept.

Die Häufigkeit des Kinobesuchs ist bei Befragten größer, die ein geringeres Kompetenzbewußtsein hinsichtlich eigener Begabung aufweisen, die sich als sozial besser integriert betrachten, eine geringere Emotionskontrolle angeben und vermehrt Selbstkenntnis und Selbstaufmerksamkeit angeben.

Betrachtet man die erhobenen Angaben zur Konsumhäufigkeit informations- und nachrichtenbezogener Sendungen über das Fernsehen, so treten nur in drei Einzelfällen signifikante Beziehungen auf. Diese sind aber so gering, daß man nicht von einer spezifischen Bedeutung des Selbstkonzepts für diesen Bereich des Medienkonsums ausgehen sollte. Die z. B. von Neubauer (1967) gefundene Beziehung, nach der Personen mit hoher Übereinstimmung von Real- und Idealselbstbild in besonderem Ausmaß Tatsachensendungen präferieren oder die besondere Vorliebe für realistische Filme bei Jugendlichen mit hohem Selbstwertgefühl (Edgar 1977; Himmelweit & Swift, 1976) ließ sich somit nicht replizieren.

Zu dem Bereich der unterhaltungsorientierten Nutzung von Medien finden sich eine Reihe signifikanter, wenn auch nicht sehr stark ausgeprägter Beziehungen. So kommt diese Art der Mediennutzung bei Jugendlichen, die sich als sozial integriert beschreiben, häufiger vor. Auffällig sind auch die negativen Korrelationen zu den Bereichen Kompetenzbewußtsein hinsichtlich Schulerfolg sowie Selbstkonzept der eigenen Begabung. Auch die zu anderen Bereichen des Selbstkonzepts fallweise signifikant gewordenen Beziehungen deuten darauf hin, daß diese Art der Mediennutzung bei Probanden mit Selbstwertproblemen gehäuft vorkommt. Die positive Korrelation zwischen Selbstaufmerksamkeit und unterhaltungsorientierter Mediennutzung ist so zu werten, daß neurotisierende Selbstaspekte bei intensiven Mediennutzern gehäuft auftreten. Diese Ergebnisse stimmen größtenteils mit den Studien von Himmelweit und Swift (1976) sowie Edgar (1977) überein. Diese ermittelten, daß Jugendliche mit niedrigem Selbstwertgefühl Unterhaltungssendungen bevorzugen.

Tabelle 4.45: **Zusammenhänge zwischen den Selbstkonzeptskalen und den Gewaltkonsumindices (erste Zeile: einfache Korrelationen, zweite Zeile: partielle Korrelationen unter Konstanthaltung von Schulartzugehörigkeit, Geschlecht, Alter, Sozialschicht und Wohnortgröße)**

Gewaltkonsumindices	**Selbstkonzeptskalen [1]** (1)	(2)	(3)	(4)	(5)	(6)	(7)	(8)	(9)	(10)	(11)
Kinogewaltkonsum (Häuf.)	-.04 -.03	-.04 .03	-.13 -.13	.05 .05	-.06 -.03	-.06 -.03	.09 .03	-.11 -.09	.06 .03	.16 .07	.09 .05
Fernsehgewaltkonsum (Häuf.)	-.03 .01	-.10 -.01	-.01 -.01	.07 .07	-.05 .01	-.07 -.03	.10 .07	-.06 .00	.04 .05	.14 .05	.09 .03
Fernsehgewaltkonsum (Präf.)	.00 -.01	-.09 -.02	-.05 -.05	.07 .06	-.11 -.08	-.12 -.09	.11 .03	-.08 -.05	.07 .02	.20 .08	.11 .04
Videogewaltkonsum (Häuf.)	-.02 -.02	-.08 -.02	-.09 -.10	.04 .03	-.11 -.08	-.09 -.06	.10 .04	-.10 -.07	.06 .03	.17 .08	.12 .08
Videogewaltkonsum (Präf.)	-.02 -.02	-.10 -.04	-.08 -.08	.02 .00	-.11 -.09	-.11 -.09	.12 .05	-.11 -.09	.02 -.02	.19 .10	.11 .06

[1] Legende siehe Tab. 4.41.

Als letztes sei der Zusammenhang zwischen Selbstkonzept und medialem Gewaltkonsum betrachtet (vgl. Tab. 4.45). Die hier gefundenen und im Vergleich zu den vorher diskutierten Bereichen etwas höheren Zusammenhänge deuten darauf hin, daß Häufigkeit und Präferenz für Gewaltkonsum mittels audiovisueller Medien stärker bei Jugendlichen mit Selbstkonzeptproblemen ausgeprägt sind. Aspekte wie geringere Begabung, geringerer Schulerfolg, weniger Emotions- und Handlungskontrolle sowie erhöhte Selbstaufmerksamkeit sind bei den intensiven Konsumenten audiovisueller Gewalt vorzufinden. Dieses Beziehungsmuster ist hinreichend konsistent, wenn auch nicht sehr stark ausgeprägt. Es kann als ein Hinweis interpretiert werden, daß der mediale Gewaltkonsum auch eine kompensatorische Funktion hinsichtlich von Selbstwertproblemen besitzt. Die verstärkte Zuwendung zu diesen Inhalten wird als Instrument eingesetzt, um eine (Schein)kompensation eigener Schwächen zu erreichen.

4.7.3.3. Zusammenfassende Diskussion der Ergebnisse zu Selbstkonzept und Medienkonsum

Betrachtet man die Befunde dieser Untersuchung im Überblick, muß man feststellen, daß für die einzelnen Teilbereiche in sehr unterschiedlichem Maße psychologisch bedeutsame Ergebnisse gesichert werden konnten. Wohl fanden sich eine Fülle statistisch signifikanter Beziehungen, jedoch muß dabei berücksichtigt werden, daß die Werte der Korrelationen sehr niedrig sind. Die Erwartung, die Ergebnisse der früheren Untersuchungen mit ähnlicher Thematik vollständig replizieren zu können, wurde damit nur teilweise erfüllt.

Dies ist einesteils darauf zurückzuführen, daß die methodischen Verfahren in den bisherigen Studien zu Selbstkonzept und Medienkonsum sich inhaltlich sehr stark von dem in dieser Untersuchung verwendeten Instrumentarium unterscheiden. Ausgehend von dem theoretischen Ansatz, daß das Selbstkonzept des Menschen sich in sehr viele unterschiedliche Teilbereich differenzieren läßt, die zusammenwirken und handlungssteuernde Funktion besitzen (Burns 1979; Epstein, 1984; Filipp, 1984), wurde das Inventar zu Selbstkonzept und Selbstvertrauen (Fend et al., 1984) als Meßinstrument für das jugendliche Selbstbild ausgewählt. Die elf Subskalen, in die das Verfahren unterteilt ist, thematisieren ganz unterschiedliche Verhaltens- und Erlebnisbereiche des Jugendlichen mit Berücksichtigung schulischer Erfahrungsinhalte.

Vergleicht man die Verfahren der bisherigen Untersuchungen, zeigen sich große Divergenzen. In den früheren Studien wurden zur Bestimmung des Selbstkonzepts Verfahren verwandt, die die Selbstwerteinschätzung der Probanden in globaler Form maßen (z. B. „Self-esteem Inventory“, „Tennessee Self Concept Scale“), mittels bipolarer Adjektivpaare erfaßten (Neubauer, 1967; Korzenny & Neuendorf, 1980; Buerkel-Rothfuss & Mayes, 1981) oder in Form von Kontrollüberzeugungen operationalisierten (Travis, 1975; Krampen et al., 1982). Aufgrund dieser verschiedenen inhaltlichen Definitionen des Konstrukts Selbstkonzept wird auch die Vergleichbarkeit der früheren Befunde mit den Ergebnissen dieser Studie eingeschränkt. Zu bedenken ist weiterhin, daß in den bisherigen Untersuchungen sehr wenige theoretische Begründungen hinsichtlich der Wahl des Untersuchungsinstruments gegeben werden. Die Messung des Selbstkonzepts erscheint somit willkürlich und zufällig.

Die inhaltliche Fassung des Inventars zu Selbstkonzept und Selbstvertrauen hat zur Folge, daß für die einzelnen Selbstkonzeptbereiche unterschiedlich starke Zusammenhänge gefunden wurden. Es kann deswegen auch nicht von einem generell niedrigen oder hohen Selbstkonzept - wie es in der Literatur vielfach zu finden ist - gesprochen werden, sondern es kann nur die Höhe der jeweiligen spezifischen Selbstkonzeptaspekte bestimmt werden. Diese Vorgehensweise erlaubt eine Beschreibung der erhaltenen Zusammenhänge in viel differenzierterer und exakterer Form. Sie erfordert aber zugleich den Verzicht auf generelle und damit vielfach ungenaue Aussagen bezüglich der Ausprägung eines Gesamtselbstkonzepts.

Ein weiterer Grund, der die Vergleichbarkeit der Ergebnisse dieser Studie mit früheren Befunden erschwert, liegt möglicherweise in der unterschiedlichen Nutzung und Verbreitung der Massenmedien in den jeweiligen Untersuchungsländern. In den englischsprachigen Ländern, vor allem in den USA und in Australien, werden audiovisuelle Medien in sehr viel stärkerem Ausmaß genutzt als in der Bundesrepublik. Für die Rezipienten in diesen Ländern hat dies zur Folge, daß die Massenmedien in den Alltag der Menschen viel stärker integriert sind und die durchschnittliche Höhe des Konsums weit die des Rezipienten in der BRD übertrifft. Eventuell lassen sich aufgrund dieses sehr starken massenmedialen Konsums eindeutigere Zusammenhänge zwischen der Persönlichkeit des Rezipienten und seinem Medienverhalten nachweisen.

Für den Bereich der schulischen Variablen wurden die Hypothesen bestätigt, daß Jugendliche mit hohen Werten hinsichtlich einzelner Selbstkonzeptaspekte ihre schulischen Leistungen besser einschätzen, in der Schule beliebter sind und größeren Ehrgeiz in bezug auf ihren angestrebten Schulabschluß besitzen als Jugendliche mit niedrigem Selbstkonzept. Hinsichtlich der schulischen Beliebtheit messen Mädchen der schulischen Leistungsfähigkeit ein viel größeres Gewicht bei als Jungen. Eventuell läßt sich auch die geringere Selbstakzeptanz von Mädchen durch ihr gesteigertes schulisches Anspruchsniveau erklären und der Einschätzung, der Zukunft gegenüber weniger kompetent zu sein. Als typisches geschlechtsspezifisches Ergebnis kann gelten, daß Mädchen weniger zufrieden sind mit ihrem Aussehen als Jungen; erstaunlich hierbei ist, daß sowohl für Mädchen wie auch für Jungen die Zufriedenheit mit dem eigenen Aussehen ein wichtiges Kriterium für die Beliebtheit bei den Mitschülern darstellt. Nicht geklärt werden konnte in dieser Untersuchung, ob Mädchen höhere Ansprüche an ihr Schönheitsideal stellen als Jungen und sie deswegen weniger zufrieden mit ihrem Äußeren sind. In der Literatur finden sich zahlreiche Hinweise zur Begründung dieser Vermutung (z. B. Lutte et al., 1970; Beauvoir, 1973).

Sehr signifikante und unerwartet hohe Zusammenhänge mit den Selbstkonzeptskalen wurden für die sozio-demographische Variable Wohnort festgestellt. Mit ansteigender Wohnortgröße können sich Jugendliche, unabhängig vom Geschlecht, besser durchsetzen, sie besitzen mehr Emotions- und Handlungskontrolle, schätzen ihre Begabung als relativ hoch ein, verfügen aber über sehr viel weniger Selbstkenntnis und beschäftigen sich in geringerem Maße mit sich selbst als Jugendliche in ländlichen Gebieten. Diesen Ergebnissen kommt deswegen große Bedeutung zu, da sie Hinweise dafür liefern, daß die Lebensbedingungen in der Stadt und auf dem Land sehr divergent sind. Somit sind auch die Sozialisationseffekte für Jugendliche, die auf dem Land aufwachsen, von ganz anderer Art als für Jugendliche in den Städten. Auffällig ist auch, daß die Erwartung, daß Jugendliche in der Pubertät eine erhöhte Selbstaufmerksamkeit besitzen, nur für Jugendliche aus ländlichen Gebieten mit geringer Schulbildung bestätigt wurde. Dieses Ergebnis widerspricht den Vertretern der Katastrophentheorien (z. B. Erikson, 1966), nach denen alle Jugendlichen während der Pubertät eine verstärkte Tendenz zum Grübeln und intensiver Selbstbeschäftigung besitzen. Solche Verhaltensweisen scheinen nur dann aufzutreten, wenn bestimmte Lebensbedingungen, wie z. B. wenig äußere Ablenkungsmöglichkeiten und wenig Eigeninitiative, vorhanden sind.

Für den letztgenannten Grund finden sich auch Bestätigungen in den Befunden zum Freizeitverhalten der Mädchen. Es wurde festgestellt, daß mit einer Zunahme an Freizeitaktivitäten die Beschäftigung mit sich selbst geringer wird. Diese Ergebnisse weisen in Richtung der Fokaltheorie (Coleman, 1984), die postuliert, daß problematische Situationen bei Jugendlichen dann entstehen können, wenn Entwicklungsstörungen vorhanden sind und/oder starke Umweltanforderungen nicht sukzessive zu lösen sind.

Auch für den Bereich der Medienkonsumvariablen wurden einige bemerkenswerte Ergebnisse gefunden.

Faßt man die Befunde für die Printmedien zusammen, fanden sich für die Hypothese, daß Jugendliche mit niedrigen Selbstwertgefühl andere Printmedien bevorzugen als Jugendliche mit hohem Selbstwertgefühl, Belege für die Lektüre von Comics.

Bezüglich des Schallplatten-, Cassetten- und Radiokonsums fanden sich geschlechtsspezifische Unterschiede. Während Mädchen, die sich sozial gut durchsetzen können und mit ihrem Aussehen zufrieden sind, verstärkt Schallplatten und Cassetten hören, benützen diejenigen männlichen Jugendlichen häufig auditive Medien, die wenig sozial integriert sind, geringe Emotions- und Handlungskontrolle besitzen und sich mit erhöhter Selbstaufmerksamkeit betrachten. Für Jungen mit niedrigem Selbstwertgefühl scheinen auditive Medien im Sinne der Eskapismustheorien als Rückzugsmöglichkeit aus ihrer Umwelt und als Kompensation mangelnder Zufriedenheit mit sich selbst zu dienen.

Bezüglich des Fernsehkonsums soll hervorgehoben werden, daß Jungen und Mädchen mit niedrigen Werten hinsichtlich einzelner Selbstkonzeptaspekte erhöhten Fernsehkonsum bzw. eine stärkere Bindung an das Fernsehen aufweisen.

Für den Videokonsum wurden keine ausgeprägten Beziehungen mit den Selbstkonzeptskalen festgestellt.

Hinsichtlich der Präferenzen von Unterhaltungssendungen ergab sich, daß weibliche Jugendliche mit niedriger Ausprägung bezüglich einzelner Selbstkonzeptaspekte unterhaltsame Filme im Fernsehen und im Kino präferieren, Jungen mit niedrigem Selbstkonzept bevorzugen unterhaltsame Sendungen im Fernsehen und auf Video. Diese Befunde stimmen mit den in der Literatur zu findenden Ergebnissen überein (z. B. Himmelweit & Swift, 1976; Edgar, 1977).

Auch Nachrichten- und Dokumentationssendungen werden von Jugendlichen mit geringen Werten bezüglich einzelner Selbstkonzeptaspekte präferiert. Dies ist deswegen sehr bemerkenswert, da aufgrund der Befunde anderer emprischer Untersuchungen vermutet wurde, daß Jugendliche mit hohem Selbstwertgefühl realistische Fernsehinhalte verstärkt ansehen würden. Das Bedürfnis nach Selbstkonsistenz, nach dem der jugendliche Rezipient solche Filminhalte auswählt, die er in seinen bisherigen kognitiven Erfahrungsschatz integrieren kann (Heider, 1958; Lecky, 1945), wurde in der vorliegenden Untersuchung nur für Jugendliche mit niedrigem Selbstwertgefühl bestätigt. Für Jugendliche mit hohem Selbstwertgefühl konnte dies nicht nachgewiesen werden.

Möglicherweise ist dieses Ergebnis auch so zu erklären, daß Jugendliche, die niedrige Werte bezüglich einzelner Selbstkonzeptaspekte haben, generell mehr fernsehen und somit auch einen erhöhten Konsum an realistischen Sendungen haben. Auf diese Interpretation haben bereits Schramm et al. (1961) hingewiesen, die vermuteten, daß Vielseher sehr viele unterschiedliche Sendungen im Fernsehen ansehen, die nicht unbedingt ihre Lieblingssendungen darstellen.

Bezüglich der Präferenz von aggressiven Filminhalten wurden vermehrt Zusammenhänge mit negativen Selbstkonzeptausprägungen ermittelt. Die These, daß Jugendliche mit niedrigem Selbstwertgefühl bevorzugt aggressive Sendungen ansehen, konnte somit zum Teil bestätigt werden.

Wie aus den obigen Ausführungen deutlich geworden ist, fanden sich für die schulischen und sozio-demographischen Variablen die eindeutigsten Ergebnisse, gefolgt von den Medien- und Freizeitvariablen.

Betrachtet man den Einfluß, der den einzelnen Bereichen im Leben der Rezipienten zukommt, lassen sich auch geeignete Erklärungsmuster für die erhaltenen Befunde finden.

Soziale Variablen sind entweder unveränderliche Merkmale der Person oder bedingen in starkem Maße die Sozialisation der Rezipienten (Alter, Geschlecht, Wohnort, Schulart, Schichtzugehörigkeit etc.). Diese Variablen besitzen für die Genese und Entwicklung des Selbstkonzepts großes Gewicht und bedingen die Struktur der einzelnen Selbstkonzeptbereiche.

Die Medien- und Freizeitvariablen hingegen stellen keine essentiellen Bestandteile der menschlichen Persönlichkeit dar, sondern sie dienen der Befriedigung individueller Bedürfnisse wie Entspannung, Spaß, Erholung, soziale Begegnung, Ablenkung, Kommunikation etc. Diese Verhaltensweisen werden im Laufe der Sozialisation durch soziale Lernvorgänge erworben (Modellernen) und in der Interaktion mit anderen intensiviert. Ihre Handlungsausführung ist von situationalen Variablen, wie Erreichbarkeit, Mühe, Zeit, Kosten, abhängig. Die Gesamtheit dieser Faktoren wirkt handlungsmotivierend oder hemmend auf den gewünschten Handlungsvollzug ein. Aus der Sichtweise des Uses-and-gratifications-Ansatzes folgt, wenn die aufzuwendenden Kosten und Mühen zu groß werden, dann wird die Suche nach alternativen Handlungen verstärkt, von denen eine ähnliche Bedürfnisbefriedigung erwartet wird. Somit stellen der Gebrauch von Massenmedien oder die Ausführung eines bestimmten Freizeitverhaltens nur eine Auswahl an verschiedenen Möglichkeiten dar, die alternativ zur individuellen Bedürfnisbefriedigung verwandt werden können.

Für die vorliegende Untersuchung bedeutet dies, daß mit der Erfassung des Selbstkonzepts als Persönlichkeitsmerkmal zwar Aussagen über das Medienverhalten jugendlicher Rezipienten gemacht werden können; da massenmediales Handeln jedoch auch von situationsgebundenen Variablen abhängig ist, sind die erhaltenen Beziehungen zwischen den Selbstkonzeptskalen und den Medienvariablen weniger eindeutig.

Vergleicht man die Befunde dieses Teils der Studie mit dem klassischen Wirkungsansatz, so ergänzen sie die möglichen Perspektiven. Nach der Sichtweise des klassischen Wirkungsansatzes werden Medienaussagen als Reize aufgefaßt, die den Menschen in seinen Handlungs- und Denkweisen formen und beeinflussen. Nicht immer werden dabei die individuelle Situation des Rezipienten, dessen Wünsche und Erwartungen berücksichtigt. Für eine Bestätigung dieser Denkrichtung dürfte das Selbstkonzept als Persönlichkeitsdimension keinen Einfluß auf das Medienverhalten der Rezipienten haben. Das Gegenteil ist jedoch der Fall. In dieser Studie konnte gezeigt werden, daß die individuelle Selbstkonzeptstruktur im Zusammenhang mit sozialen Variablen als differentielles Merkmal zur teilweisen Erklärung des Medienverhaltens von Jugendlichen verwandt werden kann. Selbstkonzeptaspekte bestimmen demnach zum Teil in der prä-kommunikativen Phase die Wahl der Medien, denen man sich aussetzt. Die deutlich gewordene Selbstzuordnung zu bestimmten Medieninhalten bedeutet aber nicht, daß die Suche nach Effekten in und nach der kommunikativen Phase obsolet geworden wäre. Für weitergehende Untersuchungen sollte daraus vielmehr der Schluß gezogen werden, daß die Struktur des Selbstkonzeptes als Moderatorvariable in Effekt-Studien einbezogen werden sollte.

4.8. Wirkungen von Videospielen

4.8.1. Befunde zu Auswirkungen des Videospielens

Über Videospiele in ihren gesellschaftlichen Zusammenhängen haben sich bereits zahlreiche Sozialwissenschaftler und Publizisten geäußert (Bertlein, 1982; Bamme et al., 1983; Fritz, 1983; Liebel, 1983; Weber, 1983; Behn, 1984; Teuter, 1984). Fritz (1983, S. 21f) geht von der These aus, daß Spiele, auch Videospiele, die Zeit und die Kultur, in der sie entstanden sind, widerspiegeln. Er fragt nach den Grundstrukturen unserer heutigen Gesellschaft, die sich in den Videospielen zeigen. Sein Schluß ist, daß um beim Videospielen wie auch in der Gesellschaft erfolgreich zu sein, eine hohe Anpassungsleistung erfordert wird. Die Handlungen des Spielers müssen dem Spielprogramm angepaßt werden. Ebenso erfordern Videospiele eine präzise Koordination von Reaktionen. Diese Leistungsanforderungen werden an Menschen auch in ihrer realen Umwelt herangetragen. Die dauernd bestehende Leistungsforderung und die Erkenntnis, daß das eigene Leistungsvermögen nicht ausreicht, bewirken Streß beim Spieler. „Das Spiel macht ihnen (den Spielern) ... deutlich, wie sie sein müssen: leistungsbezogen, cool, permanent in der Realität und dem rhythmisierten Geschehensablauf der technologischen Welt voll angepaßt“ (a.a.O., S. 23).

Im Vergleich zu diesen weitreichenden Ideen über eine Passung zwischen gesellschaftlichen Strukturen und der in einer Gesellschaft sich entwickelnden Spielkultur, sind empirische Untersuchungen über Effekte des Videospielens selten. So stellen Schneekloth und Emsbach (1983, S. 8) fest, daß sich die Wirkungsforschung bisher fast nur mit der Thematik der Aggression bei Videoautomaten-Spielen beschäftigt habe.

Die erste deutschsprachige Untersuchung zu Videoautomaten-Spielen wurde 1980 von dem Kriminologen Löhe durchgeführt, der die Wirkungen von Kriegsspielautomaten (womit elektronische Unterhaltungsspiele ohne Gewinnmöglichkeit gemeint waren, mit denen Grausamkeiten oder kriegerische Handlungen dargestellt werden) auf Spielhallenbesucher untersuchte. Insgesamt hatten 41 Personen, 36 Männer und 5 Frauen, die von Löhe in einer Spielhalle ausgelegten Fragebögen beantwortet. Löhe (1980) schließt aus den Ergebnissen, daß die Altersstruktur der Spielhallenbesucher nicht auffällig ist, der Anteil von Frauen jedoch sehr gering ist und die Berufsstruktur der Befragten dem Bevölkerungsdurchschnitt entspricht. Den 16 männlichen Benutzern von Kriegsspielautomaten sowie einer Gruppe von Flipper- bzw. Glücksspielautomaten wurde teils vor, teils nach dem Spiel ein Aggressionsfragebogen vorgelegt. Die Werte beider Gruppen sind noch im Normbereich anzusiedeln. Löhe (1980) kommt zu dem Ergebnis, daß die Benutzer von Kriegsspielautomaten keine besondere oder auffällige Gruppe darstellen und die Spiele weder aggressionsfördernd noch -abbauend sind. Seine Untersuchung weist jedoch eklatante methodische Mängel auf. Zum einen ist die Stichprobe viel zu klein, um aussagekräftige Unterschiede zwischen Spielern an Kriegsspielautomaten und Flippern bzw. Glücksspielautomaten feststellen zu können; zum anderen wird keine ausreichende Beschreibung der soziodemographischen Variablen gegeben; zudem wurden hauptsächlich junge Erwachsene befragt, von denen nicht ohne weiteres Rückschlüsse auf Kinder und Jugendliche zulässig sind. Selg (1983, S. 13) folgert aufgrund dieser Kritikpunkte, daß „eine Beantwortung der Frage, ob Kriegsspielautomaten einen schädigenden Einfluß nehmen können, ... in dieser Arbeit ... kaum möglich (ist)".

Ähnliche Kritik kann an der Untersuchung von Mergen (1981), der die Vorgehensweise von Löhe (1980) weitgehend übernommen hat, geäußert werden. Mergen (1981) hat in 23 Spielhallen und auf 5 Rummelplätzen insgesamt 90 Personen mittels Fragebogen untersucht; 40 von ihnen wurden eingehend exploriert. Bei durchschnittlich etwa 3 Befragten pro Untersuchungsort muß befürchtet werden, daß die Stichprobe stark selegiert war. Darüber hinaus ist die methodische Vorgehensweise aus den gegebenen Beschreibungen nicht klar ersichtlich. So handelt es sich auch hier bei der postulierten Unschädlichkeit von Kriegsspielautomaten nur um eine Behauptung, die erst empirisch zu beweisen wäre (vgl. Selg, 1983, S. 13).

Dominick (1984, S. 139f) überprüfte bei 250 Jugendlichen der 10. und 11. Schulstufe drei verschiedener High Schools in Nordost Georgia (USA) den Zusammenhang zwischen dem Videospielen und dem Ansehen von aggressiven Fernsehsendungen sowie zwischen den beiden Variablen und aggressivem Verhalten. Der Fragebogen enthielt drei verschiedene Instrumente, um Aggression zu messen: das erste erfaßte hypothetische aggressive Reaktionen, das nächste manifeste physische Aggression und mit dem dritten wurde eine Maßzahl für aggressives delinquentes Verhalten eruiert. Zwischen dem Ansehen von Fernsehsendungen mit aggressivem Inhalt und dem Videospielen in Spielhallen besteht eine signifikante Korrelation, u. zw. sowohl für die gesamte Stichprobe als auch getrennt für beide Geschlechter. Ein weiterer deutlicher Zusammenhang existiert lediglich für Jungen zwischen dem Videospielen in Spielhallen und dem Maß für aggressives delinquentes

Verhalten. Insgesamt betrachtet, klärt die Schulleistung jedoch mehr Varianz der Aggressionsmaße auf als die Videospielvariable und die Maßzahl für aggressives Fernsehen zusammengenommen.

Fritz et al. (1983, S. 23f) haben einen anderen Bereich, in dem Wirkungen des Videospielens vermutet werden, untersucht. Und zwar wurde geprüft, wie das emotionale Empfinden von Kindern und Jugendlichen jeweils vor und nach einer zweistündigen Spielphase mit Videospielen aussieht. Die Stichprobe bestand aus 175 Schülern verschiedener Schulklassen vom 6. bis zum 12. Schuljahr. Mit insgesamt 5 Schulklassen waren die Gymnasiasten in der Stichprobe stark überrepräsentiert. In einem Prä-Post-Design bestimmten die Schüler ihren Gefühlszustand mit einem Fragebogen anhand 17 bipolar angeordneter Gefühlsaspekte. Diese Polaritäten wurden bei der Datenauswertung 7 Gefühlsbereichen zugeordnet. Das Videospielen bewirkt nach den vorliegenden Daten bei allen Schülern „eine signifikante Abschwächung der vitalen Antriebe“ (a.a.O., S. 26). Die Empfindungen „munter und erholt sein, kraftvoll und temperamentvoll sein“ haben sich nach der Spielphase deutlich vermindert. Die Neugierde auf Videospiele hat sich ebenso bei allen Klassen signifikant abgeschwächt. Während sich „Gefühle zielgerichteter Aktivität“ bei älteren Schüler deutlich verringerten, sind sie jedoch bei jüngeren nahezu konstant geblieben. Ältere Schüler scheinen auch mehr von den Spielen gestreßt zu werden: Das Gefühl, ruhig und locker zu sein, blieb nur bei den Jüngeren nach der Spielphase erhalten. Besonders deutliche Unterschiede zwischen jüngeren und älteren Schülern traten bei den Gefühlen „guter Dinge, heiter, fröhlich und zufrieden sein“ auf. Jüngere Schüler wurden durch Videospiele in diesen „positiven Grundgestimmtheiten“ verstärkt, während sie bei den älteren zum Teil signifikant abflachten. Das Gefühl, friedlich und freundlich zu sein, die sog. „positive Sozialemotionalität“ hatte sich bei allen Schülern verringert, am stärksten jedoch bei den älteren. Das Selbstvertrauen wurde nur in geringem Maße abgeschwächt (a.a.O., S. 26f). Zusammenfassend läßt sich feststellen, daß sich bei den Wirkungen des Videospielens deutliche altersspezifische Unterschiede zeigen. Bei älteren Schülern wirken die Spiele in allen Gefühlsbereichen deutlich gefühlsvermindernd, während sich die Gefühlsintensität bei jüngeren Schülern kaum verändert.

Gibb et al. (1983) untersuchten die Beziehung zwischen hoher versus niedriger Nutzung von Videospielen und Persönlichkeitsfaktoren. Sie untersuchten 280 Videospieler in amerikanischen Spielhallen, 201 männliche und 79 weibliche Probanden im Alter zwischen 12 und 34 Jahren mit zwei bis 99

Monaten Vorerfahrung mit Videospielen. Die Spielzeit an Heimvideospielen und Videospielautomaten variierte von einer bis zu 59 Stunden pro Woche. Die Probanden erhielten Fragebögen mit 73 bzw. 72 bipolaren Items (Bipolar Psychological Inventory, BPI). Bei sechs Persönlichkeitsvariablen wurde nur eine einzige signifikante Korrelation gefunden: Die Leistungsmotivation bei Frauen weist einen positiven Zusammenhang mit der Spielerfahrung auf ($r = .39$, $p < .05$).

Um Unterschiede in der Auge-Hand-Koordination zwischen Videospielern und Nichtspielern messen zu können, führten Griffith et al. (1983) ein Laborexperiment mit 31 Videospielern und einer gleichgroßen Gruppe von Nichtspielern durch. Die Auge-Hand-Koordination wurde mit einem Rotationsgerät („photo electric rotary pursuit unit") getestet. Die Versuchspersonen mußten einem Stimulus bei unterschiedlichen Figuren und Geschwindigkeiten mit der Hand folgen. Mit Ausnahme von zwei Tests war die Durchschnittsleistung der Videospieler bei den anderen Durchgängen signifikant höher als die der Nichtspieler. Es gab jedoch negative Korrelationen zwischen der Auge-Hand-Koordination und der Zeit, die pro Woche für Videospielen aufgewandt wurde. Ebenso war die Korrelation zwischen der Auge-Hand-Koordination und der Vorerfahrung mit Videospielen negativ. Griffith et al. (1983) ziehen daraus den Schluß, daß sich die Unterschiede nicht durch Übungseffekte erklären lassen. Sie halten es für möglich, daß sich solche Personen mit Videospielen beschäftigen, die über schnelle Reflexe und eine gut entwickelte Auge-Hand-Koordination verfügen, während sich Personen, bei denen dies nicht der Fall ist, eher anderen Freizeitbeschäftigungen zuwenden.

4.8.2. Fragestellung und Methodik

Da im Kontext der vorliegenden Untersuchung eine Vielzahl von Variablen erhoben wurden, die im Sinne spezifischer Nutzung und auch Wirkung des Video-Spielens interpretiert werden können, soll in diesem Kapitel die Frage der korrelativen Einbettung des Videospielens in bestimmte Lebenswelten bzw. der Zusammenhang von Nutzung und Bewertung des Videospielens mit den erfaßten Persönlichkeits- und Verhaltensdispositionen gestellt werden.

Als Videospiel-Indikatoren werden für die folgende Auswertung die folgenden Nutzungs- und Einstellungsindikatoren verwendet:

(1) Häufigkeit des Video-Spielens,

(2) Dauer des Video-Spielens,
(3) positive Bewertung von Videospielen,
(4) negative Bewertung von Videospielen,
(5) videospiel-bezogene Handlungsbereitschaft.

Die Berechnungen werden jeweils auf die Befragten beschränkt, die bereits Erfahrung mit Videospielen haben (N=3317). Eine weitere Eingrenzung der Stichproben erfolgt, wenn es um die Bereiche abweichendes Verhalten, Aggressivität oder psychosomatische Symptome geht. Hierbei wird den Berechnungen jeweils die Schnittmenge an Probanden zugrundegelegt, die sowohl Spielerfahrung aufweisen wie auch die entsprechenden Zusatzverfahren beantwortet haben.

4.8.3. Korrelate des Video-Spielens

Berechnet man den Zusammenhang zwischen den Videospiel-Indices und den Aggressionsskalen, so findet man nur signifikante Zusammenhänge mit der Skala über spontane Aggressivität (vgl. Tab. 4.46). Bei Befragten mit hoher Videospiel-Nutzung und -Bewertung sind die Aggressivitätswerte höher als bei seltenen Nutzern von Videospielern. Der Tendenz nach deutet sich somit an, daß für das soziale Zusammenleben problematische Verhaltensweisen bei intensiven Videospielnutzern vermehrt vorkommen.

Erweitert man die Betrachtung auf die verschiedensten schulischen und auch außerschulischen Normverstöße, so findet man ein ähnliches Bild (vgl. Tab. 4.47). Wenn auch die Zusammenhänge nicht sehr hoch ausgefallen sind, so lassen sich selbst nach Kontrolle von Drittvariablen ausgehend von der Videospiel-Nutzung zu allen Bereichen abweichenden Verhaltens statistisch absicherbare Korrelationen finden. Einzig die durch das Videospielen initiierten Handlungsbereitschaften korrelieren (mit der Ausnahme des Fluchtverhaltens) nicht mit den erfaßten Formen abweichenden Verhaltens. Relativ deutlich ist auch der Befund, daß die positiven Bewertungen von Videospielen bei Befragten mit vermehrten Normabweichungen signifikant höher sind als bei Befragten mit weniger Normverstößen.

Tabelle 4.46: **Zusammenhänge zwischen Nutzung und Bewertung von Videospielen und den Skalen zur Erfassung von Aggressivität (erste Zeile: einfache Korrelationen, zweite Zeile: partielle Korrelationen unter Konstanthaltung von Schulartzugehörigkeit, Geschlecht, Alter, Sozialschicht und Wohnortgröße; N=647)**

Aggressions-skalen	Videospiel-Indices (1)	(2)	(3)	(4)	(5)
spontane Aggressivität	.16	.15	-.01	.10	.12
	.11	.11	.01	.08	.08
reaktive Aggressivität	.08	.07	-.06	.00	.03
	.02	.03	-.03	-.04	-.03

(1) Häufigkeit des Video-Spielens,
(2) Dauer des Video-Spielens,
(3) positive Bewertung von Videospielen,
(4) negative Bewertung von Videospielen,
(5) videospiel-bezogene Handlungsbereitschaft.

Eine weitere Frage betrifft den Zusammenhang zwischen Aspekten des Selbstkonzepts und dem Videospielen. Ist es so, daß sich etwa Jugendliche mit ausgeprägten Selbstwertproblemen dem Videospielen zuwenden oder wird eventuell sogar eigenes Kompetenzbewußtsein durch den Umgang mit Videospielen erhöht? Auf korrelativer Basis konnte diese Frage unter Einbezug des für Schüler entwickelten „Inventars zu Selbstkonzept und Selbstvertrauen“ von Fend et al. (1984) untersucht werden (vgl. Tab. 4.48). Die gefundenen Beziehungen sind aber wenig aussagekräftig. So ist die Spielhäufigkeit nach Auspartialisierung von Drittvariablen nur schwach mit einem niedrigen Kompetenzbewußtsein hinsichtlich des Schulerfolges sowie erhöhter Selbstkenntnis korreliert, die Spieldauer hängt einzig mit geringer Emotionskontrolle zusammen. Negative Bewertungen von Videospielen werden vermehrt von Befragten mit Selbstkonzeptmängeln abgegeben, aber auch positive Urteile über das Videospielen sind bei Befragten mit Selbstkonzeptmängeln seltener. Die mit Videospielen in Zusammenhang stehende

Handlungsbereitschaft ist bei Befragten mit höherer Selbstkenntnis etwas höher.

Tabelle 4.47: **Zusammenhänge zwischen Nutzung und Bewertung von Videospielen und den Skalen zur Erfassung von abweichenden Verhaltens (erste Zeile: einfache Korrelationen, zweite Zeile: partielle Korrelationen unter Konstanthaltung von Schulartzugehörigkeit, Geschlecht, Alter, Sozialschicht und Wohnortgröße; N=650)**

Skalen zur Erfassung abweichenden Verhaltens	Videospiel-Indices (1)	(2)	(3)	(4)	(5)
Aggressionen gegen Lehrer	.13 .13	.07 .07	.10 .09	.12 .11	.03 .03
Aggressionen gegen Mitschüler und Sachen	.15 .09	.09 .06	.05 .06	.19 .16	.09 .05
Unruhe im Unterricht	.09 .08	.10 .10	.10 .09	.16 .16	.05 .05
Reduzierte Unterrichtsteilnahme	.06 .12	.07 .10	.13 .11	.11 .14	-.01 .05
Fluchtverhalten	.15 .14	.10 .09	.08 .09	.12 .10	.10 .11
Täuschungsverhalten	.18 .18	.13 .13	.05 .04	.16 .16	.07 .08
Kleinkriminalität	.19 .14	.17 .14	-.03 -.02	.19 .16	.04 .03
Gesamtskala	.16 .15	.13 .12	.10 .09	.20 .19	.07 .07

(1) Häufigkeit des Video-Spielens,
(2) Dauer des Video-Spielens,
(3) positive Bewertung von Videospielen,
(4) negative Bewertung von Videospielen,
(5) videospiel-bezogene Handlungsbereitschaft.

Tabelle 4.48: **Zusammenhänge zwischen Nutzung und Bewertung von Videospielen und den Skalen zur Erfassung des Selbstkonzepts (erste Zeile: einfache Korrelationen, zweite Zeile: partielle Korrelationen unter Konstanthaltung von Schulartzugehörigkeit, Geschlecht, Alter, Sozialschicht und Wohnortgröße; N=824)**

Selbstkonzeptskalen	Videospiel-Indices [1] (1)	(2)	(3)	(4)	(5)
Kompetenzbewußtsein der Zukunftsbewältigung	.00 -.01	.02 .01	-.09 -.10	-.04 -.03	.00 -.04
Kompetenzbewußtsein der sozialen Durchsetzungsfähigkeit	-.05 .01	.00 .03	-.08 -.10	-.04 -.01	-.01 .00
Kompetenzbewußtsein Schulerfolg	-.06 -.07	.01 .00	-.02 -.02	-.01 -.01	-.01 -.02
Selbstkonzept der sozialen Integration	.05 .04	-.03 -.03	-.04 -.04	.04 .03	-.03 -.05
Emotionskontrolle	-.08 -.05	-.09 -.09	-.06 -.07	-.08 -.07	-.05 -.07
Handlungskontrolle	-.04 -.01	-.02 -.01	-.09 -.11	-.11 -.10	-.02 -.04
Selbstakzeptierung	.11 .04	.03 -.02	-.08 -.07	.08 .04	.05 .00
Selbstkonzept der eigenen Begabung	-.04 -.02	.01 -.01	-.07 -.08	-.09 -.07	-.03 -.04
Selbstkonzept des eigenen Aussehens	.06 .02	.03 .00	-.05 -.05	.01 -.01	.02 -.04
Selbstkenntnis	.19 .11	.07 .01	.00 .03	.13 .08	.13 .11
Selbstaufmerksamkeit	.09 .05	.04 .02	.09 .12	.07 .05	.09 .12

1) Legende siehe Tab. 4.46.

Insgesamt läßt sich aus den vorliegenden Zusammenhängen kein schlüssiger Beleg weder für die selektive Nutzung von Videospielen durch Jugendliche mit hohem oder niedrigem Selbstkonzept finden, noch läßt sich die Wirkungsfrage für diesen Bereich anhand der vorliegenden Daten sinnvoll diskutieren. Es sind hier vermutlich experimentelle Versuchspläne notwendig, um zu aussagekräftigen Resultaten zu kommen. Hierbei müßte auch der Vielfalt der Spiele und vor allem deren unterschiedlicher Anforderungsstruktur genauer nachgegangen werden.

Tabelle 4.49: **Zusammenhänge zwischen Nutzung und Bewertung von Videospielen und der Skala zur Erfassung psychosomatischer Symptome (erste Zeile: einfache Korrelationen, zweite Zeile: partielle Korrelationen unter Konstanthaltung von Schulartzugehörigkeit, Geschlecht, Alter, Sozialschicht und Wohnortgröße; N=646)**

	Videospiel-Indices [1]				
Skala	(1)	(2)	(3)	(4)	(5)
Psychosomatik	-.05	.00	.15	.10	-.04
	.05	.05	.13	.16	.04

[1] Legende siehe Tab. 4.46.

Als letztes seien die Angaben über psychosomatische Symptome besprochen (vgl. Tab. 4.49). Die zu einer Skala zusammengefaßte Symptomhäufigkeit korreliert nicht mit den beiden Nutzungsangaben für Videospiele. Allerdings geben Probanden mit vermehrten positiven wie auch negativen Urteilen über Videospiele gehäuft psychosomatische Symptome an. Hierbei könnte vermutet werden, daß für dieses Ergebnis auch Antworttendenzen verantwortlich gemacht werden können. Die vorliegenden Daten lassen aber auf keinen Fall den Schluß zu, daß bei intensiven Videospielern psychosomatische Symptome (wie z. B. Konzentrationsstörungen, Nervosität, schlechter Schlaf, Flimmern vor den Augen) gehäuft anzutreffen seien. Eventuell kann eine solche Symptomatik nach intensivem Spielen feststellbar sein, zu einer Chronifizierung einer solchen Symptomatik kommt es jedoch auch bei intensiven Videospielern nach den vorliegenden Ergebnissen nicht.

4.8.4. Zusammenfassung

Intensive Videospieler weisen in der vorliegenden Untersuchung signifikant erhöhte Werte für spontane Aggressivität und für die meisten Bereiche des untersuchten normabweichenden Verhaltens auf. Die aus anderen Untersuchungen postulierte These, daß zwischen Videospielen und Verhaltensproblemen keine Zusammenhänge bestünden (Löhe, 1980; Mergen, 1981), wird somit durch die vorliegenden Ergebnisse nicht gestützt. Ungeklärt bleibt aber die Frage nach der Kausalitätsbeziehung. Zieht man die Ergebnisse über die jugendlichen Lebenswelten heran, in die das Videospielen eingebettet ist, so kann vermutet werden, daß gemeinsame lebensweltliche Charakteristika für den Zusammenhang verantwortlich zu machen sind.

Literaturverzeichnis

Abel, J.D. & Beninson, M.E. (1976). Perceptions of TV program violence by children and mothers. *Journal of Broadcasting, 20*, 355-363.

Affemann, R. (1982). Auswirkungen neuer Medien auf das Individuum und seine sozialen Beziehungen. In M. Furian & P. Wittemann (Hrsg), *Leben und Erziehen an der Schwelle zu einer neuen Medienwelt.* Heidelberg: Quelle + Meyer.

Akademie für Lehrerfortbildung Dillingen (1985). *Gewalt in Video. Daten - Fakten - Handlungsmöglichkeiten* (Akademiebericht Nr. 89). Dillingen.

Aktion Jugendschutz Schleswig-Holstein (1984). *Automatenspiele und Video - Unterhaltung oder Gefährdung?* Kiel: Eigenverlag.

Allensbach, Institut für Demoskopie (Hrsg.). *Allensbacher Werbeträger-Analyse (AWA).* Allensbach am Bodensee 1959 ff. (jährlich).

Allerbeck, K. & Hoag, W. (1985). *Jugend ohne Zukunft? Einstellungen, Umwelt, Lebensperspektiven.* München: Piper.

Allouche-Benayoun, B.J. (1975). Der Einfluß des bewegten Bildes auf Kinder und Jugendliche. Französische Forschungen von 1970 bis 1975. *Fernsehen und Bildung, 9*, 229-249.

Andison, F.S. (1977). TV violence and viewer aggression: A cumulation of study results 1956 - 1976. *Public Opinion Quarterly, 41*, 314-331.

Arbeitsgemeinschaft Mediaanalyse e.V. (AG.MA). (1984 - 1988). *Medienanalyse für Publikumszeitschriften, Tageszeitungen, Lesezirkel, Hörfunk, Fernsehen, Filmtheater.* Frankfurt/Main: Media Micro-Census GmbH.

Arbogast, Ch. & Tippelt, R. (1981). *Jugendarbeit.* München: Kösel.

ARD/ZDF-Studie (1985). (Siehe Bonfadelli et al., 1986).

Atkin, C., Greenberg, B., Korzenny, F. & McDermott, S. (1979). Selective exposure to televised violence. *Journal of Broadcasting, 23*, 5-13.

Attorney General's Commission on Pornography (1986). Washington D.C.: U. S. Dept. of Justice.

Bärsch, W., Bandlow, U., Becker, W. & Frick. R. (1984). *Beratung bei Rauschmittelproblemen* (Fernstudien - Ausbildung zum Beratungslehrer, Studienbrief 9). Tübingen: Deutsches Institut für Fernstudien an der Universität Tübingen.

Bailyn, L. (1959). Mass media and children: A study of exposure habits and cognition effects. *Psychological Monographs, 73*, 1-48.

Baker, R.K. & Ball, S.J. (Hrsg.). (1969). *Report: Violence and the media. A staff report to the National Commission on the Causes and Prevention of Violence.* Washington D.C.: Library of Congress, Catalogue No. 72604084.

Bamme, A., Feuerstein, G., Genth, R., Holling, E., Kahle, R. & Kempin, P. (1983). *Maschinen - Menschen, Mensch - Maschinen. Grundrisse einer sozialen Beziehung.* Reinbek: Rowohlt.

Bandura, A. (1965). Influence of model's reinforcement contingent on the acquisition of imitative responses. *Journal of Personality and Social Psychology, 1*, 589-595.

Bandura, A. (1979). *Sozial-kognitive Lerntheorie*. Stuttgart: Klett-Cotta.

Bandura, A. & Houston, A.C. (1961a). Identification as a process of incidental learning. *Journal of Abnormal and Social Psychology, 63*, 311-318.

Bandura, A., Ross, D. & Ross, S.A. (1961b). Transmission of aggression through imitation of aggressive models. *Journal of Abnormal and Social Psychology, 63*, 575-582.

Bandura, A., Ross, D. & Ross, S.A. (1963a). Imitation of film-mediated aggressive models. *Journal of Abnormal and Social Psychology, 66*, 3-11.

Bandura, A., Ross, D. & Ross, S.A. (1963b). Vicarious reinforcement and imitative learning. *Journal of Abnormal and Social Psychology, 67*, 601-606.

Bauer, K.O., Hünert, M. & Zimmermann, P. (1985). *Jugend vor dem Bildschirm*. Dortmund: AFS Werkheft 22.

Bauer, K.W. & Hengert, H, (1980). *Wirklichkeit aus zweiter Hand. Kindheit in der Erfahrungswelt von Spielwaren und Medienprodukten*. Reinbek: Rowohlt.

Bauer, T.A. (1980). *Medienpädagogik. Einführung und Grundlegung*. Graz: Böhlau.

Bauer, W., Baur, E. & Kungel, B. (Hrsg.). (1976). *Vier Wochen ohne Fernsehen. Eine Studie zum Fernsehkonsum*. Berlin: Spiess.

Bayerischer Jugendring (Hrsg.). (1985). *Jugendarbeit in Bayern. Weißbuch über die Situation junger Menschen*. München: Anthofer's Satz + Druck Organisation.

Bayerisches Landesamt für Statistik und Datenverarbeitung (Hrsg.). (1984). Statistisches Jahrbuch für Bayern. München: Eigenverlag.

Beauvoir, S. (1973). *Das andere Geschlecht: Sitte und Sexus der Frau*. Reinbek: Rowohlt.

Becker, L.B. (1983). Die Antwort des Zuschauers auf die neuen „Wahlmöglichkeiten“ des Kabelfernsehens in den Vereinigten Staaten. *Media Perspektiven*, 436-444.

Beer, U. (1968). *Umgang mit Massenmedien*. Tübingen: Katzmann Verlag.

Behn, R. (1984). Videospiele als Abbild unserer Wirklichkeit. In H.J. Kreuzer (Hrsg.), *Handbuch der Spielpädagogik* (Bd. 3, S. 683-695). Düsseldorf: Schramm.

Belson, W.A. (1978). *Television violence and the adolescent boy*. Westmead, England: Saxon House.

Berg, K. & Kiefer, M.-L. (Hrsg.). (1982). *Massenkommunikation II. Eine Langzeitstudie zur Mediennutzung und Medienbewertung 1964 - 1980* (Schriftenreihe Media Perspektiven, Bd. 2). Frankfurt: Metzner.

Berg, K. & Kiefer, M.-L. (Hrsg.). (1986). *Jugend und Medien*. Frankfurt am Main: Metzner.

Berger, S.M. (1962). Conditioning through vicarious instigation. *Psychological Review, 69*, 450-466.

Bergler, R. & Six, U. (1975). *Die Wirkungen des Fernsehens auf Kinder und Jugendliche* (Literaturübersicht und Sammelreferat). Frankfurt/Main: Eigendruck.

Berg-Schwarze, E. (1983). Fortsetzung einer bewährten Zusammenarbeit. Zum Verhältnis Film/Fernsehen. *Media Perspektiven*, 610-614.

Berkowitz, L. & Geen, R.G. (1966). Film violence and cue properties of available targets. *Journal of Personality and Social Psychology, 3*, 525-530.

Berkowitz, L. & Macaulay, J. (1971). The contagion of criminal violence. *Sociometry, 34*, 238-260.

Berkowitz, L. & Rawlings, E. (1963). Effects of film violence on inhibition against subsequent aggression. *Public Opinion Quarterly, 27*, 217-229.

Berkowitz, L., Corvin, R. & Hieronimus, M. (1963). Film violence and subsequent aggressive tendencies. *Public Opinion Quarterly, 27*, 217-229.

Berlyne, D.E. (1969). The reward value of indifferent stimulation. In J.T. Tapp, (Hrsg.), *Reinforcement and behavior* (S. 179-214). New York: Academic Press.

Bertlein, R.F. (1982). To kill or not to kill. Das Atari-Zeitalter hat begonnen. *Medium*, 15-16.

Bessler, H. (1983). Videotext-Nutzung im Feldversuch ARD/ZDF. *Media Perspektiven*, 39-46.

Bessler, H. & Zimmer-Schüring, M. (1973). Lebensgewohnheiten von Kindern. Auswertung einer Stichtagbefragung von Kindern in Fernsehhaushalten. In D. Stolte (Hrsg.), *Das Fernsehen und sein Publikum* (S. 201-253). Mainz: Hase & Koehler.

Bezirksregierung Hannover (o.J.). *Gewalt und Horror in Videofilmen.* Hannover: Eigenverlag.

Blücher, V. Graf (1956). *Freizeit in der industriellen Gesellschaft - dargestellt an der jüngeren Generation.* Stuttgart: Enke Verlag.

Blumer, H. & Hauser, P. (1970 Reprint). *Movies, delinquency and crime.* New York: Arno Press (Original erschienen 1933).

Blumer, J. & Katz, E. (Hrsg.). (1974). *The uses of mass communications. Current perspectives on gratifications research.* London: Sage.

BMfPuFW (Hrsg.). (1986). *Bezirksstatistik 1985*. Bonn: Eigenverlag.

Bollinger, G. & Kahlert, M. (1985). Kabelpilotprojekt Ludwigshafen: Merkmale erster Teilnehmer. *Media Perspektiven*, 464-470.

Bonfadelli, H. (1980). Neue Fragestellungen in der Wirkungsforschung: Zur Hypothese der wachsenden Wissenskluft. *Rundfunk und Fernsehen, 28*, 173-193.

Bonfadelli, H. (1983). Kinder/Jugendliche und Massenkommunikation. *Media Perspektiven*, 313-324.

Bonfadelli, H., Darkow, M., Eckhardt, J., Franzmann, B., Kabel, R., Meier, W., Weger, H-D.G & Wiedemann, J. (1986). *Jugend und Medien. Eine Studie der ARD/ZDF-Medienkommission und der Bertelsmann Stiftung* (Schriftenreihe Media Perspektiven, Bd. 6). Frankfurt/Main: Metzner.

Bongers, D. (1978). *Bildungsniveau und Chancengleichheit: Zwischenbericht einer empirischen Untersuchung an integrierten Gesamtschulen und Schulen des traditionellen Schulsystems in Hessen* (Arbeitsbericht 3). Konstanz: Zentrum I für Bildungsforschung.

BPS-Report (1987). Video-Index Dezember 1987. Verzeichnis aller indizierten Titel. *BPS-Report*, (6), 30-42.

Brandes, R. (1985). Videofilme - eine Herausforderung an die pädagogische Praxis. *Unsere Jugend, 37*, 95-103.

Bräutigam W. & Christian, P. (1981). *Psychosomatische Medizin* (3. Auflage. Stuttgart: Thieme.

Brepohl, K. (1984). *Lexikon der neuen Medien*. Köln: Deutscher Instituts-Verlag.

Briechle, R. (1981a). *Die Messung der moralischen Urteilsfähigkeit in MUP und MUT. Zwei geschlossene Instrumente für Jugendliche* (Interner Arbeitsbericht im Rahmen des Forschungsprojekts „Entwicklung im Jugendalter"). Konstanz.

Briechle, R. (1981b). Interessen und moralisches Urteilsniveau. *Unterrichtswissenschaft, 3*, 265-274.

Briechle, R. (1982). *Elternhaus, Schule und moralisches Urteilsniveau*. Universität Fribourg, Schweiz: Referat, vorgetragen am 2.9.1982 auf dem internationalen Symposium „Moral Education" (unveröffentlicht).

Bronfenbrenner, U. (1973). Diskussionsbeitrag. In J. Clayre (Hrsg.), *The impact of broadcasting* (p. 20). London: Compton Russell.

Brosius, H.B. (1987). Auswirkungen der Rezeption von Horror-Videos auf die Legitimation von aggressiven Handlungen. *Rundfunk und Fernsehen, 35*, 71-91.

Brusten, M. & Hurrelmann, K. (1973). *Abweichendes Verhalten in der Schule*. München: Juventa.

Bryan, J.H. & Schwartz, T. (1971). Effects of film material upon children's behavior. *Psychological Bulletin, 75*, 50-59.

Btx-Staatsvertrag vom 16. März 1983

Buchholz, A. & Kulpok, A. (1979). *Revolution auf dem Bildschirm. Die neuen Medien Videotext und Bildschirmtext*. München: Goldmann.

Buerkel-Rothfuss, N.L. & Mayes, S. (1981). Soap opera viewing: The cultivation effect. *Journal of Communication, 31*, 108-115.

Bundesministerium für das Post- und Fernmeldewesen (1986). *Geschäftsbericht 1985*. Frankfurt am Main: OPD.

Burns, K.L. (1979). Social learning theory and behavioral health care. *Psychotherapy and Psychosomatics, 32*, 6-15.

Buss, A.H. (1966). Instrumentality of aggression, feedback and frustration as determinants of physical aggression. *Journal of Personality and Social Psychology, 3*, 153-162.

Buss, M. (1975). Vielseher und Fernsehmuffel. *Media Perspektiven*, 378-389.

Buss, M. (1982). Die Massenmedien - Begleiter bei Arbeit und Freizeit an den Werktagen Montag bis Freitag. *Media Perspektiven*, 584-596.

Buss, M. (1985). *Der Vielseher: Fernsehzuschauerforschung in Deutschland. Theorie - Praxis - Ergebnisse.* Frankfurt am Main: Metzner.

Buss, M. & Darkow, M. (1984). Der Weg zur GFK-Fernsehforschung. *Media Perspektiven*, 85-97.

Carlisle, A. & Howell, R.J. (1974). Comparison of filmed violence and anger as measurement by changes in affective states. *Psychological Reports, 34*, 1259-1266.

Chaffee, S.H., Mc Leod, J.M. & Atkin, Ch.K. (1971). Parental influences on adolescent media use. *American Behavioral Scientist, 14*, 323-340.

Clark, D.G. & Brandenburg, W. (1972). Trends in violent content in selected mass media. In G. A. Comstock & E. Rubinstein (Eds.), *Television and social behavior* (Vol. 1). Washington D.C.: US Government Printing Office.

Clostermann, G. & Preuss, K. (1952). *Abhandlungen zur Jugend-Filmpsychologie.* Gelsenkirchen: Städtisches Forschungsinstitut für Psychologie der Arbeit und Bildung in Münster.

Colby, A. & Kohlberg, L. (1978). Das moralische Urteil. Der kognitionszentrierte entwicklungspsychologische Ansatz. In G. Steiger (Hrsg.), *Die Psychologie des zwanzigsten Jahrhunderts, Band VII: Piaget und die Folgen* (S. 348-366). Zürich: Kindler.

Colby, A., Kohlberg, L., Gibbs, J. & Liebermann, M. (1983). A longitudinal study of moral judgement. *Monographs of the Society for Research in Child Development, 48*, 1-96.

Coleman, J. (1984). Eine neue Theorie der Adoleszenz. In E. Olbrich & E. Todt (Hrsg.), *Probleme des Jugendalters. Neue Sichtweisen* (S. 49-87). Berlin: Springer.

Comenius, J. A. (1965). Pampaedia. Heidelberg: Quelle & Meyer.

Comstock, G.A. & Rubinstein, E.A. (Hrsg.). (1972). *Television and social behavior.* A report to the Surgeon General's Advisory Committee on Television and Behavior. Washington D.C.: Government Printing Office.

Cressay, P.G. & Thrasher, F. (1933). *Boys, movies and city streets.* Macmillan: Payne Fund Studies.

Csikszentmihalyi, M. & Kubey, R. (1981). Television and the rest of life: A systematic comparison of subjective experience. *Public Opinion Quarterly, 45*, 317-328.

Dahms, H. (1983). Wie Zuschauer fernsehen - Zur Qualität des „Fernsehkontakts“. *Media Perspektiven*, 279-286.

Darschin, W. & Frank, B. (1983). Tendenzen im Zuschauerverhalten. Fortsetzungsbericht zur Fernsehnutzung im Jahre 1982. *Media Perspektiven*, 343-352.

Darschin, W. & Frank, B. (1984). Tendenzen im Zuschauerverhalten. Fortsetzungsbericht zur Fernsehnutzung im Jahre 1983. *Media Perspektiven*, 279-289.

Darschin, W. & Frank, B. (1985). Tendenzen im Zuschauerverhalten. Fortsetzungsbericht zur Fernsehnutzung im Jahre 1984. *Media Perspektiven*, 245-256.

Darschin, W. & Frank, B. (1986). Tendenzen im Zuschauerverhalten. Fortsetzungsbericht zur Fernsehnutzung im Jahre 1985. *Media Perspektiven*, 209-222.

Dehm, U. & Klingler, W. (1984). Das Kabelpilotprojekt Ludwigshafen/Vorderpfalz im Urteil der Bevölkerung. *Media Perspektiven*, 879-887.

Dehm, U. & Klingler, W. (1985). Programmvielfalt versus Programmnutzung. Ergebnisse einer Tagebuchuntersuchung im Kabelpilotprojekt Ludwigshafen/Vorderpfalz. *Media Perspektiven*, 459-463.

Deutsches Video Institut (1983). *Video Programm Verzeichnis*. Hamburg: Video Partner Verlags GmbH.

DFG (1986). *Medienwirkungsforschung in der Bundesrepublik Deutschland* (2 Bde.). Weinheim: VCH-Verlagsgesellschaft.

Döbert, R. & Nunner-Winkler, G. (1980). Jugendliche „schlagen über die Stränge“. Abwehr- und Bewältigungsstrategien in moralisierbaren Handlungssituationen. In L. Eckensberger & R. Silbereisen (Hrsg.), *Entwicklung sozialer Kognitionen* (S. 267-298). Stuttgart: Klett-Cotta.

Dörner, K. & Plog, U. (1984). *Irren ist menschlich oder Lehrbuch der Psychiatrie/Psychotherapie* (Erstauflage 1980). Rehburg: Psychiatrieverlag.

Dominick, J.R. (1984). Videogames, television violence, and aggression in teenagers. *Journal of Communication, 34*, 136-147.

Dominick, J.R. & Greenberg, B.S. (1972). Attitudes toward violence: The interaction of television exposure, family attitudes, and social class. In G.A. Comstock & E.A. Rubinstein (Hrsg.), *Television and social behavior* (Volume 3, S. 314-335). Washington D.C.: Government Printing Office.

Donnerstein, E., Linz, D. & Penrod, St. (1987). *The question of pornography. Research findings and policy implications*. London: Macmillan.

Doob, A.N. & MacDonald, G.E. (1979). Television viewing and fear of victimization: Is the relationsship causal? *Journal of Personality and Social Psychology, 37*, 170-179.

Dorsch, F. (Hrsg). (1982). *Psychologisches Wörterbuch*. Bern: Huber.

Dr. Fessel-Institut (1979). *Daten zur Fernsehnutzung*. Wien: Eigenverlag.

Dworkin, A. (1987). *Pornographie. Männer beherrschen Frauen.* Köln: Emma-Frauenverlag.

Eckensberger, L.H. (1982). Zur Ontogenese von Moralität. In F. Hiller (Hrsg.), *Normen und Werte* (S. 17-38). Heidelberg: Annales Universitatis Saraviensis.

Edgar, P. (1977). *Children and screen violence.* St. Lucia, Queensland: Queensland University Press.

Ehlers, R. (1985). Nutzung und Akzeptanz der regionalen und überregionalen Videotext-Angebote. *Media Perspektiven*, 471-478.

Epstein, S. (1984). Entwurf einer integrativen Persönlichkeitstheorie. In S.-H. Filipp (Hrsg.), *Selbstkonzeptforschung* (S. 15-45). Stuttgart: Klett-Cotta.

Erikson, E.H. (1966). *Identität und Lebenszyklus.* Frankfurt am Main: Suhrkamp.

Eron, L.D. & Huesmann, L.R. (1980). Adolescent aggression and television. *Annals of the New York Academy of Sciences, 347*, 319-331.

Eurich, C. & Würzburg, G. (1983). *30 Jahre Fernsehalltag. Wie das Fernsehen unser Leben verändert hat.* Reinbek: Rowohlt.

Eurich, C. & Würzburg, G. (1983). Fernsehen und Familie. Eine Alltagsarchäologie. *Medium, 19*, 22-26.

Farmington TV Turning off Kit (1985). Farmington Library.

Fend, H., Helmke, A.K. & Richter, P. (1984). *Inventar zu Selbstkonzept und Selbstvertrauen.* Konstanz: Projektbericht aus dem SFB 23.

Fend, H., Knörzer, W., Nagl, w., Specht, W. & Väth-Szusdziara, R. (1976). *Gesamtschule und dreigliedriges Schulsystem - eine Vergleichsstudie über Chancengleichheit und Durchlässigkeit.* Stuttgart: Klett.

Feshbach, S. (1961). The stimulating versus cathartic effects if a vicarious aggressive activity. *Journal of Abnormal and Social Psychology, 63*, 381-385.

Filipp, S.-H. (1984). *Selbstkonzeptforschung: Probleme, Befunde, Perspektiven.* Stuttgart: Klett-Cotta.

Frank, B. (1985). Fernsehen: Zuschauerverhalten und Zuschauerinteressen. Ergebnisse und Überlegungen aus der Forschungsarbeit der Rundfunkanstalten. In D. Prokop (Hrsg.), *Medienforschung* (Bd. 2 Wünsche, Zielgruppen, Wirkungen, S. 152-184). Frankfurt/Main: Fischer.

Frank, B. (1978). Einschalt- und Sehverhalten in der Familie. Neuere Ergebnisse der Teleskopie-Zuschauerforschung. In ZDF (Hrsg.), *Familie und Fernsehen* (ZDF-Schriftenreihe Medienforschung, Bd. 21, S. 5-19). Mainz.

Fritz, J. (1983). Warum es so schwer ist, Frieden zu spielen. *Theorie und Praxis der sozialen Arbeit, 34*, 21-26.

Fritz, J. (1984a). „... damit Denken ins Spiel kommt." *Spielmittel, 5*, 63-69.

Fritz, J. (1984b). Videospiele - Abbilder des Computerzeitalters. *Deutsche Jugend, 8*, 359-366.

Fritz, J. (1984c). Vom Superboom zum verblaßten Goldrand. *Spielmittel, 5*, 9-19.

Fritz, J., Dorst, B. & Metzner, J. (1983). *Videospiele - regelbare Welten am Draht.* Bamberg: Nostheide Verlag.

Furhammer, L. (1966). The influence of cinema on juvenile delinquency. *Council of Europe, DPLORC, 66*, 4.

Furu, T. (1962). Die Rolle des Fernsehens im Leben der Kinder. *Rundfunk und Fernsehen, 10*, 325-367.

Furu, T. (1965). Research on television and the child in Japan. *Studies of Broadcasting, 3*, 51-81.

Geen, R.G. (1968). Effects of frustration, attack and prior training in aggressiveness on aggressive behavior. *Journal of Personality and Social Psychology, 9*, 316-321.

Gerbner, G. (1969). The television world of violence. In S.J. Ball (Hrsg.), *Report: Violence and the media* (pp. 311-339). Washington: Library of Congress.

Gerbner, G. & Gross, L. P. (1973). *Violence profile No. 5. Trends in network television drama and viewer conceptions of social reality.* University of Pennsylvania, Philadelphia (unveröffentlicht).

Gerbner, G. & Signorelli, N. (1979). *Women and minorities in television drama 1969 - 1978.* University of Pennsylvania, Philadelphia.

Gerbner, G., Gross, L., Morgan, M. & Signorielli, N. (1980). The „mainstreaming" of America: Violence Profile, No. 11. *Journal of Communications, 30*, 10-29.

Gfk-Fernsehforschung (1985). *Media Perspektiven.*

GfK Fernsehnutzung (1986a, b, c). *Media Perspektiven.*

Gibb, G.D., Bailey, J.R., Lambirth, T.T. & Wilson, W.P. (1983). Personality differences between high and low electronic video game users. *Journal of Psychology, 114*, 159-165.

Giesecke, H. (1968). *Freizeit und Konsumerziehung.* Göttingen: Vadenhoeck & Ruprecht.

Giesecke, H. (1983). *Leben nach der Arbeit. Ursprünge und Perspektiven der Freizeiterziehung.* München: Juventa.

Glogauer, W. (1985a). Erkenntnisse und Perspektiven zum Videofilm-Konsum bei Kindern und Jugendlichen. *Unterrichten/erziehen*, 6-13.

Glogauer, W. (1985b). Konsum indizierter Videos durch Jugendliche nach Inkrafttreten der neuen Jugendschutzgesetzgebung. *BPS-Report, 6*, 1-4.

Glogauer, W. (1988). *Videofilm - Konsum der Kinder und Jugendlichen.* Bad Heilbrunn: Klinkhardt.

Gräfe, G. & Vogel, K. (1980). *Massenmedien als Unterrichtsgegenstand.* Ravensburg: Otto Maier Verlag.

Grau, U., Bücker, A., Dimmelmeier, U., Linke, A. & Loy, H. (1984). Telespiele bei Schülern und Jugendlichen. In Aktion Jugendschutz, Landesarbeitsstelle Schleswig-Holstein (Hrsg.), *Informationen* (S. 359-371). Kiel: Eigenverlag.

Gray, B. (1950). The social effects of the film. *Sociological Review, 42*, 12-20.

Griffith, J.L., Voloschin, P., Gibb, G.D. & Bailey, J.R. (1983). Differences in eye-hand motor coordination of video-game users and non-users. *Perceptual & Motor Skills, 57*, 155-158.

Grünewald, D. & Kaminski, W. (Hrsg.).(1984). *Kinder- und Jugendmedien.* Weinheim: Beltz.

Gschwendtner, Ch. (1984). *Der Video-Konsum bei Jugendlichen. Eine empirische Untersuchung.* Augsburg: Schriftliche Hausarbeit zur Zulassung zum 1. Staatsexamen.

GÜFA (1983). Verbraucherverhalten der Besitzer von Videorecordern. *Film und Recht - Zeitschrift für Urheber- und Medienrecht*, (7/8), 410-419.

Halhuber, M.J. (1977). *Psychosozialer Streß und koronare Herzkrankheit.* Berlin: Springer.

Halloran, J.D., Brown, R.L. & Chaney, D. (1972). *Fernsehen und Kriminalität.* Berlin: Spiess. (Original erschienen 1970: Television and delinquency. Leicester: University Press)

Hamburg-Nord Jugendhilfeplanung (1984). *Arbeitsmaterialien als Tischvorlage zum Thema Video anläßlich der JWA-Sondersitzung am 17.4.1984* (Jugendhilfeplanung N/D 5). Hamburg: Eigenverlag.

Hartman, D.P. (1969). Influence of symbolically modeled instrumental aggression and pain cues on aggressive behavior. *Journal of Personality and Social Psychology, 11*, 380-388.

Haseloff, O.W. (1972). Über Wirkungen des Fernsehens. In ZDF (Hrsg.), *Bildungsarbeit im ZDF* (Schriftenreihe für die Mitarbeiter des ZDF, Heft 1, S. 5-25). Mainz: Eigenverlag.

Havlicek, D. & Steinmann, M.F. (1980). Radio, Fernsehen und Kinder. Eine Studie über den Tagesablauf, das Freizeit- und Medienverhalten von Kindern sowie ihrer Einstellungen und jene der Eltern zu Radio und Fernsehen, unter Berücksichtigung weiterer Fragestellungen (SRG Forschungsdienst). Zürich: *Schweizerische Radio und Fernsehgesellschaft, IX*, 164.

Head, S.W. (1954). Content analysis of television drama programs. *Quarterly of Film, Radio and Television, 9*, 175-194.

Hearst, S. (1986). Neue Eindrücke von der amerikanischen Fernsehszene. *Media Perspektiven*, 456-459.

Hehlmann, W. (1974). *Wörterbuch der Psychologie* (11. erg. Auflage). Stuttgart: Kröner.

Heider, F. (1958). *The psychology of interpersonal relations.* New York: Wiley.

Heller, K. & Nickel, H. (Hrsg.). (1976). *Psychologie in der Erziehungswissenschaft* (Bd. 2, Verhalten im sozialen Kontext). Stuttgart: Klett-Cotta.

Helmke, A. (1978). *Erzieherische Wirkungen der Schule* (Projekt Wissenschaftliche Begleitung von Gesamtschulen in Hessen, Arbeitsbericht Nr. 2). Konstanz.

Helmke, A. & Dreher, E. (1979). *Gesamtschule und dreigliedriges Schulsystem in Nordrhein-Westfalen: Erzieherische Wirkungen und soziale Umwelt.* Paderborn: Schöningh.

Hendry, L.B. & Thornton, D.J.E. (1976). Games theory, television and leisure: An adolescent study. *British Journal of Social and Clinical Psychology, 15*, 369-376.

Hennigham, K.M., Del Rosario, M.L., Heath, L., Cook, T.D., Wharton, J.D. & Calder B.J. (1982). Impact of television on crime in the United States: Empirical findings and theoretical implications. *Journal of Personality and Social Psychology, 42*, 461-477.

Herrmann, T., Hofstätter, P.R., Huber, H.P. & Weinert, F.E. (Hrsg.). (1977). *Handbuch der psychologischen Grundbegriffe.* München: Kösel.

Heyn, J. (1984). Pay TV in Großbritannien. 13 Großprojekte nach zweijähriger Laufzeit. *Media Perspektiven*, 476-485.

Heyn, J. (1985). Fernsehnachrichten im internationalen Vergleich. *Media Perspektiven*, 879-884.

Hicks, D. (1965). Imitation and retention of film-mediated aggressive peer and adult models. *Journal of Personality and Social Psychology, 2*, 97-100.

Hicks, D. (1968). Short- and long-term retention of affectively varied modeled behavior. *Psychonomic Science, 11*, 369-370.

Himmelweit, H.T. (1980). Kinder und Jugendliche. Fernsehforschung gestern und morgen. *Fernsehen und Bildung, 14*, 295-331.

Himmelweit, H.T. & Swift, B. (1976). Continuities and discontinuities in media usage and taste: A longitudinal study. *Journal of Social Issues, 32*, 133-156.

Himmelweit, H.T., Oppenheim, A.N. & Vince, P. (1958). *Television and the child. An empirical study of the effect of television on the young.* London: Oxford University Press.

Hodapp, V. (1984). *Analyse linearer Kausalmodelle.* Bern: Huber.

Hoffmann, K. (1984). Videoboom in den USA. Veränderungen auf dem Film- und Fernsehmarkt. *Media Perspektiven*, 767-772.

Hofstätter, P. (1963). *Einführung in die Sozialpsychologie.* Stuttgart: Kröner.

Horn, I. (1975). *Jugend und Fernsehen. Bericht über Einstellungen und Verhalten der 14 - 24jährigen gegenüber dem Fernsehen* (ZDF-Schriftenreihe Medienforschung, Heft 14). Mainz: Eigenverlag.

Horn, I. (1978). Einstellungen und Verhalten der Eltern zum Fernsehen der Kinder. Ergebnisse aus Sonderuntersuchungen und Projektstudien. In ZDF (Hrsg.), *Familie und Fernsehen* (ZDF-Schriftenreihe Medienforschung, Heft 21, 30-37). Mainz: Eigenverlag.

Horn, I. (1983). „Television and Behavior". Zehn Jahre amerikanische Fernsehforschung - Ein Überblick. Teil 1: Wirkungen von Fernsehinhalten. *Media Perspektiven*, 325-331.

Horn, I. & Eckardt, J. (1986). Ältere Menschen und Medien in der Bundesrepublik Deutschland. *Media Perspektiven*, 90-111.

Howitt, D. & Cumberbatch, G. (1982). *Mass media and social problems*. Oxford: Pergamon Press.

Hoyer, K. & Kennedy, M. (1978). *Freizeit und Schule*. Braunschweig: Westermann.

Huesmann, L.R. (1982). Television violence and aggressive behavior. In National Institute of Mental Health (Hrsg.), *Television and behavior: Ten Years of scientific progress and implications for the eighties* (Volume 2, S. 126-137). Washington D.C.: US Government Printing Office.

Huesmann, L.R. & Eron, L.D. (Eds.). (1986a). *Television and the aggressive child: A cross-national comparison*. Hillsdale, N.J.: Erlbaum.

Huesmann, L.R. & Eron, L.D. (Eds.). (1986b). The development of aggression in American children as a consequence of television viewing habits. In. L.R. Huesmann & L.D. Eron (Eds.), *Television and the aggressive child: A cross-national comparison*. Hillsdale, N. J.: Erlbaum.

Huff, H. (1984). *Das große Handbuch der Videospiele*. München: Heyne.

Hunziger, P. (1977). Fernsehen in der Familie. Eine Analyse der Gruppenstrukturen. *Fernsehen und Bildung, 11*, 269-285.

Hunziger, P., Kohli, M. & Lüscher, K. (1973). Fernsehen im Alltag der Kinder. *Rundfunk und Fernsehen, 21*, 383-405.

Hunziger, P., Lüscher, K. & Fauser, R. (1975). Fernsehen im Alltag der Familie. *Rundfunk und Fernsehen, 9*, 284-315.

Huth, S. (1978). Emotionale Wirkungen von Film und Fernsehen. Ergebnisse aus der empirischen Forschung. *Fernsehen Und Bildung, 12*, 235-291.

Huth, S. (1982). Zur Wirkung des Vielfernsehens. Ergebnisse aus der empirischen Forschung in den USA. *Fernsehen und Bildung, 16*, 149-234.

Institut für Jugendforschung (1984). München: Eigenverlag.

Institut für Jugendforschung (1985). München: Eigenverlag.

Jauch, G. (1977). Verursachen die Massenmedien Kriminalität? *Kriminalstatistik, 31*, 339-346.

Jeffries-Fox, S. & Gerbner, G. (1975). Fernsehen und Familie. *Fernsehen und Bildung, 11*, 222-234.

Jugendwerk der Deutschen Shell (Hrsg.). (1985). *Jugendliche und Erwachsene '85. Generationen im Vergleich*. Opladen: Leske & Budrich.

Jugendwerk der Deutschen Shell (Hrsg.). (1982). *Jugend '81*. Opladen: Leske & Budrich.

Kagelmann, H.-J. & Wenninger, G. (Hrsg.). (1982). *Medienpsychologie. Ein Handbuch in Schlüsselbegriffen*. München: Urban & Schwarzenberg.

Kaiser, G. (1979). *Kriminologie*. Heidelberg: C.F. Müller.

Kanders, M. & Zimmermann, P. (1985). *Schüler am Computer. Ergebnisse einer schriftlichen Befragung von 200 Dortmunder Schülern.* Dortmund: AFS Werkheft 21.

Katz, E. & Foulkes, D. (1962). On the use of the mass media as „escape“: Clarification of a concept. *Public Opinion Quarterly, 26*, 377-388.

Katz, E. & Lazarsfeld, P.F. (1962). *Persönlicher Einfluß und Meinungsbildung.* Wien: Verlag für Geschichte und Politik.

Keilhacker, M., Ruthenfranz, J., Troeger, W. & Vogg, G. (1967). *Filmische Darstellungsformen im Erleben des Kindes, Untersuchungen über psycho-physische Begleiterscheinungen und Auswirkungen des Filmerlebens.* München: Juventa.

Kellner, H. (1978). Fernsehen als Sozialisationsfaktor. Visuelle Aufmerksamkeit und verbale Kommunikation unter dem Einfluß des Fernsehens. Ergebnisse zweier Grundlagenprojekte. In ZDF (Hrsg.), *Familie und Fernsehen* (ZDF-Schriftenreihe Medienforschung, Heft 21, S. 20-29). Mainz: Eigenverlag.

Kellner, H. & Horn, J. (1974). *Gewalt im Fernsehen. Literaturbericht über Medienwirkungsforschung* (Schriftenreihe des ZDF, 8G, 4. Auflage). Mainz: Eigenverlag.

Kiefer, M.L. (1983). Zielgruppen - wer, wo, wie? *Media Perspektiven*, 601-609.

Kielholz, P. & Ladewig, D. (1971). *Die Drogenabhängigkeit des modernen Menschen.* München: Lehmanns.

Klapper, J.T. (1966). *The effects of mass communication* (8. Auflage; 1. Auflage 1960). New York: Free Press.

Kleining, G. & Moore, H. (1968). Soziale Selbsteinstufung. *Kölner Zeitschrift für Soziologie und Sozialpsychologie, 20*, 502-552.

Knapp, A. & Schindler, U. (1976). Die Auswirkungen von Schülerstatus und Gruppenstruktur auf den Lernerfolg. *Psychologie in Erziehung und Unterricht, 23*, 177-181.

Knoll, J.H., Wodraschke, G. & Hüther, J. (1970). *Jugend und Kulturpolitik: Eine empirische Untersuchung über die kulturpolitische Informiertheit und Meinung in einer Großstadt des Ruhrgebietes.* Neuwied a. Rh.: Luchterhand.

Knoll, J.H., Düsseldorff, K., Kick, H.-W. & Kolfhaus, S. (1984). *Automatenspiel und Freizeitverhalten Jugendlicher.* Grafenau: Expert Verlag.

Knoll, J.H., Kolfhaus, S., Pfeiffer, S. & Swoboda, W.H. (1986). *Das Bildschirmspiel im Alltag Jugendlicher.* Opladen: Leske & Budrich.

Kohlberg, L. (1958). *The development of modes of moral thinking and choice in the years ten to sixteen.* Unveröff. Diss., Chicago.

Kohlberg, L. & Turiel, E. (1971). Moral development and moral education. In G. Lesser (Hrsg.), *Psychology and educational practice* (S. 410-465). Glenview: Scott, Foresman and Company.

Korzenny, F. & Neuendorf, K. (1980). Television viewing and self-concept of the elderly. *Journal of Communication, 30*, 71-81.

Kommer, H. (1979). *Früher Film und späte Folgen*. Berlin: Basis Verlag.

Kopper, G.G. (1982). Presse. In H.J. Kagelmann & G. Wenninger (Hrsg.), *Medienpsychologie. Ein Handbuch in Schlüsselbegriffen*. München: Urban & Schwarzenberg.

Koriat, a., Melkman, R., Averill, J.R. & Lazarus, R.S. (1972). The self-control of emotional reactions to a stressful film. *Journal of Personality, 40*, 601-619.

Krampen, G., Viebig, J. & Walter, W. (1982). Differentialpsychologische Korrelate des Fernsehverhaltens. *Psychologische Beiträge, 24*, 199-223.

Kreeshan, B. (1983). Family and television. *Young Children, 38*, 46-55.

Kreisverwaltung Altenkirchen - Kreisjugendamt (Hrsg.). (1984). *Jugendliche und Video. Befragungsergebnisse, Thesen, Anregungen, Materialien*. Altenkirchen: Eigenverlag.

Krüger, U.-M. (1984). Kabelpilotprojekt Ludwigshafen - durch Vielfalt zur Einfalt? *Media Perspektiven*, 232-239.

Krüger, U.-M. (1985a). Aspekte der Nachrichtenpräsentation in SAT 1, ARD und ZDF. *Media Perspektiven*, 232-239.

Krüger, U.-M. (1985b). „Soft news" - kommerzielle Alternative zum Nachrichtenangebot öffentlich-rechtlicher Rundfunkanstalten. SAT 1, RTL plus, ARD und ZDF im Vergleich. *Media Perspektiven*, 479-490.

Kübler, H.-D. (1982). Kino und Film. In H.J. Kagelmann & G. Wenninger (Hrsg.), *Medienpsychologie. Ein Handbuch in Schlüsselbegriffen* (S. 45-59). München: Urban & Schwarzenberg.

Kuhn, D., Langer, J., Kohlberg. L. & Haan, N. (1977). The development of formal operations in logical and moral judgements. *Genetic Psychology Monographs, 95*, 97-188.

Kulpok, A. (1984). Vier Jahre Videotext - Feldversuch ARD/ZDF. *Media Perspektiven*, 202-210.

Kunczik, M. (1978). *Brutalität aus zweiter Hand. Wie gefährlich sind Gewaltdarstellungen im Fernsehen?* Köln: Böhlau.

Kunczik, M. (1982). Aggression und Gewalt. In H.J. Kagelmann & E. Wenninger (Hrsg.), *Medienpsychologie. Ein Handbuch in Schlüsselbegriffen* (S. 1-8). München: Urban & Schwarzenberg.

Lamnek, S. (1979). *Theorien abweichenden Verhaltens*. München: Fink.

Landratsamt Lindau - Kreisjugendpflege (1985). *Videoverhalten bei Kindern und Jugendlichen im Landkreis Lindau (B)*. Lindau: Eigenverlag.

Lazarsfeld, P.F. (1940). *Radio and the printed page*. New York: Duell, Sloane and Pearce.

Lazarsfeld, P.F. & Stanton, F. N. (Hrsg.). (1944). *Radio research 1942 - 1943*. New York: Duell, Sloane and Pearce.

Lazarsfeld, P.F., Berelson, B.R. & Gaudet, H. (1969). *Wahlen und Wähler: Soziologie des Wahlverhaltens*. Neuwied: Luchterhand. (Original erschienen

1944: The people's choice - How the voter makes up his mind in a presidential campaign. New York: Columbia University Press)

Lazarus, R.S. & Alfert, E. (1964). The short-circuiting of threat. *Journal of Abnormal and Social Psychology, 69*, 195-205.

Lazarus, R.S. & Launier, R. (1981). Streßbezogene Transaktionen zwischen Person und Umwelt. In J.R. Nitsch (Hrsg.), *Streß* (S. 213-261). Bern: Huber.

Lecky, P. (1945). *Self consistency. A theory of personality.* New York: Island Press.

Lefkowitz, M., Eron, L., Walder, L. & Huesmann, L. (1972). Television violence and child aggression: A follow up study. In G.A. Comstock & E.A. Rubinstein (Hrsg.), *Television and social behavior* (Vol. 3). Washington D.C.: Government Printing Office.

Lefkowitz, M., Eron, L., Walder, L. & Huesmann, L. (1977). *Growing up to be violent. A longitudinal study of the development of aggression.* New York: Pergamon Press.

Lickona, T. (Hrsg.). (1976). *Moral development and behavior.* New York: Holt, Rinehart and Winston.

Liebel, M. (1983). Die Zukunft aufs Spiel setzen. *Pädagogik extra, 7/8*, 20-26.

Liebert, R.M. (1972). Television and social learning: Some relationships between viewing violence and behaving aggressively (overview). In G.A. Comstock & E.A. Rubinstein (Hrsg.), *Television and social behavior* (Vol. 2, S. 1-43). Washington D.C.: Government Printing Office.

Lind, G. (1976). Überlegungen und Hinweise zur Auswertung des „Moralisches-Urteil-Tests". In G. Lind, G. A. Nielsen & U. Schmidt, *Moralisches Urteil und Hochschulsozialisation - Materialien, Beiträge* (Projekt „Hochschulsozialisation", Arbeitsunterlage 40). Konstanz.

Lind, G. (1977). *Probleme der Operationalisierung und Auswertung von standardisierten Tests in der „Moral-Judgement"-Forschung.* Konstanz: Überarbeitete Fassung eines Referats anläßlich einer Arbeitstagung des sozialwissenschaftlichen Instituts der Bundeswehr vom 12. bis 13.5.1977 in München (unveröffentlicht).

Lind, G. (1983). *Inhalt und Struktur des moralischen Urteilens.* Unveröff. Diss., Konstanz.

Löhe, U. (1980). *Kriegsspiele. Eine kriminologische Untersuchung über Kriegsspielautomaten.* Unveröff. Diss., Mainz.

Loftus, G. & Loftus, E.F. (1983). *Mind at play. The psychology of video games.* New York: Basic Books.

Logan, C.S. (1950). What our children see. In O.J. Olsen (Hrsg.), *Education on the air: Twentieth Yearbook of the Institute for Education by Radio and Television.* Columbus.

Lorey, E. M. (1978). Eltern als 'Problemkinder' bei Kindersendungen. Der programmbezogene Lernprozeß eines Programmachers, unter anderem ausgelöst durch die Ergebnisse der Fernsehforschung. In ZDF (Hrsg.), *Familie und Fernsehen* (ZDF-Schriftenreihe Medienforschung, Heft 21, S. 38-48). Mainz: Eigenverlag.

Lüdtke, H. (1972). *Jugendliche in organisierter Freizeit*. Weinheim: Beltz.

Lüscher, K. (1981). Medienökologie. *Reformatio, 30*, 350-358.

Luger, K. (1985). *Medien im Jugendalltag*. Köln: Böhlau.

Lukesch, H. (1985a). *Grunddaten zur Nutzung und Bewertung von Video-Filmen durch Kinder und Jugendliche*. Regensburg (unveröffentlicht).

Lukesch, H. (1985b). *Grunddaten zum Fernsehkonsum bei Kindern und Jugendlichen*. Regensburg (unveröffentlicht).

Lukesch, H. (1985c). *Grunddaten zur Nutzung und Bewertung von Video-(Tele-, Computer-)Spielen durch Kinder und Jugendliche*. Regensburg (unveröffentlicht).

Lukesch, H. (1985d). *Grunddaten zum Besitz von Mediengeräten, Video-Spielapparaten und Heimcomputern bei Kindern und Jugendlichen*. Regensburg (unveröffentlicht).

Lukesch, H. (1985e). *Grunddaten zum Kinobesuch bei Kindern und Jugendlichen*. Regensburg (unveröffentlicht).

Lukesch, H. (1985f). *Grunddaten zur Verbreitung von Printmedien und zur Mediennutzung bei Kindern und Jugendlichen*. Regensburg (unveröffentlicht).

Lukesch, H. (1986). Video- und Fernsehkonsum und das Freizeitverhalten von Kindern und Jugendlichen. *Zeitschrift für Sozialisationsforschung und Erziehungssoziologie, 6*, 265-283.

Lukesch, H. (1986a). *Kinder und Jugendliche als Videokonsumenten* (Arbeitsberichte zur Pädagogischen Psychologie, Bericht Nr. 26). Regensburg: Lehrstuhl für Psychologie VI.

Lukesch, H. (1986b). *Die Verbreitung indizierter und konfiszierter Videofilme bei Kindern und Jugendlichen*. Regensburg (unveröffentlicht).

Lukesch, H. (1987a). Videorecorder und Mediennutzung bei Kindern und Jugendlichen. *Rundfunk und Fernsehen, 35*, 92-98.

Lukesch, H. (1987b). Subjektive Begründungen für den Konsum von Video-Filmen aus der Sicht von Kindern und Jugendlichen. *Psychologie in Erziehung und Unterricht, 34*, 33-39.

Lukesch, H. & Habereder, S. (1989). Die Nutzung indizierter und konfiszierter Videofilme durch Jugendliche nach Änderung der Jugendschutzbestimmungen. *Psychologie in Erziehung und Unterricht, 36*, 134-139.

Lukesch, H., Kischkel, K.-H. & Nöldner, W. (1987). Zur Beurteilung von Informationsquellen und Medien im Zusammenhang mit dem Reaktorunfall von Tschernobyl. *Publizistik, 32*, 154-158.

Lukesch, H.; Nöldner, W. & Kischkel, K.-H. (1986). *Die Reaktorkatastrophe von Tschernobyl in psychologischer Sicht. Eine Untersuchung subjektiver Einschätzungen über Betroffenheit, Maßnahmen und Folgen an Erwachsenen und Studenten in Bayern* (Arbeitsbericht zur Pädagogischen Psychologie, Nr. 24). Regensburg.

Lutte, G., Mönks, F., Sarti, S. & Preun, H. (1970). *Leitbilder und Ideale der europäischen Jugend.* Wuppertal: Henn.

MacCarthy, E.D., Langner, T.S., Gersten, J.C., Eisenberg, J.G. & Orzeck, L. (1975). Violence and behavior disorders. *Journal of Communication, 25*, 71-85.

MacCoby, E. E. (1954). Why do children watch television? *Public Opinion Quarterly, 18*, 239-244.

MacCombs, M.E. & Shaw, D.L. (1972). The agenda-setting function of mass media. *Public Opinion Quarterly, 36*, 176-187.

Machlowitz, M. (1980). *Arbeiten Sie auch zu viel? Arbeitssucht und wie man damit leben kann.* Reading, Mass.: Addison-Wesley.

MacIntyre, J., Teevan, J.J. & Hartnagel, T. (1972). Television violence and deviant behavior. In G.A. Comstock & E. Rubinstein (Eds.), *Television and social behavior* (Vol. 3, S. 383-435). Washington D.C.: US Government Printing Office.

Maletzke, G. (1959). *Fernsehen im Leben der Jugend.* Hamburg: Hans Bredow-Institut.

Maletzke, G. (1985). Full bock auf Medien? *ARD-Magazin, 1*, 10-11.

Media Perspektiven (1983). Kabelfernsehen in den USA: Was sieht und zahlt der Abonnement? *Media Perspektiven*, 421-427.

Media Perspektiven (1984). Btx-Prognose: 48 Millionen Anschlüsse bis 1990. *Media Perspektiven*, 908.

Meier, W. & Bonfadelli, H. (1985). Evaluation der Btx-Begleitforschungen. *Media Perspektiven*, 692-701.

Mentzel, G. (1979). Über die Arbeitssucht. *Zeitschrift für Psychosomatische Medizin und Psychoanalyse, 2*, 115-127.

Mergen, A. (1981). *Grausame Automatenspiele. Eine kriminologische Untersuchung über Kriegsspiele und Kriegsspielautomaten.* Weinheim: Beltz.

Messner, St.F. (1986). Television violence and violent crime: An aggregate analysis. *Social Problems, 33*, 218-235.

Milavsky, J.R., Kessler, R., Stipp, H. & Rubens W.S. (1982). Television and aggression: Results of a panel study. In D. Pearl, L. Bouthilet & J. Lazar (Eds.), *Television and behavior: Ten years of scientific progress and implications for the eighties* (Vol. 2). Washington D.C.: US Government Printing Office.

Ministerium für Arbeit, Gesundheit und Soziales des Landes NRW (MAGS). (1984). *Jugendgefährdung durch gewaltdarstellende Video-Filme.* Düsseldorf: Eigenverlag.

Müller, O. (o.J.). *Schülerbefragung an Hauptschulen (10 - 15 J.) im Oberbergischen Kreis.* O.O.

Müller-Römer, F. (1985). Fernmeldesatelliten. Zuführung von Rundfunkprogrammen zu Kabelfernsehen mittels Fernmeldesatelliten. *Media Perspektiven*, 539-547.

Nagl, W., Walter, H.G. & Staud, J. (1986). *Statistische Verfahren in einem Programmpaket. Das Konstanzer Statistische Analyse System KOSTAS* (Bericht 47/1 aus dem SFB 23). Konstanz.

Nave-Herz, R. & Nauck, B. (1978). *Familie und Freizeit*. München: Juventa.

Neubauer, W.F. (1967). *Selbstkonzept und Identität im Jugendalter*. München: Reinhardt.

Neumann-Bechstein, W. (1984). Freizeit und Medien. *Media Perspektiven*, 192-201.

Nimh, (1982). *Television and behavior. Ten years of scientific progress and implications for the eighties*. Washington D.C.: US Government Printing Office.

Nisan, M. & Kohlberg, L. (1982). Universality and variation in moral judgement: A longitudinal and cross-sectional study in Turkey. *Child Development, 53*, 865-876.

Nöldner, W. (1984). *Psychologie und Umweltprobleme. Beiträge zur Entstehung umweltverantwortlichen Handelns aus psychologischer Sicht*. Unveröff. Diss., Regensburg.

Noelle-Neumann, E. (1974). Probleme des Fragebogenaufbaus. In K.Ch. Behrens (Hrsg.), *Handbuch der Marktforschung* (Halbb. 1, S. 243-253). Wiesbaden: Betriebswirtschaftlicher Verlag Dr. Th. Gabler.

Noelle-Neumann, E. (1977). *Öffentlichkeit als Bedrohung. Beiträge zur empirischen Kommunikationsforschung*. Freiburg: Alber.

Noelle-Neumann, E. (1980). *Die Schweigespirale. Öffentliche Meinung - unsere soziale Haut*. München.

Noelle-Neumann, E. (1982). *Fernsehen und Lesen. Ein Werkstattbericht* (Gutenberg-Jahrbuch, S. 35-46). Mainz.

Obermair, G. (1984). *Tele-Spiel-Report '84*. München: Heyne.

Oerter, R. (1982). Zur Entwicklung der Motivation und Handlungssteuerung. In R. Oerter & L. Montada (Hrsg.), *Entwicklungspsychologie* (S. 567-632). München: Urban & Schwarzenberg.

Oerter, R. & Montada, L. (1982). *Entwicklungspsychologie*. München: Urban & Schwarzenberg.

Opaschowski, H.W. (Hrsg.). (1976). *Freizeit als gesellschaftliche Aufgabe*. Düsseldorf: Edition Freizeit.

Opaschowski, H.W. (1983). *Arbeit, Freizeit, Lebenssinn? Orientierung für eine Zukunft, die längst begonnen hat*. Opladen: Leske & Budrich.

Petillon, H. (1980). *Soziale Beziehungen in der Schulklasse*. Weinheim: Beltz.

Petrich, G. (1984). Zur Entwicklung des Offenen Kanals Ludwigshafen in den ersten neun Monaten. *Media Perspektiven*, 871-878.

Pfeifer, K.H. (1975). *Der manipulierte Zuschauer: Wie uns das Fernsehen beeinflußt*. Freiburg: Herder.

Pfifferling, J. & Wiedemann, J. (1983). Videoboom und Fernsehkonsum - eine erste Zwischenbilanz. *Media Perspektiven*, 570 - 581.

Pfuhl, E.H. (1970). Mass media and reported delinquent behavior: A negative case. In. M.E. Wolfgang, L. Savitz & N. Johnson (Eds.), *The sociology of crime and delinquency* (S. 509-523). New York: Wiley.

Philipps, D. (1983). The impact of mass media violence on U.S. homicides. *American Sociological Review, 48*, 560-568.

Piaget, J. (1954). *Das moralische Urteil beim Kinde*. Zürich: Rascher. (Original erschienen 1932: Le judgement moral chez l'enfant. Paris: Alcan.)

Piaget, J. (1969). *Das Erwachen der Intelligenz beim Kinde*. Stuttgart: Klett.

Piaget, J. (1970). Piaget's Theory. In P.H. Mussen (Hrsg.), *Carmichael's manual of child psychology* (S. 703-732). New York: Wiley and Sons.

Plaikner, I. (1972). *Kinder als Fernsehkonsumenten. Eine experimentelle Untersuchung zum Problem der physischen und psychischen Begleiterscheinungen und Auswirkungen des Fernsehkonsums bei 6-8jährigen Kindern*. Unveröff. Diss., Universität Innsbruck.

Polizeirevier Nürtingen - Jugendsachbearbeiter (1984). *Videoumfrage*. Nürtingen: Eigenverlag.

Postman, N. (1985). *Wir amüsieren uns zu Tode*. Frankfurt/Main: Fischer.

Pscherer, J. (1984). *Ergebnisse der Fragebogenaktion zum Thema „Fernsehen und Video" für 7. - 9. Klassen*. Dachau.

Purdue Opinion Panel (1954). *Four years of New York television*. Urbana.

Raddatz, G. & Opaschowski, H. (1982). *Freizeit im Wertewandel* (Schriftenreihe zur Freizeitforschung, Bd. 14). Hamburg: B-A-T Freizeitforschungsinstitut.

Radevagen, T. & Zielinski, S. (1984). Video-Software 1984 - Strukturen des Marktes und Tendenzen des Angebotes. *Media Perspektiven*, 372 - 387.

Reinshagen, H., Eckensberger, L. & Eckensberger, U. (1976). *Kohlberg's Interview zum moralischen Urteil. Teil II. Handanweisung zur Durchführung, Auswertung und Verrechnung*. Universität Saarbrücken: FB Psychologie.

Renz, M. & Traubert, W. (1983). Die deutsche Filmwirtschaft im Spiegel der amtlichen Filmstatistik. *Media Perspektiven*, 615-624.

Rest, J. (1973). The hierarchical pattern of moral judgement: A study of patterns of comprehension and preference of moral stages. *Journal of Personality, 41*, 86-109.

Riesman, D., Glazer, N. & Denney, R. (1950). *The lonely crowd: A study of the changing American character*. New York: Doubleday.

Riley, M.W. & Riley, J.W. (1951). A sociological approach to communication research. *Public Opinion Quarterly, 15*, 444-460.

Rings, W. (1962). *Die 5. Wand: Das Fernsehen*. Wien: Econ.

Robinson, J.B. & Bachman, J.G. (1972). Television viewing habits and aggression. In G.A. Comstock & E. Rubinstein (Eds.), *Television and social behavior* (Vol. 3, S. 212-220). Washington D.C.: US Government Printing Office.

Rojas, C. (1958). *The relationship between parental TV viewing patterns, parental influence and children's TV viewing patterns*. Unpubl. doct. diss., University of Oregon.

Roloff, M.E. & Greenberg, B.S. (1979). Resolving conflicts: Methods used by TV-characters and teenage viewers. *Journal of Broadcasting, 23*, 284-300.

Ronneberger, F. (1986). Nutzung und Akzeptanz von Fernsehen und Hörfunk in München. *Media Perspektiven*, 223-236.

Ronneberger, F. & Gerhard, P. (1984). Kabelpilotprojekt München. Ergebnisse einer ersten Telefonbefragung. *Media Perspektiven*, 961-969.

Rosenblatt. P.C. & Cunningham, M.R. (1976). Television watching and famliy tensions. *Journal of Marriage and the Family, 38*, 105-111.

Rubin, A.M. (1976). Television in children's political socialisation. *Journal of Broadcasting, 20*, 51-60.

Saxer, U., Bonfadelli, H. & Hätten-Schwiber, W. (1979). Fernsehen im Leben der Züricher Kinder. In H. Sturm & R.J. Brown (Hrsg.), *Wie Kinder mit dem Fernsehen umgehen* (S. 99-114). Stuttgart: Klett-Cotta.

Schelsky, H. (1963). *Die skeptische Generation*. Düsseldorf: Diedrichs Verlag.

Schenk-Danzinger, L. (1980). *Entwicklungspsychologie*. Wien: Österreichischer Bundesverlag.

Scheuch, E. (1969). Soziologie der Freizeit. In R. König (Hrsg.), *Handbuch der empirischen Sozialforschung* (Bd. II, S. 735-833). Stuttgart: Enke.

Scheuch, E. & Meyerson, R. (1972). *Soziologie der Freizeit*. Köln: Kiepenheuer & Witsch.

Scheungrab, M (1988). *Medienkonsum und Delinquenz*. Unveröff. Dipl.Arbeit, Regensburg.

Schilling, J. (1977). *Freizeitverhalten Jugendlicher*. Weinheim: Beltz.

Schmidt-Scherzer, R. (1973). *Freizeit*. Frankfurt/Main: Akademische Verlagsgesellschaft.

Schmidt-Scherzer, R. (1974). *Sozialpsychologie der Freizeit*. Stuttgart: Kohlhammer.

Schmidt-Scherzer, R. (1978). Lesen im Alter. In H. Pust (Hrsg.), *Stichwort Freizeit* (S. 127-138). Düsseldorf: Gütersloher Druckservice.

Schneekloth, H.-D. & Emsbach, M. (1983). *Wirkungsdimensionen des Videospiels. Eine psychologisch-soziologische Untersuchung*. Braunschweig: Sigert.

Schramm, W., Lyle, J. & Parker, E.B. (1961). *Television in the lives of our children*. Stanford, California: Stanford University Press.

Schreckenberg, E. (1983). Die Leinwand im Wohnzimmer. Überlegungen zur Faszination des „Videoguckens". *Weiterbildung und Medien, 3/4*, 2-4.

Schreiber, M. & Häring, H. (1971). Gewaltdarstellung im Fernsehen und Kriminalität. *Fernsehen und Bildung, 3*, 157-161.

Schütz, W.J. (1985). Die redaktionelle und verlegerische Struktur der deutschen Tagespresse 1985. *Media Perspektiven*, 564-578.

Schulz, W. (1984). „Agenda-Setting“ und andere Erklärungen. Zur Theorie der Medienwirkung. *Rundfunk und Fernsehen, 32*, 206-213.

Schumann, H. (1984). Videorezeption von Jugendlichen: Horrorkabinett oder Fluchtraum? *Pädagogik Extra, 5*, 24-28.

Seesslen, G. & Rost, Ch. (1984). *Pac Man & Co. Die Welt der Computerspiele.* Reinbek: Rowohlt.

Seitz, W. (1975). Erziehungshintergrund jugendlicher Delinquenz. In H. Lukesch (Hrsg.), *Auswirkungen elterlicher Erziehungsstile* (S. 111-130). Göttingen: Hogrefe.

Seitz, O. (1987). *Akzeptanzanalyse von TV-Moderatoren bei Jugendlichen.* Unveröff. Dipl.Arbeit, Regensburg.

Selg, H. (1965). Über den Zusammenhang zwischen Tüchtigkeit und Beliebtheit in Schulklassen. *Psychologische Forschung, 28*, 587-597.

Selg, H. (1972). Über massenmediale Gewaltdarstellungen. In R. Stefen (Hrsg.), *Schriftenreihe der BPS, 3*, (S. 11-31). Köln.

Selg, H. (1983). Viel Geschrei und wenig Wissen über die Wirkung von Video-Automatenspielen auf Kinder und Jugendliche. *Spielmittel, 4*, 11-15.

Selg, H. & Bauer, M. (1986). *Pornographie. Psychologische Beiträge zur Wirkungsforschung.* Bern: Huber.

Selye, H. (1974). *Streß. Bewältigung und Lebensgewinn.* München: Piper.

Selye, H. (1981). Geschichte und Grundzüge des Streßkonzepts. In J.R. Nitsch (Hrsg.)., *Streß* (S. 163-188). Bern: Huber.

Sheenan, P.W. (1983). Age trends and the correlates of children's television viewing. *Australian Journal of Psychology, 35*, 417-431.

Short, J.F. & Strodtbeck, F.L. (1965). *Group process and gang delinquency.* Chicago: University Press.

Singer, D.G. & Singer, J.L. (1976). Family television viewing habits and the spontaneous play of preschool children. *American Journal of Orthopsychiatry, 46*, 496-502.

Singer, J.L. & Singer, D.G. (1981). *Television, imagination and aggression: A study of preschoolers.* Hillsdale, New York: Erlbaum.

Singer, J.L., Singer, D.G. & Rapaczynski, W.S. (1984). Family patterns and television viewing as predictors of childrens beliefs and aggression. *Journal of Communication, 34*, 73-89.

Sinus-Institut (1985a). *Jugend privat. Verwöhnt? Bindungslos? Hedonistisch?* Opladen: Leske & Budrich.

Sinus-Institut (1985b). *Die verunsicherte Generation. Jugend und Wertewandel* (Materialband 1 zur Sinus-Studie). Stuttgart: Kohlhammer.

Solms, H. (1973). Süchtigkeit als individual-psychologisches Schicksal und als allgemein-menschliches Problem. In K. Heymann (Hrsg.), *Drogengefährdung als Zeiterscheinung*. Basel: S. Karger AG, Verlag für Medizin und Naturwissenschaften.

Spanhel, D. (1987). *Jugendliche vor dem Bildschirm. Zur Problematik der Videofilme, Telespiele und Homecomputer*. Weinheim: Deutscher Studien Verlag.

Der Spiegel (1986). *Das Prestige des Lesens ist gesunken* (Heft 10, 107-112). Hamburg.

Stadt Ennepetal (o.J.). *Videokonsumverhalten Ennepetaler Schüler. Ergebnisse einer Umfrage des Jugendamtes*. Ennepetal.

Stadt Erlangen (1985). *Auswertung der Umfrage zum Thema „Video" an Erlanger Schulen*. Erlangen: Eigenverlag.

Stadt Frankenthal (1985). *Videoumfrage bei Hauptschülern in Frankenthal*. Frankenthal: Eigenverlag.

Stadt Schweinfurt - Stadtbildstelle (1984). *Umfrageaktion der Stadtbildstelle Schweinfurt zum Thema „Video/Fernsehen" an den Grund- und Hauptschulen im Landkreis und in der Stadt Schweinfurt*. Schweinfurt: Eigenverlag.

Statistisches Bundesamt (Hrsg.). (1952 - 1988). *Statistisches Jahrbuch der Bundesrepublik Deutschland*. Stuttgart: Kohlhammer.

Stefen, R. (1973). Gewaltkriminalität durch Gewaltdarstellungen in Massenmedien? *Medien & Sexualpädagogik, 1*, 3-10.

Steinberg, H. (1984). Sozialempirische Lese(r)forschung. *Media Perspektiven*, 536-542.

Stern (1985). (Heft 42). Hamburg: Gruner + Jahr.

Stoffers, M. (1982). Video - zwischen Mündigkeit und Mediomanie. *Jugendschutz, 27*, 97-105.

Stolte, D. (1978). Das Fernsehen in der Bundesrepublik auf dem Weg in die achziger Jahre. *Frankfurter Hefte, 33*, 39-46.

Stone, L.J. & Church, J. (1978). *Kindheit und Jugend*. Stuttgart: Thieme. (Original erschienen 1973: Childhood and adolescence. A psychology of the growing person. New York: Random House)

Storll, D. (1985). Mediennutzung und -beurteilung im Kabelpilotprojektgebiet Berlin. *Media Perspektiven*, 885-892.

Strzelewicz, W. (1968). *Jugend in ihrer freien Zeit. Deutsches Jugendinstitut* (Bd. 11). München: Juventa Verlag.

Stückrath, F. & Schottmayr, G. (1967). *Fernsehen und Großstadtjugend*. Braunschweig: Westermann.

Stürmer, M. (1984). Die Bedeutung von Video für das Konfliktverhalten von Kindern und Jugendlichen. In Aktion Jugendschutz (Hrsg), *Informationenthema: Automatenspiele und Video - Unterhaltung oder Gefährdung?* (S. 25-49). Kiel: Eigenverlag.

Sturm, H. (1982). Der rezipientenorientierte Ansatz in der Medienforschung. *Publizistik, 27*, 89-97.

Sturm, H. & Grewe-Partsch, M. (1977). Wirkungen des Fernsehens: Förderungen und Defizite. Ansätze einer Medienpädagogik. *Fernsehen und Bildung, 11*, 172-185.

Sutherland, E.H. (1974). Die Theorie der differentiellen Kontakte. In F. Sack & R. König (Hrsg.), *Kriminalsoziologie* (S. 395-399). Frankfurt: Akademische Verlagsgesellschaft.

Sykes, L.M. & Matza, D. (1974). Techniken der Neutralisierung: Eine Theorie der Delinquenz. In F. Sack & R, König (Hrsg.), *Kriminalsoziologie* (S. 360-371). Frankfurt: Akademische Verlagsgesellschaft.

Teichert, W. (1973). „Fernsehen" als soziales Handeln. *Rundfunk und Fernsehen, 21*, 356-382.

Teichert, W. (1977). „Fernsehen" und Interaktion. *Fernsehen und Bildung, 11*, 286-296.

Teichert, W. (1979). Region als Bedarfskategorie. *Rundfunk und Fernsehen, 27*, 184-202.

Teuter, L. (1984). Am ersten Hindernis bin ich zerschellt. *Pädagogik extra, 6*, 16-17.

Thiemann, E. (1970). *Gewohnheit oder Sucht?* Frankfurt: Umschau Verlag.

Thornton, W. & Voigt, L. (1984). Television and delinquency - a neglected dimension of social control. *Youth & Society, 15*, 445-468.

Thrasher, F.M. (1949). The comics and delinquency - cause or scapegoat? *Journal of Educational Sociology, 23*, 195-205.

Thyssen, S. (1977). *Vorschulkinder und Massenmedien. Feldstudie aus einer rheinischen Stadt*. Bochum: Studienverlag Dr. N. Brockmeyr.

Tichenor, P.J., Donohue, G.A. & Olien, C.N. (1970). Mass media flow and differential growth of knowledge. *Public Opinion Quarterly, 34*, 159-170.

Tippelt, R. & Becker, U. (1984). *Jugendforschung in der Bundesrepublik*. Opladen: Leske & Budrich.

Tonnemacher, J. (1983). Bildschirmtext: Auswirkungen eher begrenzt? *Media Perspektiven*, 556-563.

Travis, K.M. (1975). Internal vs. external locus of control and media consumption. *Diss. Abstr. International, 35*, 8 (B), 4246-4247.

Turkat, I.D. (1977). Affinity for violent television and approval of violent behavior in relation to television exposure. *Psychological Reports, 41*, 1070.

Uexküll, Th. V. (1960). *Funktionelle Syndrome in psychosomatischer Sicht*. Berlin: Urban & Schwarzenberg.

Ulich, L. (1980). *Wenn Schüler stören. Analyse und Therapie abweichenden Schülerverhaltens*. München: Urban & Schwarzenberg.

Walcher, W (1975). Streß und Nervensystem. *Ärztliche Praxis, 46*, 2057.

Walters, R.H. & Thomas, E.L. (1963). Enhancement of punitiveness by visual and audio-visual displays. *Canadian Journal of Psychology, 16*, 244-255.
Walters, R.H., Thomas, E.L. & Acker, C.W. (1962). Enhancement of punitive behavior by audio-visual displays. *Science, 136*, 872-873.
Waters, J.K. & Stone, V.A. (1971). Television and family communication. *Journal of Broadcasting, 15*, 409-414.
Watt, J.H. & Krull, R. (1977). An examination of three models of television viewing and aggression. *Human Communication Research, 3*, 99-112.
Weber, R. (1983). Videospiele in einer gewalttätigen Gesellschaft. *Medien und Erziehung, 4*, 206-217.
Wersig, G. (1983). *Informationssoziologie*. Frankfurt am Main: Fischer.
Wertham, F. (1949). What are comic books? National Parent Teacher, 3.
Wessels, M.G. (1984). *Kognitive Psychologie*. New York: Harper and Row. (Original erschienen 1982: Cognitive Psychology. New York: Harper and Row)
Wiedemann, J. (1984). Fernsehen wird durch Video erst schön. *Media Perspektiven*, 706-714.
Wiegman, O., Kutschreuter, M. & Baarda, B. (1986). *Television viewing related to aggressive and prosocial behavior*. Den Haag: Stichting voor Onderzoek van het Onderwijs.
Wiesand, A.J. (1983). Hat das Kino ausgespielt? *Media Perspektiven*, 624-636.
Wild, Ch. (1986). Die Videorecordernutzung im GfK-Meter-System. *Media Perspektiven*, 183-193.
Winn, M. (1979). *Die Droge im Wohnzimmer* (Broschurausgabe 1984). Reinbek: Rowohlt.
Winterhoff-Spurk, P. (1986). *Fernsehen. Psychologische Befunde zur Medienwirkung*. Bern: Huber.
Wischka, B. (1982). *Moralisches Bewußtsein und Empathie bei Strafgefangenen*. Unveröff. Dipl.Arbeit, Marburg.
Wittig, H. (1964). *Schule und Freizeit. Ein Beitrag zum pädagogischen Problem der Jugendhilfe*. Bad Harzburg: Verlag für Wissenschaft, Wirtschaft und Technik.
Wonnacott, Th.H. & Wonnacott, R.J. (1970). *Econometrics*. New York: Wiley.
Yinger, J.M. (1960). Contraculture and subculture. *American Sociological Review, 25*, 625-635.
Zinnecker, J. (1985). Literarische und ästhetische Praxen in Jugendkultur und Jugendbiographie. In Jugendwerk der Deutschen Shell (Hrsg.), *Jugendliche und Erwachsene '85. Generationen im Vergleich* (Bd. 2 Freizeit und Jugendkultur, S. 143-348). Leverkusen: Leske & Budrich.
Zoltan, J. (1975). Ungarische Untersuchungen zur Sozialisation von Kindern und Jugendlichen im Hinblick auf das Fernsehen. *Fernsehen und Bildung, 9*, 208-224.

ANHANG

A Stichprobenbeschreibung[1]

Die Jugendmedienstudie wurde in Bayern mit Erhebungsschwerpunkten in den Regierungsbezirken Oberpfalz und Niederbayern durchgeführt. Die Datenerhebung fand zwischen März und Juli 1985 statt. Für die Untersuchung konnten von 4 089 Kindern und Jugendlichen auswertbare Fragebogen erhalten werden. Dabei befanden sich fast ausschließlich Kinder mit deutscher Muttersprache (96,6% aller Befragten, 2,1% türkisch, alle anderen 1,3%) unter den Befragten.

Der Hauptfragebogen mit den Angaben zur Mediennutzung wurde von allen Befragten bearbeitet, Zusatzfragebögen zur Erfassung spezieller Persönlichkeitsmerkmale wurden den Teilstichproben A bis D vorgelegt (vgl. Tab. 0.1 der Einleitung). Folgende Zusatzskalen wurden dabei verwendet: Teilstichprobe A: Verhaltensauffälligkeiten und psychosomatische Störungen; Teilstichprobe B: Selbstkonzept; Teilstichprobe C: Moralisches Urteil; Teilstichprobe D: Aggressivität. Die beiden letztgenannten Instrumente sind zusammen vorgegeben worden, da jedoch die Anforderungen des Moralischen-Urteils-Tests (mup) nicht von allen Befragten bewältigt wurden (Reduktion der Stichprobe um ca. 30 Probanden), werden die Teilnehmer, die das jeweilige Instrument vollständig bearbeitet haben, getrennt ausgewiesen.

Der Hauptfragebogen zur Mediennutzung war so aufgebaut, daß Befragte, die ein bestimmtes Medium noch nie verwendet hatten (z.B. Video oder Video-Spiele), den betreffenden Fragebogenteil überspringen konnten. Durch diese Konzentration auf die tatsächlichen Nutzer eines Mediums kann sich die Befragtenzahl im Vergleich zur Gesamtstichprobe um ca. ein Viertel (beispielsweise bei den Video-Angaben) reduzieren.

Es ist auch zu beachten, daß es bei Einzelfragen aus unachtsamer Beantwortung zu fehlenden Angaben kommen kann (k.A. = keine Angabe). Sind Items einer Skala von k.A.s. betroffen, so wird bei der Summenwertbildung in der Regel der Itemmittelwert der Gesamtgruppe als beste Schätzung für den fehlenden Wert eingesetzt; bei überproportional vielen k.A.s. werden die Daten des/der Befragten bezüglich dieser Skala ausgeschieden. Die korrelativen Auswertungen beruhen in der Regel auf den maximalen Probandenzahl mit paarweise vollständigen Antworten. Im folgenden werden

[1] Sämtliche Auswertungen wurden am Rechenzentrum der Universität Regensburg vorgenommen. Verwendet wurde dabei das Konstanzer Statistische Analysesystem - KOSTAS (Nagl, Walter & Staud, 1986), das auf einer Siemens Rechenanlage mit dem BS 2 000 implementiert wurde.

Gesamt-und Teilstichproben nach den wesentlichen sozio-demographischen Kriterien beschrieben. Für die Gesamtstichprobe wird zusätzlich geprüft, ob zwischen den sozio-demographischen Kriterien Abhängigkeiten bestehen (die zugehörigen Signifikanzangaben beruhen auf Chi-Quadrat-Tests).

Tabelle A 1: **Stichprobenverteilung nach Geschlecht (Angaben in Prozent, spaltenweise)**

Geschlecht	Gesamt-stichprobe	Teilstichproben A	B	C	D
Jungen	51,6	43,8	56,9	47,2	48,3
Mädchen	48,4	56,2	43,1	52,8	51,7
N*)	4024	801	1004	774	802

*) Anzahl der Probanden, welche diese Frage beantworteten

Die Aufteilung der Gesamtstichprobe nach dem Geschlecht ist annähernd paritätisch. Bei den Teilstichproben treten von der Gleichverteilung Abweichungen in der Größenordnung von bis zu 7% auf. In den Analysen wird dies durch die explizite Berücksichtigung des Merkmales Geschlecht (z.B. durch Berechnung partieller Korrelationen) berücksichtigt.

Tabelle A 2: **Zusammenhänge zwischen der Geschlechtszugehörigkeit und weiteren soziodemographischen Merkmalen (Angaben in Prozent, zeilen- oder spaltenweise)**

Merkmal	Geschlecht männlich	eiblich	Signifikanz
Sozialschicht			
OS	51,1	48,9	
OMS	47,0	53,0	
MMS	54,5	45,5	
UMS	50,8	49,2	
US	49,1	50,9	ns
Alter			
bis 13	50,7	49,3	
14	53,2	46,9	
15	49,4	50,6	
16 und älter	54,7	45,3	ns
Schulart			
Hauptschule	49,3	42,6	
Realschule	32,2	29,2	
Gymnasium	18,5	28,2	ss
Wohnortgröße			
Dorf	52,3	52,8	
Kleinstadt	33,5	33,4	
Großstadt	14,2	13,8	ns

Während in bezug auf Sozialschichtzugehörigkeit, Alter und Wohnortgröße die Geschlechtsverteilung ungefähr gleich ist, treten deutliche Unterschiede hinsichtlich der Schulartzugehörigkeit auf. Mädchen sind wesentlich häufiger an Gymnasien plaziert als Jungen, die ihrerseits unter den Hauptschülern überwiegen. Aufgrund dieser Geschlechts- und Schulartkorrelation wird zu prüfen sein, ob z.B. Schulartunterschiede auf die ungleiche Besetzung hinsichtlich Mädchen und Jungen zurückzuführen sind.

Tabelle A 3: **Stichprobenverteilung nach Alter (Angaben in Prozent, spaltenweise)**

Alter	Gesamt-stichprobe	Teilstichproben A	B	C	D
bis 13	24,8	31,4	28,4	27,1	30,5
14	32,4	33,4	34,9	33,7	34,0
15	30,8	27,8	29,5	27,3	27,1
16/17	11,8	7,3	7,2	8,3	8,5
18 und älter	0,1	0,1	0,0	0,1	0,0
aM	14,27				
s	1,09				
N*)	4016	1796	1008	774	801

*) N = Anzahl der Probanden, welche diese Frage beantworteten
aM = arithmetisches Mittel, s = Standardabweichung

Die Altersverteilung resultiert aus der Befragung von Schülern der 7. bis 9. Schulstufe, wobei eine höhere Gewichtung der 8. und 9. Klassen angestrebt war. Wie zu sehen ist, gelten 996 der Befragten als Kinder (13 Jahre oder jünger), 3 016 sind Jugendliche (Altersgrenzen zwischen 14 und 17 Jahren), nur 4 der Befragten mit Altersangaben sind 18 Jahre oder älter.

Tabelle A 4: Zusammenhänge zwischen Alter und weiteren soziodemographischen Merkmalen (Angaben in Prozent, zeilen- oder spaltenweise)

Merkmal	Alter bis 13	14	15	16 u.ä.	Signifikanz
Sozialschicht					
OS	26,3	32,8	29,7	11,2	
OMS	25,9	31,3	29,0	13,8	
MMS	25,6	33,1	29,3	12,0	
UMS	25,3	32,0	33,8	9,0	
US	27,5	32,6	27,4	12,6	ns
Schulart					
Hauptschule	44,0	46,3	47,9	37,7	
Realschule	27,8	29,5	30,4	46,9	
Gymnasium	28,2	24,3	21,7	15,4	s
Wohnortgröße					
Dorf	59,9	54,6	50,4	37,5	
Kleinstadt	32,2	32,2	33,9	39,1	
Großstadt	7,8	13,1	15,7	23,4	s

Während die Alters- und Sozialschichtvariable nicht miteinander korreliert sind, bestehen signifikante Beziehungen zwischen dem Alter der Befragten auf der einen und Schulartzugehörigkeit bzw. Wohnortgröße auf der anderen Seite. Dabei sind Befragte aus der obersten Altersgruppe vermehrt unter den Realschülern vertreten, eine Eigentümlichkeit, die darauf zurückzuführen ist, daß in einer Realschule auch eine 10. Klasse in die Untersuchung einbezogen wurde. Die Alters-Wohnort-Korrelation besteht darin, daß ältere Befragte eher aus dem großstädtischen Bereich stammen.

Tabelle A 5: **Stichprobenverteilung nach Schulartzugehörigkeit (Angaben in Prozent, spaltenweise)**

Schulart	Gesamt-stichprobe	Teilstichproben A	B	C	D
Hauptschule	45.3	56.2	47.7	53.5	56.0
Realschule	31.4	27.5	31.5	29.8	29.0
Gymnasium	23.3	16.4	20.8	16.6	15.0
N*)	4024	801	1005	775	807

*) N = Anzahl der Probanden, welche diese Frage beantworteten

Zieht man die Daten über die Schulartaufteilung in den 7. bis 9. Klassen in Bayern (ohne Sonderschulen und Gesamtschulen) zum Vergleich heran (Bayerisches Landesamt für Statistik und Datenverarbeitung, 1984, 7 f), so besuchen 46% der Grundgesamtheit bayerischer Schüler eine Hauptschule, 29% eine Realschule und 25% ein Gymnasium. D.h. der Anteil der Hauptschüler in der Stichprobe stimmt genau mit dem der Population überein, während nur etwa 2% Realschüler zu viel und 2% Gymnasten zu wenig in der Stichprobe enthalten sind. Das Hauptziel bei der Stichprobengewinnung, durch entsprechende Schulartquotierung Repräsentativität der Befragten zu erhalten, konnte somit erreicht werden. Da über die Nutzungszeiten etc. Aussagen aufgrund der Gesamtstichprobe gemacht werden, können auch diese als repräsentativ angesehen werden. In den Teilstichproben bestehen z.T. beträchtliche Abweichungen hinsichtlich dieser Quoten. Da hier aber die Schulartvariable als eigene Einflußgröße bei den Auswertungen berücksichtigt wird, ist auch diesen Unterschieden Rechnung getragen.

Tabelle A 6: **Zusammenhänge zwischen der Schulartzugehörigkeit und weiteren soziodemographischen Merkmalen (Angaben in Prozent, spalten- oder zeilenweise)**

Merkmal	Schulart			Signifikanz
	Hauptschule	Realschule	Gymnasium	
Sozialschicht				
OS	10,3	24,5	65,2	
OMS	18,1	31,8	50,0	
MMS	42,1	34,8	23,1	
UMS	55,2	32,4	12,4	
US	62,4	28,8	8,8	ss
Wohnortgröße				
Dorf	57,0	52,0	44,5	
Kleinstadt	27,0	37,8	40,5	
Großstadt	16,0	10,2	15,1	ss

Auf die Korrelation zwischen Geschlecht und Schulart wurde bereits verwiesen (vgl. Tab. A 2). Als weitere deutliche Korrelate der Schulartzugehörigkeit stellen sich Sozialschichtzugehörigkeit und Wohnortgröße heraus. Kinder der sozialen Oberschicht sind im Gymnasium überrepräsentiert, Kinder der sozialen Unterschicht in der Hauptschule. Außerdem findet man, daß Kinder/Jugendliche aus dörflichen Gegenden seltener in einem Gymnasium plaziert sind, Schüler aus dem großstädtischen Bereich hingegen seltener eine Realschule besuchen, dafür aber sowohl häufiger in Hauptschulen wie auch in Gymnasien zu finden sind. Diese Zusammenhänge sind bei der Datenanalyse entsprechend zu berücksichtigen, d.h. die Schulartvariable ist nicht unabhängig von den drei genannten Größen (Geschlecht, Sozialschicht, Wohnortgröße) zu sehen.

Tabelle A 7: **Stichprobenverteilung nach Sozialschichtzugehörigkeit des Familienerhalters (Angaben in Prozent, spaltenweise)**

Sozialschicht	Berufsbeispiele	Gesamtstichprobe	Teilstichproben A	B	C	D
Oberschicht (OS)	Bankpräsident, Oberarzt	6,6	0,3	4,9	2,5	2,5
Obere Mittelschicht (OMS)	Amtsvorsteher, Lehrerin	16,8	13,2	14,2	11,1	11,2
Mittlere Mittelschicht (MMS)	Malermeister, Steuerberaterin	28,9	39,2	30,4	32,3	32,2
Untere Mittelschicht (UMS)	Schlosser, Friseuse	33,9	34,6	36,4	40,1	40,6
Unterschicht (US)	Lagerarbeiter, Bedienerin	13,9	12,7	14,1	14,0	13,5
N*)		3 545	696	893	709	721

*) N = Anzahl der Probanden, welche diese Frage beantwortet haben

Die Sozialschichtzugehörigkeit wurde aufgrund eines Berufsprestigeratings bestimmt, das ursprünglich von Kleining und Moore (1968) entwickelt wurde und von Fend et al. (1976) modifiziert wurde. Die Repräsentativität der untersuchten Stichprobe in bezug auf dieses Kriterium bestimmen zu wollen, fällt nicht leicht, da kein adäquater Vergleichsmaßstab vorliegt. Zieht man aber Untersuchungen heran, die sich einer ähnlichen oder sogar der gleichen Methodik bedienten (Kleining & Moore, 1968; Bongers, 1978), so ergibt sich für die vorliegende Untersuchung, daß eine leichte Tendenz zur

Unterrepräsentation von Befragten aus den oberen Sozialschichtgruppen gegeben ist. Diese Abweichungen sind durch Besonderheiten der einbezogenen Regionen zu erklären. Es ist aber zu betonen, daß ein breites Spektrum nach dem Merkmal Sozialschichtzugehörigkeit erfaßt wurde und daß die Unterschiede in der Häufigkeit, mit der die einzelnen Gruppen vertreten sind, im Vergleich zu anderen Untersuchungen nicht auffällig sind.

***Tabelle A 8:* Zusammenhang zwischen Sozialschichtzugehörigkeit und Wohnortgröße (Angaben in Prozent, spaltenweise)**

Wohnortgröße	**Sozialschicht**					**Signifikanz**
	OS	**OMS**	**MMS**	**UMS**	**US**	
Dorf	31,0	38,9	62,0	58,2	56,3	
Kleinstadt	36,7	38,8	29,6	33,4	31,4	
Großstadt	32,3	22,4	8,5	8,4	12,3	ss

Wohnortgröße und Sozialschicht hängen stark zusammen: Befragte aus der sozialen Oberschicht und der oberen Mittelschicht leben wesentlich häufiger in der Großstadt, während die anderen Schichtungsgruppen häufiger in dörflichen Gegenden zu finden sind.

In der einbezogenen Stichprobe stammt mehr als die Hälfte der Befragten aus ländlichen Regionen. Wie der Vergleich mit der Bevölkerungsverteilung in der Bundesrepublik zeigt (vgl. Tab. A 10), leben in der Bundesrepublik nur halb so viele Einwohner in dörflichen Strukturen wie in der untersuchten Stichprobe. Die Unterschiede werden aber deutlich abgemildert, wenn man zum Vergleich die Verhältnisse in Bayern heranzieht: Hierbei kann nur mehr festgestellt werden, daß Befragte aus ländlichen Wohngegenden um ca. 5% in der Stichprobe zu häufig, Befragte aus großstädtischen Bereichen um 7,6% zu selten in der Stichprobe vertreten sind.

Tabelle A 9: Stichprobenverteilung nach Wohnortgröße (Angaben in Prozent, spaltenweise)

Wohnortgröße	Gesamt-stichprobe	Teilstichproben A	B	C	D
Dorf	52,6	64,1	57,1	67,7	68,1
Kleinstadt	33,5	34,1	34,2	31,2	30,7
Großstadt	13,9	1,7	8,7	1,2	1,1
N*)	3 964	791	1 007	767	794

*) N = Anzahl der Probanden, welche diese Frage beantwortet haben

Tabelle A 10: Bevölkerungsverteilung nach Gemeindegrößen-Klassen (Statistisches Bundesamt, 1985, S. 60)

Wohnortgröße	BRD-Gesamt	Bayern
bis 10 000 Einwohner	26,2 %	47,5 %
bis 100 000 Einwohner	40,9 %	31,0 %
über 100 000 Einwohner	32,9 %	21,5 %

B Erhebungsinstrumente

Die im Rahmen der Untersuchungsauswertung entwickelten Skalen wurden nach Konzepten der klassischen Testtheorie entwickelt. In der Regel bedeutet dies, daß im Falle mehrdimensionaler Konstrukte eine faktorielle Vorstrukturierung der diesem Bereich zugehörigen Items stattfand, die Items dann aufgrund der Itemkennwerte (Verteilungsparameter und part-whole-korrigierte Trennschärfekoeffizienten und z.T. aufgrund differentieller Itemanalysen) Skalen zugeordnet wurden, wobei zusätzlich als Skalenkennwerte die interne Konsistenz (nach der Methode von Hoyt) und Verteilungskennwerte berechnet wurden. Diese Vorgehensweise wurde auch auf Skalen angewandt, die aus anderen Quellen übernommen wurden, da durch Re-Analysen die Adäquatheit vorgegebener Methodiken auf die untersuchten Stichproben abgesichert werden sollte. Um Vergleichbarkeit mit anderen Untersuchungen zu gewährleisten, wurden in diesen Fällen aber weniger strenge Maßstäbe angelegt, da bekannt ist, daß bei Versuchen der Kreuzvalidierung Abweichungen unausweichlich sind.

Skalen zur Erfassung gewalthaltigen Medienkonsums

Basierend auf der Gewaltdefinition Belsons (1978, S. 191) wurden bestimmte Genres des Kino, Fernseh- und Videobereichs ausgewählt, von denen man aufgrund der Ergebnisse früherer Untersuchungen davon ausgehen kann, daß sie Gewalt gemäß der erwähnten Definition enthalten.

In dem Fragebogenteil, der sich auf den Kinobesuch bezog, waren 17 filmische Genres vorgegeben (jeweils mit einem Beispiel versehen) und die Probanden sollten mittels eines fünfstufigen Ratings angeben, wie häufig sie sich Filme der genannten Art ansehen (1 = nie, 2 = selten, 3 = manchmal, 4 = häufig, 5 = sehr häufig). Die Angaben zu neun dieser Gattungen wurden zu einem Summenwert zusammengefaßt, der als Indikator für den Konsum gewalthaltiger Filme gelten kann.

In bezug auf das Medium Fernsehen wurde von Angaben zu regelmäßig wiederkehrenden Fernsehsendungen ausgegangen. Hinsichtlich 28 Fernsehserien mußte dabei angegeben werden, wie häufig die Befragten diese Serien anschauen (1 = nie, 5 = sehr häufig). Zusätzlich wurde noch eine Liste mit filmischen Genres, ergänzt durch fernsehspezifische Kategorien vorgegeben, wobei die Präferenz für die einzelnen Gattungen erfragt wurde (1 = sehr gerne, 5 = gar nicht gern). 9 Häufigkeits- und 8 Präferenzangaben wurden wieder zu einem Summenwert für die Häufigkeit bzw. Präferenz gewalthaltiger Fernsehsendungen zusammengefaßt.

Auch hinsichtlich des Mediums Video wurde gefragt, wie häufig bzw. wie gerne die Probanden bestimmte Genres anschauen (jeweils 17 Kategorien). Jeweils neun davon wurden wegen ihres Bezuges zur Gewalt zu einem Summenwert für die Präferenz bzw. die Häufigkeit des Konsums aggressiver Video-Filme zusammengefaßt.

Die Skalen- und Itemanalysen erbrachten für alle fünf Skalen gute bis sehr gute Ergebnisse (vgl. Tab. B 1 und B 2).

Tabelle B 1: Itemkennwerte der Skalen zur Erfassung gewalthaltigen Medienkonsums

Skala/Items	aM	s	r_{it}
Kinogewaltkonsum (Häufigkeit)			
Krimi	1,77	0,99	.45
Western	2,00	1,16	.55
Action-Filme	3,10	1,28	.58
Kung-Fu	2,15	1,36	.67
Science-Fiction	2,56	1,38	.55
Sex-Filme	1,63	1,13	.49
Grusel-Filme	2,28	1,32	.67
Horror-Filme	1,94	1,29	.67
Kriegs-Filme	2,05	1,28	.63
Fernsehgewaltkonsum (Häufigkeit)			
Soko 5113	3,25	1,45	.38
Derrick	3,36	1,34	.62
Tatort	2,97	1,34	.67
Denver	3,03	1,66	.42
Dallas	2,44	1,52	.46
Magnum	3,15	1,45	.50
Ein Fall für Zwei	3,08	1,38	.58
Die Zwei	2,97	1,58	.38
Der Alte	3,16	1,40	.60
Fernsehgewaltkonsum (Präferenz)			
Krimis	2,20	1,03	.39
Western	2,19	1,15	.44
Action-Filme	2,10	1,24	.56
Science-Fiction	2,55	1,40	.54
Sexfilme	3,57	1,46	.36
Gruselfilme	2,69	1,42	.46
Abenteuer-Filme	2,06	1,06	.42
Kriegsfilme	2,97	1,43	.50
Videogewaltkonsum (Häufigkeit)			
Krimis	3,43	1,30	.55
Western	3,24	1,33	.55
Action-Filme	2,56	1,40	.63
Kung-Fu	3,21	1,53	.67
Science-Fiction	2,97	1,48	.63
Sexfilme	3,83	1,43	.52
Gruselfilme	3,05	1,48	.69
Horrorfilme	3,30	1,54	.70
Kriegsfilme	3,31	1,49	.64
Videogewaltkonsum (Präferenz)			
Krimis	2,76	1,36	.44
Western	2,62	1,38	.45
Action-Filme	2,21	1,36	.57
Kung-Fu	2,81	1,59	.60
Science-Fiction	2,59	1,50	.55
Sexfilme	3,51	1,57	.46
Gruselfilme	2,71	1,53	.61
Horrorfilme	3,02	1,63	.63
Kriegsfilme	3,02	1,58	.57

Tabelle B 2: Kennwerte der Skalen zur Erfassung gewalthaltigen Medienkonsums[1])

Skalen-bezeichnung	Item-anzahl	Konsistenz (nach Hoyt)	aM	s	Schiefe	Exzeß
Kinogewaltkonsum (Häufigkeit)	9	.86	19,70	7,93	0,43	2,80
Fernsehgewaltkonsum (Häufigkeit)	9	.81	27,44	8,36	0,00	2,50
Fernsehgewaltkonsum (Präferenz)	8	.76	27,66	6,33	0,10	2,70
Videogewaltkonsum (Häufigkeit)	9	.88	25,13	9,32	0,02	2,20
Videogewaltkonsum (Präferenz)	9	.84	29,63	8,60	0,06	2,50

1) Bei der Summenwertbildung wurden die Items immer so gepolt, daß ein hoher Wert eine hohe Ausprägung gemäß der jeweiligen Bezeichnung andeutet.

Skalen zur Erfassung von informations- und unterhaltungsorientierten audio-visuellen Medienkonsums

Informationsorientierte Angebote werden im audio-visuellen Bereich fast ausschließlich über das Fernsehen gemacht, entsprechende Angebote im Kino (Fox' tönende Wochenschau) haben sich überlebt und solche über Video (Heimwerkerfilme) finden kaum Anklang.

Aus den entsprechenden Angaben zur Häufigkeit bzw. Präferenz von Fernsehsendungen wurden zwei Summenwerte als Indikatoren für den Konsum von „Nachrichten und allgemeiner Information" gebildet (Häufigkeit und Präferenz).

Die Indikatoren für den Konsum von unterhaltungsorientierten Filmen konnten hingegen wieder für alle drei Medien gebildet werden, wobei Häufigkeitsindices für Kino, Fernsehen und Video möglich waren, Präferenzwerte jedoch nur für Fernsehen und Video gebildet werden konnten.

Die entsprechenden Item- und Skalenkennwerte (vgl. Tab. B 3 und B 4) sind nicht durchgängig sehr hoch, für Zwecke des Gruppenvergleichs scheinen sie aber ausreichend zu sein, u.zw. als Indices inhaltlich zusammengehörender, aber durchaus etwas heterogener Programmsparten.

Tabelle B 3: **Itemkennwerte der Skalen zur Erfassung informations- und unterhaltungsorientierten audiovisuellen Medienkonsums**

Skala/Items	aM	s	r_{it}
Nachrichten und allgemeine Information im Fernsehen (Häufigkeit)			
Tele-Illustrierte	1,86	0,97	.36
Schüler-Expreß	2,00	1,17	.23
Heute/Tagesschau	2,76	1,26	.23
Monitor/Panorama	1,57	0,96	.30
Expeditionen in's Tierreich	2,76	1,30	.25
Aktenzeichen XY	3,28	1,45	.19
Nachrichten und allgemeine Information im Fernsehen (Präferenz)			
Problemfilm	3,33	1,25	.19
Nachrichten	3,25	1,15	.48
Sendungen über Tiere und Natur	2,60	1,18	.29
zeitkritische Magazine	4,02	1,11	.60
Wirtschaftssendungen	4,21	1,01	.63
politische Sendungen	4,35	0,96	.60
Wissenschaft und Technik	3,49	1,36	.49
Gesundheitsmagazine	3,68	1,13	.48

Unterhaltung im Fernsehen (Häufigkeit)			
Kino-Hitparade	3,31	1,42	.41
Väter der Klamotte	2,25	1,22	.32
Die Fraggles	2,21	1,30	.25
Live aus dem Alabama	3,58	1,48	.22
Hitparade	3,58	1,35	.47
Tommy's Pop Show	3,90	1,33	.40
Wetten daß ...	4,03	1,15	.43
Dalli, dalli	3,13	1,35	.47
Der große Preis	2,55	1,29	.43
Was bin ich	2,22	1,15	.35
Die Sportschau	3,07	1,55	.25
Unterhaltung im Fernsehen (Präferenz)			
Fantasy-Filme	2,62	1,22	.28
Zeichentrick-Filme	2,45	1,17	.28
Musikfilme	2,55	1,38	.16
Klamaukfilme	2,51	1,36	.22
Heimatfilme	3,19	1,34	.27
Kindersendungen	3,49	1,15	.31
Shows	2,78	1,12	.45
Quizsendungen	2,69	1,13	.41
Unterhaltungsserien	2,53	1,44	.25
Sportsendungen	2,74	1,43	.05
Unterhaltung im Kino (Häufigkeit)			
Fantasy-Filme	2,33	1,10	.38
Zeichentrick-Filme	1,97	1,08	.31
Klamauk-Filme	3,08	1,33	.37
Musikfilme	2,44	1,36	.31
Heimatfilme	1,62	0,99	.50
Unterhaltung über Video (Häufigkeit)			
Fantasy-Filme	3,47	1,29	.50
Zeichentrick-Filme	3,64	1,29	.40
Heimatfilme	3,93	1,25	.36
Musikfilme	3,31	1,46	.56
Musik-Videos	3,11	1,55	.50
Unterhaltung über Video (Präferenz)			
Fantasy-Filme	2,87	1,41	.37
Zeichentrick-Filme	2,99	1,40	.26
Heimatfilme	3,60	1,39	.22
Musikfilme	2,83	1,52	.45
Musik-Videos	2,67	1,57	.43

Tabelle B 4: **Kennwerte der Skalen zur Erfassung des informations- und unterhaltungsorientierten audiovisuellen Medienkonsum**[1)]

Skalenbezeichnung	Itemanzahl	Konsistenz (nach Hoyt)	aM	s	Schiefe	Exzeß
Nachrichten und allgemeine Information im Fernsehen (Häufigkeit)	6	.50	14,32	4,02	0,30	3,70
Nachrichten und allgemeine Information im Fernsehen (Präferenz)	8	.76	19,08	5,71	0,33	3,30
Unterhaltung im Fernsehen (Häufigkeit)	11	.71	33,88	7,76	0,03	3,00
Unterhaltung im Fernsehen (Präferenz)	10	.58	32,41	5,94	0,07	3,50
Unterhaltung im Kino (Häufigkeit)	5	.57	11,51	3,72	0,24	3,20
Unterhaltung über Video (Häufigkeit)	5	.71	12,57	4,71	0,04	2,40
Unterhaltung über Video (Präferenz)	5	.59	15,08	4,61	0,01	2,60

1) **Bei der Summenwertbildung wurden die Items immer so gepolt, daß ein hoher Wert eine hohe Ausprägung gemäß der jeweiligen Bezeichnung andeutet.**

Skala zur Erfassung von Fernsehsüchtigkeit

In Anlehnung an den WHO-Katalog für Alkoholismus wurde ein analoges Instrument zu Erfassung von Fernsehsüchtigkeit formuliert. Als Merkmale wurden dabei Aspekte des Kontrollverlustes, Scham- und Schuldgefühle bei übermäßigem Konsum, Entzugserscheinungen und gedankliche Fixierung an diese Tätigkeit verwendet. Die Fragen wurden unter der Überschrift „Bist Du ein Fernsehfreak?" gestellt. Die Skala war mit einem zweistufigen Antwortmodus versehen (stimmt = 2 / stimmt nicht = 1). Von 13 Items erwiesen sich 12 als hinreichend trennscharf (vgl. Tab. B 5). Die interne Konsistenz kann als ausreichend angesehen werden (vgl. Tab. B 6). Als Analysestichprobe wurde die Gesamtstichprobe verwendet.

Tabelle B 6: **Kennwerte der Skala zur Erfassung von Fernsehsüchtigkeit**

Skalenbezeichnung	Itemanzahl	Konsistenz (nach Hoyt)	aM	s	Schiefe	Exzeß
Fernsehsüchtigkeit	12	.61	14,53	2,13	1,01	4,10

Tabelle B 5: Itemkennwerte der Skala zur Erfassung von Fernsehsüchtigkeit

Items	aM	s	r_{it}
Nach einem langen Fernsehabend kann ich mich gar nicht mehr erinnern, was ich gesehen habe.	1,12	0,32	.21
Ich sehe mir öfter heimlich Filme an, um mir nicht von anderen Vorwürfe anhören zu müssen, ich sähe zuviel fern.	1,12	0,32	.30
Ich denke oft den ganzen Tag nur an's Fernsehprogramm.	1,06	0,24	.31
Ich habe Schuldgefühle, wenn ich zuviel glotze.	1,20	0,40	.11
Wenn ich erst mal einige Zeit vor dem Fernsehapparat sitze, fällt es mir schwer, vor Sendeschluß auszuschalten.	1,19	0,39	.31
Wenn ich eigentlich etwas anderes zu tun hätte, finde ich immer einen Grund, um doch fernzusehen.	1,29	0,46	.36
Auf gutgemeinte Mahnungen, die Fernsehzeit einzuschränken, reagiere ich mit Widerstand.	1,30	0,46	.26
Wenn ich irgendwo bin, wo es kein Fernsehgerät gibt, fehlt mir etwas.	1,22	0,41	.31
Es gibt Zeiten, da interessiert mich nichts anderes als fernsehen.	1,22	0,41	.26
Manchmal sehe ich mir alles Mögliche an, nur um mich berieseln zu lassen.	1,18	0,38	.30
Ich bleibe schon mal kleben vor dem Fernsehschirm und ärgere mich dann darüber.	1,43	0,49	.18
Wenn ich tagelang nicht fernsehen kann (z.B. wenn das Gerät kaputt ist), werde ich kribbelig.	1,23	0,42	.31

Skalen zur Erfassung des Freizeitverhaltens

Zur Erfassung anderer Freizeitaktivitäten außer des Medienkonsums wurde eine Liste mit 22 Betätigungen vorgelegt, wobei die Befragten mit einem fünfstufigen Antwortsystem die Häufigkeit dieser Freizeitaktivitäten zu beurteilen hatten (1 = sehr oft, 2 = häufig, 3 = manchmal, 4 = selten, 5 = gar nicht; die inverse Formulierung wurde bei der Summenwertbildung beibehalten). Nach faktorenanalytischen und inhaltlichen Strukturierungsversuchen wurden die Antworten zu vier Skalen zusammengefaßt (Freizeittätigkeiten interaktiv; Freizeittätigkeiten allein, bestehend aus den Unterskalen allein-aktiv und allein-passiv). Zwei Items, nämlich Sport ausüben (aM = 2,03, s = 1,07) und Musik machen/ein Instrument spielen/in Band, Orchester spielen (aM = 3,67, s = 1,51), konnten nicht zugeordnet werden.

Die Ergebnisse der Item- und Skalenanalysen erbrachten nicht vollkommen befriedigende Werte (vgl. Tab. B 7 und B 8), dennoch wurden die Skalen als Grobstrukturierung des übrigen Freizeitbereichs eingesetzt. Die Analysen wurden an der Gesamtstichprobe vorgenommen.

Tabelle B 8: **Kennwerte der Skalen zur Erfassung des Freizeitverhaltens *)**

Skalenbezeichnung	Itemanzahl	Konsistenz (nach Hoyt)	aM	s	Schiefe	Exzeß
Freizeit interaktiv	10	.68	32,62	6,14	0,14	3,60
Freizeit allein	10	.57	33,12	5,85	0,34	3,80
Freizeit allein-passiv	5	.41	15,29	3,50	0,08	3,00
Freizeit allein-aktiv	5	.53	17,86	3,78	0,27	3,20

*) Die Freizeitskalen sind negativ gepolt, d.h. ein hoher Wert gibt eine geringe Ausführungshäufigkeit an.

Tabelle B 7: **Itemkennwerte der Skalen zur Erfassung des Freizeitverhaltens (ein hoher Mittelwert bedeutet eine geringe Häufigkeit)**

Skalen/Items		aM	s	r_{it}
Freizeit interaktiv				
Gespräche mit Freunden		2,18	0,98	.42
mit Freunden etwas unternehmen		2,08	1,02	.48
Gesellschaftsspiele spielen		3,17	1,07	.23
Tanzen gehen / Disco		3,32	1,44	.46
in ein Jugendzentrum gehen		4,06	1,25	.46
bei einem Jugendverein mitmachen (z.B. Pfadfinder, Sportverein)		3,13	1,71	.23
bei einer politischen Gruppe (z.B. Schülerunion) mittun		4,81	0,63	.30
soziale Aktivitäten (z.B. Umweltschutz-Aktivitäten)		4,48	0,93	.33
mit Freund/Freundin zusammensein		2,19	1,24	.45
Wandern		3,26	1,13	.18
Freizeit allein-passiv				
bei Sportveranstaltungen zuschauen	3,02	1,17	.13	.11
Mofa/Moped fahren	3,84	1,51	.15	.08
allein sein/träumen	3,11	1,27	.29	.43
Schallplatten/Cassetten hören	1,79	0,98	.26	.31
gar nichts tun	3,56	1,33	.23	.21
Freizeit allein-aktiv				
Handarbeiten/Basteln	1,97	0,17	.30	.18
Geld verdienen/Jobben	3,83	1,30	.08	.24
Bücher lesen	2,74	1,27	.28	.17
Briefe schreiben	3,49	1,22	.47	.44
Tagebuch schreiben	4,23	1,23	.40	.41

1) Trennschärfekoeffizienten für die Unterskalen
2) Trennschärfekoeffizienten für die Gesamtskala Freizeit allein

Skalen zur Erfassung abweichenden Verhaltens

Dieses Meßinstrument wurde ursprünglich im Rahmen einer schulsystemvergleichenden Untersuchung von Helmke (1978) entwickelt und von uns um einige Items ergänzt. Insgesamt besteht es aus 40 Items, die zu sieben Subskalen und zu einem Gesamtwert zusammengefaßt werden können. Für jedes Item ist ein fünfstufiger Antwortmodus vorgegeben, wobei der Befragte darüber Auskunft geben muß, wie häufig die entsprechende Verhaltensweise bei ihm vorkommt (1 = nie, 2 = mehrmals im letzten halben Jahr, 3 = mehrmals im Monat, 4 = mehrmals in der Woche, 5 = fast täglich). Die im folgenden zu berichtenden Itemanalysen wurden an der Teilstichprobe A vorgenommen.

Sämtliche der 40 Items erwiesen sich als hinreichend trennscharf, sodaß nach diesem Kriterium keine Angabe zu eliminiert werden brauchte (vgl. Tab. B 9). Die Verteilung der Rohwerte auf Item- und Skalenebene ist allerdings z.T. extrem schief. Dies ist vermutlich darauf zurückzuführen, daß es sich bei den erfragten Tatbeständen um sozial stark normierte und entsprechend sanktionierte Verhaltensweisen handelt, eine für die korrelative Weiterverrechnung günstige Normalverteilung der Daten war daher nicht zu erwarten.

Die Konsistenz der Skalen ist z.T. als ausgezeichnet zu bewerten, Ausnahmen bilden die Skalen Flucht- und Täuschungsverhalten, bei denen die Reliabilität im unteren Bereich der für Gruppenvergleiche geforderten Meßgenauigkeit liegt. In beiden Fällen ist die geringe Itemanzahl als Grund für dieses Ergebnis anzusehen. Die Skalen sind voneinander nicht unabhängig (vgl. Tab. B 11), obwohl sie sich auf unterschiedbare Inhalte beziehen. Besonders die hohen (unbereinigten) Korrelationen zwischen der Gesamtskala und den Subskalen verweist darauf, daß es sich bei den abgefragten Verhaltensweisen um ein zusammengehöriges Syndrom handelt, das über die einzelnen Situationen hinweg, je nach sozialer Sanktionierung, mehr oder minder stark zum Ausdruck kommt.

Tabelle B 9: Itemkennwerte der Skalen zur Erfassung abweichenden Verhaltens

Skala/Items	aM	s	r_{it}[1)]	r_{it}[2)]
Aggressionen gegen Lehrer				
Bei Aufforderungen des Lehrers meckern.	1,93	1,14	.63	.56
Nicht machen, was der Lehrer sagt.	1,64	0,97	.65	.57
Dem Lehrer freche Antworten geben.	1,50	0,92	.70	.56
Lehrer nachäffen.	1,90	1,12	.60	.58
Lehrer absichtlich ärgern, Streiche spielen.	1,70	1,01	.60	.59
Mich bei Rektor, Schulrat über Lehrer beschweren.	1,15	0,54	.24	.26
Aggressionen gegen Mitschüler oder Sachen				
Klassenkameraden während des Unterrichts ärgern.	2,40	1,34	.51	.53
Mich mit den Klassenkameraden während der Schulzeit prügeln.	1,47	0,89	.51	.44
Mich mit Klassenkameraden streiten.	2,04	0,96	.51	.42
Mit mehreren einen aus der Klasse verhauen.	1,24	0,69	.47	.39
Andere hänseln oder sich über sie lustig machen.	1,99	1,11	.53	.47
Sachen von anderen wegnehmen oder kaputt machen (z.B. Hefte, Stifte oder dgl.m.).	1,45	0,92	.56	.45
Sachen wegwerfen oder "außer Gefecht setzen" (z.B. Kreide naßmachen, Zeigestock verstecken).	1,46	0,89	.54	.60
Sachen, die der Schule gehören, absichtlich beschädigen (z.B. Wände beschmieren, Bänke beschädigen oder dergleichen).	1,19	0,62	.42	.50
Unruhe im Unterricht				
Während des Unterrichts in der Klasse herumlaufen.	1,57	0,96	.50	.61
Im Unterricht mit irgendwelchen Sachen werfen.	1,96	1,14	.58	.68
Mich während des Unterrichts mit Nachbarn unterhalten.	3,86	1,34	.45	.41
Im Unterricht mit den Stühlen schaukeln oder Bänke rücken.	3,27	1,51	.55	.50
Im Unterricht singen, summen oder pfeifen.	1,76	1,12	.55	.56

Wenn der Lehrer jemand anderen fragt, die Antwort laut dazwischen rufen.	1,97	1,17	.50	.57
Reduzierte Unterrichtsteilnahme				
Im Unterricht Heftchen lesen (z.B. Comics).	1,44	0,81	.56	.54
Im Unterricht mit anderen heimlich spielen.	1,78	0,99	.57	.53
Im Unterricht Aufgaben für andere Fächer machen.	2,07	1,09	.58	.61
Im Unterricht etwas essen oder trinken.	2,24	1,30	.61	.58
Mich im Unterricht kämmen, die Nägel schneiden o.ä. (Mädchen: Make-up).	1,54	0,99	.47	.46
Im Unterricht etwas malen oder kritzeln.	2,60	1,32	.52	.50
Fluchtverhalten				
Ohne Erlaubnis während des Unterrichts aus der Klasse gehen.	1,30	0,81	.36	.44
Pausen ausdehnen oder bereits vor Schulende weggehen.	1,32	0,77	.36	.48
Die Schule schwänzen.	1,22	0,68	.36	.31
Zu Hause so tun, als wäre ich krank, um nicht zur Schule zu müssen.	1,23	0,59	.43	.41
Zu spät zum Unterricht kommen.	1,26	0,61	.37	.34
Täuschungsverhalten				
Bei Klassenarbeiten abschreiben oder auf andere Weise mogeln.	2,25	1,14	.54	.62
Den Lehrer anschwindeln (z.B. mit Hausaufgaben oder Klassenarbeiten).	1,63	0,96	.63	.64
Unterschriften anderer heimlich nachmachen (z.B. die der Eltern auf Entschuldigungsschreiben).	1,14	0,47	.37	.40
Kleinkriminalität				
Ohne Fahrausweis fahren.	1,28	0,76	.38	.35
In Geschäften oder Kaufhäusern eine Kleinigkeit mitgehen lassen.	1,15	0,58	.43	.41
Schlagringe, Messer oder andere "Waffen" dabei haben.	1,32	0,92	.43	.38
Zusammen mit Schulkameraden anderen Leuten Schaden zufügen oder Angst einjagen.	1,29	0,75	.57	.54
Nach 22 Uhr in Discotheken gehen.	1,27	0,76	.52	.45
Nachts mit Mofa oder Moped mit Vollgas durch Wohngegenden fahren.	1,24	0,78	.53	.45

1) Part-whole-korrigierte Trennschärfekoeffizienten der Subskalen.

2) Part-whole-korrigierte Trennschärfekoeffizienten der Gesamtskala.

Tabelle B 10: Kennwerte der Skalen zur Erfassung abweichenden Verhaltens

Skalenbezeichnung	Itemanzahl	Konsistenz (nach Hoyt)	aM	s	Schiefe	Exzeß
(1) Aggression gegen Lehrer	6	.81	9,85	4,17	2,70	6,00
(2) Aggression gegen Mitschüler und Sachen	8	.79	13,22	4,83	2,95	7,10
(3) Unruhe im Unterricht	6	.77	14,38	5,01	0,27	2,90
(4) Reduzierte Unterrichtsteilnahme	6	.79	11,69	4,63	0,99	3,70
(5) Fluchtverhalten	5	.62	6,35	2,32	9,06	16,10
(6) Täuschungsverhalten	3	.61	5,03	2,10	2,19	5,30
(7) Kleinkriminalität	6	.74	7,57	3,09	8,92	13,30
(8) Gesamtskala	40	.93	68,17	20,54	1,77	4,90

Tabelle B 11: Interkorrelationen zwischen den Skalen zur Erfassung abweichenden Verhaltens

Skalenbezeichnung	(1)	(2)	(3)	(4)	(5)	(6)	(7)	(8)
(1) Aggression gegen Lehrer	--	.58	.59	.55	.46	.55	.48	.79
(2) Aggression gegen Mitschüler und Sachen		--	.60	.49	.44	.49	.51	.79
(3) Unruhe im Unterricht			--	.71	.51	.60	.47	.85
(4) Reduzierte Unterrichtsteilnahme				--	.47	.66	.44	.81
(5) Fluchtverhalten					--	.54	.52	.68
(6) Täuschungsverhalten						--	.57	.77
(7) Kleinkriminalität							--	.70
(8) Gesamtskala								--

Skala zur Erfassung psychosomatischer Beschwerden

Auch diese Skala geht in ihrer Grundkonzeption auf Helmke (1978) zurück. Es ist dabei zu beurteilen, wie häufig zwölf Symptome bei den Befragten vorkommen. Verwendet wurde dabei ein fünfstufiges Antwortraster, mit dem angegeben werden kann, ob das entsprechende Symptom „nie“ (1), „mehrmals im halben Jahr“ (2), „mehrmals im Monat“ (3), „mehrmals in der Woche“ (4) oder „fast täglich“ (5) vorkommt. Die Item- und Skalenanalyse wurde an Teilstichprobe A durchgeführt. Die Trennschärfen der Items (vgl. Tab. B 12) können als optimal angesehen werden, auch die Konsistenz ist sehr hoch. Von daher kann neben inhaltlichen Gründen eine Berechtigung dafür abgeleitet werden, daß die Angaben zu einem einzigen Summenwert zusammengefaßt werden. Als inhaltliche Begründung ist darüber hinaus zu erwähnen, daß es sich bei psychosomatischen Störungen um ein meist polysymptomatisches Beschwerdebild (Addition der Beschwerden) handelt, dessen Verlauf zum anderen selten kontinuierlich ist (Einführung der zeitlichen Gewichtung). Der Gesamtwert der Skala ist wiederum stark linksschief und nicht normalverteilt. Um die Werte einer Normalverteilung anzunähern, wurden sie in Stanine-Werte umgewandelt. Wegen der eingeschränkten Variationsbreite konnte das Ziel normalverteilter Werte nur annähernd erreicht werden.

Tabelle B 12: Itemkennwerte der Skala zur Erfassung psychosomatischer Beschwerden

Items	aM	s	r_{it}
Kopfschmerzen	2,22	1,00	.61
Magen- oder Darmschmerzen	1,69	0,85	.54
Übelkeit oder Erbrechen	1,70	0,78	.48
schlechter Schlaf	1,86	0,97	.53
Eß- oder Appetitstörungen	1,53	0,88	.51
Schwindelgefühle (schwarz vor den Augen)	1,87	1,11	.61
Nervosität, innere Unruhe	2,25	1,20	.64
Schmerzen in Herz- und Brustgegend	1,56	0,89	.54
Druckgefühl in der Schläfengegend	1,45	0,80	.59
Konzentrationsschwierigkeiten	2,07	1,08	.61
Flimmern vor den Augen	1,73	1,03	.63
Müdigkeit, Abgespanntheit, Schlappheit	2,31	1,13	.62

Tabelle B 13: Kennwerte der Skala zur Erfassung abweichenden Verhaltens (Rohwertsumme)

Skala	Item-anzahl	Konsistenz (nach Hoyt)	aM	s	Schiefe	Exzeß
Psychosomatik	12	.88	22,23	7,90	1,30	4,40

Skalen zur Erfassung des Selbstkonzepts

Als Operationalisierung des Selbstkonzepts wurde für die vorliegende Untersuchung das „Inventar zu Selbstkonzept und Selbstvertrauen“ („ISS“) von Fend et al. (1984) verwendet. Das „ISS“ kann als pädagogisch-psychologisches Verfahren in der Erziehungsberatung angewendet werden, in der pädagogisch-psychologischen Forschung und bei der Evaluation von Therapieerfolgen (Fend et al., 1984, S. 5). Die Zielgruppe dieses Verfahrens sind Jugendliche zwischen 12 und 16 Jahren, die das „ISS“ als Einzel- oder Gruppenverfahren beantworten können. Das „ISS“ besteht aus 80 Items, die in dichotomer Form (stimmt/stimmt nicht) zu beantworten sind. Die Items sind als Selbstbeschreibungen verfaßt und stellen nach Ansicht von Fend et al. (1984, S. 19) die verschiedenen Aspekte des Selbstkonzepts einer Person dar. Die Items lassen sich aufgrund inhaltlicher Kriterien 11 Subskalen zuordnen, deren Umfang zwischen 6 bis 8 Items pro Skala variiert.

Im folgenden sollen die 11 Skalen inhaltlich beschrieben werden.

1. Kompetenzbewußtsein der Zukunftsbewältigung (KBZU).
Diese Skala charakterisiert die Selbsteinschätzung hinsichtlich eigener, in der Zukunft liegender Möglichkeiten und Erwartungen. Die Skala mißt das generelle Konzept der eigenen Zukunft, ohne auf konkrete Bereiche einzugehen. Niedrige Werte auf dieser Skala können im Sinne eines Kontrollverlustes, d.h. der Unfähigkeit, die Zukunft aktiv und sinnvoll zu gestalten, interpretiert werden. Trifft ein niedriges Kompetenzbewußtsein der Zukunftsbewältigung mit geringen Werten in anderen Selbstkonzeptbereichen zusammen, kann dies auf Störungen im Sinne des Konzepts der „gelernten Hilflosigkeit“ hinweisen (Fend et al., 1984, S. 31).

2. Kompetenzbewußtsein der sozialen Durchsetzungsfähigkeit (KBSD).
In dieser Skala wird die Kompetenz, eigene Interessen im sozialen Umgang mit anderen wahrzunehmen und durchzusetzen, thematisiert. Dies schließt die Fährigkeit mit ein, sich gegen ungerechtfertigte Angriffe verteidigen zu können und sich nicht davor zu scheuen, im Streit auf sein Recht zu pochen. Geringe Werte auf dieser Skala werden als soziale Angst, die mangelndes Konflikt- und Durchsetzungsvermögen beinhaltet, interpretiert.

3. Kompetenzbewußtsein hinsichtlich Schulerfolg (KBS).
Diese Skala beinhaltet zwei Aspekte schulbezogener Kontrollüberzeugungen. Der erste Aspekt befaßt sich mit dem subjektiven Empfinden von Vergeblichkeit des Bemühens um schulischen Erfolg. Der zweite Aspekt beschreibt

das Selbstverständnis des Schülers, so wie er sich vom Lehrer wahrgenommen glaubt. Niedrige Werte auf dieser Skala weisen auf geringe Erfolgserwartungen des Schülers hinsichtlich des Schulerfolgs und auf mangelnde Anerkennung und Beliebtheit durch den Lehrer hin.

4. Selbstkonzept der sozialen Integration (SKIN).
Diese Skala beschäftigt sich mit dem Grad an empfundener sozialer Integriertheit und Anerkennung innerhalb des Klassenverbands. Probanden mit sehr niedrigen Werten auf dieser Skala, die sich in der Rolle des Außenseiters, des sozial Isolierten befinden, können in eine für sie mit hohem psychischen Streß belastete soziale Situation geraten.

5. Emotionskontrolle (EKON).
In dieser Skala wird ein wichtiger Bereich der Selbstkontrolle, u.zw. die Fähigkeit, Stimmungen, Affekte und Launen zu kontrollieren, angesprochen. Die Items dieser Skala thematisieren neben Formen allgemeiner Labilität, wie Nervosität, Ungeduld etc., die erfolglose Ärgerkontrolle. Sehr niedrige Werte auf dieser Skala, die mit einem niedrigen Selbstvertrauen und gering ausgeprägter Handlungskontrolle einhergehen, gelten als Prädisposition für neurotische, insbesondere depressive Störungen.

6. Handlungskontrolle (HKON).
Der Schwerpunkt dieser Skala liegt auf dem Aspekt der Handlungskontrolle und -realisierung. Störungen in diesem Bereich lassen sich auf mangelnde Motivation und Unfähigkeit zur realistischen Wahrnehmung von Kompetenzen und zum Belohnungsaufschub zurückführen. Die gestörte Handlungskontrolle besitzt insbesondere diagnostische Relevanz bei Lernschwierigkeiten, da schulisches Lernen die Fähigkeit voraussetzt, auf in der Zukunft liegende Ziele hinarbeiten zu können.

7. Selbstakzeptierung (SAKZ).
Diese Skala beinhaltet den Aspekt der Selbstakzeptierung bzw. Selbstablehnung. Die Items beziehen sich auf generelle Bewertungen der eigenen Person, z.B. für wie kompetent man sich hält, ob man glaubt, der Achtung und des Respekts von anderen würdig zu sein oder ob man sich selbst als unwichtig und wertlos einschätzt. Niedrige Werte geben Hinweise auf geringes Selbstvertrauen und Minderwertigkeitsgefühle.

8. Selbstkonzept der eigenen Begabung (SKBE).
Mit dieser Skala werden Kognitionen über die Einschätzung der eigenen Begabung im Vergleich zu anderen erfaßt. Vorstellungen, nicht so klug zu

sein wie andere, weniger intelligent zu sein, weniger leistungsfähig zu sein etc., stehen im Mittelpunkt.

9. Selbstkonzept des eigenen Aussehens (SKEA).
Diese Skala bezieht sich auf Wahrnehmung und Bewertung des eigenen Aussehens im Vergleich zu anderen. Besonders in der Phase der Pubertät beschäftigen sich die Jugendlichen in Form von Selbstkognition in verstärktem Maße mit ihrem Aussehen. Für sehr spät pubertierende Jugendliche oder sehr früh akzelerierte können sich aufgrund ihrer Unangepaßtheit Störungen im sozialen Vergleich ergeben.

10. Selbstkenntnis (SKEN).
In dieser Skala wird das Selbst zum Objekt der Kognitionen gemacht. Die Einzelitems beziehen sich auf generelle Überzeugungen von der eigenen Person, wie gut man seine Begabung, seine Wirkung auf andere etc., einzuschätzen vermag. Fend et al. (1984) weisen darauf hin, daß sehr niedrige Werte auf dieser Skala nicht eindeutig interpretierbar sind. Sie können Ausdruck dafür sein, daß man sich selbst gegenüber ein Gefühl der Fremdheit empfindet oder sie lassen sich als mangelnde gedankliche Auseinandersetzung mit der eigenen Person interpretieren (Fend et al., 1984, S. 35). Ob diese fehlende Beschäftigung mit sich selbst als defensive Abwehr zu verstehen ist oder aufgrund anderer Aufmerksamkeitszuwendungen entsteht, kann nicht eindeutig geklärt werden.

11. Selbstaufmerksamkeitsskala (SAUF).
Diese Skala beinhaltet die bewußte Wahrnehmung und Aufmerksamkeitszuwendung seinen eigenen Gefühlen, Einstellungen und Stimmungen gegenüber. In der Phase der Pubertät betrachten sich Jugendliche sehr oft mit erhöhter Selbstaufmerksamkeit, sodaß für diese Personengruppe höhere Werte auf dieser Skala erwartet werden können. Geringe Werte weisen auf niedrige Bewußtheit sich selbst gegenüber hin.

Die folgenden Itemanalysen beruhen auf der Teilstichprobe B. Die Reanalyse wurde nach der entsprechenden Verkodung der Items je nach Polungsrichtung vorgenommen. Die Ergebnisse auf Itemebene weisen für zwei Items der ersten Skala nicht signifikante Trennschärfekoeffizienten auf. Die erste, siebte und neunte Skala besitzen außerdem eine Konsistenz, die an der unteren Grenze der für Gruppenvergleiche geforderten Meßgenauigkeit liegt. Allerdings handelt es sich bei dem ISS um ein in einem anderen Kontext entwickeltes Instrument, das im vorliegenden Zusammenhang nur auf seine skalentechnische Eignung hin kontrolliert werden sollte. Da sich keine krassen Verstöße gegen die Anforderungen ergaben, welche im Rahmen der klassischen Testtheorie an Skalen gestellt werden, wurde auf Maßnahmen zur Verbesserung der metrischen Qualität der Skalen verzichtet.

Tabelle B 14: **Itemkennwerte der Selbstkonzeptskalen**

Skala/Items	aM	s	r_{it}
Kompetenzbewußtsein der Zukunftsbewältigung			
Ich habe das Gefühl, mir stehen alle Wege offen.	0,54	0,50	0,07
Ich habe Angst davor, was später alles geschehen wird.	0,36	0,48	0,32
Ich sehe ziemlich schwarz, wenn ich an meine Zukunft denke.	0,18	0,38	0,51
Wenn ich an die Zukunft denke, sehe ich große Schwierigkeiten auf mich zukommen.	0,33	0,47	0,44
Was später alles mit mir passiert, liegt nicht in meiner Hand.	0,35	0,48	0,16
Mir ist für später schon vieles verbaut.	0,15	0,36	0,31
Ich traue mir zu, später einmal zu erreichen, was ich mir vornehme.	0,65	0,48	0,00
Ich möchte gar nicht daran denken, was später alles auf mich zukommt.	0,30	0,46	0,37
Kompetenzbewußtsein der sozialen Durchsetzungsfähigkeit (KBSD)			
Wenn sich jemand vordrängelt, fällt es mir schwer, ihm zu sagen, daß das nicht geht.	0,25	0,43	0,39
Manchmal sage ich nichts, obwohl ich eigentlich im Recht bin.	0,42	0,49	0,51

Ich glaube, ich kann mich nicht so gut durchsetzen wie andere.	0,31	0,46	0,46
Ehe ich mich in einen Streit verwickeln lasse, verzichte ich lieber auf mein Recht.	0,32	0,47	0,39
Wenn mir jemand Vorwürfe macht, bin ich lieber ruhig, als daß ich mich zur Wehr setze.	0,30	0,46	0,46
Auch wenn ich eigentlich im Recht bin, traue ich mir nicht zu, mich zu beschweren.	0,20	0,40	0,48
Kompetenzbewußtsein hinsichtlich Schulerfolg (KBS)			
Immer wenn ich versuche, in der Schule voranzukommen, kommt mir etwas dazwischen, was mich hindert.	0,31	0,46	0,32
Es hat für mich wenig Sinn, daß ich mich in der Schule anstrenge, da ich doch nicht viel erreichen kann.	0,08	0,27	0,39
Auch wenn ich mich noch so anstrenge: Richtig zufrieden sind die Lehrer mit mir nie.	0,29	0,45	0,43
Es lohnt sich eigentlich kaum, daß ich in der Schule etwas sage, die Lehrer halten doch nicht viel davon.	0,12	0,32	0,46
Den meisten Lehrern bin ich ziemlich gleichgültig.	0,20	0,40	0,47
Ich glaube, daß die meisten Lehrer nicht viel von mir halten.	0,16	0,37	0,60
Bei den meisten Lehrern stehe ich gut da.	0,61	0,49	0,36
Ich habe das Gefühl, daß die meisten Lehrer mich ganz gerne mögen.	0,57	0,49	0,39
Selbstkonzept der sozialen Integration (SKIN)			
Ich kann machen was ich will, irgendwie komme ich bei meinen Klassenkameraden nicht an.	0,13	0,34	0,49
Ich kann noch so gute Ideen haben, die anderen in der Klasse hören sowieso nicht auf mich.	0,13	0,34	0,42

Bei meinen Mitschülern bin ich ziemlich angesehen.	0,52	0,50	0,46
Ich glaube, daß ich zu den beliebtesten Schülern in der Klasse gehöre.	0,37	0,48	0,46
Ich fühle mich in der Klasse manchmal ein bißchen als Außenseiter.	0,25	0,43	0,35
Wenn andere in den Pausen etwas zusammen machen, werde ich häufig nicht beachtet.	0,13	0,34	0,39
Emotionskontrolle (EKON)			
Ich rege mich manchmal über jede Kleinigkeit auf.	0,41	0,49	0,50
Gegen meine Launen komme ich manchmal kaum an.	0,36	0,48	0,51
Ich gehöre zu denen, die sich vor Wut manchmal nicht beherrschen können.	0,32	0,46	0,49
Manchmal weiß ich gar nicht, was mit mir eigentlich los ist.	0,48	0,50	0,60
Es gibt Tage, da geht mir jeder auf die Nerven.	0,64	0,48	0,59
Manchmal bin ich ohne wichtigen Grund sehr betrübt.	0,36	0,48	0,50
Wenn mich etwas ärgert, kann ich micht manchmal völlig vergessen.	0,48	0,50	0,59
Manchmal ist mir alles völlig egal.	0,59	0,49	0,56
Handlungskontrolle (HKON)			
Ich fange oft Sachen an und schaffe es nicht, sie zum Ende zu bringen.	0,41	0,49	0,52
Manchmal kann ich mich selbst nicht dazu bringen, das wirklich zu tun, was ich mir vorgenommen habe.	0,48	0,50	0,59
Auch wenn es nötig wäre, kann ich Sachen, die mir Spaß machen, fast nie aufschieben.	0,44	0,50	0,44

Ich habe das Gefühl, daß ich einen ziemlich schachen Willen habe.	0,22	0,42	0,44
Ich habe mir schon so oft etwas vorgenommen und es dann doch nicht erreicht.	0,51	0,50	0,66
Ich gebe häufig schon bei der ersten Schwierigkeit auf.	0,20	0,40	0,42
Oft kann ich mich einfach nicht aufraffen, einen Plan auch auszuführen.	0,32	0,47	0,57
Manchmal nehme ich mir alle möglichen Sachen vor, obwohl ich sie sowieso nicht erledigen kann.	0,44	0,50	0,58
Selbstakzeptierung (SAKZ)			
Im großen und ganzen bin ich mit mir zufrieden.	0,68	0,47	0,44
Eigentlich kann ich auf einiges bei mir ziemlich stolz sein.	0,68	0,47	0,33
Ich halte nicht sehr viel von mir.	0,14	0,35	0,26
Manchmal wünsche ich mir, ich wäre anders.	0,44	0,50	0,16
Manchmal habe ich den Eindruck, daß ich irgendwie überflüssig bin.	0,30	0,46	0,26
So wie ich bin, möchte ich eigentlich bleiben.	0,62	0,49	0,49
Ich finde, ich bin ganz in Ordnung.	0,68	0,47	0,48
Manchmal komme ich mir ganz unwichtig vor.	0,42	0,49	0,14
Selbstkonzept der Begabung (SKBE)			
Ich wollte, ich wäre so intelligent wie die anderen.	0,34	0,47	0,48
In der Schule habe ich oft das Gefühl, daß ich weniger zustande bringe als die anderen.	0,28	0,45	0,59

Häufig denke ich: ich bin nicht so klug wie die anderen.	0,33	0,47	0,57
Die anderen Jungen und Mädchen haben oft bessere Einfälle als ich.	0,34	0,48	0,48
Oft kann ich mich noch so anstrengen, trotzdem schaffe ich nicht, was andere ohne Mühe können.	0,38	0,49	0,54
Verglichen mit den anderen, bin ich nicht so begabt.	0,23	0,42	0,52
Selbstkonzept des eigenen Aussehens (SKEA)			
Manchmal beneide ich Klassenkameraden, die besser aussehen als ich.	0,34	0,47	0,33
Wenn ich besser aussehen würde, hätte ich auch mehr Freunde.	0,12	0,32	0,45
Verglichen mit den anderen, sehe ich ganz gut aus.	0,63	0,48	0,18
Ich bin schon mal von anderen wegen meines Aussehens gehänselt worden.	0,23	0,42	0,36
Ich habe mir schon mal gewünscht, ich würde ganz anders aussehen.	0,39	0,49	0,35
Für Jungen (Mädchen): So wie ich aussehe, komme ich bei Mädchen (Jungen) gut an.	0,50	0,50	0,25
Selbstkenntnis (SKEN)			
Ich kann mir gut vorstellen, wie ich auf andere wirke.	0,43	0,50	0,46
Ich weiß recht gut, was ich mir zutrauen kann und was nicht.	0,69	0,46	0,68
Mir ist klar, was ich bei anderen erreichen kann und was nicht.	0,65	0,48	0,67
Ich weiß ziemlich genau, wie beliebt ich in der Klasse bin.	0,64	0,48	0,67

Es fällt mir leicht, meine Begabung einzuschätzen.	0,45	0,50	0,49
Über meine Eigenarten weiß ich gut Bescheid.	0,63	0,48	0,64
Ich durchschaue mich ganz gut.	0,56	0,50	0,61
Meine Gefühle kann ich recht gut einschätzen.	0,66	0,47	0,71
Selbstaufmerksamkeit (SAUF)			
Ich spüre sehr schnell, wenn sich meine Stimmung ändert.	0,67	0,47	0,57
Ich merke manchmal, wie ich mich selbst beobachte.	0,37	0,48	0,45
Ich beschäftige mich in Gedanken oft mit mir selbst.	0,62	0,48	0,57
Manchmal versuche ich, über mich selbst etwas herauszufinden.	0,53	0,50	0,62
Ich würde sehr gerne mehr über mich wissen.	0,49	0,50	0,53
Manchmal frage ich meine Eltern nach Sachen, die früher einmal mit mir passiert sind.	0,50	0,50	0,54
Ich frage meine Eltern öfters danach, wie ich früher gewesen bin.	0,38	0,49	0,42
Ich achte häufig auf meine innersten Gefähle.	0,57	0,49	0,60

Tabelle B 15: Kennwerte für das "Inventar zu Selbstkonzept und Selbstvertrauen"

Selbstkonzeptskalen	Item-anzahl	aM	s	Konsistenz (nach Hoyt)	Schiefe	Exzeß
1 Kompetenzbewußtsein der Zukunftsbewältigung	8	13,49	1,81	.51	.65	3.3
2 Kompetenzbewußtsein der sozialen Durchsetzungsfähigkeit	6	10,17	1,78	.72	.47	2.4
3 Kompetenzbewußtsein hinsichtlich Schulerfolg	8	13,99	1,99	.72	1.22	3.7
4 Selbstkonzept der sozialen Integration	6	10,25	1,57	.68	.79	3.4
5 Emotionskontrolle	8	12,35	2,63	.82	.00	1.8
6 Handlungskontrolle	8	12,95	2,51	.81	.44	2.2
7 Selbstakzeptierung	8	13,35	1,98	.62	.06	1.8
8 Selbstkonzept der Begabung	6	10,06	1,95	.78	.14	2.5
9 Selbstkonzept des eigenen Aussehens	6	10,06	1,57	.57	.47	2.9
10 Selbstkenntnis	8	12,71	2,78	.87	.35	2.0
11 Selbstaufmerksamkeit	8	12,13	2,62	.82	.11	1.9

Tabelle B 16: Interkorrelationen zwischen den Selbstkonzeptskalen

Skala	(1)	(2)	(3)	(4)	(5)	(6)	(7)	(8)	(9)	(10)
(1) KBZU	---									
(2) KBSD	.31	---								
(3) KBS	.33	.20	---							
(4) SKIN	.26	.28	.34	---						
(5) EKON	.31	.40	.15	.11	---					
(6) HKON	.38	.52	.27	.19	.68	---				
(7) SAKZ	.39	.12	.35	.53	.05	.17	---			
(8) SKBE	.43	.50	.40	.29	.51	.60	.26	---		
(9) SKEA	.31	.23	.20	.45	.20	.21	.52	.33	---	
(10) SKEN	.04	-.32	.09	.19	-.48	-.38	.41	-.27	.15	---
(11) SAUF	-.20	-.40	-.02	.02	-.66	-.53	.15	-.44	-.08	.65

Die Selbstkonzeptskalen korrelieren miteinander mit wenigen Ausnahmen in signifikanter Weise (vgl. Tab. B 16). Dies weist darauf hin, daß der Tendenz nach eine positive Selbsteinschätzung generalisiert ist auf die unterschiedlichsten Bereiche der Selbstwahrnehmung. Die beiden letzten Skalen (Selbstkenntnis und Selbstaufmerksamkeit) weichen von diesem Muster ab. Offensichtlich ist eine erhöhte Beschäftigung mit Belangen des Selbst Indikator individueller Problembehaftetheit oder sogar weitergehender neurotisierender Selbstbeobachtung.

Methode zur Messung der Stufe des moralischen Urteilens

Die Erforschung des moralischen Urteilens im deutschsprachigen Raum wurde anfänglich ausschließlich mit der Interviewmethode nach Kohlberg betrieben. Die Auswertung der Interviews erfolgte anhand einer von Eckensberger und Mitarbeitern erstellten Übersetzung eines früheren Auswertungsmanuals der Kohlberg-Gruppe (vgl. Reinshagen, Eckensberger & Eckensberger, 1976). Ebenfalls 1976 erschien jedoch schon die erste Version des „Moralisches - Urteil - Test" (MUT, Lind, 1976). Neben einer verbesserten Anwendungs- und Auswertungsobjektivität beansprucht der MUT, daß er zentrale Aspekte des Konstrukts „moralisches Urteil" erfassen kann, von denen einige mit der Meßintention Kohlbergs identisch sind. Während Kohlberg zu seinen Dilemmageschichten jedoch Argumente frei produzieren läßt, wird im MUT von der Versuchsperson eine Beurteilung von insgesamt zwölf Argumenten zu zwei moralischen Dilemmatas verlangt, welche die sechs Stufen moralischer Entwicklung nach Kohlberg repräsentieren. Der MUT mißt bereits erste Indikatoren einer bestimmten Stufenzugehörigkeit, während nach Kohlbergs Auswertungsmodus die Zuordnung zu einer Stufe erst dann vorgenommen wird, wenn eine gewisse kognitive Verankerung der Argumentationsweise dieser Stufe erreicht ist. Diese Ansicht wird in Arbeiten des amerikanischen Psychologen Rest immer wieder betont. Rest beschrieb die Erreichung einer bestimmten Stufe moralischer Entwicklung als Prozeß zunehmender kognitiver Verankerung (vgl. Rest, 1973):

Zuerst kann man Argumente der betreffenden Stufe präferieren, dann verstehen (im Sinne von reproduzieren können). Erst in einem dritten Schritt kann man schließlich die Argumente dieser Stufe zur Begründung einer eigenen moralischen Entscheidung benutzen. Eine zusätzliche Erweiterung dieses Prozesses ist ebenfalls denkbar: In einem vierten Schritt wird die Orientierung gemäß dieser Stufe auch bei starkem persönlichem Involvement aufrechterhalten (vgl. Lind, 1977, S. 3).

Linds Methode zur Gewinnung von „Präferenzdaten" im oben genannten Sinne läßt sich wie folgt skizzieren: Den Probanden werden zwei schriftlich fixierte Dilemmata vorgelegt. Die erste der beiden dargebotenen Dilemmageschichten („Arbeiter - Dilemma") stellt die Übertretung eines Gesetzes zur Durchsetzung eines anderen Gesetzes dar, während die zweite Geschichte („Arzt - Dilemma") den Konflikt zwischen Erhaltung von Leben und der Beendigung unerträglicher Leiden beschreibt, der schließlich zugunsten der letzteren Möglichkeit gelöst wird. Im Anschluß an beide Geschichten werden jeweils sechs Argumente für und gegen das beschriebene Verhalten im Fragebogen skizziert, die den sechs Stufen der Moralentwicklung nach Kohlberg entsprechen. Neben den Möglichkeiten, Einflüssen von Gleichheit bzw. Gegenteiligkeit der Argumente zum eigenen Urteil sowie die Abhängigkeit des eigenen Urteils vom Inhalt der jeweiligen Geschichte zu prüfen, ist durch die Auswertung der MUT-Daten vor allem die rasche und einfache Bestimmung des Niveaus moralischen Urteilens möglich. Die Entwicklungsstufe des moralischen Urteils der betreffenden Person wird durch die durchschnittliche Akzeptabilität von Argumenten dieser Stufe festgestellt. Die am meisten präferierte Stufe ist der Indikator für die Höhe des Niveaus moralischen Urteilens.

Ursprünglich wurde der MUT von seinem Konstrukteur zur Erfassung von Veränderungen im moralischen Urteilen beim Übergang von Gymnasium in die Hochschule konzipiert, d.h. für Probanden ab dem zehnten Schuljahr, für Studenten und Erwachsene. Später wurde der MUT auch bei jüngeren Probanden (ab 14 Jahren) mit geringerer Schulbildung eingesetzt, was jedoch nur unter veränderten Voraussetzungen geschehen konnte. So wurde die Instruktion ausführlicher gestaltet, es waren Rückfragen während des Ausfüllens möglich und die Skala hinsichtlich des Akzeptierens eines Arguments wurde vereinfacht (nur drei Alternativen: „ja - indifferent - nein" gegenüber Linds ursprünglichen neun Antwortmöglichkeiten). Außerdem gab man nur ein Dilemma (das „Arzt - Dilemma") vor und vereinfachte die sprachliche Darstellung der Pro- und Kontra-Argumente zum beschriebenen Verhalten des Arztes (vgl. Briechle, 1981a, S. 7).

Um ein noch einfacher auszuwertendes Instrument zur Feststellung des Niveaus moralischen Urteilens zur Verfügung zu haben, das der Altersgruppe der Zwölf- bis Sechzehnjährigen besser angepaßt ist, konstruierte Ralf Briechle den „Moralischen - Urteils - Präferenztest" (Briechle, 1981b). Der MUP zeichnet sich durch folgende Konstruktionsmerkmale aus (vgl. a.a.O., S. 3f):

- Die Antwortkategorien zu den Argumenten sind dichotom („ja / nein“).
- Das Dilemma, das im MUP Gegenstand des Urteilens ist, wurde für Schüler erfahrungsnah gestaltet. Der Proband muß sich entscheiden, ob er einem Mitschüler helfen will, indem er ihn abschreiben läßt und den Lehrer belügt oder dem Lehrer gegenüber die Wahrheit sagt, was für den Mitschüler wiederum das Nichterreichen des Klassenziels zur Folge hat.
- Die Ich-Nähe der Problemstellung wurde dadurch erhöht, daß die Begründungen für Lügen oder Nichtlügen in der „Ich“-Form dargestellt wurden (z.B. „Ich würde nicht lügen, weil mir sonst Strafe vom Lehrer droht“).
- Möglichst große „Handlungsnähe“ wurde zu erreichen versucht. Das, was ich selbst machen würde, steht im Vordergrund, nicht was ich verstehe und lediglich positiv bewerte.
- Der Proband muß sich sofort nach der Dilemmavorgabe für oder gegen ein Belügen des Lehrers entscheiden und bearbeitet nur die Argumente für seine Entscheidung (nicht wie bei Lind auch die für die Alternativentscheidung).
- Die Items wurden möglichst umgangssprachlich und kurz gestaltet, um zu gewährleisten, daß schichtspezifische und altersspezifische Sprachbarrieren möglichst keinen negativen Einfluß auf die Wahl höherer Stufen haben.
- Schließlich wurden nur fünf der sechs Kohlberg-Stufen operationalisiert, da bei einem Sechzehnjährigen moralisches Urteilen auf Entwicklungsstufe 6 sehr unwahrscheinlich ist und auch so die wichtige Differenzierung zwischen konventioneller und postkonventioneller Moral getroffen werden kann.

Briechles Studien (Briechle, a.a.O.) zeigten, daß die von ihm untersuchten Jugendlichen in seinem Test gegenüber dem MUT tendenziell eine Stufe niedriger eingeschätzt wurden. Er selbst führt dies unter anderem auf die größere Ich- und Handlungsnähe sowie auf das restriktivere Verscorungsverfahren zurück. Im MUP erfolgt nämlich die Zuordnung zu einer Stufe, wenn beide Argumente dieser Stufe präferiert werden und niedrigere Stufen nicht eine gleiche Präferenz erfahren. Präferiert eine Person im MUP zum Beispiel Stufe 2 und 3 gleichermaßen, führt dies zu einer Einstufung auf Stufe 2. Im MUT werden dagegen auch neutrale Antworten nach einer einmaligen deutlichen Präferenz positiv verscort.

Die für eine Felduntersuchung günstige Einfachheit des MUP (nur zwei Antwortmöglichkeiten pro Argument, einfache Formulierungen), die Kürze des Verfahrens (schneller aufzufassen als der MUT; nur der eigenen Meinung konforme Argumente sind zu bewerten) und die gute Auswertungsökonomie ergaben zusammen mit der eher konservativen Stufenzuschreibung den Ausschlag für die Verwendung dieses Tests in der vorliegenden Arbeit.

Für den MUP ist es nach Intention seines Autors nicht sinnvoll, Item- oder Skalenanalysen durchzuführen. Da aus konzeptionellen Gründen die jeweils nächsthöhere Stufe des Moralischen Urteilens die vorhergehenden in transformierter Form enthält, sollten die Indikatoren der niederen Stufen nicht wesentlich mit denen der nächst höheren korrelieren. Außerdem werden die Items dieses Verfahrens nicht im herkömmlichen Sinn des Reliabilitätskonzepts eingesetzt, d.h. geringe Antwortkonsistenz wird nicht als Mangel des Meßinstruments verstanden, sondern als Eigenschaft des Probanden, bei dem sich eben noch keine konsistenten Strukturen herausgebildet haben. Es können daher nur die für den bereits genannten Auswertungsmodus des MUP erhaltenen Rohwertangaben mitgeteilt werden. Gemäß des von Briechle (1981a) entwickelten Auswertungsmodus konnten von der Teilstichprobe C 6,8% Stufe 1 des moralischen Urteilens zugeordnet werden, 39,6% Stufe 2, 36,5% Stufe 3, 12% Stufe 4 und 5,4% Stufe 5.

Tabelle B 17: **Instruktion und Rohwertergebnisse aus dem MUP (Antwortverteilungen in %)**

INSTRUKTION

Stell' Dir vor:

**Einer Deiner Klassenkameraden ist in Mathematik schlecht.
Er sitzt bei der letzten Klassenarbeit vor der Versetzung neben Dir und bittet Dich, bei Dir abschreiben zu können.
Du gehst darauf ein und läßt ihn bei Dir abschreiben.
Nun schreibt er aber einige Zahlen falsch ab, so daß er falsche Zwischenergebnisse, aber dennoch ein richtiges Endergebnis hat.
Daraus schließt nun der Lehrer, daß Dein Mitschüler abgeschrieben hat und gibt ihm eine Sechs.
Damit ist sein Schicksal besiegelt:**

Dein Klassenkamerad wird sitzenbleiben.

**Als letzte Auswegmöglichkeit fällt ihm ein, Dich zu bitten, zum Lehrer zu gehen und diesem auf Ehrenwort zu versichern, Du hättest ihn nicht bei Dir abschreiben lassen und Du wüßtest, daß er seine Aufgaben allein gemacht hat.
Kreuze bitte an, was Du in diesem Falle machst!
Du hast nur zwei Möglichkeiten:**

WAS MACHST DU IN DIESEM FALLE?

ENDWEDER: A	Ich belüge den Lehrer, um dem Klassenkameraden zu helfen	ja	49,9 %
		nein	50,1 %
	Wenn Du die Antwort A angekreuzt hast, dann beantworte bitte jetzt alle Fragen dieser Seite, nur nicht folgende Frage B!		
ODER: B	Ich belüge den Lehrer nicht	ja	32,5 %
		nein	67,5 %
	Wenn Du die Antwort B angekreuzt hast, dann schlage jetzt bitte gleich die nächste Seite auf und mache da weiter!		

NUR FÜR ANTWORT A

WARUM WÜRDEST DU LÜGEN?

- weil richtige Klassenkameraden zusammenhalten müssen	ja	68,5
	nein	31,5
- weil mir sonst Rache des Mitschülers droht	ja	7,1
	nein	92,9
- weil die Machtunterschiede zwischen Lehrer und Schüler in bestimmten Fällen eine Notlüge rechtfertigen	ja	56,3
	nein	43,7
- weil der Klassenkamerad dann auch mal was für mich tun kann	ja	50,4
	nein	49,6
- weil man einem Menschen in einer Notlage, die seine Zukunft belastet, helfen muß	ja	69,0
	nein	31,0
- weil es notwendig ist, daß sich Schüler aufeinander verlassen	ja	64,7
	nein	35,3
- weil ich sonst Angst vor dem Klassenkamerad hätte	ja	4,0
	nein	96,0
- weil die Zukunftschancen eines Klassenkameraden höher zu setzen sind als die Ehrlichkeit gegenüber einem anderen	ja	43,2
	nein	56,8
- weil dann der Klassenkamerad auch für mich einmal lügen würde	ja	40,4
	nein	59,6
- weil Hilfsbereitschaft von mir verlangt, einem anderen zu helfen, wenn er sonst große Nachteile erfahren würde	ja	59,9
	nein	40,1

ÜBERSPRINGE JETZT DIE FOLGENDEN FRAGEN, DIE NUR FÜR SCHÜLER MIT ANTWORT B BESTIMMT SIND!

NUR FÜR ANTWORT B

WARUM WÜRDEST DU NICHT LÜGEN?

- weil sonst mein Verhältnis zum Lehrer verschlechtert wird	ja nein	36.7 63.3
- weil mir sonst Strafe vom Lehrer droht	ja nein	24.8 75.2
- weil Vertrauen als wichtiger Teil menschlichen Zusammenlebens nur bei gegenseitiger Ehrlichkeit entstehen kann	ja nein	55.9 44.1
- weil der Lehrer mich auch nicht anlügen würde	ja nein	46.9 53.1
- weil ich sonst zeigen würde, daß ich kein zuverlässiger, ehrlicher Mensch bin	ja nein	52.0 48.0
- weil sonst der Lehrer weniger von mir hält	ja nein	36.0 64.0
- weil der Lehrer der Stärkere ist	ja nein	15.5 84.5
- weil Lügen eine Mißachtung des anderen Menschen darstellt und Achtung ein Bestandteil menschlichen Verhaltens ist	ja nein	51.9 48.1
- weil der Mitschüler mir nicht genauso helfen würde	ja nein	22.7 77.3
- weil ich als Schüler verpflichtet bin, gegenüber dem Lehrer aufrichtig zu sein	ja nein	47.5 52.5

Skalen zur Erfassung von Aggressivität

Zur Aggressivitätserfassung wurden zwei Skalen konzipiert. (1) Skala zur Erfassung spontaner Aggressivität (Agg 1): Die 42 Items dieses Fragebogenteils beziehen sich auf aggressive Verhaltensweisen, die in den verschiedensten sozialen Bezügen auftreten können (z. B. mit jemandem in der Schule raufen, ein Fenster einwerfen, ein parkendes Auto beschädigen, versuchen, eine Rauferei auszulösen). Ein Teil der Items war einer Untersuchung von Helmke und Dreher (1979) entnommen worden, die restlichen stammen aus einer Studie von Belson (1978, S. 207). Für jede Verhaltensweise war anzugeben, wie häufig sie vorgekommen ist (1 = nie, 2 = mehrmals im letzten halben Jahr, 3 = mehrmals im Monat, 4 = mehrmals in der Woche, 5 = noch öfter).

(2) Skala zur Erfassung reaktiver Aggressivität (Agg 2): Mit diesem Fragebogenteil sollte die Bereitschaft der Probanden, reaktiv aggressive Verhaltensweisen zu zeigen, erfaßt werden. Das Verfahren geht auf Belson (1978, S. 288) zurück. Dabei muß angegeben werden, unter welchen Bedingungen sich die Probanden vorstellen können, eine bestimmte Verhaltensweise auszuführen. Dabei werden acht Bedingungen unterschieden: 8 = nur zum Spaß, 7 = wenn ich Ärger mit der betreffenden Person hätte, 6 = wenn ich schlechte Laune hätte, 5 = wenn mir einfach langweilig wäre, 4 = wenn es zum Schutz einer anderen Person nötig wäre, 3 = wenn die betreffende Person mich angegriffen hätte, 2 = aus Notwehr, 1 = wenn mein Leben bedroht würde. Dieses Antwortschema ist in der Originalpublikation als Guttman-skalierbar erarbeitet worden.

Die Itemanalysen weisen für beide Skalen sehr gute Werte auf (vgl. Tab. B 18). Auch die Reliabilität ist sehr zufriedenstellend (vgl. Tab. B 19). Beide Maße korrelieren mit r = .27 untereinander.

Tabelle B 19: **Kennwerte der Aggressionsskalen**

Skala	Itemanzahl	Konsistenz (nach Hoyt)	aM	s	Schiefe	Exzeß
Spontane Aggressivität (Agg 1)	42	.94	64,06	19,49	3,60	8,3
Reaktive Aggressivität (Agg 2)	12	.89	39,99	17,93	1,76	4,6

Tabelle B 18: Itemkennwerte der Aggressionsskalen

Skala/Items	aM	s	r_{it}
Spontane Aggressivität			
Klassenkameraden während des Unterrichts ärgern.	2,47	1,29	0,49
Mit einem Klassenkameraden während der Schulzeit raufen oder balgen.	1,54	1,00	0,46
Mit Klassenkameraden streiten.	1,95	0,94	0,41
Zu mehreren einen aus der Klasse verhauen.	1,21	0,66	0,44
Andere hänseln oder sich über sie lustig machen.	1,84	1,03	0,51
Sachen von anderen wegnehmen.	1,57	0,94	0,44
Absichtlich ein Fenster einwerfen.	1,06	0,38	0,35
Sachen, die der Schule gehören, absichtlich beschädigen.	1,11	0,47	0,43
Jemandem aus Rache die Luft aus den Reifen lassen.	1,18	0,60	0,47
Um einen Klassenkameraden zu ärgern, seine Tasche, Jacke oder ähnliches aus dem Fenster werfen.	1,21	0,61	0,51
Um einen Klassenkameraden zu ärgern, ihn mit Kreide oder ähnlichem beschmieren.	1,63	0,92	0,60
Bei Aufforderungen des Lehrers meckern.	1,79	1,00	0,51
Dem Lehrer freche Antworten geben.	1,52	0,87	0,58
Lehrer nachäffen/nachmachen.	1,82	1,05	0,54
Lehrer absichtlich ärgern.	1,67	1,01	0,57
Während des Unterrichts in der Klasse herumlaufen.	1,56	0,91	0,51
Ohne Erlaubnis während des Unterrichts aus der Klasse gehen.	1,19	0,65	0,45
Im Unterricht summen, pfeifen oder singen, um den Lehrer zu ärgern.	1,49	0,91	0,56
Jemanden hänseln oder ihn als "Blödmann" hinstellen.	1,66	0,95	0,60
Jemanden anlügen.	1,91	0,96	0,53
Mit jemandem die Geduld verlieren.	2,14	1,04	0,55
Jemanden beschimpfen.	2,23	1,06	0,63
Jemanden mit dem Fuß treten.	1,78	1,03	0,60
Mit jemandem Streit haben.	2,05	1,01	0,54
Versuchen, jemanden zu quälen.	1,25	0,71	0,61
Mit einem Gegenstand auf jemanden werfen.	1,58	0,95	0,66
Versuchen, jemanden zu erschrecken.	2,12	1,09	0,60
Versuchen, jemanden ein Bein zu stellen.	1,67	1,00	0,66
Jemanden bedrohen.	1,26	0,69	0,64
Sich mit jemandem prügeln.	1,47	0,93	0,56
Beim Sport jemanden beschimpfen.	1,61	0,96	0,62
Beim Sport "handgreiflich" werden.	1,35	0,81	0,58
Mit Luftgewehr, Steinschleuder oder ähnlichem auf ein Tier schießen.	1,14	0,54	0,40

Ein parkendes Auto absichtlich beschädigen.	1,05	0,31	0,32
Jemandem eine Ohrfeige geben.	1,59	0,89	0,53
Eine Telephonzelle beschädigen.	1,06	0,33	0,33
Zusammen mit Kameraden andere Leute anpöbeln.	1,38	0,75	0,53
Als Zuschauer im Fußballstadion handgreiflich werden.	1,09	0,44	0,42
Aus Ärger irgend etwas kaputtmachen.	1,34	0,69	0,52
Jemanden mit einem Gegenstand (Messer, Stein, ...) verletzen.	1,07	0,39	0,44
Irgendwie versuchen, eine Rauferei auszulösen.	1,25	0,70	0,54
Messer, Schlagringe oder ähnliche Waffen dabeihaben.	1,20	0,74	0,41
Reaktive Aggressivität			
Jemand mit einem Messer angreifen.	6,61	2,12	0,66
Jemand treten.	3,94	2,47	0,31
Auf jemand schießen.	6,80	2,01	0,67
Zu einer Bande gehören, die jemand zusammenschlägt.	5,50	2,52	0,60
Jemand mit einem Knüppel schlagen.	6,37	2,05	0,77
Jemand mit einem Karateschlag niederstrecken.	6,34	2,01	0,74
Jemand richtig würgen.	6,44	2,18	0,72
Jemand beschimpfen.	3,03	2,03	0,19
Jemand mit den Fäusten schlagen.	5,35	2,14	0,57
Jemand bedrohen.	5,07	2,46	0,56
Jemand mit einer Flasche schlagen.	6,51	2,00	0,76
Jemand mit einem Judogriff außer Gefecht setzen.	6,24	2,00	0,71

Skalen über die Einstellung zum Videospielen

Die 20 Beurteilungen, die über das Videospielen abgegeben werden mußten, wurden zusammen mit 5 Items, die sich auf den Umgang mit Videospielen bezogen, einer gemeinsamen Faktorenanalyse unterzogen (iterative Kommunalitätenschätzung nach Kaiser-Guttmann, Varimaxrotation). Dabei wurde aufgrund des numerischen Scree-Tests und inhaltlicher Überlegungen eine Drei-Faktoren-Lösung ausgewählt. Diese Faktoren erklären 21,7% der Varianz der Items.

Wie die Ladungsmatrix zeigt (vgl. Tab. B 20), erlaubt diese Lösung eine gute Interpretation. Auf dem ersten Faktor laden alle Items hoch negativ, die eine positive Bewertung des Video-Spielens zum Ausdruck bringen. Bezugsladungen sind noch zu Faktor 3 auffindbar. Es liegt nahe, diese Dimension als Faktor der „positiven Bewertung von Video-Spielen" zu bezeichnen. Auf dem zweiten Faktor findet man die Items zusammengefaßt, die eine kritische Haltung gegenüber dieser Tätigkeit zum Ausdruck bringen. Auch hier läßt sich als treffender Name die Bezeichnung „negative Bewertung des Video-Spielens" finden. Beide Dimensionen, sind - zumindest nach der faktorenanalytischen Logik - zueinander orthogonal, bilden also keine bipolare, sondern zwei voneinander unabhängige Dimensionen. Sämtliche auf das Video-Spielen bezogene Tätigkeiten laden hoch auf einem dritten Faktor. Als Bezeichnung wurde deshalb nur diese Dimension „videospiel-bezogene Handlungsbereitschaft" gewählt.

Diese dreidimensionale Strukturierung der Items wurde fortgeführt, indem mit den Methoden der klassischen Testtheorie die Item- und Skalenkennwerte ermittelt wurden.

Tabelle B 22: **Skalenkennwerte für die Einstellung zu Video-Spielen**

Skala	Item-anzahl	aM	s	Konsistenz (nach Hoyt)	Schiefe	Exzeß
Positive Bewertung von Video-Spielen	12	7,14	2,62	.71	0,11	2,8
Negative Bewertung von Video-Spielen	8	3,71	2,06	.63	0,03	2,2
Videospiel-bezogene Handlungsbereitschaft	5	0,78	1,18	.64	2,30	4,5

Tabelle B 20: **Varimaxrotierte Faktorwerte der Items über Einstellungen zu Videospielen (angegeben sind Ladungen über .20)**

Item	F1	F2	F3	(h^2)
(2) Unterhaltung	-.43			.21
(3) mit Computer vertraut	-.40			.17
(5) techn. Verständnis	-.38			.18
(7) Geschicklichkeit	-.43			.19
(8) Mittel gegen Langew.	-.43			.19
(11) Konzentration	-.45			.22
(12) Vergleich mit anderen	-.40			.17
(13) Aggressionsabbau	-.41		.23	.22
(14) Freunde treffen	-.36			.15
(15) Zukunftsvorbereitung	-.27		.27	.15
(18) Entspannend	-.37		.26	.24
(20) Spaß, Punkte steigern	-.49			.26
(1) Geldverschwendung		.36	-.28	.24
(4) machen nervös		.46		.25
(6) lenken ab	-.28	.27		.16
(9) Gewalt als gut		.42		.20
(10) öfter allein		.42		.18
(16) Zeitverschwendung	.26	.47	-.22	.34
(17) Kriegsspielzeug		.50		.25
(19) überflüssig	.20	.38	-.28	.26
(21) liebste Freizeitbeschäftigung			.48	.23
(22) Mitglied in Club			.36	.13
(23) Tausch von Cassetten			.50	.28
(24) eigenes Spiel entwerfen			.54	.30
(25) Programmiersprache lernen			.50	.27
% Varianz	9,1	6,0	6,6	21,7

Tabelle B 21: **Itemkennwerte der Skalen zur Einstellung zu Video-Spielen (nur Befragte mit Spielerfahrung)**

Skalen/Item	aM	s	r_{it}
Positive Bewertung von Video-Spielen			
(2) Sie dienen der Unterhaltung.	.87	.34	.32
(3) Sie sind eine Möglichkeit, um mit Computern vertraut zu werden.	.61	.49	.36
(5) Sie fördern das technische Verständnis.	.42	.49	.38
(7) Sie fördern Geschicklichkeit der Reaktion.	.88	.33	.32
(8) Sie sind ein Mittel gegen Langeweile.	.86	.35	.30
(11) Sie fördern die Konzentration.	.62	.48	.39
(12) Man kann sich mit anderen vergleichen.	.60	.49	.31
(13) Sie bauen Aggressionen ab.	.37	.48	.37
(14) Sie sind eine Möglichkeit, Freunde zu treffen.	.51	.50	.32
(15) Sie bereiten auf die Zukunft vor.	.21	.41	.29
(18) Sie sind entspannend.	.35	.48	.37
(20) Es macht Spaß, Punkte zu steigern.	.82	.38	.39
Negative Bewertung von Video-Spielen			
(1) Sie sind eine Geldverschwendung.	.68	.47	.34
(4) Sie machen nervös.	.42	.49	.40
(6) Sie lenken von den wirklichen Problemen ab (z.B. Schule, Eltern, Freunde).	.61	.49	.13
(9) Sie stellen Gewalt als etwas Gutes dar.	.39	.49	.27
(10) Sie bewirken, daß man öfter allein ist.	.28	.45	.29
(16) Sie sind eine Zeitverschwendung.	.38	.49	.45
(17) Sie sind ein Kriegsspielzeug.	.38	.49	.39
(19) Sie sind im Grunde überflüssig.	.55	.50	.35
Videospiel-bezogene Handlungsbereitschaft			
(21) Sind Video-Spiele Deine liebste Freizeitbeschäftigung?	.06	.24	.32
(22) Bist Du in einem Video-Fan-Club (Spiel-Club)?	.02	.15	.20
(23) Tauschst Du oder leihst Du Video-Spiele unter Deinen Freunden aus?	.20	.40	.41
(24) Hast Du schon daran gedacht, ein eigenes Video-Spiel zu entwerfen?	.19	.39	.55
(25) Willst Du eine Programmiersprache lernen, um selbst ein Video-Spiel zu entwickeln?	.29	.45	.51

Skala über Angstsymtome bei Videofilmen

Um die Frage prüfen zu können, ob durch das Anschauen von Video-Filmen auch Angsterlebnisse auftreten, wurden fünf Items formuliert und zu einem Summenwert (dichotomes Antwortschema) zusammengefaßt. Die Item- und Skalenkennwerte sind zumindest für Gruppenvergleiche hinreichend (die Analysen wurden auf die Befragten eingegrenzt, die als Videonutzer angesprochen werden können).

Tabelle B 23: **Itemkennwerte der Skala Angstsymptome bei Videofilmen**

Itemformulierungen	aM	s	r_{it}
Hast Du beim Ansehen von Video-Filmen schon folgendes erlebt:			
Ich mußte wegschauen, weil so grausame Szenen gezeigt wurden.	0,36	0,48	.46
Ich habe mich hinterher gefürchtet (z.B. habe nicht mehr allein in den Keller oder auf die Straße gehen wollen).	0,24	0,43	.52
Mir ist im Magen ganz flau geworden.	0,30	0,46	.40
Ich mußte hinausgehen und mich übergeben.	0,02	0,14	.16
Ich habe in der Nacht Alpträume von den Video-Filmen bekommen.	0,12	0,33	.36

Tabelle B 24: **Skalenkennwerte der Skala über Angstsymptome bei Videofilmen**

Skala	Item-anzahl	aM	s	Konsistenz (nach Hoyt)	Schiefe	Exzeß
Angstsymptome bei Videofilmen	5	1,04	1,23	.62	0,99	3,0

Skala zur Erfassung der Einstellung zum Medium Video (Videogefallen)

Die Items, in denen verschiedene Motivationen des Videogebrauchs thematisiert worden sind, wurden zu einer Skala, mit der die evaluative Komponente der Einstellung zu Video ausgedrückt werden soll, zusammengefaßt. Neben der damit im allgemeinen zum Ausdruck gebrachten Wertschätzung für das Medium Video werden auch spezielle Bewältigungsformen von Videofilmen angesprochen, z. B. Verleugnung (Item 11) oder Intellektualisierung (Item 12).

Die Itemkennwerte (vgl. Tab. B 25) liegen im akzeptablen Bereich. Auch ist die Konsistenz der Skale hinreichend, um bei Gruppenvergleichen eingesetzt werden zu können (vgl. Tab. B 26).

Tabelle B 26: **Skalenkennwerte der Skala Video gefallen**

Skala	Item-anzahl	aM	s	Konsistenz (nach Hoyt)	Schiefe	Exzeß
Video gefallen	12	16,84	2,15	.62	0,04	3,2

Tabelle B 25: **Itemkennwerte der Skala Video gefallen**

Itemformulierungen	aM	p_i	r_{it}
Was gefällt Dir bei Video-Filmen besonders gut?			
Es ist eine Form, um mit anderen etwas zu unternehmen.		.55	.28
Ich habe sonst nichts anderes zu tun.		.89	.28
Manchmal schaue ich mir das an, was meine Freunde sehen, auch wenn es mir nicht gefällt.		.75	.21
Sie sind abwechslungsreich.		.18	.14
Es macht Spaß, weil ich sie eigentlich nicht sehen dürfte.		.78	.33
Meine Freunde schauen die Video-Filme auch an.		.44	.32
Man kann sie selbst auswählen.		.20	.22
Sie sind gruselig und spannend.		.34	.38
Man ist dabei schon richtig erwachsen.		.89	.37
Andere Freizeitmöglichkeiten habe ich nicht.		.95	.21
Ich finde es ganz spaßig, wenn es grausam in den Filmen zugeht.		.76	.32
Ich habe mir schon Gedanken darüber gemacht, wie die Effekte in Video-Filmen gemacht werden.		.30	.16

C Kennzeichnung der in der Bundesrepublik bis 1985 durchgeführten Videostudien an Jugendlichen

Tabelle C 1: **Beschreibung vorhandener Video-Studien bei Kindern und Jugendlichen**

Autor	Erhebungsjahr	Region/Institution(en)
Kreisverwaltung Altenkirchen (1984)	1983 (?)	11 Schulen im Landkreis Altenkirchen
Stürmer (1984)	1983 (?)	1 HS
Hamburg-Nord Jugendhilfeplanung (1984)	1984	Hamburg
Stadtbildstelle Schweinfurt (1984)	1984	Landkreis und Stadt Schweinfurt
Polizeirevier Nürtingen (1984)	1983	1 RS Nürtingen
Müller o.J.		Oberbergischer Kreis
Pscherer (1984)		Landkreis Dachau
Bezirksregierung Hannover o.J.	1983	1 RS Landkreis Hannover
Stadt Ennepetal o.J.	1984	3 HS, 1 SoS, 1 RS, 1 GY, 1 BS
Institut für Jugendforschung München (1984)	1984	Repräsentativumfrage in der Bundesrepublik und West-Berlin
Institut für Jugendforschung München (1985)	1985	Repräsentativumfrage in der Bundesrepublik und West-Berlin
Stadt Erlangen (1985)	1984	je 1 SoS, RS, GY, BS und 2 HS in Erlangen
Landratsamt Lindau (1985)	1984	Stadt und Landkreis Lindau
Stadt Frankenthal (1985)	1985	2 HS in Frankenthal
Glogauer (1985a, b)	1985 1984*)	14 RS-Klassen Berufsschule
Spanhel (1987)	1985	HS, RS, GY, BS aus Mittelfranken
Lukesch (1985a)	1985	Bayern mit Schwerpunkt Oberpfalz, Niederbayern

* Die referierten Daten stammen aus einer Erhebung von Gschwendtner (1984).

Stichprobe/Schulart								
GS	HS	RS	GY	SoS	BS	andere	Gesamt	Alter/ Schulstufe
--	576	900	362	42	183	--	2300	5.- 10. Kl. 10 bis 17 J.
--	109	--	--	--	--	--	109	7. - 9. Kl.
--	70 % Schüler/26 % in Ausbildung					Freizeiteinrichtungen	246	ca. 14 bis 18 J.
1358	1908	--	--	--	--	--	3266	6 bis 16 J.
--	--	199	--	--	--	--	199	12 bis 17 J.
--	1703	--	--	--	--	--	1703	10 bis 17 J.
--	?	--	?	?	--	--	1193	
--	--	351	--	--	--	--	351	7. - 10. Kl.
--	1002	297	668	57	1404	--	3428	12 bis 17 J.
--	HS, RS, GY und Studenten						2000	14 bis 24 J.
	GS, HS, RS, GY						1000	7 bis 15 J.
--	?	?	?	?	?	--	706	10 bis 18 J.
599	1922	1013	698	72	--	--	4304	10 bis 18 J.
--	1094	--	--	--	--	--	1094	10 bis 17 J.
--	--	382	--	--	--	--	382	13 bis 18 J.
--	--	--	--	--	300	--	300	15 bis 17 J.
--	886	198	399	--	291	--	1784	10 bis 17 J.
--	1824	1263	937	--	--	--	4089	7. - 9. Kl. 12 bis 16 J.